Michael Radtke · Ausser Kontrolle
Die Medienmacht des Leo Kirch

Für Monika

AUSSER KONTROLLE

Die Medienmacht des Leo Kirch

Ein Report von Michael Radtke

Edition Hans Erpf
Bern · München

Umschlaggestaltung, Tabellen und Grafiken: Edith Helfer · Bern
Satz: GBS Satzbüro · Lyss

Postfach 6018 · CH-3001 Bern
ISBN 3-905520-03-6

Wenn jemand in dieser köstlichen Zeit
eine wahre Geschichte erzählt,
möchte man glauben,
daß der Teufel sie ihm diktiert hat.

Jules Barbey d'Aurevilly (1874)

DIE HAUPTPERSONEN

Leo Kirch, Medienunternehmer. Der Weinbauernsohn aus Franken begann als Zwischenhändler für Spielfilmlizenzen. Heute steuert er unter anderem mehrere Fernsehsender und ist am Axel Springer Verlag maßgeblich beteiligt. Genannt: der Medienmogul.

Joachim Theye, Rechtsanwalt. Kirchs Vertreter und Intimus. Einer der einflußreichsten Advokaten Deutschlands. Genannt: Consigliere.

Peter Tamm, Marine-Historiker. Ehemaliger Vorstandsvorsitzender des Axel Springer Verlages. Wandelte sich vom Befürworter zum Gegner Kirchs und wurde darüber gestürzt. Genannt: der Admiral.

Bernhard Servatius, Rechtsanwalt. Testamentsvollstrecker und Aufsichtsratsvorsitzender des Axel Springer Verlages. Wandelte sich vom Gegner zum Befürworter Kirchs. Genannt: der Diplomat.

Gerd Bacher, Berater. Ehemaliger Generalintendant des Österreichischen Rundfunks. Hielt Kirch die Tore beim ORF offen. Genannt: der Tiger.

Karl Holzamer, Pensionär. Ehemaliger Chef des Zweiten Deutschen Fernsehens. Ließ sich auf manches Geschäft mit Kirch ein. Genannt: der Professor.

EINIGE NEBENFIGUREN

Otto Beisheim, Gründer und Anteilseigner des Handels-Imperiums Metro. Geschäftspartner von Kirch.

Hans-Joachim Seidowsky, ehemaliger Chefeinkäufer für das DDR-Fernsehen. Hochrangiger Funktionär des SED-Regimes. Geschäftspartner von Kirch.

Helmut Kohl, Bundeskanzler. Gönner von Kirch.

Silvio Berlusconi, Medienunternehmer und italienischer Ministerpräsident. Geschäftspartner von Kirch.

Georg Kofler, Geschäftsführer und Anteilseigner des TV-Senders Pro 7, an dem auch Kirchs Sohn Thomas beteiligt ist.

Helmut Guthardt war Boss der DG Bank, die Kirch finanzierte.

Helmut Oeller war Fernsehdirektor des Bayerischen Rundfunks, der sich bei Kirch versorgte.

Werner Hess war Vorsitzender der ARD und bewährte sich als Verteidiger von Kirch.

Inhalt

Prolog

Es ist sehr spät. Der Regen peitscht gegen die Scheiben. Alles schläft. Ich bin unruhig, gehe zu meinem Arbeitstisch und schreibe: «Es ist ...» Vor zwei Stunden bin ich aus dem Büro zurückgekommen, drei Dörfer weiter; dort wird dieses Manuskript in den Computer eingegeben. Wir hatten Korrekturen zu besprechen.

Während der Fahrt war starker Nebel aufgezogen. Die Knicks am Rande des Flußtals schienen wie in Watte gepackt zu sein. Plötzlich donnerte ein riesiger Trecker aus einer Feldeinfahrt auf die Straße. Erst wenige Zentimeter vor dem Monster hatte ich den Geländewagen zum Stehen gebracht. Gleißende Scheinwerfer blendeten mich. Pop-Musik schepperte aus der gläsernen Führerkanzel, in der ich keine Person erkennen konnte. In diesem Moment setzte der Truck wieder zurück aufs Feld. Der Spuk war vorbei.

Drei Tage zuvor hatte mich bereits ein ähnliches Erlebnis erschreckt. Da war eine Kugel in meinem Arbeitszimmerfenster eingeschlagen, genau in Kopfhöhe. Das Geschoß hatte nichts Übles angerichtet, noch nicht einmal die Scheibe war zerstört. Schnell stellte sich heraus: Ein Bauer hatte auf Krähen gezielt, seine Kugel war an einer Dachrinne abgeprallt.

Wer sich länger mit Leo Kirch beschäftigt, bekommt Leicht Halluzinationen. Weiß manchmal nicht mehr zwischen eingebildeter und echter Bedrohung zu unterscheiden. Bei meinen Recherchen bin ich etlichen Menschen begegnet, die offensichtlich Angst vor dem Medienmogul haben. Am Ende sogar Angst um die Unversehrtheit des eigenen Lebens. Ich bin davon überzeugt, daß 98 Prozent übertrieben sind. Zwei Prozent bleiben übrig.

Aus ihnen speist sich die echte Bedrohung. Angst vor der Macht des Mannes mit dem Gesicht. Vor dem Verlust des Arbeitsplatzes, wenn man plaudert. Vor der Unmöglichkeit, seinen kleinen Programmbetrieb aufrecht zu erhalten, wenn der lang unterdrückte Ärger öffentlich werden sollte. Noch keiner, der von Kirch weggegangen ist, hat seiner Wut wirklich die Sporen gegeben.

So konnte Leo Kirch von der realen Person zum Mythos mutieren. Unangreifbar, weil ungreifbar. Seit 1987 hat er keine Interviews mehr gegeben. Der Konzernherr, der vom Lande kommt, kann Publizität auch ganz persönlich nicht ab. Das hätte in der Glitzerbranche kontraproduktiv sein können, war es aber nicht. Die permanente Abwesenheit verstärkte seinen Nimbus der Allgegenwart.

Und präsent ist er nun wirklich. Die Familie Kirch – Vater Leo, Sohn Thomas – besitzt als Programmlieferant und als Eigentümer wesentlichen Einfluß auf fünf Fernsehsender in der Bundesrepublik, darunter den zweit- und den drittgrößten privaten, SAT 1 und Pro 7. Über die – mittlerweile mutmaßlich mehrheitliche – Beteiligung am Axel Springer Verlag können dessen TV-Engagements sowie das größte deutsche Massenblatt, die «Bild»-Zeitung, gesteuert werden; außerdem zwei Hände voll anderer Zeitungen und Zeitschriften.

In dem Fernsehen verwandten Branchen – Produktion, Synchronisation, Video oder Merchandising – gibt Kirch ebenso den Ton an wie sein Einfluß im Kinogeschäft markant ist. In Österreich und der deutschsprachigen Schweiz hat er bisher beste Karten. In Spanien, Italien und dem östlichen Europa hält Leo Kirch erhebliche Beteiligungen. Bei der Gestaltung der digitalen Medienzukunft wird er – zum Beispiel in einem Joint-venture mit Bertelsmann und der deutschen Telekom – ein gewichtiges Wort mitzusprechen haben.

Medienmacht. Medienmacht ist Meinungsmacht. In keinem vergleichbaren Land der Welt darf sie sich so massiv akkumulieren wie in Deutschland, von dem man denken sollte, es hätte seine Erfahrungen mit dieser Problematik bereits hinter sich. Sicherlich, einen Medienmogul gibt es nicht nur hierzulande. Kirch gehört in ein größeres Thema. Es heißt: die fundamentale Veränderung der Welt durch die Medien in der Hand einiger weniger weitgehend unbekannter Oberer. Doch sprechen wir über das Naheliegende. Mit Winkelzügen wie ein kapitalistischer Bösewicht in einer Moritat von Bert Brecht, mit schier unerschöpflicher Energie wie der Gegenspieler des «Guten» aus einem

Marvel-Comic, so hat der fränkische Winzerssohn in 40 Jahren ein Imperium auf die Beine gestellt, das seinesgleichen sucht. Seine Saga soll hier erzählt werden.

Das ist eine Geschichte im Wirtschaftsmilieu. Sie belegt aufs Neue die zunehmende Rolle der Unternehmer als entscheidende Gestalter gesellschaftlicher und politischer Realität. Als die wirklichen Steuermänner. Nicht verwunderlich angesichts des ausgeleierten Repertoires der konventionellen politischen Klasse. Ein Finanzier wie der Schweizer Kirch-Bekannte Tito Tettamanti, zu dessen Einflußbereich zeitweise 1600 Firmen gehörten, muß sich geradezu als Feudalherr definieren, in dessen Reich die Sonne nicht untergeht. Als einer, «der den Mut hat, das Schwert zu führen».

Opfer interessieren ihn nicht. In unserer Geschichte wird von sechs Toten die Rede sein. Drei davon enden durch Selbstmord. Die Frage «Was wäre, wenn ...» ist generell so müßig wie in diesem Fall erhellend. Zwei Beispiele. Wenn Axel Springers ältester Sohn Axel jun. sich nicht erschossen hätte, hätte der Verlag einen Erben gehabt, wäre nicht in eine Aktiengesellschaft umgewandelt worden und Kirch hätte sich nicht einkaufen können. Wenn die Krankheit des Verlegers frühzeitig erkannt und behandelt worden wäre, könnte Axel Springer möglicherweise heute noch leben. Hätte es ein Aufsichtsratsvorsitzender dann gewagt, alle Verabredungen zu brechen und den Verlag einem «Kriminellen» (Springer über Kirch) zuzuführen? Warum kam das Krankenhaus erst auf die Tagesordnung, als es schon zu spät war? Unsere Geschichte läßt sich auch als Wirtschaftskrimi lesen.

Und doch ist dieses Interpretationsraster nur eine schwache Folie im Vergleich zur politischen Dimension von Kirchs Medienmacht. Es gilt, grundsätzlich Abschied zu nehmen von der Illusion, das Gebaren eines Medienmoguls sei «unpolitisch». Schon die historischen Beispiele von Hearst bis Hugenberg lehren das Gegenteil. Heute jedoch wächst mit Riesenschritten eine unvergleichliche Machtzusammenballung heran: die Melange aus Handel, Medien und Politik. Sie bedeutet die nahtlose Begleitung und Beeinflussung des Konsumbürgers durch Stimulantien aus zweiter Hand.

Als aktuelles Beispiel wird Italien herbeizitiert. Dort hat Leo Kirchs Bundesgenosse Silvio Berlusconi – Medienfürst und Handelsketten-Besitzer – innerhalb weniger Monate den Sessel des Ministerpräsidenten erobert, unterstützt von Regionalisten und Neofaschisten. Seine Sender und Verlage hält er seitdem angeblich auf Distanz zu seinem Sanierungsjob. Angeblich. Noch nie wurde das Prinzip der Gewaltenteilung, das 1789 in Europa erstmals Gesetzesrang erhalten hatte, dermaßen mit Füßen getreten, außer in Zeiten der faschistischen und kommunistischen Diktaturen. Solch ein Coup sei in Deutschland nicht möglich, heißt es beruhigend.

Das Gegenteil ist richtig. Der Coup läuft längst. Nur daß er schwerer zu erkennen ist: wenig spektakuläre Aktionen, wenig anarchistisches Flair. Doch das Ineinander von Medien und Politik (den Handel sehen wir durch die Einflußschiene des Metro-Milliardärs und Kirch-Partners Otto Beisheim sowie seiner Spitzenmanager Erwin Conradi und Jens Odewald hinreichend repräsentiert) ist nicht nur in Wahljahren eine intensive Übung. Die Verbindung zwischen dem Politik-Unternehmer Helmut Kohl und dem Medien-Unternehmer Leo Kirch könnte, zu gegenseitigem Nutz und Frommen, nicht enger sein.

Die alte und die neue Machtelite, beide nicht besonders glaubwürdig, haben sich verbandelt. Auch privat. Beim Geburtstag in Oggersheim sitzen Kirch und der Österreicher Gerd Bacher – zeitweilig Kohl-Berater, immerwährender Kirch-Freund – mit am Tisch. Kirch ersteigert für 431.000 Mark ein güldenes Burda-«Bambi» und macht das Rehlein Hannelore Kohls Wohltätigkeitsverein zum Geschenk. Kohl soll im Kirch-Jet zu seinem erkrankten Sohn nach Italien geflogen sein.

Und geschäftlich sowieso. Kohl hat bei SAT 1 und beim wichtigsten deutschen Boulevard-Titel, der «Bild», freie Bahn. Dafür favorisierte der Kanzler Kirchs Einzug in den Springer Verlag. Die Mischung wird schnell ununterscheidbar. War Günter Wille (der verstorbene Springer-Vorstandsvorsitzende) nun im Kanzleramt, weil sich's gehört oder weil man ihn dorthin beordert hatte? War Kohls Medienberater Andreas Fritzenkötter im Verlag, weil er etwas zu erzählen hatte oder um

Direktiven abzuliefern? Aus solchem Zement baut man Kartelle, wobei wir Kirchs Seilschaften in der CSU und der FDP nur der Vollständigkeit halber erwähnen.

Dieser Klüngel aus Medien und Politik wird angeschärft durch Personen, Haltungen und Stimmungen aus dem rechten Rand des konservativen Spektrums. Sie definieren Geschichte, besetzen Werte und reklamieren gerne klassische kulturelle Traditionen. Nicht zuletzt gilt ihnen der Katholizismus als kämpferisch zu bewahrender ordnungspolitischer Faktor. Und der Kommunismus, selbst in der bürgerlichen Version der Bonner «Sozen», als immer noch allgegenwärtige Gefahr, die pariert werden muß. Man könnte die Vertreter dieser Ansichten und dieses Verhaltens als «Abendland-Mafia» bezeichnen. Machterhalt heißt die Münze, die mindestens bei der großen Koalition aus Medien und Politik herausspringen soll.

Um so widersinniger und den rechten Stammwählern der Union kaum zu vermitteln ist der Fakt, daß Kanzler Kohl sich in Leo Kirch mit einem Medienunternehmer zusammengetan hat, der beste Beziehungen zu einem Spitzenfunktionär des DDR-Regimes pflegte, einem langjährigen IM der Staatssicherheit und Kollaborateur von Devisen-Beschaffer Schalck-Golodkowski, offenbar gut bewandert in konspirativen Techniken, offenbar gut zuhause in Schweizer Geldrefugien. Daß Leo Kirch, der den Springer Verlag vor «linker» Infiltration retten wollte, noch in der Wendezeit vorteilhafte Deals mit engen Mitarbeitern dieses SED-Mannes durchbringt. Oder daß Helmut Kohl Metro-Managern wie Conradi oder Odewald das Ohr leiht, obwohl die Stasi laut Treuhand an einer Metro-Formation beträchtliche Anteile hielt.

«Na, immer noch der großen Verschwörung auf der Spur?» Mit dieser Spöttelei empfing mich ein Angehöriger des Kirch-Lagers, als wir uns in einem Münchner Biergarten zu unserem dritten Abgleich von Einschätzungen niederliessen. Ich versuchte, ihm meine Methode zu erläutern: Es gehe nicht um das Gewisper der weißen Kapuzen, sondern um unterschiedliche Beziehungsgeflechte: wenn darin identische Personen auftauchten, müsse das doch nachdenklich stimmen. Da wurde mein Gesprächspartner ganz still.

Ihm waren die DDR-Deals seines rechtskonservativen Chefs, ein Parallelfall zum Strauß-Schalck-Doppelpaß, immer «unheimlich» gewesen. Dabei gehören solche Absurditäten zum Machtspiel wie die Mücke zum Bernstein. Die große Koalition aus Medien, Handel und Politik kennt keine Widersprüchlichkeiten, sondern nur ihre eigene Raison. Sie duldet keine Widersprecher; die werden durch die Hintertür auf die Gasse befördert. Die Machtakkumulation ist außer Kontrolle geraten.

Oder umgekehrt: Die Kontrolle hat versagt, rundum. Mit Ausnahme des Bundesverfassungsgerichts gibt es in der Republik keine Instanz und keine gesellschaftliche Verabredung mehr, die der Medienmacht Einhalt gebieten könnte. Besonders das Bundeskartellamt, aber auch die Monopolkommission, die Landesmedienanstalten, die Rundfunk-, Fernseh- und Verwaltungsräte der öffentlich-rechtlichen Anstalten, die Aufsichtsräte, die Wirtschaftsprüfer, die Richter – fast alle haben sie in ihrer jeweils spezifischen Aufgabe, die ein unparteiliches Urteil voraussetzt, versagt.

So konnte die Vinkulierung der Springer-Aktien sanktionslos von den Kirch-Treuhändern, darunter erste Adressen, umgangen werden. Die Beschaffungsquoten von ARD und ZDF, die den Zugang der Kirch-Ware zu den Programmplätzen regeln sollten, wurden frühzeitig aufgeweicht. Die Debatte im ZDF-Fernsehrat über Kirchs Präsenz im Sender bestand aus drei Wortmeldungen. Und gleich fünf Ermittlungsverfahren im deutschen und österreichischen Kirch-Umfeld wurden vorzeitig ausgetreten.

Handfeste Beweise sind ja auch schwierig zu erlangen. Strukturen zählen wenig; personale Absprachen sind alles. Die Unter-Vier-Augen-Methode, Kirch ist ein Meister darin, ersetzt Geschriebenes. Wenn trotzdem etwas fixiert werden muß, sind der Vertrag oder die Urkunde ostentativ sauber, allfällige Gegenleistungen werden «außeramtlich» verrechnet. Wenn immer noch nachgebohrt werden sollte, springen Familienmitglieder ein. Dieses Schutz-Repertoire wird überwölbt von sorgsamer Öffentlichkeits-Abstinenz, manchmal auch von

Öffentlichkeits-Haß. Mafiose Haltungen und Methoden.

So definiert sich, was gerne übersehen wird, der Unterschied zwischen dem Kirch-Konglomerat und dem Bertelsmann-Konzern samt jeweiligen Bundesgenossen, zwischen den beiden großen deutschen Medienformationen: Im Gegensatz zum Münchner Medienmogul zeigen die Gütersloher ihre Bilanzen, führen ihre Engagements trotz mancher Konflikte publizistisch an der langen Leine und holen sich eine kritische Fachöffentlichkeit ins Haus. Jedermann kann nachvollziehen, wohin das Geld geht, das verdient wird. Auch gibt es eine Nachfolgeregelung der Eigentümerseite.

Bei Kirch dagegen weiß niemand, wer nach dem schwer zuckerkranken, halb blinden Lichtspiel-Großhändler das Regiment übernehmen soll. Der offiziell als Erbe ausgerufene Sohn hat weder Statur, Nerven noch Gesundheit. Niemand weiß, wem das Konglomerat in Wirklichkeit gehört. Einer Bank? Einem in der Schweiz ansässigen Handels-Milliardär mit Namen Otto Beisheim? Auch der Metro-Gründer hat keinen Erben. Sein Hinweis auf Stiftungen verschleiert mehr als daß er Vertrauen einflößt. Um das Trio zu komplettieren: Seit dem Verrat an den Zukunfts-Vorgaben Axel Springers gibt es auch beim größten Zeitungsverlag des Kontinents keine verläßlichen Perspektiven mehr. Kirch, Beisheim, Springer: Keines der drei Häuser ist bestellt. Alles ist möglich.

Die Heiligen der alten Tage sind verschwunden. Die Medien sind desakralisiert. Nicht nur, was das Verhalten ihrer Konsumenten, sondern auch, was ihre Käuflichkeit und Verkaufbarkeit betrifft. Das Milieu der Machbarkeit hat alle traditionellen Schranken überwunden, seine Vertreter dominieren.

Und weil dieses so ist, weil die Protagonisten offenbar meinen, sie ständen außerhalb der Norm, so wie der bemerkenswerte «Mr. Roper» in le Carrés Parabel «Der Nachtmanager», deshalb handelt die Kirch-Saga auch vom Niedergang der Sitten während der letzten vierzig Jahre dieser Republik. Beschleunigt durch das Jahrzehnt der Gier, die 80er Jahre, die Kirch erst so richtig in Position brachten. Seine beispiellose Karriere hat viele Spuren auf dem Lackmuspapier hinterlassen, das eigentlich unübersehbar die Anfälligkeiten der Gesellschaft signalisiert. Auch der Erfolg von Graf Cagliostro erzählte mehr über die Defizite seiner Umgebung als über den kleinen Giuseppe Balsamo, der in ihm steckte.

Wenn eine moraline Fassade unmoralisches Verhalten zu decken hat. Wenn eidliche Falschaussagen ohne Ahndung bleiben und man Gerichtsurteile folgenlos nicht befolgen darf. Wenn alle verabredeten Rollen durchlässig werden und ein Anwalt den Käufer wie den Verkäufer vertritt oder eine Bank ihren Ehrgeiz als Industriekonzern über ihre gemeinwirtschaftliche Funktion stellt. Wenn objektive Konflikte nicht mehr ausgefochten, sondern als Privatfehde denunziert werden. Wenn rigoroser Lobbyismus als gesamtgesellschaftliche Wohltat gilt, artige Gefolgschaftsmentalität das Sagen hat und ehemalige Dienstleistungs-Equipen – ein Figaro als VIP, der Programmlieferant als Programmveranstalter – den Ton angeben: Wenn all diese Beschädigungen durch ein Machtfeld egalisiert werden, das nahezu außer jeder Kontrolle steht, dann müssen wir über Bedrohung sprechen. Bedrohung durch die als total empfundene Macht und durch deren radikale Gegner. Auf einige Supermärkte von Fernseh-Duce Berlusconi sollen bereits Anschläge verübt worden sein.

«Haben Sie zu Kirch mehr herausbekommen als bisher bekannt ist?», wurde ich auf den letzten Metern des Manuskripts gefragt. Meine Gegenfrage lautete: Wem «bekannt ist»? Sicherlich sind die folgenden Fakten und Einsichten fragmentarisch. Das muß man aushalten. Manches bleibt Vermutung. Ich habe versucht, begründeten Spekulationen nicht auszuweichen, ihre Wahrscheinlichkeitsgrade anzudeuten. Einiges mußte ich selber verstecken: Namen, Situationen, Konstellationen. Das hatte ich denen, die Auskunft gaben, häufig zu versprechen. Schließlich: Ein Buch läßt sich nicht wie ein Zeitschriftentext recherchieren – die Aktualität wird inzwischen vieles zugespitzt haben. So wächst die Bedrohung durch die außer Kontrolle geratene Medienmacht weiter. Um gegenzusteuern, ist es sehr spät. Zu spät?

Michael Radtke

Teil 1:
Aufbau

1955 bis 1965: die ersten Schritte. Winzersohn Leo Kirch in Nürnberg und München. Sein Kompagnon Hans Andresen. Erstes Geschäft mit Fellinis «La Strada». Wie Kirch seine Firmen Beta, Taurus und Unitel etabliert. Adenauers TV-Putschversuch. Das ZDF entsteht und Kirch ist gleich vor Ort. Frühe Warnung vor zu viel Abhängigkeit.

Der Traum einer Sommernacht. Silbrige Nebelstreifen hängen in den Rebstöcken des Maintals bei Würzburg. Über dem Idyll thront «Maria im Weingarten», die berühmte Volkacher Wallfahrtskapelle.

Am 7. August 1962 wird Justus Hämmerer (Name geändert) um 4.00 Uhr morgens durch ein Motorengeräusch aus dem Schlaf gerissen. Als er in die Dunkelheit hinausspäht, kann der alte Mann gerade noch die Rücklichter eines Lastwagens auf der schmalen Straße erkennen, die den Weinberg hinunter ins Tal führt. Hämmerer stürzt in die Kirche. Im Altarraum entdeckt der fassungslose 71jährige mehrere leere Stellen an den Wänden, gerade dort, wo die «Madonna im Rosenkranz», «Anna Selbdritt» und eine weitere Statue ihren Platz hatten – unschätzbar wertvolle spätgotische Meisterwerke des Schnitz-Genies Tilman Riemenschneider. «Mein Gott, die Heiligen sind verschwunden», stammelt der Messner.

Nur wenige Monate später kehren die sakralen Prunkstücke unter Glockengeläut in das fränkische Kirchlein zurück. Sie hatten sich schnell als unverkaufbar herausgestellt. So kann Henri Nannen, Chefredakteur der Illustrierten «stern», die Skulpturen den Dieben, die 1967 dingfest gemacht wurden, für 100.000 Mark publikumswirksam wieder abluchsen. Volkach ernennt ihn zum Ehrenbürger. Ein Gaunerstück, ein Marketingtrick – und eine Mediengeschichte dazu.

Was damals niemanden interessierte, wirkt heute wie ein Menetekel in ganz anderem Zusammenhang. Denn die Reben in der Nähe der

Wallfahrtskapelle gehören zum Weingut der Familie Kirch. So fügen sich ungewollt mehrere Facetten zusammen, die in der unglaublichen Karriere des Weinbauernsohnes Leo Kirch bis zum heutigen Tag eine wesentliche Rolle spielen. Immer geht es um Medien. Häufig um merkwürdige Geschäfte. Und manchmal geht es auch um die Kirche.

Der Mann, dem diese Etiketten anhängen, wird am 21. Oktober 1926 als Sohn eines kleinen Winzers in Würzburg geboren. Die Zeiten sind hart. Das Wasser mischt den Wein; was der Hang hergibt, muß verkauft werden. Heute läuft das Geschäft viel besser. Leo Kirchs Bruder Franz führt das stattliche Gut der Familie. Ein schmiedeeisernes Wappen an der Hofeinfahrt lockt die Freunde des Kirch-Gewächses «Volkacher Ratsherr». Der junge Leo geht in die örtliche Zwergschule. Als Ministrant fällt er dem Pfarrer auf, der ihn für das Gymnasium empfiehlt. Und Leo lernt! «Sehr gut» hat der Bub häufig im Zeugnis stehen – der klassische Weg, um aus der engen Heimat herauszugelangen.[1]

Während des Zweiten Weltkriegs soll Leo Kirch beim Arbeitsdienst gesteckt haben.[2] Dort schließt er Freundschaft mit Wolfgang Wunder, der später einer seiner Vertrauten im Bank-Business wird. Es mag ein fränkischer Charakterzug sein, daß Leo Kirch gerne persönliche Treue mit geschäftlichem Nutzen paart. Jedenfalls gehört Wunders Bankhaus H. Aufhäuser, München, Löwengrube 18, zu den ersten größeren Kreditgebern von Kirch; und Wunder selber wird sich unter die Treuhänder einreihen, die für ihn eine Zeitlang heimlich Anteile am Springer-Konzern halten. Kirch studiert in Nürnberg Mathematik und Betriebswirtschaft, er promoviert.

An der Universität trifft er auf einen gleichaltrigen Studiengenossen. Sein Kumpel Hans Andresen repräsentiert vieles von dem, was der so hochbegabte wie schüchterne Kleinstädter nicht hat. Anders als Kirch liebt es der quirlige, fremdsprachenkundige Ostpreuße, auf Menschen zuzugehen. Andresen ist kein Streber – er ist ein Original. Während seines Studiums soll er einem Dutzend anderer Studenten in ganz unterschiedlichen Fächern die Doktorarbeiten geschrieben haben. Der Kopf von Leo und die Klappe von Hans: Dieses

Duo wird Mediengeschichte schreiben.

Zunächst erproben die beiden ihre Fähigkeiten mit den typischen Deals der Nachkriegszeit. Nähnadeln werden eingekauft und in Jugoslawien umgetauscht. Andere Berichte – unbestätigt wie fast alle Details aus den frühen Jahren von Kirch – sprechen davon, man habe auch billige Feldstecher aus der sowjetisch besetzten Zone für gutes Geld nach Spanien verscherbelt.[3] Schon bald wittern Kirch und sein Freund Andresen im Filmgeschäft das große Fressen. Jedenfalls wird noch in Nürnberg Kirchs erste Firma gegründet, die Sirius-Film.

Unklar bleibt dagegen, wann genau die beiden für ihren ersten Filmeinkauf löhnen mußten. Hans Andresen, heute nur noch an der Peripherie – hauptsächlich in Japan – für Kirch tätig, ausgebootet und ausgebrannt, weiß das alles und noch viel mehr. Aber wenn er sich erinnert, dann am liebsten an die alten Zeiten: «1955 haben wir gemeinsam angefangen, in Barcelona. Dort haben wir einen spanischen Film gekauft 'Marzellino, pane e vino.'» Und, natürlich: «Auf der Rückreise haben wir im Volkswagen übernachtet, weil uns das Geld für ein Hotel gefehlt hat.»[4]

1955 dürfte auch das Jahr gewesen sein, in dem das Duo von Nürnberg nach München umzieht und endgültig aus der Provinz aufbricht. Sein neues Quartier freilich wirkt alles andere als repräsentativ. Ob nun ein winziger Schreibtisch im Büro eines Bekannten stand, so die eine Legende, oder die schmuddelige Ecke in einem Café in der Nähe des Sendlinger Tors das Kontor abgab, vieles spricht für das Café – der Anfang in München fällt sehr karg aus. Leo Kirch, hungrig erzogen, nimmt daran jedoch keinen Anstoß; noch später, als er sich längst andere Räumlichkeiten leisten kann, regiert er sein Imperium aus einer kleinen Stube in der Kardinal-Faulhaber-Straße.

Das erste richtige Geschäft, und hier beginnen die Quellen übereinzustimmen, machen Kirch und Andresen Mitte der 50er Jahre in Rom. An einem regnerischen Januartag des Jahres 1956 landen die beiden Jungunternehmer auf dem riesigen Areal der Filmstadt Cinecittà; geschickt erreichen sie, daß ihnen Federico Fellinis Streifen «La Strada» vorgeführt wird. Andresen muß schon damals ziemlich perfekt italienisch parliert haben. Der Film gefällt ihnen, er soll 130.000 Mark kosten. Viel Geld für die damalige Zeit und noch mehr Geld für jemanden, dessen Buchhaltung bestenfalls in einen Schuhkarton paßt. Dennoch kommt das Geschäft zustande. Einen Teil des Batzens – 20.000 Mark – besorgt wohl Kirchs Frau Ruth.

Jetzt besitzen die jungen Leute zwar die deutschsprachigen Rechte an einem Film, aber damit haben sie ihn noch lange nicht weiterverkauft. Ihre Zitterpartie dauert mehrere Monate. Die Kreditgeber fangen bereits an, unruhig zu werden, da gelingt es, «La Strada» in Österreich in die Kinos zu boxen. Ein Anfang ist gemacht. In Deutschland übernimmt der Constantin-Verleih das anspruchsvolle «Lied der Straße». Kirchs Risikobereitschaft zahlt sich aus. «La Strada» – damals in Italien ein Skandal, heute ein Klassiker des Neo-Realismus – spielt sogar im genormten Nierentisch-Deutschland mehr Geld ein, als die Lizenz gekostet hat.

In dieser Zeit herrscht zwischen der Kino-Wirtschaft und dem machtvoll aufkommenden neuen Medium Fernsehen ein offener Schlagabtausch. Eine Million Fernsehteilnehmer katapultieren die Bundesrepublik an die fünfte Stelle der TV-Nationen; Regionalprogramme und Werbefernsehen starten; der Dortmunder Fernsehturm wird eingeweiht, das vorerst höchste Bauwerk im Westen Deutschlands. Während sich die Filmverleiher weigern, mit den Rundfunkanstalten Geschäfte zu machen («Keinen Meter Film dem Fernsehen!»), hat Kirch seine Königsidee: Er sieht voraus, daß die Front gegen das «Pantoffel-Kino» nicht mehr lange halten wird. Geschickt nutzt er die Lücken der Boykott-Regelung sowie den Programmbedarf der ARD, damals das einzige Fernsehangebot, um sich als Lieferant der begehrten Ware zu etablieren. Nach dem italienischen Film sind polnische Streifen dran, frühe Polanskis und Arbeiten von Regisseur Andrzej Wajda.

Ende der 50er Jahre gelingt es Kirch, die deutschsprachigen Rechte des Evergreens «Casablanca» zu ergattern. Ein Coup nach allen Regeln der Kunst. Allein bis 1987 wird Humphrey Bogart vierzehnmal «Ich schau Dir die Augen, Kleines» murmeln. Kirch wird dafür vierzehnmal bezahlt. Für «Casablanca» mußte er 1959 gerade 3000 Dollar auf den Tisch legen. Nun kann man nicht jeden Tag Meisterwerke verkaufen. Aber auch die durchschnittliche Ware fließt munter ab. Während die Zahl der Kinobesucher in den Keller rauscht (von 817 Millionen – 1956 – auf 366 Millionen im Jahr 1963) werden immer mehr Kinofilme im Fernsehen ausgestrahlt: 1959 sind's noch 45 Streifen, zwei Jahre später bereits 125.

Am Schluß des Jahrzehnts haben Kirchs Geschäfte eine solche Größenordnung erreicht, daß sein sprachgewandter Chefeinkäufer Hans Andresen das gehetzte Leben aus dem Koffer gegen eine ständige Adresse im Ausland eintauscht: das New Yorker Hotel Waldorf-Astoria. Ein guter Name? Für die Visitenkarte, das schon. Aber sonst ein erbärmlicher Winkel. Um Kosten zu sparen, haust Kirchs Kompagnon in einem Chauffeurszimmer der Nobelherberge.[5]

Doch der Trick scheint zu funktionieren. Andresen gelingt es, in den USA die Rechte an 400 Filmen des Hollywood-Studios United Artists/Warner Brothers aufzutreiben. Diese Größenordnung bedeutet ein enormes Risiko für den immer noch lernenden Filmhändler: 900 Titel sind im Angebot, davon müssen 400 abgenommen werden. Doch nur für 70 hat Hans-Joachim Wack, schwergewichtiger Boß der ARD-Einkaufsorganisation «Degeto», sein Interesse zugesichert. Kirch muß die Filme auf Kredit kaufen und kann nicht damit rechnen, mehr als die eingeräumte Quote bei der ARD unterzubringen. Zum ersten Mal steht sein gesamtes Geschäft auf der Kippe. Und erstmals hat die ARD eine Gelegenheit, den selbstbewußten Zwischenhändler auszuschalten. Würde er nur die sicheren 70 Titel kaufen, so – erinnert sich der Unternehmer – «hätte ich automatisch den Anstalten den Weg in das Geschäft geöffnet, denn dann hätten die Amerikaner mich nicht mehr gebraucht».[6]

Die Intendanten aber halten still und Kirch wählt das Risiko. Er zahlt für die ganze Rutsche knapp sechs Millionen Mark, von denen nur zwei Millionen – pro Spielfilm kann er der ARD 29.500 Mark berechnen – durch Verkäufe abgedeckt sind. Der Rest wandert ins Lager. So baut sich, mehr aus einer Notlage heraus, der berühmte

«Filmstock» von Leo Kirch auf, der später Tausende von Lizenzen umfassen wird und bis heute die Basis aller Eroberungszüge bildet.

Kirch ist auf vier Millionen Mark sitzengeblieben und die Gossenberg-Bank in Essen, sein Haus-Institut, droht mit einer Kündigung der Kredite. Doch da reißt die ARD den geschätzten Zulieferer aus dem drohenden Schlamassel. Ihr Vorsitzender Hans Bausch, Intendant des Süddeutschen Rundfunks und später ein ausgemachter Kirch-Skeptiker, bestätigt schriftlich, das Erste Programm sei an seinen Angeboten «sehr interessiert».[7] Wie gewünscht, beruhigen sich die nervösen Banker wieder.

1960, gerade fünf Jahre nach seinem ersten Münchner Auftritt, hält Kirch bereits Lizenzen an über 600 Spielfilmen bereit. Der Schuhkarton-Charme der Anfangszeiten ist vorbei. Zur Jahreswende 1959/60 wird denn auch in München die Beta-Film gegründet, bis heute eine der Stammfirmen des Imperiums. Eigentümer dieser Firma sind mit einer Einlage von jeweils 250.000 Mark der Diplom-Kaufmann Leo Kirch und Generaldirektor Waldfried Barthel, Chef der Constantin-Film. Der Verleiher sucht eine Alternative zum bislang geführten Kampf gegen die Mattscheibe, und so wird als Unternehmenszweck der Beta (eine «Alpha» gab es schon) ins Handelsregister eingetragen: «Alle in der Filmbranche und auf dem Gebiete des Fernsehens vorkommenden Geschäfte».

Kirch ist in dieser Zeit durchaus nicht immer der aktive Partner. Die Idee zum großflächigen Handel mit Lizenzen soll zum Beispiel, so sagen Insider, von Barthel ausgegangen sein, dem wiederum der Engländer Ian Warren, ein alter Branchen-Hase, dieses nahegelegt hatte. Korrekte Geschichtsschreibung ist in den fluoreszierenden elektronischen Medien, in denen oftmals persönliche Beziehungen und mündliche Verabredungen das wichtigste Kapital darstellen, besonders schwierig. Dennoch: Die Legende vom einsamen Visionär Leo Kirch läßt sich nicht aufrecht erhalten.

Immerhin zahlen sich Anfang der 60er Jahre seine unkonventionellen Überlegungen erstmals richtig aus. Diesmal rangelt man sich auch nicht um 70 Filme, die der ARD plausibel gemacht werden sollen, sondern bereits um rund 700 Streifen. Als Verkäufer ist der Weinbauernsohn absolute Spitze. Die Filme freilich, ohne die Kirchs Klavier nicht klimpern würde, werden von Hans Andresen akquiriert. Und für die Kreditwürdigkeit bei den Banken sorgt in dieser Phase vor allem auch der gute Ruf von Verleihkönig Barthel.

Für die Hilfe beim Einstieg in eine zukunftsträchtige Branche zeigt sich der Franke jedoch wenig erkenntlich. Denn schon vier Jahre nach der Beta-Gründung läßt er durch den Straubinger Rechtsanwalt Martin Wackerbauer eine Konkurrenzfirma zu seinem Joint-venture ins Handelsregister eintragen, die Taurus-Film GmbH. Kirch tritt bei dieser Firma zunächst überhaupt nicht in Erscheinung. Erst am 8. Dezember 1972 übernimmt er die Geschäftsführung von Wackerbauer. Ein Jahr darauf ist dann Barthel fällig. Am 5. November 1973 reicht der Filmverleiher seine Einlage in der Beta-Film an Leo Kirch weiter, der somit 499.000 Mark an der Firma hält und Ende 1973 seine beiden Stammhäuser Beta und Taurus auf dem Markt plaziert hat.

Barthel ist dem Tempo, das der expansive Partner vorlegt, schon länger nicht mehr gewachsen. Die Einkäufe in Amerika – bereits im Gründungsjahr 1964 kommt die Taurus mit den großen Studios MGM, Fox und Paramount ins Geschäft – sind ihm zu riskant, auch wegen zunehmender Turbulenzen mit seiner eigenen Constantin-Film. 1965 verkauft Konsul Barthel 60 Prozent seiner Firma an den Bertelsmann-Konzern, wofür sich der Gütersloher Generalbevollmächtigte Manfred Köhnlechner stark gemacht hatte. Den Deal vermittelt Leo Kirch. Das ist seine erste Berührung mit dem westfälischen Medienkonzern.

Die Nordlichter, die absurderweise in der Kinoflaute eine Kino-Firma gekauft haben, werden ihres Engagements nicht froh. Barthel schippert währenddessen mit seiner vom Verkaufserlös erstandenen Jacht «Felicitas» über die Weltmeere. 1971 meldet er sich zurück und übernimmt wieder 100 Prozent seiner alten Firma. Der Sieger jedoch bei diesem Hin und Her heißt Leo Kirch. Barthels Jacht gerät in seinen Besitz und wird zum ersten Statussymbol des künftigen Medienmoguls. Die Constantin-Film gibt es heute nicht mehr; dafür aber seit 1978 eine Neue Constantin, an der Kirch inzwischen wesentliche

Anteile besitzt. Barthel selber endet verbittert im Abseits. Sein Schicksal entspricht dem vieler ehemaliger Kirch-Gänger und Kirch-Gönner.

Neben einer intensiven Pflege guter Kontakte zum ARD-Einkäufer Wack und dessen Vorgesetzten – noch bis weit in die 70er Jahre macht Kirch überwiegend mit dem Ersten Programm seine Geschäfte – beobachtet Kirch sehr genau die Bemühungen in Bonn unter Bundeskanzler Konrad Adenauer, ein zweites Fernsehprogramm zu etablieren. Da diese Aktionen nahezu den Charakter eines TV-Putsches tragen, also schnellstmöglich zum Erfolg gelangen sollen, wird auch bereits Programm gehortet. 400 Stunden Fernseh-Unterhaltung kommen so zusammen. Ganz unwahrscheinlich, daß darunter nicht auch jede Menge Kirch-Ware stecken soll.

Der Münchner kann mit den – auch politisch motivierten – Plänen aus dem Kanzleramt nur einverstanden sein. Seine Devise: Je mehr Sender, desto mehr potentielle Abnehmer, desto höhere Preise pro Spielfilm und Serie, desto höhere Bewertung des Filmvermögens, desto höhere Kreditwürdigkeit. Eine einfache Formel, gewiß. Sie leitet Kirch bis heute. Ihre Tragfähigkeit wird, wie bei fast allen Kirch'schen Kniffs, Tricks und Methoden, nicht zufällig in den Wildwest-Jahren der jungen Republik erprobt und ausgefeilt.

Im Juli 1960 etabliert «der Alte» die Deutschland-Fernsehen GmbH. Dagegen laufen die Bundesländer Sturm: Fernsehen, so die dringliche Argumentation der Ministerpräsidenten, falle unter die Kulturhoheit der Länder. Das Bundesverfassungsgericht gibt ihnen 1961 spektakulär Recht. Jetzt sind die Länderchefs am Zug. Bereits ein Jahr später schließen sie einen Staatsvertrag über die Gründung des Zweiten Deutschen Fernsehens. Im April 1963 nimmt das ZDF den Sendebetrieb auf.

Die Mainzelmännchen logieren noch in ihren provisorischen Baracken-Unterkünften in Eschborn bei Frankfurt, selbstironisch «Telesibirsk» genannt, da schafft es Kirch bereits, der Senderspitze ein Filmpaket mit 300 Titeln für rund 15 Millionen Mark zu verkaufen.[8] Die Fernseh-Neulinge – Intendant Karl Holzamer war Ordinarius für Philosophie und wurde erst nach einem Parteien-Geschacher auf den

Posten gehievt – sind dankbar für jedes Stück Programm, das ihnen extern zugeliefert wird. Und das betrifft nicht nur Spielfilme, Serien und Kinderprogramme aus der Kirch-Pipeline.

Schnell etablieren sich Dutzende von mittelständischen Produktionsfirmen im Dunstkreis des ZDF, die hauptsächlich für die Programmdirektion des Senders arbeiten. Heute wird diese «kreative Spitze», ohne die das ZDF nie groß geworden wäre, zunehmend von Existenzsorgen gebeutelt. Viele Firmen sind längst zusammengebrochen. Und die wenigen übrig Gebliebenen haben auch angesichts Kirchs eigener Produktionsaktivitäten kaum eine Überlebenschance.

1959 hatte die ARD nicht aufgepaßt; damals hätte sie Kirch beim Großeinkauf in Hollywood abhängen können. In diesen Monaten nun geschieht der Sündenfall des ZDF: Man erlaubt sich einen externen Programmbeschaffer, der die große Welt – konserviert in Filmrollen, aktivierbar durch Beziehungen zu Stars und Sternchen aus Politik, Kultur und Unterhaltung – in das beschauliche Mainz bringt. Diese denkwürdige Liaison wird sogar dann noch funktionieren, wenn Kirch dem ZDF offen Konkurrenz macht. Monate vor dem regulären Sendebeginn des ZDF hatte der spätere Programmdirektor Gerhard Pager bereits vor der Monopolstellung von Kirch gewarnt. Der Filmhändler sei in der Lage, «einen beträchtlichen Einfluß auf die Programmplanung von Filmen und somit auf die Programmstruktur zu nehmen».[9] Dennoch wird im Gegensatz zur ARD keine eigene Einkaufs-Organisation aufgebaut.

In die frühen 60er Jahre fällt noch eine zweite Firmengründung von Leo Kirch. Der kunstsinnige Kaufmann, der mittlerweile die Klaviatur seiner Branche perfekt beherrscht, etabliert 1964 zusammen mit dem Dirigenten Herbert von Karajan die Firma Cosmotel zur Produktion von Konzert- und Opernfilmen. Die Idee dazu hat der medieninteressierte Maestro mitgebracht, dem der Franke in der Salzburger Gesellschaft zugeführt wird. Kirch wiederum dürfte dabei zweierlei gereizt haben: Die Möglichkeit, solche Musikfilme auch in Länder verkaufen zu können, die niemals einen deutsch synchronisierten Spielfilm akzeptieren würden; und die Gelegenheit, sich an der Seite von

Karajan gesellschaftlich und kulturell zu etablieren. Eine typische Melange à la Kirch. Geschäftliche Vorteile mischen sich mit persönlicher Kompensation.

Erste Produktion der Cosmotel ist – so erinnert sich Fritz Buttenstedt, von Anfang an Kirchs Mann für die Fernseh-Version von «Ernster Musik» – die Aufzeichnung der Puccini-Oper «La Bohème», in einer Inszenierung durch Franco Zeffirelli. Karajan steht am Pult; die Mailänder Scala glänzt. Aber nur für Uneingeweihte. Denn hinter den Kulissen ist der Konflikt bereits programmiert. Buttenstedt, inzwischen, wie etliche Überlebende aus der Führungs-Crew der frühen Jahre, dem Pferch entronnen und selbständiger Produzent, berichtet: «Die Zusammenarbeit zwischen Kirch und Karajan litt unter einem gravierenden Meinungsunterschied. Karajan war der Überzeugung, daß nur die Gewinne der Firma fifty-fifty geteilt, die Verluste aber allein von Kirch getragen werden sollten.»[10]

Zusammen mit Kirchs damaligen Rechtsanwalt Walter K. Ziegaus plädiert er 1966 für die Gründung einer neuen Firma mit identischem Betätigungsfeld, Markenzeichen «Unitel». Während Karajan also weiter im Auftrag der Cosmotel produziert, gelingt es Buttenstedt, so berühmte Dirigenten wie Karl Böhm, Rafael Kubelik und Karl Richter für die Unitel unter Vertrag zu nehmen. Die Stars wären auch nicht für ein Label zu gewinnen gewesen, an dem der geschäftssüchtige Karajan beteiligt ist.

Der Virtuose muß mit einem Wutausbruch auf die Gründung der Parallel-Firma reagiert haben, kann aber Kirch nicht nachweisen, an der Unitel – die im August 1966, zwei Jahre nach der Cosmotel, in das Münchner Handelsregister aufgenommen wird – persönlich beteiligt zu sein. Erst Anfang der 70er tritt der Puppenspieler als Mehrheitsgesellschafter der Unitel aus der Kulisse. Die Cosmotel ist inzwischen liquidationsreif; ihre Produktionsrechte werden auf die Unitel übertragen. Bis zu Kirchs offiziellem Engagement sorgen die Anteilseigner Ziegaus (87,5 %) und Buttenstedt (12,5 %) für eine tadellose Fassade.

Mit der Unitel ist Kirchs dritte Stammfirma auf dem Markt. Erneut ließ sich eine typische Geburts-Methode beobachten, deren offenkundiger Erfolg auch künftig immer wieder angestrebt werden wird. Fragen der Fairneß oder gar des Wettbewerbsverbotes verblassen vor der radikalen Fähigkeit des Franken, die Leistung anderer für seine Zwecke auszunutzen. In der «Bibliothek», dem Lizenzlager der Unitel, stehen heute mehrere hundert Programmstunden zur Auswahl bereit. Kirch, ganz Mäzen, betont, in diese Kunst-Konserven mehr als 500 Millionen Mark investiert zu haben. Er erwähnt nicht, daß sein Engagement nur mit den Gebührengelder der öffentlich-rechtlichen Sender, besonders des ZDF und des Österreichischen Rundfunks (ORF), möglich war. Seit die Wiedergabetechnik dank der CD-Video wesentlich verbessert wurde, will der Filmkaufmann mit dem Unitel-Pfund weiter wuchern.

Anmerkungen

1 Der Spiegel 42/1987
2 Henno Lohmeyer: Die Macher und die Mächtigen – Fernsehen in Deutschland, S. 270. Verlag v. Hase & Koehler, München 1989.
TV-Produzent Lohmeyer skizziert Leo Kirch und seine Firmengruppe auf der Basis eigener Erfahrungen. Wertvoll besonders wegen seiner Gespräche im Produzenten-Lager.
3 Hans-Jürgen Jakobs, Uwe Müller: Augstein, Springer & Co. – Deutsche Mediendynastien, S. 257. Verlag Orell Füssli, Zürich/Wiesbaden 1990.
Jakobs/Müller geben einen summarischen Überblick zum Thema, ergänzt durch Chronik und Organigramm.
4 Lohmeyer, S. 270
5 Lohmeyer, S. 273
6 manager magazin 8/87
7 Der Spiegel 42/1987
8 Klaus Wehmeier: Die Geschichte des ZDF, Teil I, S. 128. Verlag v. Hase & Koehler, Mainz 1979.
9 Wehmeier, S. 128
10 Lohmeyer, S. 263

Teil 2:
Durchbruch

1965 bis 1975: die entscheidenden Jahre. Springers Anti-ZDF-Kampagne. Das Regiment des ZDF-Programmdirektors Joseph Viehöver. Die Hammerschmidt-Affäre. Was heißt «Spielfilm-Paket»? Kritik des Landesrechnungshofes an Kirch-Einkäufen. Gerd Bacher soll ZDF-Intendant werden. Wie Kirch beim ORF Verträge schmiedet. Die merkwürdige Karriere der Firma Telefilm. Die Legende von den stabilen Preisen, am Beispiel ARD. Begrenzungsquoten greifen nicht. Kirchs ARD-Freund Werner Hess. Einige TV-Manager riechen bereits den Braten. Kirch will schnelles Geld.

Zehn Jahre entscheiden über die heutige Marktstellung von Leo Kirch und seiner Firmengruppe. Ohne die enormen Verkaufserfolge zwischen 1965 und 1975 – hauptsächlich bei der ARD, zunehmend beim ZDF – hätte Kirch die späteren Krisen geschäftlich nie überstanden. Seine Programmvorräte wie sein Know-how-Vorsprung machen ihn für lange Zeit unantastbar.

Aber auch historische Fehler bei der Gründung der Mainzer Anstalt kommen seinen Aktivitäten entgegen. Kaum den gierigen Händen des Bundeskanzlers entwunden, wird der Sender von den Ländern regelrecht aus dem Boden gestampft. Dabei übersehen die Ministerpräsidenten zum Beispiel, ihm das übliche Dotationskapital mit auf den Weg zu geben. Diese fehlende finanzielle Grundausstattung ist eine der Ursachen für die Überschuldung des ZDF in seinen ersten Jahren. Allein 1963 müssen bei den Banken 69,3 Millionen Mark beschafft werden. Was heißt das für's Programm? Antwort: möglichst viel möglichst billig einkaufen. Welche Programmsorte gibt es viel und billig? Antwort: Spielfilme und Serien von Leo Kirch.

Erster Programmdirektor des ZDF und damit die entscheidende Figur für Kirch, um seine Geschäfte einzufädeln, ist Ulrich Grahlmann. Das SPD-Mitglied, zuvor Leiter des Bonner Büros des Südwestfunks, zeichnet sich durch keinerlei Erfahrungen im Management oder im Umgang mit Millionensummen aus. Bereits im ersten Amtsjahr überzieht Grahlmann seinen Etat um 12 Millionen Mark. Mit Verve geht er daran, das ZDF als Unterhaltungssender zu profilieren.

Während dessen denkt der Verleger Axel Cäsar Springer in Berlin darüber nach, ob und wie ein Fernseh-Engagement sinnvoll sein könnte. Die britische Situation – öffentlich-rechtliches Programm gegen privates – stimuliert diese Überlegungen. Ergebnis: Springer würde am liebsten das ZDF aushebeln. Die unübersehbaren Etatprobleme des Mainzer Senders und allgegenwärtige Gerüchte über Mißwirtschaft beim ZDF befördern den Plan. Nur müßte man das Skandalon genauer kennen.

Springer beauftragt den Hamburger Rechtsanwalt Herman Ferdinand Arning, seinen Chef-Justitiar und seit September 1964 «Bevollmächtigten für elektronische Publikationsmittel», mit der Recherche. Die lauten Schlagzeilen in den Springer-Blättern («Zweites Fernsehen: Pomp auf Pump») werden jetzt ergänzt durch eine lautlose Ausforschungsaktion, die Arning gegenüber dem ZDF in Gang bringt. Sie bleibt nicht ohne Ergebnisse. Dokumente, wichtigtuerische Aussagen von frustrierten ZDF-Mitarbeitern, aber auch viel Klatsch füllen Arnings Giftschränke. Sein Auftrag an die Zuarbeiter hatte gelautet: Beschaffen Sie mir «juristisch unanfechtbare Tatsachen»![1]

Doch das Material ist nicht danach. Der Verleger hält es schlicht für «nicht beweiskräftig». Deswegen werden die Geheimakten «verschlossen». Offenbar nicht wasserdicht genug. Denn als der «Spiegel» am 7. August 1967 erstmals ausführlich über Arnings Aktionen und die Hintergründe des geplanten «Springer-Fernsehens» berichtet, wird auch aus dem Material der Rechercheure zitiert. Die waren schnell auf die Spielfilm-Geschäfte mit Kirch gestoßen. So schreibt das Magazin unter Berufung auf die Ausgrabungen der Springer-Maulwürfe: «Für 50 Millionen Mark» habe das ZDF ausländische Produktionen von der Beta übernommen, «ohne die einzelnen Stücke vorher angesehen zu haben».[2]

In dem ohne Genehmigung publizierten Springer-Material geht es auch um angebliche Bestechung. Im Jahr nach dem 50-Millionen-Deal sei ein Mainzer Hauptabteilungsleiter in den Besitz eines Kabinenkreuzers gelangt, «der vorher einem Geschäftsführer der Beta-Film gehört habe». Der von diesem kolportierten Gerücht betroffene Manager kann sich jedoch offenbar reinwaschen. Der Bestechungsvorwurf wurde «von dem Mitarbeiter widerlegt», betont das ZDF später.

Dies alles und noch viel mehr spielt sich – so oder so – in der Amtszeit des Programmdirektors Grahlmann ab. Der Sender ist in jenen Jahren von einer Wolke aus Unzufriedenheit und Mißtrauen, Verdächtigungen und Kritik umgeben. Diese vergiftete Atmosphäre belegt auch ein anonymer Brief, wohl aus der ZDF-Programmdirektion, der im Sekretariat von Spiegel-Chef Rudolf Augstein eingeht. Auszüge: «Wann bringen Sie endlich die ganze Korruptionsaffäre? Grahlmann bekam 10 % von den Millionenankäufen. Grahlmann ging endlich. Die Taktik ist besser geworden. Dr. Kirch steuert jetzt einen Hugenberg-Konzern von 28 Firmen, die scheinbar unabhängig sind; damit werden die Aufsichtsgremien getäuscht! Decken Sie endlich diese Korruptionsaffäre auf! Handeln Sie bitte.»

1965 findet die Amtszeit des Programmdirektors ein abruptes Ende: Grahlmann kündigt sein Anstellungsverhältnis. Und der Intendant Karl Holzamer, stets bieder bemüht, «eine intakte Welt zu schaffen und keine in sich zerfallende», entspricht diesem Wunsch – wegen Grahlmanns «anstaltsschädigenden, vertragswidrigen Gesamtverhaltens». Solange das ZDF seine Bücher geschlossen läßt, weiß niemand, warum Grahlmann wirklich gehen mußte. Hat er bei der Beta tatsächlich Provisionen kassiert? Holzamer will an seiner «Verhandlungsführung mit Produzenten» nichts Verwerfliches gefunden haben. Die Karriere des Spitzenmanagers ist jedenfalls beendet. Grahlmann passiert das, was vielen widerfährt, die Kirchs Wege kreuzen: Er stürzt ab. «Arm wie eine Kirchenmaus» sei er gewesen, als ihm der Produzentenverband schließlich eine Unterstützung zukommen läßt.

Vorher hat er wohl Springer angeboten, einiges über das ZDF auszuplaudern; das berichtet Arning, und der Spiegel verweist genüßlich darauf. Aber auch der Chef der «Abteilung Pub.» (Haus-Jargon) muß für seinen Übereifer bezahlen. Anfang Oktober 1967 dankt er als Fernseh-«Bevollmächtigter» ab; offizielle Begründung: wachsende «juristische Verpflichtungen».[3]

Nachfolger von Grahlmann auf dem heißen Stuhl des ZDF-Programmdirektors wird Joseph Viehöver, bis dahin stellvertretender Intendant des Deutschlandfunks. Der vierschrötige, rechte SPD-Mann, dessen Medien-Karriere als Pressechef des DGB begann, ist ganz nach dem Geschmack des Intendanten geraten. «Die Grundbasis unserer Arbeit ist konservativ», erklärt mir Viehöver mit blanken Augen in einem Interview. Und dann, noch engagierter: Er sei «nicht von dem Gedanken abzubringen, daß in der Jugend zu Disziplin und Strenge angehalten werden muß». Das ist eine Kampfansage gegen die pädagogische Stimmung in der Republik zur Mitte der 60er Jahre.

Ins Schwärmen dagegen gerät der Postbeamten-Sohn bei seinem Umgang mit den Stars und Sternchen, die das Unterhaltungsprogramm des ZDF füllen. Wohl um sich dafür den Rücken freizuhalten, setzt er auf den wichtigen Posten des Unterhaltungschefs einen Vertrauten und Duz-Freund, mit dem er seit 1946 Kontakt hält: Heinz Oepen, einen Sachverständigen für Ernste Musik. Der bis dahin amtierende oberste Unterhalter Otto Meissner muß seinen Platz räumen. Zuvor hatte es sich der Berliner mehrfach verbeten, von der Ehefrau seines Direktors Ratschläge für das Programm entgegennehmen zu müssen. Es dürfte tüchtig gekracht haben. Meissners Vertrag wird nicht verlängert. Der Profi macht sich in seiner Heimatstadt mit einer Produktionsfirma selbständig.

Die Zusammenarbeit zwischen Viehöver und seiner Schachfigur Oepen verläuft zunächst reibungslos. Im Januar 1970 jedoch spielt Viehövers Frau wieder eine Rolle, als «rein privater Ärger» (Oepen) die Allianz der beiden zerstört. Der Musikwissenschaftler ist zu dieser Zeit der blonden «Kleinkünstlerin» («Spiegel») Rut Rex «freundschaftlich verbunden».

Bei dem sich anbahnenden Zerwürfnis könnte der Umstand mitgewirkt haben, daß der zurückhaltende Mann in die jetzt immer offensiver vorgetragenen Bemühungen von Leo Kirch gegenüber dem ZDF nicht so recht einzubinden ist. Viehöver braucht einen Anlaß, um Oepen zu entmachten. Der Programmflop «Hei-Wi-Tip-Top» – eine Klamotte im Reinigungsmilieu mit Heidi Kabel und Willy Millowitsch – liefert ihn: Viehöver degradiert seinen Unterhaltungschef vom Hauptabteilungsleiter zum einfachen Redakteur. Oepen ist zunächst verdattert, zieht dann aber vor das Arbeitsgericht und erstreitet sich seine Rehabilitation. Auf seinen alten Posten kehrt er nicht zurück; da sitzt, als Oepen vor Gericht fertig ist, bereits der vormalige Viehöver-Assistent Peter Gerlach.

Drei Monate nach dem tiefen Fall des Unterhaltungschefs heiratet die Dame mit dem «blechernen Organ» («Süddeutsche Zeitung») den inzwischen verwitweten Programmdirektor, der seiner Sängerin sodann reichlich ungeniert behilflich ist. Moralist Karl Holzamer mag so etwas nicht. Der Intendant entscheidet «entsprechend der im ZDF geltenden Ordnung», sie dürfe nur in «höchstens zwei Produktionen jährlich» eingesetzt werden.

Rut Rex und Joseph Viehöver leben in einer stattlichen Villa in Wiesbaden. Ihr Umgang mit den Stars damaligen Zuschnitts wird eher noch intensiver. Oepen giftet, der Stellvertreter des Intendanten mache mit seinem aktuellen Duz-Freund Vico Torriani schon mal Urlaub in St. Moritz. Auch die Behauptung, er pflege gern mit einem der beiden Jets von Leo Kirch zu reisen, bleibt unwidersprochen. Kein Wunder also, daß der Herr Direktor sich bald auch selber für einen Star hält. Mit allem was dazu gehört: Goldenes Feuerzeug, goldener Rasierapparat, und ein Portrait, das den Entflammten in der öligen Version eines gewissen Leslie B. DeMille zeigt, dem Neffen des berühmten Filmzaren. Hochempfänglich für Streicheleinheiten und ein wahrer Grizzlybär des harmonisierenden Kitsches, hat Viehöver überhaupt nichts dafür übrig, wenn sich jemand skeptisch über seine Beziehung zu Leo Kirch äußert.

Am 27. Januar 1970 macht der ZDF-Redakteur Hans-Jürgen Bobermin bei seinem Chef, der sich gerade in einem Wiesbadener Krankenhaus von einer Herzattacke erholt, einen Höflichkeitsbesuch. Dabei erzählt der feinfühlige Bobermin dem Rekonvaleszenten, er habe gehört, wie ZDF-Chefdramaturg Wolfgang Hammerschmidt ihn, Viehöver, verleumdet habe. Bei einem nächtlichen Spaziergang soll Hammerschmidt geäußert haben, Viehövers Villa in Wiesbaden sei von einem Fernsehproduzenten mitfinanziert worden, als Dankeschön für diverse Aufträge. Der dünnhäutige Brocken ist elektrisiert. Wenige Tage später fordert er den Kopf des angeblichen Denunzianten. Tatsächlich wird Hammerschmidt, einem fähigen Programmacher, am 3. Februar die fristlose Kündigung ausgesprochen.

Dagegen zieht der Dramaturg vor Gericht. Im Juni 1970 gewinnt er die erste Instanz. Der Richter meint, nicht Hammerschmidt, sondern der Informant sei zu entlassen gewesen. Doch das ZDF legt Berufung ein. Ein Jahr später gewinnt Hammerschmidt vor dem Landesarbeitsgericht auch diesen Prozeß. Er kehrt in die Anstalt zurück, übernimmt eine Aufgabe in der Chefredaktion und ist somit Viehövers Machtgehabe entzogen. Wenn ich ihm in dieser Zeit auf den endlosen Gängen des Mainzer Fernsehlabyrinths begegne, wirkt er wie ein gebrochener Mann, stillgelegt wie Heinz Oepen, verstummt.

Auch andere ZDF-Manager sind vor dem Argwohn ihres Bosses nicht sicher. Jeder, der über die Beziehungen zu Leo Kirch angeblich oder tatsächlich redet, muß mit Sanktionen rechnen. So äußert sich Klaus Brüne, Filmredakteur des ZDF, Mitte 1969 in dem Branchendienst «Filmreport» über die Zusammenarbeit mit Beta: «Der Prozentsatz belangloser Filme ist im Augenblick in der Tat unangemessen groß. Wir senden den Bodensatz.»[4] Viehöver schränkt daraufhin Brünes Verantwortung ein; er muß seinen Job als stellvertretender Hauptabteilungsleiter aufgeben. Später versucht er, die Äußerungen aus der Welt zu schaffen – als «aus dem Zusammenhang gelöste und unvollständige und irreführende Wiedergabe eines angeblichen Zitates». Ein Mann mit Angst?

Wie immer die ZDF-Redakteure ihren Ärger wegfressen, Leo Kirch und seine Firmen machen in diesen Jahren mit dem ZDF blendende Geschäfte. Der Spiegel, als einziges Blatt frühzeitig Kirch auf der Spur, berichtet davon, daß Abgeordnete der Beta im Ausland sogar «als offizielle Vertreter» des ZDF auftreten. Ein klarer Vorwurf. Der Verwaltungsrat, das oberste Kontrollgremium der Anstalt beschäftigt sich mit ihm und empfiehlt, «von einer Gegendarstellung und einem Berichtigungsverlangen abzusehen».

Auch im Inland merken etliche, die mit dem ZDF ins Lizenzgeschäft kommen wollen, sehr schnell, daß sich der Umweg über die Münchner Kardinal-Faulhaber-Straße 15 oftmals anbietet. Ein hartes Brot, wie Regisseur Carl Junghans erfahren muß. Er verhandelt mit der Beta über die Ausstrahlungsrechte an seinem berühmten Stummfilm «So ist das Leben», doch mit den Konditionen, zu denen die Beta offenbar abschließen will, ist er überhaupt nicht einverstanden. Sein Rechtsanwalt Gerhart F. Rothe aus München warnt ihn vor dem von Kirch angebotenen Vertrag: «Sie sollen nicht nur die Fernsehverwertungsrechte übertragen, sondern gleichzeitig auch die uneingeschränkten Kinoverwertungsrechte. Beta glaubt offenbar, ihnen solche Bedingungen zumuten zu können, weil das Zweite Deutsche Fernsehen die Fernsehverwertungsrechte an Filmen über dieses Unternehmen zu erwerben pflegt.» 25.000 Mark bietet Kirch dem Regisseur für die Übertragung der Rechte; doch 90.000 Mark lassen sich bereits in diesem Jahr für den Verkauf eines Films an das ZDF erzielen.

Jahre später. Wieder recherchiere ich über Kirchs «Goldenes Zeitalter» im ZDF, das Jahrzehnt zwischen 1965 und 1975. In München herrscht Föhn-Wetter, der Taxifahrer flucht, und ich treffe Franz Elmendorf, den Repräsentanten der amerikanischen Firma MCA. Sie ist einer der größten Hersteller von Fernsehserien in der Welt. Der folgende Ausschnitt aus dem Gespräch mit dem langjährigen Kenner der Materie wurde auf einem Tonband aufgezeichnet.

Frage: «Wieviele TV-Serien haben Sie bisher dem ZDF verkauft?»

Antwort: «In den letzten Jahre keine.»

Frage: «Woran liegt das?»

Antwort: «Sie wissen es, ich weiß es, was kann man dazu sagen? Es war wohl eine sehr starke Bindung des ZDF an einen Lieferanten vorhanden. Meine letzte Serie beim ZDF war ‹Die Leute von der Shiloh-Ranch›. Die war von uns. Das war unser einziges Geschäft, das wir mit der Beta gemacht haben.»

Frage: «Heißt das, daß Sie in der Regel nicht über Zwischenhändler verkaufen?»

Antwort: «Wenn ich sage, das war unser einziges Geschäft, dann meine ich auch: Das war unser einziges Geschäft.»

Frage: «Dann reduziert sich das doch auf den mächtigen Anbieter beim ZDF...»

Antwort: «Ja, ja, ja.»

Frage: «... der dieses bisher erschwert hat.»

Antwort: «Was heißt erschwert hat? Er hat Angebote gemacht, die genommen worden sind. Wir haben Angebote gemacht, die nicht genommen worden sind. Wenn Sie sehen, welche Serien beim ZDF laufen und sehen, wer diese dem ZDF verkauft hat, dann haben Sie ein ganz klares Bild, wie es war beim ZDF.»

Noch ein anderer, im internationalen Filmgeschäft anerkannter Fachmann macht in diesen Jahren ähnliche Erfahrungen. 1974 faßt der französische Produzent Serge Silberman seine Ansichten über das Beziehungsgeflecht zwischen ZDF und Beta in einem Interview zusammen: «Sie können mit dem ZDF gar nicht sprechen, Sie müssen die Filme an die Beta verkaufen. Das ist ein Skandal!»[5]

Silbermans Resignation bleibt nicht unbemerkt. Holzamer soll dazu Stellung nehmen. Er tut das am 28. Juni 1974 mit der ihm eigenen Scholastik. Silberman, so die Argumentation des Intendanten, habe bisher 34 Filme produziert. Davon seien 23 dem ZDF angeboten worden, und zwar über die Münchner Firma Omega-Film, die Frankfurter Janus-Film und schließlich die Beta; lediglich zwei Streifen habe man aus Kirchs Depot angekauft. Die Äußerung von Silberman sei demnach «von der Rechtslage her zumindest unverständlich», da der Produzent in der Regel seine Lizenzen «an große amerikanische Firmen verkauft» habe und «somit auch nicht in der Lage (sei), mit dem ZDF unmittelbar Geschäfte zu tätigen».

Was Holzamer unerwähnt läßt: Daß Omega zum Einflußbereich von Leo Kirch gehört und die Janus gar eine regelrechte Kirch-Firma ist. Vor allem aber, daß Silberman mit der Vergabe der Rechte nur auf seine realen Absatzchancen in der Bundesrepublik reagiert hat. Silberman ist damals auch der Produzent des Buñuel-Films «Das Phantom der Freiheit». Für dessen Rechte wird ihm offenbar ein sehr gutes Angebot gemacht. Aber «auf einmal sagte mir meine Nase: Paß auf! Die Leute kaufen deinen Film nicht fürs Kino, sondern fürs Fernsehen. Ich glaube, daß ich das nun gut verstanden habe: Die wollen den Buñuel für viel Geld haben, um zusammen mit ihm 50 andere Filme zu verkaufen.»

Der Kino-Freund gibt das Stichwort: Paketkauf. Ein «Buñuel» zieht 50 «andere Filme». Für die öffentlich-rechtlichen Anstalten, die ohne Gebühren der zahlenden Zuschauer dicht machen müßten, ist dieser Begriff ein rotes Tuch. Unterstellt er doch, daß die de facto wichtigste Ware des Fernsehprogramms – der Spielfilm – pauschal eingekauft wird; und daß der Einkäufer dabei Material mitbezahlen muß, das für ihn und das Publikum kaum von Interesse ist.

Umgekehrt liegen die Vorteile für den Verkäufer, zum Beispiel Leo Kirch, auf der Hand. Ein Paket Deal unterstreicht gegenüber dem Produzenten, von dem er das Material kauft, seine Marktposition; schließlich erwirbt er von ihm auch mittlere und schlechte Filme, die als Einzelstück nie das Archiv des Produzenten verlassen hätten.

Paketverkauf heißt also: Mit einigen guten Filmen der Kategorie «A» werden mehrere mittlere Filme der Kategorie «B» und ein ganzer Schwung von Streifen der Kategorie «C» (die sonst kaum verkaufbar wären) zusammengeschnürt; dieses «Paket» wird dann dem Sender angeboten und zwar zu einem Durchschnittspreis pro Film. Das bedeutet, daß die Menge des schlechten Zelluloids deutlich überbezahlt wird (denn diese Filme sind im Einkauf besonders billig); und daß der Sender den guten Film der Kategorie «A» zu einem eher reduzierten Preis erhält.

Nach dieser Methode, die Kirch dem deutschen Markt diktiert, versorgt sich das ZDF bis Mitte der 70er Jahre massiv mit Spielfilmen. Ein erster Vertrag mit der Beta kommt, wie bereits gesagt, noch vor dem Mainzer Sendebeginn zustande. Gesichert sind weitere Verträge für 1966, 1968, 1972 und 1976. Und zwar nur mit den Kirch-Firmen Beta/Taurus; über welche getarnten Anbieter noch weitere Ware ins Programm gedrückt wird, lassen wir hier zunächst unberücksichtigt.

Typisch für den Horror vor dem anrüchigen Wort ist die offizielle ZDF-Version, um den Spielfilm-Rahmenvertrag von 1976 über 240 Filme zu rechtfertigen. Zunächst habe die Beta/Taurus «listenmäßig rd. 4000 Filme» angeboten; eineinhalb Jahre habe man über dieses ursprüngliche Angebot verhandelt; dabei seien die 4000 auf 2800 Filme reduziert worden; und aus diesem Bestand habe man schließlich «durch Einzelbeurteilung» 240 Exemplare ausgewählt. Das ZDF, so der Intendant ganz markig, könne von diesen Titeln noch 20 Prozent austauschen.

Ein Affentheater: Natürlich bietet Kirch zunächst extrem mehr Filme an, als überhaupt zur Debatte stehen! Damit können seine ZDF-Freunde nachweisen, wie rigoros sie das Angebot heruntergehandelt haben. Selbstverständlich werden die schließlich ausgewählten Filme von den Redakteuren visitiert! Das ändert nichts daran, daß diese Filme in unterschiedliche Kategorien zerfallen und, wenn sie wieder kombiniert werden, ein «Paket» bilden.

Mit solchen nur mühsam getarnten Mischmasch-Methoden wurde – und wird – Raubbau getrieben an den Film-Bibliotheken. Am künstlerischen Nachlaß von Studios, Produzenten und Regisseuren. Welcher Zuschauer hat heute noch Spaß daran, sich grandiose Schmalzkunstwerke wie «Casablanca», «Zwölf Uhr mittags» oder «Ben Hur» anzusehen? Vielleicht im Vormittagsprogramm oder am Karfreitag. Die Klassiker wurden einfach zu oft abgenudelt. Sie sind tot. Asiatische Kung-Fu-Filme? Stumme Streifen? Heimatklamotten? Keine vermeintlichen Ressource bleibt verschont. Die überheizte Nachfrage läßt sich auch durch Neuproduktionen kaum noch stillen.

Nicht weniger problematisch jedoch ist die Auswirkung des Paketkaufs für den binnenländischen Markt. Denn jetzt kann der Sender auch gegenüber kleineren Anbietern, deren Film womöglich mehr wert ist als der Durchschnittspreis in einem der großen Kirch-Pakete, argumentieren: Ihr verkauft uns zu den gleichen Konditionen wie Kirch oder überhaupt nicht. Was konkret heißt: Ihr verkauft den Film zuvor an Kirch.

ZDF-Intendant Dieter Stolte, der Nachfolger von Gründervater Holzamer, mißt Kirch eine «marktordnende Funktion» zu – auch dadurch, daß er die Preise stabil gehalten habe. Bei einer Nahbetrachtung stellt sich jedoch das Gegenteil heraus: Kirch hat von Anfang an dieser Schraube gedreht.

Bevor er den Markt gründlich zu seinem Gunsten «ordnete», hatte die ARD den Kinoverleihern gerade einmal 3.000 Mark für einen Film gezahlt. Das erste größere Geschäft mit den Einkäufern vom Ersten Programm wurde 1959 mit 29.500 Mark pro Film abgeschlossen. Im Frühjahr 1963 stieg Kirch beim ZDF mit einem Durchschnittspreis von 53.000 Mark ein. Zwei Jahre später, beim nächsten großen Beta-Paket, zahlte die Anstalt bereits 70.000 Mark für jeden Film (§ 14 des Vertrages). Und 1968 klingelte Kirchs Kasse bei 90.000 Mark pro Film.

Acht Jahre darauf, während in der Presse noch das Loblied vom stabilen Einheitspreis gesungen wird, sind bereits 126.000 Mark zu berappen. Dieser Preis bleibt tatsächlich eine Zeitlang konstant. Denn dank der permanenten Geschäfte mit den Sendern – viele Filme wurden inzwischen mehrfach angekauft, mehrfach bezahlt und sind somit längst abgeschrieben – kann der Händler günstige Mischkalkulationen aufmachen.

Kompensation – auch dieses Wort wird im offiziellen Repertoire der Sender vermieden. Kompensation kann zum Beispiel so funktionieren: Der Preis pro Spielfilm bleibt stabil, jawohl. Dafür aber muß noch eine Serie teuer dazugekauft werden. Oder ein A-Streifen wird zur «Coproduktion» umgemodelt und kostet plötzlich, sagen wir, eine halbe Million. Inzwischen sind auch durchschnittliche Filme fast schon so teuer. 1990 waren sie noch für rund 360.000 Mark zu haben; heute liegt der Mischpreis in den Paketen bei mindestens 400.000 Mark. Das bedeutet eine Steigerungsrate zwischen 1963 und 1994 von über 600 Prozent.

Und dann gibt es noch eine weitere Möglichkeit, die Preise konstant zu halten und dennoch als Filmhändler auf seinen Schnitt zu kommen. Ganz einfach: ARD und ZDF müssen immer größere Pakete kaufen. Immer mehr miese Filmchen müssen – selbstverständlich «handverlesen» – unter das Gesamtvolumen gemischt werden, um die wenigen wertvollen Premieren oder auch Wiederholungen zu subventionieren. Rein rechnerisch muß dieses System einmal an seine Grenze stoßen. 1976 jedenfalls beharrt das ZDF noch trotzig auf seiner Version: «Einen Paketkauf gibt es nicht, weder gegenüber der Kirch-Gruppe noch gegenüber anderen Verkäufern.»

Hätte man doch nur «Onkel Leo» gefragt! Im Herbst 1987 deckt Kirch offenbar in einer Anwandlung von Wahrheitswahn seine Karten auf. Originalton: «Man wirft mir vor, ich würde einen guten Film mit 99 schlechten zusammen verkaufen. Dieses ist nun einmal Gepflogenheit im internationalen Filmgeschäft, das ist richtig. Aber genau weil es so ist, waren die Anstalten gut beraten, bei mir zu kaufen, und nicht selbst im Filmhandel mitzumischen. Sicher, wenn sie einen Kassenfüller haben wollen, dann nehmen sie auch etliche andere Filme ab, die weniger bedeutend sind. Es gibt nun einmal nicht nur bedeutende Filme. Das Fernsehen aber braucht für jeden Tag Programm.»[6]

Zuständig für den Einkauf des bedeutenden wie des unbedeutenden Programms ist in diesen Jahren ZDF-Mann Hans Blank. «Der Hans», wie Blank zwischen Mainz und München vertrauensvoll genannt wird, wurde mittlerweile längst pensioniert und gilt als wohlversorgt. Seine Karriere im Mediendschungel begann er als Sachreferent beim Abteilungsleiter für Theater- und Filmfragen im Wiesbadener Kultusministerium. Dann wurde er zum Geschäftsführer der Filmbewertungsstelle der Länder in der hessischen Landeshauptstadt ernannt. 1969 warf ihm der Spiegel vor, er habe in dieser Funktion dafür gesorgt, daß Filme, an denen er beteiligt war, als «besonders wertvoll» ausgezeichnet wurden. Der Staatsanwalt ermittelt, stellt aber das Verfahren ein.

Blank kündigt in Wiesbaden «von sich aus». Schließlich kommt er beim ZDF unter – und gerät schnell wieder in den Geruch unredlicher Aktivitäten. Er soll den schwankenden Redakteur Bobermin dazu angestiftet haben, die angeblichen Äußerungen des Dramaturgen Hammerschmidt an Viehöver weiterzutragen. Ohne Zweifel ist Blank für Kirch der entscheidende Alltagskontakt im ZDF, sozusagen die Schnittstelle der beiden Konzerne.

Um ihn herum schwirren die Bestechungsgerüchte. Doch den Nachweis darüber hat bisher niemand erbracht. «Ich hoffe, Sie schildern Herrn Dr. Kirch nicht als einen kleinen Schlawiner», rät ZDF-Intendant Dieter Stolte dem über Kirch recherchierenden Journalisten Henno Lohmeyer. «Als einen Mann, der mit Rotweinflaschen oder Tausend-Mark-Scheinen in der Hand durch die Gegend läuft und Leute besticht.»

Nein, das tun wir nicht, obwohl auch diese Behauptungen über Kirchs «Goldenes Zeitalter» grassieren. Aber wie wär's, Herr Blank, mit der Einladung zu einer zünftigen Jagdgesellschaft? Kann ein Nimrod da noch nein sagen? Kommerzialrat Leopold Blechinger, der mit Kirch in Wien seit Urzeiten eng zusammenarbeitete, soll Frage und Antwort auswendig gekannt haben.

Die Position von Leo Kirch im ZDF wird nicht nur durch den massenhaften Verkauf von Spielfilmen gestützt. Der Münchner Großhändler liefert auch jede Menge anderer Ware für andere Redaktionen; zum Beispiel im Bereich des Kinder- und Jugendprogramms. Erst die Addition dieser unterschiedlichen Posten könnte auf die wahre Machtstellung von Kirch in dem öffentlich-rechtlichen Sender hindeuten. Doch diese Rechenart wurde bisher nur selten angewandt.

Im Juni 1970 wird von der Beta die Meldung verbreitet, Kirch habe bei der New Yorker Produktionsfirma «Children's Television Workshop» eine Option für den Ankauf der preisgekrönten amerikanischen Vorschul-Kinderserie «Sesame Street» erworben. Ein halbes Jahr später versucht der New Yorker Beta-Agent Klaus Hallig, diese angebliche Option einzulösen. Kirchs Vertreter soll in diesem Zusammenhang erklärt haben, die deutsche Stiftung Volkswagenwerk sei bereit, «Sesame Street» mitzufinanzieren – aber nur dann, wenn das ZDF den Zuschlag erhalte.

Mit solch harten Bandagen will Hallig dem Konkurrenten ARD, der sich bereits seit 1969 um das Programm bemüht, das Geschäft verderben. Am 25. März 1971 beschwert sich Programmdirektor Viehöver bei den ARD-Managern, seine Verhandlungen seien «durch das Dazwischentreten des NDR» (der für die ARD am Ball ist) gestört worden. Doch die Intervention nützt nichts mehr. Kirch hat den Bogen überspannt und das ZDF geht leer aus. Die New Yorker verkaufen ihr Programm der Erziehungsredaktion des NDR. Im Ersten Programm wird die eingedeutschte «Sesamstraße» ein großer Erfolg.

Eine ungewöhnliche Schlappe. Sie wird wenig später dadurch ausgebügelt, daß die Münchner eine andere Kinderserie in das ZDF-Programm schlenzen: das Projekt «Kli-Kla-Klawitter». Es wurde von den Beta-Angestellten Josef Göhlen und seiner Lebensgefährtin Andrea Wagner entwickelt, nachdem der zunächst favorisierte Ankauf der französischen Serie «Zaubergarten» gescheitert war. Andrea Wagner befaßt sich auch noch damit, als Göhlen bereits 1973 gegen erheblichen Widerstand in Mainz zum Leiter der Redaktion Kinder und Jugend ernannt worden ist. «Die Lizenzabgeltung an die Beta», so erklärt später Intendant Holzamer die Gemengelage seinem Verwaltungsrat, erfolgte übrigens «unmittelbar an TV60», eine kleinere bayerische Produktionsfirma, die stets besonderen Wert auf ihre Unabhängigkeit legt. TV60 ist die Spielwiese des SPD-Mitglieds Claus Hardt, damals Chef des Produzentenverbandes.

Wenn auch die Pläne mit der «Sesamstraße» und «Kli-Kla-Klawitter» – die Serie wird hausintern durch das ambitionierte Programm «Rappelkiste» ausgebremst – für Kirch nicht optimal gelaufen sind, so ist jetzt doch das Terrain bereitet für den Import von jeder Menge Kaufware aus München. «Insekten-Jupp», so der ZDF-interne Spitzname für Göhlen als Förderer der Kirch-Serie «Biene Maja», soll für mindestens 40 Millionen Mark Hunderte Episoden von Kleinkinder-Kitsch à la «Heidi» oder «Pinocchio», vermittelt durch Kirchs internationale Beziehungen, ins Programm gehievt haben. Da darf Göhlen sich dann auch schon mal, wie auf einem der ganz seltenen Privatfotos aus dem Milieu zu betrachten, auf Kirchs Jacht «Silver Cross», die unter der Flagge von Malta fuhr, mit geöffnetem Hemd räkeln, während der Pate sich im Vordergrund dem Sonnenbaden hingibt. Trotz – oder wegen? – eines solchen Nahverhältnisses macht Göhlen im ZDF Karriere. Er wird Serienchef und ist so für Kirch noch wertvoller denn als Kinder-Onkel.

Viehöver will ursprünglich nicht Göhlen, sondern einen anderen Kandidaten im Sinn gehabt haben, als es darum ging, einen neuen Leiter des ZDF-Kinder- und Jugendprogramms zu bestimmen. Das soll allerdings nicht heißen, er sei jetzt mit Leo Kirch über Kreuz. Ein Vorfall, der vom rheinland-pfälzischen Rechnungshof Anfang 1973 in seinem Prüfungsbericht aufgegriffen wird, belegt das Gegenteil. Der Fakt selber bezieht sich auf das Jahr 1971. Um ihn zu verstehen, müssen wir aber in die 60er Jahre zurücksteigen. Die peniblen Prüfbeamten ermitteln die Details eines schönen Geschäfts.

Zwischen 1965 und 1969 kaufte das ZDF die Serien «Lassie», «Daktari» und «Flipper» mit dem Recht, sie zweimal auszustrahlen. Der Preis für alle drei Serien betrug 3,1 Millionen Mark; das entsprach einem Satz von pro Minute 333 Mark für Schwarz/Weiß- und 360 Mark für Farbproduktionen. 1970 bediente sich die Anstalt bei Kirch weiter. 192 neue Folgen der Serie «Lassie» wurden eingekauft sowie ein Riesenschwung zusätzlicher Wiederholungsrechte für alle drei Programme. Allein diese Wiederholungsrechte kosteten, so der Rechnungshof, 8,3 Millionen Mark. Die Summe entsprach einem durchschnittlichen Minutenpreis der Wiederholungsrechte von rund 610 Mark.

Zwei Jahre später. Das ZDF hat nach den Ermittlungen der Prüfer «alle Folgen der drei Serien einmal ausgestrahlt, jedoch von den ihr zustehenden Wiederholungsrechten nur bei 26 Folgen der Serien ‹Flipper› Gebrauch gemacht». Der Rechnungshof kritisiert diese Situation. Er schreibt: «Die Anstalt hat demnach mit dem Vertrag vom 28. Juli 1970 Rechte an 255 Folgen gekauft und bezahlt, die sie bereits mit den ursprünglichen Verträgen erworben hatte. Die Überschneidung der Lizenzzeiten beträgt bis zu 3,5 Jahren, ohne daß ein Preisnachlaß des Verleihers erkennbar wäre.»

Wie üblich, nimmt einige Zeit darauf der ZDF-Intendant zu dieser Rüge Stellung. Holzamer kann die Rechnung, die ihm da aufgemacht wird, nicht bestreiten – er begründet sie nur anders: Man habe «vor der Alternative gestanden, das Gesamtangebot entweder anzunehmen oder diese, das Gesamtbild des ZDF im Unterhaltungsbereich mittragenden Serien dem Markt und damit auch den konkurrierenden Unternehmen zu überlassen». Die Überschneidung der Lizenzzeiten habe in Kauf genommen werden müssen, «da das Angebot nur insgesamt zur Verhandlung stand». Kirch hatte dem ZDF offenbar eine einfache Formel aufgemacht: Entweder Ihr laßt Euch auf meine Vorgaben ein oder die Serie geht zur Konkurrenz.

Da aber «der Professor» (Spitzname) gerne auch immer inhaltlich recht behalten will, ist seine Argumentation noch nicht erschöpft. Also betont er, die Lizenzen seien «unter dem Gesichtspunkt des ständig nachwachsenden Zuschauerkreises der Kinder und Jugendlichen» erworben worden. Dabei ist schon damals absehbar, daß die Kids der 80er Jahre – die Lizenzen laufen zum Teil bis 1990 – mit den amerikanischen Schmonzetten der Nachkriegszeit nichts mehr zu tun haben wollen.

Deswegen muß auch die «angespannte Finanzlage» des ZDF noch einmal ran. Sie könne, so der Intendant, dazu führen («es ist durchaus möglich und wird auch wahrscheinlich tatsächlich so sein»), daß man künftig die einzelnen Serienfolgen «mehrmals wöchentlich» ausstrahlen müsse. Man muß dem alten Herrn mit dem silbernen Haar und den blauen Augen das geglaubt haben. Von «Heiterkeit» steht jedenfalls nichts in den Protokollen.

Auch in den nächsten Jahren bleibt der Rechnungshof den Kirch-Freunden im ZDF auf den Fersen. So wird Anfang März 1975 unter dem Aktenzeichen 4-3545/73 das Prüfungsergebnis der ZDF-Jahresrechnung von 1973 vorgelegt. Die Ankäufe der gemeinnützigen Anstalt scheinen die Pfennigfuchser aus Speyer zu faszinieren.

Am 30. März 1973, so kriegen sie heraus, schließt das ZDF mit Kirch einen Vertrag über den Ankauf von 77 Tierfilmen. Der Rechnungshof: «Diese Rechte wurden frühestens zum 1. Oktober 1973 auf die Anstalt übertragen.» Das ZDF jedoch ist bereit, die Lizenzgebühr von 4,5 Millionen Mark bereits bei Vertragsabschluß – ein halbes Jahr vor dem Lizenzbeginn – zu zahlen; der Betrag wird am 4. April 1973 «in voller Höhe angewiesen». Wurde zu früh gezahlt? Holzamer: Nein. Denn «die vorzeitige Zahlung (sei) bereits in der Preisgestaltung zugunsten des ZDF berücksichtigt worden».

Anderes Beispiel. Auch dieser Fall wird vom Rechnungshof Rheinland-Pfalz 1975 aufgedeckt. Am 21. Dezember 1973 kauft das ZDF die bundesdeutschen Ausstrahlungsrechte an 15 Ballettverfilmungen und einem Künstlerportrait. Preis: zwei Millionen Mark, fällig nach «Endabnahme aller Produktionen».

Trotz dieser eindeutigen Regelung erklärt sich das ZDF bereit, eine Million Mark sofort nach Vertragsabschluß gegen Bankbürgschaft «vorzuleisten» – und wenn diese Million verzinst wird, so das ZDF, werde man auch noch die andere Million im Jahr 1973 zahlen; so geschieht es dann auch. Drei Tage vor Jahresende 1973 wandern die zwei Millionen Mark auf Kirchs Konto. Und wann kamen die Filme? Laut Rechnungshof war die Lieferung «bis Ende Oktober 1974 noch nicht vollständig abgeschlossen». Kommentar des Intendanten dazu: «Eine solche Regelung ist nicht unüblich.»

Auch der nächste, ganz ähnliche Vorgang spielt in den letzten Tagen des goldenen Kirch-Jahres 1973. Auch er wird vom Rechnungshof bemängelt. Im November und Dezember erhandelt sich das ZDF von Kirch das Recht, weitere 26 Folgen der Zeichentrickserie «Wicki und die starken Männer» auszuwerten. Das Sendematerial soll bis Mitte Dezember 1974 nach Mainz geliefert werden. Danach ist die Nettolizenz von 1,4 Millionen Mark fällig.

Doch auch hier kommt vieles anders, als im Vertrag vorgesehen. «Fast ein Jahr vor der vereinbarten Lieferung des Sendematerials (wird) Zahlung geleistet», bemerken die Prüfer ganz perplex. Gegen Bankbürgschaft und die Verzinsung eines Teilbetrages geht das Geld noch 1973 an Kirch. Diese Zusage erhält der Münchner am 28. Dezember. Offenbar braucht er dringend Geld. Mainz beschafft es ihm.

Der Rechnungshof publiziert seinen Prüfbericht am 4. März 1975. Im Juli ist die Luft längst heraus. Da erst befassen sich die Finanzausschüsse der Aufsichtsgremien mit der Unterlage. Das Management des Senders soll jetzt schnell entlastet werden. Denn obwohl jede Seite jedes Exemplares des Dokuments mit einer eingestanzten Chiffre vor unbefugter Weitergabe geschützt wurde, waren Details der vielfältigen Tadel längst an die Presse durchgesickert.

Der ZDF-Direktor, unter dessen Ägide sich Kirch mit den vom Rechnungshof gerügten Methoden im ZDF breit macht, stirbt am Morgen des 12. August 1973. An seinem Grab stehen Kohl und Genscher. Dieser Viehöver hat das Zeug zum Untoten. Die seichte Welle, für die er jahrelang beim ZDF verantwortlich war, reicht noch weit über seinen Abgang hinaus. So erinnert sich die Witwe Rut Rex für «Bild» an die letzten Worte ihres Mannes: «Ich mußte so alt werden, um die Liebe kennenzulernen. Du bist alles für mich, du hast mich glücklich gemacht.» Als sie, einer Empfehlung ihres Mannes folgend, sich nach dessen Tod an Leo Kirch wendet, soll die Resonanz gleich null gewesen sein. Die Dame ist fürs Feuer.

Yvonne, Viehöver Tochter aus erste Ehe, steht mehr in der Huld von «Onkel Leo». Sie bezieht vom ZDF eine Waisenrente und studiert; Leo Kirch soll ihr Vormund gewesen sein. Später verliebt sie sich in den Fernsehstar Klausjürgen Wussow. Zur Heirat 1992 reist auch der Münchner Pate an.

Der zweite Trauzeuge bei der Wussow-Hochzeit ist Helmut Zilk, allseits geschätzter Bürgermeister von Wien. Die Herren kennen sich. Zilk war jahrelang als Programmdirektor des Österreichischen Rundfunks (ORF) ein wichtiger Gesprächspartner bei den Geschäften von Kirch mit dem Sender. Die erste Geige für den Programmhändler spielte jedoch über Jahrzehnte der dreimalige Generalintendant des ORF, Gerd Bacher. Der zählt, so schreibt die Wiener Zeitung «Standard», zu den «bunten Hunden in Österreich». Der Salzburger hat Zeitungen gemacht, mit sehr unterschiedlichem Erfolg; er hat einen Buchverlag gemanaged, von dem blieb nicht viel übrig; und er hat schon in seiner ersten Amtsperiode als ORF-Boß den tränigen Sender unter Strom gesetzt. Von seinem Intim-Feind Bundeskanzler Bruno Kreisky verjagt, geht «der Tiger» (Spitzname im Sender) wildern. Mitte der Siebziger Jahre soll er Programmdirektor des ZDF werden, favorisiert von den vier CDU-Bannerträgern im Mainzer Verwaltungsrat (an der Spitze Kanzlerkandidat Helmut Kohl), von Intendant Karl Holzamer und von Leo Kirch. Das sieht nach einer sicheren Bank aus.

6. November 1975. Kurz vor 15.00 Uhr landet der Hubschrauber des FDP-Chefs Hans-Dietrich Genscher auf dem riesigen ZDF-Areal am Mainzer Lerchenberg. Das Zünglein an der Waage eilt zur Wahl. Im 14. Stock der stahlblau verspiegelten Senderzentrale erwarten ihn die anderen Ratsmitglieder. 15 Minuten, denkt Genscher, dann zurück nach Bonn.

Bacher, mit Kirchs Mystere-Jet aus Wien eingeflogen, war mit der Dienstlimousine des Intendanten aus dem Mainzer Hilton-Hotel abgeholt und durch einen Seiteneingang ins Haus geschleust worden. Während er wenige Meter vom Sitzungszimmer entfernt ausharrt, wartet Leo Kirch im dritten Stock bei Unterhaltungschef Peter Gerlach auf die Entscheidung. Sie fällt – gegen Bacher. Genscher, in buchstäblich letzter Minute von den aus Bonn aufgescheuchten vier SPD-Räten über den Coup mit dem Österreicher informiert, entsinnt sich der sozial-liberalen Koalitionstreue. Um 17.00 Uhr hebt er erbost wieder vom Lerchenberg ab.

Aber Kohl hat an dem kantigen wie wendigen ehemaligen Panzerfahrer (das österreichische Magazin «profil» nannte seine NS-Mitgliedsnummer: 9527934) Gefallen gefunden. Anfang 1976 zieht der «Liberal-Konservative» (Selbsteinschätzung) als politisch-publizistischer Berater des schwarzen Riesen in das Konrad-Adenauer-Haus, die Bonner CDU-Zentrale, ein. Er setzt große Stücke auf die Union, «eine der ganz wenigen, wenn nicht überhaupt die einzige große Kraft, die in Europa imstande ist, die endgültige Weichenstellung nach links zu konterkarieren». Doch die Machtübernahme am Rhein scheitert, Bacher kehrt nach Österreich zurück.

Überraschend wird er 1978 erneut zum ORF-General gewählt und 1982 in seinem Amt bestätigt. Er söhnt sich mit den Sozialisten aus, was nicht heißt, daß er nicht an seinem unberechenbaren autoritären Stil festhielte. «Das Geschlecht der ORF-Angestellten sollte auch in bekleidetem Zustand erkennbar sein», lautet einer seiner Sprüche mit konservativem Schmäh.

1986 kann der lockere ORF-Sportchef Teddy Podgorski den ruhiger Gewordenen an der Spitze des Senders ablösen. Wieder holt ihn Kohl, von dem er «sehr viel» hält, nach Bonn, diesmal ins Zentrum der Macht. Er wird sich dort wohlgefühlt haben. Bacher pflegt eine ungebrochene Bewunderung für Entscheider-Typen, die nicht von des Gedankens Blässe angekränkelt sind. Diese Eigenschaft teilt er mit seinem Männerfreund Leo Kirch, den er bei Kohl einführt. Der imposante Kahlkopf wirkt ein bißchen tragikomisch in diesem zweiten Interregnum. So wie ein pfeifender Wasserkessel ohne Herd. Sicher, er berät Leo Kirch. Sicher, der 65jährige wird am Ohr des Kanzlers vermutet. Sicher, er vertritt die Kirch-Seite im Aufsichtsrat des Privatsenders SAT 1 und soll sogar für den scheuen Doktor bei Springer mitmischen.

Was Wunder, daß es ihn wieder nach Wien drängt. Das Unwahrscheinliche wird Wirklichkeit: Zum dritten Mal erobert Bacher die Intendanz seines Heimatsenders. Allerdings gibt es jetzt Mutmaßungen, daß Freund Leo bei der Wiederwahl nachgeholfen haben soll. Zwei Jahre lang ermittelt Staatsanwalt Sepp Dieter Fasching; am 10. Juli 1992 stellt er das Verfahren ein. Die Recherche wird erst öffentlich bekannt, als Bachers vierhändiges Spiel auf der «größten Medienorgel des Landes» 1994 endgültig verstummt. Was wird das für Kirchs Absatzchancen beim ORF bedeuten?

Jahrzehntelang war alles wie geschmiert gelaufen. 70 Prozent der ORF-Filme sollen «aus seiner Küche» stammen, schrieb 1967 das Nachrichtenmagazin profil. Dazu verabredete man an der Donau «Rahmenverträge». Sie wurden in rascher Folge geschlossen. Zum

Beispiel am 18.2.1966, am 18.12.1968 und am 15.12.1969. Nicht allein Spielfilme waren Gegenstand dieser Verträge; wenn aber Kino-Ware bezahlt wurde, dann meist zu einem Preis von 45.000 Schilling pro Film.

Die Auswirkungen eines Rahmenvertrages auf den Sender, auf den Verkäufer, aber auch auf die Branche insgesamt ähneln denen von Programmpaketen. Der Sender behauptet: «Durch diese Verträge ist es dem ORF möglich, auf einem sehr wichtigen Gebiet die Preise über ein Jahrzehnt stabil zu halten.» Das aber heißt nichts anderes als: Wenn ein Einzelverkäufer an den ORF herantritt und einen höheren Preis – womöglich durch die Qualität des Film berechtigt – für seine Ware verlangt, so verweist ihn der ORF auf den Durchschnittspreis der Kirch-Verträge. Dem Einzelverkäufer bleibt dann nur die Wahl, entweder sich auf diesen Preis einzulassen oder an Kirch zu verkaufen. Bacher: «Es ist billiger und empfehlenswert, mit Kirch und nicht mit anderen abzuschließen.»

Trotzdem gab es vor dem 68er Vertrag einige Turbulenzen. Der ORF hatte nämlich mit der Taurus eine Abmachung über die Produktion von vier Shows mit Brigitte Bardot, Frank Sinatra, Sophia Loren sowie Udo Jürgens getroffen. Irgendwann aber war die Taurus nicht mehr bereit, im finanziellen Rahmen der vertraglichen Konditionen zu bleiben. Realist Bacher berichtete: «In diesem Fall hätte es eines Rechtsstreites bedurft, da die Firma Taurus verschiedene Einwendungen gegen die Gültigkeit der Verträge erhob. Aber auch bei einem Obsiegen in diesem Prozeß hätte der ORF sicher damit rechnen müssen, daß bei künftigen Rahmenverträgen die Beta-Gruppe ihre Preise entsprechend erhöhen würde. Dabei wäre auch keine Ausweichmöglichkeit für den ORF gegeben gewesen, da verschiedene Anzeigen dafür sprechen, daß gerade zu diesem Zeitpunkt die am Markt befindlichen anderen Filmfirmen, die nicht der Beta-Gruppe angehören, gegenüber dem ORF bestimmte, sehr hohe Preisforderungen gemeinsam durchsetzen wollten.»

Ein breiter Fächer, den der Münchner Kaufmann durch sein Torpedorohr schickte: ein Prozeß, eine Preiserhöhung, ein Kartell von Konkurrenten. Drohungen? Beileibe nicht. Nennen wir es fürsorgliche Hinweise.

Die Situation zwischen den Geschäftspartnern war angespannt. Das wurde wenig später in dem Prozeß deutlich, den die ORF-Spitze gegen die Wiener «Kronen-Zeitung» anstrengte, nachdem diese in ihrer Serie «Anatomie des ORF» auch auf Kirchs Geschäftsgebaren eingegangen war. Als Zeuge trat auf Raimund Langner, geb. 1926, verh., rk, wh. 1180 Wien, Bischof-Faber-Platz Nr. 14/12, fremd zum Besch.. Das Gericht befragte den ORF-Hauptabteilungsleiter und Langner erinnerte sich: «Im Sommer 1968 konferierte ich mit Direktor Lenhardt. Ich wies ihn darauf hin, daß die Beta-Gruppe bisher immer meine Rückendeckung war. Damit konnte ich die hohen Preise und Forderungen anderer Firmen abhalten. Nun aber war die Schwierigkeit mit den Showsendungen, weil die Beta-Gruppe erklärte, diese nicht im Rahmen des bestehenden Vertrages liefern zu können. Herr Direktor Lenhardt (damals kaufmännischer Direktor des ORF – d. Aut.) meinte, er müsse ohnehin mit Herrn Kirch Gespräche führen und werde aus diesem Grund nach München fahren.

Nach seiner Rückkehr berichtete er mir über das Ergebnis der Besprechungen. Ich erfuhr von ihm, daß der ORF jetzt einen Vertrag mit der Beta-Gruppe erhalte, in dem festgelegt sei, daß der ORF pro Spielfilm nur 25.000 Schilling zahlen müsse. Ich solle mich darum kümmern, daß die Programmseite 320 Titel aus den vorliegenden Angeboten aussuchen solle. Dieser Rahmenvertrag müsse gleich gemacht werden, weil er das Gegengeschäft zu den Showsendungen wäre. Dafür mußten wir uns zu eine entsprechenden Leistung bezüglich der Showsendungen verpflichten. Die Beta war interessiert daran, den Umschlag der Waren schnell zu erreichen. Im Ganzen gesehen war es ein schönes Ergebnis, worüber ich mich freute.»

Die Kirch-Taktik verfing also und am 19. Dezember 1968 war das Kompensationsgeschäft perfekt. 320 Spielfilme aus den Münchner Regalen wanderten jetzt in das Lager des ORF. Doch wie schon beim ZDF ging es auch in Österreich nicht nur um Spielfilme. Gerade im Land der Salzburger Festspiele und der Wiener Philharmoniker war für Kirch Musike drin. Der Kunstliebhaber räumte großflächig ab.

Am 4. März 1971 schrieb Bacher an die Münchner Firma Unitel. Er resümierte dabei Gespräche, die zuvor zwischen dem ZDF, Kirchs Produktionsfirma und dem ORF «über ein mehrjähriges Produktionsprogramm» stattgefunden hatten. Auch hier ging es wieder, siehe oben, um eine «Rahmenabsprache» (Bacher). Diese sollte immerhin fünf Jahre lang – 1971 bis 1975 – gültig sein. Und sie sollte insgesamt 30 Konzerte, 15 «Opern oder Ballette» (Bacher) sowie 15 Operetten umfassen. Voraussetzung der Abmachungen: Man vereinbarte, «daß die in Österreich stattfindenden Produktionen von der Österreichischen Telefilm AG durchzuführen sind». Warum nur machte sich der Intendant für diesen Produzenten stark?

Die Firma war 1960 mit einem Grundkapital von einer Million Schilling gegründet worden. Nach Ermittlungen von profil war Bacher an der Telefilm mit 10.000 Schilling beteiligt. Als er 1967 Generalintendant des ORF wurde, will er die Aktien abgegeben haben. Auch Lenhardt, der 1968 das 320-Filme-Paket für Kirch anschob, war «zeitweise Aktionär und bis April 1967 Alleinvorstand der Telefilm».

Nachdem Bacher Intendant geworden war, rückte ebenfalls Lenhardt in den Sender ein, als kaufmännischer Direktor. Mit der Telefilm, dic bis dahin nicht gerade brilliert hatte, ging es jetzt aufwärts. profil kriegt 1971 heraus: «Ein bisher im Registerakt des Handelsregister noch nicht genannter Interessent hat das Grundkapital von drei auf 21 Millionen erhöht, eine weitere Aufstockung auf 30 Millionen ist geplant.»

Die aufgefrischte Aktiengesellschaft soll auch mit zwei weiteren Firmen, der Studiofilm und der Neue Thalia, finanziell und personell verflochten gewesen sein. Gemeinsam müssen die drei beim ORF ein gutes Geschäft gemacht haben. Beim ORF? «Die Fäden der personellen und organisatorischen Veränderungen in all diesen Firma», schrieb das Magazin, «scheinen im Büro ihres Hauptauftraggebers, des kaufmännischen ORF-Direktors Lenhardt, zusammenzulaufen.»

Und die ominöse Figur, die das Grundkapital erhöhte? 1971 tippte man auf Leo Kirch. Einige Jahre darauf ist keine Spekulation mehr nötig. In der Auseinandersetzung zwischen dem ZDF und dem Spiegel, die sich nach dessen Bericht über das «ZDF im Würgegriff?» ergibt, geht das ZDF ganz offen davon aus, daß die Österreichische Telefilm ein Unternehmen der Kirch-Gruppe sei, mit dem man «seit vielen Jahren Geschäftsbeziehungen» unterhalte.

1974 muß Bacher erstmals den Schreibtisch räumen. Prompt verlassen auch etliche Mitglieder seines «männerbündischen Ordens», wie die Zeitschrift «Wiener» das merkwürdige Milieu im Sender nennt, die Gralsburg auf dem Wiener Küniglberg. Lenhardt verlegt sich schließlich auf ein Engagement als «Berater». Am 5. Mai 1980 gründet er die Firma Telebild, Gesellschaft für Medienprojekte mbH. Mehrheitsgesellschafter ist Karl Johannes Fürst von Schwarzenberg. Der «besonders anständige Mensch» (so die Schweizer «Weltwoche»), dem auch das wunderbare Wiener «Hotel im Palais Schwarzenberg» gehört, dieser Träger eines der berühmtesten mitteleuropäischen Adelsnamen und der Ex-Direktor Lenhardt bemühen sich in ihrer mit einem Stammkapital von sechs Millionen Schilling ausgestatteten Firma um Consulting-Aufträge für neue Medienprojekte.

Ein interessanter Job steht schon bald ins Haus. Auch diesmal läßt Leo Kirch seinen Konfidenten nicht lange allein. Telebild wird 1983 für die Frankfurter Firma PKS und damit «spätestens seit 1.9.1984 zugleich für SAT 1» beratend tätig. Von Anfang September bis Ende 1984 kann ein Honorar über 40.000 Mark nachgewiesen werden.

ZDF, ORF – da fehlt nur noch die ARD. Die Arbeitsgemeinschaft der Rundfunkanstalten Deutschlands ist zumindest bis Mitte der 70er Jahre Kirchs wichtigster Kunde. Der Spielfilmbedarf des ARD-Programms kann sich auch wirklich sehen lassen. Zwischen 1965 und 1975 liegt er noch deutlich unter 800 Terminen pro Jahr. Doch dann explodiert er geradezu. 1985 wird es 1098 Filmtermine geben, 1991 bereits 1.324 und 1993 muß die ARD rund 1.600 Sendeplätze mit Spielfilmen füllen.

Wenn hier von der ARD die Rede ist, dann meint dieses Kürzel nicht nur den Zusammenschluß der einzelnen Landessender, sondern vor allem deren gemeinsame, in den fünfziger Jahren etablierte Filmeinkaufsfirma Degeto-Film GmbH, die beim Hessischen Rundfunk in Frankfurt am Main ihren Sitz hat. Die Degeto wird in dem hier zur Debatte stehenden Zeitraum von 1966 bis 1976 geleitet vom bereits erwähnten Assessor Hans-Joachim Wack, einem mit allen ARD-Wassern gewaschenen, auch auf dem internationalen Parkett sicher agierenden Manager. Aufsichtsratsvorsitzender ist damals der Intendant des Hessischen Rundfunks, Werner Hess, ein ehemaliger evangelischer Pfarrer.

Zwischen 1966 und 1976 bringt die Degeto dem Filmhändler eine reiche Ernte. Daten der Paket-Verträge mit der Beta und/oder Taurus: 31.5.1966; 29.8.1968; 10.2.1971; 15.11.1972; 30.10.1975 und 14.12.1976.

Während ich an diesem Manuskript arbeite, liegen die entsprechenden Dokumente, zusammen mit den dazugehörigen Sitzungsprotokollen, vor mir auf dem Tisch. Ich habe sie nur dadurch in die Hand bekommen, daß ich mich im Archiv einer Landesrundfunkanstalt über Nacht einschließen ließ und die Unterlagen, unterstützt von einem freundlichen Herrn der Wach- und Schließgesellschaft, der mich für zuständig hielt, bis ins Morgengrauen hinein fotokopierte.

Sofern meine Auflistung vollständig ist, wird während Kirchs «Goldenem Jahrzehnt» im Schnitt jedes zweite Jahr ein Paketvertrag mit dem Franken fällig. Solch ein Vertrag enthält, bei einer Ausnahme, jeweils mindestens 125 Filme. Und zwischen 1968 und 1976 werden pro Vertrag 25 Filme mehr angekauft, sodaß es 1976 bereits um ein Paket von 200 Kinostreifen geht.

«Paketvertrag»? So etwas Unanständiges gibt es doch gar nicht – nach der Sprachregelung des ZDF. Die ARD dagegen erspart sich diese Späße. Über die Problematik der Paketverträge berichtet Degeto-Boß Wack kontinuierlich vor dem Aufsichtsrat seiner Firma. Bereits im Oktober 1972 beklagt sich der Chefeinkäufer: «In den ganz wenigen Fällen, in denen es uns auch in der letzten Zeit noch gelungen ist, Festivalfilme dieser Qualität zu einem vertretbaren Preis zu erwerben, forderten die Lizenzgeber, daß gleichzeitig mit dem Festivalfilm noch einige andere Filme erworben wurden.»

Diese freundliche Veranlassung verschärft sich in den folgenden Jahren. Immer mehr minderwertige Filme müssen mitgekauft werden, um einige gute zu ergattern. Auszug aus einem Degeto-Protokoll: «Das Angebot an qualitativ hervorragenden Filmen ist schwach. Die für die Reihen geeigneten Filme sind so teuer, daß sie, um im vorgegebenen Preisrahmen zu bleiben, mit Sicherheit nur zusammen mit preiswerten Filmen als Kompensationstitel gekauft werden können.»

Ja, der «Preisrahmen». Seine angebliche Stabilität gilt als Hauptargument für die Großeinkäufe bei Leo Kirch. Sie programmiert automatisch den Umfang des nächsten, millionenschweren Pakets, in dem dann noch mehr Nieten mitgekauft werden müssen, damit der Händler den Preis halten kann. Zwischen Abhängigen und Dealern nennt man diese Mechanik einen Teufelskreis. Aber irgendeinen – kaufmännischen – Vorteil beim Abschluß eines Paketvertrages muß es doch geben! Schauen wir uns, in Sachen Preisstabilität, die Zahlen noch einmal genau an. 1970/71 mußte das Erste Programm für einen Spielfilm, der im Paket angeboten wird, zwischen 78.000 und 98.900 Mark ausgeben. 1976 liegt die Spannbreite, nach offizieller Statistik, zwischen 62.000 und 155.000 Mark. Der durchschnittlich zu zahlende Preis für einen Paketfilm stieg demnach zwischen 1971 und 1976 um knapp 20.000 Mark. Von Stabilität keine Spur.

Ein anderes, häufig vorgebrachtes Argument für das umfangreiche Shopping bei Beta/Taurus lautet: Kirchs Filme sind billiger als diejenigen, die in Einzelverträgen mühsam aus dem Markt herausgekauft werden müßten. Das stimmt wohl auch nicht. 1971 jedenfalls liegt – umgekehrt – der Durchschnittspreis eines Films, der mit einem Einzelvertrag erworben wird, mit 85.700 Mark noch bemerkbar unter demjenigen für einen Paketfilm (88.700 Mark).

Schließlich: Selbst bei einem Vergleich zwischen Kirch und den anderen großen Anbietern läßt sich kein Pluspunkt für den Programmverstopfer aus München finden. Wack hat nachgerechnet: «Die Beschaffungskosten für Spielfilme (außer Beta) sind zwischen 1969 und 1972 um rund 30 Prozent gestiegen. Auch speziell bei Beta-Käufen liegen die Steigerungen bei dem gleichen Prozentsatz, wenn man die

Preisdifferenz zwischen den letzten drei Verträgen von 1966 bis 1971 zugrundelegt.»

Ein Entkommen aus der Falle, die Leo Kirch aufgebaut hat, ist (noch) nicht in Sicht. Also beschönigen der Degeto-Manager Wack und sein nur wenige Schritte entfernt residierender Aufsichtsratsvorsitzender Hess die Zwickmühle. Trotz traumatischer Erfahrungen mit Beta-Verträgen heißt es 1977 in einer engagierten Verteidigung des im Vorjahr erworbenen Kirch-Pakets: «Die ARD bzw. die Degeto haben bisher nach dem Grundsatz gehandelt, Filme für Morgen zu Preisen von Heute zu kaufen. Im Prinzip hat sich dieses Verfahren als richtig erwiesen.»

Um für die Öffentlichkeit die enge Geschäftsverbindung mit der Kirch-Gruppe zu entschärfen, haben sich Gesellschafter und Aufsichtsräte der Degeto frühzeitig darauf verständigt, nicht mehr als 33 Prozent ihres Jahresbedarfs an Filmen bei einem Anbieter zu decken. Mit dieser «lex Leo» ist gemeint, so Hess, «daß nur bis zu einem Drittel Filme eines Anbieters auf Kaufpositionen eines bestimmten Jahres gesetzt» werden. Und selbstverständlich, fügt der damalige ARD-Machthaber lapidar an, dürfe das Network «niemals von einem Monopol abhängig sein». Intern jedoch wird mit der Drittel-Quote jongliert. Schon Wack versucht, die Selbstfesselung abzustreifen. «Allenfalls für Sendetermine im Gemeinschaftsprogramm (könne sie) eine gewisse Bedeutung haben», schränkt Kirchs Kontaktmann ein, als 1975 ein Paket mit 175 Filmen von Kirch gekauft werden soll.

1976 kritisiert der «stern» eine zu große Dominanz von Kirch-Filmen bei der Degeto. In einer offiziellen Stellungnahme hält Wack dagegen: Man habe für die Jahre bis 1981 nur 325 Filme bei der Kirch-Gruppe eingekauft. Der Gesamtbedarf betrage aber «mehr als 900 Filme». Soll heißen: «Nur ein Drittel dieses Bedarfs wurde bei der Kirch-Gruppe gedeckt.» Das heißt umgekehrt aber auch: Mehr Filme darf die ARD in diesem Zeitraum nicht von Kirch beziehen, wenn sie nicht ihre eigenen Gesetze brechen und unglaubwürdig werden will.

Am 3. Februar 1977 beginnt um 14.00 Uhr in einem Konferenzraum des Bonner Hotels am Tulpenfeld routinemäßig eine Pressekonferenz der ARD. Am Abend vorher hatte ich erfahren, daß ein weiteres Kirch-Paket angekauft worden ist. Ich frage Werner Hess, den amtierenden Aufsichtsratsvorsitzenden der Degeto, ob er diese Information bestätigen könne. Hess zögert; dann knarzt er ein «Stimmt» heraus. Auf welche Jahre die Filme angerechnet werden sollen, will ich noch wissen. Hess: «Für den Zeitraum von 1979 bis 1990.»

Die verschlafene Häppchen-Runde im Tulpenfeld wundert sich: Der massige Mann mit dem Habitus eines Gutsbesitzers, später komplettiert ein Krückstock mit silbernem Griff das Bild, bebt während des Wortwechsels vor Erregung. Er unterstellt mir sofort, nicht als Journalist, sondern in fremdem Auftrag diese Fragen zu stellen. In der Tat versucht der stern-Verlag Gruner + Jahr in dieser Zeit, Kirch beim Filmeinkauf Konkurrenz zu machen. Das müßte Hess eigentlich erfreuen, doch es ärgert ihn offenbar. Ein Kollege beim Hinausgehen: «Das nächste Mal wird du erschossen!»

Was war passiert? Hess fühlte sich ertappt. 1977 steht er als ARD-Vorsitzender und Degeto-Chairman auf dem Höhepunkt seiner Macht und ist für Kirch die absolute Nummer 1. Zwar hat gerade Helmut Oeller, der Fernsehdirektor des Bayerischen Rundfunks, den ebenfalls wichtigen Job des Spielfilm-Koordinators der ARD übernommen. Aber gegen den Bullerkopf aus Hessen sieht der Bayer wie ein Meßjunge aus.

Schon früh in Kirchs frugalen Jahren wird Hess ein zu familiäres Verhältnis zum Münchner Magnaten nachgesagt. Handfeste Beweise gibt es jedoch nicht – abgesehen von der Marginalie, daß sein Schwiegersohn Günter Vetter mehrere Jahre lang den Geschäftsführer in der Unterföhringer Agentur für Urhebernebenrechte, einem Kirch-Ableger, markiert. Heute ist die Einschätzung der Hess-Ära, die der ARD-Vorsitzende Jobst Plog formuliert hat, fast ein Gemeinplatz: «Es gab meiner Meinung nach eine zu enge Bindung zu Kirch!»

Das Wichtigste für den Filmhändler in dieser Geschäftsphase sind frühzeitige Informationen über die Pläne der ARD. Der Münchner, der sich als «gut informierter Kaufmann» bezeichnet, besitzt diese News. Aber noch weiß niemand, aus welchem Leck sie stammen. So erhöht sich laufend der Mythos von Unangreifbarkeit und Allgegenwart, der ihn umgibt. Selbst der Intendant eines ARD-Senders nimmt seine Handnotizen mit, wenn er einmal kurz den Raum verläßt.

Doch zurück zum 3. Februar 1977. Die Schrammen dieses Tages haben auch ihr Gutes. Seit der Antwort von Hess ist klar, daß auf die – laut Wack – bereits erfüllte Kirch-Quote der Jahre 1979 bis 1981 noch weitere Ware draufgesattelt werden soll. Die Quote ist ein Witz. So lassen sich viele Details der Kirch-Verträge zerpflücken. Etwa die Regelung der Wiederholungen. Auch sie ist für die ARD ein sensibles Feld; gibt es doch immer wieder Kritik in der Öffentlichkeit, wenn sich die Reprisen ballen.

Die interne Diskussion über Wiederholungen beginnt voller Skrupel, 1971 hat man sie eben noch. Chefeinkäufer Wack «erläutert», so heißt es vorsichtig im Protokoll einer Aufsichtsratssitzung, «warum im neuen Beta-Paket auch einige Filme enthalten sind, die schon einmal ausgestrahlt wurden». Und jetzt eine kreisrunde Argumentationskette: «Dieses sei bei Repertoire-Filmen der Fall, weil diese ihre Eigenschaft als Evergreens erst durch eine Ausstrahlung hätten beweisen müssen.» Klartext: Eine Wiederholung ist deswegen eine akzeptable Wiederholung, weil sie bereits eine erfolgreiche Wiederholung war.

Beim nächsten Paket, 1972, lassen sich die Aufsichtsräte nicht mehr so einfach einwickeln. Friedrich Wilhelm Freiherr von Sell – damals Verwaltungsdirektor des WDR, später dessen Intendant – fragt ganz sanft an, «ob es möglich sei, prozentual die nicht ausgenutzten Rechte (an Wiederholungen) festzustellen». Hess blockt ab: «Solche Ermittlungen» sind ihm «zu schwierig».

Einen Hinweis auf die korrekte Antwort gibt es ein paar Jahre später. Wieder wird über ein Kirch-Paket in der ARD debattiert. Dieter Stolte – damals Programmdirektor des Südwestfunks in Baden-Baden, heute Intendant des ZDF – macht sich dafür stark, daß die Spielfilme aus den Kirch-Regalen verstärkt auch in die Dritten Programme der Landessender abfließen, die damals gerade dabei sind, sich von ihrem Gründungsprofil als Minderheitenservice zu entfernen. Durch solchen Einsatz könnten dann, so Stolte, «40 bis 50 Prozent der Wiederholungsrechte genutzt werden». Das heißt umgekehrt: Die Hälfte der bezahlten Lizenzen sind im Programm gar nicht zu gebrauchen. In dieser Situation tritt der wendigste aller Kirch-Befürworter auf den Plan: Helmut Oeller, Stoltes Nachfolger in der Rolle des Spielfilm-Koordinators. Der Würzburger, der einst vorhatte, sich mit dem Thema «Sprache und Rhetorik» zu habilitieren, schlägt ein bisserl Kosmetik vor. Und die ARD zieht mit. Ende November 1976 beschließt ihre Fernsehprogramm-Konferenz, «von dem Begriff Zweitlizenz abzugehen und in Zukunft bei derartigen Filmen von Repertoire-Filmen zu sprechen».

Aber die Degeto-Spitze ist die Diskussion jetzt leid. Auf die Frage eines Rundfunkratsmitgliedes des Norddeutschen Rundfunks: «Wie hoch ist der Ausnutzungsgrad der Lizenzen? Wie viele Lizenzen sind verfallen?» antwortet Wack im Stil von Radio Eriwan: «Der Grad der Ausnutzung zulässiger Wiederholungen ist unterschiedlich und richtet sich nach dem Erfolg des Filmes und dem Programmbedarf.» Weiter wird nicht nachgefragt. Deshalb stimmt auch der Verwaltungsrat des NDR – der Sender hat 1976 mit einem Haushaltsdefizit in Millionenhöhe zu kämpfen – Anfang 1977 einer Zahlungsverpflichtung über mehr als fünf Millionen Mark zu. NDR-Intendant Martin Neuffer (SPD) macht den problematischen Vertragsabschluß mit Kirch seinen Kontrolleuren schmackhaft: «Bei einer Reihe von Filmen handelt es sich um Zweitlizenzen. Die programmliche Verwendbarkeit dieser Filme ist dadurch jedoch nicht beeinträchtigt.»

Wacker schlägt sich allein Neuffers damaliger Ko-Intendant Dietrich Schwarzkopf. Der NDR-Vize fragt sich, «ob das Paket nicht viele Filme enthält, die bereits zu oft ausgestrahlt» wurden. Die für Schwarzkopf (Spitzname: «Der Kardinal») typische, diplomatisch verpackte Kritik löst eine vehemente Verteidigung des Pakets durch Oeller aus. Auch Kirch-Freund Hess und der ARD-Programmdirektor Hans Abich springen dem Bayern bei. Kirch kann zur Kasse gehen. Offenbar hat keiner der ARD-Manager die Filmlisten, die auch zu diesem Vertrag gehören, in Ruhe studiert. Ihnen wären so hinreißende Zweitlizenzen wie «Die badende Venus», «Flippers Abenteuer» oder

«Das Wirtshaus im Spessart» aufgestoßen. Filme von Vorgestern für ein Publikum von Gestern.

Die Bewertung der Qualität von Filmpaketen richtet sich unter anderem nach der eingeräumten Lizenzzeit. Da die ARD-Einkäufe zwischen 1971 und 1976 immer umfangreicher werden, muß man eigentlich unterstellen, daß auch die Konditionen, zu denen diese Pakete erworben werden, sich zunehmend verbessern. Tatsächlich zeigt sich Kirch beim ARD-Paket von 1976 großzügig. Für mehr als ein Viertel der Filme räumt er Lizenzzeiten von zehn Jahren und darüber ein; 13 Filme haben sogar einen Lizenzzeitraum von 14 Jahren.

Alle 200 Filme sind erklärtermaßen zur «Basisversorgung» der Jahre 1981 bis 1990 bestimmt. Vor 1981 dürfen sie eigentlich nicht eingesetzt werden, da – wie erwähnt – in diesen Jahren die Kirch-Quote von einem Drittel bereits erfüllt ist. Dennoch beginnen bei 172 Filmen die Lizenzzeiten bereits vor dem offiziellen Einsatzdatum. Würde sich die ARD an den der Öffentlichkeit erklärten Verwertungszeitraum halten, hätte man eine Lizenzzeit von rund 390 Jahren umsonst angekauft.

Doch damit nicht genug. Bei mindestens zwei Filmen laufen die Lizenzzeiten nicht nur vor dem geplanten Verwertungszeitraum an – sie laufen auch vor ihm wieder aus. Und zwar beim ersten und zweiten Teil von «Angelique». Hess hat auch hierfür eine Erklärung parat. Er nennt diese Merkwürdigkeit die «Flexibilität der Lizenzzeitregelung».

Es kommt aber noch abenteuerlicher. Kirch gelingt es, 11 Filme 1976 der ARD zu verkaufen, die er ihr bereits ein Jahr zuvor angedreht hatte und deren Lizenzzeiten sich deswegen überschneiden: um insgesamt 35 Jahre und acht Monate. Anzunehmen ist, daß der Händler für jeden dieser Filme – trotz der Überschneidungen – die volle Bezahlung von 126.000 Mark netto erhalten hat. Zwei Beispiele.

Der Film «Fluchtweg St. Pauli» (Nummer 27 auf der Filmliste des Vertrags von 1975) wird an die ARD für die Lizenzzeit von 1.1.1978 bis zum 31.12.1981 verkauft. Der gleiche Film wird mit dem Vertrag von 1976 (jetzt Nummer 55 der Filmliste) mit einer Lizenzzeit vom 1.1.1977 bis zum 31.12.1985 noch einmal verkauft. Überschneidung der Lizenzzeiten: vier Jahre.

Oder Luigi Viscontis Hit «Tod in Venedig». Er wird mit dem Vertrag von 1975 (Nummer 113) für eine Nutzung vom 1.1.1979 bis zum 31.12.1982 an die ARD verkauft. Und dann noch einmal mit dem Vertrag von 1976 (Nummer 159) für die Zeit vom 1.2.1980 bis zum 31.12.1989. Die beiden bezahlten Lizenzzeiten überschneiden sich hier um 35 Monate.

Besonders skrupellos wirkt der Umgang mit der venezianischen Elegie. Dieser «A»-Film – ein Publikumsrenner und Kunsterlebnis zugleich – war für die ARD 1975 ein gutes Argument, um dem gesamten Paket zuzustimmen. Man benutzte Viscontis Meisterwerk als eine Art «Lokomotive». Durch das Anhängen vieler flauer Kompensationsfilme wurde deren hoher Kaufpreis ausgeglichen. 1976 spielt Kirch mit dem «Tod in Venedig» noch einmal das gleiche Spiel. Dirk Bogardes Leidensmine wird hoch bezahlt, in jedem Fall aber doppelt und verhilft Leinwandschrott à la «Wenn die Heide blüht» zum Auftritt vor zahlendem Publikum. Von der ursprünglich angesetzten Lizenzzeit (48 Monate) bleiben nur noch 13 Monate übrig.

Immer wieder wird Mitte der 70er Jahre hinter vorgehaltener Hand behauptet, Beta/Taurus hätten der ARD Filme «verkauft», deren Rechte ihnen gar nicht zustanden. Ein solcher Fall soll bereits 1972 der Spitzenfilm «Der Clan der Sizilianer» gewesen sein. Auch diese hartnäckigen Gerüchte kann ich nicht beweisen. Aber sie passen ins Bild. Denn Leo Kirch verkauft nicht nur der ARD die Rechte an einem Film gleich zweimal – er scheut sich sogar nicht, den Konkurrenten ARD und ZDF identische Ware anzudrehen.

Am 24. März 1976 legt ZDF-Intendant Karl Holzamer seinem Verwaltungsrat einen Spielfilm-Rahmenvertrag mit der Taurus über 240 Positionen vor. Er enthält wie üblich eine Anlage, in der die einzelnen Filme aufgeführt sind. Unter den dort «fest nominierten Filmen» befindet sich eine Reihe mit Klassikern des Regisseurs Howard Hawks. Alle diese Hawks-Filme werden als «verfügbar ab sofort» bezeichnet; darunter sind «Rio Bravo», «Red River», «Eldorado», «Hatari», «Leoparden küßt man nicht» und «Land der Pharaonen».

Im gleichen Jahr verkauft Kirch mit dem 76er Paket etliches von Hawks auch an die ARD. Dazu gehören wiederum «Rio Bravo» (Lizenzzeit: 1.1.1982 bis 31.12.1988) und «Red River» (1.1.1982 bis 1.1.1984) sowie vier weitere Filme des Regisseurs. Bei allen Meisterwerken besteht die Gefahr, daß sich die Lizenzzeiten überschneiden. Denn im Vertrag mit dem ZDF beginnen diese spätestens am 1.1.1981 und sollen bis Ende 1984 laufen.

Im ZDF-Vertrag von 1976 ist auch vorgesehen, daß die Mainzer aus 27 Hitchcock-Filmen (ebenfalls «verfügbar ab sofort») eine Auswahl treffen können. Drei der in der Filmliste des ZDF-Vertrags genannten Filme werden jedoch schon bald nicht mehr «sofort verfügbar» sein; denn Kirch vertickert sie im 76er Vertrag an die ARD. Das betrifft die Streifen «Number 17», «Rich and Strange» und «The Skingame».

Haben ARD oder ZDF den Aufstand wenigstens geprobt? Was für eine Frage! Es ist doch alles in Ordnung. Paragraph 12 des ARD-Vertrages legt es dem Münchner Rechtsanwalt Walter K. Ziegaus auf zu überprüfen, «daß die auf die Lizenznehmer zu übertragenden Rechte an den jeweiligen Filmen zu Beginn der Lizenzzeit wirksam auf diese übergegangen sind». Erst wenn Ziegaus sein Okay gibt, wird das Geld fällig. Der Anwalt ist in diesen Jahren, bevor er durch den Bremer Advokaten Joachim Theye ersetzt wird, Kirchs wichtigster Adjutant auf dem juristischen Paukboden.

Angesichts der Dimensionen, in denen sich inzwischen Kirchs Einkauf abspielt, muß er jetzt möglichst liquide sein. Deswegen versucht er immer wieder, so schnell wie möglich an die Bezahlung der Raten für seine Paketverträge zu kommen. Bei den Verhandlungen mit den Mainzern über den Einkauf von 240 Filmen im Jahr 1976 gelingt ihm die Beschleunigung mit einer taktischen Meisterleistung. Als die ZDF-Unterhändler in einer Nachbesserungsrunde erwähnen, ihnen sei daran gelegen, die Nettolizenz erst dann zu zahlen, wenn auch die Filme konkret vorliegen, ist Kirch selbstverständlich «grundsätzlich» dazu bereit, auf den Wunsch einzugehen.

Aber dann fährt er mit den Senderbeamten Schlitten. Erstens: Er nennt einen sehr frühen Materiallieferungstermin, nämlich den

1. April 1977. An diesem Tag, so kündigt er an, werde er alle 240 Spielfilme ins ZDF liefern. Das Ergebnis wäre verheerend: In Mainz stapelten sich die Filmrollen, ohne daß diese verwendet oder auch nur bis zur Verwendung vernünftig gelagert werden können. Dann verlangt er, zweitens, daß bis zum April auch sämtliche Austauschfilme, deren Sinn ja gerade darin besteht, möglichst aktuell benannt zu werden, nominiert sein müssen. Ergebnis: Die Austauschfilme sind keine mehr. Dritte Hürde: Die Lizenzgebühr von 30 Millionen Mark plus Materialkosten muß am 1. April auf einen Schlag gezahlt werden. Und zwar auch dann, wenn das ZDF, was wahrscheinlich wäre, bis dahin sein Prüfrecht noch gar nicht wahrgenommen hat. Ergebnis: Mögliche Beanstandungen der Kopien fallen flach.

Intendant Karl Holzamer, als Philosophie-Lehrer firm in Erkenntnistheorie, knickt schnell ein. Am 24. März 1976 empfiehlt er den Verwaltungsräten, die erste Rate für das Paket – rund 15 Millionen Mark – bereits am 4. Januar 1977 zu überweisen.

Bei der komplizierter zusammengesetzten ARD dagegen hat Kirch mit solchen Schnellschüssen nicht so viel Glück. Zwar erhält er auch von den Senderbaronen so manches Mal die Kohle rasch auf die Kralle. Beispiel: Die erste Rate des Vertrages von Mitte Januar 1971 über 125 Filme ist bereits vier Wochen später fällig.

1975 dagegen hat Kirchs Dampfwalze keinen Erfolg. Das Entgelt für 175 Filme soll, so die Verabredung, in zwei Raten von jeweils 11 Millionen Mark am 15. Februar 1977 und am 15. Februar 1978 überwiesen werden. Da schlägt Kirch vor, er werde den Nettopreis pro Film von 126.000 Mark auf 120.000 Mark senken, wenn die ARD den gesamten Betrag bereits Mitte Februar 1977 zahle. Doch die Geschäftsführung der Degeto läßt sich darauf nicht ein. Sie hat gerechnet: Die Einsparung von 1,05 Millionen Mark würde «durch entsprechende Zinsverluste» ausgeglichen.

Zur Mitte der 70er Jahre steht Kirch bei ARD und ZDF auf dem Höhepunkt seiner Machtentfaltung. Ohne Bedenken reizt er seine Verkaufsmöglichkeiten bei den beiden öffentlich-rechtlichen Networks – zunehmend beim ZDF – aus. Allerdings: Je mehr Kirch auf die Tube drückt, desto unwohler wird manchem dabei, desto mehr von seinen Praktiken dringt auch an die Öffentlichkeit. Die Mainzer sollen bald damit zu tun bekommen. «Wann bringen Sie endlich die Stories über Leo Kirch, Betafilm und angeschlossene Firmen?», mahnt am 20. November 1975 ein offenbar auf dem Hamburger Flughafen anonym aufgegebenes Fernschreiben, unterzeichnet mit «Peter Burgmüller, Programmdirektor ZDF», den stern-Chefredakteur Henri Nannen.

Völlig anders der Trend bei der ARD. Der Kirch-Vertrag von 1976 nimmt nur noch mit Mühe die Hürden in den Gremien. Kritik wird an der Zusammensetzung des Pakets geübt; aber Zweifel gibt es auch, ob solche Verträge überhaupt noch sinnvoll sind. Trotz dieser Ansätze ist die Degeto-Mannschaft noch weit davon entfernt, Kirchs Agenten in den Lobbies von Hollywood auspunkten zu können. Was das kosten würde!

Schließlich hat man schon mit den normalen Spesensätzen seine Schwierigkeiten. Zum offenkundigen Unbehagen der ARD-Sender und Degeto-Gesellschafter ist der Reiseetat der Degeto-Leute von 1975 auf 1976 «bereits um 25 Prozent» gestiegen. Wack stellt gleichwohl den Antrag, ihn für 1977 noch einmal um 36.000 Mark zu erhöhen; darüber kriegt sich der Aufsichtsrat fast in die Haare. Ergebnis à la ARDaise: Nach Möglichkeit keine neuen Kosten; wenn unvermeidbar, dann diese bei anderen Positionen einsparen; wenn immer noch unvermeidbar, dann Etat überziehen; wenn Etat aber überzogen, Antrag auf nachträgliche Genehmigung durch die Gesellschafterversammlung stellen.

Leo Kirch hat kürzere Wege. Er kann durch die Kulissen huschen, ohne zuvor um Genehmigung zu fragen. Außer seinen engsten Getreuen bekommt ihn dabei niemand zu Gesicht. Aber es gibt ihn wirklich; er ist kein Fernseh-Yeti. Seine Spuren sind deutlich genug.

Anmerkungen

1 Der Spiegel 37/1967
2 Der Spiegel 33/1967
3 Der Spiegel, 16.10.1967
4 Filmreport 15/69
5 Frankfurter Rundschau, 18.4.1974
6 manager magazin 8/87

Teil 3:
Krise

Mitte der 70er Jahre gerät Kirchs Konglomerat in eine schwere Krise. Die Hamburger Magazine Spiegel und stern lösen mit ihren Artikeln umfangreiche interne Überprüfungen beim ZDF aus. Die bestätigen Kirchs Übermacht in etlichen Bereichen. Als Folge des stern-Textes übt Bertelsmann-Chef Reinhard Mohn massive Kritik an Leo Kirch. Und die Kredite werden umgeschuldet. Verwirrspiel: Warum die Bond-Filme doch nicht im ZDF zu sehen sind.

Der 3. Mai 1976 ist ein ganz gewöhnlicher Montag. Wie an jedem Wochenbeginn greifen die Journalisten morgens zum Spiegel, um zu überfliegen, was sie in ihrer eigenen Berichterstattung versäumt haben. Und um sich rasch zu informieren, wo sie nachbessern und abschreiben können. Von einem Artikel in der Ausgabe 19/76 werden sie allerdings schnell die Finger lassen.

«Fernsehen: ZDF im Würgegriff?», so lautet die lakonische Frage über dem 600 Zeilen langen Aufmacher des Kulturteils. Ein zweispaltiges Foto mit einem grienenden, selbstsicheren Leo Kirch im Schaukelstuhl begleitet die ersten Zeilen der Epistel, die von dem Spiegel-Redakteur Siegfried Schmidt-Joos, einem unbestrittenen Kenner der Pop- und Rock-Szene, verfaßt wurde. Der Magazin-Mann will nachweisen, daß Kirch «beim ZDF Redakteure und Programmdirektoren am Gängelband» führt und «mit Geld und Geschick» die Branche «in Furcht oder Abhängigkeit» versetze.

Und dann fällt dem flüchtigen Leser noch etwas auf: Zwischen den einzelnen Absätzen ist viel weißes Papier zu sehen. In die letzte Spalte gar würde, nach Spiegel-Manier geschrieben, noch eine weitere Story hineinpassen. Am «Würgegriff», die Male sind unübersehbar, ist offenbar bis zur letzten Minute gearbeitet worden. Heißer Stoff, heiß genäht.

In den oberen Etage des ZDF-Verwaltungszentrums am Stadtrand von Mainz schrillen die Alarmglocken. An diesem Maien-Tag hat Intendant Karl Holzamer keinen Blick übrig für die Pracht der weiß-rosa blühenden Obstbäume, die das Areal auf dem Lerchenberg umgeben. Der «Ludwig Erhard des Mainzer Fernsehwunders», wie Holzamer in der Lokalzeitung anläßlich seines 65. Geburtstags gerühmt worden war, muß befürchten, daß seine Lebensleistung – im nächsten Jahr geht er in Pension – erheblich beschädigt wird, wenn sich die Vorwürfe des Spiegel als wahr erweisen sollten.

Also doch. Die Hamburger haben's gewagt. Daß im Spiegel eine Suppe angerührt wird, war in Mainz längst bekannt. Zwei Monate nach der Publikation, in einer langen Nacht Anfang Juli, erzählt mir ZDF-Justitiar Ernst W. Fuhr, er halte ein anonymes Papier in Händen, in dem die Recherche des Magazins detailliert geschildert werde. Fuhr schließt zu vorgerückter Stunde in der Bar des Münchner Hilton-Hotels nicht aus, daß sein Dokument aus dem Spiegel selber stammen könne.

Wie noch andere im Sender glaubt auch er, auf die Spur des wichtigsten Informanten von Sonderermittler Schmidt-Joos gestoßen zu sein: ZDF-Verwaltungsdirektor Harald Ingensand (SPD) soll ihn gebrieft haben. Jedenfalls gibt der ehemalige Berliner Senatsdirektor, dessen Vertragsverlängerung seit Monaten umstritten ist, in diesem Frühjahr seinen Posten auf. Über die Modalitäten seiner Altersversorgung wird noch länger gerangelt werden.

Doch, der Reihe nach. Der altdeutsche Holzamer, den wohl nie jemand richtig unrechter Dinge zeihen würde, hat sich entschlossen, mit hausväterlicher Wucht gegen die Beschuldigungen vorzugehen. Wenige Tage nach ihrer Veröffentlichung bittet er den Vorsitzenden des ZDF-Fernsehrates, den Mainzer Oberbürgermeister Jockel Fuchs, das Thema auf die Tagesordnung der nächsten Sitzung am 20. Mai zu setzen. Dieses Datum ist der Fixpunkt aller Aktionen, die «der Professor» jetzt entfaltet. 13 Tage hat er Zeit, um Fakten zu schaffen und damit der Kritik den Wind aus den Segeln zu nehmen. Holzamer rotiert. Am 12. Mai entgegnet das ZDF dem Spiegel in einer ausführlichen Presseerklärung, die einen Tag später auch den Mitgliedern des Fernsehrates übermittelt wird. An diesem Tag erfahre ich aus Hollywood, daß der Spiegel-Artikel in der Filmmetropole für enormes Aufsehen gesorgt hat; die ersten Studios lassen den Text bereits übersetzen. Über Kirchs Methoden freut sich dort kaum jemand. Anfang der 70er Jahre hatte die Community sogar versucht, die Filmrechte vom Zwischenhändler zurückzukaufen.

Derweil trommelt in Mainz der Intendant per Telex und Eilbrief die Medienjournalisten für den 19. Mai auf dem Lerchenberg zusammen. In einer Pressekonferenz soll ihnen die jetzt vorliegende ausführliche Stellungnahme des ZDF erläutert werden. Im fensterlosen Konferenzraum K 3 des Sendezentrums kommt es zum Showdown. Der Spiegel wird dabei durch seinen Kulturchef vertreten; Autor Schmidt-Joos weilt, so heißt es entschuldigend, im Urlaub.

Dennoch kann sich die ZDF-Führungsriege nicht ohne weiteres durchsetzen. Noch am gleichen Tag kritisiert der Doyen der Medienjournalisten, der Frankfurter Friedrich Wilhelm Hymmen: «Den Eingeweihten tut es leid, daß die bedenkliche Machtstellung des Dr. Kirch nicht angekratzt worden ist.» Und: «Das ZDF sitzt auf allzu hohem Roß.»

Die Pressekonferenz ist fast schon zu Ende, da passiert noch ein Eklat. Der Journalist Pütz Siedel, Mainzer Korrespondent des Burda-Verlages, meldet sich zu Wort. Siedel im Plauderton, als ob er über allseits bekannte Tatsachen spräche: «Man kann ja der Beta nicht den Vorwurf machen, daß sie das Termingeschäft nicht beherrscht. Aber daß sehr viele ZDF-Redakteure zum Serienankauf nach Amerika reisen. Und dazu muß man sich vorstellen, daß ein Redakteur, wenn er rüberfährt, mit dem normalen Budget seiner Spesen fährt und daß er drüben am Flughafen bereits den Wagen der Firma Beta vorfindet. In manchen Fällen werden auch Zusatzanteile für andere Hotels in einer besseren Klasse als der dem ZDF-Budget angepaßten bezahlt. Ich halte den Herrn Kirch nicht für so dumm, daß er mit Nummernkonten rumschmeißt und mit 1.000-Mark-Scheinen; aber gerät nicht ein Großteil der ZDF-Redakteure in ein ganz gefährliches psychologisches Feld, aus dem heraus dann die Entscheidungen fallen, die später eben diesen Marktanteil sichern?»

Holzamer ist aufgebracht: «Darf ich Sie fragen, ob Sie diese Behauptungen, die Sie jetzt aufgestellt haben, als Behauptung stehen lassen wollen? Ich möchte genau wissen, ist das eine Behauptung, die Sie aufgestellt haben?» So herrscht er Siedel an.

Siedel: «Es sind Erzählungen, die ich von den Redakteuren selbst habe...»

Holzamer: «Dann ist es aber auch wieder eine Behauptung, daß Sie... (im Wortprotokoll unverständlich), dann muß ich den Justitiar bitten, sich dieser Sache anzunehmen. Wenn Sie die Behauptung gehört haben, dann müssen Sie sich gefallen lassen, daß wir Sie fragen, von wem Sie das gehört haben?»

Siedel: «Ich möchte mehr auf diese psychologische...»

Holzamer: «Moment, Moment, verzeihen Sie... (unverständlich). Ist das eine Behauptung, die Sie aufrecht erhalten, daß Sie von Mitarbeitern des ZDF gehört haben...»

Siedel: «Ja, das habe ich gehört.»

Holzamer: «Dann müssen Sie sich gefallen lassen, daß ich Sie frage...»

Siedel: «Nein ... (unverständlich).»

Holzamer: «Ich werde dafür sorgen, daß dem nachgegangen wird. Ich werde alle, die mit Spielfilmankauf und Besichtigungen etwas zu tun haben, durch den Justitiar einwandfrei hören lassen.»

Siedel: «Dann ist es dem ZDF, also Ihnen, nicht bekannt, daß in den letzten Jahren dieser Modus in sehr häufiger Art und Weise nicht nur in Amerika... (unverständlich).»

Holzamer: «Es kann mir gar nicht bekannt sein, weil er absolut rechtswidrig ist in jeder Form.»

An dieser Stelle mischt sich der frisch gekürte Programmdirektor Dieter Stolte ein: «Dürfen wir noch mal hören, welcher Modus, bitte?»

Siedel: «Na ja, es ist der Modus eines freien, auf dem Kapitalmarkt sehr erfolgreichen Mannes, der eben nicht so dumm...»

Die Erregung schlägt Wellen. Entrüstete Fragen und flapsige Antworten pendeln hin und her. Einmal verspricht sich Holzamer. Da betont er, er habe in früheren Fällen «unnachsichtig den Betreffenden, der hier der Anbietende war, zur Räson gezwungen».[1]

Dann ist die Pressekonferenz zu Ende. K 3 leert sich. Tatsächlich leitet ZDF-Justitiar Fuhr eine dienstliche Befragung aller Mainzelmänner in die Wege, die bis Mitte der 70er Jahre im Ausland Filme visitierten; in einem Fall werden sogar die Telefon-Computerlisten überprüft. Allesamt versichern sie, Kirch habe niemals ihr Ticket oder ihr Hotel oder ihren Leihwagen aufgebessert. Ein Schlag ins Wasser? Mitnichten: Dem munteren Pütz Siedel wird die Wiederholung seiner Behauptungen untersagt.

Einen Tag darauf verläßt wichtige Post den Lerchenberg. Der Intendant schickt eine Prozeßvollmacht an die Kanzlei des Mainzer Justizrats W. Westenberger. Und der könnte nicht flinker sein. Am 21. Mai fordert er Spiegel wie Schmidt-Joos auf, in 23 Punkten eine Unterlassungserklärung abzugeben.

Holzamer hat sein Klassenziel erreicht. Zur entscheidenden Sitzung des Fernsehrats, zu der an diesem Morgen aus allen Himmelsrichtungen die Vertreter der «gesellschaftlich relevanten Gruppen» nach Mainz strömen, darunter so fernsehsachverständige wie die Repräsentanten der Deutschen Landwirtschaft oder des Vertriebenenbundes, kann er bereits auf Fakten verweisen. Welcher Fernsehrat, bedacht auf sein Milieu der Zuständigkeit und häufig vorab eingesungen vom «Freundeskreis» seiner Partei, wird es jetzt noch wagen, die «Stellungnahme» des Intendanten kritisch auf Widersprüche zu durchleuchten oder gar von einer gerichtlichen Auseinandersetzung abzuraten? Wie eingefädelt, so läuft es dann auch. Nach dem Ende der Sitzung um 13.30 Uhr erklärt der Vorsitzende Fuchs, man unterstütze die Strategie des Intendanten, wie die Spiegel-Vorwürfe zu prüfen seien. Der SPD-Mann, noch neu in seinem Aufsichtsamt, versichert: «Hier soll nichts vertuscht werden.»

Das wäre auch gar nicht mehr nötig. Denn der Spiegel muß einen Rückzieher nach dem anderen machen. Vier Behauptungen nimmt er freiwillig aus dem Gefecht. 22 weitere werden ihm durch eine Einstweilige Verfügung untersagt. Der Antrag dazu ist mit insgesamt 42 «Eidesstattlichen Versicherungen» gespickt. Sie wurden innerhalb von nur sechs Tagen unterschrieben. Auch Kirch war nicht faul. Sieben Papiere stammen von ihm selbst, sieben weitere von seinen Angestellten. Der Spiegel dagegen schweigt – und kassiert die Tore.

Am 3. Juni verlangt die Kanzlei Westenberger vom Hamburger Magazin die Veröffentlichung der in der Einstweiligen Verfügung vom 26. Mai aufgebrummten Unterlassungen. Zwei Wochen darauf reicht das ZDF Klage ein, Ende des Monats klagt auch Kirch gegen die Hamburger. Eine «publizistische Blamage ohne Vorbild» (Westenberger) scheint sich abzuzeichnen.

Dann ist Sommer. Auf der Terrasse des Restaurants «Labuca» am Englischen Garten in München läßt sich trefflich mit den ZDF-Oberen streiten. Doch das ist nur for show. Hinter ihr wächst die Brisanz des Kirch-Komplexes weiter an. Am 9. Juli erhalte ich am frühen Nachmittag einen Anruf, der mich für den Abend in das Mainzer Hilton-Hotel locken soll. Dort gäbe es einen Produzenten, der über Kirch und das ZDF auspacken wolle. Pünktlich um 21.00 Uhr klopfe ich an die Tür von Zimmer 513. Der soignierte Herr, der mich erwartet, wirkt hoch erregt. Er ist optimistisch, was die Beweise für die Spiegel-Behauptungen betrifft. Und er überzieht jene Figuren, die auch in dem umstrittenen Artikel vorkommen, mit weiteren Verdächtigungen. Im übrigen habe er alles in einer Dokumentation zusammengestellt, die er mir nach einer Auslandsreise übergeben will. (Sie gelangt nie auf meinen Tisch.) Als ich ihn frage, ob er bereit sei, für seine Beschuldigungen auch gerade zu stehen, lehnt er schlankweg ab.

Dennoch gibt es auch ein brauchbares Ergebnis der Reise an den Rhein: den Namen eines möglichen Informanten in Prag. Das sei derjenige, so mein nächtlicher Gesprächspartner, der alles wisse über Kirchs besonders gute Beziehungen zu den osteuropäischen Studios und Sendern. Also fliege ich nach Prag. Der mir avisierte Gesprächspartner – ein Herr T. – ist freundlich, der Palatschinken schmeckt hinreißend. Unser Abend in einem Gewölbe an der Karlsbrücke verläuft harmonisch, zu harmonisch. Ich merke: Dieser Mann ist der falsche.

Am nächsten Tag treffe ich dann meinen eigentlich gewünschten Gesprächspartner mit dem ganz ähnlichen Namen. Ich warte auf ihn, als er gegen Mittag aus seinem Büro kommt, und spreche ihn auf der Straße an. Während wir uns für den frühen Abend in der Lobby des Hotel Intercontinental verabreden, schaut er sich wie in einem schlechten Film ständig über die Schulter.

Um 17.00 Uhr betritt er das Hotel, aber mit Begleitung. Der Kontakt ist geplatzt. Immerhin berichtet der Angsthase – das ist offenbar weit genug weg von der eigenen Bedrohung – über Kirchs Regiment im ORF und er nennt mir einen Namen. Noch am Abend der Sprung nach Wien.

Am nächsten Morgen, es ist der 4. August, von 10.45 Uhr bis 11.45 Uhr in einem kleinen Büro im ORF-Zentrum. Der Redakteur schimpft über Kirchs Schalten und Walten im Sender. Auch diesmal keine Nachweise. Schnee von gestern. Das Ende einer Dienstreise.

Jetzt erstmals rührt sich der Spiegel. Am 16. August publiziert das Magazin unter dem Titel «Viele Wege nach Mainz» ein neues Stück. Als die ZDF-Juristen den Text studiert haben, wissen sie: Der Spiegel hat nicht viel zum Nachlegen. Und das ZDF kann seine Reaktion ein Stück tiefer hängen.

Auch Albert Ehlgen, Leiter der ZDF-Hauptabteilung Finanzverwaltung, ist beruhigt. Der Spiegel hatte ihm eine Auflistung von Kirch-Firmen zugeschrieben. Jetzt legt Ehlgen seine Version des Vorgangs in einer zweiseitigen Erklärung nieder und schickt diese am 19. August über die Adresse des ZDF an «liebe Freunde». Dann geht er in Urlaub.

Patriarch Holzamer erlaubt sich Routine. Er leitet, wie schon beim ersten «Aufsatz», eine Stellungnahme dem Fernseh- und Verwaltungsrat zu; er lädt die Chefredakteure der über Fernsehen berichtenden Branchenblätter nach Mainz ein und er erweitert – am 14. September – seine Klage auch auf die Behauptungen aus dem zweiten Spiegel-Artikel.

Mitte September 1976 sind die Truppen beider Seiten aufmarschiert. Holzamer hält sein Image für «nicht ankratzbar». Andere wollen eine «aufgepickte Eiterbeule» bemerkt haben. Der Streit vor Gericht kann beginnen.

In den Aufsichtsgremien des ZDF läuft die Recherche bereits. Der Haushaltsausschuß des Fernsehrates und der Finanzausschuß des Verwaltungsrates tagen am 3. Juni, am 7. Juli, am 7. September und am 7. Oktober 1976 zum Thema. Der Finanzausschuß selber, das entscheidende Organ, beschäftigt sich mit den «Geschäftsbeziehungen zur Kirch-Gruppe» an folgenden Tagen: 15. 7., 17.8., 10.9., 17.9. und 27.9.1976; 21.1., 20.2. und 22.2.1977.

Das Engagement der Gremien scheint intensiv zu sein. Auf jeden Fall ist es mühsam. Denn die Recherchen der Aufsichtsräte kommen nicht so recht voran. Der Haushaltsausschuß beklagt, «daß hinsichtlich der Zusammenarbeit zwischen der verschiedenen Organen Unklarheiten über die Grenzen der Zuständigkeiten aufgetaucht sind».

Auch der Finanzausschuß des Verwaltungsrats hat seine Schwierigkeiten mit der Anstaltsspitze. Bereits am 8. Juni hatte er den Intendanten um eine vergleichende Darstellung der Anschuldigungen im Spiegel und der vom ZDF dazu ergriffenen Maßnahmen gebeten. Einen Monat später schickt der Intendant die Synopse an die Ausschußmitglieder ab. Am 15. Juli soll das Gremium tagen. Doch sein Vorsitzender Hans Scheele hat die Unterlage «erst am Abend vorher» in der Hand und erklärt deswegen, daß er sich «seine Fragen und abschließenden Äußerungen bis zur nächsten Sitzung des Ausschusses vorbehalten» müsse. Eine «Mißachtung des Ausschusses» kritisiert auch der Hamburger Staatsrat a. D. Hans Fahning.

Doch die Zusammenstellung kommt nicht nur zu spät – das Papier ist auch formal unbefriedigend. Fahning bemängelt seine «konzeptionelle Anlage; das sei keine angemessene Behandlung des Auftrages». Angesichts dieser Schelte muß Intendant Holzamer einräumen, daß die Synopse «schwer lesbar» sei. Am 28. Januar 1977 – ein halbes Jahr nach der Anforderung, ein dreiviertel Jahr nach dem Anlaß – liegt schließlich die Endfassung des erwünschten Dokuments vor.

Die Verschleppungstaktik des ZDF ist damit noch nicht beendet. Inzwischen hat der Finanzausschuß beim Management zusätzliche Erläuterungen zu den Anteilen von Kirch am Serienprogramm, am Spielfilmprogramm und an den Opern- und Konzertproduktionen angefordert. Darüber soll auf der Sitzung am 21. Januar 1977 beraten werden. Der Intendant schickt die Dokumente am 19. Januar an die Ausschußmitglieder. Wieder auf dem letzten Drücker. Und wieder kann der Oberprüfer Hans Scheele nur passen. War der gewiefte Beamte, ein ehemaliger Oberkreisdirektor, in das Spiel eingeweiht? Jedenfalls muß er zu Protokoll geben, daß er sich «wegen des späten Zuganges des Papiers in der heutigen Sitzung zu einer abschließenden eigenen Stellungnahme nicht in der Lage» sieht.

Wenn der Verwaltungsrat zu langsam, dann ist der Fernsehrat zu fix. Am 15. Oktober 1976 nimmt er eine «Zwischenbilanz» seines Haushaltsausschusses «zur Kenntnis». Danach soll die «Phase der Tatsachenerforschung» als «abgeschlossen» betrachtet werden; und man empfiehlt, die Vorwürfe «gegen einzelne Mitarbeiter des ZDF» als «nicht erweislich» anzusehen. Zu diesem Zeitpunkt liegt noch nicht einmal die endgültige Fassung des Vergleichs zwischen den Vorwürfen des Spiegel und den Maßnahmen des ZDF vor. Geschweige denn, daß der angestrengte Prozeß schon abgeschlossen wäre. Dennoch zeigen die Honoratioren des Fernsehrates nicht übel Lust, die gesamte Kirch-Debatte zu den Akten zu legen.

Dazu trägt das geschickt aufgebaute Statement des so ernsthaft um Aufklärung bemühten Intendanten bei. Holzamer kündigt eine weitere Prüfung der Kirch-Präsenz im ZDF durch den Landesrechnungshof Rheinland-Pfalz an. Außerdem seien die Wirtschaftsprüfer der «Treuarbeit» längst damit beauftragt, «die Beteiligungen der Kirch-Gruppe am Programm des ZDF» zu recherchieren. Ihr Bericht liege vor. Danach gäbe es keinen «Würgegriff». Holzamer ist sich sicher: Alle wesentlichen Punkte haben «ihre vorläufige Erledigung» gefunden.

Nur ein einziges Mitglied des Fernsehrates, der ehemalige Staatssekretär Walter Müller, gibt sich mit dieser Beschwichtigung nicht zufrieden. Seine «grundsätzlichen Bedenken» wegen des «exorbitanten Gewichtes» von Kirch im ZDF sind nicht ausgeräumt. Ihm widerspricht eine Fernsehrätin Lore Henkel aus Hannover. Sie hält es für «ausreichend», wenn die noch offenen Fragen vom zuständigen Ausschuß «weiterverfolgt» werden. Die Diskussion des ZDF-Fernsehrates über den größten Skandalfall in der Geschichte der zu kontrollierenden Anstalt besteht aus insgesamt drei Wortmeldungen.

Also, der Treuarbeitsbericht. Aus der Sicht des Intendanten das zentrale Entlastungsdokument. Es wird am 9. September 1976, unterzeichnet von den Wirtschaftsprüfern Schmiedel und Holtzscherer, fertiggestellt und umfaßt fünf Blatt; die Anlagen dazu stehen auf weiteren sieben Seiten. Zu Beginn nennt die Treuarbeit die Kriterien ihrer Ermittlungen. So ging das Institut davon aus, daß sieben Firmen zur Kirch-Gruppe zu zählen sind, entsprechend den Vorgaben des ZDF. Fast bedauernd notiert man: «Eigene Feststellungen waren uns hier nicht möglich.»

Doch das Ergebnis der Nachforschungen wird nicht nur dadurch programmiert; genauso wichtig ist die Methode, mit der Kirchs Programmanteil im Sender gemessen werden soll. Der Spiegel hatte unterschiedlich auslegbare Begriffe gebraucht, woraus sich schnell Widersprüche konstruieren ließen. Die Treuarbeit wählte das Kriterium «Produktionsaufwand in DM». Und sie liefert für diese Wahl auch gleich eine Entschuldigung mit: «Die Anfertigung von Übersichten nach gelieferten Minuten oder ausgestrahlten Minuten war wegen des unverhältnismässig großen Zeitaufwandes nicht möglich.»

Nach diesen methodischen Vorbemerkungen werden die «Ergebnisse» des Gutachtens dargestellt, nämlich «der Anteil der Kirch-Gruppe an dem Produktionsaufwand der Hauptredaktionen der Programmdirektion», bezogen auf die Jahre 1972 bis 1975. In den Anlagen analysieren die Prüfer dann, eher versteckt, den Anteil der Kirch-Gruppe an den «Kaufproduktionen».

Mit dieser Zweiteilung hat die Treuarbeit ihren Auftrag regelrecht verwischt. Darin war ausschließlich von «Auftrags- und Kaufproduktionen (einschl. Spielfilm)» die Rede. Und nicht von Ermittlungen über die Eigenproduktionen des ZDF, die sich unter dem ausgewiesenen Produktionsaufwand ja auch verbergen. Da nimmt es kein Wunder, daß Kirchs Präsenz fast lächerlich gering ausfällt: 14,9 Prozent für die gesamte Programmdirektion im Jahr 1975; 26,9 Prozent für die Hauptabteilung «Theater und Musik» ebenfalls in diesem Jahr. Und das ist schon der Spitzenwert aller Hauptredaktionen.

Nach solchem rosaroten Einstieg wird die Rolle der Kirch-Gruppe noch weiter verharmlost. Denn jetzt messen die Treuarbeiter deren Anteil nicht nur am Produktionsaufwand der Programmdirektion, sondern am gesamten Produktionsaufwand des ZDF, einschließlich demjenigen der Chefredaktion, für die Kirch gar nicht arbeitet. Da ergeben sich dann für 1975 nur noch magere 12 Prozent. Diese Ergebnisse sehen nach einem Täuschungsmanöver aus – wenn da nicht die Anlagen wären.

Und die beziehen sich, wie vom Verwaltungsrat gefordert, allein auf die Kaufproduktionen des ZDF. Sie sind das entscheidende Maßband; schließlich liegt genau hier, so die Prüfer, der «Schwerpunkt der Lieferungen und Leistungen» der Kirch-Gruppe – im Jahre 1975 zu genau 88,7 Prozent. Freilich wäre es nützlich gewesen, auch Kirchs Anteile in den Herstellungsarten «Koproduktion» und «Auftragsproduktion» zu ermitteln. Erst dann ergäbe sich wohl das wahre Ausmaß der Stollensysteme unter dem Lerchenberg. Allerdings liegt in den 70er Jahren Kirchs Schwergewicht noch im klassischen Geschäft, dem Kauf und Verkauf von Lizenzen. Erst seit Mitte der 80er Jahre und auf dem Hintergrund einer immer schwieriger werdender Lizenzpolitik engagiert sich der Filmhändler zunehmend auch im Produktionsbereich.

Die folgende Statistik 1 zeigt denjenigen Prozentanteil, den die vier von den Wirtschaftsprüfern untersuchten Hauptredaktionen Unterhaltung, Fernsehspiel und Film, Theater und Musik sowie Kultur zwischen 1972 und 1975 an der gesamten Sendezeit der Programmdirektion hatten.

Statistik 1

Anteil der Hauptredaktionen an der Gesamtsendezeit der ZDF-Programmdirektion

in %	1972	1973	1974	1975
HR Unterhaltung	16,6	17,2	17,8	15,4
HR Fernsehspiel und Film	39,2	36,8	35,4	37,6
HR Theater und Musik	11,0	10,7	11,2	11,2
HR Kultur	26,1	27,9	28,8	30,4

Auffällig an diesen, von der Treuarbeit zusammengestellten Zahlen sind die hohen Werte für die Hauptredaktion Fernsehspiel und Film sowie Kultur im Jahr 1975: Ihre Zulieferungen dominierten das Programm zu beinahe 70 Prozent. Relativ niedrige Programmanteile dagegen ermittelten die Prüfer für die Hauptredaktionen Unterhaltung und Theater und Musik.

Statistik 2 zeigt, wieviel Programm von den vier Hauptredaktionen in den Jahren 1972 bis 1975 jeweils angekauft wurde.

Statistik 2

Anteil der Kaufproduktionen unter den Herstellungsarten der Hauptredaktionen

in %	1972	1973	1974	1975
HR Unterhaltung	25,3	–	49,4	36,7
HR Fernsehspiel und Film	76,1	–	65,8	62,6
HR Theater und Musik	13,9	–	20,3	22,3
HR Kultur	29,8	–	35,1	30,1

Hier ist bemerkenswert, daß die Hauptredaktion Fernsehspiel und Film im Jahr 1975 mehr als 60 Prozent ihres Programmes ankaufte, also nicht selber oder mit anderen zusammen produzierte.

Die nächste Statistik 3 ist am interessantesten. Sie vergleicht, wieviel Prozent ihres Programmes die vier Hauptredaktionen zwischen 1972 und 1975 bei Kirch angekauft haben.

Statistik 3

Anteil der Kirch-Kaufproduktionen innerhalb der Hauptredaktionen

in %	1972	1973	1974	1975
HR Unterhaltung	20	84	59	70
HR Fernsehspiel und Film	29	57	40	43
HR Theater und Musik	92	88	88	94
HR Kultur	61	60	55	38

Die einzelnen Werte fallen ganz unterschiedlich aus und sind deswegen besonders spannend. Am wenigsten hat 1975 die Hauptredaktion Kultur bei Kirch Programm gekauft (immerhin auch noch fast 40 Prozent); an der Spitze dagegen in Richtung auf die 100 Prozent marschiert die Hauptredaktion Theater und Musik. Das heißt: Fast das gesamte Programm, das von dieser Hauptredaktion eingekauft wird, wird 1975 bei Kirch erstanden. Allerdings soll nicht unterschlagen werden, daß die Kaufproduktionen in diesem Bereich (Statistik 2) nicht gerade dominieren.

Interessant ist auch, daß die Hauptredaktionen Unterhaltung sowie Fernsehspiel und Film zwischen 1972 und 1975 ihre Ankäufe bei Kirch erheblich verstärkt haben; daß die Hauptredaktion Theater und Musik in diesen Jahren den enorm hohen Standard ihrer Ankäufe bei Kirch (über 90 Prozent!) halten konnte. Den größten Sprung jedoch machen die Prozentzahlen in den Hauptredaktionen Unterhaltung sowie Fernsehspiel und Film zwischen 1972 und 1973. Diese rasante Aufstockung – sie steht für viele Millionen Mark Gebührengelder – fällt in die Schlußphase der Amtsperiode von Programmdirektor Viehöver, der 1973 starb.

So kommen die Frankfurter Prüfer zu dem Schluß, und ihre Statistiken untermauern dieses, daß die Kirch-Gruppe (so zurückhaltend, wie sie vom ZDF definiert wurde) den größten Anteil am Aufwand für Kaufproduktionen innerhalb der ZDF-Programmdirektion kassierte. Und das heißt: Kirch dominierte die mit Abstand wichtigste Herstellungsart für den größten Teil des ZDF-Programms.

Neben der Treuarbeit hatte das ZDF noch eine weitere Prüfungsinstanz aktiviert: den Landesrechnungshof Rheinland-Pfalz. Zwar war dessen Präsident nicht bereit, eine Sonderprüfung der Vorwürfe des Spiegel vorzunehmen, obwohl nur sie schnell und unvoreingenommen Aufklärung verschafft hätte. Stattdessen versprach er, im Zuge der normalen Prüfung des Jahresabschlusses 1975 «diesem Aspekt besonderes Augenmerk» (Holzamer) zukommen zu lassen.

Sein Dokument wird am 8. März 1977 fertiggestellt, ein halbes Jahr nach dem Bericht der Treuarbeit. Das Deckblatt der Expertise aus

Speyer trägt das Aktenzeichen 4-3545/75. Auf 75 Seiten breiten die Beamten manche Mäkelei am ZDF aus, bevor sie dann von Seite 76 bis 81 zu den «Anteilen der Kirch-Gruppe an dem ZDF-Progamm» Stellung nehmen.

Auch dem Rechnungshof ist aufgefallen, daß die Kaufproduktionen eine zentrale Rolle spielen, wenn man die Beziehungen zwischen dem ZDF und Kirch bewerten will. Dabei gelingt es den Prüfern sogar, mit absoluten Zahlen zu arbeiten. Die folgende Statistik 4 beweist den Kirch-Anteil an den Kaufproduktionen der gesamten Programmdirektion zwischen 1972 und 1975.

Statistik 4

Anteil der Kirch-Kaufproduktionen innerhalb der ZDF-Programmdirektion

	1972	1973	1974	1975	
Kaufproduktionen der Programm-direktion	41,2	52,5	56,8	62,3	in Mio
Davon: Anteil der Kirch-Gruppe	19,4	34,1	31,7	32,8	in Mio
Davon: Anteil der Kirch-Gruppe	47,1	65,0	55,8	52,6	in %

Erneut wird klar, wie wichtig das Jahr 1973 für Kirch war. Hier erreichte er, daß das ZDF für 34,1 Millionen Mark bei ihm Programm einkaufte und er damit 65 Prozent aller Kaufproduktionen in der Programmdirektion anlieferte. Auch der bereits erwähnte Sprung von 1972 auf 1973 ist deutlich erkennbar – Kirch-Spezi Joseph Viehöver sei Dank.

In dem Bericht des Landesrechnungshofes taucht auch zum ersten – und letzten Mal – ein Vergleich mit den anderen Produzenten und Verleihern auf, die sich ebenfalls vor den Toren des ZDF tummeln. Während also, wie wir an Statistik 4 gesehen haben, die Kirch-Gruppe zwischen 1973 und 1975 mehr als die Hälfte aller beschafften Kaufproduktionen stellt, liegen die Umsätze «in 1975 bei sieben Firmen zwischen sechs und einem Prozent und bei den restlichen 105 Partnern unter einem Prozent» der gesamten Kaufproduktionen der Programmdirektion.

Der Wettbewerb, von dem doch so gerne geschwärmt wird, findet de facto nicht statt. Der Rechnungshof spricht denn auch in seinem Resümee vom «Übergewicht eines Anbieters über die übrigen Vertriebsfirmen». Das, so schreibt er den Mainzer Fernsehmachern ins Stammbuch, «läßt auf eine überragende Marktstellung des Anbieters schließen» – wenn man davon ausgehe, «daß die Anstalt bei ihren Beschaffungen sich am Markt orientiert hat». Wenn...

Diese kritischen Aussagen des Rechnungshofes werden formal vom Verwaltungsrat nicht zur Kenntnis genommen. Jedenfalls erwähnt das Protokoll der Sitzung vom 25. März 1977, in der die Recherche des Kontrollgremiums abgeschlossen wird, mit keinem Wort die mehr als deutlichen Fingerzeige des Prüfberichts. Die Sitzung wird geleitet von Kirch-Freund Helmut Kohl.

Mit den weniger brisanten Ermittlungen der Treuarbeit macht sich das ZDF dagegen etwas mehr Mühe. Der Bericht der Wirtschaftsprüfer ist bereits am 9. Dezember 1976 abgeschlossen worden. Doch der Haushaltsausschuß des Fernsehrates reagiert hinhaltend: Man will weiter erörtern, «ob die Anteile der Kirch-Gruppe an den Kaufproduktionen als zu hoch angesehen werden müssen und insofern einer

Korrektur bedürfen». Der Verwaltungsrat des ZDF dagegen verhält sich weniger lasch.

Bereits im Herbst 1976 hatte er den Intendanten beauftragt, zu drei besonderen Aspekten der Kooperation mit Kirch Stellung zu nehmen – nämlich zu den Musikproduktionen, dem Serienprogramm und den Spielfilmeinkäufen. Diese «Zusatzerläuterungen» – das geheimste der geheimen ZDF-internen Dokumente – bilden neben dem Bericht der Treuarbeit die Basis für das endgültige «Beratungsergebnis des Verwaltungsrates». Und sie sind wirklich brisant, hatte doch der Finanzausschuß dem ZDF auferlegt, nicht nur mit Prozentzahlen, sondern auch mit absoluten DM-Werten zu arbeiten.

Geradezu umwerfend fällt das Ergebnis für die Hauptredaktion Theater und Musik aus. Hier war bereits die Vormachtstellung von Kirch im Bereich der Kaufproduktionen durch die Recherchen der Treuarbeit (Statistik 3) belegt worden. Jetzt läßt sich diese Einschätzung auf die Fremdproduktionen (sprich: Auftragsproduktionen) und auf die Koproduktionen ausdehnen.

Auch in diesen Herstellungsarten läßt Leo die Puppen tanzen. Bei den Koproduktionen kassierte er zwischen 1972 und 1975 durchweg 100 Prozent aller aufgewendeten Mittel! Insgesamt konnte er 1975, abgesehen von den 6,5 Millionen, die er im Bereich der Kaufproduktionen einsackte, noch einmal 11,5 Millionen Mark verbuchen.

Statistik 5

Anteil der Kirch-Gruppe im Bereich der Hauptredaktion Theater und Musik

	1972	1973	1974	1975	
Kaufproduktionen	7,0	6,6	7,9	6,5	in Mio
	92	88	88	94	in %
Fremd-produktionen	7,5	9,1	9,0	9,0	in Mio
	58,8	52,3	70,2	54,4	in %
Koproduktionen	0,5	2,5	1,0	2,5	in Mio
	100	100	100	100	in %

Auch der Anteil der Kirch-Gruppe am Serienprogramm des ZDF wird in diesen «Zusatzerläuterungen» erstmals ein wenig transparent. Die nachfolgenden Zahlen aus der Statistik 6 standen weder bei der Treuarbeit noch beim Landesrechnungshof auf der Tagesordnung. Sie verdeutlichen, daß Kirch auch bei dieser für das Image des Unterhaltungssenders ZDF so wesentlichen Programmgattung mehr als nur ein Bein in der Tür hat. So beträgt sein Anteil am Beschaffungsvolumen der Ankäufe 1975 11.736 Minuten oder 73,3 Prozent.

Statistik 6

Anteil der Kirch-Gruppe am Serienprogramm der ZDF-Programmdirektion

in %	1973	1974	1975
… am Beschaffungsvolumen *aller* Serien	46,1	38,6	49,7
… am Beschaffungsvolumen der *Kauf-Serien*	79,1	52,9	73,3

Besonders neugierig dürften die Aufsichtsräte des ZDF auf die anstaltseigenen Ermittlungen über Kirchs Rolle im Spielfilmprogramm gewesen sein. Doch gerade in diesem mutmaßlich wichtigsten Bereich werden sie vom Sender an der Nase herumgeführt. Schon in den hausinternen Statistiken über die Kirch-Serien hatte das Jahr 1972 gefehlt; bei der Statistik in Sachen Spielfilm wird jetzt auch noch das Jahr 1973 abgeklemmt. Offenkundiger Sinn der Übung: Für die beiden verbliebenen Jahre nimmt sich Kirchs Anteil an den Produktionsaufwendungen für Kaufproduktionen in der Filmredaktion völlig läppisch aus. Das ZDF belegt Summen von 2,1 (1974) und 2,3 Millionen Mark (1975).

Mittlerweile, wir schreiben März 1977, ist fast ein Jahr vergangen, seit der Spiegel seine wacklige Geschichte publiziert hatte. Die Beratungen im Finanzausschuß des Verwaltungsrates sind jetzt abgeschlossen; die Synopse der Anstalt ist endlich erstellt; die Prüfberichte liegen vor; der Sender hat seine «Zusatzerläuterungen» abgegeben. Zeit also, daß sich das Plenum des Verwaltungsrates mit dem Komplex beschäftigt. Doch das Sitzungsprotokoll weist keine Debatte mehr aus. Man billigt lediglich das vom Finanzausschuß vorbereitete «Beratungsergebnis».

Dessen Einzelheiten beziehen sich mehrfach auf die vom ZDF selber vorgelegte Argumentation in den «Zusatzerläuterungen»: Auch in seinem Schlußurteil folgt der Verwaltungsrat den Eckwerten des ZDF, sogar bis in die Formulierungen hinein. Behauptete etwa der Sender, die umstrittenen Serien-Rahmenverträge seien so bemessen, «daß Ergänzungskäufe von anderen Anbietern jederzeit möglich waren und auch getätigt wurden», so schreibt der Verwaltungsrat in sein «Beratungsergebnis»: Diese Verträge «behinderten nicht die Möglichkeiten des ZDF gegenüber anderen Anbietern».

Der Kreis hat sich geschlossen. Die Kontrolle, zu deren Wahrnehmung die Gesellschaft ihre Vertreter in die Aufsichtsgremien der öffentlich-rechtlichen Anstalt schickt, hat sich als herbe Farce erwiesen. Der absurde Reigen geht so: Das ZDF macht der Treuarbeit Vorgaben, nach denen diese gutachtet; der Bericht des Landesrechnungshofes deckt sich vielfach mit dem Dokument der Treuarbeit; die «Zusatzerläuterungen» des ZDF beziehen sich weitgehend auf die Ermittlungen der Treuarbeit, also indirekt auf die Vorgaben des ZDF; und der Verwaltungsrat schließlich lehnt sich in seiner Beurteilung an die ZDF-Perspektive an.

Entscheidend für die Untersuchungsergebnisse war von Anfang an, wieviele der Firmen, mit denen man Geschäfte macht, Kirch zugerechnet werden sollen. Das ZDF hatte sechs angegeben. Und der Verwaltungsrat sah «von sich aus keine Möglichkeit, diese Angaben nachzuprüfen». Dennoch gehen einige Bewertungen des höchsten Kontrollgremiums mit der Liaison zwischen Kirch und dem ZDF ins Gericht. Die Räte sprechen zum Beispiel «fast von einer Monopolstellung», wenn ihre Rede auf Kirchs Rolle im Bereich Theater und Musik kommt. Und sie haben «ebenfalls eine dominierende Stellung» bei den Serienankäufen herausgefunden.

Regelrecht ungehalten werden die Kontrolleure bei den Angaben des ZDF zum Spielfilmeinkauf. Denn die vorgelegten Zahlen seien «nicht repräsentativ für die Geschäftsbeziehungen der Kirch-Gruppe auf dem Spielfilmsektor». Die beiden Jahre, die das ZDF in seiner Statistik ausweist, sind – so ihre Kritik – nämlich genau jene, in denen als Abweichung von der Regel keine große Verträge mit Kirch abgeschlossen wurden. Deswegen schwingt sich der Verwaltungsrat zu einer eigenen Einschätzung auf: «Im Durchschnitt aller Jahre dürften rund 50 Prozent des Spielfilmbedarfs von Firmen der Kirch-Gruppe beschafft worden sein.»

Vielleicht auch, um solchen Schlußfolgerungen – Experten gehen von einem wesentlich höheren Spielfilmanteil aus – die Spitze zu nehmen, hat das ZDF bereits in seinen «Zusatzerläuterungen» einen ganzen Katalog von Maßnahmen vorgeführt, die Kirchs Position beschneiden sollen. Bei den Musikproduktionen etwa soll «weiteren Produzenten mehr Raum» gegeben werden; auch will man den nächsten Drei-Jahres-Vertrag, über den bereits verhandelt wird, auf 50 Prozent der bisher durchschnittlichen Produktionsaufwendungen eindampfen.

Serien-Rahmenverträge, die bisher nur pauschal die Anzahl der gekauften Minuten umfassen, sollen gar nicht mehr exekutiert werden. Bereits am 17. Oktober 1976 hatte Programmdirektor Dieter Stolte an Leo Kirch geschrieben: «Von Ihrem Angebot, zusätzliche weitere 15.000 Minuten auswählen zu können, wollen wir keinen Gebrauch machen.» Schließlich erklärt sich Stolte sogar bereit, Kirchs Anteil am Spielfilmeinkauf zu reduzieren. Bereits der vor dem Spiegel-Artikel abgeschlossene Vertrag soll, so Stolte, die Kirch-Filme auf rund 40 Prozent jährlich (bis 1981) beschränken. Allerdings möchte der ehemalige Holzamer-Referent, im Lavieren mindestens so geschickt sein wie sein Lehrmeister, diese Maßnahme «nicht im Sinne einer wie auch immer gearteten Zementierung» verstanden wissen.

Mittlerweile sind seit dieser Ansage fast 20 Jahre ins Land gegangen. Es wäre interessant zu erfahren, wie hoch die Kirch-Quoten in der Zwischenzeit lagen. Immerhin ersuchte der Verwaltungsrat den Intendanten 1977, künftig jedes Jahr die Fremdproduktionen des ZDF durch Wirtschaftsprüfer ausleuchten zu lassen. Das dürfte auch geschehen sein. Ihre Berichte werden wohl verwahrt im Safe des Intendanten liegen. Ein Mitglied des Verwaltungsrates: «Da steht wirklich nichts Bewegendes drin.» Man würde sehen.

25. März 1977. Am runden Tisch im Besprechungszimmer des Intendanten mit weitem Blick über den Rheingau nehmen sechs Verwaltungsräte, vier ZDF-Hierarchen und zwei Vertreter des Personalrats Platz. Helmut Kohl präsidiert, Chefredakteur Reinhard Appel vertritt den Intendanten, der inzwischen in Pension gegangen ist. Eine Routine-Sitzung. 14 Punkte stehen auf ihrer Tagesordnung. Umbauten im Studio Brüssel. Aufstocken der außertariflichen Gehälter. Und, unter TOP 5, die «Geschäftsbeziehungen des ZDF zur Kirch-Gruppe». Die Sitzung dauert genau 105 Minuten, das Thema Kirch beansprucht einen Bruchteil davon. Man verabschiedet die Beratungsvorlage. Als dann das zweite Kontrollgremium, der Fernsehrat, am 26. August 1977 diese ebenfalls abhakt, interessiert sich endgültig niemand mehr für ihren Anlaß oder für ihren Inhalt.

Oder gar für die Widersprüche, die sich jetzt zwischen den offiziellen Ermittlungsergebnissen des ZDF und dessen vollmundigen Ankündigungen vom Frühsommer 1976 erkennen lassen. In ihrer Pressekonferenz am 19. Mai 1976 hatten Intendant und Programmdirektor noch behauptet, im Jahr 1974 seien «exakt 27,755 Millionen Mark» an Kirch gezahlt worden. Die Überprüfungen, die als Folge des Spiegel-Artikels einsetzten, haben jedoch gezeigt, daß diese Summe in Wahrheit erheblich aufzustocken ist. Allein für die Kaufproduktionen flossen 1974 genau 31,7 Millionen Mark (Statistik 4) an den Kaufmann in München. Außerdem gab das ZDF in seinen «Zusatzerläuterungen» bekannt, daß schon in der Hauptredaktion Theater und Musik für Kirch-Programme im Rahmen von Ko- und Fremdproduktionen noch einmal rund 10 Millionen Mark anzusetzen sind. Damit erhöht sich der Betrag, den Kirch 1974 einstreichen kann, von offiziell 27,7 auf 41,7 Millionen Mark.

Im August 1977, als die ungeliebte Recherche vom Fernsehrat endgültig begraben wird, ist solche Statistik in der Öffentlichkeit längst kein Thema mehr. Die beiden meinungsführenden Fachblätter – die katholische «Funk-Korrespondenz» aus Köln und der Frankfurter evangelische Pressedienst «Kirche und Rundfunk» – hatten sich bereits ein Jahr zuvor von ihrer ursprünglich kritischen Kirch-Berichterstattung verabschiedet. Die Kölner vermuteten «Kleinkram vor Gericht». Und die Protestanten hofften auf «eine geheime Insel des schlechten Gewissens» in den Sendern. Schon im heißen Sommer des heißesten Jahres der ZDF-Geschichte konnte man meinen: Holzamer hat auf Zeit gespielt. Und gewonnen.

Doch der knorrige Professor und sein smarter Programmdirektor Dieter Stolte wissen 1976, daß die öffentliche Betrachtung der Kirch'schen Aktivitäten noch nicht zu Ende ist. Denn unabhängig vom Spiegel hatte ich beim stern damit begonnen, eine umfangreiche Geschichte über den Medienmogul vorzubereiten. Daß der Spiegel bereits im Frühjahr 1976 mit seinem Stück herauskam, hatte einen Vor- und einen Nachteil. Jetzt mußte die eigene Story bis in den Herbst verschoben werden; solch eine «Schamfrist» von etwa einem halben Jahr ist bei konkurrierenden Blättern üblich. Aber zugleich hatte ich die Chance erhalten, noch weiter zu recherchieren.

Am Abend des 21. September 1976 telefoniere ich mit dem Bankier Ludwig Poullain. Von unserem Gespräch fertige ich eine fünf Seiten lange Nachschrift an. Poullain, dieser erfreulich untypische Banker, will reden – so hat man mir angekündigt. Er hätte auch einiges zu sagen. Die von ihm geführte Westdeutsche Landesbank hält nämlich 25 Prozent an Kirchs Stammfirma Unitel, die sich mit Musik- und Theaterproduktionen befaßt. Außerdem ist das ehrgeizige Institut seit Jahren Mitglied in dem Bankenkonsortium, das Kirch mit Krediten versorgt.

In unserem Gespräch manövriert sich der Hobbysegler zunächst geschickt durch alle Klippen. Mehrfach betont er, als Mitglied des Konsortiums habe er jeden Grund sich «an den Kirch'schen Engagements zu erfreuen». Kurz darauf aber fällt der entscheidende Satz. Originalton Poullain: «Kirch führt aus meiner Sicht ein beschissenes Leben. Das ist hart und mühsam und arbeitsam.» Warum dieses Zitat so wichtig ist, begreife ich erst Jahre später. Das Gespräch empfinde ich als eine Pflichtübung.

Andere Recherchen lassen sich verheißungsvoller an. Am 27. September treffe ich um 15.30 Uhr in einem Café hinter dem Kölner Dom einen weiteren Gesprächspartner. Der ehemalige Vertraute von Kirch, standesgemäß im offenen Sportwagen vorgefahren, will mir, wie er sagt, seine «Deutschstunde» geben, will endlich loswerden, was er erfahren hat. Der Dicke ist geladen. Ratschläge und Sottisen prasseln in den nächsten 60 Minuten auf mich ein. Als ich den Pudding an die Wand nageln will, sagt er: «Wenn ich offen auspacke, muß ich befürchten, von Kirch umgebracht zu werden.» Dann packt er seine Siebensachen wieder ein und braust davon. Die «Deutschstunde» als Märchenstunde? Ich wäre dieser Meinung, wenn ich solche abenteuerlichen Aussagen nicht mehrfach gehört hätte.

Zwei Tage später, am 29. September, erscheint der von mir recherchierte Artikel als Aufmacher im Nachrichtenmagazin «Diese Woche», dem hinteren Teil des stern. Der Veröffentlichung war ein wochenlanger Zwist in der Redaktion der Illustrierten vorausgegangen. Während Chefredakteur Henri Nannen in Urlaub weilte, wurde der Text von seinem Stellvertreter Victor Schuller mehrfach verschoben. Der stern-Verlag Gruner + Jahr bemühte sich im Frühjahr und Sommer 1976, selber in den Handel mit Filmlizenzen einzusteigen und Leo Kirch Konkurrenz zu machen. Gegen dessen Beta hatte man eine «alpha» gestellt. Deswegen intervenierte der damalige Vorstandsvorsitzende des Verlages, Manfred Fischer, bei Schuller, er möge doch von einer Veröffentlichung «einstweilen absehen». Fischers offizielle Begründung: Der stern dürfe sich nicht dem Verdacht aussetzen, nur ein «Vehikel für die geschäftspolitischen Interessen des Verlages» zu sein.

Dieser Einspruch war den Hamburger Mediendiensten mit ihren guten Kontakten in die Verlagsspitzen nicht verborgen geblieben. Besonders das Informationsblatt «text intern» versorgte seine gespannte Leserschaft regelmäßig mit dem letzten Stand der stern-Affäre. In diesem Zusammenhang wurde auch bekannt, daß man sich auf der Chefetage des «Affenfelsens», dem Hauptquartier von Gruner + Jahr an der Alster, für eine kleine Firma namens «alpha» erwärmte. Miteinander zu tun aber hatten die Aktivitäten in der Geschäftsführung und der Redaktion überhaupt nichts – bis dann der Vorstandsvorsitzende mit den Flügeln schlug.

Die Affäre reduzierte sich auf Lebensgröße, als Ende September Chefredakteur Nannen wieder das Zepter übernahm. Vorher hatte bereits Gruner + Jahr-Boss Fischer mitgeteilt, man habe die offenbar unglücklich angefangenen «alpha»-Pläne nunmehr aufgegeben. stern-Vize Victor Schuller, einem für die Branche bemerkenswert unaufgeregten Vertreter, der schon wegen der heftigen Kritik an seinem mangelnden Rückgrat demissionieren wollte, wird von Redaktion und Chefredaktion das Vertrauen ausgesprochen.

Einen Nachteil freilich hatte das wochenlange Hin- und Her: Der Artikel wanderte in etlichen Kopien durch die Etagen, auch die ganz oben. Niemand ist überrascht, als die Reaktionen aus Mainz und München (Kirch wurde der Text durchtelefoniert) nur wenige Stunden nach der Veröffentlichung eintreffen. Am 29. September um 14.55 Uhr schickt ZDF-Pressechef Fritz Hufen seine Stellungnahme durch die Lande. Der frühere Journalist («Handelsblatt») geht darin kaum auf inhaltliche Details ein; stattdessen ist die Rede von «publizistisch verfilzten Presseorganen» – gemeint sind Spiegel und stern – und dem «Flankenschutz», den jetzt die Illustrierte dem Nachrichtenmagazin angedeihen lasse.

Kirchs Statement wird zwei Tage später in die Redaktion getickert. Es schlägt in die gleiche Kerbe. Auch Kirch unterstellt, Spiegel und stern würden aus der Gütersloher Konzernzentrale von Bertelsmann ferngesteuert. Mit einer 78-Zeilen-Tirade soll die angebliche Verquickung zwischen Verlags- und Redaktionsinteressen belegt werden. Kirch scheut sich nicht, dafür noch einmal den erledigten «alpha»-Fall anzuführen. Schlußfolgerung à la München: Das alles sei «nichts anderes, als ein offenbarer Mißbrauch der Pressefreiheit zur Bekämpfung eines Konkurrenten».

Um 13.50 Uhr war der Fernschreiber in Hamburg angesprungen. Um 17.43 Uhr antwortet Nannen dem Filmhändler. Auszug: «Der stern braucht sich mit solchen Vorwürfen nicht auseinanderzusetzen. Die Wahrheit ist, daß sowohl Herr Mohn (der Bertelsmann-Chef – d. Aut.) als auch der Vorstandsvorsitzende von Gruner + Jahr sich gegen die Veröffentlichung ausgesprochen haben. Uns hätte interessiert zu erfahren, was die Beta-Film zum sachlichen Inhalt des stern-Artikels zu sagen hat. Aber da schweigen offenbar alle Flöten.»

Der Schlagabtausch hat damit aber erst begonnen. Am 4. Oktober schreibt Reinhard Mohn einen Offenen Brief an Leo Kirch. Die gesamte Branche horcht auf. So deutlich hatte sich «der stille Mensch von Gütersloh» noch nie vernehmen lassen. «Mister Bertelsmann» regt sich weniger über die Unterstellung einer publizistischen Kampagne auf: Sie ist bar jeder Kenntnis Hamburg-Hamburger und Hamburg-Gütersloher Rivalitäten. Mohn reibt sich vielmehr an der von Kirch behaupteten Chronologie des ganzen Geschehens.

Es geht um den 24. Juni 1976. An diesem Sommertag war Kirch in seinem Mystere-Jet mit einer Ausnahmegenehmigung auf der Royal-

Airforce-Base bei Gütersloh eingeschwebt, um sich mit dem westfälischen Häuptling zu treffen. Der Münchner gibt an, Mohn habe ihn «über Mittelsmänner» darum «ersucht». Und im Gespräch habe Mohn ihn dann vor die Wahl gestellt, seine Firmengruppe – «und zwar vollständig» – an ihn zu verkaufen oder einen Konkurrenzkampf «unter Einsatz aller Mittel» auf sich zu nehmen.

Daran ist richtig: Die beiden Medienmenschen sind sich in der Tat am 24. Juni begegnet. Kirchs Banker Poullain hatte dieses Treffen arrangiert. Allerdings, so Mohn, habe der Kauf der Firmengruppe nie zur Debatte gestanden, «hier muß ich Sie der glatten Lüge bezichtigen». Nach dem 24. Juni habe es weitere «indirekte Kontakte» gegeben, die von «interessierter dritter Seite» arrangiert wurden. Mohn meint: «Dabei gewann ich den Eindruck, daß man sich um Sie Sorgen machte.»

Mohns Version ist korrekt. Schon seit Monaten kann sich die Bayerische Landesbank als Führerin des Kreditkonsortiums über ihr Engagement nicht mehr recht freuen. Dafür steht Kirch zu sehr im Gerede. Und als der Münchner jetzt auch noch in dem stern-Artikel aus dem Munde seines Bankiers erfahren muß, was für ein bedauernswertes Leben er führe, sieht er Rauch aufsteigen.

Die Kontakte mit Bertelsmann sind auf Null gekommen. Und das Bankenkonsortium wackelt. Kirch stolpert in die zweite große Krise seiner Karriere. Das erste Mal hatte er vor der Gründung des ZDF ordentliches Fracksausen: Würde der neue Sender sich aus seinem Lager bedienen? Die Antwort ist inzwischen bekannt. Die aktuelle Krise hat es mehr in sich: Sie geht an den Nerv des Systems. Wer kann in dieser Situation Kirch garantieren, daß seine Kreditgeber nicht höhere Zinsen oder bessere Sicherheiten oder gar beides verlangen würden? 14 Tage nach dem stern-Artikel führt Leo Kirch das erste Vorgespräch, um eine Umschuldung zu erreichen. Ein Vierteljahr später steht die Konstruktion. Die Frankfurter Deutsche Genossenschaftsbank (DG) geht ins Risiko.

Bertelsmann-Chef Reinhard Mohn kann sich indes nur wundern. Auch darüber, «in welchem Umfang es Ihnen (Kirch) gelungen ist, eine Quasi-Monopolstellung aufzubauen. Ihre Machtstellung und Ihre Geschäftsmethoden lassen konkurrierende Bestrebungen aussichtslos erscheinen. Für die öffentlich-rechtlichen Rundfunkanstalten ist diese Situation ein Skandal.»

Und der nimmt weiter seinen Lauf. Die Enthüllung des Kirch-Geflechts im ZDF (durch den Spiegel), aber auch in der ARD (durch den stern-Artikel) bringt weder die Sender noch den Händler wirklich dazu, sich vorsichtiger zu bewegen. Die ARD entscheidet sich Mitte Dezember 1976 trotz erheblicher Bedenken, über die Degeto ein Paket von 200 Filmen bei Beta/Taurus einzukaufen. Und auch beim ZDF sind die Schmauchspuren der Auseinandersetzungen mit Spiegel und stern noch deutlich erkennbar, da schiebt Intendant Holzamer dem Verwaltungsrat zu seiner Sitzung am 24. November 1976 bereits einen neuen Kirch-Vertrag zur Genehmigung auf den Tisch.

Diesmal freilich geht es nicht um Spielfilme; diesmal sollen Musicals gekauft werden, 13 Musikfilme zum Stückpreis von durchschnittlich 299.000 Mark. Holzamer rühmt «die breite Zustimmung vor allem bei den jugendlichen Zuschauern» für diese Programmfarbe. Für die nächsten fünf Jahre will man sich mit insgesamt 19 Produktionen eindecken. Nur: Wer kann sagen, ob zum Beispiel «My Fair Lady» im Abendprogramm des ZDF dann noch attraktiv genug sein wird? Der Verwaltungsrat spielt wieder mit. In seiner Sitzung vom 18. Februar 1977 wird der Beta-Vertrag «in voller Entsprechung des Beschlußantrages» genehmigt. Jetzt können die Millionen abfließen.

Am 20. Oktober 1976 sind es nicht einmal mehr 100 Tage bis zu jenem erfreulichen 4. Januar 1977, an dem Kirch die Hälfte der Bezahlung für das aktuelle Filmpaket von 1976 – genau 15,12 Millionen Mark – auf einem seiner Konten vorfinden wird. Doch dieser 20. Oktober ist kein guter Tag für die sonst so reibungslosen Geschäfte zwischen Mainz und München: Ein Interview von ZDF-Filmredakteur Klaus Brüne überschattet das gute Einvernehmen. Brüne hatte sich ja schon einmal in die Nesseln gesetzt, als er sich zur Frühzeit des ZDF über die Qualität von Kirchs Anlieferungen mokierte. Jetzt möchte er seinen Meister loben, und wieder ist es nicht recht.

Stolz kündigt der Mainzer Programmacher die Ausstrahlung einer ganzen Reihe von James-Bond-Filmen im Zweiten Kanal an. Die Nachricht ist eine Sensation, «Bond» damals noch ein Kinomythos, ein Fixstern am Entertainment-Himmel. Tageszeitungen und Programmzeitschriften steigen groß in die Geschichte ein.

In der Tat hatte das ZDF im Frühjahr 1976 sechs der Agenten-Thriller – «James Bond 007 jagt Dr. No», «Liebesgrüße aus Moskau», «Goldfinger», «Feuerball», «Man lebt nur zweimal» und «Im Geheimdienst Ihrer Majestät» – von Kirch gekauft. Sie sind in der Liste der «fest nominierten Filme», die als Anlage dem Vertrag beiliegt, unter den Ziffern 187-192 aufgeführt. Diese Liste, so heißt es in Paragraph I, «ist Bestandteil des Vertrages und enthält die Titel der ausgewählten Spielfilme».

Kirch versichert, daß wie üblich «zum Zeitpunkt des Vertragsabschlusses» die «Rechteeinräumung» erfolge (§ III) und außerdem «garantiert» der ZDF-Vertragspartner, da es sich um ausländische Spielfilme handelt, «daß er die Rechte zur Ausstrahlung an den Spielfilmen mit Genehmigung des Bundesamtes für gewerbliche Wirtschaft, Frankfurt (Main), erworben hat». (§ X)

Die Freude im ZDF über Brünes zunächst gelungenen PR-Streich dauert nicht lange. Am 16. November meldet die Deutsche Presseagentur, James Bond komme nicht ins Fernsehen; der Vertreter der Filmverleihfirma United Artists in Frankfurt habe dieses für «völlig ausgeschlossen» erklärt. Auch diese Meldung macht sofort die Runde.

Darauf muß das ZDF reagieren. Am 18. November wird eine neunzeilige Meldung verbreitet. Ihr erster Absatz gibt, natürlich, der Presse die Schuld an dem Wirrwarr. Sie habe behauptet, daß ZDF habe «einige James-Bond-Filme erworben». Entrüstung. «Dies entspricht nicht den Tatsachen.» Richtig sei vielmehr, «daß sich das ZDF vor kurzer Zeit um den Ankauf einiger dieser Filme bemüht hat. Ein Vertragsabschluß ist bisher jedoch nicht zustande gekommen».

«Vor kurzer Zeit»: Die Verhandlungen über dieses Filmpaket, in dem sich auch die Bond-Filme befinden, laufen nach ZDF-Angaben im Frühjahr 1976 bereits seit eineinhalb Jahren; im Herbst 1976 sind es rund zwei Jahre. «Bemüht hat»: Der am 2. April dieses Jahres geschlossene Vertrag mit Kirch läßt keinen Zweifel daran, daß die Filme auch tatsächlich gekauft wurden.

Diesmal jedoch findet Kirchs Chuzpe ihren Meister. Und der heißt: der Markt, die Situation auf dem Markt. Ein halbes Jahr später, am 19. Juli 1977, rufe ich um 14.30 Uhr den Deutschlandmanager von United Artists in Frankfurt an. Vielleicht hat man sich dort inzwischen eines Besseren besonnen? Vielleicht sind die Bond-Filme inzwischen keine Renner mehr im Kino? Doch die Reaktion des Verleihers ist vehementer denn je. Ein erregter Fred Sorg: «Sie können den Leuten, die mit diesen Listen hausieren gehen, sagen: Die Filme gehören uns und keinem anderen.» Schließlich würden sie im Kino eine «wahre Renaissance» erleben. Erst Anfang der 80er Jahre kühlt sich das «Bond-Fieber» ab. Und die ARD, nicht das ZDF, holt sich den berühmten schottischen Toupé-Träger ins Programm.

Das ZDF dagegen sieht alt aus. Gelackmeiert. Seine Bond-Filme sind nicht irgendein Vertragsgegenstand, wie zum Beispiel «Der Jäger von Fall» (Nr. 15) oder «Geier kennen kein Erbarmen» (Nr. 46 der «fest nominierten» Filme). Die Bond-Streifen gehören vielmehr zu jenen «Lokomotiven», an die bei einem Kauf viel Mittelmaß – also weniger attraktive Filme – angehängt werden kann.

Was aber geschieht, wenn die Lokomotive ausgespannt wird? Muß dann nicht der ganze Güterzug, um im Bild zu bleiben, stehen bleiben? Oder muß nicht wenigstens gegen Entschädigung Ersatz beschafft werden? Schließlich wurde der Vertrag mit der öffentlich-rechtlichen Anstalt in einem zentralen Punkt verletzt. Antworten des ZDF auf diese Fragen sind nicht bekannt geworden.

So kann denn die Beschaffung bei Kirch ungehindert weitergehen. Es muß ja nicht immer eine der sechs Kirch-Firmen sein, mit denen das ZDF offiziell in Geschäftsbeziehungen steht, über die der Deal abgewickelt wird. Da gibt es beispielsweise in Frankfurt die Janus-Film. Schon 1973 agierte ihr gesetzlicher Vertreter Klaus Hellwig, ausweislich seiner Körperschaftssteuererklärung, «als Treuhänder für Taurus-Film».[2] Das ZDF scheint davon nichts zu wissen. Also empfiehlt Intendant Holzamer am 11. Februar 1977 seinem Verwaltungsrat eine Beschlußvorlage, nach der von Janus 30 «redaktionell bereits ausgewählte Spielfilme» für rund 3,7 Millionen Mark gekauft werden sollen. Das Versprechen von Programmdirektor Stolte, nur 40 Prozent der Lichtspiele von Kirch zu besorgen, zeigt erste Bruchstellen.

Gute Tage für Weißwäscher. 1977 gehen die Beratungen von Verwaltungsrat – Vorsitzender Helmut Kohl (CDU) – und Fernsehrat – Vorsitzender Jockel Fuchs (SPD) – so farcenhaft zu Ende, wie sie ein Jahr zuvor begonnen hatten. Die Prozesse gegen Spiegel und stern zuckeln noch eine Zeitlang vor sich hin. Dann «entschuldigt» sich der Spiegel und der stern vergleicht sich. Der Spiegel-Redakteur Schmidt-Joos verläßt, mit einem gehörigen Abstand zum Ereignis, das Nachrichtenmagazin, um Unterhaltungschef von RIAS Berlin zu werden. Die Krise in der variantenreichen Beziehungskiste zwischen Kirch und der ARD sowie dem ZDF scheint beigelegt zu sein. Doch ihre Konsequenzen reichen weiter. Sie werden den «Dschungel da draußen» (ZDF-Pressechef Fritz Hufen) in den nächsten Jahren erheblich verändern.

Anmerkungen

1 TV-Courier 18/1976
2 Der Spiegel 42/1987

Teil 4:
Bewegung

Zwischen 1975 und 1985 arrangiert Kirch sein Konglomerat um. Wie er die Branche der Produktions- und Synchronfirmen infiltriert. Welche Banken ihn ausgehalten haben und neuerdings finanzieren. Durch den spektakulären Direkteinkauf der ARD in Hollywood gerät er in die dritte Krise seiner Karriere: Wer ihm heraushilft. Die Ermittlungen gegen einen Spitzenmanager des Bayerischen Rundfunks, den Kirch bestochen haben soll – was davon übrig bleibt. Der Zank bei der Gründung von SAT 1 und wie Kirchs Anwalt Joachim Theye alle in den Sack steckt. Axel Springer stirbt – ein unnötiger Tod?

Um Kirchs Machtstellung gegenüber den Sendern, um Art und Umfang seiner Geschäfte einzuschätzen, müssen wir versuchen, wenigstens halbwegs einen Überblick über die Struktur seiner Firmengruppe zu erlangen. Auch diese Struktur beginnt sich in den Jahren nach der Krise 1975/76 zu verändern: Der Handel mit den Filmlizenzen, das Kerngeschäft der Gruppe, wird mehr und mehr ergänzt durch Neuproduktion von Fernsehprogrammen, aber auch durch die Zweitauswertung der Ware, etwa über Video oder Merchandising.

Diese Verlagerung der Akzente entspricht der Situation auf dem Markt, der jetzt beginnt, zunehmend enger zu werden. Schon in den 70er Jahren scheinen erstklassige, frische Spielfilme, die – wenn man sich denn auf Paketlösungen einlassen will – den kompakten Einkauf mittlerer und minderer Ware legitimieren, selten geworden zu sein. Sei es, daß sie gehortet werden. Daß nicht genügend Nachschub produziert wird. Oder daß sie einfach schon zu oft im Fernsehen abgenudelt wurden. Umgekehrt wird die Notwendigkeit, auf Wiederholungen zurückzugreifen und mittelmäßige bis schlechte Ware massiv ins Programm zu drücken, immer zwingender.

Die Bewegung in Kirchs ureigenem Markt und bei seinen angestammten Firmen vollzieht sich auf der Grundlage eines Trends, der sich schließlich in den raffigen 80er Jahren, dieser Dekade der Rücksichtslosigkeit, in der gesamten Medienwirtschaft weltweit beschleunigen wird, Ende des Jahrzehnts – das Imperium des englischen Medienmogul Robert Maxwell bricht zusammen, der Australo-Amerikaner Rupert Murdoch muß wegen seiner Schulden bei den Banken zu Kreuze kriechen – einmal kurz abflaut, um dann in den 90ern noch stärker hervorzutreten. Dieser Trend heißt: Die großen Medienkonzerne werden immer mächtiger, ihre Interessen sind immer breiter gestreut. Mittlere und kleine Formationen haben dagegen nur dann eine Überlebenschance, wenn sie eine ganz besondere Bedarfslücke ausfüllen.

Die bundesdeutsche Produktionswirtschaft wird von diesem, in den 70er Jahren noch schleichenden, Konzentrationsprozeß schließlich schwer gebeutelt. Etliche Firmen – letztens noch die alteingesessene Hamburger Trebitsch-Gruppe – müssen sich an einen stärkeren Partner anlehnen. Heute kann niemand mehr auf den ersten Blick erkennen, ob die Produktionsfirma, mit der er gerade zu tun hat, nur noch eine Kulisse ist, hinter der sich längst ein Medienkonzern eingenistet hat. Und das betrifft nicht nur Kirch.

Der Münchner Wolfgang Schwarz gehört zu jener kleinen Spitzengruppe von Anwälten, die sich auf internationales Wirtschaftsrecht spezialisiert haben. Zugleich ist er Fernsehproduzent, inzwischen wohl der größte im Lande. Lange Zeit gehörte ihm offiziell die Mehrheit der Neuen Deutschen Filmgesellschaft (NDF), inzwischen hat Kirch dort das Sagen. Der erfolgreiche Programmhersteller Schwarz («Das Erbe der Guldenburgs») weiß, wovon er spricht, wenn er dem Produzenten Henno Lohmeyer ankündigt: «Alle Firmen, die bislang ein jährliches Auftragsvolumen von etwa drei bis fünf Millionen Mark hatten, werden die nächsten Jahre nicht überleben.»

Der Prozeß ist bereits in vollem Gange. Aus einer hausinternen Arbeitsplanung des ZDF für 1989 soll hervorgehen, daß rund 150 Firmen, die 1987 noch für das ZDF tätig waren, nicht mehr beschäftigt werden. Anfang 1988 frage ich den ZDF-Intendanten Dieter Stolte: «Nehmen Sie in Kauf, daß sich die Produzentenlandschaft ändern wird?» Der Fernsehmanager antwortet: «Es wäre unredlich, nicht darauf hinzuweisen, daß es von Jahr zu Jahr einen Konzentrationsprozeß auf die leistungsfähigsten Produzenten geben wird.»

An die zehn Jahre zuvor – 1976, nach der großen Kirch-Krise – ging das kleine Einmaleins noch anders herum. Da forderte der damalige Programmdirektor Stolte, man müsse darüber nachdenken, «wie wir nach und nach den Kreis der Fernsehproduzenten öffnen». Von der Chance für junge Talente war die Rede. Und daß, so ergötzte Intendant Holzamer seine Zuhörer, die «unterschiedlichen geistigen Kräfte» das Gesamtprogramm des ZDF modellieren sollten.

Auch damals war dieses Lob des Mittelstandes bereits Makulatur. Bezeichnend dafür ein Hilferuf des Berliners Manfred Durniok vom 17. Dezember 1974. Der Produzent bat den Senat um die «Durchleuchtung der Monopolisierung von mehr als 20 gesteuerten und abhängigen Firmen des Dr. Leo Kirch aus München, im Interesse der Freiheit der Programmgestaltung des Deutschen Fernsehens überhaupt. Da durch die Fast-Monopolisierung des Dr. Kirch in der Beschaffung von Filmlizenzen, Produktionen, Coproduktionen und Synchronisationen ein weiterer Wettbewerb nicht mehr zu existieren scheint».

Die Einschätzung des Beschwerdeführers, zum Einflußbereich von Kirch gehörten «mehr als 20» Firmen, mag für die Mitte der 70er Jahre gerade noch gestimmt haben. Seither reichen die begründeten Vermutungen zur Größe des Imperiums weit über diese jungfräuliche Zahl hinaus. Heute ist meist von etwa 26 Firmen die Rede, die zur Kirch-Gruppe zu zählen seien, zu deren Besitz (100 Prozent) oder Beherrschung (über 50 Prozent) sich Kirch also bekennt. Und immerhin sind 26 doch ein bißchen mehr, als jene sechs Unternehmen, mit denen das ZDF noch 1976 hantiert hatte. Dennoch dürften diese Angaben noch nicht einmal die halbe Wahrheit abdecken. Kirchs Hausanwalt Joachim Theye ganz flapsig: «Ich habe erst neulich nachgerechnet und bin auf weniger als 50 gekommen.»

Nun ist es nicht wirklich wichtig und faktisch auch nicht möglich, jede Firma, die zu Kirch oder zu seinem Einflußbereich gehört oder gehörte, herauszuprokeln. Immer wieder hört man nicht nur im Scherz, der Pate selber könne sein Konglomerat kaum noch überblicken. Wie immer – die Kategorien, nach denen es aufgebaut ist, erzählen mehr als jede kleine Verästelung.

Die Grundüberlegung ist, typisch für Kirch, ganz logisch: Die Basis des Geschäfts – der Handel mit Lizenzen – wird abgeschirmt durch horizontale und vertikale Diversifizierungen. Horizontal – das sind Engagements in anderen Medien wie Film oder Presse. Vertikal heißt: Die gesamte Wertschöpfungskette wird überwacht, gesteuert oder ist gar im Besitz von Leo Kirch. Der Medienmogul hält inzwischen alle Branchen besetzt, die mit der Produktion oder Vermarktung von Fernsehprogramm zu tun haben.

Zu diesem Programm gehören an erster Stelle die Spielfilme. Also sicherte sich Kirch bereits frühzeitig erheblichen Einfluß auf die wichtigste bundesdeutsche Filmproduktionsfirma, die Neue Constantin («Der Name der Rose») in München. Ihr Geschäftsführer Bernd Eichinger macht mittlerweile «kein Geheimnis» daraus: «Ja, Leo Kirch ist mit 49 Prozent an der Neuen Constantin beteiligt.» Ergänzt wird das Kinoengagement durch einen Kinofilmverleih («Obelisk») und durch eine Kinokette («Studio Filmtheaterbetriebe»). Wo es Kino gibt, ist die Filmmusik nicht weit. Hier sind für Kirch mehrere Gesellschaften offiziell tätig, an der Spitze wohl der «Filmkunst Musikverlag». Auch die Auswertung von Spielfilmen auf Videokassetten liegt nahe. Kirch etablierte dazu «Videobox» und «Goldenes Videoland». Branchenführer ist seine «Taurus-Film-Video GmbH».

Spielfilme lassen sich auch gezielt auf den Bildschirm bringen, mit einem eigenen Kanal, für dessen Exklusivprogramm die Abonnenten eine eigene Gebühr (Pay-TV) entrichten müssen. Also betreibt Kirch in der Bundesrepublik, zusammen mit dem Bertelsmann-Konzern und dem überaus erfolgreichen französischen Pay-TV-Veranstalter Canal plus, ein gemeinsames Pay-TV-Programm. «Premiere», so der Titel des Kanals, soll demnächst ergänzt werden durch ein speziell für

Kinder ausgestrahltes Pay-Programm. An dieser zukunftsträchtigen Fernsehform, deren Finanzierung auf Einnahmen durch Werbespots verzichtet, ist Kirch auch in der Schweiz («Teleclub») und in Italien («Telepiù») beteiligt.

Auf dem schwierigen wie einträglichen Terrain der Urheberrechte wird schließlich die weitgehend unbekannte «Gesellschaft zur Wahrnehmung von Film- und Fernsehrechten» (GWFF) etabliert. Die GmbH läßt sich am 17. September 1982 im Münchner Handelsregister nieder. Als Geschäftsführer agiert Rechtsanwalt Ronald Frohne, mehrere Jahre lang Spitzenmanager von Kirch.

Für ein gutes Geschäft dürfte auch die Firma «Merchandising München» sorgen. Geschäftsgegenstand von Europas «mit Sicherheit größter» derartiger Agentur (so ihr ehemaliger Geschäftsführer Thomas Haffa) ist die außerfilmische Verwertung von Filmwerken und Fernsehprogrammen. Darunter sind, laut Handelsregister, «der Handel mit Tonträgern, Druckerzeugnissen aller Art, Spielen, Spielzeug, Puppen und Figuren, Süßwaren, Lebensmitteln, Kleidung, Schmuck, kosmetischen Produkten, Haushaltsartikeln, Lederwaren, Schreibwaren und sonstigen Artikeln» zu verstehen. Wer jemals einen «Biene Maja»-Aufkleber ans Kinderbett gepappt hat, beim Schuhhersteller Romika auf die Helden aus «Miami Vice» stieß oder ein «Alf» Buch aus dem Regal zog, der mag jetzt wissen, wem seine Pfennige beim Kauf zuflossen. Offizieller Handelsumsatz der von Kirch 1987 lizenzierten Produkte: 300 Millionen Mark.

Die klassische Arrondierung des Kerngeschäfts «Filmhandel» sind Synchronisationen. Kirch verfährt hier doppelgleisig. In seiner Münchener Firma Beta-Technik, entstanden durch die Ausgliederung der hauseigenen Synchronabteilung, wird seit langem auch an der «Übersetzung» ausländischer Programmteile gearbeitet. Zum anderen hat es Kirch erreicht, daß Berlin, das wichtigste deutsche Synchronzentrum, mit seinen Aufträgen eingedeckt wird.

Platzhirsch an Havel und Spree ist die Arena-Synchron. Deren Gesellschafter waren 1976, als das Thema auch im Spiegel zur Sprache gebracht wurde, der Filmkaufmann Wenzel Lüdecke sowie dessen

Firma Berliner Synchron GmbH. Lüdecke legte Wert darauf, daß «weder Herr Kirch persönlich noch eine seiner Gesellschaften» an der Arena-Synchron «direkt oder indirekt» beteiligt seien. Inzwischen hätte er dieses auch gar nicht mehr nötig. Denn in den Wirren der Deutschen Einheit konnte der Medienmogul die Firma Defa-Synchron ergattern, über die jetzt das Geschäft zur Hauptsache läuft oder laufen soll.

Festzuhalten bleibt, daß die gesamte Synchronbranche regelrecht am Tropf von Leo Kirchs Aufträgen hing und sich viel Ehrgeiz mit manchen Abhängigkeiten vermischte. Einer, der dieses nicht länger ertragen konnte, war Michael Miller. Der Berliner Synchronregisseur war verantwortlich für die deutschen Fassungen vieler internationaler Filme, zum Beispiel «Cabaret» mit Liza Minelli; er gehörte zu den Besten seines Fachs. Miller gab sich gerne großspurig, ehelichte unter hautnaher Begleitung der Boulevardpresse die Schauspielerin Hannelore Elsner, und war doch sensibilisiert für die Probleme seiner Arbeit. Kirchs Allgegenwart im Synchrongeschäft hatte ihn zu einem erbitterten Gegner des Münchner Kaufmanns gemacht. Er rief mich eines Abends in Hamburg an, wir trafen uns in Berlin und Miller war schließlich bereit, alle Unterlagen zu besorgen, die aus seiner Sicht den Skandal hätten auffliegen lassen können. Um das Material aus der Stadt zu schaffen, hatte ich die Charter eines Flugzeugs verabredet. Doch dazu sollte es nicht mehr kommen. Anfang 1979 erschoß sich Michael Miller in seiner Wohnung in Berlin-Schöneberg. Was den lebenslustigen, baumlangen Kerl dazu getrieben hat, weiß ich nicht. Aber an seinen Rochus auf den Münchner Paten werde ich mich immer erinnern.

Über viele Jahre war das Synchrongeschäft für Kirch ein problemloses Zubrot. Und zwar sowohl bei der ARD wie beim ZDF. Bis 1975 wurden die vom Ersten Programm bei Kirch gekauften Filme fast automatisch auch von Kirch oder über Kirch synchronisiert. Doch dann, berichtete Degeto-Chef Hans-Joachim Wack seinem Aufsichtsrat Ende Oktober 1975, habe es sich «als sinnvoll erwiesen, die in fremder Fassung gekauften Filme nicht mehr bei dem Vertragspartner synchronisieren zu lassen». Zusätzliche 1,7 Millionen Mark wurden dadurch Kirch entzogen.

Allerdings: In der gleichen Sitzung beharrte die Kirch-Fraktion – angeführt vom Degeto-Aufsichtsratsvorsitzenden Werner Hess – darauf, daß Kirch auch künftig die auf deutsch synchronisierten Filme, wenn denn ihre Lizenz einmal abgelaufen sei, «zur Weiterverwendung» zurückerhalte. Das sei eine «im Spielfilmgeschäft internationale Usance». Diese milde Gabe ermöglichte es Kirch, die mit Gebührengeldern angefertigten deutschen Kopien von Serien und Filmen später im Rahmen privater TV-Programme gezielt gegen ARD und ZDF einzusetzen. Absurd, aber wahr: Mit vielen Millionen Mark haben die beiden öffentlich-rechtlichen Sender ihren späteren Gegner hochgepäppelt.

Damit der Widerspruch nicht bereinigt wird, braucht man treue Geschäftsfreunde. Vom ZDF ist eine Kehrtwendung nach der Devise «keine Synchronisationen mehr bei Kirch» nicht bekannt geworden. Hier funktioniert die Pipeline nach München, jedenfalls bis Ende 1979: Man schloß einfach Rahmenverträge ab. Etwa den vom 13. März 1969 oder jenen vom 10. November 1972, der bis Ende 1975 die Synchronisation von 15.000 Minuten zu einer Pauschale von 430 Mark pro Minute regelte. Bereits ein Jahr vor seinem Ablauf, am 20. Dezember 1974, wurde nachgeschoben und ein weiterer Rahmenvertrag vereinbart, der bis zum 31. Dezember 1979 gültig sein sollte. Da Kirch mit Masse Kasse machte, konnte er es sich leisten, pro Synchronisationsminute nur einen moderaten Preis zu nehmen. Das ZDF versicherte denn auch ganz brav, mit den Abschlüssen bei Beta liege man «unter den Minutenpreisen der übrigen Produzenten». Vergleich für 1975: 430 Mark bei der Beta gegen 559,10 Mark beim Rest der Meute.

Diese hier nur angedeutete Rundum-Diversifizierung nach Inhalten wird ergänzt und überwölbt durch eine nach Ländern. Dabei spielen die beiden deutschsprachigen Nachbarn Schweiz und Österreich eine besondere Rolle. Die Schweiz mit ihren kryptischen Finanzwegen, auf denen auch schräge Vögel lange Zeit sicher wandeln können, ist für

Leo Kirch immer attraktiv gewesen. Mit einem Katzensprung bewältigt sein Privatjet den Weg von München nach Zürich. Inzwischen sind es nicht mehr nur Abstecher, die den Medienmogul in das Steuerparadies führen; etliche Anzeichen sprechen dafür, daß die Versorgung des gesamten Konglomerats aus der Alpenfestung, vor deren Wällen die meisten journalistischen Recherchen enden, sichergestellt wird. So lassen sich nur ein paar Fäden aufnehmen, das Gewebe selber bleibt unsichtbar.

Nicht so reibungslos wie mit dem österreichischen Partner ORF liefen bislang die Geschäfte mit dem öffentlich-rechtlichen Schweizer Fernsehen SRG. «Seit fünf Jahren», so schrieb das Baseler Medienmagazin «Klartext» Anfang 1990, kaufe das Deutschschweizer Fernsehen «keine Programme und Spielfilme mehr in München ein». Auch als man dann doch wieder nach Canossa ging, sei nichts dabei herausgekommen. Inhaltlich, so die SRG-Manager, sei das Kirch'sche Angebot «Ramsch» gewesen; und die Preisvorstellungen des Großhändlers lagen «jenseits von Gut und Böse». Diese Distanz gibt es inzwischen nicht mehr. Kirch, so kritisiert die «Weltwoche», «hat zusehends an Einfluß in der SRG gewonnen».

Längst ist, ähnlich wie in Deutschland, das öffentlich-rechtliche Monopol aufgebrochen worden, was die Absatzchancen für Kirch-Produkte weiter erhöht hat. Nicht auszuschließen, daß sich der Münchner mit der in Zug ansässigen Finanzierungsgesellschaft Tele Media Invest (TMI) verbandelt hat, die wesentliche Anteile an der ersten Privatfernseh-Konzession «Tell-TV» hält. An TMI ist der Münchner Medien-Mobilist Bernd Schaefers beteiligt, dem die Rolle eines Kirch-Scouts nachgesagt wird.

Belegbar dagegen sind die Aktivitäten des deutschen TV-Senders Pro7 in der Schweiz, wobei der Privat-kanal bekanntlich seine Unabhängigkeit von Leo Kirch betont. In jedem Fall hat Pro7 ein Kooperationsabkommen mit dem «Zweiten Schweizer Fernsehen» geschlossen.

Weniger verwinkelt und seit langem erfolgreich betreibt Kirch in der Schweiz sein Pay-Fernsehen «Teleclub». Weit über 100.000 Abonnenten werden mittlerweile vom Club regelmäßig mit werbefreien Spielfilmen regelmäßig versorgt. Die Firmenkonstruktion, die hinter diesem Programm steht, ergibt eine erste Ahnung, wie Kirch seine Dinger dreht. Dabei ist nicht zu überblicken, ob die Prozentzahlen und Statthalter den letzten Stand repräsentieren.

So hält er ganz offiziell zehn Prozent an der Pay-Sat AG in Zürich. In deren Verwaltungsrat sitzen unter anderem Kirchs Hausanwalt Joachim Theye und sein österreichischer Konfident, der ehemalige ORF-Manager Helmut Lenhardt. Diese Pay-Sat wiederum hält 40 Prozent an der Züricher Aktiengesellschaft Rediffusion, die ihrerseits zu 20 Prozent am Teleclub beteiligt ist.

Die zweite Version von Kirchs Engagement am Schweizer Pay-TV ist schon weniger indirekt. 20 Prozent der Anteile des Teleclub hält nämlich eine Firma namens ML Medializenz AG. Offiziell gehört die Medializenz zu 55 Prozent einem Professor Ernst Bossard, zu 35 Prozent dem bereits von der Pay-Sat bekannten Lenhardt sowie zu 10 Prozent dem Teleclub-Manager Stephan Sager. Der Filmfan – wir werden ihm noch begegnen – gilt als Kirchs kommender Mann; er ist sein Chefeinkäufer für Premiere, das Joint-venture mit Bertelsmann und Canal plus. Mit Lenhardt und Sager sind zwei Kirch-Vertraute Eigner der Medializenz. Und Bossard? Der gesteht gleich freimütig, er komme «eher von der Kirch-Seite». Ja, und dann gibt es noch eine letzte Einfallspforte in den Schweizer Teleclub, das ist Kirchs offizielle Beteiligung. Sie beträgt 40 Prozent. Haben wir einen Puzzle-Stein vergessen?

Das Stichwort heißt Ringier. Das größte Schweizer Verlagshaus ist mit 20 Prozent beim Teleclub dabei; aber es gibt auch noch andere Kooperationen zwischen Verlagschef Michael Ringier und Leo Kirch. So halten beide Anteile am Deutschen Sportfernsehen (DSF) und betreiben mehrere Zeitungen und Zeitschriften in Osteuropa.

Um die Palette abzurunden, trage ich nach, daß Kirch auch die wichtigsten Kinos in der deutschsprachigen Schweiz kontrolliert. Sei es über die von seinem Zuarbeiter Sager beeinflußte Firma Cinetrade; sei es über die verschachtelte Firmengruppe des Produzenten Martin Hellstern.

Dies alles scheint dominant genug zu sein – und ist dennoch eine Kleinigkeit gegenüber jener strategischen Allianz, die Kirch ein Schweizer Refugium besonderer Güte beschert hat: Ich meine die Allianz zwischen dem Münchner Diplomkaufmann und dem reichsten Schweizer Bürger, Otto Beisheim, sowie dessen Firmengruppe, der Metro. Hier haben sich «Handel» und «Medien» gefunden; zusammen stellen sie eine fast unschlagbare Potenz dar.

Im Vergleich zu den Schweizer Unternehmungen, Kooperationen und Allianzen verblassen inzwischen Kirchs Aktivitäten im anderen Alpenstaat, in Österreich. Dabei hat dieses Land für ihn immer eine wichtige Rolle gespielt. War Wien nicht der Platz, an dem sich Kirchs erste Lizenz, der Fellini-Film «La Strada», zu amortisieren begann?

Vor allem dürfte aber dem Freund der Freunde ein Österreichischer Rundfunk (ORF) behagt haben. Gegen das Parteienspiel in diesem öffentlich-rechtlichen Sender, gegen seine Filz- und Intrigenwirtschaft sieht das ZDF wie ein Musterbeispiel modernen Managements aus. Solche kranken Strukturen erleichtern die Maulwurfarbeit. Auch deshalb, weil sie starke Figuren auf den Plan rufen. Und wenn man die hat, hat man die Anstalt.

Kirchs wichtigster Partner in Österreich war dementsprechend Gerd Bacher, der Generalintendant des Senders. In seinen drei Amtsperioden hatte der Münchner den größten Spielraum im ORF-Etat. Dafür sorgten schon Bachers Vollstrecker, etwa Programmdirektor Helmut Zilk (heute Bürgermeister von Wien), der kaufmännische Direktor Helmut Lenhardt oder dessen Hauptabteilungsleiter Raimund Langner. Auch Ernst Wolfram Marboe, seit Jahrzehnten im ORF, zuletzt als Programmintendant, war immer wieder mit von der Partie.

In Zusammenarbeit mit den internen Platzmachern operierte vor den Toren des Senders eine Art Generalvertreter von Leo Kirch, der Kommerzialrat Leopold Blechinger. Seiner Familie gehörte die Jupiter-Film GmbH. Das bereits am 6. September 1952 ins Handelsregister Wien eingetragene Unternehmen agierte immer wieder als Kirchs wichtigstes Sprungbrett. Wohl auch deshalb hält man sich gerne bedeckt. Eine Auskunftei schreibt mir über das Familienunternehmen: «Die finanziellen Verhältnisse sind für Außenstehende nur schwer einsehbar, zumal die Geschäftsleitung bestrebt ist, jeden Einblick zu verwehren.»

Im übrigen: Wer Jupiter sagt, muß auch Accord, Apollo und Austria sagen. Diese drei Firmen waren – oder sind – Töchter der Jupiter und ebenfalls im Geschäft mit Filmen tätig. Der Minikonzern wird arrondiert durch zwei Kino-Betriebsgesellschaften, eine Werbegesellschaft und eine Buchdruckerei. Was aber hatte Leo an seinem «Poldi», der im Frühjahr 1989 verstarb? Antwort: Alles. Der kleinwüchsige Schlawiner, formal ein unabhängiger Mann, war stets für das gut, was Kirch nicht ungeschützt in den ehemals habsburgischen Landen betreiben konnte.

Vor Gericht, im Prozeß gegen die Wiener «Kronen-Zeitung», mußte ORF-Manager Langner Klartext über Blechinger zu Protokoll geben. Seines Wissens agierte die Jupiter als «die Vertretung der Beta-Gruppe hier in Wien. Man kann sich nämlich ersparen, mit München telefonieren zu müssen, indem man sich an die Jupiter, und zwar an Direktor Blechinger, wendet. In einem solchen Fall, angenommen wegen des Erwerbes einer Lizenz, tritt Direktor Blechinger namens der Beta auf».

Diese Zeugenaussage wurde am 24. Januar 1972 vor dem Strafbezirksgericht Wien abgegeben. ZDF-Intendant Karl Holzamer hätte sie kennen können, als der Spiegel am 16. August 1976 schrieb: «Über die Jupiter werden Kirchs Geschäfte mit dem ORF abgewickelt.» Dennoch konterte der Mainzer Senderchef, es sei «völlig absurd, aus solchen geschäftlichen Beziehungen Abhängigkeiten abzuleiten».

Notieren wir statt dessen eine andere «geschäftliche Beziehung». 1982 kaufte die Jupiter in England für 1,5 Millionen Dollar jede Menge Fernsehprogramm, darunter den Detektiv-Ulk «Die Zwei». Einnahmen aus dem Weiterverkauf bis zu drei Millionen Dollar sollten der Jupiter zufließen, danach wollte man Halbe-Halbe mit der Londoner

Vertragspartnerin ITC Entertainment machen. Doch dazu kam es nicht. Wenig später bereits übergab die Jupiter «für ganze 3,5 Millionen Mark», so monierte der Spiegel, das wertvolle Paket an die Münchner Taurus-Film. Die ITC hatte das Nachsehen und kündigte gerichtliche Schritte an.

Da die österreichischen Hilfstruppen für Kirch immer noch wichtig sind, hat er sein Beziehungsgeflecht eng geknüpft. Zu den weiteren Stützen des Imperiums gehört die Wiener MR-Produktion des Kurt Mrkwicka. Der Spiegel berichtete zum Beispiel, daß die MR in den Jahren 1984 und 1985 zu Kirch gehört habe, und zwar «mehrheitlich». Auch Kirch-Rechercheur Henno Lohmeyer schreibt dem ehemaligen Springreiter auf gut österreichisch ein «Nahverhältnis» zu Kirch zu. Mrkwicka produziert im Frühjahr 1990 den teuersten österreichischen Film aller Zeiten, einen Mehrteiler über das Leben von Walzerkönig Johann Strauss; Produktionsvolumen des Musikkitsches: 350 Millionen Schilling.

In der April-Ausgabe des internationalen Fachblattes «Variety» wird bereits für «Strauss Dynasty» Promotion gemacht. «An epic of love, passion, intrigue, money and music», so betextet die Beta-Film ihre seitenfüllende Anzeige. Die Beta-Film? Als der ORF nach ziemlich dilettantischen Bemühungen die Finanzierung des Vorhabens nicht zusammenbekommt, handelt sich Kirch für 24 Millionen Mark umfangreiche Nutzungsrechte ein. Klar, daß Mrkwicka «leidenschaftlich gerne» mit Kirch kooperiert.

Mit unseren Stippvisiten in die Schweiz und nach Österreich ist Kirchs Engagement auf ausländischen Märkten noch lange nicht auch nur andeutungsweise beschrieben. Er selber nennt für Italien seinen Rom-Stützpunkt Orrizonte. Und für Paris die Firma Hexatel. Darüber hinaus wird immer wieder die Szikuti Film in Tokio mit Kirch und seinem dortigen Statthalter Hans Andresen in Verbindung gebracht.

So wie Leopold Blechinger mit seiner Jupiter-Film Kirchs Agentur für Österreich und Osteuropa darstellte, so agiert die International Television Trading Corporation (ITTC) als Exekutivorgan für Kirch in Nordamerika. Präsident der Firma ist der Deutsche Klaus Hallig. Er treibt Kirch in den USA die Schäfchen zu und agiert dabei gerne von seinem Privatanwesen aus, einer alten Mühle in dem idyllischen Örtchen South Egremont, zwei Autostunden nördlich von New York im Staate Massachusetts. Rund 100 Hektar Land, so Lohmeyer, der sich an der Ostküste auskennt, weil er sich selber dort niedergelassen hat, umgeben die Ranch. Das offizielle Büro von Hallig befindet sich mitten in Manhattan, in der Third Avenue.

Die Geburtsstunde dieses sichtbaren Erfolgs liegt schon länger zurück. Im April 1966 hatte sich Kirch mit Hallig und seinem damaligen Nordamerika-Repräsentanten Hans Andresen im Prominenten-Imbiß «Russian Tearoom» in New York getroffen. Mit eisgekühltem Wodka stießen die drei auf gute Geschäfte an. Die wurden es jedenfalls für Hallig. Wenige Wochen nach dem Treffen, am 2. Juni 1966, trug man die ITTC in das Handelsregister der Weltstadt ein. Hans Andresen dagegen schleuderte aus der Kurve. Er war zwar ein geschickter Einkäufer, aber auch einer, der die Partner gelegentlich über den Tisch zog und so die Politik der verbrannten Erde gepflegt hatte.

Der verbindlichere Hallig bestätigt, daß er auf Kommissionsbasis für Kirch arbeitet. Viel Spielraum für eigene Geschäfte, etwa Zulieferungen an die Frankfurter Wagner-Hallig-Film GmbH seiner Mutter Edith, bleibt da nicht übrig. Hallig: «Wir sind eine 100prozentige Agentur für die Kirch-Gruppe.» Seine Aufgabe: Er hat dafür zu sorgen, daß niemand Leos Kreise stört, am Sitz der großen TV-Networks in New York oder in der Stadt der großen Filmstudios, in Los Angeles. Der Erfolgsdruck ist nicht schlecht. Hallig: «Der Leo will alles haben. Da ist er ganz manisch.»[1]

So viel zum oberirdisch sichtbaren Teil des Konglomerats. Er wird ergänzt durch ein subkutanes Firmengeflecht. Auch hier gibt es mehrere Spielarten, nach denen Kirch vorgeht. Zum Beispiel seine klassischen Treuhandfirmen. Die seien «vollständig legal», wie die ehemalige Pressesprecherin des Konzerns, Armgard von Burgsdorff, gerne betonte. «Und außerdem», behauptete Kirchs Chefberater Joachim Theye, «machen das alle». Machtmensch Theye unterschlägt, daß diese «legale» Methode spätestens dann problematisch wird, wenn sie gegenüber öffentlich-rechtlichen Medieninstitutionen angewendet wird, die nach den Erfahrungen der Nazizeit unter dem besonderen Schutz der Verfassung stehen. Die Maßstäbe liegen hier eindeutig enger als im «normalen» Getümmel der freien Wirtschaft.

Kommen wir noch einmal auf die Neue Deutsche Filmgesellschaft (NDF) zu sprechen. Sie ist inzwischen aus der Unterwelt der angeblich von Kirch unabhängigen Firmen in den lichtvollen Status einer offen zugegebenen Beteiligung aufgestiegen. Doch jahrelang hatte man den Fernsehproduzenten vehement von allen Verdächtigungen abgeschirmt, eine getarnte Kirch-Firma zu sein. ZDF-Intendant Dieter Stolte ließ sich offenbar sogar die Unabhängigkeit der Firma vom Filmhändler selber bestätigen.

Spurenleser jedoch wußten immer schon, womit sie es bei der NDF zu tun haben. Sie kamen über das Personal. Da gab es Peter Gerlach, einen Mann mit ungewöhnlich viel Programmverstand. Er war Unterhaltungschef des ZDF und Programmdirektor von Sat 1. Dann beriet er, laut Lohmeyer, auf exklusiver Basis Leo Kirch und den offiziellen Mehrheitsgesellschafter der NDF, Wolfgang Schwarz. Abgesehen vom Senior mit seinen 51 Prozent waren oder sind die beiden Söhne Matthias und Marius Schwarz mit jeweils 11,5 Prozent sowie der Hamburger Programmacher Jürgen Kriwitz (seit 1987) mit 26 Prozent an der NDF beteiligt. Das war immer die offizielle Lesart.

Die Details zu den drei Minderheitsgesellschaftern sind dann schon aussagekräftiger. Matthias Schwarz zum Beispiel arbeitete vier Jahre lang als Leiter der Rechtsabteilung der Kirch-Gruppe, bevor er am 1. Januar 1989 bei der NDF anfing. Und von NDF-Geschäftsführer Kriwitz ist zu berichten, daß Kirchs Hausanwalt Joachim Theye in seinen Vertragsgesprächen mit am Tisch saß. Lohmeyer deshalb: «Ob Kriwitz von Theye wirklich 26 Prozent ganz allein für sich bekommen hat, wage ich zu bezweifeln.»[2]

Nach diesem Stangentheater schließt sich der Vorhang. Die NDF ist sauber. Taucht sie doch weder in der Liste auf, die sich der ehemalige Verwaltungsdirektor des ZDF, Harald Ingensand, am 2. September 1975 nach dem Kriterium mutmaßlicher Kirch-Connections «für seinen persönlichen Gebrauch» (Intendant Holzamer) anfertigen ließ; noch gehört sie auf einer offiziellen Liste des ZDF zu jenen Firmen, mit denen Beta/Taurus «zeitweilig zusammenarbeiteten». Das ZDF erwähnt die NDF auch nicht unter den sechs offiziell eingestandenen Kirch-Firmen, mit denen man «Verträge abgeschlossen und Geschäfte getätigt» habe.

Um auf das Zentrum des Geflechts zu kommen, ist die Unterscheidung zwischen wirtschaftlicher und rechtlicher Abhängigkeit notwendig. Häufig läßt das Handelsregister – rechtlich gesehen – keinen Zweifel daran, daß eine Firma den Paten aus München nicht zum Gesellschafter hat. Doch bei genauem Hinsehen wird sie, wirtschaftlich betrachtet, vom Händler am Nasenring geführt.

Die Frankfurter Janus-Film ist dafür ein gutes Beispiel. Sie muß als Glanzstück im Schattenreich des Dr. Kirch gelten. Nach außen hin unabhängig und mit dem Ruf versehen, ein gehobenes Spielfilm-Repertoire anbieten zu können, war die Janus jahrelang, vermutlich jahrzehntelang, bei ARD und ZDF für umfangreiche Geschäfte gut.

Allein 1984 verkaufte sie dem ZDF mindestens 100 Filme. Das ginge noch an, wenn nicht zuvor bereits Kirch 750 Filme in den Sender gedrückt hätte. Mit diesem Undercover-Deal war die von Stolte seinerzeit so stolz verkündete Einkaufsquote von 40 Prozent endgültig hinfällig geworden. Als wollte Kirch wirklich wissen, wie weit er das ZDF austricksen kann, schob auch noch ein Hintersasse der Janus, die Eretz-Filmvertriebsgesellschaft, einen Schwung Filme – wohl ein Dutzend – nach. Der kleine Laden des ehemaligen Janus-Mannes Daniel Litwak fand sich nur unter «ferner liefen» in der Liste der 12 Firmen, mit denen das ZDF bei dem Großeinkauf Geschäfte machte.

Mindestens ebenso wichtig war die Janus für die ARD. Zwischen 1969 und 1976 wurde nahezu jedes Jahr ein Vertrag mit den Frankfurtern geschlossen. Auf diese Weise verwies Kirch auch die offizielle Drittel-Quote der ARD – nur ein Drittel der Filme sollte von dem Münchner stammen – ins Reich der Fabel. Die Rolle der Janus als Blockadebrecher wird deutlich, wenn wir an einigen stichprobenartig ausgewählten Quartalen die Menge der im ARD-Programm ausgestrahlten Filme mit den offiziellen Einkäufen bei Beta und Janus vergleichen. Um das Ergebnis vorwegzunehmen: Fast immer liegt der kumulierte Beta/Janus-Anteil über der von der ARD behaupteten Grenze. Dies ergeben die offiziellen Dokumente der Einkaufsorganisation Degeto. Jetzt die Beispiele:

• In der Zeit vom 1. Januar bis zum 31. März 1973 wurden insgesamt 34 Spielfilme von der ARD ausgestrahlt. Davon stammten 15 aus Beta- und einer aus Janus-Ankäufen. Das Verhältnis zwischen der Drittelquote und dem Beta/Janus-Anteil beträgt 11,3 zu 16.

• Zwischen dem 1. Juli 1976 und dem 30. September dieses Jahres wurden insgesamt 30 Spielfilme von der ARD ausgestrahlt. Davon stammten 14 Streifen aus Beta- und zwei Spielfilme aus Janus-Ankäufen. Hier überrunden die Beta/Janus-Ankäufe die Drittelquote ganz klar im Verhältnis 16 zu 10.

• Und ein letzter Beleg. In der Zeit vom 1. Januar 1977 bis zum 31. März 1977 wurden insgesamt 35 Spielfilme von der ARD ausgestrahlt. Davon kamen 16 aus Beta- und fünf aus Janus-Ankäufen. Die Drittelquote beträgt 11,6 – der Beta/Janus-Anteil dagegen 21 Filme. Das bedeutet: In diesem Quartal wurden fast doppelt so viele Filme aus Beta/Janus-Beständen dem Publikum vorgeführt als offiziell zugegeben.

Da interessiert eigentlich nur noch eine Frage: Wußten die ARD- und ZDF-Manager von der Rolle der nach dem doppelköpfigen römischen Gott Janus benannten Firma? Haben sie die Öffentlichkeit wissentlich getäuscht? Natürlich nicht. Vermutungen über die wahre Eignerschaft schwirrten seit Anfang der 70er Jahre durch die Branche. Entsprechend intensiv bemühten sich ARD und ZDF, die Frankfurter Firma für sauber zu erklären. So sah der Degeto-Geschäftsführer Wack keinen «Anhaltspunkt für eine Beteiligung von Dr. Kirch». Und ZDF-Justitiar Ernst W. Fuhr telefonierte sogar mit dem damaligen Kirch-

Manager Bodo Scriba; der, so trug Intendant Holzamer dann weiter, habe bestätigt, «daß weder Dr. Kirch noch die Beta-Gruppe direkt oder indirekt (an der Janus – d. Aut.) beteiligt seien».

Genug der Camouflage. Die wirkliche Janus-Geschichte geht ganz anders. Am 21. April 1965 wird die Firma ins Frankfurter Handelsregister eingetragen. Als persönlich haftender Gesellschafter zeichnet der Filmjournalist Klaus Hellwig. Sein Geschäft blüht. Im Krisensommer 1976 kommt auch die Janus ins Gerede. Kurz darauf arrangiert der Münchner Notar Edwin Oberacher eine neue Tarnung. Nach diesem Modell unterbreitet Hellwig dem Wiener Kirch-Statthalter Leopold Blechinger ein unbefristetes Angebot, die Janus für eine halbe Million Mark an ihn abzutreten. Sollte es jetzt eng werden, ließe sich der Eigentümer über Nacht auswechseln.

Im August 1983 zieht sich Blechinger aus diesem Bündnis zurück. Die Devise heißt jetzt: Von Wien nach Bremen. Nachdem Hellwig erneut vor dem Notar erschienen ist, kann die Hanseatische Octans Verwaltungsgesellschaft mbH in Gestalt von Hans-Walter Fischer, einem Mitarbeiter im Anwaltsbüro von Kirch-Berater Joachim Theye, die Janus jederzeit übernehmen. Mit dieser Konstruktion in der Hinterhand werden dem ZDF 1984 die zusätzlichen 100 Filme angedreht. Ein Höhepunkt in der langen, wirklich doppelköpfigen Janus-Karriere. Im Februar 1987 scheidet Hellwig, von Kirch nicht mehr gelitten, aus der Janus aus. Ein halbes Jahr später wird ein Faksimile seiner Körperschaftssteuer-Erklärung für das Kalenderjahr 1973 (Steuernummer 235/3192) bekannt, welches die Janus «als Treuhänder für Taurus-Film» ausweist.[3]

Diese Posse hätten sich ARD und ZDF sparen können. Für den ZDF-Justitiar wäre die korrekte Beurteilung der Janus einfach gewesen, wenn er sich kollegial vertraut gemacht hätte mit den Prozeßakten der Auseinandersetzung zwischen dem damaligen ORF-Generalintendanten Gerd Bacher sowie dessen Kritikern bei der «Kronen-Zeitung» in Wien. Bacher selber nämlich hatte in seinem Schriftsatz vom 20. Oktober 1971 die Janus als eine Firma der «Beta-Gruppe» bezeichnet.

Und sogar der allererste Zugriff über das Handelsregister ist offenbar nicht intensiv genug betrieben worden. Dann wäre man darauf gestoßen, daß die Janus – neben der Taurus und einer ebenfalls zu Kirch gehörigen Firma namens Metropolitan – einer der Gesellschafter der 1982 gegründeten Gesellschaft zur Wahrnehmung von Film- und Fernsehrechten mbH (GWFF) war. Aber all diese Indizien verfingen nicht. ARD und ZDF beharrten bis zum bitteren Ende darauf, Geschäfte mit einer unabhängigen Firma zu machen.

Neben solcher mehr oder minder geschickten Treuhänderei gibt es noch andere Varianten im unterirdischen, inoffiziellen Geflecht der Kirch-Firmen. Betrachten wir die Vegas, eine Produktions- und Vertriebsgesellschaft für Film und Fernsehen. Sie war eine klare Scheinfirma. Authentischen Einblick in die Gemengelage gibt in diesem Fall der Unterhaltungsproduzent Henno Lohmeyer, der die Firma 1982 mit Kirch gründete[4]. Damals übernahm Kirch 75 Prozent der Gesellschafteranteile; das andere Viertel hielt Lohmeyers amerikanische Firma Multigram Productions. An der wiederum war Kirch mit 76 Prozent beteiligt.

Jetzt beginnt das Verwirrspiel. Kirchs 75 Prozent werden seinem Angestellten Thomas Burger überschrieben, einem Produktionsleiter; Burger darf auch den Geschäftsführer spielen. Sodann werden Kirchs 76 Prozent an der Multigram auf die in Bremen ansässige, uns bereits bekannte Octans Verwaltungs GmbH von Rechtsanwalt Theye transferiert. Schließlich wird die Vegas beim Amtsgericht Augsburg eingetragen, als Firmensitz gilt Burgers Wohnort Dießen am Ammersee. Im Mai 1984 möchte Lohmeyer seine Anteile an der Vegas verkaufen, da übernimmt Thomas Burger auch den Rest. Jetzt ist die Tarnung perfekt. Lohmeyer erinnert sich an Kirchs Kalkül: «Heute kennen Peter Gerlach (damals ZDF-Manager – d. Aut.) und noch ein paar andere die Hintergründe; in ein paar Jahren hat das jeder vergessen, und ich habe mit der Firma nichts zu tun.»

Die bisher beschriebenen Firmenkonstruktionen, so unterschiedlich sie im Detail sein mögen, haben allesamt einen – freundlich ausgedrückt – rabiaten Charme. Gezimmert sind sie nach der Methode: Man nehme einen Kirch-Angestellten, einen Theye-Angestellten, einen müden Produzenten, einen ordentlichen Schwung Filme, bei deren Versilbern auch für den Strohmann noch etwas übrig bleibt... und schon geht die Post ab. Vor allem aber nehme man einen öffentlich-rechtlichen Fernsehmanager, einen von denen, die um 17.00 Uhr, wenn Kirch ins Ausland zu telefonieren beginnt, ihren Schreibtisch verlassen und die Hausschuhe anziehen.

Wirklich vertrackt wird die Sache erst dann, wenn solch Personal nicht mehr im Spiel ist. Wenn Geschäftsbeziehungen der ganz normalen Art den Ausschlag geben. Kirch selber hat dieses Stichwort – fast läßt sich dabei Ironie heraushören – gegenüber den Interviewern vom Spiegel gebraucht, als er nach der Londoner Firma Antrobus gefragt wurde. Diese Arabeske ist schnell erzählt.

Kirch hört offenbar als Erster vom enormen Erfolg der amerikanischen TV-Serie «Dynasty». Bevor jemand anders zugreifen kann, kauft er die deutschsprachigen Rechte am «Denver Clan» mit der zickigen Joan Collins und dem graumelierten John Forsythe in den Hauptrollen. Aber nicht der Lizenzhändler vertickert sie dem ZDF, wo schließlich weit mehr als 150 Folgen zum Preis von rund 40 Millionen Mark ausgestrahlt werden. Diesen Verkauf besorgt vielmehr die Londoner Antrobus. Als der Spiegel ihn fragt: «Sind Sie an Antrobus beteiligt?», antwortet Kirch selbstsicher: «Nein, ich mache mit Antrobus Geschäfte wie mit vielen anderen Firmen auch.»[5]

Zum Beispiel mit der TV 60 in München. Die gehörte – oder gehört – Claus Hardt und Bernd Burgemeister. SPD-Mitglied Hardt war Vorsitzender des Bundesverbandes Deutscher Fernsehproduzenten; Burgemeister war ZDF-Angestellter. Zwei Karrieren für ein Halleluja. Hardt überzieht jeden mit Leserbrief, Gegendarstellung oder Einstweiliger Verfügung, der behauptet, die TV 60 schwimme im Kielwasser von Kirch.

So ließ er 1976 dem Spiegel bei Androhung eines Ordnungsgeldes bis zu 500.000 Mark die Formulierung untersagen, er sei «existentiell von Kirch oder dessen Firmen abhängig». Das ZDF sprang dem wichtigen Meinungsführer im Produzentenlager bei. Die Mainzer kramten rasch das Umsatzvolumen von TV 60 hervor: Es soll 1973 bei 4,459 Millionen Mark – nach anderer Lesart bei 4,759 Millionen Mark – gelegen haben. Außerdem ermittelte die ZDF-Programmwirtschaft auch denjenigen Teilumsatz, den Hardt in diesem Jahr mit der Produktion der bei Kirch entwickelten Kinderserie «Kli-Kla-Klawitter» erzielte – nämlich etwa 2,4 Millionen Mark. Der Betrag lag demnach 1973 bei oder über 50 Prozent des Gesamtumsatzes, den TV 60 nach ZDF-Angaben erwirtschaftete. Ab wieviel Prozent beginnt die «existentielle Abhängigkeit»?

Der graubärtige Hardt – ich habe ihn als eine gebrochene Figur wie aus dem Repertoire von Tschechow in Erinnerung – war (oder ist) auch Eigner von 70 Prozent des lokalen Münchner Fernsehsenders «tv weiß-blau». Hardt gab zu, nur als Aushängeschild zu agieren: «Ich will meine Geldgeber nicht nennen, aber ich bin das nicht.» Kirchs ehemaliger Kronprinz Bodo Scriba könnte ihm auf die Sprünge helfen. Er weiß, wer «das» ist. In einer Eidesstattlichen Versicherung, die später in ganz anderem Zusammenhang abgegeben wird, spricht Scriba offen von Hardts «Treuhänderfunktion für Herrn Kirch».

Bevor diese Konstruktion, an der auch der Strauß-Sohn Franz-Georg beteiligt ist, greifen konnte, war die Veranstaltung mächtig ins Trudeln geraten. In einer nächtlichen Sitzung vom 23. auf den 24. Mai 1986 hatten sich die Gesellschafter noch einmal zusammengerauft. Kurz darauf erklärte die Geschäftsführung, man habe einen «neuen Investor» gefunden. Keine Details.

Als Geschäftsführer von «tv weiß-blau» fungierte der Hamburger Kaufmann Dietrich Langbein. Auch diese Spur führte zu Kirch. Denn Langbein war 1984 Gesellschafter der Münchner Firma RM-Arts Fernseh- und Film GmbH. Ihr Kürzel-Geber Rainer Moritz arbeitete früher für Kirch und ist der Hauptgesellschaft der RM. Es kommt aber noch besser. Denn die Firma stammt eigentlich aus Bremen, Marktstraße 3, dem Büro von Kirch-Anwalt Joachim Theye. Erster Gesellschafter: der in solcher Rolle bereits einschlägig bekannte Hans-Walter Fischer, Abteilungsleiter in der Kanzlei Büsing, Müffelmann & Theye.

Das alles sind weder Beweise noch Nachweise, es sind aber dringliche Hinweise. Auch daraus können ja Einschätzungen erwachsen. Kirch durfte ihnen gelassen entgegensehen. 1976, man spürt förmlich den Spaß an der Verstellung, spielte er für den Schlingel Moritz das Mäxchen. An der RM, so versicherte Scriba (bevor er bei Kirch ausgeschieden war) mit Augenaufschlag dem ZDF, sei Kirch weder «direkt noch indirekt» beteiligt.

Manchmal denke ich mir, das ewige Täuschen und Tarnen, das so typisch ist für diese Jahre, das Über-die-Bande-Spielen und das Spielen mit der Bande sei bei Kirch und Theye habituell geworden. Ein Joke. Selbstzweck. Ein Zwang ohne wirkliche Notwendigkeit. Doch die Mutmaßung dürfte nur zum Teil stimmen. Schleichwege sind überlebenswichtig. Sie helfen, die Ware bei den Sendern zu plazieren: Ohne permanente Verkäufe kein Kredit; ohne Kredit keine permanenten Ankäufe.

Deswegen zum Schluß der Fall Tobis. Der «Filmkunst»-Verleih aus Berlin unter der Stabführung von Horst Wendlandt ist heute – und war wohl schon immer – alles andere als ein Trojanisches Pferd von Kirch. Dennoch...

Blättern wir kurz zurück. Noch Mitte der 70er Jahre, während die Kirch-Debatte um seinen ZDF-Einfluß in der Öffentlichkeit hohe Wellen schlug, gelang es dem Filmhändler, mit dem ZDF einen Vertrag über 240 Spielfilme abzuschließen. Damit war die Quote von knapp 40 Prozent, die das ZDF dem Münchner zugestanden hatte, für die Jahre 1977 bis 1981 erfüllt. Weitere Filme durfte er in diesem Zeitraum nicht mehr im Programm haben. Dennoch schaffte es der geschickte Dealer, 30 Filme seiner Frankfurter Janus in eine Vorlage hineinzuboxen, die Intendant Holzamer am 11. Februar 1977 dem Verwaltungsrat auf den Tisch gab. Das Geschäft mit der Janus war freilich nicht die einzige Fragwürdigkeit, die sich in dem sechsseitigen Papier des ehrenwerten Professors befand.

Auch 29 Tobis-Filme mit Komischem von Chaplin und Harold Lloyd sollte der Verwaltungsrat abhaken. Diese Filme stammten überwiegend von dem Schweizer Produzenten Martin Hellstern. Über eine holländische Firma hatte er die Fernsehrechte an die Münchner Taurus verkauft.

Mit Hellstern, der sich damals noch um Unabhängigkeit bemühte und nicht zu den Schweizer Kirch-Gängern gehörte, telefonierte ich am 26. Juli 1977 um 20.35 Uhr über den Vorgang.

Frage: «Jetzt hat die Tobis Ihre Fernsehrechte an das ZDF verkauft. Wie erklären Sie sich das?»

Hellstern: «Also, rein juristisch entspricht das nicht den Tatsachen.»

Frage: «Aber es ist der Fall; das kann doch nur so gegangen sein, daß die Taurus diese Filme an die Tobis gegeben hat und diese sie dann ans ZDF verkaufte...»

Hellstern: «Wenn Sie das so konstruieren, kann ich das nicht ausschließen.»

Der Vertrag des ZDF mit Tobis sah eine Lizenzsumme von rund 3,6 Millionen Mark vor. Diese Mittel waren bereits im Haushaltsplan 1977 bewilligt worden. Ein reguläres Geschäft: Hellstern verkauft an Kirch, der an Wendlandt, der ans ZDF. Hier «Verquickungen zu konstruieren», sei «absurd», meinte erneut der Sender. Vielleicht wäre der Vertrag zwischen Tobis und Taurus aufschlußreich.

Hinter dem chaotischen Anstrich der Firmenkonstruktionen, der Treuhändereien und der Geschäftsbeziehungen steht ein klares Kalkül. Mal wird es strategisch betrieben wie im Fall der Vegas; mal kurzfristig aktiviert wie bei der Tobis. Es gibt Branchenkundige, die halten diese variable, für alle Fälle vorsorgende Mixtur für «genial». Einer von ihnen war der ehemalige Kirch-Manager Peter Heimes. Seit Hans-Joachim Wack aufs Altenteil ging, amtiert er als Geschäftsführer der ARD-Einkaufsfirma Degeto.

Juristisch gesehen, und zu diesem Schluß kann man offenbar auch kommen, fällt die Einschätzung ganz anders aus. Danach bewegt sich Kirch haarscharf am Rande des Betruges. Er läßt durch Treuhänder für sich Firmenanteile halten (Täuschungshandlung), sodaß ARD und ZDF nicht den wahren Firmeneigentümer erkennen können (Irrtumserregung). Mit den Einkäufen von der verdeckten Kirch-Firma machen ARD und ZDF eine «Verfügung», die sie wegen der vorgegebenen Begrenzungen des Kirch-Anteils sonst möglicherweise unterlassen hätten (Vermögensverfügung); daraus könnte für andere Anbieter, die sonst eine Chance gehabt hätten, ein Vermögensschaden entstehen.

Die kritischen Stellen im Firmengeflecht nach den Abwehrkämpfen der Mittsiebziger – deutlicher Beleg: die vorsorgliche Regelung für den Fall einer Enttarnung des Satelliten Janus-Film – weiten sich aus zu handgreiflichen Problemen, wenn es um die Finanzierung des ganzen Konglomerats geht.

In dem stern-Artikel von Ende September 1976 hatte Kirch besonders ein Zitat hellhörig werden lassen. Mit den Worten «Kirch führt aus meiner Sicht ein beschissenes Leben. Mit dem würde ich mich nicht zufrieden geben», sorgte sich einer der damaligen Bankiers des Münchner Filmhändlers, Ludwig Poullain, um das Wohlergehen seines Geschäftsfreundes. Zugleich versicherte der Chef der Westdeutschen Landesbank, «daß von seiten der Banken keinerlei Anlaß besteht, daß eine Mark des Engagements durch irgendeinen anderen abgelöst wird».

Ein Vierteljahr später verfängt keine Beschwichtigung mehr. Umschuldung heißt das Gebot der Stunde. Kirch wechselt von dem Bankenkonsortium, an dem auch Poullain beteiligt war, zur Deutschen Genossenschaftsbank (DG Bank) in Frankfurt am Main. Doch das ist nicht die erste Krisensituation im Verhältnis zwischen Kirch und seinen Geldgebern.

Die Finanzierung von Kirchs Abenteuer – wenn wir die Gerüchte unberücksichtigt lassen, daß seine ersten Filmeinkäufe mit Vatikangeldern bewerkstelligt wurden – begann, wie auch seine Karriere, in Nürnberg. Für den April 1963, in diesem Frühjahr kaufte das gerade gegründete ZDF sein erstes Spielfilmpaket von Kirch, ist ein Konto bei der Bayerischen Staatsbank in Nürnberg nachweisbar. Vermutlich finanzierten die Franken bereits in den vorangegangenen Jahren den Volkacher Weinbauernsohn.

Drei Jahre darauf stand bereits zum dritten Mal der Abschluß eines großen Spielfilmpakets zwischen Kirch und dem ZDF an. Zwischenzeitig hatte sich die Bankverbindung geändert. Jetzt sollten die zwölf

Gebührenmillionen auf ein Konto beim Bankhaus Carl Christian Gossenberg Co. in Essen, Lindenallee 47, überwiesen werden. Die Ruhrgebietler blieben eine Zeit lang am Ball. Noch im März 1968 hieß es in Paragraph 13 des vermutlich fünften Großvertrages zwischen dem ZDF und der Beta: «Die Anstalt stimmt der Abtretung der den Vertragspartnern gegen sie zustehenden, unbestrittenen Forderungen an das Bankhaus Gossenberg zu.»

Ein merkwürdiger Kreditgeber. Die ohne Filialen operierende Bank kam Mitte der 70er Jahre gerade auf eine Bilanzsumme von rund 70 Millionen Mark – aber Gossenberg, dahinter stand auch der Krupp-Konzern, dessen Aufsichtsratsvorsitzender Berthold Beitz sogar etliche Anteile hielt. Beitz persönlich soll Kirch in der Anfangszeit den Rücken freigehalten haben – andere verweisen diese Information ins Reich der Fabel. Gossenberg schloß 1975 seine Schalter.

Da ist Kirchs Kredit längst weitergewandert. Zu Beginn der 70er Jahre trat ein Bankenkonsortium auf den Plan, das sich offenbar zutraute, den rasch steigenden Geldbedarf des wachsenden Firmenkonglomerats zu decken. Als Konsortialführerin agierte die Bayerische Landesbank. Sie deckte 30 Prozent des Risikos ab, entsprechend agierte die Bayerische Hypotheken- und Wechselbank sowie die Westdeutsche Landesbank (WestLB). Mit 10 Prozent war außerdem die Münchner Privatbank Aufhäuser von Kirchs Jugendfreund Wolfgang Wunder dabei. Die Obergrenze des Kirch gewährten Kreditrahmens soll bei 200 Millionen Mark gelegen haben.

1976 muß dieses Konsortium bereits einige Zeit aktiv gewesen sein; der Spielfilm-Rahmenvertrag vom Frühjahr wurde über die Bayerische Landesbank abgewickelt. Möglicherweise finanzierte die Gruppe sogar bereits 1973 den Risikospieler. Ab 1. Januar dieses Jahres nämlich beteiligte sich das Konsortial-Mitglied WestLB mit 25,1 Prozent an Kirchs Stammfirma Unitel.

Unitel? Musikfilme? Die merkwürdige Beteiligung war von dem expansiv denkenden Banker Poullain als Einstieg in ein Engagement bei der wichtigeren Taurus gedacht, um die man sich schon vorher ergebnislos bemüht hatte. Außerdem hatte Poullain der Unitel bereits großzügig eine Kreditlinie von 15 Millionen Mark eingeräumt.

Für das runde Viertele an der Unitel zahlte die WestLB 8,5 Millionen Mark. Auch hier gab wohl eine freundliche Geste gegenüber dem Münchner den Ausschlag. Denn diesem Kaufpreis, so ermittelten später Wirtschaftsprüfer der Treuarbeit, lag «kein neutrales Bewertungsgutachten» zugrunde. Die Bank selber hatte eine Werterrechnung der mit schwer Verkäuflichem handelnden Firma vorgenommen und war nur auf eine Summe zwischen fünf und sechs Millionen Mark gekommen. Dennoch orientierte man sich «optimistisch» an den Eckwerten, die der Verkäufer zusammengetragen hatte. Die Zweifel an den Marktchancen der Unitel-Produkte waren damit noch nicht ausgeräumt: Als «Ertragsausgleich», so die Treuarbeit, strebte die WestLB Kreditprovisionen auf den zugestandenen Rahmen von 15 Millionen Mark an.

Was machte Kirch mit den Geldern aus Düsseldorf? Der überwiegende Teil des Kaufpreises floß in die Unitel; die restlichen 3,5 Millionen verwendete er – das notiert akribisch die Treuarbeit in ihrem Gutachten Nr. 3507-309805 – zur Rückzahlung «persönlicher Verbindlichkeiten gegenüber der Taurus sowie dem Fiskus».

Ende 1976 war solch ein Jonglieren vorbei. In Kirchs großem Krisenjahr betrachtete auch Poullain das Unitel-Engagement seiner Bank zunehmend kritisch. Er ließ den Wertansatz der Beteiligung zum Jahresende um sechs Millionen Mark abschreiben. Außerdem lehnte die WestLB eine für 1977 vorgesehene Kapitalerhöhung ab. Kirch geriet in Bedrängnis. Er kam nicht umhin, selber der Unitel ein Darlehen von 15 Millionen Mark «zur Schließung von Finanzierungslücken» zu gewähren. 1977 schließlich teilte die WestLB ihrem Kunden mit, daß man sich von dem Engagement vollständig trennen werde.

Aber da sank der Stern des großen westfälischen Zampanos bereits. Poullains steile Karriere vom Sparkassenlehrling zum eleganten Großbankier endete abrupt, als ihm ein gutdotierter Beratervertrag und die großzügige Kreditierung des als zwielichtig angesehenen Zwischengängers F. J. Schmidt zum Vorwurf gemacht wurden.

Lange Zeit hatte sich der Abkömmling eines hugenottischen Essigbrauers mit Gardemaß und Ritterkreuz nahezu alles erlauben können. Er schmiedete die WestLB aus zwei konkurrierenden Großinstituten zusammen. Er beriet die SPD-Genossen in Bonn, bis er dort in Ungnade fiel. Und er rührte sich, als es darum ging, nach dem spektakulären Zusammenbruch des Bankhauses Herstatt dem lädierten Konsul Hans Gerling eine sanfte Landung zu verschaffen.

Das Engagement bei der Unitel und die Finanzierung der Kirch-Gruppe waren nicht seine erste Berührung mit der bunten Medienbranche, in der Poullain ein großes Rad drehen wollte. Der Münsteraner hatte dem Gütersloher Nachbarn Reinhard Mohn einen Kredit von rund 300 Millionen Mark verschafft; mit diesem Geld plante Bertelsmann, in den Springer-Verlag einzusteigen. Im Gegenzug hatte sich die Westdeutsche Landesbank 25 Prozent am Bertelsmann-Konzern gesichert. Doch das Geschäft – 1972 auf Axel Cäsar Springers 60. Geburtstag terminiert – ging schief. Die verantwortlichen Spitzenmanager wurden ausgewechselt. Bei Bertelsmann stürzte Manfred Köhnlechner, bei Springer Christian Kracht. Auch vier Jahre später, bei der Vermittlung des Gespräches zwischen Mohn und Kirch, hatte Poullain kein Glück, die Herren trennten sich in Feindschaft.

So ist das Thema «Banken und Medien» durchaus keine ungetrübte Erfolgsgeschichte. Zwar sind beide Seiten eng aufeinander fixiert: Die Banken vermuten – und finden inzwischen – in der Medienindustrie eine weltweit einmalige Wachstumsbranche; die Medien sind bei ihrer Expansion auf zusätzliches Kapital dringend angewiesen. Dennoch oder gerade wegen dieser Nähe zueinander gab es immer wieder Reinfälle, bei denen besonders die Geldhäuser das Risiko beim Geschäft mit Bewußtseins-Waren falsch taxierten.

Die Pleiten hatten bereits in den frühen 60er Jahren begonnen, als ein Konsortium unter Führung der Deutschen Bank dem später vom Gericht verbotenen «Adenauer-Fernsehen» insgesamt 52,5 Millionen Mark kreditierte. Diese Fehleinschätzungen häuften sich in den 80er Jahren, als die Medienmogule auf Kriegszug gingen und zum Beispiel die Bayerische Vereinsbank und die Dresdner Bank den Briten Robert

Maxwell in Deutschland betreuten, bevor er sich als Schwindler von kriminellem Kaliber herausstellte und bald schon tot aus dem Atlantik gefischt wurde. Schließlich scheuen offenbar auch heute die Geldverleiher vor – bei professioneller Betrachtung – unnötigen Risiken nicht zurück, wie sich an der Beteiligung der WestLB am fallierten Privatsender «Vox» ausmachen ließ.

Dabei ist die Finanzierung von konkreten Projekten wie dem Ankauf eines Filmpakets oder der Kreditierung eines großen Produktionsvorhabens unproblematischer als die massierte Beteiligung an einem Medienunternehmen. Denn dadurch wird das – anders als bei einer Schraubenfabrik – gesellschaftlich sensible Haus notwendiger Nachfrage und Kontrolle weitgehend entzogen. Ein zusätzlicher Strang im kaum durchschaubaren Beteiligungsdickicht der Geldkonzerne.

An vorderste Stelle mischt heute die von ihrem Chef Friedel Neuber unbarmherzig gepuschte WestLB dabei mit. Zu Poullains Zeiten, als diese Expansionsstrategie erfunden wurde, war das Spiel noch übersichtlicher und nach dem unfreiwilligen Abschied des Segelsportlers, dem Jahre später dämmerte, «als Bankier nicht ganz richtig angesiedelt» gewesen zu sein, waren die Engagements der Bank in der Medienbranche, allemal bei Kirch, ganz auf Null gekommen. Andere «Genossen» hatten jetzt das Sagen. Anfang 1977 wanderte der Kirch-Kredit vom in München geführten Bankenkonsortium zu der in Frankfurt ansässigen Deutschen Genossenschaftsbank. Die DG war zu dieser Zeit genauso gierig nach Großkunden wie die WestLB, als Poullain sie in das Abenteuer mit Kirch führte. Denn auch die Frankfurter hatten Profilierungsbedarf.

Just in den Monaten, als das Unitel-Engagement der WestLB zu flackern begann, als Poullain schließlich gehen mußte, als Kirch samt ZDF in die Schlagzeilen gerieten und als seine langjährigen Banker anfingen, ihre Stirn zu runzeln – da hatte sich die bislang unansehnliche Deutsche Genossenschaftskasse dank einer Gesetzesänderung zur Deutschen Genossenschaftsbank gehäutet. Die Geldsammelstelle, 1895 als «Preussen-Kasse» ins Leben gerufen, verlor mit der Umgründung etliche Steuerprivilegien; die neue Bank dagegen durfte ihre Geschäfte in alle Bereiche ausdehnen. Um Steuerlast und Dividende zu erwirtschaften, mußte jetzt Flagge gezeigt werden. Industriekredite sollten Renommee und Resultate mehren.

Zugleich versprach der DG-Vorstandsvorsitzende Felix Viehoff, wie Poullain einer aus Münster, «die genossenschaftliche Idee durchschaubarer» zu machen. Um das frisch gewonnene Selbstbewußtsein zu unterstreichen, quartierte sich sein Institut, Liquiditätsdepot von über 5.000 meist ländlichen Volksbanken und Raiffeisen-Kassen, in dem 44stöckigen Selmi-Hochhaus am Frankfurter Platz der Republik ein. Der Protzbau, vom persischen Großkaufmann Ali Selmi hingestellt, hatte lange Zeit als unvermietbar gegolten. Diese hungrige Bank, die Mitte der 70er Jahre auszog, ihr Provinzimage abzulegen, traf auf einen jungen Rechtsanwalt, den es ebenfalls ins große Geschäft drängte: Dr. Joachim Theye. Der Hamburger Bodo Scriba, seit 1974 bei Kirch und schnell zu einem der wichtigsten Ratgeber des scheuen Firmeninhabers aufgerückt, hatte seinen Jugendfreund «Jochen» mit Kirch bekannt gemacht; Theye wurde vom Fleck weg engagiert. Das war noch vor der Umschuldungskrise.

Mit der Koordinierung der Prozesse gegen Spiegel und stern hatte der Schnelldenker erste Pluspunkte bei Kirch gesammelt. Sein Gesellenstück aber lieferte der Bremer Anwalt aus der Kanzlei Büsing, Müffelmann & Theye (zu den Partnern gehörte auch der damalige Bundesaußenminister Hans-Dietrich Genscher), als er für Kirch ein neues Bankinstitut beschaffte.

Wenige Tage, nachdem das Poullain-Zitat im stern den Filmhändler verunsichert hat, beginnen am 13. Oktober 1976 die ersten Gespräche. Beide Seiten treffen sich in Hannover, auf der Chefetage der Norddeutschen Genossenschaftsbank. Rasch wird allen klar, daß ein regionales Institut vom Volumen des Geschäftes und der Höhe des Risikos überfordert sein könnte. In Hannover vermittelt man daraufhin den Kontakt zur DG in Frankfurt. Die Verhandlungen mit den ehrgeizigen Bankleuten am Main halten den ganzen Herbst 1976 an. Sie werden als «unglaublich hart», aber auch als zunehmend sachkundig geschildert. Theye weiß, auf skeptische Fragen nach der Sicherheit des Filmstocks passende Antworten zu finden. Mit am Verhandlungstisch sitzt bereits Helmut Guthardt, der einige Zeit darauf den DG-Chef Viehoff als Vorstandsvorsitzenden ablöst.

Gegen Weihnachten hat man sich auf die Konditionen verständigt. Sie fallen für Kirch eindeutig besser aus als bei allen Bankinstituten zuvor. Das betrifft wohl auch die Zinsen, die für die beanspruchten Kredite gezahlt werden müssen. Die Summe, die Kirch insgesamt abrufen darf, liegt jetzt nach seriösen Schätzungen bei 300 Millionen Mark. (Später wird sie erheblich aufgestockt.) «Manna vom Himmel» freilich ist, daß der Filmhändler aus dem persönlichen Risiko entlassen wird. Offenbar können Theye, Scriba und Kirch den DG-Managern eine überaus günstige Bewertung des Filmstocks plausibel machen.

Jetzt gibt es nur noch ein Problem: Der bestehende Kreditvertrag mit dem Münchner Konsortium muß vom Tisch. So ohne weiteres zu kündigen ist er nicht. Kirch benötigt schon einen Vorwand, um von München nach Frankfurt überwechseln zu können. Der ergibt sich, als 1977 einer der Konsorten, vermutlich die Bayerische Landesbank, fünf bis sechs Millionen Mark für die Finanzierung eines neuen Projektes herausrücken soll. Das konservative Bankhaus ziert sich damit. Daraufhin wird innerhalb von 24 Stunden alles umgeschrieben. Nur einer aus der alten Hilfstruppe dürfte über die Finte informiert gewesen sein: WestLB-Chef Ludwig Poullain, den schon damals auch persönliche Sympathie mit Kirch verbindet. Nachdem die neuen Verträge perfekt sind, konfrontiert Kirch die Landesbank mit den Fakten. Halb erleichtert, halb verärgert stimmen die Bayern-Banker zu.

Am 17. Januar 1977 ist Theyes Gesellenstück perfekt: Kirch hat einen neuen Kreditgeber, die Bank einen neuen Großkunden. Am 1. Juli 1981 übernimmt sein Verhandlungspartner Guthardt den Vorstandsvorsitz der DG-Bank. Zwei der wichtigsten Akteure für die bundesdeutsche Medienentwicklung der 80er Jahre sind auf dem Plan. Schon drei Monate nach Guthardts Karrieresprung beginnt in der Mainmetropole unter der Hand die Vorbereitung für Kirchs zentralen strategischen Schachzug. Am 19. Oktober 1981 wird die Programmgesellschaft für Kabel- und Satellitenrundfunk mbH (PKS) gegründet.

Alle Logik der medienpolitischen Entwicklung spricht Anfang der 80er Jahre dafür, sich als Filmhändler Zutritt zu mindestens einem der künftigen Privatsender zu verschaffen. Die Schrift an der Wand ist seit langem zu erkennen – seit Postminister Horst Ehmke (SPD) am 27. Februar 1974 eine «Kommission für den Ausbau des technischen Kommunikationssystems» (KtK) ins Leben gerufen hatte. Zwei Jahre später schlug diese Kommission der Bundesregierung vor, Pilotprojekte für die Erprobung des Kabelfernsehens einzurichten. Am 11. Mai 1978 war es soweit. Die Ministerpräsidenten der Länder entschieden sich in Bonn für vier Versuchsanordnungen.

Danach wurde die Debatte schnell konkreter. Am 25. Februar 1981 gab der Bundesverband Deutscher Zeitschriftenverleger (BDZV) bekannt, er wolle gemeinsam mit Radio Luxemburg ein Europäisches Fernsehprogramm via Satelliten betreiben. Wenige Tage darauf kündigten auch ZDF und ARD Satellitenprogramme an. Am 16. Juni 1981 schließlich definierte das Bundesverfassungsgericht in einem Grundsatzurteil die rechtlichen Voraussetzungen für privaten Rundfunk.

In dieser Situation können Kirch und sein Bankhaus nicht mehr stillhalten. Aber: Sie müssen vorsichtig sein. Nach wie vor bestehen, besonders mit dem ZDF, beste Geschäftsbeziehungen; als Betreiber von Privatfernsehen und Konkurrent würde Kirch diese gefährden. Deshalb kommt jetzt wieder das bereits bekannte Repertoire zur Anwendung. Der Frankfurter Kaufmann Adalbert Fischer wird als Geschäftsführer und Gesellschafter der PKS mit einer Stammeinlage von 500.000 Mark etabliert. Ein halbes Jahr später hat er ausgedient. Laut Gesellschafterbeschluß vom 29. April 1982 wird er durch den Kaufmann Jürgen Doetz ersetzt.

Der neue Statthalter hatte bis dahin in der Staatskanzlei des rheinland-pfälzischen Ministerpräsidenten Bernhard Vogel (CDU), einem vehementen Befürworter des Privatfernsehens, als stellvertretender Sprecher der Landesregierung amtiert. Er soll mit den Worten «Mein

Freund Leo Kirch sucht für neue Managementaufgaben einen guten Mann, hätten Sie Interesse?» von dem damaligen ZDF-Programmdirektor Alois Schardt angeworben worden sein. Schardt, in seinem Job eine ziemliche Fehlbesetzung, scheute sich auch nicht, wie Kirch-Rechercheur Lohmeyer herausbekommen hat, mit Doetz auf dem ZDF-Gelände das entscheidende Gespräch zu führen. Fast könnte man sagen: Die Keimzelle des privaten Fernsehens lag auf dem öffentlich-rechtlichen Lerchenberg.

Doetz – ein zurückhaltender Typus, aber mit Ansichten – erinnert sich daran, wie prompt sein Vertrag zustande kam: «Eine Stunde nach meinem Treffen mit Schardt hat Kirch in meinem Büro angerufen und einen Termin in Frankfurt vereinbart. Er fand ein paar Tage später statt. Leo Kirch hatte Theye mitgebracht, und wir wurden ziemlich rasch einig.»[6]

Schon die Umstände, unter denen Doetz engagiert wird, lassen vermuten, daß Kirch in dieser Frühphase zumindest Teile der PKS gehören. Aber: Nach außen ist dieses Engagement nicht festzumachen. So kann Kirch-Manager Bodo Scriba noch 1984 lächelnd versichern: «Wir sind an der PKS nicht beteiligt.» Selbst Bankchef Guthardt ist da konkreter. «Ohne Herrn Kirch wäre die PKS nicht möglich gewesen», gesteht er. Als der Reporter der Zeitschrift «neue medien» nachfaßt: «Könnte Kirch eines Tages Hauptgesellschafter der PKS werden?», da weicht der schlaue Hesse geschickt aus: «Das ist derzeit überhaupt nicht im Gespräch.»

Eine präzise Antwort, wir merken sie uns für spätere Tage. Während der Frühphase der PKS durfte es noch nicht einmal solche ominösen Auskünfte geben – da mußte alles unter der Decke bleiben. Zum Beispiel die Verhandlungen zwischen der DG und dem Bertelsmann-Konzern. Bevor sich die Gütersloher für RTL plus entschieden, haben sie «über eine lange Periode hinweg» (Guthardt) mit der Frankfurter Bank über eine Beteiligung an der PKS gesprochen.

Und wo Guthardt sich im Medienbusiness tummelte, war auch Kirch nicht weit. Zu dem verstand sich der Münchner blendend mit dem damaligen Bertelsmann-Chef Manfred Fischer, auch wenn er diesen 1976 mit der Lizenzhandelsfirma «alpha» fast zum Konkurrenten gehabt hätte. So muß im Herbst 1982 in Gütersloh ein spektakuläres Treffen stattgefunden haben. Am Tisch des Vorstandsvorsitzenden, begleitet von seinem Assistenten Mark Wössner (heute in Fischers Position bei Bertelsmann), nahmen Leo Kirch sowie seine Berater Scriba und Theye Platz. Die Runde hatte den Plan, gemeinsam mit den Frankfurter Genossenschaftlern ein kommerzielles Fernsehen zu etablieren. Grobe Verabredung: Jede der drei Seiten soll ein Drittel an der zu gründenden Firma halten.

Doch in letzter Minute zuckte Kirch zurück. Er schlug vor, seinen Anteil von einem Treuhänder wahrnehmen zu lassen. Bei offenem Visier mußte er befürchten, daß sein wichtigster Kunde – das ZDF – Einfallstore und Mauselöcher auf dem Lerchenberg verstopfen könnte. Die Bertelsmann-Manager waren überrascht. Ihr Unternehmen, das mit gedruckter Öffentlichkeit Milliarden umsetzt, war seit je her gewohnt, sich auch öffentlich darzustellen. Der Deal platzte. Dennoch blieb ein Ergebnis hängen: Die Schelte, mit der Bertelsmann-Gottvater Reinhard Mohn noch 1976 den Münchner überzogen hatte («Ihre Machtstellung ist ein Skandal»), galt offenbar nicht länger als Richtschnur für das Handeln des Medienkonzerns gegenüber dem Filmhändler.

Bertelsmann und Kirch – diese Beziehung ist eine Sache für sich. Beide Konzerngründer stammen vom Lande, haben dort ihre Wurzeln, auch ihren Glauben. Der eine überzeugt evangelisch, der andere strikt katholisch. Beide sind in ihrem Wesen scheu geblieben, wenngleich sie die Welt kennen und die Welt sie zu kennen meint. Faszination und Abstoßung halten sich im Verhältnis zwischen Kirch und Mohn bis heute die Waage. Dem Westfalen könnte die Brutalität, mit der Kirch zu agieren pflegt, ein Lehrstück sein. Und der Franke schwärmt vom blasenfreien Kalkül des westfälischen Konzernherrn, manchmal.

Anfang 1983, Kirchs Vertrauensmann Fischer hatte die Gütersloher Gefilde Knall auf Fall verlassen, ging der Kurs wieder Richtung Konfrontation. Kirch plante, in Zusammenarbeit mit einigen großen amerikanischen Studios und dem erfolgreichen Pay-TV-Anbieter

Home Box Office (HBO), einen eigenen Kanal in der Bundesrepublik durchzusetzen. Bertelsmann dagegen tat sich mit den Hollywood-Firmen MGM/UA, Paramount und Universal zusammen, um eine konkurrierende Veranstaltung aufzuziehen. Die Programmstärke der beiden Elefantenkoalitionen war, nach Einschätzung von Insidern, «in etwa gleich».

Aber auch die verwickelte Konstruktion der Partnerschaften ähnelte sich. Um diesen Manko zu beheben, fanden sich beide Kontrahenten binnen kurzem in einer gemeinsamen Schlachtordnung wieder. Inzwischen war noch ein dritter Partner hinzugekommen, der Axel Springer Verlag. Als formalen Rahmen für das Joint-venture verabredeten die drei, eine Holding namens Aries GmbH zu gründen, an der Kirch (sein Anwalt hatte den Firmenmantel parat) mit 51 Prozent und Bertelsmann sowie Springer mit jeweils 24, 5 Prozent beteiligt sein sollten. Ein ungewöhnliches Trio: Die härtesten Konkurrenten im bundesdeutschen Mediengeschäft unter einem Dach. Und «Onkel Leo» durfte den erfahrenen Senior-Partner spielen.

Am 1. November 1987 war ihr «Teleclub» in Hannover gestartet. Doch schon ein Jahr darauf verabschiedeten sich Springer und Bertelsmann wieder aus der aktiven Kooperation. Nur wenige hundert Niedersachsen waren als zahlende Abonnenten gewonnen worden. Vielleicht war man zu früh auf den Markt gekommen?

Mit Beginn der 90er Jahre wird sich Bertelsmann dann stark genug fühlen, um auch ohne Kirch – und ohne Springer – ein Abonnentenfernsehen zu gründen. Zumal sich die Gütersloher mit dem weltweit erfolgreichsten Pay-TV-Anbieter, dem französischen Canal plus, zusammentun. Angesichts dieser Übermacht kann Kirch nur noch eine Karte spielen: Er vermasselt den Gütersloher Emissären den Filmeinkauf in den USA. Dennoch muß er die Marktmacht von Bertelsmann fürchten. Zwar hat sich seine eigene Pay-TV-Unternehmung, der Schweizer Teleclub, sehr interessant entwickelt, aber die Münchner Clubaktivitäten – Restbestand der ursprünglichen Verabredung mit Springer und Bertelsmann – laborieren unabsehbar in den roten Zahlen.

In dieser beiderseitigen Zwangslage bewegen sich der Medienkonzern und der Filmhändler erneut aufeinander zu. Wieder verabredet man eine Vernunftehe; ihr Name diesmal: Premiere. Einen Unterschied allerdings gibt es zu der Version von 1985: Kirch akzeptiert die Rolle des Minderheits-Gesellschafters mit 25 Prozentanteilen. Das besagt freilich nichts über seine reale Machtposition bei Premiere, die weit über den mageren Einfluß eines Juniorpartners hinausgeht: Kirch besorgt einen großen Teil der Spitzenfilme, von denen das Programm lebt. Als Gesellschafter muß er bezahlen, als Lieferant wird er verdienen – und das zählt.

Mittlerweile, so der letzte Stand, hat sich Premiere zu einem erfolgreichen Programm gemausert mit offiziell über 750.000 Abonnenten. Die Partner scheinen so glücklich miteinander zu sein, daß sie sogar ein Baby planen; «Premiere 2» soll ein Pay-TV-Kanal für Kinder werden. Mit dieser Ergänzung wäre der Pay-TV-Markt in Deutschland zementiert, auch wenn Kirch offenbar noch weitere Pläne in Zusammenarbeit mit dem internationalen Medienkonzern von Rupert Murdoch hegt. Dagegen setzen die Bertelsmänner auf ihre strategische Allianz mit den Franzosen, sind andererseits aber wieder mit Kirch im Geschäft im Rahmen der Firma «Media Service», an der auch die Telekom beteiligt ist und die Dienstleistungen für den vorhergesagten Boom bei werbefreiem Fernsehen bereitstellen soll. Die Gemengelage macht deutlich: Das letzte Kapitel in den vertrackten Beziehungen zwischen dem Konzern in Gütersloh und dem Konglomerat in München wurde sicherlich noch nicht geschrieben.

Das erste liegt nun schon rund ein Jahrzehnt zurück. Nachdem 1982 der Kooperationsversuch mit Bertelsmann geplatzt war, wird die geheime Konstruktion hinter der PKS-Fassade noch einmal umgemodelt. Am 16. April 1984 meldet Geschäftsführer Doetz dem Frankfurter Handelsregister «mit freundlichen Grüssen», nunmehr habe die Deutsche Vermögensverwaltungs-Gesellschaft mbH die 500.000 Mark Stammkapital vom Deutschen Genossenschafts- und Raiffeisenverband übernommen. Diese DGV ist eine hundertprozentige Tochter der DG-Bank. Damit wird die PKS noch enger als bisher an den ehrgeizigen Banker Helmut Guthardt gebunden. Der wird denn auch die PKS später im Aufsichtsrat des Privatfernsehprogramms SAT 1 vertreten, zusammen mit den beiden Kirch-Beratern Gerd Bacher und Joachim Theye. Angesichts dieser Unterstützergruppe überrascht es nicht, daß jahrelang undementiert in der Presse davon die Rede sein kann, Kirch sei «hinter den Kulissen mit 50 Prozent an der PKS beteiligt». Zu erkennen gibt sich der bekannte Unbekannte erst im Frühjahr 1988.

Noch am 6. Januar 1988 wehrt sein Rechtsanwalt Theye alle Spekulationen ab. Als ihn der Informationsdienst «text intern» darauf aufmerksam macht, daß die Interessen der PKS und diejenigen von Leo Kirch doch «gleichgerichtet» seien, entgegnet Theye ganz ungeniert: «Das kann man so nicht sagen.» Schließlich wolle die PKS, der Kirch das Programm verkaufe, auch ihren Schnitt machen. Bald darauf ist diese hanebüchene Argumentation hinfällig geworden. Nachdem seine Versuche, sich den Axel Springer Verlag einzuverleiben, im ersten Anlauf gescheitert sind, erklärt Kirch Ende April 1988, er sei jetzt im Besitz von 49 Prozent der PKS; zwei Prozent halte Theye.

Die wechselvolle Geschichte der Firma ist damit freilich noch nicht beendet. Im Frühjahr 1990 steht der nächste Akt an. Als beim Kampf um Springer die Auseinandersetzung zwischen der Verlegerseite und der Kirch-Bank eskaliert, gibt DG-Chef Guthardt überraschend seinen Sitz im Aufsichtsrat von Sat 1 auf, den er für die PKS wahrgenommen hatte. Wichtiger noch: Die Bank überträgt ihre Geschäftsanteile von 49 Prozent an Kirch, sodaß seit diesem Zeitpunkt der Münchner formal 98 Prozent an der PKS hält, wirtschaftlich gesehen jedoch der alleinige Eigner ist.

Könnte er «eines Tages Hauptgesellschafter der PKS werden»? Auf diese Frage hatte Guthardt 1985 geantwortet: «Das ist derzeit überhaupt nicht im Gespräch.» Auch fünf Jahre später ist das nicht «im Gespräch» – es ist vollzogen. Welchen Zweck hatte das jahrelange Versteckspiel von Kirch bei der PKS? Drei Antworten.

• Als nahezu exklusiver Programmlieferant der PKS und damit von Sat 1 verdiente Kirch bereits frühzeitig an einem Sender, der für alle anderen Teilhaber seit Jahren nur rote Zahlen produzierte; geschätztes Plus für 1989: 50 Millionen Mark.

• Als getarnter Gesellschafter hatte dieser Lieferant jederzeit Einblick in die Unternehmensstrategie seines «Kunden» Sat 1; so beherrschte er nicht nur das Angebot, sondern konnte auch die Nachfrage steuern.

• Die saubere Fassade war aber vor allem notwendig, um seine Kunden bei den öffentlich-rechtlichen Anstalten bei Laune zu halten; besonders das ZDF, dem Kirch sogar schriftlich versicherte, er sei weder unmittelbar noch mittelbar an Sat 1, dem Konkurrenzprogramm der Mainzer, beteiligt.

Hätte er sein PKS-Manöver offen zugegeben, wäre sicherlich auch bei der ARD die Situation für ihn heikel geworden. Schon bei den letzten Paketabschlüssen in den 70er Jahren hatte es angesichts der vielen Wiederholungen Kritik am Geschäftsgebaren des Münchner Händlers gegeben. Obwohl Kirch in Werner Hess, dem Intendanten des Hessischen Rundfunks sowie langjährigen Vorsitzenden des Degeto-Aufsichtsrats, und in Helmut Oeller, dem Fernsehdirektor des Bayerischen Rundfunks und Spielfilm-Koordinator der ARD, starke Fürsprecher besaß, waren die entscheidenden Leute des Ersten Programms längst nicht mehr nur willfährig.

Anfang 1978 überrascht Chefeinkäufer Hans-Joachim Wack seine Oberen mit der erfreulichen Nachricht, es sei der Degeto gelungen, mit zwei großen Hollywood-Studios, der Centfox und Walt Disney, ins Gespräch zu kommen. Bis dahin «konnten wir Centfox-Filme stets nur auf Umwegen und gekoppelt mit anderen Filmen kaufen» – Kirch hielt seine Hand auf dem Vorrat. Am 16. März 1978 steht schließlich die Unterschrift von Wack und Richard A. Harper, Vicepresident der Twentieth Century Fox TV International Inc., unter dem Vertrag. Die ARD freut sich.

Auswirkungen dieses Direkteinkaufs auf die Präsenz von Kirch sind freilich noch nicht zu spüren. Eine Stippvisite in ein Quartal macht ganz im Gegenteil deutlich, daß die Selbstbindung der ARD – nicht mehr als ein Drittel der Kaufpositionen mit Kirch-Filmen zu besetzen – nach wie vor nicht hundertprozentig eingelöst wird. Von den zwischen dem 1. Januar und dem 31. März 1981 im ARD-Programm gesendeten Spielfilmen – insgesamt 50 Streifen – dürfen nicht mehr als 16 von Kirch stammen dürfen. Es sind aber 22, darunter neun von der Janus.

Während das Spielfilmprogramm Anfang der 80er Jahre noch überwiegend aus Verträgen bestückt wird, die Kirch ein halbes Jahrzehnt zuvor mit der Degeto abgeschlossen hatte, arbeitet der nimmermüde Händler bereits daran, bis in die 90er Jahre vorzubauen. Solange er nicht als Konkurrent auf dem Markt geortet ist, besitzt er ja ein «Startfenster», um seine Ware bei der ARD zu plazieren.

Seit dem Frühjahr 1980 liegt der Degeto ein Angebot von Kirch auf dem Tisch, 250 Filme zu einem Preis von rund 30 Millionen Mark zu kaufen. Dieses Paket soll jeweils zur Hälfte aus Erst- und aus Zweitlizenzen (Filme, die bereits einmal im Deutschen Fernsehen zu sehen waren) bestehen und unter den 125 Erstlizenzen sollen sich 60 Leertitel (die Positionen werden zwar eingekauft, aber ein konkreter Film ist dafür noch nicht benannt) befinden. Zu den bereits ausgesuchten Erstlizenzen gehört auch ein Schwung japanischer Filme, darunter Klassiker von Kurosawa, aber auch solche Kuriositäten wie «Die Flammen meiner Liebe» aus dem Jahre 1949, unsynchronisiert, schwarz-weiß.

Trotz dieser haarsträubenden Zusammensetzung ist die ARD-Programmkonferenz – die regelmäßige Runde aller Programmdirektoren der ARD-Sender – bereit, den Abschluß des Vertrages zu empfehlen. Die Finanzkommission hält jedoch den geforderten Preis von 126.000 Mark pro Film für zu hoch. Am 25. Juni 1980 findet deswegen ein Gespräch mit Kirch statt, das ohne Erfolg bleibt. Lediglich eine moderate Zinssenkung kann durchgesetzt werden.

Doch nicht nur das Preis-Leistungs-Verhältnis macht den Sendern Sorge; auch die Finanzierung der Kirch-Millionen ist diesmal nicht einfach. Schließlich einigt man sich darauf, die erste Rate in Höhe von 6,7 Millionen Mark aus Reservemitteln des ARD-Programmdirektors und aus «Haushaltsresten» zu finanzieren. Vor allem die kleineren Stationen seufzen unter dieser Belastung.

Sie hätten nicht nur gestöhnt, sondern aufgeschrien, wäre Kirchs Spiel besser durchschaut worden. Etwa bei den Lizenzzeiten: Die Bezahlung des Vertrages soll 1982 abgewickelt sein – viele Filme dürfen aber erst Jahre später erst ausgestrahlt werden. Für 21 von ihnen sollen die Lizenzzeiten 1988, für 14 im Jahr 1989, für acht erst 1990 und für fünf sogar erst 1991 beginnen. Klartext: Die Degeto zahlt für Ausstrahlungsrechte bis zu zehn Jahre vor Lizenzbeginn.

Diese Konditionen wirken wie ein Geschäft am Ende der Saison: Dem geschickten Verkäufer gelingt es, seine schon leicht fleckige Ware noch einmal loszuschlagen. Und der Verkäufer kratzt, aus welchen Gründen auch immer, dafür seine letzten Groschen zusammen. Dabei merken etliche ARD-Manager durchaus, was gespielt wird. Sie löchern den Freund des Paten, Werner Hess, mit der Frage, ob die Zusammensetzung dieses Pakets nicht Indiz dafür sei, daß Kirch künftig «sein Interesse an der ARD» verlieren und andere Filme «an Dritte» verkaufen könne. Nein, beschwichtigt da der Ex-Pfarrer, der weiß wie man eine generelle Frage durch eine partielle Antwort erledigt, nein, da sehe er keine Gefahr. Die Beta sei auf «allen bedeutenden Märkten» so stark vertreten, daß sie sicherlich stets die 60 Leertitel mit interessanten Angeboten füllen könne. Das aber war gar nicht das Thema gewesen.

Parallel zum Deal mit dem Zwischenhändler entwickeln sich die Direkteinkäufe bei der amerikanischen Centfox weiterhin wie gewünscht. Im November 1981 hat Wack ein großes Paket mit attraktiven Filmen aus den Beständen des Hollywood-Studios soweit ausgehandelt, daß nur noch die Unterschrift unter dem Vertrag fehlt. Also düst WDR-Intendant Friedrich Wilhelm Freiherr von Sell – er hat Hess als Aufsichtsratsvorsitzender der Degeto abgelöst – nach Los

Angeles, um am West Pico Boulevard 10201 mit Fox-Chairman Alan J. Hirschfield den Deal perfekt zu machen.

Beide ahnen nichts davon, daß ihr Geschäft zur gleichen Zeit in New York hintertrieben wird. Dort verhandeln nämlich Kirchs Abgesandte Bodo Scriba und Klaus Hallig mit Hirschfields Boß, dem Fox-Eigner Marvin Davis. Als sie fertig sind, klingelt in Los Angeles das Telefon. Davis erklärt seinem entgeisterten Angestellten, er habe gerade ein tolles Geschäft mit den Jungs aus Germany gemacht und so an die 400 Filme an Leo Kirch verkauft. Von Sell ist zu spät gekommen.

Und Kirch kann juxen. Jahrelang war sein Kontakt zur Fox unterbrochen. Dann tauchte in Kalifornien Mr. Davis auf, ein bulliger Kerl aus Denver, der dort im Ölgeschäft mehr als eine Milliarde Dollar verdient hatte. Er kaufte das Studio, dessen Ruf seit den «Star Wars»-Filmen bestens war, für 700 Millionen Dollar. Jetzt will er sich sein Geld zurückholen, indem er an die Wertsachen geht. In dieser Situation – permanente Marktbeobachtung ist im Lizenzgeschäft das erste Gebot – heftete sich Kirchs Hollywood-Agent Mickey Rudin an die Fersen des Ausschlachters und arrangierte für Kirch das Treffen mit Davis. Während von Sell den Federhalter aufschraubt, räumt sein deutscher Geschäftspartner sozusagen eine Etage höher in letzter Minute die Filmdosen aus den Regalen.

Dennoch läßt sich die ARD nicht ins Boxhorn jagen. Ein Jahr später, im Herbst 1982, beginnt Degeto-Geschäftsführer Wack tastende Gespräche mit den Vertretern des berühmten Filmstudios Metro-Goldwyn-Mayer/United Artists (MGM/UA); dabei geht es um rund 100 Filme, die Wack für sein Network kaufen will. Beim Centfox-Paket hatte Kirch die ARD noch ausbooten können. Diesmal will es Wack wissen. Er kennt das Risiko: Auch die MGM hat ihre Deutschlandgeschäfte bisher vorwiegend über Kirch abgewickelt. Zur eigenen Verwunderung.

Wenn wir die tatsächlichen Machtstrukturen in der Unterhaltungsindustrie an der amerikanischen Westküste betrachten, wirkt manches plausibler. Besonders im sensiblen Geschäft mit Filmen zählt weniger das Papier, auf dem eine Vereinbarung fixiert wird, als die Person, die unterschreibt. Eine der mächtigsten Figuren in diesem Hollywood der frühen 80er Jahre ist der Rechtsanwalt Milton A. Rudin. Seit 1947 vor den Schranken der Gerichte zugelassen, Spezialfach: «Entertainment Law», arbeitet «Mickey, the rude» (Spitzname: «Der Grobe») seit 1979 als Repräsentant von Leo Kirch in Los Angeles. Auf dem wichtigsten Tanzplatz des Filmhändlers sorgt er für die Musike.

Rudin verbindet mit Kirch mehr als nur das Geschäft: Ihr ganzer Lebensstil ist ähnlich. Besonders darin, daß beide die Öffentlichkeit beim Business nicht ausstehen können. «Es ist Teil meiner Verantwortung, nicht mit der Presse zu reden», erklärt Rudin der hartnäckigen amerikanischen Journalistin Diane Wagner, als diese ihn porträtieren will. Und die nächste kalte Dusche kommt gleich hinterher. «Keiner meiner Freunde wird mit Ihnen reden», kündigt der Griesgram am Telefon an. Ein Informant rät Diane Wagner, diesen Burschen ernst zu nehmen: «Wenn Sie ihm in die Quere kommen, kann er ein sehr gefährlicher Feind sein.» Frage der Reporterin: «Gefährlich im körperlichen Sinne?» – «Natürlich nicht», kommt die schnelle, vielleicht zu schnelle Antwort, «aber die Unterhaltungsindustrie ist sehr klein».

Auch sein Privatleben schirmt Rudin wie Kirch hermetisch ab. Das unscheinbare Art-Deco-Haus am Strand von Santa Monica, Baujahr 1937, bringt wohl niemanden auf die Idee, hinter seinen Mauern werde über ein gar kostbares Gut – die freie Zeit der Menschen und was man damit anfängt – entschieden. Nur der schwarze Rolls-Royce, der morgens die acht Meilen nach Downtown Los Angeles schnurrt, läßt in seinem Fond Prominenz vermuten. «Mickey ist so scheu wie eine Cobra», bestätigt ein früherer Angestellter von Rudin.

Schließlich weisen auch die Lebensgeschichten des Filmhändlers und des Filmanwalts Ähnlichkeiten auf. Rudin wie Kirch stammen aus kleinen Verhältnissen, in denen Ehrgeiz nistet. Rudin, 1920 in New York City geboren, ist der Sohn aus Rußland eingewanderter Juden, die noch auf den ersten amerikanischen Quadratmetern von Ellis Island ihren Namen von Rudizky in Rudin veränderten. Der junge Milton war, wie sein späterer Partner Leo, ein blendender Student; in

Harvard durfte er die Zeitschrift «Law Review» herausgeben.

Schon Anfang der 50er Jahre, auch darin wieder Kirch vergleichbar, hatte der aufstrebende junge Anwalt begriffen, welchen Boom die Unterhaltungsindustrie in der zweiten Hälfte des 20. Jahrhunderts erleben würde. Damals lief ihm auch sein prominentester Klient über den Weg, Frank Sinatra. «The Voice» stand bereits im Verdacht, mit dem organisierten Verbrechen zu sympathisieren; hatte er doch in Kuba mit Charles «Lucky» Luciano, einem Mafia-Oberhaupt, freundlich vor der Kamera posiert. Dieses Milieu hinderte Rudin nicht daran, über Jahrzehnte immer wieder Geschäfte mit Sinatra zu machen. Häufig genug mußte er sich dafür rechtfertigen. Zu seinen Kunden in den Hochtagen von Nachkriegs-Hollywood gehörte im übrigen auch Marilyn Monroe; ein Gerücht will wissen, Rudin sei in der Todesnacht in ihrem Haus gewesen.

Der Liebhaber kubanischer Zigarren wirkt wie ein nur mühsam beherrschter Gorilla, wenn er sich ausnahmsweise doch einmal fotografieren läßt – auf dem Dach seiner Kanzlei, während hinter ihm die Kulisse von Los Angeles im Smog versinkt. Wie dieser Milton Alexander seine Geschäfte betreibt? Der amerikanische Autor Victor S. Navasky präparierte dazu in seinem Buch «Naming Names» Haltung und Methoden des berühmten Anwalts Martin Gang heraus. Mit Gang hat Rudin zusammengearbeitet, 17 Jahre lang. Navasky schreibt: «Schon frühzeitig schien Gang die Dinge aus einem Blickwinkel zu betrachten, aus dem Taktik wichtiger war als ethische Fragen, Stil bedeutender als Inhalt und unmittelbarer Gewinn oder Verlust Vorrang hatte vor dem langwährenden Prinzip.» Genauer könnte man die Qualifikation, die Rudin für seinen Kirch-Job brauchte, nicht bezeichnen.[7]

Während also Degeto-Geschäftsführer Wack seit dem Herbst 1982 mit seinen Gesprächspartnern vom MGM-Studio hin- und herkarjuckelt, zeigen sich Kirchs Amerika-Vertretern Rudin und Klaus Hallig die ersten Konturen eines MGM-Geschäfts von ganz anderer Dimension. Anfang 1983 kommen die beiden, wenn auch mühsam, mit dem Management ins Gespräch. Mitte März erfährt Hallig, daß auch die ARD auf anderer Ebene Verhandlungen führt; aber Frank Yablans, der zuständige oberste «Löwe», beruhigt das Gespann: Da gehe es doch nur um knapp 100 Filme. Dennoch bleibt auf Kirch-Seite der Eindruck, die MGM betreibe die Geschäfte merkwürdig drucklos. Kirch zeigt sich deswegen störrisch, willigt dann aber doch ein, die MGM-Vertreter in New York zu sehen. Mit von der Partie sind seine beiden wichtigsten Ratgeber, die Doktoren Joachim Theye und Bodo Scriba.

Dieser Gipfel bleibt ähnlich folgenlos wie auch die anschliessenden Gespräche am MGM-Sitz in Culver City. Da meldet sich am 18. Juli 1983 Yablans bei Rudin: Er möchte gerne Leo Kirch treffen, nach Möglichkeit am 30. und 31. Juli in München. Zögerliches Einverständnis. Ende Juli ist der MGM-Mann in München und er präsentiert gleich ein Mitbringsel à la Hollywood. Bedingung für einen Vertragsabschluß sei, so Yablans, daß die Taurus innerhalb eines Monats 15 Millionen Dollar «down payment» an die MGM überweise. (Am 31. August 1983 läuft das fiskalische Jahr für die Leute aus Los Angeles ab, die deswegen offenbar stark unter Druck stehen.) Doch das ist nicht die Hürde. Kirchs Vertreter verlangen lediglich, daß ihrer Bank ein Memorandum über den geplanten Vertrag vorgelegt werden soll. Der Durchbruch scheint geschafft. Nach dem Geschäftlichen feiern die Delegationen ihre Übereinkunft im Brauhaus von Aying, einem kleinen Ort im südöstlichen Vorfeld von München. Die Runde ist fröhlich, die Runde ist groß; dazu zählt auch Bestsellerautor James Clavell, der gerade bei Kirch über die Verfilmung seines Romans «Noble House Hongkong» verhandelt.

Beruhigt fliegt Rudin in die Staaten zurück. Am 3. August trifft er sich in New York mit MGM-Manager Lawrence Gershman, um das Memorandum über den erreichten Verhandlungsstand zu erarbeiten. Bei diesem Gespräch empfiehlt «Mickey» seinem Gegenüber «Larry», doch der Degeto mitzuteilen, die MGM habe jetzt einen Vertrag mit Taurus und sehe keine Notwendigkeit mehr, weiter zu verhandeln. Gershman (über Kirch: «He is quite a powerful figure») soll dieses dem Anwalt zugesichert haben. Es sieht wirklich so aus, als würde die

ARD erneut in und an Hollywood scheitern. Als würde Kirch erneut ein Geschäft der als schwerfällig geltenden Arbeitsgemeinschaft hintertreiben und als hätte der Gorilla seine Hände über der ganzen Stadt.

Anfang August bekommt die ARD «durch einen Informanten» von dieser Situation Wind. Die Intendanten sind bereits sensibilisiert. Denn schon der Abschluß ihres vergleichsweise schmalen Geschäftes zwischen der MGM und der Degeto schien Kirch in keiner Weise akzeptabel zu sein. Am 24. März 1983 hatte er deswegen eine Einstweilige Verfügung vor dem Landgericht München erwirkt, nach der Hollywood jedenfalls die drei Schmachtfetzen «Ben Hur», «Dr. Schiwago» und «Vom Winde verweht» nicht ans Erste Programm weiterverkaufen durfte. Kirch berief sich dabei auf angeblich bereits 1970 getroffene Vereinbarungen.

So bedrängt, geht die ARD-Spitze zum Gegenangriff über. Zu dieser Zeit besetzt Reinhold Vöth, der Intendant des Bayerischen Rundfunks, den Posten des ARD-Vorsitzenden. Zusammen mit dem ebenfalls in München angesiedelten ARD-Programmdirektor Dietrich Schwarzkopf – der sich schon zu seinen NDR-Zeiten kritisch über Kirch geäußert hatte – ruft Vöth zur Gegenwehr auf. Er ist wütend: Wer sind wir eigentlich? Mit wessen Geld macht Kirch unser Geschäft kaputt? Mit unserem Geld! Kurzum, man will sich nicht länger einschüchtern lassen. Die Gelegenheit ist günstig. Kirch-Konfident Hess hatte den Vorsitz des Degeto-Aufsichtsrats abgegeben. Und der Spielfilm-Koordinator Helmut Oeller weilt, wie häufig im August, urlaubshalber in einem Chalet bei Gstaad.

Am 13. August 1983 fliegt ein Trupp von ARD-Managern – darunter Schwarzkopf und der Stellvertretende NDR-Intendant Jobst Plog als Vorsitzender der Degeto-Gesellschafterversammlung – nach Hollywood. Man steigt im Beverly Wilshire Hotel ab, dem damals klassischen Platz für die Geschäfte mit den Geschöpfen der Filmhauptstadt. Ein labbriger Champagner wartet als Begrüßungspräsent auf den Zimmern. Er stimuliert so wenig wie die taktische und strategische Vorbereitung der anstehenden Verhandlungen. Der WDR-Redakteur Georg Alexander, ARD-Statthalter in Los Angeles, hatte nur wenige zuverlässige Informationen über den Stand der Geschäfte zwischen MGM und Kirch, die man sich jetzt zu konterkarieren anschickte, zusammentragen können. Viel mehr als die brave Devise, man möge sich mit dem Studio den Gewinn teilen, den sonst der Zwischenhändler eingestrichen hätte, war den ARD-Strategen nicht eingefallen.

Dafür kannte sich Kirch umso besser bei seinen Konkurrenten aus. Noch bevor die Mitglieder der ARD-Delegation ins Flugzeug stiegen, hatte er deren Verhandlungsmarge – 130 Millionen Dollar – zugespielt bekommen. Sofort beorderte er seinen Geschäftsführer Bodo Scriba, der in Frankreich auf einer Insel vor der bretonischen Küste Urlaub machte, in die Republik zurück und flog mit ihm nach Wien zu ORF-General Gerd Bacher, um Kriegsrat zu halten.

Am 15. August betritt die ARD-Delegation pünktlich um 11.00 Uhr das MGM-Gebäude. Verhandlungsführer Yablans läßt warten. Nach einer Viertelstunde stürmt der Chief Executive Officer (CEO) in den Raum. Ein Energiebündel. «Beware of sons of jewish taxdrivers from the Bronx!» Dieser Ratschlag geht den Mannen um Schwarzkopf und Plog erst später zu – da sind sie von dem kleinwüchsigen, braungebrannten Kerl schon ordentlich durcheinandergeschüttelt worden. Der Taxifahrersohn nimmt kein Blatt vor den Mund und er läßt keinen Zweifel daran aufkommen, daß man – beinahe – der Nummer eins gegenüber sitzt. Yablans ist statusbewußt bis zur Filmreife: In seinem New Yorker Büro wurde sogar der Fußboden hinter seinem Schreibtisch angehoben, um dem Boss die richtige Größenordnung zu verschaffen.

Jetzt betont der CEO ganz tough, man habe zwar ein Angebot von Kirch auf dem Tisch, aber unterschrieben sei noch nichts. Er sei, meint Yablans, an einer längerfristigen Kooperation interessiert. So etwas wie eine Ehe über 15 Jahre, ohne Scheidungsmöglichkeit. Das findet auch Delegationsleiter Schwarzkopf bedenkenswert und er offeriert dem quicken Selfmademan für den Deal 60 Millionen Dollar – immerhin 10 Millionen mehr, als Leo Kirch angeboten hatte. Doch der Hollywoodianer hält die Zahl für einen schlechten Scherz. Man verabschiedet sich kühl.

Die ARD-Abgesandten lassen sich davon nicht erschüttern. Obwohl Neulinge im Lizenz-Poker, wollen sie Kirch nicht erlauben, sie erneut als Grünschnäbel zu deklassieren. Nachdem man sich in der Heimat rückversichert hat, ruft Dietrich Schwarzkopf am nächsten Morgen Frank Yablans an, um den Gesprächsfaden wieder aufzunehmen. Der damals 63jährige Delegationsleiter ist keine schlechte Besetzung für diese Phase des Tauziehens. Versteht er sich doch auf durchaus unterschiedliche Repertoires. Seinen Spitznamen als «Kardinal» trägt er nicht von ungefähr, die auf den ersten Blick leutselige Ausstrahlung mag dazu beigetragen haben. Viele ARD-Jahre und endlose Sitzungstage haben Schwarzkopf aber auch zu einem brottrockenen Verhandler gemacht, dessen Miene kaum zu durchschauen ist. Und dann gibt es noch den Kulturmenschen Schwarzkopf, zu Hause in Geschichte und den Schönen Künsten, scharf beobachtend, pointiert formulierend. Yablans, der die gemischte ARD-Truppe wohl eher amüsiert zur Kenntnis genommen hat, weiß, daß er hier einem Kaliber gegenüber sitzt. Am Telefon deutet «Dietrich», man duzt sich jetzt, die neue Summe von über 100 Millionen Dollar an; Yablans scheint Blut zu lecken.

Am 19. August fliegt die Delegation zurück in die Bundesrepublik. Jobst Plog, Chefarchitekt der beabsichtigten Kirch-Abnabelung, ist erst wenige Stunden wieder in Hamburg, da klingelt bei ihm zu Hause im Stadtteil Winterhude das Telefon. Leo Kirch bittet um ein Gespräch und er vergißt nicht anzufügen, man wolle sich doch sicher nicht vor Gericht wiedersehen. 20 Stunden später, Sonntagabend. Im dritten Stock des NDR-Funkhauses an der Rothenbaumchaussee sitzen sich gegenüber: Kirch, Theye und Scriba einerseits, auf der anderen Seite Plog, von Sell und Schwarzkopf, der mit der gleichen Maschine wie Kirch aus München gekommen war. Man debattiert bis spät in die Nacht.

Das ARD-Trio ist dankbar über Kirchs persönliches Auftreten. Es signalisiert ihnen, daß der Händler tatsächlich keinen verbindlichen Abschluß mit der MGM besitzt; sonst, schätzt Plog, von Haus aus Anwalt, hätte er seine Rechte «sofort formalisiert» und längst eine

Einstweilige Verfügung gegen die Verhandlungen der ARD mit der MGM erwirkt. Stattdessen versucht er, mit ganzem Einsatz das Blatt noch zu wenden.

«Was würden Sie sagen, wenn Taurus Ihnen ein Angebot über 110 Millionen Dollar machen würde?» Bei diesem Satz von Kirch müssen Scriba und Theye vor Überraschung die Kinnladen heruntergefallen sein. Und die ARD-Leute haben Mühe, ihren Spaß an der Situation zu verbergen: Kirch, gut informiert, lag zwar um zehn Millionen unter dem letzten Verhandlungsstand in Hollywood, aber dafür auch rund 40 Millionen Dollar über dem von ihm selber für ein ganz ähnliches Paket angepeilten Abschluß mit MGM. Hätte er der ARD ein Angebot um 80 Millionen Dollar gemacht, hätte er vermutlich noch in dieser Nacht den Zuschlag bekommen. So aber wird die Gewinnspanne deutlich, mit der er operieren hofft.

Jetzt wissen die drei ARD-Manager, daß sie eine echte Chance in Hollywood haben. Am 23. August lassen sie sich vom Aufsichtsrat und den Gesellschaftern der Degeto einen Verhandlungsspielraum bis zu 120 Millionen Dollar einräumen. Die Entscheidung erfolgt einstimmig, auch die Vertreter des Bayerischen Rundfunks sind dafür.

Am Tag darauf geht's wieder über den Atlantik. Diesmal gibt sich Yablans nicht ganz so kaltschnäuzig wie bei der ersten Runde. Auch die ARDler haben dazugelernt. Sie treten jetzt zusammen mit dem distinguierten Filmanwalt Charles Silverberg auf, der seine Pappenheimer in Hollywood nur zu gut kennt und unter anderem von der Deutschen Bank empfohlen worden war. Nachdem Yablans erneut betont hat, es gäbe bisher keine verbindliche Abmachung mit Kirch, steigt man in die Details eines Vertragsentwurfes. Wenige Meilen entfernt, im Büro von «Mickey» Rudin, arbeiten andere Experten an anderen Formulierungen. Sie betreffen aber denselben Sachverhalt: Alle Mitglieder der ARD-Delegation sollen mit einer Schadensersatzklage überzogen werden. Kirchs «Gorilla» hat auf Weisung aus München die Boxhandschuhe angezogen.

25. August 1983, Beverly Wilshire Hotel, Los Angeles. Es geht auf Mitternacht zu. Die Mitglieder der ARD-Delegation haben sich, vom

langen Flug und vom Verhandlungstag gestreßt, auf ihre Zimmer zurückgezogen. Plötzlich schellt bei Klaus Lakschéwitz, dem Leiter der ARD-Filmredaktion, das Telefon. «Mistörr Lékschewitz?» – «Yes» – «Your car is ready, Sir!» – «Sorry, I don't have...», aufgelegt. Wenig später klopft es an der Tür. Arglos öffnet der ARD-Mann, da wird ihm auch schon von zwei »komischen Uniformjacken» ein umfangreiches Dokument in die Hand gedrückt. «You've been served, Sir» und weg sind sie.

Wie Lakschéwitz wird im Minutentakt auch den anderen Delegationsmitgliedern Kirchs Klagschrift, Rudins Geschoß, zugestellt. Geltend gemachter Schadensersatzanspruch: pro Person 114 Millionen Dollar. Telefonate gehen hin und her. Schlaftabletten werden mit Coke niedergekämpft, dann trifft man sich in der Suite von Delegationsleiter Dietrich Schwarzkopf. Die Jüngeren kommen in Jeans und Pullover. Schwarzkopf, der Anzug-Mann schlechthin, hat sich rasch in einen buntgemusterten Seidenkimono geworfen, nur «Johnny» Wack fehlt noch. Da geht die Tür auf und der Degeto-Geschäftsführer tritt ein – angetan mit haargenau dem gleichen Prachtstück wie Schwarzkopf, einem Sonderangebot von «American Express». Der knappen Schrecksekunde folgt lautes Gelächter aller Anwesenden und so wird in etwa auch die Klage in dieser Nacht beurteilt: Den 114 Millionen Dollar fehlt einfach die bedrohliche Dimension. Alle wissen, daß astronomische Summen zum Ritual der amerikanischen Schadensersatzprozesse gehören.

Am nächsten Tag in Culver City. Die ARD-Leute berichten Yablans von ihrer nächtlichen Überraschung und sie wünschen sich angesichts der zugespitzten Situation eine förmliche Freistellungserklärung, wonach Kirch keinen Deal mit MGM habe. Yablans ist dazu bereit und er verspricht theatralisch: «Sie werden nicht länger die Geiseln von Taurus sein! Dieser Mann (Kirch – d. Aut.) hat den Markt seit dem Zweiten Weltkrieg eingeschüchtert!» Sogleich forciert Hollywoods «Streetfighter» das Tempo. Er besteht darauf, daß endlich ein verbindlicher Preis genannt wird – ARD-Anwalt Silverberg bittet um Unterbrechung. Die Antwort der Deutschen bleibt vage, sie verlangen ihrerseits genauere Informationen über die Filme – jetzt muß Yablans um Verhandlungspause bitten. So ziehen sich die Gespräche hin. Aber: Beide Seiten kommen sich näher.

Kirch beobachtet diesen Prozeß genau. Dann hat er sich entschieden, welche Taktik er anwenden will. Am 30. August 1983 schickt er ein vierseitiges Schreiben aus der Unterföhringer Beta-Straße an den Münchner Rundfunkplatz. Darin macht Kirch dem ARD-Vorsitzenden und Bayernfunk-Intendanten ein «verbindliches Angebot» über 1.575 Filme, hauptsächlich von MGM/UA, sowie 390 einstündige Serienepisoden zum Preis von 80 Millionen Dollar. Befristung der Offerte, laut Vöth: 31. August, 12.00 Uhr mittags. Zu dieser Überrumpelungstaktik fühlt sich der Händler wohl auch deswegen ermuntert, weil er weiß, daß die MGM den Vertrag gerne bis zum Ende ihres Finanzjahres unter Dach und Fach hätte.

An diesem Tag beginnt um 15.07 Uhr in Frankfurt eine Krisensitzung der Degeto. Die ARD-Manager sind verunsichert: Kirchs Angebot liegt deutlich unter dem Verhandlungsstand in Los Angeles. Dennoch beschließen Aufsichtsrat und Gesellschafter der Firma, «mit Herrn Kirch über dessen Angebot nicht zu verhandeln». Vielmehr will man seinen Vorschlag zum eigenen Nutzen instrumentalisieren. Intendant von Sell als Aufsichtsratschef signalisiert umgehend nach Los Angeles das neue Limit: Die Delegation soll versuchen, auf der Basis von 80 Millionen Dollar abzuschließen.

Dort übermittelt ARD-Anwalt Silverberg die aktuelle Lage an die MGM-Spitze. Yablans explodiert. Er sieht seine Vorurteile gegenüber der Degeto bestätigt und fühlt sich «getäuscht». Gerade will Schwarzkopf den Degeto-Chef von Sell über den entstandenen Ärger informieren, da meldet sich Yablans auf der anderen Leitung: Er sei bereit, zum Kirch-Preis abzuschließen – unter der Bedingung, daß die Lizenzen für die Bond-Filme nicht mitverkauft werden. Eben diese jedoch gehören zu den Highlights des geplanten Deals. Beide Seiten sind in einer Sackgasse gelandet. Die Verhandlungen werden unterbrochen. Die Delegation fliegt zurück.

Hat Kirch gewonnen? Hat seine taktische Mischung aus Klagen (114 Millionen), Pokern (110) und Stören (80) Früchte getragen? Ein Effekt jedenfalls läßt sich erkennen. Am 2.September geht beim Distrikt-Gerichtshof von Kalifornien eine Klage gegen die Taurus-Film, Leo Kirch und Milton A. Rudin ein. Abgefaßt vom Anwaltsbüro Swerdlow, Miller, Seal & Swerdlow, einer Kanzlei, deren Ruf mit dem von Rudins Office durchaus mithalten kann.

Frank Yablans ist immer noch außer sich. Offenbar hat er schon lange Kirch auf den Kieker. Weil «die Anzahl der Anbieter von Lizenzen amerikanischer Unterhaltungsware in den deutschsprechenden europäischen Ländern reduziert wurde, indem (Kirch) jede Möglichkeit verhinderte, daß durch einen freien und offenen Wettbewerb die Verkäufer solcher Produkte in der Lage waren, einen fairen Preis auf dem Markt für ihre Sendungen zu erzielen». Und weiter in der Anklageschrift der Kanzlei aus Beverly Hills: Weil Taurus «jahrelang eine dominante Position im Markt besetzt hat. Und zwar dadurch, daß langfristige Lizenzabkommen mit der Mehrheit der amerikanischen großen Filmstudios abgeschlossen wurden, aber auch mit anderen Methoden; auf diese Weise hat Taurus effektiv den Markt für solche Produkte kontrolliert und monopolisiert». Und schließlich, weil «die Angeklagten und ihre Mitverschwörer einen systematischen Plan entwickelt haben, den Wettbewerb zu verhindern und die Märkte zu monopolisieren».

Als ein Resultat dieser Strategie, so die Klagschrift der MGM, habe die Degeto die Verhandlungen abgebrochen und sei nach Deutschland zurückgereist. Eine Summe von 480 Millionen Dollar sei gerade angemessen für den von Kirch angerichteten Schaden. Umgekehrt wird ein Schuh daraus, sagt sich der Münchner, und verklagt seinerseits die MGM auf Erfüllung des – angeblich bereits geschlossenen – Vertrages.

In Deutschland ist Funkausstellung. Am 5. September trifft Reinhold Vöth, der ARD-Vorsitzende und Intendant des Bayerischen Rundfunks, in seinem Berliner Hotel ein. Wer ihm an diesem Abend begegnet, erkennt den vitalen Bayern kaum wieder; er wirkt müde, wie erschlafft unter starkem Druck, und er geht früh schlafen. ARD-Spielfilm-Koordinator Helmut Oeller, der Fernsehdirektor des Bayerischen Rundfunks, ist im gleichen Hotel abgestiegen. Spät in der Nacht, so wundert sich ein Besucher, telefoniert er noch; auf seinem Bett liegen Papiere verstreut.

Am nächsten Morgen treffen sich die ARD-Oberen beim Sender Freies Berlin am Funkturm. Auf der Tagesordnung ihrer Sitzung steht nur ein Punkt, das Geschäft mit der MGM. Vöth berichtet, daß ihn vor wenigen Stunden in seinem Hotel ein Brief von Kirch erreicht habe. Wichtigste Aussage des umfangreichen Papiers, das vom 5. September datiert: Der Händler habe seinen Anwalt in Los Angeles angewiesen, die Klagen gegen die ARD-Delegation zurückzuziehen. Und er hat dafür auch die Bedingung genannt: «Ich tue dies im Vertrauen darauf, daß die Degeto die Verhandlungen mit der MGM einstellt und die Unterzeichnung unseres Vertrages mit der MGM nicht mehr stört.» Doch den ARD-Leuten kann das Junktim nicht imponieren, sie erneuern den Rechtsschutz für die Delegation. Kirchs letzte Karte gegenüber den Konkurrenten hat nicht gestochen.

Die Pressekonferenz, zu der das Erste Programm am 9. September kurzfristig nach Berlin einlädt, droht durch den Andrang der Journalisten aus allen Nähten zu platzen. Auf dem Podium sitzen vier Befürworter des MGM-Deals; die Bayern Vöth und Oeller fehlen. Dafür geben sich von Sell, Plog, Schwarzkopf und Lakschéwitz demonstrativ gelassen. Und sie reden Fraktur – erstmals öffentlich über Leo Kirch. Die «Händlersperre», so formuliert der WDR-Intendant, soll durchbrochen werden. Und Plog, der NDR-Vize, zeigt sich «fasziniert», wenn gerade gegenüber Monopolisten ein Monopol verteidigt wird und man behauptet, das Monopol wirke preisstabilisierend. «Wir hören ja sonst ganz andere Dinge...» – ein klarer Abpfiff für den ZDF-Kollegen Dieter Stolte, der seine Geschäfte mit Kirch weiter verteidigt.

Einen denkwürdigen Auftritt leistet sich auch der Kirch-Gänger und Fernsehproduzent Claus Hardt, der sich, wie Kirchs Assistent Paul Kössler, unter die Journalisten gemischt hat. Hardt plaziert zwei Stichworte, die seitdem, gleichsam ferngelenkt, die Argumente gegen den MGM/ARD-Deal bestimmen: «Amerikanisierung des Programms» und «überteuerter Einkauf». 500.000 Mark, so will Hardt gehört haben, zahle die ARD pro Spielfilm! Plog, von Sell und Schwarzkopf gehen nachsichtig auf den Mann ein, dem seine Zwickmühle ins Gesicht geschrieben steht; als dieser dann noch einen weiteren Satz «anmerken» möchte, schneidet ihm der Hausherr, SFB-Intendant Lothar Löwe, rasch das Wort ab: «Eigentlich nicht.»

Dann ist die Pressekonferenz zu Ende. Jobst Plog will gerade in Tegel einchecken, um nach Hamburg zurückzufliegen, da eilt ein SFB-Angestellter auf ihn zu: Er habe doch wohl seine Aktentasche bei der Pressekonferenz vergessen, hier sei sie. Plog («Ich habe Akten, ich verliere keine») nimmt die Mappe an sich und merkt schon im Flugzeug: Sie steckt randvoll mit Dokumenten über Kirchs Gespräche mit der MGM – ein unverhoffter Zugewinn für die Gegenseite. Kössler, wohl von der ungewohnten Verstellung als Journalist geplagt, hatte sie stehen gelassen. Über den SFB wird der Koffer nach München zurückgeleitet; er sei bei der Pressekonferenz übrig geblieben...

Oh, Leo. Pokern, Klagen, Stören, Knebeln und jetzt Stänkern – alles umsonst. «Wir verhandeln nicht mit Dr. Leo Kirch», hat von Sell, und das kam ziemlich arrogant, gesagt. Kösslers Tascheninhalt machte deutlich: Kirch besitzt definitiv noch keinen gültigen Vertrag mit MGM. Und gerade sein Niedrigpreis-Angebot von 80 Millionen Dollar erläuterte der ARD-Spitze, welchen Spielraum der Händler besaß. Mit diesem Wissen konnte man den Preis in Culver City drücken. Zwar hatte Kirch am 2. September in seinem Verfahren gegen MGM vor dem Landgericht München Recht erhalten; die drei großen Kinoabenteuer «Ben Hur», «Dr. Schiwago» und «Vom Winde verweht» durften nach diesem Urteil nicht mehr von der MGM an die ARD verkauft werden. Doch Kirchs Gegner bleiben entspannt. Sie wollen jetzt wirklich nachweisen, «daß dieser alte Gaul ARD noch läuft». Wollen den «direkten Zugang» zu den Quellen in Hollywood. Ein Zwischenhändler, der selber verdienen muß, kann doch den Deal nur verteuern!

Frank Yablans muß das ähnlich gesehen haben. Zum Oktoberfest 1983 ist er in München. Tagelang wird in einer Suite des Hotels «Bayerischer Hof» mit allen Tricks, mal laut, mal leise, um die Details der Verabredung gefeilscht und gerangelt. Die Prominenten-Box auf der Wies'n bleibt leer. Kirch, der nur wenige Schritte entfernt in der Kardinal-Faulhaber-Straße sitzt und sich wurmt, weil er genau weiß, was da zur Debatte steht, läßt eine Ladung Ayinger Bier anliefern. Remember Aying, Frankieboy? Ein guter Gag, nicht mehr. Die ARD revanchiert sich auf ihre Weise: Sie feiert, wie sich herausstellen soll: auch etwas zu früh, nicht in Aying, sondern in Käferloh, beim Kreitmayr. Helmut Oeller, eigentlich der oberste Spielfilmmanager der ARD, aber in Sachen MGM schon lange entmachtet, sitzt stock und steif dabei. Dem kregelen Amerikaner, einem Fan von Ronald Reagan, gefällt dieser Mann nicht. «Dietrich, I think, he is a Bolschi», flüstert er Schwarzkopf zu.

Bald darauf scheinen alle wichtigen Punkte abgehakt zu sein; Yablans' junge Mitarbeiterin Anita van Patton diktiert den Vertragstext stundenlang der Sekretärin. Am nächsten Mittag liegt der «Letter of Agreement» den Parteien vor. Yablans drängt auf sofortige Unterzeichnung. Schwarzkopf dagegen will das Papier noch einmal von seinen Juristen überprüfen lassen. Daraufhin verlangt Yablans ultimativ eine Unterzeichnung bis 17.00 Uhr am Nachmittag; sein Jet stehe bereit, er müsse die Concorde in Paris erreichen. Da lächelt «Blacky» Schwarzkopf dünn über seine Brille hinweg und sagt: «Frank, wenn Du weg mußt, mußt Du halt weg.» Abtritt Frank, grußlos.

Um 1.00 Uhr morgens klingelt bei Plog in Hamburg das Telefon: «Frank is speaking.» Der Amerikaner hat sich gehütet abzufliegen; er hockt vielmehr in der Bar des Münchner Hotels «Vier Jahreszeiten» und schlägt nun vor, umgehend mit seinem Jet nach Hamburg zu kommen, Plog dort aufzusammeln, um dann in Köln mit «Frederick» beim Frühstück die Mißstimmung auszuräumen. Plog macht ihm mühsam klar, daß diese Aktion am bundesdeutschen Nachtflugverbot scheitern dürfte. Der Mann aus Hollywood hält das für typisch «sozialistisch». Immerhin: Man ist weiter «on speaking terms».

Kirch sieht seine Felle davonschwimmen. Ein finanzieller Reinfall zeichnet sich ab: Für 50 Millionen Dollar hatte er ursprünglich den Filmvorrat der MGM einkaufen wollen, für 80 Millionen Dollar soll er jetzt an die ARD gehen – die Spanne hätte der Filmhändler gerne kassiert. Noch ärgerlicher aber ist der strukturelle Nachteil: Bei einem langfristigen Vertrag mit MGM/UA hätte Kirch die deutschsprachigen Rechte an den Produkten von fünf der sieben wichtigsten Hollywood-Studios kontrolliert, eine unumstößliche Macht- und Marktposition.

So aber sieht er nur noch eine Chance. Und die heißt: Bayerischer Rundfunk (BR). Der drittgrößte ARD-Sender – dessen Spitzenmanagement die CSU besondere Aufmerksamkeit widmen darf, seit die Zeiten des unabhängigen, konservativen Intendanten Christian Wallenreiter vorbei sind – spielte im Konzert der Arbeitsgemeinschaft immer schon eine besondere Geige. Im Herbst 1983 stellt der BR mit Fernsehdirektor Helmut Oeller den wichtigen Spielfilm-Koordinator der ARD und mit seinem Intendanten Reinhold Vöth sogar deren Vorsitzenden.

Dieser Vöth ist kein Kirch-Freund. Schließlich hatte er die Verhandlungen in Amerika angestoßen und mehrfach auch dafür gestimmt. Aber ihn plagt ein kleines Problem: Sein Intendanten-Vertrag steht zur Verlängerung an. Nicht daß es einen Gegenkandidaten für den ordentlichen Ex-Staatssekretär gäbe; was es aber gibt, das ist heftiger Druck aus dem BR-Rundfunkrat, das Millionengeschäft mit den Amerikanern nicht zu akzeptieren. Doch der damals 53jährige, ein Franke wie Kirch, scheint standhaft zu bleiben. Noch in einer nichtöffentlichen Sitzung am 6. Oktober 1983 soll Vöth versucht haben, seinen Aufsehern den Abschluß schmackhaft zu machen. Den störrischen Herrn Oeller, der inzwischen vom Direkteinkauf ganz und gar nichts mehr hält, den hatte er vorher schon in aller Öffentlichkeit zusammengefaltet.

Seit dem selbstsicheren Auftreten der Delegationsmitglieder während der Funkausstellung im September hatte sich Oeller ständig bemüht, mit detaillierten Einwänden das Filmpaket madig zu machen. Mal vermißt er «11 weitere interessante Filme»; dann wieder mäkelt er an der «Essenz der Listen und damit des Warenkorbes sowie der Bedingungen des Vertragsinhaltes» herum. Den anderen geht diese Rechthaberei, die zum Erstaunen aller häufig einen materiellen Kern hat, der aber überproportional aufgewertet wird, schließlich so sehr auf die Nerven, daß Freiherr von Sell, der Chef des Degeto-Aufsichtsrates, Oeller regelrecht abmahnt und ihn in einer Sitzung darauf hinweist, daß er gar kein Stimmrecht habe.

In diesen hektischen Tagen ist niemandem, wohl auch nicht Oellers Vorgesetzten Vöth, richtig klar, woher die Informationen stammen, mit denen Oeller seine Einwände begründet. Man ahnt nur, daß «eine erhebliche konspirative Energie» (von Sell) am Werke ist, um die Kreise der ARD zu stören. Mittlerweile hat sich der Nebel über diesem Verhandlungsabschnitt gelichtet. Der ehemalige Kirch-Manager Bodo Scriba gab bei späteren staatsanwaltlichen Ermittlungen zu, Oeller immer wieder Argumente gegen den Vertragsabschluß aufgeschrieben zu haben. Im Gegenzug habe der Fernsehdirektor, sagt Scriba, Vertragsentwürfe und Strategien der ARD an Kirch geliefert. Vorausgesetzt, es war so: Hätte die ARD dieses damals gewußt, wäre Oeller umgehend disziplinarrechtlich belangt worden. Er selber streitet die Vorwürfe ab; und Kirch behauptet, seine Informationen aus den in Amerika anhängigen Prozessen gezogen zu haben.

Dem Filmhändler kommt bei Oellers Verhalten zweierlei zu Gute: Durch seine permanente Detailkritik könnten die Verhandlungen verzögert und Yablans so entnervt werden, daß dieser aufgibt. Wenn das Repertoire nicht greift, dann soll der Vertrag wenigstens inhaltlich so nachgebessert werden, daß Kirch keine grundsätzlich veränderten Konditionen antrifft, wenn er in sein nächstes Geschäft mit Hollywood einsteigt.

Eine wichtige Rolle im Hintergrund dieser Strategie spielt Wilhelm Fritz, der langjährige Vorsitzende des BR-Rundfunkrats, im Hauptberuf Versicherungsboß. Die intensive Beziehung zwischen den Franken Fritz und Kirch beginnt damit, daß beide sich – kaum zu glauben – in München bisher nicht über den Weg gelaufen sind. Dieses Manko korrigiert ein anderer «Fritz» – nämlich Friedrich Zimmermann, damals noch Bundesminister des Inneren und Mitglied einer häufig in Kirch-Sachen tätigen Münchner Anwaltskanzlei. Kirch trifft sich mit ihm am 27. oder 28. August 1983 in der Kardinal-Faulhaber-Straße. Der Bayer aus Bonn gibt sich angesichts der Schwierigkeiten von Freund Leo mit der ARD zunächst ratlos, schließlich sitzt er als Aufpasser beim ZDF. Aber dann fällt ihm sein alter Kontakt zu Wilhelm Fritz ein, dem gar nicht so heimlichen Herrscher des Bayerischen Rundfunks. Strauß-Anhänger Fritz – parteilos, wenngleich ein «reinrassiger Konservativer» (Selbsteinschätzung) – favorisiert italienische Oper, sentimentale Brecher à la Hemingway und kann sich gut verständlich machen, wenn er seine Einflußmethode beschreibt: «Ich arbeite nie mit der Axt.»[8]

Am 29. August treffen sich Fritz und Kirch, so heißt es, im Münchner Haus des Bayerischen Landessportverbandes, den Fritz auch noch präsidiert. (Nach Jahren darauf angesprochen, wird Fritz fuchtig: «Ich frage Sie ja auch nicht, mit wem Sie sich treffen!») Zunächst zeigt sich der Rundfunkratsvorsitzende eher verschlossen. Kirchs Image beim Sender war lange Zeit denkbar schlecht und auch die Geschäfte mit dem BR hielten sich sehr im Rahmen. Unter dem legendären Senderchef Wallenreiter soll er sogar einmal «Hausverbot» gehabt haben. Möglicherweise ist Fritz diese Aversion bekannt.

Doch schon bald tauen sie auf, der Volkacher Weinbauernsohn und der fränkische Versicherungstycoon. Das Verhältnis der beiden intensiviert sich in der Folgezeit so sehr, daß der häufige Anrufer Fritz in Kirchs Sekretariat den kuriosen Codenamen «Sinalco» erhält, während Oeller übrigens unter dem Stichwort «McDonald» firmiert. Beides nicht sehr schmeichelhafte Bezeichnungen, Fastfood-Freundschaften eben. Nur wenige Stunden, nachdem Fritz und Kirch ihre Landsmannschaft entdeckt haben, sitzen sich Vöth und der Händler gegenüber: Der eigentliche Adressat der Demarche ist erreicht. Aus dem Gespräch resultiert Kirchs 80-Millionen-Dollar-Angebot vom 30. August, das zum Abbruch der Verhandlungen in Los Angeles führt.

Fritz zeigt sich jetzt ganz bei der Sache. Er versucht, die Aufsichtsräte der anderen Sender zu mobilisieren und auch massiv bei Degeto-

Kontrolleur von Sell zu intervenieren: Es sei doch «ungeheuerlich», daß man «nicht einmal Verhandlungen» mit der Taurus aufgenommen habe. Beim Freiherrn freilich beißt er auf Granit. Der Rundfunkratsvorsitzende möge, so belehrt ihn von Sell, bei seinem Intendanten jene Auskünfte erheischen, «die aus Sicht und der Zuständigkeit des Rundfunkrates des Bayerischen Rundfunks für Ihre Information erforderlich sind». Die hinhaltenden Widerstände aus dem Bayernland können Plog, Schwarzkopf und ihre Mitstreiter nicht mehr irritieren. Am 12. Dezember 1983 hält Frank Yablans in Hollywood den von der ARD überarbeiteten Vertragsentwurf in Händen. Und dann geht alles ziemlich rasch. Anfang Februar trifft man sich in London auf neutralem Boden. Diesmal ist auch WDR-Intendant von Sell Mitglied der Delegation; auch ihn hat Kirch inzwischen mit einer 114-Millionen-Dollar-Klage überzogen.

Noch einmal wogt der Streit tagelang hin und her, noch einmal bewährt sich der ausgeglichene Profi Charles Silverberg als ARD-Unterhändler, denn nur er kann Hollywoods «salestalk» von echten Positionen unterscheiden. Als die Deutschen eine Ausfallbürgschaft verlangen, bekommt Yablans wieder einen seiner berüchtigten ordinären Wutanfälle. Die ARD-Delegation zieht aus, später treffen sich Abgesandte beider Parteien in einem Nebenzimmer zu Friedensverhandlungen. Als man zurückkehrt, gibt Yablans eine öffentliche Entschuldigung ab: Baron von Sell sei ein so großartiger, beispielhafter Mann und sollte jemand ihn anders verstanden haben, dann...

Die Hauptlast der inhaltlichen Verantwortung liegt mittlerweile bei Klaus Lakschéwitz, dem Leiter der ARD-Filmredaktion. Sein Sachverstand, der sich aus der Visitation von «im Schnitt 800 Filmen pro Jahr» speist, muß abchecken, ob die MGM-Ware ihren Preis wert ist. Die Staffelung der Lizenzen (70 für jedes Jahr) kann man weitgehend der Beharrlichkeit des hageren Balten zuschreiben. Sein ehemaliger Kollege Franz Everschor, wie Wack Geschäftsführer der Degeto, hatte sich von Anfang an fast völlig zurückgezogen; er bleibt auch im Hydepark-Hotel stumm, was Vermutungen über seine geheime Rolle Nahrung gibt. Ein Delegationsteilnehmer: «Mir war völlig klar, daß es bei diesem Herrn nicht mit rechten Dingen zuging.» Jedenfalls weiß Kirch über jeden Zacken des Verhandlungsmarathons Bescheid, aber er weiß nicht, daß die ARD weiß, daß er es weiß. Auch der wackere Wack ist abgemeldet; er soll schon mal am grünbespannten Verhandlungstisch eingeschlafen sein.

Solchen Handicaps zum Trotz biegt die Delegation in die Zielkurve ein. Allen ist mulmig zumute. Schließlich soll hier Geld in der Größenordnung einer Rundfunkgebührenerhöhung ausgegeben werden. Ein letztes Okay der einzelnen Sender scheint unerläßlich zu sein. Per Schaltkonferenz wird ihre Zustimmung eingeholt, während Plog vor Ort in Deutschland agiert und argumentiert. Dann der Abschluß. Am Abend des 10. Februar wird in einer Kanzlei in Soho, eng, holzgetäfelt und «a little bit shabby», warmer Sekt ausgeschenkt. Es ist 21.00 Uhr. Der labbrige Begrüßungschampagner in Los Angeles, sechs Monate zuvor, war doch ein gutes Omen gewesen. Man prostet sich zu, umarmt sich, fotografiert sich, der Deal ist perfekt. Weil kein Flugzeug mehr geht, wird eine billige Chartermaschine aufgetrieben; die zockelt dann bei schlechtem Wetter über den Kanal nach Frankfurt/Main. Ihre Passagiere feiern.

Die Eckwerte des Vertrags. Für einen Gesamtpreis von 80 Millionen Dollar kann die ARD exklusiv aus dem über 3000 Spielfilme umfassenden Filmstock der Firmen Metro-Goldwyn-Mayer und United Artists sowie aus dem Filmvorrat der berühmten Warner Bros. vor 1948 insgesamt 1350 Streifen auswählen. Hinzu kommen alle neuen Produktionen, die MGM/UA in den nächsten 15 Jahren herstellen oder erwerben wird, mindestens aber 10 Filme pro Jahr. Außerdem enthält der Vertrag die Rechte auf 390 Stunden Fernsehproduktionen und sämtliche Zeichentrickfilme von MGM/UA bis Ende 1983. Clou der Abmachungen ist der Ankauf von 13 James-Bond-Filmen, in denen Sean Connery oder Roger Moore die Hauptrolle spielen. Außerdem sind auch alle zukünftig entstehenden Bond-Filme mit dabei. Kleiner Wermutstropfen: Ein Teil der erworbenen Lizenzen wird erst in den 90er Jahren für die ARD frei. Bis dahin liegen sie, natürlich, noch bei der Taurus-Film.

Für den 14. Februar 1984 hat die Degeto zu einer Siegesfeier nach Frankfurt geladen. Der größte Programmeinkauf in der Geschichte des deutschen Fernsehens, dieser «Gewinn an Freiheit» (von Sell), soll gebührend publizistisch begleitet werden. Die erste entscheidende Niederlage für Kirch, mutmaßt denn auch der wichtige «kress report»; «kein schlechter Coup», konstatiert der Informationsdienst «Kirche und Rundfunk», um dann zu fragen: «Warum erst jetzt? Hier sind in der Vergangenheit schöne Batzen Geld unnötig in eine dritte Tasche geflossen.»

Zwei Tage darauf versammelt sich der Rundfunkrat im Hause des Bayerischen Rundfunks. Die Freistaatler, für Alleingänge in der ARD bekannt, hatten der Delegation keine Vollmacht zum Abschluß mit nach London gegeben. Jetzt, so erklärt Intendant Vöth, werde man das 130seitige Vertragswerk mit MGM in Ruhe prüfen. Eine Beteiligung des Bayerischen Rundfunks sei generell nicht ausgeschlossen; in allen Teilverträgen gäbe es eine Klausel, wonach der Sender der Abmachung noch beitreten könne. Wenn man jedoch, so Vöth, dem Vertrag schließlich nicht zustimme, dann müsse man «woanders» Filme kaufen.

Wer da so freundlich parliert, weiß genau, daß die Entscheidung drängt. Eine Anzahlung in Höhe von 30 Millionen Dollar ist inzwischen geleistet; sie wird, wie der gesamte Finanzrahmen des Deals, von den Sendern im Verhältnis ihres Beitrages zum Gemeinschaftsprogramm aufgeteilt. Danach müßte die Münchner Anstalt 17 Prozent beisteuern. Andernfalls käme die Finanzierung des Abschlusses ins Schleudern.

In Wirklichkeit wird das Ausscheren der Bayern längst beschlossene Sache gewesen sein. Im November 1983 war «mein Freund Reinhold» (Fritz über Vöth) in seinem Amt als Intendant des Bayerischen Rundfunk auf weitere fünf Jahre bestätigt worden. Da wirkt es wie ein Gegengeschenk, als Vöth am 5. Juli 1984 bekannt gibt, man werde definitiv dem MGM-Vertrag «nicht beitreten». Erneut ist das Argument zur Hand, mit dem schon im vergangenen Herbst der günstige Abschluß bei den Amerikanern torpediert werden sollte: Fritz gibt den

Ton an, als er die «Überlagerung des deutschen Fernsehprogramms durch amerikanische Filme» beklagt. Stattdessen, so der Intendant, wolle man selber kaufen und 310 deutsche und europäische Filme für das Gemeinschaftsprogramm erwerben. Mit 19,6 Millionen Dollar (das wäre der Anteil an der Finanzierung des MGM-Pakets gewesen) möchte Vöth das «Mischungsverhältnis» zwischen amerikanischen und europäischen Produktionen wieder ins Lot bringen.

Ein frommer Wunsch. Die Amerikaner bleiben massiv vertreten in dem Angebot, das Kirch jetzt an den Bayerischen Rundfunk schickt und aus dem schließlich rund 1500 Spielfilme in die Vorauswahl gelangen. Die erfahrenen Filmredakteure der ARD in Frankfurt, die für die endgültige Auswahl zuständig sind, packt blankes Entsetzen. Aus ihrer Sicht fehlen viele wichtige Titel der letzten Jahre. Doch ihr Murren hilft nichts. Helmut Oeller, jetzt wieder ganz der Filmkoordinator, läßt, so heißt es später vor dem Staatsanwalt, «keinen anderen Anbieter als Kirch zum Zuge kommen». Einem potentiellen Verkäufer soll er sogar zu verstehen gegeben haben, man werde «nicht mehr als 60.000 Mark pro Film» zahlen (Kirch erhielt ein Mehrfaches), was jedem alternativen Lizenzangebot die Spitze brach. Mit dem Geldsegen von Vöth und Oeller – inklusive Synchronisationen und Materialkosten 54 Millionen Mark – beginnt Kirch, die Scharte, die ihm der Direkteinkauf der ARD zugefügt hat, auszuwetzen.

Noch gilt er offiziell als Lieferant und nicht als Konkurrent der öffentlich-rechtlichen Networks. Noch erfreut er sich bester Beziehungen zur größten Fernsehanstalt Europas, dem ZDF. Dieses Vitamin wird jetzt aktiviert, als es darum geht, den heimischen Kreditgebern und den amerikanischen Geschäftspartnern zu signalisieren: Beta/Taurus ist nach wie vor die Nr. 1 auf dem deutschsprachigen Markt!

So muß es «purer Zufall» (ZDF-Intendant Dieter Stolte) sein, daß nur wenige Tage nach dem ARD-Triumph beim ZDF ein Deal mit Kirch unter Dach und Fach gebracht wird. Der Fernsehrat des Senders stimmt auf seiner Sitzung am 2. März 1984 mit nur zwei Gegenstimmen dem Einkauf von insgesamt 1.264 Spielfilmen für rund 260 Millionen Mark zu. Um diese Summe zu finanzieren, müssen Rücklagen aufgelöst und muß ein Darlehen in Höhe von 161 Millionen Mark aufgenommen werden.

Offiziell liefert Kirch 750 Filme – also gut 100 mehr als die Hälfte des Gesamteinkaufes. Damit dürfte der Filmhändler klar über die 40 Prozent-Marke hinausgelangt sein, an die sich das ZDF eigentlich nach den Turbulenzen von 1976 halten wollte. Aber schon damals hatten Stolte und sein Vorgänger im Amt des Intendanten, Karl Holzamer, die «Selbstbindungsverpflichtung» der Anstalt zur Disposition gestellt. Jetzt kommt Stolte auf diese Ankündigungen zurück: Die Marktbedingungen hätten sich verändert; der Sender würde Schaden nehmen, wenn man sich noch an die Verabredung halten würde; wichtige Filme gingen dadurch für das Programm verloren.

Freilich: Die Quote wird auch deswegen nicht eingehalten, weil sich Kirch weit über die offiziell angekauften 750 Filme hinaus breit machen kann. So soll es, ich sage das mit Vorsicht, ursprünglich eine ZDF-Option auf weitere 750 Kirch-Streifen gegeben haben, die später nicht wahrgenommen wird. In jedem Fall sind zum Kontingent offen hinzuzuzählen jene 100 Filme, die das ZDF von der getarnten Kirch-Firma Janus bezieht, sowie 12 Filme, die der Janus-Ableger Eretz-Film anliefert.

Schon am 8. November 1982 will Stolte seinen Programmdirektor damit beauftragt haben, die langfristige Spielfilmbeschaffung des ZDF zu überdenken. Dennoch macht dem ehemaligen Fernsehdirektor einer ARD-Anstalt (Südwestfunk Baden-Baden) der aktuelle Erfolg seiner Kollegen reichlich zu schaffen. Der Buchhaltersohn muß zugeben, daß sein durchschnittlicher Filmpreis fast 30.000 Mark über dem der ARD liegt. Und unumwunden gesteht er dann doch ein: Der Direktkauf der ARD habe «die Verhandlungen mit unseren Lizenzgebern befördert.» Leo, ick hör Dir trappsen.

Um weitere Pluspunkte zu sammeln, wird vor dem in der Sache völlig ahnungslosen Fernsehrat die Qualität der angekauften Ware gepriesen. Und eine Spitze gegenüber den Leuten vom Ersten ergibt sich auch: «Sie gestatten», referiert Stolte, «daß ich es mir nicht verkneife, darauf hinzuweisen, daß (unter den 1.264 Filme – d. Aut.) 345

ausserordentlich wichtige Filme der Major Companies MGM/UA sind, die unsere Freunde von der ARD erst in 15 Jahren aus dem Spielfilmstock erwerben können, wenn das ZDF sie in der Zwischenzeit zehnmal gesendet hat.»

In der anschließenden Pressekonferenz unterläuft dem sonst verbal so perfekten Stolte allerdings ein Mißgeschick. Diese 345 Streifen, so rühmt der Senderchef, seien nämlich «nach internationalen Maßstäben klassische A-Filme». Nun, wer «A» sagt, muß auch «B» und «C» sagen. Der gelernte Intendant weiß also sehr wohl, nach welchen merkwürdigen Regeln sich ein Filmpaket zusammensetzt, besonders wenn es von Leo Kirch stammt. Seinen Räten freilich darf er damit nicht kommen. Denen schwimmen die Augen, als das Stichwort fällt, alle Filme seinen «handverlesen». Das Motto, das Stolte seinem Mega-Deal verpaßt, heißt «Berücksichtigung» der künftigen Marktentwicklung. Der Mann weiß, wovon er spricht. Unter seinen Augen spielt sich das Erstarken des Privatfernsehens ab. Agiert dessen eifrigster Lobbyist, der rheinland-pfälzische Ministerpräsident Bernhard Vogel. Wird das Kabelfernseh-Pilotprojekt in Ludwigshafen etabliert.

Auch die drei großen Buchstaben «PKS» sind Stolte schon geläufig. Er hat zu der benachbarten Firma, die noch unter der genossenschaftlichen Flagge segelt, eine klare Meinung. Und die heißt: Solange Kirch nur Programmlieferant für die PKS ist, gibt es keine Probleme. Aber «für mich ist die Trennlinie dort, ob jemand Programmlieferant oder Programmveranstalter ist. Ist er Programmveranstalter, ist er unser Konkurrent; ist er Programmlieferant, ist für uns nur die Frage, ob die Programme, über die er verfügt, uns zuerst zum Kauf angeboten werden». Ein Jahr später legt sich Stolte noch eindeutiger fest. Im Mai 1985 fragen ihn Journalisten: «Sie geben Kirch also den Rat, an der PKS lieber keine Anteile zu erwerben?» Der ZDF-Chef darauf: «Diesen Rat brauche ich ihm nicht zu geben, denn er kennt ihn. Das ist doch die einzige Linie, die ich ziehen kann.»

Trotz dieser kritischen Töne, die wir für später im Ohr behalten, geht Kirch als Gewinner von der Walstatt. Er hat das größte ZDF-Geschäft seiner Karriere gemacht. Noch nie zuvor konnte er den

Mainzern so viele Filme auf einen Schlag verkaufen. Nach dem Erfolg der ARD hatten seine Kasse und sein Ansehen Schaden genommen. Jetzt ist er wieder flüssig.

Doch der Einkauf hilft nicht nur kurzfristig dem angeschlagenen Händler, er beschädigt auch die Solidarität der öffentlich-rechtlichen Networks. Als Jahre später Stolte einen Schulterschluß der beiden Medienriesen ARD und ZDF anpeilt, bekommt er von NDR-Vize Plog eine klare Absage. Die von der ARD 1984 angestrebte «Marktöffnung», so kritisiert der Kirch-Kenner, hätte sicherlich mehr Bestand gehabt, «wenn das ZDF in dieser Situation mit seinem Großeinkauf die Marktposition der Kirch-Gruppe nicht nachhaltig gestärkt hätte».

Während in der Bundesrepublik die Debatte um den Filmeinkauf wieder einmal hohe Wellen schlägt, bleibt Kirchs Staranwalt in Los Angeles, Milton A. Rudin, nicht untätig. Am 29. Mai 1984 um 10.00 Uhr vormittags tritt er vor den Richter des Distriktgerichts, um die Rechtsauffassung der Taurus zu untermauern. «Mickey» ist immer noch wütend darüber, daß ihm die ARD das Geschäft mit der MGM verdorben hat, aus seiner Sicht ein schweres Vergehen wider das «Entertainment Law».

Der Mißerfolg läßt ihn nicht ruhen. «He sees the big picture», weiß Klaus Hallig, Kirchs anderer US-Repräsentant, und deswegen dreht Rudin den Spieß jetzt um. Wenn die MGM schon nicht mehr spurt, dann vielleicht die Columbia. Dieses Hollywood-Studio, mit vielen «Oscars» in der Kategorie «Bester Film» ausgezeichnet, hat bisher fast ausschließlich seine Lizenzen direkt an die deutschen Fernsehanstalten verkauft. Doch dank der Millionen aus Mainz kommt Kirch mit der Columbia ins Geschäft. Er sichert sich die Fernsehrechte an rund 600 Filmen – ein spektakulärer Gegenschlag. Sein dritter nach dem Separat-Deal mit dem Bayerischen Rundfunk und dem Durchmarsch beim ZDF.

Drei Krisen mußte Kirch bislang bestehen. An allen war das ZDF beteiligt, wenngleich die Mainzer Anstalt sie nicht allein veranlaßte. Aber alle drei wurden durch das ZDF wieder ausgebügelt, indem man den Absatz seiner Produkte ankurbelte: Zufall?

Die erste Krise spielte zur Gründungszeit des ZDF. Hatte Kirch zuviel eingekauft? Nein, das ZDF nahm ihm gleich einen großen Batzen Spielfilme ab.

Die zweite ereignete sich Mitte der 70er Jahre. Hatte Kirch zuviel Macht? Nein, das ZDF wies nach, daß der Spiegel in vielen – häufig unwesentlichen – Details falsch recherchiert hatte und wusch so den Filmhändler ganz generell wieder sauber. Daß die internen Überprüfungen tatsächlich etliche Belege für Kirchs überproportionalen Einfluß zu Tage gefördert hatten, erfuhr die Öffentlichkeit nicht. Und die offiziell angegebene 40-Prozent-Quote wurde schon bei ihrer Verkündung wieder beerdigt.

Die dritte Krise entstand, als die ARD ihren Direkteinkauf mit MGM durchsetzte. Kirchs angestammte Rolle als Nadelöhr für den deutschsprachigen Markt wurde nachhaltig beschädigt. Erstmals hatte er Konkurrenz bekommen. Erstmals zeigte sich offen, daß ein Direkteinkauf viel günstiger sein kann, als der beim Zwischenhändler. Kirch muß reagieren – im Einkauf und im Verkauf. Das spektakuläre Shopping bei Columbia putzt sein Image, nachdem der ZDF-Vertrag ihn liquide gemacht hat.

Inzwischen schreiben wir das Jahr 1984. Noch gibt es eine entscheidende Hürde, die seine Expansion – nach außen hin jedenfalls – bremsen soll: Er darf nicht zugleich Programmlieferant sein und seinen Kunden als Veranstalter Konkurrenz machen. Diese spannungsreiche Formel wird die vierte – fast tödliche – Krise bewirken, aus der er erneut durch einen freundlich gesonnenen Programmeinkäufer erlöst wird – durch den Paten des Paten, durch Otto Beisheim. Diese Transaktion freilich geht dann weit über den Rahmen des Mainzer Senders hinaus und auch Stoltes Junktim von 1984 (solange Kirch kein Konkurrent ist, kann er Lieferant sein) wird in dieser vierten Krise längst ausgedient haben.

Zurück zur Mitte der 80er Jahre. Kurz nach dem Geschäft mit der Columbia wird bekannt, daß Kirch, die MGM und die Degeto überein gekommen sind, ihre gegenseitigen Gerichtsverfahren einzustellen und sich zu vergleichen. Kirch erhält danach die deutschsprachigen

Ausstrahlungsrechte an den drei Spitzenfilmen «Vom Winde verweht», «Ben Hur» und «Dr. Schiwago»; sie landen beim ZDF und haben bei ihrer Sendung einen nur mäßigen Publikumserfolg. Die MGM andererseits darf ihr Direktgeschäft mit der ARD weiter abwickeln.

In diesen Herbsttagen des Jahres 1984 könnte ein besonders vertracktes Stück der jahrzehntelangen Beziehungen zwischen Kirch und den öffentlich-rechtlichen Anstalten seinen Anfang genommen haben. Es führt uns, noch einmal, zum Bayerischen Rundfunk. Seine Hauptdarsteller sind Dr. Helmut Oeller, damals Fernsehdirektor des BR und inzwischen in Ehren pensioniert; Dr. Leo Kirch sowie Johann «Hans» Schmidmeier, ein ehemaliger Maurer, Immobilienmakler und profunder Kunstliebhaber – ein guter Bekannter von Oeller. Schmidmeier stirbt am 23. August 1989 an Herzversagen. Gut möglich, daß die Aufregungen der «Oeller-Affäre» dem cholerischen Mann das Leben kosteten.

Im Kern handelt diese Affäre davon, daß Schmidmeier sowie weitere Zeugen in Eidesstattlichen Versicherungen behauptet haben, Oeller sei von Kirch mit 2,7 Millionen Mark bestochen worden; das sei der Dank des Paten für Oellers obstinates Verhalten beim MGM-Einkauf der ARD und für den separaten Deal, den Kirch daraufhin mit dem Bayerischen Rundfunk abschließen konnte. Beide Beschuldigte, das sei hier schon vermerkt, bestreiten Schmidmeiers Anwürfe vehement.

Jahrelang bleibt die Story dort, wo sie auf den ersten Blick auch hinzugehören scheint – im Papierkorb. Oder sagen wir, mit Blick auf Schmidmeier: im Abfall dieses immer wieder wahnhaft, häufig reichlich rücksichtslos geführten Lebens. Doch im Oktober 1989 sind die Behauptungen plötzlich auf dem Markt. Wenige Tage, bevor mögliche Vorteilsnahme und Vorteilsgewährung von 1984 verjährt wären, stellt ein Anwalt im Auftrag des Stuttgarter Medienunternehmers Rolf Deyhle bei der Münchner Staatsanwaltschaft Strafanzeige, basierend auf Schmidmeiers Aussagen und den Testaten der anderen Zeugen.

Am Morgen des 19. Oktober 1989 klopfen daraufhin die Fahnder an die Wohnungstür von Leo Kirch in München-Bogenhausen; auch seine Büroräume in Unterföhring bei München sowie Oellers Villa in

Ammerland am Starnberger See, Lerchenweg 7, werden durchsucht. Hausherr Oeller, an seinem 67. Geburtstag noch mehr als sonst das personifizierte gute Gewissen, hilft den Beamten mit Plastiktüten aus, in denen die Fundstücke abtransportiert werden.

Die Überraschungsaktion fördert viel Papier zu Tage. Und sie sei auch «nicht umsonst» gewesen, läßt sich die Staatsanwaltschaft vernehmen. Reaktion von Oeller auf Schmidmeiers Behauptungen: «Völlig aus der Luft gegriffen!» Reaktion von Kirchs Pressesprecherin Armgard von Burgsdorff: «Eine hochfaule Angelegenheit!» Reaktion der Zeitungen: «Schlammschlacht», «Schmiergeldkomödie» – so echot die deutsche Presse, zumal sich herausstellt, daß die Anzeige des Springer-Geschäftsfreunds Deyhle dem Verlag, der sich gerade mit Kirch im Krieg befindet, nicht ungelegen kommt.

Ich werde die Geschichte jetzt erzählen. Meine Einschätzungen beruhen auf eigenen Ermittlungen, auf denen des Staatsanwalts[9] sowie auf den Einwendungen, die von den Anwälten der Deyhle-Seite gegen die Erkenntnisse und Schlußfolgerungen des Münchner Staatsanwaltes gemacht wurden.[10] Das Ergebnis wird zeigen: Die vielen unstrittigen Sachverhalte führen in ein Schattenreich hinter der glatten Oberfläche des Kirch-Konfidenten Oeller, das an Belegcharakter für sittlichen Verfall nichts zu wünschen übrig läßt. Und die umstrittenen Fakten? Sie hätten in einem öffentlichen Strafgerichtsverfahren, dem andere Methoden zur Verfügung stehen als den Vorermittlungen des Staatsanwalts, überprüft werden müssen.

Beginnen wir unsere Geschichte damit, daß wir eine simple Frage stellen: Wer ist Helmut Oeller? 1922 geboren als Sohn eines Professors am Würzburger Polytechnikum, nach dem Krieg mit einer Arbeit über «Das schlafende Lied bei Eichendorff» magna cum laude zum Dr. phil. promoviert, beginnt Oeller seine Fernsehkarriere 1953 als Persönlicher Referent des damaligen BR-Fernsehdirektors Clemens Münster. Nach Zwischenstationen wird er 1964 Direktor des Bayerischen Fernsehens, des Dritten Programms aus München. Im Jahr 1967 ernennt ihn die dortige Hochschule für Film und Fernsehen zum Professor; 1971 erreicht er als Direktor des Ersten und des Dritten

Fernsehprogramms den Höhepunkt seiner Karriere. In der ARD macht er sich durch die strikte Weigerung bemerkbar, Sendungen wie den satirischen «Scheibenwischer», die er für unvereinbar mit weißblauen Kriterien hält, an sein Publikum weiterzureichen. Trotz dieser Blockadepolitik wird er 1976 Spielfilm-Koordinator und damit einer der wichtigsten Manager im ARD-Verbund.

Mit Beginn des Jahres 1978 mutiert die dritte Münchner Fernsehschiene vom kulturorientierten «Studienprogramm» zum Vollprogramm, dessen breite Attraktivität besonders durch Spielfilme gesichert werden soll. Oeller befürwortet diesen Wandel. Er ist jetzt noch wichtiger für Kirch, auch wenn die Größenordnung von dessen Geschäften mit dem BR überschaubar bleibt. Man sieht sich. Seinen vehementen Einsatz gegen den MGM-Einkauf und für das separate Kirch-Paket des Bayerischen Rundfunks übersteht der Fernsehdirektor unbeschadet. Am 3. August 1984 wird der Vertrag paraphiert. Mit dem Erreichen der Altersgrenze scheidet Oeller zum 1. November 1987 aus dem Bayerischen Rundfunk aus. Dietrich Schwarzkopf, wichtiger Unterhändler des MGM-Pakets, ruft ihm nach: «Er hat uns viel mitgegeben, das weiterwirken wird!» Schwarzkopf ist meisterhaft in freundlich getarntem Sarkasmus.

Oellers Karriere erzählt eine lupenreine Erfolgsgeschichte. Es ist die Geschichte eines Unwürdigen. So und noch härter lauten die Einschätzungen von Rundfunkleuten, die jahrelang mit ihm zu tun hatten. Ein erstaunlicher Gegensatz. Im philosophisch aufgelegten Klassenprimus mit Hornbrille steckt offenbar ein komplexer Mensch.

Ich erinnere mich an ein Jahre zurückliegendes Gespräch in seinem Büro. Es begann formal. Eher steif. Doch als Oeller keinen Widerstand zu bemerken meinte, legte er sich immer weniger Zurückhaltung auf. Zum Schluß, der eingeplante Termin war längst überschritten, der Abend angebrochen, sprudelten die hehren Vokabeln nur noch so durcheinander: «Kultur... Aufgabe... Abendland...»

Oeller ist ein Prediger, ein großer Kommunikator, solange er nicht selber in Frage gestellt wird. Bei jungen Leuten sieht er seine Chance. Die müssen «schrittweise aufgebaut und an entsprechende Schwierigkeitsgrade gewöhnt werden». Dann wieder fallen so verbogen-substantivische Sätze wie: «Ein gutes Kontrastprogramm hat mit Kreativität und Dynamik der Verantwortlichen zu tun.» Er habe sich, so charakterisiert die «Süddeutsche Zeitung» den Würzburger, immer dann am wohlsten gefühlt, wenn er den Eindruck hatte, «an einem Haus zu planen, viele Leute daran im Detail mitwirken zu lassen, dessen endgültiges Aussehen er aber allein überblicken konnte».

Sein zur Schau getragenes Selbstbewußtsein und ein ausgeprägter Führungsstil – bis heute kolportieren Redakteure das auf sie gemünzte Zitat: «Ich bin der Architekt, Ihr die Tapezierer» – verboten es ihm, im Sender, soweit überschaubar, Freunde oder auch nur gute Bekannte zu akquirieren. Das leistet er sich wenn überhaupt nur in privatem Rahmen. Aber auch hier bevorzugt er ein zurückgezogenes, man könnte sagen: gehemmtes Leben. Sein Haus auf dem Grundstück in Ammerland wirkt alles andere als protzig. Oeller ist kein Angeber. Dazu fehlt ihm schon das Nervenkostüm. Freilich tritt er gerne schroff und herrisch auf, wenn er glaubt, einen Rangniedrigeren vor sich zu haben. Dieser Oeller ist, im Kern, kalt. Gruppen geben Wärme, zum Beispiel die katholische Kirche. Oellers sonntäglichen Messebesuch schildern Nachbarn als obligatorisch.

Wenn ein Mann wie Oeller auf ein Irrlicht wie Hans Schmidmeier trifft, der in vielem genau das Gegenteil von ihm verkörpert, dann funkt's. Schmidmeier, untersetzt, glatzköpfig, dickbäuchig, im Gegensatz zu Oeller nicht gerade eine durchgestylte ästhetische Erscheinung, muß, um es vorsichtig zu sagen, als extrovertiert und als begabter Kungler beschrieben werden. Er übertrieb gern, wenn er seine Geschichten erzählte; was nicht heißen muß, daß ihre zentralen Aussagen nicht stimmen. Wenn man einem solchen Kaventsmann von vornherein – ohne seine Behauptungen überprüft zu haben – die Eignung als Kronzeuge abspricht, dann dürfte man sich wohl mit keinem Kronzeugen mehr beschäftigen.

Als Immobilienhändler war er Spezialist für schwierige Fälle auf einem der heikelsten und teuersten Terrains der Bundesrepublik, den Matten um den Starnberger See. Mehr als zwei Dutzend Mal soll er es geschafft haben, grüne Wiesen in Bauland «umzulegen», wie der Fachbegriff in der Branche lautet. Darüber ist er reich geworden. Sein Haus in Icking östlich des Sees soll lange Zeit angefüllt gewesen sein mit erlesenen Antiquitäten, Möbeln und Bildern, wie etwa Philip Wouvermans «Die Landpartie», 48,2 x 63,9 Zentimeter, im Auktionshaus Christie's für rund 370.000 Mark versteigert. Einen schönen Geschmack und ordentliche Kennerschaft wird man dem groben Mann nicht abstreiten können. Bei seinen Einkaufstouren wurde er gelegentlich von Dr. Kultzen beraten, einem Experten für italienische Renaissance in der Bayerischen Staatsgemäldesammlung, der «Kunstgegenstände im Wert von mehreren Millionen Mark» bei Schmidmeier gesehen haben will.

Oeller und Schmidmeier lernen sich etwa 1963 kennen. Der Makler hilft dem Fernsehmann, das Grundstück zu erwerben, auf dem dann später das Haus der Oellers gebaut wird. Oeller sorgt sich, durch weitere Neubauten auf dem gegenüberliegenden Acker könne ihm die Sicht verstellt werden. Schmidmeier läßt seine Beziehungen spielen. Und Oeller faßt Zutrauen. «Ich habe in den letzten Wochen öfter an Sie gedacht», schreibt er aus dem Urlaub im Berner Oberland am 17. August 1974, «und hätte zu gerne gewußt, was Sie zu einzelnen politischen und wirtschaftlichen Entwicklungen meinen».

Die enge, fast unterwürfige, in jedem Fall vertrauensvolle Beziehung wird von Oeller aktiviert, als es um Probleme mit seinem damaligen Untergebenen Franz Schönhuber, heute Galionsfigur der «Republikaner», geht. Schönhuber, Programmchef im Bayerischen Fernsehen, hat sich zu dieser Zeit eine fast unschlagbare Lobby aufgebaut. Er genießt seine enge Beziehung zum Intendanten Reinhold Vöth und auch mit dem Ministerpräsidenten Franz Josef Strauß ist er per Du. Mit solcher Rückendeckung geht er mehrfach Oeller frontal an und wird deshalb schon bald als möglicher Nachfolger gehandelt.[11] Ende der 70er Jahre ist die Lage im Sender für Oeller bedrohlich geworden; im Rundfunkrat sind die Forderungen nach seiner vorzeitigen Pensionierung nicht mehr zu überhören.

In dieser angespannten Situation soll Oeller seinen wohlbeleibten Bekannten darum gebeten haben, etwas gegen Schönhuber anzuzetteln. Jedenfalls gibt es einen Beleg mit Oellers Handschrift über problematische Punkte in Schönhubers SS-Vergangenheit und warum dagegen nichts unternommen wird. Auszug: «Beweise für Verbrechen und Vorstrafen liegen vor. Warum ist RR (Rundfunkrat – d. Aut.) nicht informiert. Warum pflegt V. (Vöth – d. Aut.) Freundschaft zu Rufmördern weiter?» Nach diesem Briefing schreitet Schmidmeier zur Tat. Anonyme Schreiben flattern durchs Bayernland. Darin heißt es unter anderem: «Die Anstellung des Herrn Schönhuber (im BR – d. Aut.) wurde durch eine offensichtliche Urkundenverfälschung erreicht.» Auch der Staatsanwalt schließt nicht aus, «daß (Oeller) der Initiator (der Aktion – d. Aut.) gewesen sein könnte».

Ende 1981 ziehen Hans und Lydia Schmidmeier von Icking in die Schweiz um. Ihre Wohnung in Luzern, Haldenstraße 20, gehört zu einem geschlossenen Areal. Etliche Appartements werden nur in den Ferien genutzt; andere dienen betuchten Herrschaften als Alterssitz. Hans Schmidmeier gilt, so der Hausmeister, als «lustig». Die Kontakte zwischen dem Hemmungslosen und dem Gehemmten reißen trotz der Übersiedelung, die offenbar steuerliche Gründe hat, nicht ab. Man trifft sich und es trifft sich gut, daß Oeller fast jeden August seine Ferien in dem rustikalen Chalet «Schönried» bei Gstaad verbringt. Auch 1984.

Mitte August geht bei Schmidmeiers in der Haldenstraße das Telefon. Oeller ist am Apparat. Er erzählt dem Immobilien-Crack, daß er mit seinem Ammerländer Nachbarn in Verhandlungen über das angrenzende Grundstück stehe. (Der Besitzer E. Moser bestätigt, daß Oeller mehrfach sein Interesse an dem Grundstück äußerte; Kaufverhandlungen dagegen habe es nicht gegeben.) Schmidmeier wundert sich. Er fragt den Direktor, woher er denn das Geld für ein solches Geschäft habe. Oeller murmelt etwas von seinem Schwiegervater. Laut Oeller ist folgende Variante zu beachten: Schmidmeier war es, der ihn angerufen habe und bei dieser Gelegenheit habe er, Oeller, sein Interesse an einer Geldanlage in der Schweiz erwähnt. Wie immer das

Detail – erneut weiß Schmidmeier Rat. Er empfiehlt Oeller den Kontakt mit seinem Bekannten Willy Renggli, einem ehemaligen Manager des renommierten Züricher Bankhauses Julius Bär & Co; der sei jetzt Anlageberater.

Das Treffen kommt zustande. Laut Oeller muß es Mitte August 1984 stattgefunden haben. Renggli, der seinen Terminkalender befragt hat, datiert es auf den 17. August. Unstrittig ist auch, wo Schmidmeier, Oeller und Renggli sich treffen, nämlich in der Luzerner Wohnung von Schmidmeier. Carl-Johann Tesdorpf, ein Freund von Schmidmeiers Sohn Alexander aus gemeinsamen Internatstagen, will Teile des Gesprächs von der Küche aus mitgehört haben; der Senior habe ihn darum gebeten.

Worum ging es nun bei der Zusammenkunft, die eine Art Drehscheibe darstellt für das nachfolgende Geschehen? Oeller behauptet, man habe «generell» – so notiert der Staatsanwalt – über die Möglichkeiten eines Transfers von deutschem Geld in die Schweiz gesprochen. Renggli dagegen, dessen Berichte der Staatsanwalt für «weitgehend glaubhaft» hält, erinnert sich an weitere Einzelheiten. Es sei sehr wohl um eine aktuelle grössere Summe gegangen, von der Oellers Frau nichts habe wissen dürfen. Dieses Geld sei als Provision aus einem anstehenden Filmgeschäft bezeichnet worden, und zwar vermutlich von Oeller.

Gegen 14.00 Uhr fährt das ungleiche Trio zum Essen. Schmidmeiers Behauptung, dies sei in dem Restaurant «Frohsinn» in der Nähe von Luzern eingenommen worden, scheint korrekt zu sein. In der Tat gibt es in Udligenswil ein Speiselokal dieses Namens. Auch Renggli bestätigt die Brotzeit und weist sogar eine Spesenquittung dafür vor. Der ehemalige Bankmanager kann sich auch deswegen an diesen Tag erinnern, weil Oeller bei der Fahrt zum Lokal in Rengglis neuem Mercedes 500 SEL seinen blau-goldenen Siegelring verloren habe.

Wenige Tage darauf sitzt Hans Schmidmeier beim Friseur Hanin in der Luzerner Seehofstraße; dort ist er Stammkunde. Er muß einen Moment warten und blättert in den ausliegenden Illustrierten. Da fällt ihm die «Bunte», die am 16. August erschienen ist, in die Hände. Auf einer der hinteren Seiten stößt er auf die Kolumne «Krokodil», in der diesmal die Weigerung der Bayern bespöttelt wird, sich wegen der angeblichen Amerikanisierung des Programms am ARD-Einkauf bei MGM zu beteiligen. Die Zeile unter den Konterfeis von Oeller und Kirch lautet: «CSU-Fernsehdirektor und sein Filmhändler». Schmidmeier geht ein Licht auf. Als er wieder in seiner Wohnung ist, will er Oeller in Gstaad angerufen und ihm auf den Kopf zugesagt haben, daß er jetzt wisse, woher das Geld stamme, das er in der Schweiz anlegen wolle – nämlich von Leo Kirch. Oeller, so behauptet Schmidmeier, reagiert verärgert. Doch am nächsten Vormittag steigt der Urlauber vor der Wohnanlage aus dem Wagen. Schmidmeier will ihm die «Bunte», die Oeller nicht mehr an seinem Kiosk bekommen hatte, weil schon die neue Ausgabe auf dem Markt ist, gezeigt haben und der Fernsehdirektor soll im Verlauf des Gesprächs eingeräumt haben, daß er in der Tat von Kirch einen hohen Geldbetrag erwarte. Das Treffen wird von Oeller bestritten.

Ende August, möglicherweise auf der Rückreise von seinem Urlaubsort Schönried, treffen sich Oeller und Schmidmeier im Zürcher Café «Sprüngli» – so behauptet es Schmidmeier. (Oeller erinnert sich nur an «irgendein Gespräch» in dem Café und bestreitet den nachfolgenden Gesprächsinhalt.) Das «Sprüngli» in der Bahnhofstraße 21 entspricht etwa dem «Café Kranzler» in Berlin. Es ist laut, die Gäste sitzen eng, jeder hört alles oder gar nichts. Tesdorpf hat an einem der Nebentische von Oeller und Schmidmeier Platz genommen, er hört alles. Laut Schmidmeier kündigt Oeller an, Kirch selber werde das Geld nach Zürich bringen. Und er fragt Schmidmeier, ob dieser die Übernahme arrangieren könne, was dem Makler machbar erscheint. Dann soll Oeller noch das Stichwort genannt haben, mit dem sich der Abholer gegenüber Kirch auszuweisen habe: «Good Morning, Frankfurter Allgemeine Zeitung, Furche».

Dieser Code wirkt auf den ersten Blick, wie so vieles in unserer Geschichte, als sei er einem drittklassigen Roman entnommen worden. Doch seine unverwechselbare Kombination kann auch als besonders plausibel bezeichnet werden, stellt sie doch einen Zusammenhang her zwischen Kirch und Oeller: Die FAZ gehört zu Kirchs täglicher Lektüre und «Die Furche» ist eine hierzulande weitgehend unbekannte klerikale Wochenzeitung aus Österreich, dem engagierten Katholiken Oeller wahrscheinlich aus dem Bayerischen Rundfunk geläufig.

Später wird telefonisch als Übergabetermin, so behauptet Schmidmeier, der 3. September 1984 ausgemacht, 12.00 Uhr, «Grandhotel Dolder». Einen Tag zuvor soll Oeller bei Schmidmeier angerufen haben, um ihm zu sagen, Kirch könne morgen erst gegen 18.00 Uhr. Tatsächlich wäre der frühere Termin problematisch gewesen. Über Mittag hatte die deutsch-schweizerische Handelskammer zu einer Vortragsveranstaltung mit Bundesfinanzminister Gerhard Stoltenberg ins «Dolder» geladen; der Gobelin-Saal des Hotels, in dem laut Schmidmeier auch die Geldübergabe stattfinden sollte, ist für den Cocktailempfang der Handelskammer reserviert. Zu den Eingeladenen zählt auch Kirchs Schweizer Vertrauter und Teleclub-Treuhänder Professor Ernst Bossard; von ihm könnte Kirch, denn wegen des Teleclubs reist er offiziell an, die Doppelung der Termine erfahren haben.

Was die Übergabe des Geldes betrifft, das Schmidmeier nicht selber entgegennehmen will, so bittet er zunächst einen Bekannten um diese Handreichung. Der ist Bademeister im Therapiezentrum des Wohnkomplexes von Schmidmeier, muß aber wegen einer Prüfung absagen. Er lebt heute in den USA und hat den Vorgang bestätigt. Darauf erklärt sich Schmidmeiers Frau Lydia bereit, im Hotel «Dolder» das «Päckchen» in Empfang zu nehmen.

3. September 1984. Um 14.00 Uhr tritt in einem Sitzungssaal des Bayerischen Rundfunks in München der Haushaltsausschuß des Rundfunkrates zusammen. Das Gremium genehmigt nach kurzem Vortrag des Intendanten einen Nachtragshaushalt in Höhe 54 Millionen Mark; dieses Geld ist für den separaten Filmeinkauf bei Kirch bestimmt und setzt sich aus der eigentlichen Bezahlung in Höhe von 45 Millionen Mark plus 20 Prozent Aufschlag für Material- und Synchronkosten zusammen. Das geschieht unter Ausschluß der Öffent-

lichkeit und so wird auch nirgendwo darüber berichtet.

Der Staatsanwalt sieht keinerlei Bezug zwischen diesem Datum und der möglichen Geldübergabe in Zürich. Diese Annahme allerdings ist unsachverständig. Denn am 3. August, wir erinnern uns, war der Vertrag mit Kirch nur paraphiert worden. Das entscheidende «grüne Licht» gibt am 3. September der Ausschuß, dessen Votum auch in diesem Fall maßgeblich ist für die Genehmigung des Pakets durch den Rundfunkrat, die dann im Oktober prompt erfolgt. Und noch ein Hinweis ist unübersehbar: Die angebliche Bestechungssumme von 2,7 Millionen Mark – das sind genau fünf Prozent der Endsumme von 54 Millionen Mark.

Um 13.45 Uhr an diesem Tag hebt Kirchs Linienmaschine in München Richtung Zürich ab. Vom Flughafen aus begibt sich der Händler in das Hotel «Baur au Lac», in dem auch sein Intimus Joachim Theye Station macht. Kirch führt eine Menge Telefongespräche, wobei unklar bleibt, mit wem, da die Belege 1987 vernichtet wurden. Auf einen warmen, wolkenlosen Tag folgt ein milder, fast noch sommerlicher Abend. Kurz vor 18.00 Uhr treffen Hans und Lydia Schmidmeier am «Dolder» über dem Zürichsee ein. Lydia Schmidmeier betritt den Gobelin-Saal und läßt sich in einem Sessel nieder. Ihr Sohn Alexander ist auch im Raum; er hat sich hinter einer Zeitung verschanzt. 18.00 Uhr geht vorüber; wer nicht kommt, ist Kirch. Die Nervosität wächst. Wenige Minuten vor halb sieben Uhr eilt Carl-Johann Tesdorpf, wie immer zu spät, ins Hotel. In der Lobby trifft er auf Hans Schmidmeier. Durch ein Glasfenster beobachten beide die Szene.

Vorbemerkung: Die Details der folgenden, entscheidenden Szene beziehen sich ausschließlich auf die Aussagen von Hans Schmidmeier und der anderen Zeugen. Leo Kirch, das ist zu betonen, gibt eine völlig andere Darstellung; ich komme im Anschluß darauf zurück.

Um 18.30 Uhr bevölkert sich der Raum im «Dolder» mit Geschäftsleuten, die sich zum Essen verabredet haben – das Restaurant öffnet um 19.00 Uhr. Wie aus dem Boden gewachsen, ist plötzlich Kirch da. Lydia Schmidmeier erkennt ihn sofort von den Fotos in Zeitungen. Auch Hans Schmidmeier identifiziert den Filmhändler, weil er

Kirch mehrfach, ohne daß die beiden miteinander gesprochen hätten, in der Münchner Galerie «Almas», Brienner Straße/Ecke Odeonsplatz, begegnet war. Lydia Schmidmeier und Frau Kirch, die von ihrem Ehemann abgeholt wurde, waren Kunden bei «Almas».

Kirch nimmt an der Wand auf einer Couch unter dem großen Gobelin Platz. Er schlägt die «Frankfurter Allgemeine» auf. Lydia Schmidmeier geht auf ihn zu und will gerade das Kennwort herunterhaspeln – doch sie kommt nicht weit. Nach einem nervösen «Good morning...» zeigt Kirch auf den Sessel neben sich, auf dem eine schwarze Ledertasche steht, und sagt: «Bitte bedienen Sie sich.» Die Frau ist irritiert. Hatte ihr Mann nicht von einem «Päckchen» gesprochen? Doch dann nimmt sie schnell die Tasche an sich, um damit zum Auto zu gehen. Kirch bleibt noch einen Augenblick sitzen, Alexander Schmidmeier ebenfalls.

Hans Schmidmeier und Carl-Johann Tesdorpf haben das «Dolder» jetzt verlassen. Tesdorpf geht zu seinem wenige Meter entfernt geparkten Wagen. Lydia Schmidmeier kommt aus dem Hotel und läuft einige Schritte die Straße hinunter zum Mercedes ihres Mannes. Sie legt die Tasche auf den Rücksitz. Als sie aufblickt, erkennt sie Kirch hinter den Scheiben eines Taxis. Von der Begegnung aufgewühlt, muß sie unbedingt noch etwas Luft schnappen und stöckelt los, Richtung «Waldhaus», einer Dependance des Grandhotels. Hans Schmidmeier ruft währenddessen Tesdorpf zu seinem Wagen und zeigt ihm die Tasche mit dem Geld. Tesdorpf fährt weg, Schmidmeier auch. Etwas weiter unten nimmt er seine Frau wieder auf, beide begeben sich in ihre Wohnung zurück.

Hat diese mögliche Rekonstruktion irgendetwas für sich? Würde Kirch jemals soetwas selber tun? Müßte er nicht befürchten, erkannt zu werden? Macht ihn seine Sehbehinderung nicht, wie der Staatsanwalt meint, «völlig hilflos»? Würde jemand ein Beweismittel wie die Ledertasche gleich mitübergeben? Hätte Oeller – wenn überhaupt – das Geld nicht besser bei einem seiner vielen Gespräche mit Kirch in München kassiert? Der Staatsanwalt ist skeptisch, doch die Antworten klingen überzeugend.

Selbst wenn im «Dolder» jemand Kirch erkannt hätte, so hätte er doch nur gesehen, wie er einer älteren Dame eine Aktentasche übergibt, eine harmlose Angelegenheit. Kirch aufgrund seiner zuckerbedingten Sehbehinderung als «völlig hilflos» zu bezeichnen, ist nicht korrekt. Er kann nur schwer noch lesen, bewegt sich aber normal und erkennt Personen selbst heute noch, zehn Jahre nach dem 3.9.1984 in Zürich. Schließlich ist er sogar im Stande, allein in die Schweiz zu fliegen, ein- und auszuchecken und so weiter. Die Aktentasche, ein Feld-Wald-Wiesen-Modell, ist als identifizierbares «Tatwerkzeug» völlig ungeeignet; jedermann kann solch ein Dutzendprodukt schon einmal bei jemand anders gesehen haben. Gerade deshalb könnte die Tasche benutzt worden sein.

Schließlich: Das Geld in Deutschland zu übergeben, hätte bedeutet, daß es auch in Deutschland besorgt werden mußte; das aber ist kaum möglich, ohne einen Nachweis zu hinterlassen. In der Schweiz, wo das Bankgeheimnis anders verankert ist, geht dieses leichter. Oeller wollte seinen Geldzufluß in der Schweiz anlegen; eine Übernahme der Summe vor Ort würde das Risiko beim Grenzübertritt ausschalten.

Leo Kirch stellt den Verlauf des Tages, nachdem er in Zürich angekommen und in sein Hotel «Baur au Lac» gefahren war, naturgemäß völlig anders dar. Hier also sein Alibi, das er dem Staatsanwalt zu Protokoll gab. Wieder bleibt es uns zunächst nicht erspart, die Perspektive zu wechseln. Vertrauen wir darauf, daß sich mit der «kubistischen» Methode manchmal mehr Wahrheit auftun kann, als in illusionistischen Darstellungen.

Kirch trifft sich gegen 18.00 Uhr mit Stephan Sager, einem Angestellten des Schweizer Teleclub, im Hotel «Carlton Elite», Bahnhofstraße 41. Sager bestätigt diese Aussage. Vom feschen Jungmanager-Treff fahren beide, vermutlich in Sagers Auto, in das Restaurant «Neue Waid», ein Ausflugslokal im Stadtteil Höngg und zu dieser Zeit Sagers Stammbeisl. Man nimmt, der Abend ist milde, auf der Terrasse Platz und bestellt Fisch und Geschnetzeltes. Inzwischen ist es, nach Ermittlungen des Staatsanwaltes, 18.30 Uhr. Das Gespräch soll, laut Sager, zwei bis drei Stunden gedauert haben und dabei seien «die weiteren Weichen für seine berufliche Zukunft» gestellt worden. Sager ist sich sicher, daß Kirch während dieser Begegnung nicht länger als 20 bis 45 Minuten abwesend gewesen sei. Danach fährt er seinen Chef in das Hotel «Baur au Lac» zurück, wo dieser übernachtet.

Kirchs Version wirkt so löchrig wie ein Schweizer Käse. Die Ungereimtheiten beginnen mit seinem Alibi-Geber Sager. Der junge Mann ist unglaubwürdig, denn er kann sich weder an den Tag noch an die Uhrzeit des Treffens mit Kirch erinnern und milde Spätsommertage gab es im Jahr 1984 in Zürich etliche. Auch das Argument mit den «beruflichen Weichen» kann so nicht stimmen, denn die Spitzenposition im Teleclub wurde noch bis Ende 1985 durch den verdienstvollen Manager Pierre Meyrat besetzt, der danach zum Satellitenunternehmen Astra wechselte. Freilich, Quittung und Kassenstreifen aus dem Lokal «Neue Waid» bestätigen die Speisenfolge und den Sitzplatz auf der Terrasse, doch die entscheidende Angabe über die Uhrzeit ist darauf nicht verzeichnet: Der Kassenstreifen, dessen Doppel mir vorliegt, signalisiert lediglich die Umstellung auf die Abendkarte nach 18.00 Uhr.

Für den Zeitpunkt 18.30 Uhr also, zu dem Kirch im «Dolder» von vier Zeugen gesehen wurde, hat der Filmhändler kein Alibi außer seiner eigenen Aussage. Sager schließt ja sogar nicht aus, daß Kirch während ihrer Begegnung bis zu 45 Minuten verschwunden war. In einer dreiviertel Stunde aber kann man den Minutenabstand zum Hotel «Dolder» problemlos hin und zurück bewältigen. Merkwürdig bei Kirchs Alibi ist nicht zuletzt, daß sein Terminkalender, mit dem eine genaue Rekonstruktion des Tagesablaufs möglich wäre, gerade für das Jahr 1984 nicht mehr vorhanden ist. Und daß die ganze Alibi-Konstruktion erst nach acht Wochen dem Staatsanwalt übermittelt wird.

Es mag verstörend genug sein, daß sich die zentralen Angaben in den Aussagen des so großsprecherisch wirkenden Hans Schmidmeier bestätigt haben, beziehungsweise nicht zu widerlegen sind. Nämlich: Es gab ein enges Vertrauensverhältnis zwischen Oeller und Schmidmeier; es gab am 17.8.1984, wie der glaubwürdige Zeuge Renggli bestätigt hat, ein Gespräch mit Oeller, in dessen Umfeld von großen

Geldern und einer Provision aus dem Filmgeschäft die Rede war; es gab ein Gespräch im «Café Sprüngli»; und Leo Kirch war am 3. September in Zürich. Aber besonders irritieren den ermittelnden Staatsanwalt zwei weitere Punkte. Unterstellt, Kirch war gar nicht im «Dolder»: Woher konnte Schmidmeier 1989 wissen, daß Kirch sich am 3. September 1984 in Zürich aufgehalten hat? Und selbst wenn er dieses von dritter Seite erfahren haben sollte, so hätte ihm diese Information wenig genutzt: Um sein «Komplott», wie der Staatsanwalt meint, zu inszenieren, hätte Schmidmeier auch den Tagesablauf von Kirch kennen müssen. Die Antworten darauf sind, so sagt der Ermittler selber, «nicht aufklärbar» – es sei denn, Schmidmeier hat die Wahrheit gesagt und Kirch tatsächlich im «Dolder» beobachtet.

Die andere Irritation des Staatsanwaltes resultiert aus dem Umstand, daß Schmidmeier angab, im «Dolder» den Bundesfinanzminister Gerhard Stoltenberg gesehen zu haben, der sich an diesem Tag wirklich dort aufhielt. Auch dieses konnte sich Schmidmeier kaum aus den Fingern saugen. Der herzkranke Immobilienhändler soll später, so notiert der Staatsanwalt, von Schweizer Sicherheitskräften verhört worden sein. Ein Beleg außerhalb von Schmidmeiers Aufzeichnungen läßt sich dafür freilich nicht finden. Dennoch schließt der Staatsanwalt nicht aus, «daß Schmidmeier tatsächlich am 3.9.1984 im ‹Dolder› einen Betrag in dieser Größenordnung von einer unbekannten Person erhalten oder auch nur zur Deponierung übergeben bekommen hat». Da fehlt eigentlich nur noch, die «unbekannte Person» durch eine bekannte, deren Alibi nicht viel taugt, zu ersetzen. Da dieses nicht geschieht, drängt sich der Eindruck auf, daß nicht sein kann, was nicht sein darf.

Doch gehen wir noch einmal zurück in Schmidmeiers Version (ich verweise auf die Vorbemerkung). Nach dem Geschehen im «Dolder» ist er mit seiner Frau nach Hause gefahren. Jetzt hat er die Tasche geöffnet und zählt das Geld: 2,7 Millionen Mark, in Tausendmarkscheinen. Wohl noch am Abend telefonieren Oeller und Schmidmeier miteinander. Sie vereinbaren einen Termin, an dem das Geld an Oeller weitergegeben werden soll. Schmidmeier kündigt an, daß sein Sohn

Alexander diesen Part übernehmen werde. Einige Tage darauf bittet er «Sascha» (Rufname von Alexander Schmidmeier), in die Haldenstraße zu kommen. Gemeinsam zählen sie das Geld aus der schwarzen Ledertasche noch einmal durch: Ja, 2,7 Millionen Mark. Der Senior zweigt davon 500.000 Mark für sich ab und erklärt diesen Batzen zum «Darlehen», gewährt für seine Mithilfe beim Transfer. Den Rest wickelt er in Packpapier und steckt ihn eine Plastiktüte. Dann verläßt er das Haus.

Gegen 22.00 Uhr kommt Oeller, wie verabredet. Alexander Schmidmeier läßt ihn durch die Gartenpforte auf das Areal. (Dieses Detail wurde überprüft: In der Tat wird der Zugang ab 20.00 Uhr zentral verriegelt und kann auch nicht durch einen Summer geöffnet werden; Besucher müssen sich telefonisch anmelden.) Sie gehen in die Wohnung. Man tauscht Floskeln aus. Lydia Schmidmeier, die im Haus geblieben war, hört die beiden sprechen. Alexander Schmidmeier übergibt eine Plastiktüte, Oeller nimmt sie an sich, ohne den Inhalt nachzuzählen. Dann verschwindet er in der Dunkelheit.

Oellers Rolle stellt sich aus der Sicht des Betroffenen völlig anders dar: Er sei im September oder Anfang Oktober 1984 überhaupt nicht in der Wohnung von Schmidmeier in Luzern gewesen. Und dann nennt er detailliert seine Termine für die Tage nach dem 3. September. Vom 4. bis zum 6. September habe er dienstlich an einer ARD-Sitzung in Frankfurt teilgenommen (was stimmt). Den Freitag dieser Woche, 7. September, habe er «im Büro verbracht» (Staatsanwalt), am 8. September sei er eingeladen gewesen, am 9. September zu Hause. Vom 10. September bis zum 14. September habe er im Sender zu tun gehabt, danach bis zum 16. in Hamburg (was seine Ehefrau, die mitfuhr, bestätigt). Weder vorher noch in der darauffolgenden Woche, so Hilde Oeller weiter, sei ihr Mann «in der Nacht abwesend» gewesen.

Wie schon Kirchs Alibi läßt Oellers Darstellung etliche Fragen offen. So präsentiert er zwar Belege über seine Anwesenheit am Tage, aber die sind belanglos, da die Anschuldigung lautet, daß er abends kurz nach 22.00 Uhr in Luzern das Geld abgeholt habe. Dazu hätte er Gelegenheit gehabt. Zum Beispiel in der Nacht vom 5. auf dem 6.

September – die ARD-Tagung begann am 6. erst gegen Mittag. Oder am Abend des 7. September: Wenn Oeller nach Dienstschluß gegen 17.00 Uhr in München abgefahren wäre, hätte er ohne weiteres gegen 22.00 Uhr Luzern erreichen können. Die Strecke läßt sich, entgegen der Aussage von Frau Oeller, nicht in zwölf, sondern in längstens acht Stunden bewältigen. Das heißt: Helmut Oeller konnte problemlos gegen 2.00 Uhr morgens wieder in Ammerland eintreffen und mußte tatsächlich nicht «in der Nacht abwesend» sein. Auch konnte er zuvor das Geld in der Schweiz deponieren, beispielsweise bei einer Bank auf dem Flughafen Zürich-Kloten oder in dem Schließfach einer anderen Bank.

Halten wir fest: Die Alibis von Kirch und Oeller sind brüchig. Beide haben für die fragliche Tatzeit keinen Zeugen aufzubieten. Stephan Sagers Erinnerungen an das Treffen mit seinem Paten bleiben allgemein; und Frau Oellers Angaben sind falsch oder liegen neben der Sache.

Wir sind wieder in Schmidmeiers Story. Sie spielt jetzt nach einer möglichen Geldübergabe. Oeller hat die Plastiktüte geöffnet und bemerkt, daß ein Teil des Geldes fehlt. Er ruft Schmidmeier an, um sich zu beschweren. Der aber sagt ihm ganz offen, er habe die halbe Million für sich abgezweigt; Oeller selber habe ihm dieses Darlehen doch angeboten.

Oeller ist zerknirscht, aber er gibt nicht auf. Monatelang, so die Aussage des Immobilienhändlers, bedrängt er den Luzerner Steuerflüchtling, das fehlende Geld nachzuliefern. Schmidmeier andererseits gelingt es, «die Angelegenheit» immer wieder zu verzögern. Was aber, wenn dem Herzkranken (Schmidmeier war in der Schweiz operiert worden) etwas zustößt? Der Dicke sorgt vor: Am 27. Februar 1985 schließt er vor dem Notar Urs Korner ein Testament zu Gunsten von Helmut Oeller und dessen Sohn Georg Albrecht ab. Es betrifft das Schließfach Nr. 756 bei der Volksbank Willisau, in dem Schmidmeier ein wertvolles Gemälde verwahrt haben will. Das ca. 60 x 100 cm große Holzbild, das den Apostel Paulus zeigt, war ursprünglich Rembrandt zugeschrieben worden, doch andere Expertisen widerlegten diese Angabe. Auch ohne ein «echter» Rembrandt zu sein, ist das Werk noch ca. 400.000 Mark wert und würde somit in etwa das von Schmidmeier akquirierte «Darlehen» besichern. Das Testament wird dem Fernsehdirektor vom örtlichen Bankvorsteher Westermayr, mit dem Schmidmeier viele Geschäfte verbinden, ausgehändigt, was Oeller bestreitet: Er habe das Dokument mit der Post bekommen. Als die Kantonspolizei Luzern später das Schrankfach öffnet, ist es leer. Oellers Name taucht auf der handschriftlich geführten Karteikarte der Bank nicht auf.

Oeller hat noch keine Satisfaktion. Aber er hat den Bankmenschen. Dessen Haus in Münsing, nur wenige Kilometer von Oellers Villa entfernt, dient ihm jetzt als eine Art Relaisstation. Um den Kontakt mit Schmidmeier herzustellen, ruft Oeller bei Westermayr an und nennt mehrere Gesprächstermine. Westermayr checkt diese mit Schmidmeier ab und bestätigt Oeller einen Zeitpunkt für den Anruf aus der Schweiz. Oeller erscheint pünktlich mit seinem Dienst-BMW, häufig zwischen 18.00 und 19.00 Uhr. Er wirkt sehr erregt, wenn er vom Wohnzimmer aus, das sich im Parterre befindet, telefoniert und dabei gelegentlich einen «Dr. K.» erwähnt. Westermayr bekommt das mit, da der Eßplatz der Familie um die Ecke herum liegt.

Manchmal auch meldet sich der Schmidmeier einfach nicht. Dann muß Oeller unverrichteter Dinge wieder abziehen. Am nächsten Tag löchert er Westermayr in der Bank: Ob sich denn Hans Schmidmeier schon gerührt habe. Weil Oeller nie seinen Namen nennt, wenn er anruft, gilt er bei den Mitarbeitern der Filiale bald nur noch als der «Mr. Geheimnisvoll».

Diese telefonischen Kontakte wie auch die späteren persönlichen Treffen – der Staatsanwalt nennt sie «konspirativ» – werden von Oeller bestätigt. Allerdings sei der Wunsch, mit ihm via Westermayr Kontakt aufzunehmen, von dem überängstlichen Schmidmeier ausgegangen. Thema der Gespräche, so Oeller, sei nicht etwa das fehlende Geld, sondern ein Bild gewesen, das Oeller einst Schmidmeier zum Tausch gegen ein anderes überlassen habe. Der Staatsanwalt akzeptiert Oellers Version. Offenbar kümmert er sich nur wenig um die Details dieses angeblichen Geschäfts. Dagegen ist ihm daran gelegen, den Bankdirektor als unglaubwürdigen Zeugen hinzustellen, obwohl auch dessen Frau die Oeller-Besuche bestätigen kann.

Im Oktober 1985, die Steuerprobleme sind gelöst, wohnen die Schmidmeiers wieder in ihrem Haus in Icking. Jetzt macht das Versteckspiel keinen Sinn mehr. Oeller und Schmidmeier treffen sich, auf diskrete Vermittlung von Westermayr, an anonymen Plätzen; einmal auf einem Schotterstück an der Autobahnausfahrt Münsing, ein anders Mal im belebten Bundesbahnhotel München. Viel zu besprechen gibt es freilich nicht mehr. Die Beziehung des ungleichen Paares ist zu Ende.

Das Klima zwischen beiden, bisher geprägt durch jene merkwürdige Mischung aus Unterwürfigkeit und Großmäuligkeit, wird zusehends unfreundlicher. Lydia Schmidmeier fordert schließlich bei Kirch einen Lohn für ihre Botentätigkeit bei der Geldübergabe: «Er soll mich nicht für dumm verkaufen.» Ihr Mann schreibt, in seiner groben Art, mal drohend, mal ängstlich, in einem Brief an den Doktor der Literaturwissenschaft: «Es brennt. Einkommenssteuer nicht vergessen (60 %) + Strafe + Staatsanwalt... Ich kann nicht mehr ruhig leben, ich habe Angst vor Ihnen oder des Spediteurs beauftragten Killern. Der Tod von meiner Frau und mir wäre viele Millionen wert.» Dieser Text geht als Einschreiben am 10. September 1987 an Oeller (Einlieferungsnummer 513 e) und an Kirch (512 e).

Schließlich wird blank gezogen. Schmidmeier verklagt Oeller auf Erstattung von Krediten. Der Moralist unterliegt beim Landgericht München und auch beim Oberlandesgericht (AZ: 25 U 2383/88). Es verurteilt Oeller zur Rückzahlung von 65.000 Mark und bestätigt in seiner Urteilsbegründung das, was Schmidmeier ausmacht: Der Kerl weiche «auffällig weit vom allgemein Üblichen ab», aber «die Bekundungen des Zeugen Hans Schmidmeier (seien) in allen wesentlichen Punkten als wahrheitsgemäß anzusehen».

Oeller andererseits läßt sich nicht kleinkriegen. Er zieht mit seinem Pipifax vor den Bundesgerichtshof und erhebt parallel Anzeige gegen Hans Schmidmeier und andere wegen Meineids und Prozeßbetrugs.

So kann man einen mißliebigen Gegner im Gerede halten, zumal wenn die «außergewöhnlichen Aspekte» (Oberlandesgericht) der früher gepflogenen engen Beziehungen sich nicht mit Harmlosigkeiten plausibel erklären lassen. Im Jahr 1987 verabschiedet sich der um die Kultur des Abendlandes besorgte Fernsehdirektor vom Bayerischen Rundfunk. Sein Angstgegner, der Strauß-Freund und Vöth-Kumpane Franz Schönhuber, bedeutete schon seit Jahren für Oellers Karriere keine Gefahr mehr: Er war Knall auf Fall entlassen worden und mutiert jetzt zum Chef der «Republikaner». Bei seinem Eintritt ins Pensionärsdasein erhält Oeller, bereits vielfach ausgezeichnet, das Komturkreuz des Päpstlichen Ritterordens des Heiligen Gregor des Großen.

Zwei Jahre darauf entschließt sich Schmidmeier, seine Geschichte, die hier mit allem Vorbehalt erzählt wurde, öffentlich zu machen. Die daraufhin von Rolf Deyhle erstattete Anzeige und deren Begleitumstände werden nicht nur die merkwürdige Liaison zwischen dem Gehemmten und dem Hemmungslosen beleuchten, sondern auch den Kampf zwischen Kirch und Springer, der dann seinem Höhepunkt zutreibt.

Begonnen haben die Beziehungen zwischen dem Zeitungskonzern und dem Händlerimperium zu einer Zeit, als von einer «Schlammschlacht» – oder wie immer die Springer von Kirch aufgezwungenen Rangeleien auch genannt werden würden – noch nicht die Rede sein kann. Allerdings gab es schon frühzeitig Verwerfungen, die heute als Vorboten der späteren Beben gelten müssen.

«Wir glauben, daß wir ein Gewitter erleben, in Wahrheit aber ändert sich das Klima.» Diese Einsicht des großen Denkers Teilhard de Chardin klingt wie maßgeschneidert auf den Beginn des privaten Fernsehens in der Bundesrepublik. Jeder, der 1974 die Einsetzung der «Kommission für den Ausbau des technischen Kommunikationssystems» (KtK) für den entscheidenden ersten Schritt Richtung Privatfernsehen gehalten hätte, wäre bespöttelt worden. Es war einfach eine Expertenrunde mehr, die sich da unter dem Vorsitz des Münchner Professors Eberhard Witte ans Nachdenken machte, im Auftrag von Postminister Horst Ehmke (SPD). Doch einmal in Gang gesetzt, begann das Karussell, sich immer schneller zu drehen.

Am 25. Oktober 1974 schloß sogar das Zentralkomitee der Deutschen Katholiken die «Errichtung von Rundfunkanstalten in nicht-öffentlich-rechtlicher Trägerschaft» nicht mehr aus; «Kommerzialisierung» möge aber bitte unterbleiben. Nach zweijähriger Arbeit verabschiedete die KtK Anfang Dezember 1975 in ihrer letzten Sitzung 17 Empfehlungen. Die öffentlich-rechtlichen Gralshüter atmeten auf, als bekannt wurde, daß die Experten besonders den Ausbau des Fernsprechnetzes im Blick hatten; aber dann kam es: Die KtK schlug auch vor, vier Modellversuche zur Erprobung des Kabelfernsehens einzurichten.

Wohin der Hase nach Vorstellung der oppositionellen CDU laufen sollte, erklärte ein Jahr darauf Christian Schwarz-Schilling in einer programmatischen Rede vor der Evangelischen Akademie Tutzing. Der Vorsitzende des medienpolitischen Koordinationsausschusses der Unionsparteien plädierte entschieden für private Rundfunksender als «Korrektiv» zum öffentlich-rechtlichen System. Durch Außenpluralität – den Wettbewerb der Sender untereinander – sollten «Fehlentwicklungen» vermieden werden. Doch der Knalleffekt verpuffte noch einmal. Irgendwie muß der Spätherbst am Starnberger See die Brisanz seiner Ansage gedämpft haben.

Noch weiter schwang das Pendel zurück, als die von der SPD geführte Bundesregierung unter Kanzler Helmut Schmidt am 26. September 1979 die von der Post geplante Verkabelung von 11 Großstädten stoppte. Man befürchtete offenbar, daß der Ausbau von Möglichkeiten auch die Realisierung des möglich Gewordenen nach sich ziehen könnte. Eine berechtigte Sorge, wie sich an der Entwicklung der technischen Zivilisation ablesen läßt. Doch ein zutiefst unpolitisches Repertoire. Damit ließ sich der Zug Richtung Privatfernsehen nicht mehr aufhalten. Im November 1980 einigten sich die Ministerpräsidenten in Kronberg/Taunus über die Finanzierung der von der KtK empfohlenen «Kabelpilotprojekte». Ein halbes Jahr später kassierte der Erste Senat des Bundesverfassungsgerichtes in Karlsruhe die Bestimmungen über die Veranstaltung privater Rundfunksendungen im Saarland; sie seien verfassungswidrig und daher nichtig. Dieses dritte grundsätzliche Rundfunkurteil der roten Roben legte zwar dem privaten Rundfunk klare Kriterien auf, wurde aber allgemein als eine wichtige Unterstützung des Trends gewertet. Jetzt fehlte nur noch die konkrete Infrastruktur für den Beginn des Privatfernsehens.

Wie schon bei der Verankerung des ZDF in der Provinzhauptstadt Mainz hat auch diesmal die rheinland-pfälzische Landesregierung ihre Nase vorn. Am 15. Juni 1982 wird die Anstalt für Kabelkommunikation (AKK) gegründet. Sie soll der Träger des für das benachbarte Ludwigshafen geplanten Pilotprojekts werden. Bereits ein dreiviertel Jahr zuvor, am 19. Oktober 1981, hatte sich – mit Kirch in der Kulisse – in Frankfurt der wichtigste private Programmanbieter etabliert, die PKS, offiziell an der Leine des Deutschen Genossenschafts- und Raiffeisenverbandes und schon im Sommer 1982 geführt von Jürgen Doetz, dem ehemaligen Sprecher der Landesregierung.

Ende September 1982 hängt Fernsehverächter Helmut Schmidt im Kanzleramt seine Bilder ab. Die Unionsparteien unter Helmut Kohl haben in der Bundestagswahl gesiegt und übernehmen jetzt das Ruder. Schwarz-Schilling wird Bundespostminister. In einem seiner ersten Interviews erklärt er, was manche schon geahnt hatten: Bei den vier Testprogrammen gehe es um die Erprobung des Privatfernsehens; eine «Rückholbarkeit» der Versuche stehe nun wirklich nicht im Vordergrund. Das Klima hat gewechselt. Noch gibt es keinen brauchbaren Satelliten am Himmel, da stellt die PKS bereits – über die kommenden politischen Entscheidungen stets frühzeitig informiert – am 10. Januar 1983 einen Nutzungsantrag für den «ECS 1» genannten künstlichen Himmelskörper.

Und wieder ist es die Mainzer Staatskanzlei, die voranmacht. Sie bringt jetzt alle wichtigen Privatfernsehaspiranten – darunter die Verlage Burda, Springer, Bauer, Rheinpfalz, Holtzbrinck, WAZ, FAZ und natürlich auch die PKS – an einen Tisch. Kanzleichef Hanns-Eberhard Schleyer schlägt der scheckigen Truppe vor, ein Konsortium zu bilden, um den ECS-Satelliten zu nutzen. Das geschieht am 17. Oktober 1983. Drei Tage später, auf der Länderkonferenz vom 20. Oktober, sichert sich der rheinland-pfälzische Ministerpräsident Bernhard Vogel den Beifall der Unionskollegen für seine Absicht, den ECS-Kanal an private Veranstalter zu geben.

Dann wird's hektisch. Am 24. November sehen sich die Vertreter von PKS und der anderen Interessenten bei der AKK in Ludwigshafen. Die beiden Frankfurter – PKS und FAZ – treten als Duo auf. Gemeinsam, so läßt PKS-Geschäftsführer Doetz einfließen, könne man problemlos ein Vollprogramm bestreiten. Dieser Wink mit dem Zaunpfahl wirkt. Vier Tage darauf findet sich die Schar wieder in der Staatskanzlei ein. Das ist die Stunde von Staatssekretär Schleyer. Auf seine Veranlassung hin unterzeichnen alle ein Protokoll, wonach man sich bereiterklärt, kurzfristig ein gemeinsames Programmschema zu verabschieden. Sendestart soll noch 1984 ein. Das ECS-Konsortium ist geboren. Seine Mitglieder heißen: Springer, Bauer, Bertelsmann, Burda, Holtzbrinck, die WAZ, die Kabel-Media-Programmgesellschaft (KMP), die FAZ, der Filmverlag der Autoren, die Neue Mediengesellschaft Ulm, die PKS sowie das Aktuell-Presse-Fernsehen (APF), ein Zusammenschluß von 139 vornehmlich kleinen und mittleren Verlagen, darunter aber auch der Axel Springer Verlag als Branchenprimus.

30. November 1983, ein Mittwoch. Auf der Chefetage des Bauer-Konzerns in der Hamburger Burchard-Straße begrüßen Verleger Heinz Bauer und sein Geschäftsführer Peter Heidenreich die Spitzen der anderen Großverlage Burda, Springer und Bertelsmann. Über das Treffen wird eine strikte Nachrichtensperre verhängt. Doch soviel ist klar: Man verständigt sich auf ein Verlegerprogramm, das über den ECS-Satelliten ausgestrahlt werden soll. Einen Tag später findet sich die jetzt wieder erweiterte Runde bei dem Bertelsmann-Tochterunternehmen Gruner + Jahr in Hamburg ein. Auf der Tagesordnung steht erneut das leidige Programmschema sowie der Konsortialvertrag. Um 18.30 Uhr beginnt im Konferenzraum K1 die Sitzung – das Gezerre könnte nicht größer sein. Jeder möchte ein angemessenes Stück vom Kuchen haben. Mitternacht ist schon vorüber, als Bertelsmann-Vertreter Manfred Harnischfeger die müden Kämpen aufhorchen läßt:

«Meine Herren, wenn wir uns nicht einigen, können wir keine Entwicklung ausschließen.» Also einigt man sich so gegen 3.00 Uhr morgens.

Bis dann am 6. Dezember das große Erwachen nachfolgt. An diesem Tag unterzeichnen Mark Wössner, der druckvolle Vorstandsvorsitzende des Bertelsmann-Konzerns, und der Generaldirektor des Privatfernsehpioniers Compagnie Luxembourgeoise de Télédiffusion (CLT) eine Absichtserklärung, nach der sich die Gütersloher mit 40 Prozent am deutschsprachigen TV-Programm RTL plus beteiligen wollen. Die übrigen Partner sind perplex.

Um die Wunden zu lecken, will man sich am 22. Januar im Hamburger Hotel «Ramada Renaissance» treffen, nur eine Ecke vom Springer Verlag entfernt. Um 20.00 Uhr soll die Sitzung im Salon Priwall beginnen, doch nur wenige Konsorten sind anwesend: Tagsüber hatte es geschneit, die süddeutschen Flughäfen waren dicht. Gegen 21.00 Uhr, so erinnert sich APF-Geschäftsführer Gerhard Naeher, «betrat ein hochgewachsener Mann im dunklen Mantel und mit Aktenkoffer den Salon, grüßte knapp, sagte kurz ‹Theye› und steuerte auf das Kopfende des Konferenztisches zu. Dort legte er den Mantel über eine Stuhllehne, setzte sich und beschäftigte sich mit dem Inhalt des Aktenkoffers. Wie er so selbstverständlich dasaß, nicht allzu elegant, nicht allzu lässig gekleidet, erweckte er den Eindruck, als verfüge er über Geheimnisse. Schließlich fragte einer aus der Runde, für wen er denn gekommen sei. Er blickte etwas unwillig hoch. Für die PKS sei er da, sagte er, heute und in Zukunft.

Theye meinte, auch wenn jeder Konsorte für seinen Programmteil in rundfunkrechtlicher, programmlicher und wirtschaftlicher Hinsicht allein verantwortlich sei, kooperierten doch alle miteinander. Nur: So wie bisher gehe es nicht weiter. Das Programmschema vom Dezember sei doch wohl nur als mißlungene Übung zu verstehen. Die anderen widersprachen. Ein kurzer herrischer Wortwechsel beendete das Gespräch. Man ging auseinander und wollte einen neuen Termin verabreden. Theye: Über ihn ist nichts bekannt...»

Das soll sich schon in den nächsten Tagen ändern. Anfang Februar 1984 diskutiert das Konsortium zunächst, ob Bertelsmann Mitglied bleiben darf. Die Mehrheit beschließt eine Konkurrenzklausel, Theye hatte dafür plädiert. Nachdem er sich des Bertelsmann-Konzerns entledigt hat, nimmt sich der PKS-Vertreter erneut das Programmschema vor. Doch die restlichen Konsorten blocken. Sie sind auch nicht bereit, der PKS mehr als 40 Prozent am Konsortium zuzugestehen. Die Schafe wittern den Wolf.

Zwei wichtige politische Entscheidungen fallen in den ersten Wochen des Jahres. Am 16. Februar verkündet die Medienkommission der nun oppositionellen SPD ihr sensationelles «Medienpolitisches Aktionsprogramm 1984»; es schließt nicht mehr die Möglichkeit aus, Fernsehen privat zu veranstalten. Architekt dieser speziellen «Wende» ist der SPD-Bundesgeschäftsführer Peter Glotz. Außerdem geben die Ministerpräsidenten am 23. Februar endgültig ihre Zustimmung für einen privaten TV-Kanal auf dem europäischen Fernmeldesatelliten ECS 1. Sechs Wochen darauf, am 1. April, startet das Satellitenfernsehen in Deutschland. Und zwar mit den Sendungen der PKS. Kirch war früh aufgestanden; jetzt ist er der erste am Drücker.

In den nächsten Monaten streitet sich das Konsortium mit Theye durch dic Landschaft. Die Interessenlage des Kirch-Beraters ist klar: Er muß in dem geplanten Programm Platz schaffen für die Spielfilme und Serien aus dem Münchner Handelshaus. Dafür aber benötigt er ein neues Programmschema, das Leo Kirch entsprechend berücksichtigt. Auch der Programmanteil des Verlegerfernsehens APF, das mit der Produktion der Nachrichtensendungen betraut wurde, ist ihm ein Dorn im Auge. Dessen Geschäftsführer Naeher wiederum, ein ehemaliger Springer-Manager, muß als sein geborener Gegner gelten. Ähnlich wie Theye ein Mann mit gerade gezogenem Scheitel und mit handelnder Loyalität zu seinem Auftraggeber, in diesem Fall den Verlegern der APF, läßt er sich nicht so schnell deckeln. Naeher steht unter Druck. Er soll das versuchen, was eigentlich alle für aussichtlos halten: in einem knappen Jahr ein Nachrichtenprogramm aufbauen, das möglichst von Anfang an den als verstaubt geschmähten Nachrichtensendungen von ARD und ZDF Paroli bieten kann.

Naeher führt ein akurates Tagebuch. Über die wundersame Etablierung von APF-«blick», wie die Nachrichtensendung heissen soll. Über die Speisenfolge bei den endlosen Sitzungen. Und vor allem über seine Abneigung gegen Kirch und Theye. Er veröffentlicht dieses Tagebuch in der Zeitschrift «neue medien»; auch sein späteres Buch «Der Medienhändler – der Fall Leo Kirch» basiert darauf. Für die Frühzeit von SAT 1 gibt es keine bessere Quelle.[12]

Am 7. Juni trifft sich das Konsortium um 15.00 Uhr im 13. Stock des Springer-Verlagshauses an der Hamburger Kaiser-Wilhelm-Straße. Diesmal geht's offiziell um ein neues Programmschema. Theye ewiges Bohren hatte Erfolg. Inzwischen weiß jeder, wer «Jochen» ist. Oder hat nur Naeher ihn wirklich durchschaut? Der Berliner notiert: «Dieser brillante Advokat ist Leo Kirchs Mann. Und das Vertrauen der DG-Bank besitzt er außerdem. In den paar Sitzungen seit Januar erlebte ich ihn eloquent, sprunghaft, launisch, freundlich, aber immer beschlagen und präzise auf sein Ziel zusteuernd.» Am Abend ist Theye durch. Man beschließt das neue Schema. Die PKS hat darin einen Programmanteil von 60 Prozent. Spätestens jetzt fragen sich alle Beteiligten: Was macht diesen Dr. Joachim Theye so unwiderstehlich? Naeher war bereits die Bandbreite seiner Reaktionsweisen aufgefallen; und vor allem: Daß Theye von einem Moment auf den anderen ohne Vorwarnung umschalten kann zwischen «freundlich» und «eklig». Diese Grenzgängerschaft schockt; in den Schock und die Empörung hinein lanciert er dann seinen Vorschlag.

Aber eigentlich muß man damit anfangen, daß der Anwalt, sicherlich einer der wahren Machthaber Deutschlands, eben auch einfach «sehr gut», sehr beschlagen und sehr effektiv ist. Er riecht förmlich die Angst und die Schwachstellen der Gegenseite; er präpariert sich auf alle Eventualitäten, wie seine vorsorglichen Firmengründungen beweisen; er kann bluffen, ohne jemals die Miene zu verziehen. Er arbeitet härter als die meisten, und er ist permanent erreichbar. Seine Karriere begann, als er das erste große Mandat – die Vertretung des wegen der Pleite des Bankhauses Herstatt in Schwierigkeiten geratenen Hans Gerling und seines Versicherungskonzerns – übernahm. Im Verein mit Kirchs Banker Ludwig Poullain gelang es ihm, Gerlings Kopf aus der Schlinge zu ziehen. Selbst in Äußerlichkeiten stimmten der alte und der junge Herr überein. Stets korrekt gekleidet bis zur unfreiwilligen Persiflage: nie ohne Jackett. Dann Gerlings Hauptquartier in Köln: kalte Pracht, geschmückt von Arno Breker, dem repräsentativen Künstler der Nazizeit. Oder die Gesellschaftsscheu des alten Gerling. Oder sein Faible für klassische Musik. Seine Ordnungsliebe. Seine «beispiellose Mißachtung des Gerichts und der Rechtsordnung» (wie ihm die Kölner Staatsanwälte ins Poesiealbum schrieben). Auch Gerlings Grundeinsicht («mein ganzes Leben habe ich in Kriegen verbracht») könnte von Jochen Theye stammen.

Als Dank für die Rettung aus der Not zog der junge Anwalt, gerade ein Mittdreißiger, in alle wichtigen Aufsichtsräte des Versicherungskonzerns ein. Dieses Terrain hat er sich bis heute erhalten. Als Ratgeber steht er auch dem Gerling-Erben Rolf zur Seite. Aber das Mandat hatte noch andere Vorteile. So lernte er die großen Namen der deutschen Industrie kennen, darunter Otto Wolff von Amerongen, lange Zeit Aufsichtsratschef bei Gerling, den Theye in seiner Auseinandersetzung mit Hoesch beriet. Jahre später können wir die Connection bei einer Familienfeier zum 75. Geburtstag von Otto Wolff im Österreichischen wiedertreffen. Theye ist da, sein Freund und ehemaliger Sozius Hans-Dietrich Genscher ist da, schließlich auch Leo Kirch und Kanzler Helmut Kohl.

Bei Kirch amtiert Theye nach eigener Aussage «fast schon wie ein Vorstandsvorsitzender». Er erledigte die Prozesse mit den Hamburger Magazinen, half entscheidend bei der Beschaffung einer neuen Bank und «wenn wir die Mafia wären, wäre er unser Consigliere», hieß es damals im Kirch-Lager über den Aufsteiger. Doch das war nur der Einstand. Inzwischen gibt es bei Kirch oder seinen Beteiligungsunternehmen keine Entscheidung mehr, die nicht von Theye gestaltet würde, ob er nun Spitzenpersonalien durchzieht oder Lieferverträge entwirft. Auch Kirchs Engagements im deutschsprachigen Ausland werden von ihm eng überwacht. Allein für 1984 speicherte der

Schweizer Polizeicomputer 24 Aufenthalte bei den Eidgenossen; und auch in Österreich war Theye stets präsent, wenn es um neue Deals mit dem langjährigen ORF-Generalintendanten Gerd Bacher ging.

Dieser geschäftliche Erfolg ist für den Doktor des Versicherungsaufsichtsrechts wohl nur der Einstieg ins Machtspiel. Ein ausländischer Beobachter, nach eigenem Bekunden ein «Freund» Theyes, hält ihn gar für einen «Rechts-Radikalen», was hoffentlich eher seinen allgemeinpolitischen Gestaltungshunger als seine konkrete Parteipräferenz kennzeichnen soll, wenngleich das weltanschauliche Spektrum des umtriebigen Advokaten sicherlich ein ganzes Stück rechts von der Mitte zu vermuten ist und dort auch nicht durch traditionelle Konservatismen gebremst wird. Theye, der «die Dinge nicht gern schleifen» läßt, ist kein Pfuscher. Er ist ein Puscher. Und im übertragenen Sinne, wenn's darauf ankommt, ein Putschist.

«Jochen weint nicht», erklärte mir einmal ein ehemaliger Freund von ihm, und das dürfte die kürzeste zutreffende Beschreibung des Typs sein. Sie verweist auf eine eher freudlose Kindheit (der Vater war superstreng) und erbarmungswürdige Studentenzeiten (man mußte sich durchbeißen). Seit seinem Karrierefight kann der Mann mit der scharfen Bügelfalte Diskussionen («Gequatsche») nicht ab. Kunsterlebnisse, die im Prinzip ja auch irritieren könnten, reichen wohl nur bis zu Antiquitäten und Bayreuth und klassischer Musik und einer guten Davidoff. Ende des Alphabets.

Diese Figur, eigentlich alles andere als ein undurchschaubarer Mythos, prägt bis heute das Programm von SAT 1. Einer, der die Presse scheut und, sofern nicht instrumentalisierbar, verabscheut, soll 1984 das private Fernsehen, das sich unbestritten auch durch gelungenen Journalismus profilieren muß, mit auf die Beine stellen. Das kann nur Zoff geben. Es sei denn, Jochen Theye hat die Show.

Am 29. Juni treffen sich die Vertreter des Konsortiums im Frankfurter Airport-Hotel. Theye schlägt den Namen des Senders – SAT 1 – vor. Man stimmt zu. Auf einer der nächsten Sitzungen propagiert Theye seinen PKS-Mann Doetz als Geschäftsführer von SAT 1. Man stimmt zu. Mainz soll, so Theye, Sitz von SAT 1 werden. Man stimmt zu. In der dortigen Hegelstraße gäbe es angemessene Büroräume. Man stimmt zu. Schließlich sei es sinnvoll, SAT 1 zunächst als hundertprozentige Tochter der PKS zu gründen. Auch hier: das Okay aus dem Plenum. Naeher: «Schon nach wenigen Monaten hat sich herausgestellt, daß ohne Theye nichts läuft.»

Allmählich wird es für die Nachrichtenleute des Senders in Gründung, wird es für die APF-Crew am Mexiko-Ring in Hamburgs City Nord ernst. Noch sind längst nicht alle technischen Einrichtungen vorhanden, da soll bereits eine «blick»-Ausgabe simuliert werden. Naeher notiert: «Nichts gefiel! Und dies mit Recht.» Am 23. November 1984 wird die erste Pilotsendung live aufgezeichnet. Die Technik funktioniert jetzt, aber noch lange nicht die Redaktion. Knapp einen Monat vor dem Take-off ist der APF-Geschäftsführer ehrlich entsetzt: «Wenn du eine Pistole hättest, müßtest du dich jetzt erschießen! Die Höhepunkte der Sendung waren eine minutenlange Strickaktion im Studio, ein merkwürdiges Weihnachtsmärchen und das Absegeln auf der Alster.»

Bis heute hat sich an diesen Schwächen des Nachrichtenprogramms von SAT 1 nur wenig geändert. Der willensstarke Naeher hat es geschafft, den Betrieb aufzubauen, aber niemand ist es wirklich gelungen, «blick» journalistische Kontur zu geben. Zu Beginn ließ sich manche Ungereimtheit noch mit den hektischen Umständen der Gründung entschuldigen. Mittlerweile jedoch ist die Krankheit chronisch geworden. Konzepte und Moderatoren kamen und gingen, der Webfehler jedoch, an dem Naeher nicht ganz unschuldig ist, blieb: Die Glaubwürdigkeit von News hängt weniger am richtigen Einstecktuch im Jackett des Moderators als an der umfassenden Recherche der Redakteure und Reporter. Das hätte man wissen können, aber... die Eile!

Vorläufiger Versuch einer Schuldzuweisung. Sie geht an die SPD. Die Partei hat sich unpolitisch verhalten. Als sie noch gestalten konnte, bewegte sich nichts. Über Jahre haben die Genossen gemauert. Über Jahrzehnte wurde die Monopolrealität von ARD und ZDF festgeschrieben. Solange halt, wie man glaubte, die Pfründe unter sich aufteilen zu können. Dann stürzte der Kanzler und mit ihm brach der Damm. Jetzt wollte die Union endlich nachholen, was ihr so lange versperrt worden war. Da schien keine Zeit mehr zu sein für klare politische Vorgaben, für die Suche nach Programmvorbildern, das Überprüfen der Lizenzbewerber.

Auch die Verlage machten mit beim Aufgalopp. Vor allem, weil sie befürchteten, das Privatfernsehen, einmal zugelassen, werde ihre Werbeeinnahmen schmälern, was inzwischen auch eingetreten ist. Hätte man mehr Zeit gehabt, wäre die PKS-Hülle sicherlich genauer abgeklopft worden. Hätte man das Nachrichtenprogramm von SAT 1 nicht in wenigen Monaten aus dem Boden stampfen müssen. Hätte man es vielleicht doch geschafft, das zu realisieren, was die großen Vier am 30. November 1983 in der Hamburger Burchard-Straße verabredet hatten: ein halbwegs ambitioniertes Fernsehprogramm der Verleger.

1. Januar 1985, der Zeiger rückt auf 10.30 Uhr. Im Keller des AKK-Gebäudes in Ludwigshafen setzt sich ein Magnetspule mit Anton Dvoraks schmissigen Takten «Aus der neuen Welt» in Bewegung. Das Signal geht von Ludwigshafen hoch auf den Satelliten ECS 1, wird von dem wieder abgestrahlt und in die Kabelnetze der Republik eingespeist. 133.000 Haushalte sind angeschlossen. Sie können, wenn sie wollen, das neue SAT-1-Programm empfangen.

Kirchs Lagerbestände sind prominent vertreten. Die ersten Folgen der Steinzeitserien «Die Waltons» und «Hoppla, Lucy» sowie die Spielfilme «Der Unverbesserliche» mit Jean-Paul Belmondo und «Vier für ein Ave Maria» mit den Knochenhauern Terence Hill und Bud Spencer sollen zum Einschalten verleiten. Die APF läßt sich viermal blicken. Um 21.30 Uhr ist Altstar Eartha Kitt zu Gast im Humantouch-Segment der Hamburger Nachrichtensendung. Naeher notiert eine «gelöste Atmosphäre».

Zwei Wochen später kommt Theye wieder aus der Deckung. Er fordert jetzt, das Flickwerk zu beenden und «einen zentralen, starken Sender mit allen dazugehörenden Kompetenzen» (Naeher) zu etablieren. Und er besitzt auch einen Hebel, um seine Forderung durchzusetzen: Wenn sich nichts ändere, sei die PKS nicht bereit, die

Kooperation über 1986 hinaus zu verlängern. In der Tat wird die beste Sendezeit zwischen 19.30 Uhr und 21.30 Uhr überwiegend mit den Magazinproduktionen von Fernsehneulingen, den Verlagen eben, gefüllt. Dieser Übelstand gibt Kirchs Machthunger Nahrung. Eine Neuorganisation von Struktur und Programm des Konsortiums ist sicherlich überfällig.

27. August 1985, ein schöner Sommertag. Kurz vor 10.00 Uhr kreuzen auf dem Hof Sudermühlen in der Lüneburger Heide die Limousinen der Verlagsvertreter Wolfgang Müller (Springer), Klaus-Peter Lorenz (Burda) und Heinz A.F. Bauer (Bauer) auf. Naeher ist auch da. Theye stößt etwas später hinzu. In dieser freundlichen Umgebung haben die geheimnisvollen Herren nur einen schwierigen Tagesordnungspunkt: die Umwandlung des losen Konsortiums ist eine GmbH. Aus Konsorten sollen Gesellschafter werden. Und die APF soll in den Sender integriert werden.

Einen Tag später beginnt in Berlin die Internationale Funkausstellung. SAT 1 feiert, wohl etwas vorzeitig, eine große Fete auf dem stillgelegten oberen Ende des S-Bahnhofs Schöneberg, das man «in eine Art Jahrmarkt» (Naeher) umgewandelt hat. Die Sause ist aufwendig und wird allgemein als Fehlschlag empfunden. Nach Mitternacht trifft der APF-Chef auf den Anwalt. Theye und Naeher wechseln offene Worte «hinter einem Pfeiler».

Während in seinem Berlin die Funkausstellung rumort, ist der Verleger Axel Cäsar Springer ganz still geworden. Es geht ihm seit langem nicht gut. Die angeborene schwache Konstitution – Schilddrüsenprobleme hatten sogar einst zu einer Zurückstellung vom Wehrdienst geführt – war immer wieder durch Unmengen von Medikamenten tauglicher und untauglicher Art aufgepeppt worden. Dabei tat sich besonders ein Medizinmann namens Rudolf Raphelt hervor, dem Springer vertraute und auf seinem holsteinischen Gut Schierensee sogar perfekte Behandlungsräume einrichten ließ, obwohl seine ärztlichen Fachkenntnisse zu wünschen übrig ließen. Denn die Pilleninvasion nutzte in Wirklichkeit gar nichts. Der Verleger wirkte immer matt, schwitzte leicht und mußte häufig das Bett hüten. Seine Umgebung nahm das eher wie eine Marotte, doch in Wirklichkeit war der Mann schwer krank. In diesem Sommer war der Verlag in eine Aktiengesellschaft umgewandelt worden, und Springer hatte sich, trotz einer fiebrigen Erkältung, noch einer Frischzellenkur in der Schweiz unterzogen.

Angeschlagen kehrt er in seine Berliner Villa auf der Wannsee-Insel Schwanenwerder zurück. Am 4. September 1985 soll sich der Aufsichtsrat der AG konstituieren. Es ist der Tag, an dem Axel Cäsar Springer sein so provokativ wie genial an der Mauer plaziertes Verlagshaus zum letzten Mal betritt. In einem Gelaß hinter dem Sitzungssaal ruht er sich ein wenig aus, um dann, von seiner Frau Friede und seinem Vertrauten Ernst Cramer gestützt, den Raum zu betreten. Sich nur mühsam konzentrierend und am ganzen Körper zitternd, hält er eine kurze Ansprache. Im Gehen, fast schon in der Tür, dreht er sich plötzlich noch einmal um und weist auf den Vorstandsvorsitzenden Peter Tamm: «Diesem Mann da, dem hab' ich viel zu verdanken.»

Am 21. September, kurz vor seinem Tod, wird «der Grosse», wie Friede – Axel Springers fünfte Ehefrau – ihren Mann häufig nannte, unter permanente, professionelle ärztliche Betreuung gestellt und in das Berliner Allgemeine Martin-Luther-Krankenhaus eingeliefert. «Wat, in diese Klitsche haben se den Axel jebracht?», soll ein Berliner Taxifahrer einen Bonner Politiker angekoddert haben, als der ans Krankenbett eilt. Warum dieses Krankenhaus? Warum so spät dieses Krankenhaus? Warum nicht per Jet zum besten Spezialisten der Welt? Eine Antwort könnte lauten: Die Krankheitssymptome sind nicht eindeutig genug. Eine andere: Die Frau an seiner Seite, Gärtnerstochter aus Nordfriesland, als eine Art «Pygmalion» die letzte große Kreation Axel Springers, war schlicht damit überfordert, den erheblichen Eigensinn des Kranken mit möglicherweise lebensrettender Vernunft zu unterfüttern.

Am Abend des 22. September 1985, einem Sonntag, hört Springers Herz auf zu schlagen. Das Ergebnis der Autopsie ist nicht bekannt; es wird vermutlich vom Chef des Springer-Nachlasses, dem Aufsichtsratsvorsitzenden Bernhard Servatius, verwahrt. Etliche Hinweise sprechen dafür, daß Springer an einer Endokarditis, Herzinnenhautentzündung, starb. Sie ist in der Tat schwer zu diagnostizieren, aber das heißt nicht, daß ein Experte dieses nicht vermöchte; und behandelbar ist sie allemal. Ein befreundeter Internist, dem ich den Fall schildere, sagt spontan: «Man hat ihn ins Messer laufen lassen.» Ich mag mir das nicht vorstellen.

Wenige Tage darauf in der Berliner Kaiser-Wilhelm-Gedächtniskirche. Springers Katafalk ist bedeckt mit Schleierkraut und rosa Moosröschen, seinen Lieblingsblumen. Bläuliches Halbdunkel, von 22.748 Fenstern gefiltert, erfüllt das Achteck, als die höchsten Vertreter von Staat, Gesellschaft und Verlag von dem «großen Deutschen» (Bundeskanzler Kohl), dem «Chef und Vater unseres Hauses» (Vorstandsvorsitzender Peter Tamm) Abschied nehmen. Leo Kirch ist nicht dabei. Er hat andere Wege gefunden, um sich bei Springer bemerkbar zu machen.

Am 10. Oktober 1985 streitet sich das Konsortium in Bonn. Hinter verschlossenen Türen im Steigenberger Hotel verlangt Theye erneut mehr Platz und eine bessere Plazierung der Spielfilme und Serien der PKS. Die Sendezeiten von APF-«blick» sollen gestutzt werden. Naeher vertraut seinem Tagebuch an: «Bei den Mitgliedern des Konsortiums machte sich während der Sitzung zunehmend Resignation breit. Dietrich Ratzke, der die FAZ vertrat, pflegte nach einer Weile wortlos aufzustehen und zu verschwinden. Über Wolfgang Fischers Gesicht (von der KMP – d. Aut.) legte sich ein verklärtes Lächeln, als sei er gedanklich gerade in die Südsee aufgebrochen, wie einst Gauguin auf der Suche nach einem freien und menschlichen Leben. Und Ebner (Verleger der Südwestpresse – d. Aut.), wenn er überhaupt noch anreiste, schob sich den letzten Keks vom nächsten erreichbaren Teller in den Mund. Theye ließ sich immer neuen Tee servieren und versuchte, mir in wenigen Worten deutlich zu machen, daß alles Quatsch sei, was ich gerade gesagt hatte. Derweil berichtete Doetz unverdrossen mit pastoraler Stimme über den neuesten Stand der Beratungen in irgendeinem der Ausschüsse. Ich habe keinen Zweifel mehr, daß dieses SAT-1-Konsortium auf tönernen Füßen steht.»

Anmerkungen

1 Lohmeyer, S. 260
2 Lohmeyer, S. 134
3 Der Spiegel 42/1987
4 Lohmeyer, S. 234
5 Der Spiegel 42/1987
6 Lohmeyer, S. 96
7 Das Rudin-Portrait verdankt Diane Wagners Studie «Die härtesten Bandagen von Hollywood» in der Zeitschrift «neue medien» 13/1986 wesentliche Erkenntnisse.
8 Süddeutsche Zeitung, 7.6.1990
9 Bescheid der Staatsanwaltschaft beim Landgericht München I im Ermittlungsverfahren gegen Dr. Leo Kirch und Dr. Helmut Oeller vom 18.6.1990 (Geschäftszeichen 123 Js4384/89); Bescheid des Generalstaatsanwaltes beim Oberlandesgericht München vom 6.6.1991 (Geschäftsnummer V Zs 877/91).
10 Beschwerdebegründung vom 10.10.1990; Zusammenstellung weiterer Gesichtspunkte zur Begründung der Beschwerde vom 12.12.1990.
11 Heinz Burghart: Medienknechte – Wie die Politik das Fernsehen verdarb, S. 20, 225. Verlag Droemer Knaur, München 1993.
12 Gerhard Naeher: Der Medienhändler – Der Fall Leo Kirch. Verlag Knesebeck & Schuler, München 1989.

Teil 5:
Kampf

In der zweiten Hälfte der 80er Jahre kämpft Leo Kirch um die Macht in den Medien. Zwei Schauplätze dominieren: SAT 1 und Springer. Wie er seinen Bundesgenossen Holtzbrinck umgarnt. Axel Springer gibt nach: zehn Prozent für Kirch. Die unheilvolle Rolle der Deutschen Bank. Versionen vom Medienverbund. Kirch weigert sich, Bilanzen zu zeigen. Putschversuch bei Springer: Take-over mit den Burda-Buben. Die Spur führt in die Schweiz. Wie das Kartellamt ausgetrickst wird. Friede Springer kontert. Pro-7-Exkurs: Ermittlungen zu einem über jeden Verdacht erhabenen Fernsehsender. Kofler paralysiert die Landesmedienbehörden. Prozeß-Marathon nach Hauptversammlungs-Schlacht. Woher stammt Kirchs Retter, Otto Beisheim? Mega-Konzern Metro. Kirchs Banker Guthardt vergaloppiert sich. Die Wewalka-Intrige. Tamm geht, Wille kommt.

Das Ringen um SAT 1 beginnt mit einem Gerangel um die Kosten. So etwas wäre nicht mehr erwähnenswert, wenn sich nicht hinter dem unendlichen Hickhack Kirchs dominante Interessen immer mehr abzeichneten. Der Filmhändler will mehr sein als ein geschickt operierender Lagerist. Er will die Macht und er ist bereit, dafür zu fighten. Ende 1985 teilt SAT-1-Geschäftsführer Jürgen Doetz den Konsorten mit, sie möchten doch bitte sehr eine Kostenunterdeckung für das laufende Jahr von mehr als 40 Prozent der gebilligten Etatsumme «umgehend» ausgleichen. Dagegen sträuben sich die Verlage, woraufhin der Tonfall von Doetzens Schutzpatron Joachim Theye schneidend wird. Der Anwalt hält es für «angebracht», die «zurückgehaltenen Gelder nunmehr einzuzahlen». Man streitet sich bis weit in das Jahr 1986 hinein.

Am 28. Februar 1986 erhält Einzelkämpfer Theye einen wirkungsvollen Bundesgenossen. Anstelle des Holtzbrinck-Verlages zählt sich jetzt die Produktionsgesellschaft AV Euromedia zu den Gesellschaftern des Konsortiums; sie gehört zu 80 Prozent dem Stuttgarter Medienunternehmen und zu 20 Prozent ihrem Geschäftsführer Diether Stolze, 61.

Der ist ein in Mediendingen erfahrener Mann. Als Moderator im Norddeutschen Rundfunk, als Mitherausgeber der Hamburger «Zeit» und glückloser Regierungssprecher in Bonn schied er jeweils vorzeitig aus seinem Amt, beriet danach Kanzler Kohl und den niedersächsischen Ministerpräsidenten Albrecht. Doch mit der AV Euromedia scheint Stolze, der schon mal vom «herrlichen Finale» des Kapitalismus schwärmt, seine Bühne gefunden zu haben. In der verbalen Kommunikation stets das entscheidende halbe Prozent zu laut, arbeitet der, so seine Frau Sylvia, «ausgewiesene Rechte» mit Wonne daran, den öffentlich-rechtlichen Sendern Konkurrenz zu machen. Schon bald wird er sich in eine Koalition mit Kirch begeben – da paßt dann alles.

Am 1. Februar hat in Mainz Peter Gerlach seine Arbeit als Geschäftsführer und Programmdirektor von SAT 1 aufgenommen. Der damals 52jährige residiert in Sichtweite seines früheren Arbeitsgebers, des ZDF, bei dem er als Assistent von Programmdirektor Viehöfer angefangen hatte, um dann Unterhaltungschef und schließlich stellvertretender Programmdirektor zu werden. Der ehemalige Ufa-Produzent hatte in diesen Jahren maßgeblichen Anteil daran, daß sich das ZDF mit so unterschiedlichen Publikumsangeboten wie «Das Traumschiff» oder «Notizen aus der Provinz» profilieren konnte. Sachverständiger als der grobschlächtige Viehöfer und bald so ausgekocht wie sein Chef Stolte, stand der Karriere dieses Mannes an die Spitze des Programmes nichts mehr entgegen – außer seinem Parteibuch. Gerlach ist seit 1967 Mitglied der SPD.

Jetzt soll der beste Programmprofi dem Privatsender Glanz verleihen. Doch die Ernüchterung folgt auf dem Fuße. Offenbar hatte Gerlach seinen Vertrag, mit einer halben Million Mark als offizieller Bezahlung nicht gerade schlecht dotiert, «in Unkenntnis der tatsächlichen, völlig ungeklärten Situation im SAT-1-Gesellschafterkreis»

(APF-Geschäftsführer Gerhard Naeher) abgeschlossen. Vor allem aber ist sein Gestaltungsspielraum, bedingt durch die dominierenden Programmzulieferungen aus München, sehr begrenzt. Und als «Fahrdienstleiter» (Lohmeyer) konnte sich Gerlach noch nie verstehen. Statt eines ordentlich geplanten Haushaltes und eines plausiblen Programmschemas findet er in der Mainzer Hegelstraße nur ein schwarzes Loch vor. Mühsam versucht der hochdekorierte Fernsehpreisträger («Goldene Kamera», «Adolf-Grimme-Preis»), erste Korsettstangen einzuziehen.

Am 10. April 1986 sitzt das Konsortium erneut zusammen, diesmal in einem kleinen Konferenzraum des Hotels Kempinski in Gravenbruch bei Frankfurt. Theye streitet sich mit den Vertretern des Springer-Verlages über die Höhe der Minutenpreise, für die seine PKS Spielfilme und Serien an SAT 1 liefern soll. Er verlangt 650 Mark und stößt auf Granit. Den beiden unwillfährigen Springer-Leuten wirft er daraufhin Ignoranz vor: «Sie haben doch keine Ahnung!». Dann legt er sich mit dem Vertreter des Bauer-Verlages an. Heinz A. F. Bauer, zur Unterscheidung von seinem Verleger im Branchenschnack als «der arme Bauer» tituliert, ist eigentlich ein artiger Mensch. Jetzt gerät er so in Rage, daß er den käsegesichtigen Bremer Rechtsanwalt minutenlang anschreit. Cool notiert Kronzeuge Naeher: «Theye zeigt Wirkung und schweigt.»

Gerlach aber ist entsetzt. Schon wenige Tage nach seinem Amtsantritt hatte er bei den Konsorten angeregt: «Es wäre wünschenswert, wenn bei SAT 1 die notwendigen Kontrollen und Einflußnahmen streng sachbezogen gehandhabt werden könnten.» Aber Gerlach ist auch jemand, der seinen Ärger nicht versteckt. Als verabscheuungswerte Eigenschaften hatte er einmal «Falschheit, Untreue, Intoleranz» notiert. So gibt er jetzt der «Welt am Sonntag» zu Protokoll: «Den negativsten Eindruck auf mich hat die mangelnde Professionalität und die erschreckend geringe Sensibilität einiger Verantwortlicher auf Gesellschafterseite auch im Umgang mit hochmotivierten Mitarbeitern gemacht.» Nach solch einer Schelte kann nicht mehr viel kommen, außer...

Am 3. Juni erleidet Gerlach im Waschraum der SAT-1-Zentrale einen Schlaganfall. Mit starken Lähmungserscheinungen wird er in die Mainzer Universitätsklinik eingeliefert. Alle befürchten das Schlimmste, doch Gerlach selbst zeigt sich von einer erstaunlichen Konstitution. Er überlebt, er rehabilitiert sich in Bad Tölz und beginnt, viel zu früh, wieder zu arbeiten. Ich erinnere mich, ihn mit einer dicken Halskrause und sich mühsam bewegend in seinem Büro getroffen zu haben. Da war er schon wieder freundlich, witzig und erneut voller Ärger über den Saftladen namens SAT 1.

Am 31. März 1987 wird seine Amtszeit in der Hegelstraße enden und Peter Gerlach wird sich ein neues Leben einrichten. In München, schräg gegenüber vom «Bayerischen Hof», liegt dann sein Büro. Seine getreue Sekretärin, Frau Jänicke, sitzt wieder im Vorzimmer. Oder sollte es doch das alte Leben sein? Gerlach arbeitet beratend (nicht nur) für Leo Kirch, den er für «verläßlich» hält und für «das einzige Genie, das ich in unserem Geschäft gefunden habe».[1]

Ob diese Wertschätzung auch umgekehrt geteilt wird, ist fraglich. Jedenfalls dürfte mehr Kalkül als pure Sympathie ausschlaggebend gewesen sein, als Kirch sich für den SPD-Mann erwärmte. Er brauchte ihn auch als Aushängeschild gegenüber den Genossen, nachdem diese mit ihrem Pfund beim ZDF nicht mehr wuchern wollten. Kirchs Ratgeber Theye freilich dürfte Gerlach immer schon für ein Risiko gehalten haben, allein wegen seines politischen Hintergrundes. Und dann wirft ihm der Workaholic vor: «Er hat nicht gearbeitet, sondern Reden gehalten.»

Die Situation beim Sender ist jetzt so verfahren, daß sich erneut die Verlagsspitzen treffen müssen. Am 13. Juni 1986, einem Freitag, versammeln sich in der Hamburger Kaiser-Wilhelm-Straße Peter Tamm und Hubert Burda, Diether Stolze und Joachim Theye sowie zwei Vertreter der APF (Naeher ist nicht dabei). Dafür ist Leo Kirch persönlich gekommen, was von allen Anwesenden als klares Indiz dafür genommen wird, daß hier der PKS-Teilhaber, und nicht etwa nur der Lieferant auftritt. Entsprechend unwirsch wirkt der Pate, als ein Fotograf ihn und seinen Adlatus Theye auf den Stufen zum Verlagshaus abpaßt. Wichtigstes Ergebnis der ungewöhnlichen Runde: Man vereinbart eine zentrale Programm- und Betriebsgesellschaft, um die Organisation von SAT 1 zu straffen.

Nicht mit am Tisch sitzt wieder einmal die Frankfurter Allgemeine Zeitung, die ganz zu Anfang, als das noch nützlich schien, von der PKS als Garant für ein ambitioniertes Programm vorgeführt worden war. So überrascht es eigentlich kaum mehr, daß sich die FAZ mit Schreiben vom 19. Juni 1986 aus dem Konsortium verabschiedet. Was allerdings auffällt, ist der für die Gemütslage des Nobelblattes ungewöhnlich deutliche Tonfall: Ein «faires Miteinander» und die «Wahrung der üblichen Umgangsformen» wurden vom FAZ-Repräsentanten Dietrich Ratzke offenbar immer wieder vermißt.

Ein Sommer des Mißvergnügens. An seinem Ende zieht noch ein Konsorte die Konsequenzen. Im September entscheidet sich Hubert Burda, sein SAT 1-Engagement aufzugeben. Darin hatte ihn sein Bruder Frieder bestärkt, der «ökonomische Vorbehalte» geltend machte. Jetzt sind die Anteile, die bisher Burda gehalten hat, wieder frei. Doch die potentielle neue Konfliktsituation wird in einem Gespräch zwischen der Kirch- und der Verlegerseite schnell bereinigt. Man bestätigt sich gegenseitig, wie wichtig für SAT 1 die Achse zwischen Kirch und dem Springer-Verlag sei. Zu diesem Zeitpunkt zeigt sich dessen Vorstandsvorsitzender Peter Tamm von der unternehmerischen Persönlichkeit, aber auch von der sachlichen Notwendigkeit, mit Kirch zusammen arbeiten zu müssen, ganz überzeugt.

Entscheidend aber ist ein Knebel, der alle Verleger veranlaßt, den Konflikt mit der ungeliebten PKS nicht auf die Spitze zu treiben: Die Zeitungsleute brauchen die guten politischen Verbindungen von Jürgen Doetz und Joachim Theye, um in Bonn den Fuß in der Tür zu behalten. Das ist jetzt nötiger denn je. Denn SAT 1 kämpft nicht nur auf schwierigem Terrain gegen RTL plus, das Konkurrenzprogramm der Anteilseigner CLT, Bertelsmann und WAZ. Auch die Ministerpräsidenten der Bundesländer mischen mit; sie zögern nicht, die Vergabe von Frequenzen und Lizenzen mit der Ansiedlung von Verwaltungs- und Studioteilen in ihrer Landeshauptstadt oder ihrem

Ländle zu verknüpfen. Sie nennen das: Standortpolitik.

Schließlich gibt es auch noch die Bundespost, die ebenfalls eigene Akzente setzt. Eigentlich sollte das private Fernsehen der Republik über Kabelkanäle ans Publikum herangetragen werden; so sah's jedenfalls beim Start aus. Inzwischen jedoch hatten die Postler eine Menge erdgebundene, «terrestrische» Frequenzen entdeckt, die im Gegensatz zum Kabel-TV von jedem normalen Gerät empfangen werden können. Um die Verteilung dieser heißen Luft streitet man sich jetzt. Und in diesem Kuddelmuddel braucht SAT 1 dringend seine Bonner Lobbyisten. Ohne die terrestrischen Frequenzen, von denen im Herbst 1986 bereits 77 ausfindig gemacht sind, würde das private Fernsehen in Deutschland noch heute in den Kinderschuhen stecken.

Der Vormittag des 16. Oktober 1986 sieht die Konsorten in der Bibliothek von Joachim Theyes Kanzlei in der Bremer Marktstraße 3. Der Gesellschaftervertrag für die neue SAT-1-GmbH soll unterschrieben werden – aber immer noch sind nicht alle Differenzen ausgeräumt. Mit Theye wird in gewohnter Weise gestritten. Plötzlich stürmt SAT-1-Geschäftsführer Jürgen Doetz in den Raum. Er schwenkt ein Fernschreiben mit einer Pressemitteilung des Heinrich Bauer Verlages: Bauer steigt aus! Wie schon die FAZ scheut auch das Hamburger Verlagshaus nicht den Klartext. Man werde SAT 1 verlassen, vor allem weil sich «ein Konflikt aus der engen, aber nicht gesellschaftsrechtlichen Verbindung zwischen der PKS, der bisherigen Alleingesellschafterin der SAT-1-GmbH, und der Firmengruppe Kirch, dem größten Lieferanten in der Bundesrepublik», ergeben habe.

Die Runde, vermutlich mit Ausnahme von Theye, ist für einige Minuten konsterniert. Auch wenn Bauers Reaktion fast schon erwartet worden war, so beeindruckt jetzt doch die Reihe der Aussteiger. Schönes «Verlegerfernsehen»! Ursprünglich waren Bertelsmann und WAZ dabei; dann warfen FAZ und Burda das Handtuch. (Alle vier finden sich bei RTL plus wieder.) Und jetzt der Hamburger Zeitschriftenprimus. Bauer-Manager Peter Heidenreich: «Wir wollten, daß der Hund mit dem Schwanz wackelt – und nicht umgekehrt.»

Am frühen Nachmittag bewegt sich die ganze Korona aus Bremen nach Hamburg zurück. Hier warten bereits die Springer-Notare, um den Pakt zu besiegeln. Bei Buletten und Schnittchen kabbelt man sich jetzt noch über die letzten Details, erst kurz vor 20.00 Uhr kommt die Einigung. Die Verlegerseite ist zufrieden. Sie hat sich, wie sie meint, in allen wesentlichen Punkten durchgesetzt, um der PKS-Doppelrolle als tatsächlicher Lieferant und mutmaßlicher Eigner die Schärfe zu nehmen.

Erste Maßnahme: Nicht die Gesellschafterversammlung, sondern der Aufsichtsrat erhält die Entscheidungskompetenz über Budget, Programm und Personalien; seine Mitglieder können jederzeit abberufen werden; fünf Stimmen stehen der Verlegerseite zu, drei der PKS. In der Gesellschafterversammlung dagegen sehen die Machtverhältnisse anders aus: Hier hält die PKS 40 Prozent der Anteile, während die APF, der Springer-Verlag und die AV Euromedia jeweils 15 Prozent beanspruchen. Dennoch liegt auch hier – so meint man – die Mehrheit der Stimmenanteile, nämlich 45 Prozent, bei den Verlegern.

Und schließlich gibt es noch eine dritte Sicherung, um die PKS zu bremsen. In der Konsortialvereinbarung, die ebenfalls am 16. Oktober 1986 von allen unterzeichnet wird, kommen die Gesellschafter überein, daß SAT 1 «in der Programmbeschaffung ohne Abhängigkeit von einzelnen Gesellschaftern und ohne Bindung an einzelne Gesellschafter eigenständig tätig werden soll». Nun darf die Zukunft ja immer als Kunstwerk gelten, solange sie nicht eingetroffen ist. In diesem Fall hat sie längst stattgefunden: Als die Verleger ihre Unterschriften unter das Vertragswerk setzen, ahnen sie nicht, daß der Holtzbrinck-Verlag mit seiner Mehrheitsbeteiligung AV Euromedia offenbar von Anfang an ein doppeltes Spiel spielt.

Nach Recherchen des Springer-Verlages, die später zu einer 195 Seiten starken Klagschrift[2] gegen Kirch und Holtzbrinck führen, schlossen die beiden Kompagnons am 10. Oktober 1986, nur wenige Tage vor dem offiziellen Vertragsdatum, eine Vereinbarung ab, in der sie sich zu «Konsultation und Abstimmung hinsichtlich aller SAT 1 betreffenden Fragen», speziell aber im Aufsichtsrat und in der Gesellschafterversammlung, verpflichteten. Damit wurden die soeben verabschiedeten Regelungen «praktisch außer Kraft gesetzt».[3] Mit den Holtzbrinck-Stimmen ergäbe sich im Aufsichtsrat ein Patt und in der Gesellschafterversammlung eine Mehrheit für Kirch. Auch die Absprache über die Programmbeschaffung würde durch die geheime Koalition ausgehebelt werden. Etwa ein Jahr später soll, so die Klagschrift[4], «eine weiterere Vereinbarung» den Bund noch enger geschweißt haben. Dieses habe Leo Kirch persönlich den Springer-Spitzen «im April und Mai 1990» bestätigt.

Nur logisch, daß Theye sofort damit beginnt, den restlichen Gesellschaftern zu zeigen, wo der Barthel den Most holt. Am 29. Oktober 1986 trifft er sich in Mainz mit Stolze und dem Ulmer Verleger Eberhard Ebner, um Programm und Etat für 1987 zu besprechen. Ebner hält er für einen Bundesgenossen. Peter Tamm ist nicht dabei. Theye, der Vorsitzende des Aufsichtsrates von SAT 1, hat seinen Stellvertreter in den Termin nicht eingeweiht und informiert den Springer-Boss erst Tage später. Das hätte er nicht tun sollen. Peter Tamm beginnt, sich über seinen Duzpartner Gedanken zu machen.

Wenige Tage darauf wird in Hamburg das neue Programmschema von SAT 1, das ab 1. Januar 1987 gelten soll, verabschiedet. Mit in der Runde sitzt diesmal auch Peter Gerlach, der im Rollstuhl in den Verlag und auf Krücken in den Konferenzraum kommt. Der Kranke ist wichtig. Er darf dem Schema den professionellen Anstrich verleihen. In Wirklichkeit jedoch trägt die Verabredung Theyes Handschrift: Die Sendungen der Nachrichtenleute von APF werden von täglich 70 auf 50 Minuten heruntergekürzt; der geplante Anteil aus Kirchs Programm-Walhalla beträgt 70 Prozent.

Diether Stolze dagegen kann sich eine Feder an den Hut stecken. Die Magazinsendungen, die sonntags bis donnerstags ab 22.30 Uhr den Kanal füllen sollen, werden fast ausnahmslos an seine AV Euromedia vergeben. Das publizistische Know-how des Springer Verlages, aber auch die inzwischen angesammelten Fernseherfahrungen der APF-«blick»-Redaktion bleiben unberücksichtigt. Nur Stolze kassiert. Mithin gibt es neben Kirchs PKS einen zweiten SAT-1-Gesellschafter, der nicht nur einzahlen muß. Auch diese Abmachung, so heißt es, soll bereits in dem Geheimvertrag fixiert worden sein. In jedem Fall entspricht sie einer typischen Rezeptur aus Leo Kirchs Pulverküche. Wieder hatte er es geschafft, einen Hahn zu spannen.

Und noch ein geschickter Schachzug ist Kirch gelungen. Der Preis pro angelieferter Minute PKS-Ware wird auf 450 Mark festgesetzt. Das ist niedriger als ursprünglich gefordert und könnte deshalb erneut von der Verlegerseite als Erfolg verbucht werden. Doch umgekehrt wird ein Schuh daraus. Kirch kann es sich leisten, für diesen Preis zu liefern, da seine Mischkalkulation auf der Basis hoher Lagerbestände und langfristiger Einkaufspolitik immer noch für Gewinne sorgt. Der niedrige Preis bewirkt aber zugleich, daß er nun permanent an dieser Schraube drehen und davon Wohlverhalten abhängig machen kann. Zugleich verhindert er, daß es in dieser Phase Mitbewerbern gelingt, wirklich konkurrierende Angebote zu machen. Ein Muster, das wir bereits in seinen Rahmenverträgen mit ARD, ZDF und ORF kennengelernt haben.

Und dann ist Weihnachtszeit. Burda und Bauer kassieren jeweils rund sechs Millionen Mark als Abfindung für ihren Ausstieg bei SAT 1. Gerhard Naeher, der tapfere APF-Manager, verläßt am 19. Dezember 1986 mit der 9.45 Uhr-Maschine die Elbe und kehrt nach Berlin zurück. Er wird einen Roman veröffentlichen: «Freiheit bis Timbuktu». Theye lächelt. Er ist seinen Vorsätzen ordentlich nachgekommen.

Zum Ende des Jahres 1986 haben sich Kirch und die Vertreter des Axel Springer Verlages nicht nur bei ihrem Geraufe um SAT 1 kennengelernt. Die langsam, aber deutlich beginnende Skepsis von Peter Tamm gegenüber der Fähigkeit von Kirch und Theye, sich partnerschaftlich zu verhalten, wird auch gespeist aus den seit Monaten anhaltenden Bemühungen Leo Kirchs, sich bei Springer als Anteilseigner bemerkbar zu machen. Spätestens Ende 1986 verknoten sich beide Stränge miteinander – die Debatten um SAT 1 und Kirchs Interesse an den Springer-Anteilen. Auch werden die Erfahrungen, die die Springer-Seite auf beiden Schauplätzen machen muß, jetzt immer ähnlicher. Zur Jahreswende 86/87 beginnt die Konfrontation zwischen dem Hamburger Konzern und dem Münchner Konglomerat klarere Züge anzunehmen.

Schon der Beginn des letztendlichen Debakels hatte unter einem schlechten Stern gestanden. Am 3. Januar 1980 war der älteste Sohn des Verlegers, Axel jun., der sich unter dem Pseudonym «Sven Simon» internationale Anerkennung als Fotograf erarbeitet hatte, in den Tod gegangen. Morgens zwischen 3.30 Uhr und 4.30 Uhr hatte er sich mit einem Revolver Marke Smith & Wesson Spezial durch einen aufgesetzten Schuß in die Stirn erschossen. Schmauchspuren an Hand und Kopf ließen ein Fremdverschulden ausgeschlossen erscheinen. Neben dem Toten wachte in dieser kalten Nacht am Ufer der Alster sein treuer Labrador. Die Wohnung, aus der der Unglückliche gekommen war, lag nur wenige Schritte entfernt.

Die Umstände seines mehrfach angekündigten Todes lassen auf das schließen, was die Forscher einen «Appell-Selbstmord» nennen. Sieht mich denn keiner? Hört mich denn keiner? Berührt mich denn keiner? Der geborene Erbe des Konzerns, vom übermächtigen Vater frühzeitig in diese Rolle gedrängt, hatte ein haltloses Familienleben hinter sich. Zum Schluß ließ er sich gehen, wurde unansehnlich, wurde krank und mutlos. Die Nachricht vom Tod seines Ältesten erreichte den Verleger auf seinem holsteinischen Gut Schierensee bei Kiel. Sie muß ihn zu zutiefst verletzt haben. Jetzt fand er niemand mehr in seiner Familie, den er sich als Nachfolger an der Spitze des Zeitungsreiches vorstellen konnte.

Aber im südlichen Teil der Republik, in Offenburg, da gab es mit dem Senator Franz Burda eine Verlegerpersönlichkeit, dessen «Originalität» Axel Springer bewunderte und dessen drei Söhne das Redaktions- und Verlagsgeschäft von der Pieke auf lernten, so daß man ihnen wohl einmal zutrauen konnte, ein großes Haus erfolgreich zu führen. Es lag nahe, eine Verbindung zwischen den beiden Familien anzustreben. Im Frühjahr 1981 hatten die Burdas 26 Prozent des Axel Springer Verlages gekauft. Und am 2. Mai 1982, dem 70. Geburtstag von Axel, sollten sie weitere 25 Prozent des Konzerns übernehmen. Die bevorstehende Transaktion sorgte für einen Riesenwirbel. Andere große Verlage – darunter Bauer und die Nürnberger Sebaldus-Gruppe – polemisierten gegen die beabsichtigte Familienzusammenführung; sie fürchteten die geballte Power von Burda und Springer besonders für ihre Programmzeitschriften. Dann stellte sich das Bundeskartellamt quer und eine Ausnahmegenehmigung durch den Bundeswirtschaftsminister Otto Graf Lambsdorff war schließlich auch nicht mehr drin.

Mit Beginn des Jahres 1983 waren deshalb nur 24,9 Prozent des Grundkapitals des Axel Springer Verlages auf die Burdas übertragen worden. Am Dreikönigs-Tag unterzeichneten im Zürcher «Grandhotel Dolder», das später, wie wir gesehen haben, in der Oeller-Affäre noch einmal eine wichtige Statistenrolle spielen sollte, die Burda-Söhne Frieder und Hubert sowie der Verleger Axel Cäsar Springer die Verträge. Kaufpreis für das knappe Viertel: 250 Millionen Mark.

Dem Berliner Verleger lag daran, sein Erbe zu ordnen. Er fühlte sich, bei aller Aktivität, immer wieder matt und unwohl, wenn er am Kamin seiner Berliner Villa «Tranquilitati» (soviel wie: dem Gleichmut gewidmet), auf der weitläufigen Terrasse von Gut Schierensee (die lateinische Widmung stammt von einem Gästehaus des Anwesens) oder in seinem Haus auf der Ägäis-Insel Patmos über sein Lebenswerk nachdachte. Er wollte das Testament, dessen erste Fassung bereits am 30. Mai 1972 niedergeschrieben worden war, überarbeiten. 13. August 1983, dieses Datum findet sich auf dem aktuellen Papier.

Springer hatte auch die Sorge, «es könne eines Tages alles zusammentreffen: Erbschaftssteuerverpflichtungen in erheblicher Größenordnung, Abfindung mit den sich streitenden Erben und höhere Investitionen im Unternehmen». So jedenfalls erinnert sich der Aufsichtsratsvorsitzende Bernhard Servatius an die Motivlage. Nach Eröffnung des Testaments wird Peter Tamm als stellvertretendes Mitglied des Vollstreckergremiums ausgewiesen (Funktionsbeginn mit Ende seiner Vorstandstätigkeit) und Servatius übernimmt dessen Vorsitz. Der alerte hanseatische Anwalt, der mit 22 Jahren bereits sein erstes juristisches Staatsexamen abgelegt hatte, war seit langem einer von Springers engsten Vertrauten.

Ende 1984 war von der Deutschen Bank ein erster Versuch gestartet worden, Axel Springers wachsendes Desinteresse am Verlag in klingende Münze umzusetzen. Ins Gespräch kam eine sogenannte «Industrielösung», nach der bald ein Dutzend Großunternehmen sich in die 49 Prozent des Verlages , die Axel Cäsar verkaufen wollte, teilen sollten. Große Namen wie Daimler-Benz, Siemens, Bosch oder Nixdorf standen zur Debatte. Als sie bekannt wurden, erhob sich ein Sturm der Entrüstung. Nicht nur die Gewerkschaften kritisierten den Zustrom von branchenfremdem Kapital. Sogar die Frankfurter Allgemeine fragte: «Wird da eines Tages massiver Einfluß, eine intensive Verknüpfung von industriellen und publizistischen Interessen entstehen?» Die «Industrielösung» scheiterte, bevor sie überhaupt ernsthaft versucht worden war.

Jetzt schlug das Pendel in die entgegengesetzte Richtung aus. Erste Sondierungsgespräche mit dem Hamburger Bauer Verlag wurden geführt. Aber auch sie gingen ins Leere. Da kam den Geld-Menschen eine neue Idee. Stimuliert durch andere erfolgreiche Einführungen an der Börse – allein 1984 wurden 21 Firmen mit einem Volumen von 1,7 Milliarden Mark plaziert – schlug die Bank dem Verleger vor, 49 Prozent seines Unternehmens in 1,66 Millionen Aktien zu 50 Mark umzuwandeln und dem breiten Publikum anzubieten.

Davon bekam Kirch Wind. Er bemühte sich, frühzeitig über die Deutsche Bank und deren Vorstandssprecher F. Wilhelm Christians zu ventilieren, ob eine Sonderrolle bei der Emission möglich sei. Der Verleger jedoch weigerte sich. Er wollte partout keine Beteiligung des Münchners an seinem Verlag – zu einschlägig waren die Erfahrungen. Sie bezogen sich vor allem auf ein Geschäft seiner Ullstein AV mit Kirch über rund 200 Spielfilmlizenzen, dessen Ausgang Springer in denkbar schlechter Erinnerung hatte. Er hatte seinen Mitarbeitern untersagt, mit Kirch weiter in Kontakt zu treten und den Händler sogar einen «Kriminellen» geschimpft: «Der hat mich betrogen. In meinem Haus kann ich keine Geschäfte mit Kriminellen brauchen».

Die Bank jedoch, merkwürdig stark für Kirch eingenommen, drängelte weiter. Und wohl auch noch andere verwendeten sich für die mißliebige Person, der Springer sogar «Mafia-Methoden» (Servatius) nachgesagt haben soll. Tatsächlich hätte ein weiteres Zögern des Verlegers den Zeitplan des Börsenganges verzögern können. Am 17. Juni 1985 schließlich, körperlich elend, weil die nicht erkannte, nicht behandelte Entzündung des Herzens an den Kräften zerrte, aber auch psychisch erschöpft, ohne daß seine tiefe, mystische Religiosität, die ihn, wie er meinte, sogar den Flügelschlag der Engel spüren ließ, wohl wirklich helfen konnte, in diesem zweifachen Erschöpfungszustand, in dem er seine Entscheidungen nicht mehr vernünftig zu steuern vermochte, hatte Axel Springer schließlich keine Kraft mehr. Seine Frau Friede und sein Vertrauter Ernst Cramer waren dabei, als er sich gegenüber Deutschbanker Christians geschlagen gab: «In Gottes Namen: zehn Prozent und keine Aktie mehr – und kein Sitz im Aufsichtsrat! Stellen Sie das sicher.»

Christians versprach's. Sein Beauftragter Johann Wieland führte die notwendigen Gespräche mit der Kirch-Gruppe und übermittelte die Konditionen des Verlegers. Der Händler, das wurde nie dementiert, soll damit einverstanden gewesen sein. Eines jedenfalls ist sicher: Wenn Kirch bereits im Sommer 1985 noch zu Lebzeiten von Axel Cäsar Springer sein Interesse an der Übernahme von mehr als 25 Prozent des Verlages angemeldet hätte, dann hätte er noch nicht einmal die zehn Prozent erhalten.

Nachdem über Kirchs Ambitionen, wie es schien, entschieden worden war, konnten die Formalien vollzogen werden. Im Vertrag vom 23. und 24. Juni 1985 kaufte die Deutsche Bank von der damaligen Axel Springer KG 37 Prozent des Grundkapitals in eigenem Namen und weitere 12 Prozent «in offener Stellvertretung». Davon waren jene zehn Prozent für Kirch und jeweils ein Prozent für den Vorstandsvorsitzenden Peter Tamm und dessen Stellvertreter Günter Prinz vorgesehen, denen der Verleger die Aktien zum Geschenk machte. Am 28. Juni dann offerierte die Deutsche Bank zum ersten Mal – und wie sich sofort herausstellen sollte: auch zum letzten Mal – die Springer-

Papiere. Denn schon an diesem Börsenfreitag wurde das Paket um 450 Prozent überzeichnet.

Der «Emissionsprospekt», für dessen korrekte Ansagen die Bank vor Gericht haftet, nannte zwei wichtige Eckwerte der Aktion. Zum einen sollten die 50-Mark-Dokumente, angeboten bei Mindestzeichnung von 100 Stück für jeweils 335 Mark, «in breiterer Streuung» plaziert werden. (Das schien aufzugehen: 7.700 Privatpersonen, darunter auch 1.000 Hausfrauen und 550 Rentner, will man unter den Zeichnern ausgemacht haben.) Zum anderen, und dieser Punkt war dem Verleger besonders wichtig, nicht von ungefähr wird er im Prospekt eigens erwähnt, gab es keinen Zweifel daran, daß exakt 26,1 Prozent im Besitz des Verlagsherren bleiben würden, sodaß zusammen mit den 24,9 Prozent von Burda eine verlegerische Mehrheit gesichert war. «Unternehmerischer» oder gar «medienpolitischer Einfluß» Dritter wurde ausdrücklich ausgeschlossen – «die Motive für den Aktienerwerb sollten demnach in der Kapitalanlage liegen».

Die – so wie es schien – wichtigste Sicherung gegen einen unerwünschten Aufkauf des Verlages kam auf Vorschlag der Deutschen Bank zustande. Gemäß Paragraph 68 des Aktiengesetzes wurden die Springer-Papiere als «vinkulierte Namensaktien» auf den Markt gebracht. Das heißt: «Die Aktien sowie Bezugsrechte auf Aktien können nur mit Zustimmung der Gesellschaft übertragen werden. Die Zustimmung erteilt der Vorstand. Über die Erteilung der Zustimmung beschließt der Aufsichtsrat. Die Übertragung kann ohne Angabe von Gründen verweigert werden.» Mit dieser «Fesselung» (vincula, lat., die Fessel) sollte zusätzlich eine «dem Ziel verlegerischer Unabhängigkeit zuwiderlaufende Kapital- und Stimmenkonzentration», so noch einmal der Emissionsprospekt, frühzeitig erkannt und verhindert werden.

Um den Anschein einer breitgestreuten Plazierung zu bewahren und die nicht nur wegen ihres SAT-1-Engagements umstrittene Kirch-Gruppe nicht gleich der öffentlichen Kritik auszusetzen, wurden Kirchs zehn Prozent getarnt. Sein Stammfirma Taurus übernahm offiziell fünf Prozent, den Rest teilten sich drei Treuhänder. Finanziert wurde der gesamte Kauf, das sollte sich erst später herausstellen, durch die Taurus Vermögensverwaltungsgesellschaft, die dafür rund 110 Millionen Mark bezahlte. Auch hier wurde wieder ein Stolperstein für unerwünschte Nachfragen eingebaut: 99 Prozent des Kapitals dieser Gesellschaft hielt nämlich die Frankfurter DG Bank und als Geschäftsführer fungierte Kirchs Berater Joachim Theye. Doch diese Konstruktion hatte nur «finanzierungstechnische Gründe»; in Wirklichkeit verfügte Kirch «wirtschaftlich und rechtlich» über die Gesellschaft.

Der 27. September 1985 war ein ruhiger Herbsttag im Brandenburgischen. Am Vormittag hatte die Zeremonie in der Gedächtniskirche 500 geladene Gäste zusammengeführt. Doch dann waren das Gewisper der Prominenz wieder verstummt, die Limousinen abgerauscht und der Bundespräsident befand sich auf seinem Flug zum Staatsbesuch in den Sudan. Warmes Licht leuchtete zwischen den hohen Stämmen der Birken und Föhren, da versammelte sich eine kleine Trauergemeinde auf dem Berliner Waldfriedhof Nicolassee. Um 15.30 Uhr wurde der Sarg des Verlegers in die Erde gesenkt. Noch einmal Moosröschen, noch einmal Schleierkraut.

Dann aber Business. Wie eine schnelle Rechtfertigung der ungewöhnlichen Entscheidung, seinen Verlag in eine AG umzuwandeln, wirkte der Sprung, den die Springer-Aktie gleich am ersten Tag gemacht hatte, an dem sie offen gehandelt werden durfte: Am 8. November war der Kurs um 12.49 Uhr bereits von 335 auf 510 Mark geklettert. Im Berliner Börsensaal wischte sich nicht nur Peter Tamm insgeheim ein paar Schweißtropfen von der Stirn.

Weniger erfreut zeigte sich die Verlagsspitze, als die Fachzeitschrift «neue medien» im November der fürbaß erstaunten Öffentlichkeit vermeldete: «Dr. Leo Kirch ist mit exakt 10 Prozent im 49er Paket von Springer vertreten.» Um die Emissionsbedingungen aufrecht zu erhalten, mußte diese kesse Zeile dringend dementiert werden. Tamm ließ seine Stellungnahme sachte angehen: «Ich glaube nicht, daß das so ist.» Schrill dagegen das Dementi aus München: «Gossip» – Geschwätz – nannte Kirchs Pressesprecherin Armgard von Burgsdorff die sachlich korrekte Meldung des Magazins.

Um weiteren Schieflagen zuvorzukommen, diskutierte der Aufsichtsrat Ende des Jahres die Frage, ob nicht die Mitglieder von Vorstand und Aufsichtsrat, die Aktien am Verlag besaßen, diese «aus Gründen der Hygiene» wieder verkaufen sollten. Die Ansicht, dieses müsse schon deshalb geschehen, um jeden «bösen Schein» zu vermeiden, setzte sich schnell durch. Allerdings gab es eine Schwierigkeit. 2,3 Prozent des Grundkapitals – soviel kam zusammen – konnten nicht auf einen Schlag an die Börse gebracht werden; das hätte den Kurs erheblich gedrückt. Besser, eine Bank würde diese Prozente übernehmen. Leo Kirch und Joachim Theye zeigten sich hilfreich. Sie stellten einen Kontakt zum Kölner Bankhaus Sal. Oppenheim jr. & Cie. her – Tamm und die anderen empfanden dabei keinen Arg, obwohl sie wußten, daß Kirch mit Oppenheim in Geschäftsbeziehungen stand.

Im Frühjahr 1986 hatte Kirch durch eine plausible Meldung von sich reden gemacht. Zusammen mit dem italienischen Privatfernsehunternehmer Silvio Berlusconi, der damit zum ersten Mal in der deutschen Medienlandschaft aufkreuzte, dem britischen Medienmogul Robert Maxwell und dem französischen Transportkonzern-Besitzer Jerome Seydoux gründete er mit Sitz im steuerbegünstigten Luxemburg das «Consortium Européen pour la Télévision Commerciale». Die vier wollten besonders europäische Fernsehprogramme entwikkeln, und das machte Sinn angesichts abschmelzender Spielfilmstöcke, aber auch der Übermacht amerikanischer Serien. Zugleich bedeutete die Gründung dieses Konsortiums auch eine Kriegserklärung an die Luxemburger CLT und an Bertelsmann.

Nicht weniger genau wurde der Akt beim ZDF in Mainz registriert, plante Kirch doch nicht nur, Programme zu produzieren, sondern diese auch über Satellit abzustrahlen. Aus der Bundesrepublik, so wurde hastig versichert, wolle man sich jedoch fernhalten. Kirch mußte den ZDF-Intendanten Dieter Stolte schonen. Der war durch die Abwerbung seines besten Mannes, Peter Gerlach, bereits hinreichend verstimmt und hatte eigentlich ja auch das Junktim aufgemacht: Wer

Veranstalter wird, darf nicht mehr Lieferant sein.

Während jedermann noch die großformatige Internationalisierung von Kirch bestaunte, blieb seine nationale Wühlarbeit zunächst unentdeckt. Schon bald, nachdem er die zehn Prozent am Springer Verlag intus hatte, begann der Händler insgeheim damit, weitere Aktien aufzukaufen. Klare Ansagen darüber besaß angeblich niemand, aber mehr als nur eine unterschwellige Befürchtung muß doch im Spiel gewesen sein, als der Aufsichtsrat auf seiner Sitzung am 31. Oktober 1986 eine «lex Leo» beschloß. Danach benötigt jeder, der bereits fünf Prozent vom Grundkapital des Verlages besitzt, eine ausdrückliche Genehmigung der Aufseher, wenn er weiter – auch nur Bruchteile eines Prozents – zukaufen will. Und daß einer mehr als zehn Prozent der Aktien zusammenklaubt, schließt man schlichtweg aus: Solche «Übertragungen werden nicht genehmigt».

Mit dieser Entscheidung, die Kirch zur Kenntnis gelangt, sind gleich vier Instrumentarien in Kraft getreten, um den Verlag vor einem unerwünschten Raubritter zu schützen. Erstens: Der Verleger bestimmt als Obergrenze zehn Prozent; Kirch läßt sich darauf ein. Zweitens: Der Emissionsprospekt der Bank schließt «unternehmerischen» oder «medienpolitischen Einfluß» neuer Aktionäre aus; dafür steht das größte Bankhaus im Lande gerade. Drittens: Die ausgegebenen Aktien werden vinkuliert; nur wer dem Verlag genehm ist, wird ins Aktienbuch eingetragen. Viertens: Der Aufsichtsrat schließt grundsätzlich aus, daß jemand die Schallgrenze von zehn Prozent überschreiten darf. Kirch wird es gelingen, das gesamte Paket zu neutralisieren.

Nach außen hin freilich herrschen durchaus noch kooperative Geschäftsbeziehungen. Tamm schenkt, einmal zur Zusammenarbeit entschlossen, bis hart an die Grenze der Lächerlichkeit dem «Vollblutunternehmer» Leo Kirch Glauben; und auch umgekehrt befleißigt man sich freundlicher Vokabeln. Wie ist denn das Verhältnis zwischen den beiden Protagonisten? «Sachlich. Herzlich. Nein, herzlich», bestätigt Kirchs Sprecherin von Burgsdorff. In dieser Situation nimmt am 1. November in Hannover der Teleclub seinen Betrieb auf. An dem Spielfilmkanal sind Bertelsmann, Springer und Kirchs Taurus zu jeweils einem Drittel beteiligt. Doch Ende des Monats verdichten sich dann die Vermutungen, daß der rührige Geschäftspartner gegenüber Springer nicht nur oberirdisch aktiv ist.

Als sich für das Kölner Bankhaus Sal. Oppenheim und die Oppenheim-Kapitalanlage-Gesellschaft eine Quote von rund fünf Prozent abzeichnet, die offenbar auch durch die von Kirch und Theye vermittelten Verkäufe des Springer-Managements so stattlich angeschwollen ist, und als aus der Domstadt beantragt wird, man möge dieses Paket im Aktienbuch eintragen, da wird die Vermutung, Oppenheim handele als Treuhänder für Kirch, immer handfester. Servatius, vom Präsidialausschuß des Aufsichtsrates dazu aufgefordert, fragt bei der Bank nach – Bingo! Die verdutzten Kölner ziehen ihren Antrag zurück.

Diese Miniatur steht auch für ein Stück Sittengeschichte, und wieder erzählt sie von der Beschädigung der Sitten. Oppenheim, heute die größte Privatbank Europas, war in seiner 200jährigen Geschichte eben nicht durch die Pflege des häßlichen Gesichts des Kapitalismus aufgefallen. Als Mäzene, Unterstützer des Dombaus und «Notabeln des Liberalismus»[5] mehrten die Bankiers das Ansehen ihrer Familie und ihres Geschäfts. In dieser Tradition stand auch noch Robert Pferdmenges, Berater des Reichskanzlers Heinrich Brüning und des ersten Bundeskanzlers Konrad Adenauer, der in der Nazizeit der unerwünschten Bank seinen Namen geliehen hatte, nach Kriegsende in Kölns Ruinen das «Bürgertum als Haltung» pries und dessen Familie seitdem an der Bank beteiligt ist. 1986 scheint von dieser Grundeinstellung nur wenig noch übrig zu sein. Das Motto des Bankhauses, «Wägen und Wagen», wird offenbar einmal zu konservativ und ein andermal zu rabiat zeitgemäß ausgelegt.

Außer dieser feinen Firma gibt es am Rhein noch einen ganzen Kreis weiterer Springer-Interessenten, einen kölschen Klüngel besonderer Art. Er wird gesteuert von Kirchs Mastermind Joachim Theye, der im Gerling-Konzern das Sagen hat; nicht von ungefähr finden sich etliche Gerling-Tochterunternehmen auf der Liste der geheimen Springer-Fans. Aber auch Gerlings Schwiegersohn Lutz Ristow, dem Anwalt durch merkwürdige Immobiliengeschäfte verbunden, zählt zu den Aufkäufern. Und Robert Pferdmenges junior, der im Kanadischen Calgary ansässige Sohn des Oppenheim-Beschützers. Nicht zu vergessen der Industrielle Otto Wolff von Amerongen, der lange Zeit dem Gerling-Aufsichtsrat präsidiert.

Kirch wird später behaupten, daß schon «Anfang 1987 auf diese Weise rund 16 Prozent (der) Aktien zusammengekommen waren». Auch sei die Witwe Friede Springer bereits «seit der Jahreswende 1986/87 durch mehrere persönliche Gespräche eingeweiht worden und mit dem Schachtelerwerb der Kirch-Gruppe erklärtermaßen voll einverstanden» gewesen. Besonders der Vorstandsvorsitzende Peter Tamm habe die Arkan-Aufkäufe unterstützt, ja sogar die Zusage gegeben, daß später die Treuhandverhältnisse aus der Vinkulierung befreit und in ordentliche Aktien des ordentlichen Aktionärs Leo Kirch umgewandelt werden würden.

Doch das kann so nicht zutreffen. Alle Beteiligten kennen die bereits erwähnten vierfachen Sicherungen gegen eine unfreundliche Übernahme des Verlages. Abgesehen davon hätte Tamm, wenn er die Kirch'schen Bestrebungen gefördert und die angebliche Zusage wirklich erteilt hätte, mit Kirch in «kollusiver Weise» zusammengearbeitet. Das heißt: sehenden Auges gegen Recht und Gesetz. Aus einer solchen Bundesgenossenschaft lassen sich vor Gericht keine Ansprüche herleiten.

Während Kirchs Geheimoperation weiterläuft, haben sich auch beim zweiten großen Eigner von Springer – den Burdas – Veränderungen ergeben. Ende 1985 hatte Franz Burda, der Patriarch aus Offenburg, seine drei Söhne Franz, Frieder und Hubert als geschäftsführende Gesellschafter in die Burda Verwaltungsgesellschaft mbH & Co, das oberste Leitungs- und Kontrollorgan, berufen. Entsprechend Talent und Ausbildung war Franz der Unternehmensbereich Druck, Frieder die kaufmännische Verwaltung samt Beteiligungen und Hubert der Verlag zugeschrieben worden. Doch diese Konstruktion zeigte schon bald ihre Tücken.

«Gewisse Spannungen» (Frieder Burda) kamen besonders zwischen Hubert und seinen beiden eher kaufmännisch orientierten Brüdern auf.

Als ihr Vater starb, dividierten sich die drei überraschend schnell auseinander. Hubert erhielt den Verlag, den er jetzt in eigener Regie betreiben konnte. Franz und Frieder übernahmen die anderen Engagements, darunter auch die Beteiligung bei Springer. Da Hubert neben Frieder noch im Aufsichtsrat von Springer sitzt, steht für die Hauptversammlung 1987 seine Abwahl und die Zuwahl von Franz Burda an. Das Offenburger Imperium ist jetzt kartellrechtlich entflochten; Franz und Frieder stände es frei, zu ihren 24,9 Prozent weitere Springer-Aktien dazuzukaufen.[6]

Doch das Verhältnis zwischen den Burda-Aufsichtsräten und der Verlagsspitze ist gespannt. Man arbeitet zusammen, aber vertraut man sich auch? Hubert als Chef der Illustrierten «Bunte» und Frieder müssen schon schwer schlucken, als sich der Aufsichtsrat von Springer für den Start der neuen Illustrierten «Ja» entscheidet. Frieder Burda: «Ich hätte bei ‹Ja› liebend gern mit Nein gestimmt, weil ich von Anfang an skeptisch war.»

Über diesem Objekt, das von dem ehemaligen stern-Chefredakteur Peter Koch, mitverantwortlich für die gefälschten Hitler-Tagebücher, geleitet wird, entzündet sich auch im Vorstand des Verlages manche Kontroverse. Peter Tamm und Günter Prinz, der verlegerische und der publizistische Fachmann, waren gemeinsam angetreten, die Zeitungen und Zeitschriften des Verlages nach vorne zu bringen. So hatte es Axel Springer gewünscht. Aber auch dieses Trio – hinzuzuzählen ist Bernhard Servatius als Aufsichtsratsvorsitzender – steht jetzt, ähnlich wie die Burda-Buben, vor der Entscheidung, wer denn eigentlich das Sagen haben soll.

Peter Tamm, so erinnert sich Günter Prinz, «war der Meinung, der Springer-Verlag brauche eine alleinige Führungskraft», was in der Tat dem bewährten Stand der Dinge entspricht. Prinz und Servatius dagegen wollen den status quo zu ihren Gunsten verändern. Man kracht sich; in der entscheidenden Abstimmung des Aufsichtsrats unterliegen die Frondeure. Doch davon dringt nichts nach außen. So macht es dem Aufsichtsratsvorsitzenden keine Mühe, den Vorstands-Boss und seinen Vize durch das Kontrollgremium auffordern zu lassen, «ihre in vielen

Jahren bewährte Zusammenarbeit fortzuführen und zu verstärken». Man verträgt sich wieder – for show.

Salz in der Wunde ist auch das Fortkommen der mit hohen Vorschußlorbeeren versehenen neuen Zeitschrift. Mit rund 1,7 Millionen verkauften Exemplaren war «Ja» im Frühling 1987 angetreten, jetzt sind nur noch wenige 100.000 übrig, und die den Anzeigenurkunden garantierte Auflage von 650.000 Exemplaren wird von Woche zu Woche unterschritten. Auch journalistisch geht es bergab. Das Blatt wird «langweilig» (Prinz), Koch sucht Rettung in groben Reizen; er kann seinen eigenen Qualitätsanspruch immer weniger einlösen. Prinz ist für die Malaise verantwortlich. Aber er schaut offenbar nicht genau genug hin; später gibt er der Arbeitsüberlastung durch seinen Vorstandsjob und einer «gewissen Hybris» die Schuld. Immerhin gilt er, seit 1966 im Verlag, bis zum Flop mit «Ja» als einer der erfolgsreichsten deutschen Blattmacher.

Das Zerwürfnis zwischen «PT», wie Tamms hausinternes Kürzel lautet, und «Jünne», norddeutsch für «Günter», wird schließlich auch dadurch gefördert, daß die Burda-Fraktion im Aufsichtsrat offenbar Prinz favorisiert, Tamm jedoch mit den Offenburgern nur wenig anzufangen weiß. In diesem Frühjahr 1987 läuft eine regelrechte Kampagne gegen das Burda-Lager. Immer wieder wird kolportiert, die beiden Brüder «hätten keine Lust, wir steigen aus, wir kassieren das große Geld, leben in Saus und Braus und spielen Frührentner» (Frieder Burda). Auch sollen sie bereits mit dem australo-amerikanischen Medienfürsten Rupert Murdoch, der in der Tat Appetit auf Springer hat, über den Verkauf ihrer Anteile verhandelt haben. Schnell gelten sie als unsichere Kantonisten, zumal sich sogar der Bundeskanzler, angefüttert von Kirch und seinem engen Berater Gerd Bacher, gegen das Duo stark macht: «Für den», meint Frieder Burda, «sind wir angeblich Vaterlandsverräter». Dabei wissen alle Insider, daß die Burdas gar nicht ins Ausland verkaufen können. Sie müssen ihre Anteile zunächst dem Nachlaß anbieten, und wenn der kein Interesse zeigt, der Deutschen Bank. Leo Kirch kann diese Gemengelage nach der Formel «Wenn zwei sich streiten...» nur Recht sein.

Am 12. Mai, seinem Geburtstag, hat Peter Tamm die journalistischen Spitzen des Verlages in sein Büro mit Blick über die Dächer der Hamburger Innenstadt gebeten. Der «Admiral», so lautet Tamms Bezeichnung unter Springer-Leuten, auf seiner Brücke. Zwischen den mahagonifarbenen Bücherwänden hängt, dezent angestrahlt, ein großes Seestück. Gegenüber, vor der gläsernen Stadtfront, durch eine Art Reling abgetrennt, thront die wuchtige Sitzgruppe, dunkelblau-dunkelgrün kariert. Trocken, fast spröde, verkündet Tamm den Anwesenden, daß Günter Prinz das Handtuch geworfen habe. Der Journalist nutzt ein noch vom Verleger eingeräumtes Privileg, wonach bis zum 30. Juni 1987 die volle Abfindung trotz einseitiger Kündigung wirksam wird – eine satte achtstellige Angelegenheit.

Prinz, der König sein wollte, hatte die falsche Fahrkarte gelöst. Als dann noch der Kanzler, wohl von Kirch stimuliert, nicht nur gegen die Burdas, sondern auch massiv für Tamm – der Himmel und Hölle als eigene Lobby in Bewegung gesetzt hatte – intervenierte, blieb ihm kaum eine Chance. Einmal in Fahrt, hält Kirch den Rest jetzt für ein Heimspiel. Dank seines hanseatisch auftretenden Zuarbeiters Joachim Theye besitzt er seit Monaten das Ohr von Friede Springer; auch Aufsichtsrat und Testamentvollstrecker Ernst Cramer ist ganz und gar nicht abgeneigt, dem Aktionär (Kirch: «schon wegen der Rendite») und Aktionisten zuzuhören.

Voller Selbstbewußtsein verpaßt Kirch seinem Konglomerat einen seriös-konventionellen Anstrich. Dazu gehört auch, was wohl noch nie zuvor möglich gewesen wäre: Am 15. Mai finden sich seine leitenden Mitarbeiter im Münchner Hilton-Hotel ein, um dort die neue Unternehmensstruktur der Gruppe sowie grundsätzliche Perspektiven erläutert zu bekommen. Ans Rednerpult tritt Gerd Bacher, der in Sachen Prinz/Tamm jüngst so durchsetzungsfähige Bonner Lobbyist. Bei seiner Arbeit für Kirch kann er sich auf etliche ehemalige Helfer stützen, die jetzt auf den wichtigsten Positionen des Münchener Konzerns Platz nehmen. Etwa der frühere ORF-Manager Rainald Walter oder auch Georg Kofler, Bachers Bürochef im ORF, der nun als Persönlicher Referent von Leo Kirch fungiert und später den Sender Pro 7 leiten wird.

Wichtig ist die wohlanständige Pose: Struktur und Personalien werden, erstaunlicherweise, öffentlich bekannt gegeben. Aber damit auch genug der Transparenz! Als die Zeitschrift «neue medien» spekuliert, es sei «nicht auszuschließen», daß Kirch «seinem Ziel – 25,1 Prozent – schon ein bißchen näher ist, als vermutet», wird dieses in München als «absurd» abgetan und mit dem bezeichnenden Kommentar «kein Kommentar» bedacht.

Mitte Mai 1987 hat Leo Kirch nach seiner Ansicht alles vorbereitet, um im Axel Springer Verlag einmarschieren zu können. Verlag, Aktionäre und die Öffentlichkeit werden durch eine strikte Dementi-Politik ruhig gehalten. Der Vorstandsvorsitzende wie die Nummer 1 der Erbengemeinschaft sind, so glaubt er, davon überzeugt, daß man mit diesem «größten privaten Programmunternehmen des deutschsprachigen Marktes» (Eigenlob) kooperieren solle; vor allem aber befindet sich das Stimmverhalten von 26,1 Prozent des Stammkapitals des Verlages unter seiner Fuchtel. Zeit, die Hunde loszubinden.

Mehrfach haben in diesem Frühjahr Kirch, Theye und Bacher darüber mit Mitgliedern des Aufsichtsrates konferiert, mal in München, mal in Düsseldorf. Da erreicht den Aufsichtsratsvorsitzenden Servatius in seinem vornehmen Hamburger Quartier am Neuen Jungfernstieg 17 a, gleich neben dem traditionsreichen Überseeclub, am 26. Mai ein Brief von Kirch. «Persönlich/vertraulich.» Kühl fordernder Tonfall. Der Händler betrachtet den Aufsichtsratsbeschluß vom Oktober letzten Jahres (wonach niemand außer den Erben und den Burdas mehr als zehn Prozent am Verlag besitzen darf) als nicht durch das Aktienrecht gedeckt. Doch «um juristische Erörterungen», betont er gegenüber dem Juristen Servatius, gehe es ihm gar nicht; ausschlaggebend sei vielmehr die «Sachlage». Und diese besage: «Ich disponiere über das Stimmverhalten von rund 26 Prozent des Stammkapitals der Axel Springer Verlag AG.» Da das nun einmal so sei, erwarte er zweierlei: Die 16 heimlich aufgekauften Prozente, die noch von Treuhändern gehalten werden, sollen offiziell auf ihn oder eines seiner Unternehmen im Aktienbuch eingetragen werden; außerdem möge man ihm zwei Sitze im Aufsichtsrat – vorgesehen für Bacher und Theye – einräumen, mit Stimmrecht in allen Ausschüssen des Gremiums und Mitwirkung bei der Bestallung des Vorsitzenden und seines Stellvertreters.

Wenige Tage darauf trägt Servatius den Vorgang in den Aufsichtsrat. Die Runde, überwiegend längst eingestimmt und eingesungen, zeigt sich von Kirchs Vorgehen nicht unbeeindruckt. Sie hätte dessen Versuch, die Vinkulierung zu unterlaufen, auch schlicht ablehnen können: Ungesetzlich (was der Bundesgerichtshof bestätigt), Schluß, aus. Ganz abgesehen von den anderen bindenden Schutzmaßnahmen des Verlages. Dennoch reicht man dem Münchner den kleinen Finger. Ob er bereit sei, so der Beschluß der Sitzung, «ein unternehmerisches Konzept für Sinn und Zweck seiner Beteiligung» vorzulegen?

Das läßt sich Kirch nicht zweimal sagen. Schon am 12. Juni landet die umfangreiche Ausarbeitung in Hamburg. Das Motto, nach dem sich der neue Konzern Springer/Kirch ausrichten soll, heißt: Medienverbund. Nach Kirchs Einschätzung «wartet ein riesiger ungenützter Markt darauf, vom größten Zeitungshaus und vom größten Softwareunternehmen unseres Landes gemeinsam bestellt zu werden».

Nun gibt es unterschiedliche Versionen davon, was das denn überhaupt sei, ein «Medienverbund». Heißt das: Ein Konzern, der nicht nur Zeitungen und Zeitschriften herausgibt, sondern auch im Fernsehprogramm präsent ist, etwa dadurch, daß erfolgreiche Print-Konzepte die Grundlage für eine Fernsehsendung bilden? Oder daß ein Medienkonzern sich auf mehrere Füße stellt und sich in den verschiedensten Medien engagiert? Oder heißt «Medienverbund», daß Zeitungen und Zeitschriften eingesetzt werden, um die Propagandatrommel für die Fernsehaktivitäten zu schlagen? Kirch meint vor allem das Letztere. Der «Lieferant» (Kirch über sich) erklärt ganz offen: «In dem Augenblick, in dem Fernsehen anders betrieben wird als bisher, ist dafür ein Instrument notwendig, um diese Entwicklung zu beschleunigen – und das kann nur die Presse sein.»[7]

Jedenfalls dürfte dieser «Synergie-Effekt» höchste Priorität haben. Kirch untermauert sein hohes Lied vom «Medienverbund» noch mit ausländischen Beispielen. Der britische Medienunternehmer Robert Maxwell sei solch ein erfolgreicher Beleg. Oder der französische Zeitungszar Robert Hersant. Vor allem der Italiener Silvio Berlusconi, mit dem Kirch Anfang des Jahres Koproduktionen im Fernsehen verabredet hatte. Besonders «Sua emittenza» (etwa: «Mister Fernsehen» – Spitzname für Berlusconi in Italien) hat es Kirch angetan. Ihm sei es gelungen, das Werbeaufkommen in Italien zwischen 1980 und 1985 zu verdreifachen. Solch einem erfolgreichen Unternehmen fühle er sich «nicht unterlegen». Vielmehr glaubt Leo Kirch, «daß ich für Springer das Know-how einbringe, das diesen Weg zum Erfolg führt».[8] (Berlusconi, inzwischen italienischer Ministerpräsident, wird uns später noch mehrfach beschäftigen.)

Auf den ersten Blick ein fulminantes Konzept. Doch nach dem Hauruck-Verfahren kann es allemal nicht funktionieren. Wer glaubt, Zeitungen und Zeitschriften – besonders in ihrer Fernsehberichterstattung – ließen sich ohne Schaden für die Auflage über längere Zeit als TV-Propaganda einsetzen, liegt verkehrt. Gerade die Erfahrungen der ausländischen Unternehmer belegen dieses. Sie müßten dem ambitionierten Filmhändler als Warnung dienen.

Zum Beispiel Rupert Murdoch. Er ist ein Risikospieler («Rupert, the risk») wie der Münchner und seine News Corp. der Inbegriff eines international operierenden und multimedial engagierten Konzerns. Ende der 80er Jahre wird dieses leuchtende Vorbild von Leo Kirch an die 12 Milliarden Mark Schulden angesammelt haben und seinen Gläubigern nur mit großer Mühe entkommen, indem Teile des Imperiums verscherbelt werden. Inzwischen scheint sich Murdoch freilich konsolidiert zu haben.

3,2 Milliarden hatte er allein für den Kauf der Triangle Publications Inc. an den Vorbesitzer Walter Annenberg gezahlt. Perle des Verlages: die Programmzeitschrift «TV Guide», mit über 15 Millionen Exemplaren das erfolgreichste wöchentliche Periodikum der Welt. Jedermann erwartete eine Explosion des Blattes: mehr Auflage, mehr Synergie für die anderen Unternehmungen des Tycoons. Was aber geschah? Die Auflage sackte unter Murdochs Regie weiter ab, die

Promotion für Murdochs Fox-Senderkette fiel ins Wasser, und noch nicht einmal Anzeigenkombinationen mit anderen Blättern der News Corp. waren durchzusetzen. Joseph Cece, der Herausgeber des «TV Guide», mußte feststellen: «Die Unterschiede sind einfach zu groß.»

Nach solchen Erfahrungen wird sich der Stuntman des internationalen Mediengeschäftes hüten, etwa die redaktionellen Seiten seiner «Financial Times» zur massiven Propaganda für sein Satellitenprogramm «BSkyB» zu benutzen. Schnell wäre der Ruf des brillanten Wirtschaftsblattes ruiniert. Robert Maxwell wiederum hat dieses versucht und ist damit auf die Nase gefallen. «Die Leser fühlten sich, als hätte der Mann ihren Vorgarten gekauft», erinnert sich ein Redakteur des Massenblattes «Daily Mirror», in dem Maxwell eine Zeitlang herumfuhrwerkte.

Auch das Musterbeispiel Nummer 3, der Franzose Robert Hersant, mußte die Erfahrung machen, daß auf zwei Hochzeiten – seiner Beteiligung am Fernsehsender «La Cinq» und dem Ausbau der Zeitungsaktivitäten rings um das Qualitätsblatt «Le Figaro» – nur schwer zu tanzen ist. Mit der Instrumentalisierung seiner Zeitungen für den Sender erreichte er nur eines – Katastrophenalarm, weil die Einschaltquoten von «La Cinq» trotz Staraufgebot in den Keller sausten.

Lediglich Italien mag ein Beispiel abgeben für eine sehr spezielle Art des «Medienverbundes». Sie beginnt mit Berlusconis halblegalem Start als TV-Unternehmer, so nur südlich der Alpen denkbar; und sie führt bis hin zum konzentrierten Einsatz der eigenen Medien für die politischen Vorstellungen des so umstrittenen wie erfolgreichen Allrounders. Auch läßt sich nicht unterschlagen, daß die Ausdehnung der Werbeumsätze im italienischen Privatfernsehen extrem zu Lasten der gedruckten Medien ging. Und hier liegt des Pudels Kern. Wenn ein «Medienverbund» sinnvoll sein soll, dann hauptsächlich wohl, um das Werbevolumen durch ein zweites Standbein wenigstens in etwa konstant zu halten. Eben dieses war die Absicht der bundesdeutschen Verleger, als sie sich im Rahmen der APF an dem Privatfernsehkanal SAT 1 beteiligten. Die Devise des Münchner Medienmanagers Hans R. Beierlein, «Nichts wie ran, Freunde!», wenn sie denn einer simpel gestrickten Erfolgsformel das Wort reden soll, läuft ins Aus.

Und selbst der erwünschte Verlustausgleich hat seine Tücken. Peter Heidenreich, damals Spitzenmanager im Hamburger Bauer Verlag, macht folgende Rechnung auf: «Sagen wir, wir wären bei RTL plus beteiligt. Wenn der Sender 100 Millionen Mark erlösen würde, was wirklich hochgegriffen ist, hätten wir zehn Millionen. Jetzt kommen die Leute vom Medienverbund und unterstellen, mit diesen zehn Millionen würden wir angebliche Einbußen im Printbereich wieder wettmachen. Das ist absurd.»

Bei Springer tagt am 26. Juni 1987 erneut der Aufsichtsrat. Bevor sich sein Plenum mit Kirchs Konzept beschäftigt, treffen sich die Vertreter der beiden großen Aktionärsgruppen, die Erben der Gründerfiguren Axel Springer und Franz Burda, um darüber zu beraten, ob man Kirchs Wunsch entgegenkommen könne. Die Springer-Seite hält dieses nicht für ausgeschlossen: «Unter bestimmten Bedingungen» ist man dazu bereit. Frieder Burda jedoch, der stellvertretende Aufsichtsratsvorsitzende, sperrt sich. Er kann sich Kirch als Partner bei Springer nun gar «nicht vorstellen». Ein Patt. Gemeinsam beschließt man, nichts zu beschließen und das Plenum zu bitten, die Entscheidung bis Mitte Dezember zurückzustellen. In diesem halben Jahr sei Zeit genug, sich ohne Druck noch einmal mit Kirchs Vorstellungen vertraut zu machen. Deutlich wird aber schon jetzt, daß der Aufsichtsrat insgesamt «eine akzeptable, konkrete unternehmerische Konzeption» in Kirchs voluminöser Vorlage nicht erkennen kann.

Die Entscheidung ist also vertagt. Aber die Skepsis von Frieder Burda wird immer handfester. Bereits in der Aufsichtsratssitzung bittet er den Vorsitzenden Servatius, bei Leo Kirch eine konsolidierte Bilanz zum 31.12.1986 anzufordern: «Ich möchte erst einmal wissen, wer überhaupt die Kirch-Gruppe ist. Wer sich bei Springer einkaufen will und Sitz und Stimme beim Aufsichtsrat und in den Gremien haben will, der muß auch zeigen, wer er ist. Jeder von uns zeigt seine Bilanz.» Auch der Vorstandssprecher der Deutschen Bank, F. Wilhelm Christians, schließt sich jetzt dieser Forderung an. Und damit sind, neben den Burdas, immerhin vier weitere Aufsichtsräte – denn so viele Mandate steuert die Bank bei Springer – dieser Meinung.

Die Kehrtwendung des Bankers überrascht Kirch mehr als die Opposition des Erben aus Baden-Baden. Dem einen hatte er nie über den Weg getraut; aber den anderen glaubte er längst für sich gewonnen zu haben. Hatte er ihm doch seine «Vorstellungen» erläutert, ohne daß «mir (Christians) von einem anderen Konzept berichten» konnte. Wer oder was hatte den Frankfurter Banker umgestimmt?

Kann sein, daß die Herren sich rechtschaffen nicht mögen. Ein hemdsärmeliger Helmut Guthardt, der gelegentlich den hessischen Grobian durchscheinen läßt, passt sicherlich besser als Finanzier zu Kirch als der so elegante wie arrogante Christians. Kann auch sein, daß der erste Mann der Deutschen Bank seinem aggressiven Nachbarinstitut, der DG Bank, einen Nasenstüber versetzen will, zumal tatsächlich niemandem klar ist, ob nicht Kirch nur als Strohmann für die Bank handelt. Sicherlich spielt bei dieser Ablehnung auch eine Rolle, daß Kirchs Begehr, zwei der Aufsichtsratmandate mit eigenen Leuten zu besetzen, Sitze der Deutschen Bank gekostet hätte. Damit ist Christians nicht einverstanden. Kirch läßt seiner Enttäuschung über den Bank-Fritzen freie Bahn. Er sei der «festen Überzeugung» gewesen, «es läuft hundertprozentig». Worauf Christians jetzt noch warte, «weiß ich nicht, vielleicht auf Burda. Na schön, dann muß ich halt damit leben». Und dann, unmißverständlich: «Ich werde sicher zum Ziel kommen.»[9]

Immer noch steht eine Antwort des Filmkaufmanns auf die Aufforderung aus, eine testierte Bilanz vorzulegen und den Aufsichtsrat darüber aufzuklären, wie der Kauf der Springer-Aktien finanziert wurde. Die Antwort aus München gelangt am 25. Juli, genau einen Monat nach der Sitzung des Aufsichtsrates, auf der die Frage gestellt worden war, nach Hamburg. Sie ist kurz und bündig und sie heißt: Nein. Der Wunsch sei so «abwegig», daß er, Kirch, dessen Zurückweisung gar nicht erst zu begründen brauche: «Es ist mir schleierhaft, daß Herr Burda von mir fordert, was nicht einmal das Gesetz von mir fordert.» Schon wahr, seine Weigerung vollzieht die formale Rechtslage: Als Alleininhaber von Personengesellschaften unterliegt er keiner Veröffentlichungspflicht, wie sie etwa für eine Aktiengesellschaft gilt.

Dennoch verwundert die schnippische Absage. Sie entspricht weder den altbackenen Prinzipien eines ehrbaren Kaufmanns; noch dem Öffentlichkeitsverständnis eines beliebigen Konzerns am Ende des 20. Jahrhunderts; noch gar dem sensiblen, meinungsbildenden Gut, mit dem Kirch schließlich handelt. Auch Tamm hat an diesem Verhalten seines Wunschpartners wenig Freude. Friede Springer, von der Kirch behauptet, sie sei ihm «wahnsinnig sympathisch», ist inzwischen, und nicht zuletzt durch diese Antwort, ebenfalls schwankend geworden. Verhält sich so jemand, mit dem man gerne am Kamin plaudert? Doch dieses Stirnrunzeln spielt sich hinter streng verschlossenen Türen ab. In der Öffentlichkeit soll Kirch nach wie vor als 10-Prozent-Anteilseigner gelten – das war ja mühsam genug einzugestehen. «Er disponiert auch nicht über weitere Aktien oder Stimmrechte», betont Tamm vor der Presse; alles andere seien «Lügen und Halbwahrheiten». Frieder Burdas Forderung, in einem Interview wiederholt, wird von Kirchs Sprecherin als «einseitige Kriegserklärung» bezeichnet.

Dann ist Hauptversammlung, der Höhepunkt des Aktionärsjahres. Im großen Saal des Internationalen Congress-Centrums in Berlin, der mehr einem futuristischen Flugzeug-Hangar ähnelt, als daß der hohe Raum gescheite Fragen und Antworten stimulieren würde, nehmen die Vertreter von 49 Prozent des Stammkapitals an weißen Plastiktischen im Plenum Platz, im Verlaufe des Tages aus der Anonymität der Stuhlreihen immer häufiger ins vertrauliche Geplauder auf der rückwärtig gelegenen Empore entweichend, wo Kaffee und Buletten auf sie warten. Vorstand und Aufsichtsrat dagegen besetzen das Podium, in langen, geschwungenen Bögen links und rechts vom Rednerpult. Hinter der Bühne wiederum harren, tiefgestaffelt, Tamms Zuarbeiter über ihren Dossiers, um für jede mögliche Wendung der Tagung, für jede mögliche Frage aus dem Aktionärskreis schnell die richtige Antwort parat zu haben.

Peter Tamm kann den Aktionären zunächst Erfreuliches verkünden. Man habe den besten Jahresabschluß in der Geschichte des Verlages erreicht, die Dividende sei stabil, im ersten Halbjahr 1987 sei der Umsatz um mehr als vier Prozent gestiegen. Auch dem Aufsichtsratschef Servatius, der die Versammlung souverän dirigiert, ist an einem glatten Ablauf gelegen; «lassen Sie uns alles vermeiden, was die ohnehin heißen Spekulation weiter anheizen würde», bittet er die rund 200 Aktionäre zu Beginn der Tagung. Später tischt er wie Tamm die Version auf, es gäbe keinerlei Anhaltspunkte dafür, daß die Vinkulierung der Aktien umgangen worden sei. Oder daß Leo Kirchs Erklärung, er verfüge über zehn Prozent der Aktien und disponiere auch nicht über weitere, etwa nicht zutreffe. Dann haben die Vertreter der Kleinaktionäre ihren Auftritt: Sie fordern, den Verlag künftig mehr aus den Schlagzeilen herauszuhalten. Servatius nimmt das Stichwort auf und verspricht, daß man bis Ende des Jahres eine klare Struktur unter den Teilhabern gefunden haben werde.

Plötzlich kommt Bewegung in den Saal. Unter den Aktionären erhebt sich Lutz Ristow, er sitzt in der vierten Reihe neben Kirchs Vertreter Joachim Theye. Ristow agiert als Treuhänder von Kirch-Aktien, gibt aber trotzdem an, «im eigenen Namen» zu sprechen, was Kenner durchaus erheiternd finden. Die Hamburger Banker fordert von Servatius, er möge künftig Interviews von Aufsichtsratsmitgliedern unterbinden und er zielt damit auf Frieder Burdas spektakuläre Aussagen vor der Hauptversammlung. Der geschmeidige Aufsichtsratschef geht nicht unmittelbar auf diese Forderung ein; ironisch betont er, ihm werde bereits nachgesagt, «ich behandle den Aufsichtsrat wie ein Trappistenkloster».

Die richtige Ohrfeige für die Kirch-Kritiker aus dem Badischen steht aber noch aus. Als gegen Ende der Veranstaltung die Aktionäre über ihren Aufsichtsrat abzustimmen haben, muß Versammlungsleiter Servatius erklären, durch eine «technische Panne» sei versäumt worden, die Stimmen der Burda-Gruppe zur Hauptversammlung anzumelden. Um den korrekten Ablauf nicht zu gefährden, entscheidet man sich, Burdas 24,9 Prozent (erst kurz vor der Hauptversammlung hatte das Kartellamt eine Aufstockung auf 25,9 Prozent genehmigt) nicht an der Abstimmung teilnehmen zu lassen. So kommt es, daß Franz Burda, der nach der Erbteilung für seinen Bruder Hubert in den

Aufsichtsrat einrücken soll, nur mit knapper Mehrheit gewählt wird. Ziemlich genau jene 26 Prozent, über die Kirch «disponieren» kann, verweigern dem Verlegersohn die Zustimmung. So geht die kuriose Veranstaltung zu Ende. Noch ist es gelungen, die Gespenster in den Kulissen zu halten. Doch Kirch hat bereits sein Repertoire angedeutet: Nach den Grundregeln der Inquisition beginnt jede erfolgreiche Überzeugungsarbeit mit dem Vorzeigen der Folterwerkzeuge.

Nach der Hauptversammlung entfaltet Kirch ein erstaunliches Talent, nachfragenden Journalisten seine Position plausibel zu machen. Ewig waren sie abgeblitzt, waren ihre Interviewwünsche abschlägig beschieden worden. In einer sensationellen Kehrtwendung seiner bisherigen Öffentlichkeitsarbeit erläutert Leo Kirch jetzt launig, worum es ihm geht. Mit Blick auf den Aufsichtsrat will er sein Image als Dunkelmann korrigieren. Und ein bißchen gelingt ihm das auch. So wird zum Gespräch mit dem sonst so bissigen «manager magazin» die Öffentlichkeit mit einem neuen Foto des frisch gefönten Konzernherrn versorgt und im Interview fehlt dann jede Frage nach kniffligeren Sachverhalten, etwa den Treuhändern bei Springer.

Besonders liegt Kirch daran, seine Seriosität gegenüber der ihn finanzierenden DG Bank herauszustreichen. Nicht noch einmal soll ihn jemand, wie 1976 der Banker Ludwig Poullain, an dieser Achillesferse kitzeln. Gerüchte und leicht nachvollziehbare Rechnungen über eine Überschuldung des Konglomerats haben längst die Runde gemacht. Das Einmaleins geht so: Für rund 110 Millionen Mark wurden die zehn Prozent an Springer gekauft. Das war noch ein vergleichsweise normaler Geschäftsvorgang. Schließlich konnte man zu niedrigem Kurs – er begann bei 335 Mark pro Aktie – einsteigen und sich am scheinbar unaufhaltsamen Aufstieg des Papiers freuen. Die nächsten 16 Prozent kamen Kirch allerdings teurer zu stehen und daran war er selbst nicht unschuldig: Solange er aufkaufen ließ, stieg der Kurs der Aktie. Insider rechnen damit, daß er insgesamt weit über 400 Millionen Mark für seine 26,1 Prozent am Springer-Verlag bezahlen mußte. Zu diesen Verbindlichkeiten bei dem Spitzeninstitut der Genossenschaftsbanken in Frankfurt addiert sich, neben Sonderfinanzierungen, der «normale» Kreditrahmen, der in der zweiten Hälfte 1987 bereits bei 400 Millionen Mark liegen dürfte.

Um die angespannte Situation zu kaschieren, benutzt Kirch sein Leib- und Magenblatt. Jetzt darf sich die FAZ mit den bis vor kurzem noch so seltenen Zitaten schmücken. Kirch macht dem Berichterstatter weis, seine «Beziehung zur DG Bank» sei «ein völlig normales Bankgeschäft, das nach ganz normalen Kredit- und Beleihungsgrundsätzen behandelt wird».[10] Wenn er wolle, so hatte er den freundlichen Fragestellern des manager magazin erzählt, könne er «morgen von der DG Bank weggehen». Das mag tatsächlich so sein. Die Frage ist nur, ob die Bank, die bereits so viel Geld ausgegeben hat, sich noch von Kirch lösen kann. Schließlich stimmt doch: Wer eine Million Mark Schulden bei seiner Bank hat, hat ein Problem; wenn die Bank aber 100 Millionen Mark verliehen hat, dann hat die Bank ein Problem – nämlich dieses Geld wieder zurückzubekommen.

Alles hängt von der Sicherheit ab, die Kirch dem DG-Boss Guthardt bieten kann. Und diese Sicherheit, dieses «Kapital», das ist allein Kirchs Programmvorrat. Das sind die haushohen Regale, auf denen im «Fort Knox» von München-Unterföhring die Schätze und der Schund lagern. Doch so klingt nur die halbe Wahrheit. Wirklich wertvoll werden Filme, Serien und Opernaufzeichnungen erst dann, wenn sie kräftig gespielt und die Lizenzsummen entsprechend fällig werden. Kirch selbst rechnet den Wert seiner Software in einem Interview, das er im Oktober 1987 dem Spiegel gibt, auf mehr als drei Milliarden Mark hoch.

Andere kalkulieren da viel konservativer. Manche Rechte sind kaum noch verkaufbar; viele laufen, wie später sogar das Kartellamt feststellt, in den nächsten Jahren oder spätestens zur Jahrtausendwende aus. Da kommt dann gerade eine Milliarde Mark zusammen, der die Schuldensumme dicht auf den Fersen sitzt. Klar, daß in solch einer Klemme auch die vergleichsweise kümmerlichen Millionen, die der Lieferant bei SAT 1 herausschlägt, hoch willkommen sind. «Eine faszinierende, atemberaubende Mischung aus Pokerei und Hochstapelei», so wird Kirchs Risikospiel von Beobachtern genannt. Herausfinden, was heiße Luft und was ehrliche Ansagen sind, dazu gibt es in diesem deutschen Herbst der Desinformation kaum eine Chance.

So wird beispielsweise Mitte August 1987 Franz Everschor, Geschäftsführungsmitglied der Frankfurter ARD-Einkaufsgesellschaft Degeto, fristlos entlassen. Man wirft ihm vor, Informationen an Kirch weitergereicht zu haben. Doch der Pate weist dieses wütend zurück. Er werde, wenn dieses wirklich die Begründung für die Entlassung sei, «unverzüglich» vor Gericht ziehen.[11] Und dann im Brustton der Überzeugung: «Interne Vorgänge, die für mich nicht bestimmt sind, sind mir nie zur Kenntnis gebracht worden, auch in diesem Fall nicht.»

Heute ist der Fall geklärt. Nicht Kirch, sondern Everschor bemüht nach seiner Entlassung das Gericht. Er erreicht einen Vergleich, der allerdings an der unteren Grenze seiner Möglichkeit zu liegen kommt und deswegen zu Recht als Hinweis auf den wahren Tatbestand gedeutet werden darf. Wir gestatten uns auch eine kurze Erinnerung an die herbe Rolle dieses Herrn als stummer Gast bei den ARD-Verhandlungen mit der MGM. Nach Abschluß seines Verfahrens geht Everschor für Leo Kirch nach Amerika; die hellhörig gewordenen Fahnder der Degeto enttarnen und feuern übrigens noch einen zweiten Maulwurf mit engem Kontakt zum Kopierapparat auf der Etage.

Die Beziehung zwischen Kirch und seinem einst besten Geschäftspartner, der ARD, verschlechtert sich auch ohne diese Affäre 1987 rapide. Atmosphärisch trägt dazu bei, daß bereits am 22. Dezember 1986 von der EG-Kommission ein Verfahren gegen die Degeto eingeleitet worden war, um die Rechtmäßigkeit des großen Direkteinkaufes in Hollywood zu überprüfen. Bodo Scriba, der 1985 als Geschäftsführer und Imageträger des ganzen Kirch-Unternehmens ausgeschieden war und schnell seine eigene Firmengruppe etabliert hatte, hält «es nicht für ausgeschlossen, daß Kirch das Verfahren bestellt hat».[12] Am 23. Oktober 1987 tritt er in Brüssel auf Seiten der ARD als Kronzeuge auf. Wie Kirch Produzent und Filmkaufmann, erklärt er jetzt den ahnungslosen Eurokraten, was von dem dominierenden Zwischenhändler zu halten ist.

Der Beweis dafür, daß Kirch an diesem ärgerlichen Nachhilfeunterricht für die Kartellwächter in Brüssel gedreht hat, gelingt keinem. Klar wird eben nur, daß sich der Händler mit dem Ersten Programm ganz und gar nicht mehr leicht tut. Bereits im Frühjahr hatte Jobst Plog, der Vorsitzende der Degeto-Gesellschafterversammlung, die «erklärte Politik» der Degeto verkündet: «Keine Paketeinkäufe mehr bei Kirch!» Die Sender hatten erkannt, daß die Kirch-Gruppe in eine «Quasi-Veranstalterfunktion» (Plog) gegenüber der ARD hineingelangt war. Für diese radikalen Änderung der bisherigen Einkaufspolitik fühlten sich die Leute vom Ersten auch deswegen ermutigt, weil der Einkaufspreis der direkt bei MGM 1984 erstandenen Spielfilme durch die Weitergabe von Unterlizenzen um rund 18.000 Mark pro Film gesenkt werden konnte. Solch Geschäft lohnte sich.

Im Gegensatz zum unsicheren Kantonisten ARD hat sich die SAT-1-Veranstaltung nach Kirchs Geschmack entwickelt. Sicherlich, es gab noch einmal saftige Kommentare, als am 1. Juli der ehemalige ORF-Mann Rudi Klausnitzer, drei Jahre lang als Persönlicher Referent die rechte Hand von ORF-General und Kirch-Intimus Gerd Bacher, Programmdirektor bei SAT 1 wurde. Besonders die Kirch-Berater Theye und Bacher hatten sich für ihn stark gemacht. Allerdings bemühte sich Klausnitzer dann schnell, eigene Vorstellungen (Devise: «Frecher werden!») zu realisieren. Er wollte die Eigenproduktionen des Senders verstärken und behauptete auch, was Spielfilme und Serien betrifft: «Wir entscheiden, was gesendet wird.» Im November 1987 tauchen die ersten Spekulationen auf, ein ernüchterter Medienprofi werde schon bald nach Österreich zurückkehren.

Eine andere «Rückkehr» ist derweil beschlossene Sache. Der Springer-Manager Jürgen Langer hatte als kaufmännischer Geschäftsführer die Zahlung in Ordnung bringen sollen und mußte zugleich die Position des Verlages im Spitzentrio bei SAT 1 vertreten. Ursprünglich wollte Langer fünf Jahre bei SAT 1 wirken; drei Jahre hatte ihm der Aufsichtsratschef Theye gewährt – und dann mußte Tamm noch Druck machen, um Langer auch wirklich durchzusetzen. Im Herbst 1987 streicht er nun, nach nur acht Monaten Amtszeit, die Segel. Als

Nachfolger wird ein junger Jurist ausgerufen, den bis dahin in der Medienwelt niemand wahrgenommen hat: Werner E. Klatten, der Vorstandsvorsitzende des Tabakunternehmens Martin Brinkmann AG. Ab 1. Januar 1988 soll der gebildete, aber auch als Sanierungsexperte kundige Yuppie ein «geschlossenes Unternehmenskonzept» für SAT 1 entwickeln und durchsetzen. Klatten, bisher in Bremen tätig, wird von Joachim Theye auf die Bühne geschoben, der damit alle Geschäftsführer von SAT 1 auf seinem Ticket hat.

Diese konsequente Machtübernahme gelingt Kirch bei Springer jedoch nicht. Die geschickt gesteuerte Pressepolitik, die Interviews und Gespräche des überraschend aus der Deckung tretenden Filmhändlers, seine noch ziemlich zurückhaltende Präsenz während der Hauptversammlung sowie das auf den ersten Blick überzeugende Loblied auf den «Medienverbund» als Unternehmenskonzept können zumindest die Burda-Brüder nicht überzeugen. Am 30. Oktober 1987 erklärt Frieder Burda in einer Präsidialsitzung des Aufsichtsrates die Gespräche mit Kirch für gescheitert.

Die Erben dagegen wollen noch einmal mit ihrem Partner in spe sprechen. Sie haben die Formulierungen zur Kenntnis genommen, mit denen Kirch in diesem Herbst seinen Machtanspruch reichlich unverhohlen plakatierte. Etwa: «Richtig ist, daß es mein schönster Traum wäre, ein Monopol zu haben.» Oder: «Ich bin interessiert, daß SAT 1 und Springer funktionieren, damit auch ich funktionieren kann.» Aufmerksame Beobachter der verwirrenden Szenerie, etwa Springers Sohn Raimund Nikolaus, werden bemerkt haben, daß Kirchs Ansage «Ich sehe meine Rolle nicht als stiller Teilhaber oder Finanzinvestor» den Emissionskriterien, wonach nur Kapitalinteressen, nicht aber die Suche nach verlegerischem oder gar medienpolitischem Einfluß zum Bezug von Aktien berechtigen, diametral zuwiderläuft. Wie Zorro, der schwarze Rächer, so hatte Nikolaus am Grab seines Vaters gestanden; doch es wird noch Jahre dauern, bis er gegen das Regiment der Kirch-Freunde aufbegehrt.

Am 26. November 1987 sitzen in der Berliner Springer-Villa auf Schwanenwerder die Witwe Friede Springer sowie die Kinder und

Kindeskinder des Verlegers – Tochter Barbara, 50, Sohn Raimund Nikolaus, 25, Enkelin Ariane, 25, Enkel Axel Sven, 21 – Leo Kirch und Joachim Theye gegenüber. «Onkel Leos Märchenstunde», so ein Beteiligter, wird ein Fiasko. Die Transparenz des Münchner Medienreiches bleibt ein frommer Wunsch. So verkündet der Aufsichtsratschef Servatius am 16. Dezember – einen Tag nach der Frist, die er auf der Hauptversammlung genannt hatte – das Ergebnis der Denkpause: «Die Gespräche der Aktionärsgruppen Springer, Burda und Kirch haben nicht zu der Empfehlung an den Aufsichtsrat geführt, eine Änderung der Aktionärsstruktur einzuleiten. Der Aufsichtsrat sieht deshalb keine Veranlassung, seine Richtlinien für die Übertragung von Aktien neu zu fassen.»[13]

Kirch steckt in der Klemme. Seine für teures Geld insgeheim aufgekauften Aktien sind so gut wie totes Kapital. Joachim Theye weiß, wem er neben seinem Feindbild, den Burda-Brüdern, das Scheitern der Übernahmestrategie zuzuschreiben hat. «Der Fisch stinkt vom Kopfe her», zitiert er – laut «taz» – einen Schnack von der Waterkant, während der Spiegel zu berichten weiß, daß sich Kirchs «Beziehungen zur Verlegerwitwe Friede Springer, die seinem Einfluß lange Zeit wohlwollend gegenüberstand, spürbar abgekühlt haben». Aus München faucht Pressesprecherin von Burgsdorff, die Gruppe halte «an ihren Plänen selbstverständlich fest. Sie geht davon aus, daß persönliche Einzelinteressen und formal-juristisches Taktieren die unternehmerisch zwingende Entwicklung nicht aufhalten werden». Nein, es sieht nicht gut aus für Kirchs Pläne bei und mit Springer an diesem Jahresende 1987. Auch das gemeinsame Pay-TV-Unternehmen Teleclub scheint sich überlebt zu haben: Nur wenige hundert Abonnenten konnten gewonnen werden. Springer wie Bertelsmann lassen ihre Mitgliedschaft in dem Joint-venture ruhen.

Wie stets in einer solchen Situation hat der Medienmogul aber noch eine positive Meldung parat, um das PR-Tief wieder aufzufüllen. Am 8. Dezember unterzeichnet er einen Kooperationsvertrag mit der amerikanischen Tribune Broadcasting Company, einem großen Produzenten von Fernsehprogrammen. Die Ehe mit dem Multimedia-Konzern, der unter anderem in den USA die Zeitung «Chicago Tribune» herausgibt, sei ein «entscheidender Schritt», so tönt es vollmundig aus München, um den «Kulturexport von Europa in die USA» in Gang zu bringen. Statt Hamburg – Chicago. Statt die Macht in der Hauptstadt der Nadelstreifen zu übernehmen, setzt Kirch seinen Fuß in jene Kapitale, die sich ihren Ruf mit Schlachtvieh, Bestechungsskandalen und dem Ratata der Maschinenpistolen erworben hat.

Das neue Jahr 1988 beginnt ruhig, zu ruhig. Nach der Ablehnung durch den Aufsichtsrat und dem gescheiterten Berliner Gespräch mit den Erben (Friede Springer: «Es kam nichts – eine Katastrophe») herrscht Funkstille zwischen den verfeindeten Lagern. Erstaunen löst allein der Umstand aus, daß Kirchs engster Berater Joachim Theye sich vor das Mikrofon eines Journalisten traut und dem Informationsdienst «text intern» ein Interview gibt. Ausgerechnet Theye! Der Mann, der von sich sagt: «Ich habe keine Öffentlichkeitsscheu, sondern Öffentlichkeitsabstinenz.»

Was Theye dann freilich vom Stapel läßt, das ist nicht weiter neu. Kirch zum Beispiel sei eine «geniale Unternehmerpersönlichkeit». Werner E. Klatten, den Theye am 1. Januar als Vorsitzenden der Geschäftsführung von SAT 1 etabliert, habe «Sinn für das Thema Medien». Und bezogen auf die PKS behauptet der Anwalt, es liege für Kirch «nicht nahe», sich an einzelnen Abnehmern zu beteiligen. Da spricht ein freundlicher Mann, dem man es nicht verwehren sollte, mit vernünftigen Ideen zum Zuge zu kommen.

Die offenherzige Plauderei hätte stutzig machen können. Aber später ist man immer klüger. So glaube ich auch nicht an die Information, die in den ersten Tagen des neuen Jahres aus Kirchs Firma selbst durchsickert. Danach soll der Händler planen, in den nächsten Monaten oder gar Wochen seine Beteiligung an der PKS offen zuzugeben. Ich bin dagegen überzeugt, Kirch wird es nach wie vor nicht wagen, aus seiner Lieferantenrolle offiziell herauszutreten; würde er doch damit das ZDF so brüskieren, wie bereits bei der ARD geschehen.

Nicht lange nach dieser Information führe ich in Mainz ein Gespräch mit dem ZDF-Intendanten Dieter Stolte. Zum Schluß frage ich ihn, ob seine Formel – wer Veranstalter und damit Konkurrent sei, darf kein Lieferant sein – auch heute noch Gültigkeit habe. Stolte, «diese Frage habe ich von Ihnen erwartet», ist inzwischen zu einer anderen Einstellung gelangt: «Die Formel kann zumindest heute nicht praktiziert werden. Wir werden die Entscheidung darüber solange vertagen, bis wir den Umbruch der Medien, in dem wir stecken, komplett übersehen können.» Mein Informant in Unterföhring hatte nicht gelogen. Die Hindernisse für Kirch sind ohne jedes Aufsehen beiseite geräumt worden. Seine Taktik gegenüber dem ZDF – die PKS-Anteile verstecken, ihre Existenz dementieren, im übrigen auf Zeit spielen und sich die Protagonisten der Gegenseite vorknöpfen – ist aufgegangen.

Mit angehaltenem Atem warten alle in diesem Frühjahr auf Kirchs Konterschlag. Wird er nach dem ZDF-Persilschein die nunmehr bevorstehende Offenlegung seiner PKS-Verhältnisse dazu benutzen? Das wirkt unwahrscheinlich; denn gegenüber Springer käme er so nicht voran. Welche Karten kann Kirch sonst noch spielen? Er kann versuchen, über seine Treuhänder Druck auf den Verlag auszuüben, zum Beispiel mit lautstarkem Auftreten auf der nächsten Hauptversammlung. Aber außer Schlachtenlärm bringt das nicht viel. Er könnte sein Paket oder Teile davon verkaufen. Dann müßte er, abgesehen vom Gesichtsverlust, Wertberichtigungen in Millionenhöhe in Kauf nehmen: Schließlich waren die 16,1 Prozent aufgekauft worden, als die Aktie schwindelerregende Höhen erreicht hatte. Nach dem Börsencrash vom Herbst 1987, bei dem das Papier fast wieder auf den Emissionswert zurückgefallen war, erholt sich die Aktie jetzt gerade wieder langsam. In solch einer Situation verkauft niemand. Schließlich wäre auch ein Kompromiß denkbar. Aber geht ein Spieler Kompromisse ein?

Am 22. März platzt die Bombe. Der «Platow-Brief», ein Wirtschaftsinformationsdienst mit guten Kontakten zum Frankfurter Börsenmilieu, serviert der Öffentlichkeit eine «heiße Backgroundinformation». Überschrift: «Burda und Kirch beabsichtigen ein Take-over.» Tatsächlich liegt das Blättchen richtig. Während nach außen Funkstille herrschte, hatten im Januar und Februar die bis dahin verfeindeten

Parteien Burda und Kirch intensiv miteinander verhandelt. Noch wenige Wochen zuvor hatte der Münchner alles daran gesetzt, um die Burda-Brüder Franz und Frieder in Bonn als «Vaterlandsverräter» anzuschwärzen. Und Frieder Burda hatte ärgerlich geknurrt: «Ich weiß von Leo Kirch gar nichts!»

Jetzt ist diese Front bereinigt. Schon im Januar hatte Frieder Burda mit F. Wilhelm Christians, dem noch bis Mai amtierenden Vorstandssprecher der Deutschen Bank, Kontakt aufgenommen. Der gewiefte Finanzmann schlug dem Banker vor, die Sackgasse, in der sich die Hauptaktionäre von Springer befinden, dadurch zu durchbrechen, daß ihr Kreis erweitert wird. Dazu wollten die Burdas wie Kirch jeweils die Hälfte ihres Pakets abgeben. Auch zwei Käufer waren, so schien's, schon in Sicht: der Kaufhof, eine Formation der Metro-Gruppe von Otto Beisheim, und der Hamburger Bauer Verlag, der damit nicht zum ersten Mal an Springer Interesse zeigte. Chefmanager Peter Heidenreich bestätigt jedenfalls einen «flüchtigen Kontakt».[14]

Besonders den Burdas schien diese Lösung plausibel zu sein. Die Kaufleute befürchteten einen weiteren Kursverlust ihres Springeranteils. Mit der Veräußerung von dessen Hälfte hätten sie schon einmal den Einstandspreis – jene 250 Millionen Mark, für die sie 1981 das Paket erworben hatten – hereingeholt. Auch Christians fand die Viererlösung nicht ohne Reiz. Er bewegte sich am 23. Februar zusammen mit Frieder Burda nach Berlin, um den Erben, den Nachlaßverwaltern, aber auch dem Springer-Vorstand dieses Modell schmackhaft zu machen. Doch die Konstruktion fand keinen Beifall. Einen kompletten Ankauf ihres Paketes wiederum, von den Erben vorgeschlagen, lehnten die Burda-Brüder kategorisch ab. Man hatte sich auf der Stelle gedreht.

Dann die sensationelle Information. Alle sind überrascht. Eine «Schockwirkung», unter der die ganze Medienbranche stehe, registriert die Süddeutsche Zeitung. Auch die Erben, die Testamentsvollstrecker und der Verlag selbst sind elektrisiert. In der Tat ist das, was die Brüder aus Baden-Baden und ihr fränkischer Partner jetzt planen, ohne Vorbild in der Geschichte der Republik. Man kannte solche

Stories bestenfalls aus dem Ausland. Der Kampf um die belgische Société Générale war mit solchen Mitteln geführt worden. Aber hierzulande, in unserer formierten Gesellschaft...

Am 3. März 1988 haben die F + F Burda Gesellschaft für Beteiligungen mbH & Co. KG, vertreten durch Frieder Burda, und die Taurus Vermögensverwaltungs-Gesellschaft mbH, in Gestalt von Leo Kirch, eine Verabredung paraphiert, nach der die «Gesellschaftsverhältnisse» im Axel Springer Verlag neu geordnet und dessen «Führungsstrukturen» neu ausgerichtet werden sollen. Burda führt sich zu Beginn der «Vereinbarung» als Eigentümer von 26 Prozent des Aktienkapitals von Springer ein; Leo Kirch benutzt seine Standardformulierung: «...ist Eigentümer von 10 Prozent und beabsichtigt, weitere 16 Prozent zu erwerben.»

Nun gibt es aber eine Klippe. Wenn die Burdas verkaufen wollen, müssen sie, wie schon erwähnt, zunächst den Springer-Erben und danach der Deutschen Bank ihren Anteil anbieten. So bestimmt es der Vertrag zwischen den Aktionären vom 28. Juni 1985. Er soll jetzt als erstes aufgehoben werden. Danach ließen sich die zwei weiteren eingeplanten Partner, von denen jedenfalls zu Beginn des Papiers noch die Rede ist, in das neugeordnete Aktionärskonzert problemlos einpassen.

Zentrale Verabredung des Poolvertrags ist die Etablierung eines «Abstimmungsgremiums», in das Burda und Kirch jeweils zwei Vertreter entsenden. Fünfter Mann und damit ausschlaggebend bei Pattsituationen soll Kirchs Finanzier Helmut Guthardt sein. Dieses Gremium wird vorab alle «wesentlichen geschäftspolitischen Fragen» der Aktiengesellschaft, besonders alle Vorschläge zur Besetzung von Aufsichtsrat und Vorstand, koordinieren. Ausdrücklich werden auch die Beteiligungsgesellschaften des Axel Springer Verlages, zum Beispiel SAT 1, angesprochen. Aber im Grunde ist der Deal noch einfacher. Denn alle «Gegenstände, die von einer Vertragspartei zur Beschlußfassung gestellt werden», müssen in dem Gremium behandelt werden.

Wenn dieser Club sich vorab auf eine Linie geeinigt hat, so sind die Vertragsparteien «verpflichtet», entsprechend ihrer Einigung auch abzustimmen. Kommt diese nicht zustande, so müssen sie sich «bemühen», eine Beschlußfassung hinauszuzögern. Gelingt auch dieses nicht, so müssen sie sich zumindest der Stimme enthalten. Bei der klaren Absicht, die gesetzlich vorgesehenen Instanzen auszuhebeln, wirkt es wie ein Hohn, daß ausdrücklich unter Punkt 4 festgestellt wird, «die gesetzlichen Befugnisse der Organe des Verlages (werden) nicht berührt».

Ziel des Stimmenpools ist es, so wird unter Paragraph 5 («Führungsstruktur») bemerkt, «die Mehrheit der Mandate im Aufsichtsrat» des Verlages zu übernehmen. Und um die Strategie so richtig unentrinnbar zu gestalten, werden auch gleich Sanktionen für jeden festgelegt, der aus der Phalanx ausbrechen will: Zehn Millionen Mark sind dann an die anderen Poolpartner zu zahlen.

Die Überraschung ist perfekt, ihre Konsequenzen scheinen unentrinnbar zu sein. Fast alle Beobachter sehen das bisherige Management des Verlages inklusive Aufsichtsrat, sehen die Erben von Axel Springer bereits in den Betonfundamenten des neuen Burda-Kirch-Konzerns auf ewig verschwinden. Spätestens die nächste Hauptversammlung würde eine konzertierte Aktion der Poolpartner erleben. Um einen nahtlosen Übergang auf die neuen Eigentümer vorzubereiten, nennen sich jetzt Franz, der schwergewichtige gelernte Tiefdruckätzer, und Frieder Burda, der weniger einsilbige Finanzspezialist, «Verleger».

Auch die Managementriege, die übernehmen soll, wird bereits gehandelt. Auf Nummer 1 gesetzt: Werner E. Klatten, der ehemalige Zigarettenmanager, seit Anfang des Jahres Vorsteher bei SAT 1. Dann folgt Günter Prinz, der ein Jahr zuvor bei Springer als stellvertretender Vorstandsvorsitzender ausgeschieden war. Und schließlich Theye und Bacher, Kirchs getreue Paladine. Nicht zu vergessen Ludwig Poullain, der sich schon früh als Chef der WestLB für Kirchs Expansionspläne stark gemacht hatte, seither persönliche Beziehungen zum Münchner Medienmogul aufrecht erhält und in Baden-Baden, unweit der Burda-

Villa, den Patriarchen Max Grundig auf seinem 27-Hektar-Anwesen «Mariahalden» berät. Nachvollziehbar, daß sich Kirchs Sprecherin von Burgsdorff «ganz konkrete Hoffnungen» darauf macht, der Nachlaß werde angesichts dieser Übermacht dem Poolvertrag zustimmen.

Die Erben werden von der Nachricht über die bevorstehende «unfreundliche Übernahme» genauso aus den Bäumen geschüttelt, wie die Öffentlichkeit. Fast wären sie bereit gewesen, der von den Burdas und der Bank favorisierten Vierer-Lösung zuzustimmen. Nur die Befürchtung, die vier 13-Prozenter könnten sich ja auch zusammentun und dann den Nachlaß in die Minderheit bringen, hielt sie davon ab. Daß hinter dem kooperativen Getue mit dem Poolvertrag bereits alles festgezurrt ist, überrascht sie jetzt völlig.

Aber die Raider (Börsendeutsch für: «Firmenplünderer») haben den Zorn von Management und Nachlaß unterschätzt. Noch an dem trubeligen Dienstag, an dem der «Platow-Brief» mit seiner News erscheint, feuern die Testamentsvollstrecker mit einer Pressemitteilung zurück. Der Poolvertrag verstoße «gegen geschlossene Verträge, Satzung und Geschäftsordnung des Unternehmens, gegen das Aktien- und Kartellrecht und gegen den letzten Willen des Verlegers Axel Springers», artikulieren sich Friede Springer, Ernst Cramer und Bernhard Servatius. Das «in Deutschland bisher unbekannte unfriendly Take-over» sei ein «beispielloser Vorgang», den sie «verhindern» werden.[15]

Mit keiner Silbe wird angedeutet, welches Instrumentarium hierfür noch gut sein soll. Doch schon die verbale Radikalität hat manches für sich. Friede Springer und ihre Mitstreiter plazieren sehr bewußt das Wort «Syndikat», um die Aktionen der Kirch-Seite zu kennzeichnen. An diesem Tag wird dennoch eifrig der Fremdwörterduden bemüht. Seine Auskunft auf Seite 743: «(gr.-lat.-nlat.-amerik.) geschäftlich getarnte Verbrecherorganisation in Amerika».

Zwölf Stunden später trauen Kirch und seine Mitstreiter ihren Augen nicht: So massiv wie noch nie in der Geschichte des Verlags trommeln die Springer-Zeitungen in eigener Sache. Die Berliner «BZ» macht, eingekeilt zwischen Bingozahlen und einer Beckenbauer-Nachricht, mit der Schlagzeile auf: «Friede Springer: Das verhindere ich!» Höhe der Buchstaben: 5,3 Zentimeter. Und im «Hamburger Abendblatt» prangt dreispaltig in Farbe das Porträt der blonden Verlegerwitwe, einer norddeutschen Jeanne d'Arc; Überschrift: «Sie verteidigt das Erbe.»

Frieder Burda, mit seiner Jetführerlizenz lieber über den Wolken als im Scheinwerferkegel am Boden, ist baff und erbost. In der «Morgenpost» des Springer-Konkurrenten Gruner + Jahr ereifert er sich: «Die Springer-Seite hat eine Pressekampagne angezettelt, die ist ja schon nicht mehr normal. Mensch, das ist noch nie in Deutschland passiert!» Auch, daß die Betriebsräte des Verlages in Hamburg und der Druckerei in Ahrensburg sich über den Versuch einer «branchenfremden Gruppe», die Machtverhältnisse im Konzern zu ändern, empören, irritiert den «Verleger». Für den 8. April haben die Räte zu einer außerordentlichen Betriebsversammlung ins Hamburger Congreß Centrum eingeladen. Burda: «Sind die denn alle übergeschnappt?»

Gegenfrage: Was treibt die Brüder, sich ihrem erklärten Intimfeind in die Arme zu werfen? Die Angst vor dem sinkenden Wert ihrer 26-Prozent-Schachtel könnte das Ausgangsmotiv gewesen sein, um durch den Verkauf von 13 Prozent wenigstens die Einstandskosten hereinzubekommen. Aber dann? Nur mühsam kann sich Frieder Burda auf das Interview konzentrieren, als er im «heute-journal» dazu befragt wird. Es geht den Multimillionären um so schwer Qualifizierbares wie... ernstgenommen und eingebunden zu werden, um «eine gemeinsame Unternehmenspolitik», aber eben auch um den menschlichen Faktor. Formal gesehen nämlich können sie sich nicht beklagen. In keiner Aufsichtssratsitzung bei Springer sind die beiden F-Brüder, zuvor auch Hubert Burda, überstimmt worden. Im Gegenteil: Erst der Nachlaß ermöglichte mit seinem Stimmverhalten während der letzten Hauptversammlung den Einzug von Franz Burda in den Aufsichtsrat, nachdem die Anmeldung der Burda-Stimmen verschlampt worden war.

Dann kommt der Tag der Betriebsversammlung. Der riesige Saal im Congreß Centrum am Hamburger Dammtor-Bahnhof ist randvoll gefüllt, als Peter Tamm seine kurze, kämpferische Rede hält. «Wir brauchen nicht in Schwung gebracht zu werden!», betont der Vorstandsvorsitzende. «Wir haben frühzeitig investiert!» Und: «Das Unternehmen ist finanziell kerngesund!» Der Betriebsrat faßt auf seiner Pressekonferenz die Sache noch von einer anderen Ecke an. Nach seiner Meinung geht es «nicht nur um sehr viel Geld», sondern auch «um politische Macht». Aber «zuviel publizistische Macht, wie sie in dem hier angestrebten Medienverbund gesucht wird, halten wir auch im demokratischen Sinne für höchst gefährlich». Wenige Tage darauf wird eine Umfrage bekannt, die sich bei 100 Inhabern von Werbeagenturen, bei Mediaplanern, Journalisten und Presse-Grossisten nach der Einschätzung der Situation erkundigt hat. Nur drei Prozent von ihnen sehen in Leo Kirch den Wunschkandidaten der Inhaber-Regelung.

Das sind erste Stopper in der so selbstgewiß programmierten Übernahmestrategie. Denn die Zustimmung der Öffentlichkeit oder doch der branchennahen Journalisten und Media-Leute ist ganz wichtig bei solchen Manövern. Eine freundlich gestimmte publizistische Begleitmusik muß die Radikalität des Zugriffs und häufig genug auch die Verletzung von Sitte und Gesetz vertuschen sowie das Image der beteiligten Finanziers aufputzen.

Kirch-Sprecherin Armgard von Burgsdorff schafft das diesmal nicht. Kein einziges Zitat ihres Herrn geschweige denn ein Interview dringt nach draußen. Leo Kirch hat sein Pulver schon im Herbst 1987 verschossen. Noch einmal will er sich nicht um Kopf und Kragen reden. Der märkischen Adeligen, «Armgard» genannt nach der «blassen Komtesse» in Fontanes Roman «Der Stechlin», als Pressereferentin des Bundesverbandes der Deutschen Industrie und danach der Deutschen Bundesbank im PR-Geschäft erfahren, gelingt es nicht, aus dem Dunkelmann einen weißen Riesen zu machen.

Der externe Public-Relations-Berater Klaus J. Stöhlker, an weniger Rücksichtnahme gebunden als die Pressesprecherin, wäre da vermutlich erfolgreicher gewesen. Dieser Deutsche mit Sitz in Zürich hat den Ruf, ein besonders kompromißloser Kämpfer für seinen Auftraggeber zu sein, nach eigener Definition ein «Bergführer, der einen Kunden rasch und sicher ans Ziel bringt». Was hat Kirch mit Stöhlker zu tun? Im engeren Sinne vermutlich nichts. Aber Stöhlker ist der PR-Mann hinter dem Aufstieg des Finanziers Tito Tettamanti von einer klandestinen, geheimnisumwitterten, öffentlichkeitsscheuen Persönlichkeit zum «Medienstar» («Weltwoche») und akzeptierten Mitglied der Geld-Society. Und was hat Tettamanti mit Kirch zu tun? Möglicherweise sehr viel.

Der Tessiner, hochbelesen, gerne charmant, und damit in seinem polierten kulturellen Ambiente nicht unähnlich einem Franz Burda oder auch Leo Kirch, dieser stets tiefgebräunte Weltmann begann seinen Aufstieg zum Megastar der Finanzwelt mit einer Pleite als ambitionierter Jungpolitiker. Der untriebige «avoccato» mußte seinen Posten als Tessiner Staatsrat wieder räumen, als bekannt wurde, daß er einem befreundeten Grundstückshändler illegalen Nachlaß gewährt haben soll. Damit ist das Stichwort für Tettamantis Ressourcen gefallen: Immobilien. Erst engagierte sich der katholische Christdemokrat im heimatlichen Tessin, dann in Kanada und auch in Asien. Seine Treuhandfirma Fidinam sammelte die Gelder, mit denen in Rio und in Hongkong, in New Orleans und in Toronto die Bürotürme hochgezogen wurden.

Vom Immobiliengeschäft war es dann nur noch ein kleiner Sprung in die allgemeine Makelei, die Tettamanti über seine Financial Group of North Atlantic (FGNA), Sitz in Georgetown auf den Cayman-Islands, betreibt. Jetzt setzte eine Verschachtelungssucht an, die dazu führte, daß der «haarscharf legal» operierende Spekulant zeitweise in über 500 Verwaltungsräten saß, und – laut Spiegel – an rund 1.600 Firmen in aller Welt beteiligt war. Tettamanti sah dieses nicht etwa als Abenteurertum oder Freibeuterei, obwohl er sich selbst als «libertario di destra» (nach Meinung des Schweizer Wirtschaftsmagazins «bilanz» soviel wie: «Rechtsanarchist») bezeichnet. Nein, erklärte er den Redakteuren der Zeitschrift während eines feudalen Mittagstisches in seiner Residenz in Castagnola hoch über dem Luganer See, er sei ein «begeisterter Unterstützer der Unternehmer». Und ein Unternehmer, was ist das? Tettamanti zögert nicht, die Spezies mit dem Feudalherren des Mittelalters zu vergleichen: «Ein Mann, der den Mut hat, das Schwert zu führen.»

Mit dieser Szene sind wir schon mittendrin in der PR-Kampagne, die «Bergführer» Stöhlker entfacht, um «TT» (so nennen ihn seine Bewunderer) in seiner neuen Rolle als «merchant banker» weißzuwaschen. Dazu zählen nicht nur Interviews mit der Wirtschaftspresse; Tettamanti wird auch einem Medientraining unterzogen, bei dem er, schon mal cholerisch, lernt, unbotmäßigen Journalisten entwaffend freundlich zu begegnen. Außerdem wird er vermenschlicht; ein problemloses Repertoire an Privatem, eine Scheinprivatheit, wird Journalisten und Öffentlichkeit zur Bedienung freigegeben, wodurch man zum Beispiel in Erfahrung bringt, daß der Mann mit dem Supergedächtnis nicht raucht und viel schwimmt. Schließlich geht es Stöhlker darum, das unangenehme Wort «Spekulant» aus der Betrachtung Tettamantis zu tilgen. Wie wär's statt dessen mit dem Begriff «aktiver Aktionär»? Tatsächlich gelingt es, diese Sprachschöpfung großflächig unterzubringen. Summa sumarum ein Image-Erfolg, der Kirch mit seiner Interviewserie nicht im Entferntesten beschieden war.

Das Bild vom guten Finanzier ist jetzt fertig. Tettamanti hat gelernt, nicht mehr gar so garstig zu gucken, wenn ihn ein Fotograf auf dem Flughafen von Lugano neben seinem Rolls Royce erwischt. Dennoch bekommt er jetzt ein neues Problem. Die Presse beginnt, einmal neugierig gemacht, in seinen Geschäften und in seiner vita zu graben. Und auf einmal tauchen Zusammenhänge zu Kirch, zu dessen Finanzier, der DG Bank, und sogar zu Springer auf. Die Rechercheure von bilanz, offenbar von PR-Mann Stöhlker doch nicht hinreichend eingelullt, ermitteln, daß die Schweizer Tochter der DG an Tettamantis Kapitalsammelgesellschaft Fidinam beteiligt ist und sie finden heraus, daß Tettamantis Offshore-Firma FGNA in der Karibik unter ihren «spot deals», den möglichen Übernahmeobjekten, auch eine mysteriöse «Company B» aufführt. Das Team von bilanz fragt sich, ob diese Firma nicht etwa der Springer Verlag sein könnte.

Später wird Kirchs Sprecherin von Burgsdorff, wegen ihrer allgegenwärtigen Dementis scherzhaft auch «Dementia» genannt, diese Spekulation als «absurd» bezeichnen; daß die Herren Kirch und Tettamanti sich kennen, gibt sie freilich zu. Noch weitere aktuelle Spuren von Leo Kirch weisen in die Schweiz. Ein ganzer Schwung der Springer-Treuhänder, die für Kirch heimlich agieren, ist im Finanzparadies beheimatet. Dazu zählen Walter Müller und Bruno Rappaport von der Inter Maritime Bank in Genf und Arthur Bolliger vom Bankhaus Maerki, Baumann & Co. AG in Zürich.

Ein leichtes Kräuseln der Nackenhaare bewirkt der Kriegsname «Tettamanti» aber erst in Verbindung mit den damals wohl aggressivsten Übernahmespezialisten der Welt, der Maklerfirma Coniston Partners in New York. Tettamantis FGNA soll an dem Raider-Trio zu fast 30 Prozent beteiligt sein. Das ist der Stand 1988. Zwei Jahre darauf wird Paul C. Martin in seiner Titelgeschichte für das Burda-Wirtschaftsmagazin «!Forbes» noch einen Schritt weiter gehen. Er bezieht sich auf Recherchen zweier ehemaliger CIA-Agenten, die Tettamanti als «stillen Hintermann» von Coniston ausgemacht haben wollen. Und das Investment-Blatt «Barron's» aus dem renommierten amerikanischen Dow Jones Verlag wird mit der Vermutung zitiert, «daß Coniston Partners nur ein Faden in einem Gewebe von mysteriösen Firmen ist, die der schattenhafte Schweizer Investor zusammenge webt hat».

Coniston wurde bekannt durch seinen Coup gegenüber dem Mischkonzern Allegis, der mit einer Übernahmedrohung zerschlagen werden konnte; beim Verkauf der Einzelteile – darunter die Mietwagenfirma Hertz und die Hotelkette Hilton International – kassierte Coniston in kurzer Zeit über 150 Millionen Mark. Coniston ist aber auch, behauptet «!Forbes»«, als Anleger für Georg Heinrich Thyssen-Bornemisza tätig, der seit Jahren als Nachfolger seines Vaters Heini an der Spitze des Familienkonzerns steht. Umsatz von Thybo: 4,5 Milliarden Mark. Weitere Information: Der alte Baron sammelt Kunst, der junge scheut die Öffentlichkeit – die im Umfeld von Kirch bekannten Koordinaten. Begründete Spekulation: Flossen Thyssen-Gelder über

Tettamanti und die DG Bank zu den Treuhändern, die für Kirch Springer-Aktien kauften?

Bei Tettamanti ist keine Verquickung, und klinge sie noch so abenteuerlich, auszuschließen. Der «Rechtsanarchist»«, ein Risikospieler wie Kirch, steht im Mittelpunkt eines weitverzweigten Beziehungsgeflechts der europäischen Finanzwelt. (Die folgenden Angaben in diesem Absatz beziehen sich auf Informationen des italienischen Magazins «Avvenimenti».) Dabei ist die politische Grundierung von Tettamantis Aktivitäten nicht zu übersehen. Als Freund des ehemaligen Vizepräsidenten des Banco Ambrosiano, Orazio Bagnasco – die Bank war in einen Skandal um Mafia- und Vatikan-Gelder verwickelt. Als Befürworter der katholischen Geheimorganisation «opus dei» – der konservativen Leibgarde des Papstes, die viele Schaltstellen im öffentlichen Leben besetzt. Oder als Sozius des Rechtsanwalts Giangiorgio Spiess – der Advokat vertritt den Gründer der italienischen Geheimloge P 2, Licio Gelli.

Tettamanti war es offenbar auch, der – neben noch dubioseren Quellen – über seine Verbindung zum Banco Svizzera Italiana (BSI) Startkapital für den italienischen Medienmogul Silvio Berlusconi beschaffte; der Geschäftsfreund von Leo Kirch amtiert inzwischen als Ministerpräsident einer Koalitionsregierung, an der auch die neofaschistische Partei beteiligt ist. Und die BSI lieh nach Informationen des stern der «Kommerziellen Koordinierung» von DDR-Devisenbeschaffer Schalck-Golodkowski ihre bürgerliche Fassade, als sich die KoKo in der Schweiz einkaufte.

1988 steht der schillernde Tettamanti ganz oben auf der Animositäten-Hitparade der Springer-Seite. Er könnte ein Hintermann des geplanten Handstreiches sein, denn wenige Monate zuvor hatte der Anwalt in der Schweiz einen Coup versucht, der in vieler Beziehung an das Take-over bei Springer erinnert. Denkbar, daß der Kampfbegriff «Syndikat», den Friede Springer und die anderen Nachlaßverwalter jetzt ins Feld führen, sogar der Schweizer Affäre entlehnt wird. Denn als «Syndikat» bezeichneten sich Tettamanti und seine Bundesgenossen selbst, als sie – Kennwort «Estate» – damit begannen, einen großen Teil der Aktien des Sulzer-Konzerns aufzukaufen. Wie bei Springer mußte dieses über Strohmänner geschehen, denn die Papiere des Winterthurer Maschinenbauers waren genauso vinkuliert wie diejenigen des Hamburger Verlages.

Jeder Treuhänder hatte sich auf rigorose Bedingungen einzulassen. Wie Kirch und Burda kannte auch Tettamanti Sanktionen für den Fall, daß einer abspringen wollte. Mehr noch: Jeder Syndikalist gab seine gesamte Bewegungsfreiheit «unwiderruflich» bei der «Leitung» des Stoßtrupps ab. Besonders happig der Punkt «3.2. Austritt aus dem Syndikat». Danach war es einem Mitglied «nicht gestattet», aus dem Syndikat auszutreten, «es sei denn im Zeitpunkt der Auflösung des Syndikats oder dann, wenn das Mitglied die entsprechende Zusage aller Mitglieder der Syndikatsleitung erhalten hat». Jetzt weiß Springer, mit welchen Bandagen unfreundliche Übernahmen betrieben werden.

Bei Sulzer ging sie gleichwohl schief. Die Vinkulierung der Aktien, obwohl durch Tettamantis Strohmänner ausgehöhlt, hielt. Ja, sie wurde sogar noch strikter gefaßt. Der Verwaltungsrat des Konzerns beschränkte den Erwerb der Namensaktien auf 0,5 Prozent oder 1000 Stück. Auch recherchierte das Management, daß etliche der Treuhänder sich mit fremdem Geld bei Sulzer eingekauft hatten. Der Brief einer Bank an den Syndikatsleiter Tettamanti belegt, daß diese «ein Finanzdarlehen an eine von Ihnen vertretene Person oder Gesellschaft, deren Identität nur Ihnen bekannt ist», gewähre. Und: «Das Darlehen ist für den Kauf von Aktien 'Estate' bestimmt.»

Woher das Geld für den versuchten Deal kam, ist bis heute unbekannt. Hatte es mit den Quellen zu tun, aus denen sich auch die Kirch-Treuhänder versorgten? Wolfgang Riester, der Direktor der Schweizer DG Bank, könnte Auskunft geben. Er gehörte zu den wenigen Freunden von Tettamanti, die über die aufgekauften Sulzer-Aktien verfügen konnten.

Wie immer, diesmal muß Tettamanti den Kürzeren ziehen. Er verkauft das Paket des Syndikats mit Einverständnis des Sulzer-Managements an einen anderen Finanzier, der auf dem Weg von der kompletten Undurchsichtigkeit zu einer PR-gestylten Transparenz ebenfalls schon einige Stationen hinter sich gebracht hat: Werner K. Rey, den Lenker der Omni Holding AG. Während sich Tettamanti auf sein legal gehaltenes Aktienpaket von zehn Prozent bei Sulzer zurückzieht, läßt sich Rey als Retter des Konzerns, im Aufkäufer-Kauderwelsch «weißer Ritter» genannt, feiern.

Sein Image hält allerdings nicht lange vor. Anfang der 90er Jahre wird das Kartenhaus des überschuldeten Omni-Gründers zusammenstürzen – nicht ohne einen Blick auf Umfeld und Persönlichkeit des publikumsscheuen Pumpgenies freizugeben, bei dem vieles an Kirch erinnert. Reys Panoptikum beginnt mit erprobten Kirch-Vertrauten wie dem Münchner Rechtsanwalt Reinhold Kreile und dem Schweizer Treuhänder Ernst Bossard. Es führt über eine erste Begegnung mit dem allmächtigen, in der Schweiz residierenden Handelskonzern Metro zu solchen Einsichten: Rey, in seinem Kommunikationsverhalten ein Telefonartist wie Kirch, war aus dem Nichts zu schierer Größe aufgestiegen, sammelte dabei Ja-Sager und Abhängige um sich, betrachtete die Welt vornehmlich als Börse und kaschierte dieses höchst eigennützige Konzept mit Vokabeln wie «Synergie» und «Medienverbund» –, ein typisches Produkt der 80er Jahre, des Jahrzehnts der Gier, und auch insofern Kirchs Griff nach der Macht bei Springer vergleichbar, der nicht von ungefähr im heißesten Jahr dieses überhitzten Jahrzehnts geschieht.

Übernahmeversuche, selbst wenn sie so rücksichtslos vorgetragen werden wie bei dem schweizerischen Sulzer-Konzern, können scheitern. Und so ganz nach Plan scheint der Handstreich bei Springer auch nicht zu laufen. Als erster bekommt Deutschbanker F. Wilhelm Christians kalte Füße. Der Finanzdiplomat wird nach Rückkehr von einer Moskaureise durch die Syndikatspläne überrascht; er war noch von einer Viererlösung ausgegangen. Daß sein Name bereits als Aufsichtsratsvorsitzender gehandelt wird und er Servatius als Kampfkandidat vom Thron stoßen soll, schmeckt dem «Krawattenmann des Jahres 1979» überhaupt nicht. An jenem Dienstag, an dem der Platow-Brief mit seiner sensationellen Meldung herauskommt, versucht Christians, die Burda-Brüder und Kirch von ihrem Plan abzubringen – erfolglos. Noch am gleichen Tag muß er sich von seinen Vorstandskollegen im Frankfurter Glaspalast der Bank unbequeme Fragen anhören.

Kurz darauf schlägt sich Christians auf die Seite der Kirch-Gegner. In der vorsichtigen Sprache seines Milieus liest sich das so: «Solche Meldungen (er werde den Vorsitz im Aufsichtsrat einnehmen) sind ohne mein Zutun in die Welt gesetzt worden.» Unklar bleibt in diesem Zusammenhang die Rolle von Alfred Herrhausen, dem Nachfolger von Christians als Sprecher der Bank. Es gibt Indizien dafür, daß er – mit Kirch befreundet und den Kirch-Gönner Kohl beratend – für eine rasche Erledigung des Themas «Springer» plädiert. Doch dagegen stehen – nicht gleichwertig seriöse – Informationen, er habe zu mehr Zurückhaltung der Bank gemahnt.

Damit können die Frankfurter nur gewinnen. Haben sie doch von Anfang an bei Springer «eine unglückliche Rolle», so das manager magazin, gespielt. Ihr Hin und Her zwischen großspurigem Auftreten (vier Mandate im Aufsichtsrat) und Kleine-Brötchen-Backen (man wolle nur den Moderator mimen), zwischen der Unterstützung von Kirch und derjenigen der Erben, hat den Machtkampf hochgeschaukelt. Schlimmer noch: Die Deutsche Bank hat ihn überhaupt erst verursacht.

Als Axel Springer Teile seines Hauses verkaufen wollte, hatte ihm Christians zunächst die «Industrielösung» präsentiert. Nur wenige Wochen später zauberte er ein anderes Kaninchen aus dem Hut. Jetzt hieß die Devise: Going public. Um nicht wie beim ersten Vorschlag eine öffentliche Debatte über verlagsfremdes Kapital und dessen Einfluß führen zu müssen, sollten vinkulierte Namens-Aktien garantieren, daß niemand gegen die Verlegerseite Stimmen und Einfluß sammeln konnte. Das Gespräch über diese Variante wurde auf der Ägäis-Insel Patmos geführt, auf der Axel Springers Lieblings-Evangelist Johannes die Eingebungen zu seinen Endzeitvisionen gehabt haben soll und wo der Verleger ein Refugium besaß. Nun, die Apokalypse ließ tatsächlich nicht lange auf sich warten.

Als erstes überkam Christians die Angst vor der eigenen Courage. Ein solches Medienunternehmen hatte man noch nie beim Börsengang begleitet. Was, wenn sich nicht genügend Aktionäre finden würden? Christians plädierte dafür, vorab von den 49 Prozent ein Zehnerpaket abzuspalten und dieses dem bereits danach lechzenden Leo Kirch zu dedizieren. Und noch eine – vermeintliche – Sicherheit arrangierten die Frankfurter. Um die Nachfrage nach dem Papier anzuregen, setzten sie den Emissionskurs bewußt niedrig an. Mit 335 Mark pro Aktie wurden eine Überhitzung der Aufstiegskurse und damit auch deren Talfahrt geradezu programmiert – ein schwerer Fehler der im Mediengeschäft unerfahren Analysten.

Schließlich versuchte Christians sogar noch, dem schwer kranken Verleger die Testamentsvollstreckung abzuluchsen. Der Nachlaß sollte in eine GmbH unter maßgeblicher Beteiligung der Deutschen Bank eingebracht werden. Alles schien dafür vorbereitet zu sein, da ließ Springer in letzter Minute das Projekt wieder stoppen. In einem anderen Punkt dagegen konnte sich Christians durchsetzen: Er verhinderte, daß Springers Vertrauter, der Journalist Ernst Cramer, zum Vorsitzenden des Aufsichtsrates bestellt wurde. Der Job ging an Servatius.

Als dann die Aktien an die Börse kamen, mußten sich Öffentlichkeit und potentielle Anleger getäuscht sehen. Von «breiterer Streuung» war im Emissionsprospekt die Rede und davon, daß «weder unternehmerischer noch medienpolitischer Einfluß» durch die Aktionäre erwünscht sei. Doch hinter den verdeckten Karten war das zum Verkauf freigegebene Grundkapital bereits erheblich heruntergedrückt worden und der Einfluß von Kirch zeichnete sich schon frühzeitig ab. Die Banker hatten, wie Servatius spitz moniert, «Regelungen als wasserdicht dargestellt, die es nicht waren».

Jetzt, im Frühjahr 1988, wird schon wieder laviert. Eben noch hatte sich Christians dem Pool verweigert, da scheint das Pendel wieder zur anderen Seite hin auszuschlagen. Der Vorstandssprecher der Deutschen Bank, eine Art Herrgott seiner Zunft, sperrt sich nämlich, den brisanten Poolvertrag zur Einsichtnahme an Servatius herauszurücken. Erst am 7. April, fünf Wochen nach der Paraphierung durch Burda und

Kirch, hält der Hamburger das Papier in Händen. Alles in allem kein gradliniges Plädoyer für die Beteiligung von Banken am Mediengeschäft.

Ähnlich wie Christians wird auch anderen Poolpartnern die Sache zu heiß. Schon am 30. März versucht Frieder Burda, einen ersten Haken zu schlagen: «Poolvertrag? Es gab einen Entwurf, der ist längst zerrissen, den brauchen wir doch gar nicht.»[16] Diese Äußerung läßt aufhorchen. Sie schließt zwar ein gemeinsames Abstimmungsverhalten zwischen Burda und Kirch auf der nächsten Hauptversammlung nicht aus – denn dazu bedarf es keines Vertrages. Doch sie wird von den Beobachtern des Übernahmespektakels auch so interpretiert, daß der Investor aus Baden-Baden sich einen Rückzug auf die Verlegerseite nicht vollständig vermasseln will.

Nachzutragen ist, daß Springers ehemaliger Chef-Journalist Günter Prinz – jetzt im Burda Verlag in gleicher Position – frühzeitig versichert, es gäbe überhaupt «keinen Grund», nach Hamburg zurückzukehren. Später dementiert auch Werner E. Klatten: Tamms Position als Vorstandsvorsitzender sei ihm weder von «autorisierter noch von nicht autorisierter Seite angeboten worden». Er stehe «für keine andere Aufgabe als für die bei SAT 1» zur Verfügung. Das Terrain für den Konter der Springer-Erben scheint vorbereitet zu sein. «Man hat uns unterschätzt. Wir treten an!», läßt sich resolut die zierliche Witwe Friede Springer vernehmen.

Ihr kämpferisches Engagement könnte sich aber auch erübrigen. Dann nämlich, wenn das Bundeskartellamt den Zusammenschluß der Kirch- und Burda-Stimmen untersagen würde. Und das ist Ende März durchaus wahrscheinlich. Gleich einen Tag, nachdem der Pool bekannt geworden war, hatten sich die Berliner Wettbewerbshüter an Kirch und an die F-Brüder mit einem Schreiben gewandt, in dem sie auch nicht den Hinweis aussparten, ein solcher Zusammenschluß sei bereits «vor dem Vollzug» bei ihnen anzumelden. Zwar beruhigte Kartellamtssprecher Hubertus Schön die Koalitionäre: Diesem Fall sei die «Untersagung nicht sofort auf die Stirn geschrieben». Aber eine Genehmigung sei damit «auch noch nicht gelaufen».

Die drei Über-Unternehmer mußten sich etwas einfallen lassen. Denn an dem Sachverhalt – daß Kirch 26 Prozent des Grundkapitals in seine Verfügung gebracht hatte – war auch bei schonender Betrachtung nicht mehr zu rütteln. Darauf hatte bereits im Sommer 1987 sein Brief an Servatius gezielt; und dieses war Gegenstand der Mitteilung des Aufsichtsrates vom Dezember letzten Jahres, man werde die Aktien nicht umschreiben. Vor allem signalisierte der Poolvertrag selber den Fakt nur zu deutlich. Wie könnten sonst vom Kirch-Anteil 13 Prozent an einen weiteren Großaktionär abgegeben werden? Wozu sollte man sonst, wie in den Schlußbestimmungen des Vertrages vorgesehen, auf der Hauptversammlung gemeinsam abstimmen? Warum sonst – wenn nicht auf der Basis eines 26-Prozent-Anteils von Leo Kirch am Verlag – sollte die Vereinbarung dann enden, «wenn der Aktienbestand der Vertragsparteien unter 52 Prozent sinkt»? Und auch das Argument, hier agierten nur Treuhänder, konnte nicht verfangen. Paragraph 23 des Gesetzes gegen Wettbewerbsbeschränkungen zählt eindeutig auch jene Teile zu einer Unternehmensgruppe, die «einem anderen für Rechnung eines dieser Unternehmen gehören».

Doch das unwahrscheinliche Manöver gelingt. Der geschickte Jurist Joachim Theye kann den Kartellbeamten im ehemaligen Flughafengebäude von Berlin-Tempelhof vorgaukeln, Kirch besitze in Wirklichkeit nur zehn Prozent. Die anderen Aktionäre, die im Sommer letzten Jahres gegen den Einzug von Franz Burda in den Springer-Aufsichtsrat gestimmt hatten, seien mehr oder minder zufällig dabei, sie fänden die Strategie des Münchner Filmhändlers eben «sympathisch». Und das Kartellamt – ihm liegt offenbar der Poolvertrag nicht vor – liest diese Version dem Anwalt von den Lippen ab. Danach teilt die Behörde der überraschten Öffentlichkeit mit, Kirchs Springer-Prozente lägen noch «weit weg von 25 Prozent» und damit sei für das Amt die Luft aus der Affäre. Die bereits drohende Geldbuße von bis zu einer Million Mark, die das Gesetz für alle Benutzer von Schleichwegen vorsieht, ist vom Tisch. Aufatmen in München und Baden-Baden, Ratlosigkeit auf den Chefetagen von Springer.

Einen Monat später klingen die Ansagen aus dem Berliner «Kontrollturm» schon wieder ganz anders. Den Beamten sind neue Zweifel an den Auskünften der Poolpartner gekommen. Deshalb erlassen sie am 13. Mai 1988 einen förmlichen Auskunftsbeschluß. Mündlich vorgetragenes Taktieren soll ersetzt werden durch präzise Angaben, die sich jetzt dem Stellenwert eines Eides nähern. Kirch hat 14 Tage Zeit, sich eine gescheite Antwort zu überlegen. Ende Mai gehen die erforderlichen Papiere aus München in Berlin ein. Ihre Aussagen werden für «unzureichend» gehalten. Deshalb entschließen sich die Berliner «nachzuhaken». Eigentlich muß jetzt die Affäre platzen: Kirch kann den bei Gelegenheit auch hochpeniblen Nachforschern nicht länger eine Komödie vorspielen.

Doch in dieser Situation, mit dem Rücken zur Wand, ist ihm noch immer etwas eingefallen. Diesmal heißt die Devise: Wenn du jemanden nicht schlagen kannst, umarme ihn! Die Beamten müssen in ihrem Überprüfungseifer nicht behindert, sondern bestärkt werden! Also teilt Kirch den Prüfern Mitte Juli artig mit, er habe die Absicht, seine Beteiligung am Springer Verlag von zehn auf über 25 Prozent aufzustocken. Ob das denn rechtens sei?

Mit diesem Schachzug gelingt es ihm, die Aufmerksamkeit der «Kartellis» umzupolen. Nicht mehr der umstrittene Poolvertrag steht jetzt im Mittelpunkt der Nachforschungen, sondern die perspektivische Frage, ob denn ein Unternehmer aus dem Bereich der elektronischen Medien sich an einem Unternehmen beteiligen dürfe, das seinen Schwerpunkt in den gedruckten Medien hat. So ist das Okay programmiert. Ende November wird das Bundeskartellamt das, was schon längst Realität ist, genehmigen: die über 25 Prozent von Kirch an Springer. Kirch kann einen Anschein von Seriosität um sein Engagement weben. Krönung der Posse wird Ende des Jahres die Mitteilung aus München werden, jetzt besitze man «unmittelbar und mittelbar» eine Beteiligung von über 25 Prozent am Grundkapital der Berliner Aktiengesellschaft.

Aber da sind ihm die Felle bereits davongeschwommen. Am 20. April 1988 soll der Poolvertrag zwischen den Burda-Brüdern und

Kirch in Baden-Baden rechtskräftig unterzeichnet werden. Wenige Tage vor diesem Datum ist es dem Nachlaß gelungen, wieder Kontakt zu Franz und Frieder Burda aufzunehmen. Am 16. April führt der Aufsichtsratsvorsitzende Bernhard Servatius erste Gespräche; am 19. April, einen Tag vor der unheilvollen Ziellinie, reisen am frühen Morgen vier Hamburger mit einem Privatjet in die Stadt an der Oos. Die Testamentsvollstrecker Servatius und Ernst Cramer sowie die Vorstände Peter Tamm und Erhard van Straaten wollen Burdas Anteil zurück nach Hamburg holen.

Die Verhandlungen beginnen morgens um 10.00 Uhr. Man hat viel zu bereinigen, atmosphärisch wie geschäftlich. So wird auch die Mittagspause nur im Stehen eingenommen, gegen Abend aber zeichnet sich die Sensation ab. Um 19.00 Uhr unterschreiben beide Seiten ein Abkommen, wonach die 26 Prozent der Burda-Erben wieder in die Hände der Springer-Erben übergehen. Und dann wird gleich der Deckel draufgesetzt. Um vollendete Tatsachen zu schaffen, müssen Tausende von Wertpapieren auf ihrer Rückseite gemeinsam von Vorstand und Aufsichtsrat abgezeichnet werden. Erst mit diesem Übertragungsvermerk sind die vinkulierten Namensaktien Eigentum des neuen Inhabers. So wird es spät in der Jugendstilvilla am Rande des Schwarzwalds, bis alles unter Dach und Fach ist.

Früh am nächsten Morgen klingelt bei Kirch das Telefon. Frieder Burda ist am Apparat und teilt seinem ehemaligen Partner lakonisch mit: «Wir haben gestern abend verkauft.» Kirch und Theye sind wie vom Donner gerührt, die Brüder verabschieden sich flugs, «als würden sie verfolgt»[17], nach Südfrankreich und Nordamerika. Eine ratlose, verblüffte Öffentlichkeit staunt über das Happy-End, das man den «Springers» nicht mehr zugetraut hatte. Im Verlag aber wird gefeiert. «Verlierer scheint Kirch zu sein», kommentiert die FAZ den Vorgang.

Was war geschehen? Wieso haben Franz und Frieder ihr Image, nur professionelle Erben zu sein und eben nicht die selbsternannten «Verleger», so schulmäßig eingelöst? Die Antwort kann nicht eindeutig ausfallen. Wieder spielen Einschätzungen, Abneigungen, spielt immaterielle «Chemie» bei den Multimillionären eine wichtige Rolle.

Also: Einen Poolvertrag mit Springer, den wollten die Brüder nicht mehr – dafür war zuviel Porzellan zerschlagen worden. Aber auch mit Kirch hatte man einschlägige Erfahrungen gemacht. Die Vierer-Lösung, den Burdas am sympathischsten, hatte Kirch nur zähneknirschend mitgetragen. Für einen Einmarsch bei Springer, der dann konsequent sein mußte, glaubten die beiden, nicht die notwendige Nervenstärke zu besitzen. Nicht von ungefähr betonen sie nach dem Verkauf, eine unfreundliche Übernahme «nach amerikanischem Muster» sei völlig ausgeschlossen gewesen. Auch konnten sie sich ausrechnen, und dieses wird wohl der Hauptgrund für den Verkauf gewesen sein, daß ihre Partnerschaft mit Leo Kirch nicht halten würde. Gerade zwölf Monate, so das ihnen zugetragene Gerücht, wollte Kirch die Koalition pflegsam behandeln – nach seinen Maßstäben schon eine ungewöhnlich lange Karenzzeit. Zu allem Überfluß bat auch dann noch ihre Mutter Aenne dringend darum, den Namen der Familie nicht in dem Deal mit Kirch weiter zu verschleißen. Immerhin haben ihre Söhne ein ordentliches Geschäft gemacht. Rund 250 Millionen Mark hatte der Preis für den Kauf der Aktien betragen. Jetzt können sie gut die doppelte Summe verbuchen. Für Springer ein teuer erkaufter Sieg.

So fehlt eigentlich nur noch, daß sich alle Beteiligten bei ihrer Handlungsweise auf das Vermächtnis des großen Verlegers beziehen, nach dessen Tod der Streit die Hollywood-Dimensionen erst angenommen hatte. Prompt geschieht dieses auch. Leo Kirch hatte ja schon vorher reklamiert, er möchte «im Sinne von Axel Springer» – Kirch hat Springer nie persönlich kennengelernt – «das Unternehmen weiterführen». Die Erben und die Testamentsvollstrecker sind mit der Legitimation, als einzige zu Recht, ebenfalls gut ausgestattet. Jetzt wird auch der Verkauf der Aktien in diese Richtung umgemodelt: «Die Herren Franz und Frieder Burda», so heißt es in ihrer gemeinsamen Erklärung, sind überzeugt, «damit auch im Sinne des Vermächtnisses Axel Springers gehandelt zu haben».

In dem Genre zwischen Lächerlichem und Ernsthaftem, Rationalem und Unvernünftigem, zwischen Überraschungscoup und langfristig angelegter Strategie bewegt sich auch die Nachricht, mit der sich

Kirch nach seiner stumm ertragenen Niederlage bei den Burda-Brüdern wieder bemerkbar macht. Entsprechend seiner eigenen Dramaturgie von Erfolg und Mißerfolg muß es jetzt eine News sein, die positiv besetzt ist oder doch als positiv verkauft werden kann.

So meldet sich München Ende April 1988 mit folgender Information: Die Kirch-Gruppe habe von der DVG Deutsche Vermögensverwaltungs GmbH 49 Prozent des Kapitals der PKS-Programmgesellschaft für Kabel- und Satellitenrundfunk mbH übernommen; weitere zwei Prozent lägen in der Hand von Joachim Theye, dem Rechtsberater des Filmhändlers. Mit diesem Akt, so der Originalton aus der Beta-Straße, «setzt die Kirch-Gruppe ihre Strategie der Diversifizierung auf den Medienmärkten fort».

Nun hatte seit Jahren kein Kundiger mehr geglaubt, die PKS sei, wie stets behauptet, mit Kirch nur über einen Liefervertrag verbunden. Den letzten Treuherzigen wird die Begründung des Bauer Verlages, bei SAT 1 auszusteigen, die Augen geöffnet haben. (Bauer beklagte die Doppelrolle von Kirch bei PKS und SAT 1.) Also nimmt die Branche, wie text intern bemerkt, «die Sache mit Schulterzucken. Schließlich wurde damit ja nur ein Verhältnis legalisiert, über das sowieso jeder sprach». Über diesen eingeweihten Zirkel hinaus hat Kirch jedoch in den Wirtschaftsteilen der großen Tageszeitungen die Überschriften auf seiner Seite. «Leo Kirch steigt ins Privatfernsehen ein», titelt die FAZ. Und im «Handelsblatt» kommt der Händler «seinem erklärten Ziel einen großen Schritt näher, ein Medienunternehmer vom Zuschnitt ausländischer Vorbilder wie Berlusconi in Italien oder Maxwell und Murdoch in den USA und Großbritannien zu werden». Gute Presse ist wichtig, wenn einem angeblich die Schulden bis zum Hals stehen.

Entscheidender jedoch für den Lieferanten ist das Wohlwollen der Abnehmer. Bevor Kirch die Legalisierung seiner Undercover-Position vornahm, wird er sicherlich im ZDF abgeklopft haben, ob nach wie vor die Formel gelte: wer Veranstalter sei, könne kein Lieferant mehr sein. Sie gilt, wie bereits geschildert, zu diesem Zeitpunkt nicht mehr.

Und wieder setzt nervöse Ruhe ein. Nach den Aufgeregtheiten des Frühjahres ist in den Sommermonaten von der Bataille nichts zu spüren. Auch eine Spitzenpersonalie bei SAT 1 kann für keine Schlagzeile mehr sorgen. Wie seit langem absehbar, verläßt Rudi Klausnitzer als Programmdirektor den Mainzer Sender, um sich im Österreichischen wieder so richtig wohlzufühlen. Wolfgang Graß, Geschäftsführer der Werbetochter des Hessischen Rundfunks (HR), übernimmt im Juli das Amt. Der ehemalige Referent des HR-Intendanten und Kirch-Freundes Werner Hess ist Optimist, davon «überzeugt, daß ich recht lange dabeibleiben werde». Und er ist ein schlechter Flunkerer. Behauptet Graß doch schon wie Klausnitzer, es würden «keine Programmentscheidungen in München getroffen».

Auch die Hauptversammlung der Springer-Aktionäre am 17. August 1988 in Berlin schlägt diesmal keine Wellen. Souverän wie stets dirigiert der Aufsichtsratspräside Servatius das Plenum, in dem die Kleinaktionäre nur mit rund 2,5 Prozent vertreten sind. Leo Kirch und sein Gefolge befinden sich nicht im Saal. Trotzdem hinterläßt der Händler seine Spuren. Denn auf der Präsenzliste fehlen in etwa jene 26 Prozent, die auf Kirchs Ticket reisen. Dann ist wieder Ruhe an den Fronten. Beide Seiten präparieren sich für den entscheidenden Gang.

Bevor dieser Countdown beginnt, blenden wir uns noch einmal aus und richten unser Augenmerk auf den Fernsehsender Pro 7, mit dem Kirch bei flüchtiger Betrachtung gar nichts zu tun hat, sowie auf dessen Vorgänger Eureka TV. Wie in einer Nußschale können wir an diesem Thema die so geschickten wie rabiaten Methoden Leo Kirchs studieren; zugleich ergibt sich eine Moritat über die strukturelle Schwäche gesellschaftlicher Kontrolle, die bei den Privatsendern durch die Aufsichtsbehörden der Bundesländer wahrgenommen werden soll, sowie über das Versagen gewisser Kontrolleure.

Aber Vorsicht bei zu schnellen Verurteilungen – als Journalist ist man auch nicht viel besser dran. Um den Spuren von Pro 7 nachzugehen, bin ich wieder einmal in München. Aus dem Fenster meines Hotels kann ich die Gestalt der «Justitia» hoch oben auf der Fassade eines der Regierungsgebäude erkennen und wie sie im Gegenlicht der

Abenddämmerung immer unscheinbarer wird. Die Recherche ist mühsam wie selten zuvor. Wer wirklich etwas weiß, sagt nichts. Wer etwas weiß, sagt ein bißchen. Wer gar nichts weiß, sagt viel. Alle haben sie sich rückversichert. Keiner spielt mit offenen Karten. Und ich laufe Gefahr, angesichts dieser Schwierigkeiten larmoyant zu werden oder, schlimmer noch, hinter jedem Busch einen Indianer zu vermuten.

In München hatte meine sporadische Beschäftigung mit dem Thema «Kirch» vor mehr als 15 Jahren einmal angefangen. An einem heißen Frühsommertag hatte ich in einem Hinterzimmer des Feinschmecker-Restaurants «Käfer» mit dem Mann gesprochen, der danach eine Zeitlang die Rolle des wichtigsten Ratgebers, des «big throat» spielen sollte. (Am Ende dieser Recherche traf ich ihn noch einmal, zum letzten Mal.) Noch einen anderen Informanten hatte ich damals unweit von Kirchs Stadtresidenz kennengelernt und ich war davon überzeugt: Der mußte nun wirklich alles wissen, was zur Debatte stand. Stattdessen traf ich einen ängstlichen Menschen, der mir als erstes gestand: «Ich darf nicht auspacken. Ich habe Familie.»

An diesen Schmäh muß ich mich erinnern, als ich mich am nächsten Morgen auf den Weg zum Flughafen mache. Man hat mir versprochen, ich würde dort «von einem Reisenden» Informationen zu Pro 7 erhalten. Ich kenne den Mann bisher nicht persönlich, der sich dort mit mir treffen will, aber ich habe mich über ihn erkundigt. Die Auskunft geht mir nach: «Er ist clean, weil er haßt. Wenn er nicht hassen würde, wäre er nicht clean.»

Am Eingang zur Lounge kommt er mir entgegen, dabei begleitet von einem langaufgeschossenen dürren Assistenten und einer untersetzten, älteren Frau mit auffallend rot geschminkten Lippen. Wir machen nicht viele Worte. Zwei Aktenordner mit, wie sich schnell herausstellt, Originaldokumenten über Pro 7 sowie die Vorgeschichte des Senders, wechseln den Besitzer. Dann eilt das merkwürdige Trio wieder davon. Ein seltener Glücksfall. Die Ausdauer hatte sich gelohnt. Monatelang hatte ich meinen Gesprächspartner im inneren Zirkel von Leo Kirch immer wieder angerufen und angebettelt, genervt und bei Laune gehalten. Die Investition schien erledigt zu sein, das ewige Gezerre wurde ihm offenbar lästig, als er mir zu verstehen gab, seine Quelle sei «auf einer Insel» verschwunden und auf absehbare Zeit nicht erreichbar. Doch dann, ich hatte es schon nicht mehr erwartet, kam der Hinweis, ich könne am nächsten Vormittag auf dem Münchner Flughafen meinen «Mister X» treffen, was nun auch geschehen ist. Während ich die Dokumente in den Aktenordnern durchblättere und mich dann etwas erschöpft zurücklehne, geht mir durch den Kopf, wie wenig dieses Spiel mit dem von Kirch immer unterstellten «konzertierten Kampagnenjournalismus» zu tun hat. Vielleicht ist es nur Müdigkeit, die einen treibt...

Am 13. Oktober 1988 scheint nach langer Zeit in München einmal wieder die Sonne. An diesem schönen Herbsttag entscheidet sich das Schicksal des seit langem kränkelnden Fernsehsenders Eureka TV und das seines Nachfolgers Pro 7. Zwei junge Leute betreten erstmals die große Medienbühne, ihre Namen werden sich einprägen: der Südtiroler Georg Kofler und Leo Kirchs einziger Sohn, Thomas. Zugleich jedoch könnte dieser 13. Oktober das Datum für einen der raffiniertesten Schachzüge der deutschen Wirtschaftsgeschichte gewesen sein. Wenn er enttarnt und durchschaut würde, könnte daraus das «Cannae» für Leo Kirch, den Imperator aus Münchens Medienvorstadt Unterföhring, entstehen, eine wirklich große Niederlage. Pro 7 ist der, strategisch gesehen, wichtigste Baustein im weitläufigen Puzzle rings um den Medienmogul.

Um 17.11 Uhr schickt die Redaktion der Hamburger Fachzeitschrift «neue medien» eine Eilnachricht an alle angeschlossenen Dienste und Zeitungen: Kirch steigt bei Eureka ein! 59 Minuten später sorgt ein Telex aus München für die offizielle Bestätigung. Darin teilen Gerhard Ackermans, der bisherige Besitzer des Senders Eureka TV, und der Filius des Paten mit, «daß Thomas Kirch eine Beteiligung von 49 Prozent an dem privaten Fernsehanbieter Eureka Television GmbH übernommen hat. 51 Prozent verbleiben bei der Medimedia Programm GmbH». Zum Geschäftsführer sei Dr. Georg Kofler berufen worden, «bisher in der Kirch-Gruppe tätig».

Die Medienwelt ist perplex. Zwei Wochen lang hatten die Kirch-Leute mit Ackermans verhandelt, ohne daß eine Information an die Öffentlichkeit gedrungen war. Jetzt die vollzogenen Tatsachen. Was würde das Bundeskartellamt zu der Transaktion sagen? Was die Länderkontrollbehörden, die Bayerische Landeszentrale für neue Medien (BLM) und vor allem der Lizenzgeber von Eureka TV, die Unabhängige Landesanstalt für das Rundfunkwesen (ULR) in Kiel? Würden sie mehr als nur «Papiertiger», wie die «Frankfurter Rundschau» spottet, abgeben?

Schon wenige Tage nach dem 13. Oktober werden die Fragen noch dringender. Ackermans, so schreibt der Branchendienst «A+I» unter Berufung auf Insider, sollen «höchstens noch 25 Prozent» an Eureka gehören; das Vorkaufsrecht für die restlichen 26 Prozent – das wird anderweitig kolportiert – läge bei Kirch und seinem Rechtsvertreter Joachim Theye. Der solid wirkende Ackermans – ein Strohmann?

Die Problematik hinter dieser Frage liegt auf der Hand. Wenn Ackermans nur als Handpuppe agiert und die Lizenz in Wirklichkeit auf Leo Kirch übertragen wurde, dann ist der Deal hinfällig, denn so etwas verbietet das Gesetz. Aber auch wenn man Thomas Kirch, die andere Variable im Spiel, vorgeschoben hätte und seine unternehmerische Unabhängigkeit nur zum Schein besteht, muß die Lizenzbehörde von Amts wegen einschreiten. Ein weiterer Sender mit einem «Vollprogramm» in der Hand von Leo Kirch, der bereits bei SAT 1 das Sagen hat und am Pay-TV-Programm Premiere beteiligt ist – das verstieße gegen den Rundfunk-Staatsvertrag der Länder.

So steht es Spitz auf Knopf. Schon ein unwiderlegbares Dokument kann die ganze Konstruktion zum Einsturz bringen. In der Sitzung des Bayerischen Medienrates vom 26. Oktober kochen die Gerüchte noch einmal hoch. BLM-Chef Wolf-Dieter Ring informiert seinen Kieler Kollegen darüber; der bittet um «prüffähiges Material», was aber wohl nie eintrifft. Schon klar, die Kontrolleure halten sich zurück. «Gewisse Dinge scheinen klärungsbedürftig», so lautet die weitestgehende Formulierung, zu der sich der schleswig-holsteinische ULR-Direktor Volkram Gebel versteigt.

Bereits die Gründung von Eureka hatte unter keinem guten Stern gestanden. Erst im zweiten Anlauf war es Gebel gelungen, genügend Interessenten für die Sendeerlaubnis einzusammeln. Die Truppe konnte nicht bunter zusammengesetzt sein. Fundamentalistische Christen («Media-Vision») stießen auf einen Schwung Berufsjugendlicher («Music on Television»), die dem Videoclip-Kanal MTV nacheifern wollten, und mit der «Film-Presse-Agentur» (FPA) aus Frankfurt auf Leute mit merkwürdig unklarer journalistischer Kompetenz. Dazu kam als Vierter im Bunde die Firma Medimedia, die gegründet worden war, um in Wartezimmern von Ärzten Videoprogramme über den Bildschirm flimmern zu lassen. An ihr waren der niederrheinische Unternehmer Gerhard Ackermans mit 75 und der im bayerischen Wörthsee ansässige Filmkaufmann Heinz Wehking zu 25 Prozent beteiligt.

Im Oktober 1986 erhielt Eureka schließlich die auf zehn Jahre bemessene Lizenz für ein nicht weiter spezifiziertes Fernseh-«Vollprogramm» über Kabel und Satellit. Freilich, was da wenig später in die Kabelhaushalte tröpfelte, entsprach nun noch gar nicht den «neuartigen Darstellungsformen», die Direktor Gebel stolz angekündigt hatte. Lediglich zweieinhalb Stunden Sendezeit wurden zur Hauptsache gefüllt mit Clips aus dem nahezu kostenlos bezogenen «Worldnet»-Angebot der regierungsoffiziösen amerikanischen Nachrichtenagentur USIA. Das Material schaffte Medimedia herbei und verkaufte den Prüll für 100 Mark pro angefangene Sendeminute an Eureka – insofern nicht nur Anteilseigner, sondern auch Hauptlieferant des Senders. Wehking: «Wir machen das so ähnlich wie Herr Kirch», bei SAT 1.

Die Hilfsformulierung «Testphase» konnte nicht darüber hinwegtäuschen, daß Eureka von Sendebeginn an gegen die Lizenzvorgabe eines «Vollprogramms» verstieß. Doch die Aufsichtsbehörde rührte sich nicht. Auch nicht, als sich Eureka im Frühjahr 1987 als «Erster Nachrichten- und Informationssender» bezeichnete, und damit statt eines «Vollprogramms» ein Profil als Spartenkanal anstrebte. Journalistische Sendungen aber sind teuer. Deshalb bemühten sich die

Medimedia-Inhaber Ackermans und Wehking schon frühzeitig um neue Gesellschafter.

Ob der Münchner Finanzier Albrecht Graf Matuschka, der als solcher ausgerufen wurde, jemals wirklich dazugehörte, ließ sich nicht ermitteln. Mit Sicherheit jedoch zählte er zu den Akquisiteuren, die den von roten Zahlen niedergedrückten Sender – allein zwei Millionen Mark mußten pro Jahr an die Bundespost gezahlt werden – zu neuem Geld und neuer Beweglichkeit verhelfen sollten. So datierte vom 18. Februar 1988 ein streng vertrauliches «Offering Memorandum» der Matuschka-Gruppe, das in holprigem Englisch internationale Anlieger für Eureka interessieren sollte. Inzwischen waren die kleineren Anteilseigner längst abgesprungen, und so wäre das Dokument nicht weiter bemerkenswert, wenn nicht zwei Sätze aufhorchen ließen: «As the sole remaining shareholder, Medimedia, however, does not necessarily comply with the plurality requirements as set forth by the state-media legislation. It is for this reason, that the shareholder bases is to be expanded.» Mit anderen Worten: Ackermans und Wehking wußten, daß die Lizenz seit dem Abgang des letzten Mitgesellschafters auf tönernen Füßen stand.

Dabei mehrten sich die Sturmzeichen. 20 von 134 Mitarbeitern wurden entlassen, das Frühstücksfernsehen, mit viel Trara gestartet, zum 1. Juli 1988 wieder eingestellt. Im Sommer dann gab – «wegen tiefgehender Meinungsverschiedenheiten» (FAZ) – Heinz Wehking auf; seine 25 Prozent am Eureka-Eigner Medimedia übernahm der Multimillionär Ackermans, dem damals 50 Prozent der Mönchengladbacher Handelskette Allkauf gehörten.

Unter der Hand hatte er, der Eureka-Verluste überdrüssig, längst eine zweite Maklerfirma eingeschaltet. Die Communications Equity Associates (CEA) aus Tampa, USA, sollten «10-100 %» von Eureka auf dem Markt plazieren. Das besagte ein bei den Prozentzahlen von Ackermans handschriftlich ergänztes und unterschriebenes «Finder's Agreement», ausgestellt Mitte Juli 1988, abgeschlossen auf vier Monate.

Im September brachte die CEA ihre «Acquisition opportunity» namens Eureka, «West-German News and Information Television Chanel», unter die Interessenten. In der 32-Seiten-Studie wurde das Angebot noch einmal spezifiziert: Ackermans «möchte 75 Prozent seiner Anteile an Eureka für 25 Millionen Mark verkaufen». Wohlweislich ließen die Amerikaner den verräterischen Matuschka-Satz, dieses geschehe wegen der Gesetzesauflagen, weg.

Wenige Tage darauf, am 19. September 1988, zischte um 14.57 Uhr ein Telefax aus dem 16. Stock des Bürogebäudes 100 Crescent Court in Dallas nach München. Vincent Turco, Europamanager der texanischen International Broadcast Systems, wollte gerne nähere Informationen über Ackermans' Absicht einholen, «75-100 % control in the network» loszuwerden. Zu spät? Die Tageszeitung «Die Welt» meldete, Medienmogul Rupert Murdoch habe bereits 51 Prozent von Eureka in der Tasche.

Doch das Rennen um den hochverschuldeten, maroden, kleinen Sender, der nur ein Plus hatte: die lasch kontrollierte Sendelizenz aus Kiel, dieses Rennen war offenbar immer noch nicht gelaufen. Am 4. Oktober lag der Kölner Filiale des Beratungskonzerns Arthur Andersen ein am gleichen Tag in München bei Eureka aufgesetztes Dokument vor, in dem «die wesentlichen Vertragsverpflichtungen» nach dem Stand vom 30. September aufgelistet wurden: 1,8 Millionen Dollar zum Beispiel hatte bisher ein Vertrag mit dem amerikanischen Nachrichtensender CNN gekostet. Solchen Kassensturz konnte nur jemand vornehmen, der sein ganzes Haus verkaufen wollte.

Und um diese Vermutungen geht es dann auch im Oktober 1988, nachdem Thomas Kirch bei Eureka eingestiegen ist. Um der Skepsis endgültig die Spitze zu nehmen, lädt ULR-Direktor Gebel den Geschäftsführer von Eureka zu einer Anhörung nach Kiel ein. Am 22. November 1988 erläutert Kofler die Gesellschafterstruktur des Senders und bedankt sich wenige Tage später artig «für die angenehme und sachliche Atmosphäre». Er fühle sich als Erlaubnisnehmer der ULR «durchaus wohl» und habe «keinerlei Absicht, diesen Status zu verändern». Verbal geschickt, hat Kofler den Spieß umgedreht: Als ob ein Lizenzentzug nicht ihm, sondern der ULR einen Tort antun würde!

Vier Wochen später hat Gebel den anderen Direktoren der Landesmedienanstalten Rede und Antwort zu stehen. Doch die Debatte geht glimpflich aus. Der Kieler wird lediglich, so das Sitzungsprotokoll, angehalten, in einem «feststellenden Verwaltungsakt» die bei Eureka stattgefundenen Veränderungen als «äußerste Grenze» festzuschreiben, was er auch zusagt. Danach akzeptieren alle seine Eureka-Politik. Als einzige Medienbehörde werden die Berliner die Lizenz kurz kassieren, sie neu ausschreiben und sie dann wieder erteilen. Pro 7, so soll der Sender ab Januar 1989 heißen, kann loslegen.

Geschäftsführer Kofler muß jetzt nichts mehr verstecken. Am 16. Dezember hält er die neue, alte Lizenz in Händen. Kurz darauf gibt er erstmals offen zu, «den Großteil des Programms» von der Kirch-Gruppe einzukaufen; schließlich könne man sich Spielfilme «nicht wie Semmeln» an der nächsten Ecke besorgen. «Richtiges Geld» werde für die Software aus Unterföhring bezahlt. Ob Mehrheitseigner Ackermans glücklich mit seinem Engagement sei? Kofler: «In Pro 7 hat er sich verliebt.»

Das Programm der Honeymooner, das nunmehr ab 1. Januar 1989 die Kabelhaushalte – terrestrische Frequenzen gibt es, außer auf Helgoland, noch nicht – beglückt, ist Unterhaltung pur. Eine Mischung aus bereits mehrfach wiederholten Serien à la «Mit Schirm, Charme und Melone» und vereinzelten Spielfilm-Glanzlichtern. Die News sind dem ehemaligen «Informationskanal» jedenfalls «konsequent abgetrieben» worden, bemerkt der Berliner «Tagesspiegel». Von einem «Vollprogramm» kann deshalb nun noch weniger als beim Vorgänger die Rede sein. Aber: Die ULR hält still und die Zuschauer goutieren das Angebot. Im Februar wird ein Marktanteil von 2,1 Prozent in den Kabelhaushalten gemessen. Koflers anfängliches «Bauchsausen» – der Moderationstisch, so erzählt er, wurde erst um 4.00 Uhr morgens vor dem Sendestart geliefert – hat schnell einem schneidigen Selbstbewußtsein über das «völlig eigenständig finanzierte Unternehmen» Platz gemacht. Der Dr. rer. pol. kann nicht ahnen, welcher Sprengsatz am 8. Februar 1989 in einer Suite des Münchner Hotels «Vier

Jahreszeiten», wenige hundert Meter von Kirchs Stadtquartier in der Kardinal-Faulhaber-Straße entfernt, gelegt wird.

Da unterschreibt Gerhard Wilhelm, der kaufmännische Leiter und Verwaltungsdirektor von Pro 7, nach dreiwöchiger Bedenkzeit eine Eidesstattliche Versicherung, in der die Gerüchte vom Herbst allesamt bestätigt werden: Kirch habe – abgesehen von den 49 Prozent, die sein Sohn hält – 24 und sein Rechtsanwalt Theye zwei Prozent an dem damaligen Eureka-TV erworben. Plus einer Option auf die restlichen 25 Prozent, die am 30. Juni 1989 auslaufe. Dieses habe ihm Ackermans bestätigt, den er, Wilhelm, am 29. Dezember 1988 in dessen Haus in Kerken bei Krefeld gegen 11.00 Uhr besucht habe: «Ein Mißverständnis ist nicht möglich.» Inzwischen habe er, so gesteht Wilhelm weiter, erfahren, daß Kirch seine Option vorzeitig eingelöst habe. Wilhelm gibt diese Versicherung, deren Richtigkeit strafbewehrt ist, auf Vermittlung eines Bekannten gegenüber dem Filmproduzenten Helmut Rothschild ab, an dessen Produktionsfirma Commerzfilm der Springer Verlag zu diesem Zeitpunkt mit 50 Prozent beteiligt ist. Monatelang wird das Dokument unter dem Teppich bleiben, bis es im Sommer 1989 allen um die Ohren fliegt.

Zeit genug, um noch einmal zum Schicksalsdatum 13. Oktober 1988 zurückzukehren. Erinnern wir uns: Am frühen Abend, kurz nach 18.00 Uhr, sorgte die Meldung über den Verkauf der 49 Eureka-Prozente an Thomas Kirch für Furore. Damals wußte niemand, an welchem Tag die Verhandlungen abgeschlossen worden waren, geschweige denn, wie sie vonstatten gegangen waren. Heute ist klar: Die Nachricht lief genau 60 Minuten nach dem Ende der Transaktion über den Ticker. Kein Zweifel, an diesem 13. Oktober hattte sich alles Entscheidende abgespielt.

Im Laufe des Tages trafen sich die handelnden Personen in der Kanzlei des renommierten Münchner Notars Prof. Dr. Reinhold Geimer, Maximiliansplatz 10. Es waren dieses, soweit rekonstruierbar, Medimedia-Eigner Gerhard Ackermans samt seinem Anwalt Bernhard-R. Heiss sowie Thomas Kirch und Georg Kofler, die Eureka-Volontäre. Im ersten Amtsakt bestätigte der Notar mit Urkundenrolle

(UR) Nr. G 1921/88 folgenden Vorgang: Ein Geschäftsanteil aus Ackermans' Portefeuille – nämlich der über 61.000 Mark (entsprach 61 Prozent an Eureka, da das Stammkapital 100.000 Mark betrug) – wurde in zwei Batzen zu 51.000 Mark und 10.000 Mark aufgeteilt. Ackermans' Anwalt Heiss übernahm treuhänderisch die kleinere Tranche.

Was Geimer danach mit den folgenden UR-Nummern besiegelte, bleibt unklar, auch wenn der Notar inzwischen behauptet hat, sie bezögen sich auf Vorgänge, die mit Eureka, Medimedia, Ackermans oder Thomas Kirch nichts zu tun haben. Der Nebel lichtet sich erst wieder um 15.00 Uhr. Da wurde Ackermans mit UR-Nr. G 1936/88 – die Uhrzeit steht handschriftlich auf dem Protokoll der Gesellschafterversammlung – zum Eureka-Geschäftsführer ernannt. Entscheidend: Er durfte die Gesellschaft «stets allein» und «uneingeschränkt» vertreten. Auch Kofler wird später auf der dem Registergericht eingereichten Gesellschafterliste diese denkwürdige Uhrzeit vermerken.

Mit der nächsten Urkundenrolle (UR G 1937/88) gab Rechtsanwalt Heiss seine treuhänderisch gehaltenen zehn Prozent an die Medimedia zurück. Jetzt mußte er wohl seine Schuldigkeit getan haben, ohne daß ich wirklich weiß, worin diese bestand. Das würde erst deutlich, wenn die entsprechenden Dokumente den 14 offenen UR-Nummern zugeordnet werden könnten. Eigentlich nicht unwahrscheinlich, daß sie sich zumindest mit dem Thema «Medien» beschäftigen.

Die anschließenden Vorgänge sind dafür wieder einfacher durchschaubar: Mit den UR-Nummern G 1938/88 und G 1939/88 wurden 49 Prozent der Stammeinlagen von Medimedia an Thomas Kirch abgetreten. Das wäre ein normaler Vorgang gewesen, wenn nicht der ehrenwerte Notar Geimer einen doppelten Boden eingebaut hätte. So sollte Thomas Kirch auch dann den Kaufpreis zahlen, wenn, wie offenbar befürchtet, das Kartellamt die Übernahme der Eureka-Anteile untersagen würde. Für diesen Fall erhielt der Kirch-Filius aber das Recht zugesichert, der Medimedia einen anderen Käufer zu benennen, «wobei eine Kaufpreisverrechnung stattfindet», wie es später in einem ULR-Vermerk heißt. Sollte hier vorsorglich ein Strohmann-Geschäft angebahnt werden? Kofler weist das weit von sich. Ackermans habe sich lediglich absichern wollen. Im Gegenzug verpflichtete sich der Verkäufer, Thomas Kirch ein «lastenfreies» Unternehmen zu übergeben. Insgesamt 34.465.502,88 Mark wird er zu berappen haben, wobei am Jahresende sogar ein Überschuß von rund zwei Millionen Mark dabei herausspringt, mit dem vermutlich Abfindungen beglichen werden.

Nachdem Thomas Kirch seinen Anteil in der Tasche hatte, schlug die Stunde von Georg Kofler. Mit der folgenden Urkunde UR-Nr. 1940/88 wurde er zum neuen Geschäftsführer bestellt. Kurz darauf, Ackermans vermerkte mit seiner flach nach rechts kippenden Handschrift die Uhrzeit «17.10 Uhr» auf dem Dokument, legte auch der Kaufmann aus Kerken sein «Amt als Geschäftsführer» wieder nieder. Der Spuk hatte genau 130 Minuten gedauert. Jetzt war er vorbei, das Geschäft gelaufen.

Da zu jedem Vorspiel ein Nachspiel gehört, folgten dann noch einmal vier – inhaltlich nicht bekannte – Urkundenrollen, bevor Geimer mit UR-Nr. 1946/88 die fällige Änderung der Medimedia-Satzung notariell festhielt. Nunmehr konnte sich die Firma, bisher allein den «Bild- und Tonprogrammen für Arztpraxen» zugetan, auch um «Erwerb und Verwaltung von Beteiligungen an jedwedem Unternehmen im In- und Ausland« kümmern; zum Beispiel an Pro 7.

Fazit: 130 Minuten lang war Gerhard Ackermans in der Kanzlei am Münchner Maximiliansplatz alleinvertretungsberechtigter Geschäftsführer des Fernsehsenders Eureka. Wozu dieses gut gewesen sein soll, weiß ich nicht. Denn die Urkundenrollen des Notars Geimer zwischen 15.00 Uhr und 17.10 Uhr sind ostentativ so wasserdicht, als sollte signalisiert werden: Seht her, der Mann konnte nichts drehen! Fragt sich nur, was dann mit den anderen 14 Dokumenten geschehen ist, die davor vom Notar ausgefertigt wurden, während Rechtsanwalt Heiss den Minderheitsgesellschafter von Eureka mimte. Und was in den vier Urkunden steht, die im Anschluß fällig waren.

In jedem Fall scheint seit diesem Tag Heiss das Vertrauen beider Parteien, des Minderheits- wie des Mehrheitsgesellschafters, zu besitzen. Während der verbitterte Eureka-Verwaltungschef Wilhelm am 8. Februar 1989 seine Eidesstattliche Versicherung unterzeichnet, tritt Heiss, «handelnd» für Medimedia und Thomas Kirch, vor den Geimer-Sozius Rüdiger Graf von Stosch. Thema: Umbenennung der Firma von Eureka in Pro 7. Graf Stosch vergibt die Urkundenrolle S 0338/89.

Der nun auch handelsregisterlich beglaubigte Sender hat ein paar ruhige Monate. Kirchs Spielfilme rauschen in die Kabelhaushalte. Die Marktanteile klettern nach oben. Und die Werbewirtschaft beginnt, Spots ins Programm zu drücken, für Alu-Folie, «Werther's Echte» und Kartoffelprodukte von McCain. Kofler mahnt «in aller Bescheidenheit» für seinen «audiovisuellen Feinkostladen» terrestrische Frequenzen an.

Eine Idylle. Aber nur so lange, bis Wilhelms Aussage vom 8. Februar auf dem Tisch des Chefs der bayerischen Lizenzbehörde, Wolf-Dieter Ring, landet, der das brisante Papier am 24. Juli an den für Pro 7 zuständigen ULR-Direktor Volkram Gebel schickt; Eingangsstempel in Kiel: 28. Juli 1989. Doch damit ist der kuriose Stafettenlauf noch nicht beendet. Denn der schleswig-holsteinische Pro-7-Kontrolleur reicht das Dokument aus Wilhelms Feder, so recherchiert der Medienjournalist Klaus Ott, flugs an den betroffenen Georg Kofler in München weiter. Am gleichen Tag, es ist der 1. August, wendet sich Wilhelm laut Ott in einem handgeschriebenen Brief an den Geschäftsführer von Pro 7 mit der Bitte um ein klärendes Gespräch. Das wird auch stattgefunden haben, denn bereits am 3. August hält Kofler eine weitere Eidesstattliche Versicherung Wilhelms in Händen, mit der er seine Aussage vom 8. Februar widerruft: «Nach meinem damaligen und heutigen Wissensstand ist (deren) Inhalt falsch.»

Tags darauf wird Wilhelms Widerruf ergänzt durch einen – allerdings äußerst vagen – Brief, den Ackermans «persönlich/vertraulich» an Kofler schickt, damit er ihn «gerne verwenden» möge, «um den kursierenden Gerüchten über die Beteiligungsverhältnisse bei Pro 7 entgegenzutreten». Der Mönchengladbacher behauptet: «Weder Herr

Dr. Leo Kirch noch Herr Dr. Theye sind meines Wissens irgendwie an Pro 7 beteiligt.» Die Front steht also wieder. Umgehend betont Gebel am 11. August in einer Pressemitteilung, sein Haus habe «alles Mögliche zur Sachverhaltsaufklärung» getan, und er bezieht sich dabei auf Wilhelms doppelten Eid und Ackermans absichtsvolle Arglosigkeit. Am gleichen Tag erstattet Rothschild gegen Wilhelm Strafantrag wegen Verleumdung und falscher Eidesstattlicher Versicherung. Er kann sich den Widerruf seines Beichtkindes nur so erklären, daß Wilhelm von der Kirch-Gruppe «erheblich unter Druck gesetzt» worden sei.

Rothschilds Reaktion wäre gewiß noch härter ausgefallen, wenn er gewußt hätte, daß ebenfalls am 11. August zwei weitere ehemalige Eureka-Manager auspacken. «Im Hinblick auf die wechselvolle Entwicklung» der Wilhelm'schen Aussagen beurkundet an diesem Tag ein Hamburger Notar, was Claus Heinemann, ehemals Programmdirektor von Eureka, und Udo Neuschäfer, sein früherer Stellvertreter, ihm vortragen: Daß Kirch von Ackermans eine Option bis zum 30. Juni dieses Jahres erhalten habe, um alle 51 Prozent von Eureka aufzukaufen; daß Ackermans zwar weiterhin formaler Eigner geblieben sei, wirtschaftlich aber von Kirch freigehalten werde; und daß zwei Millionen Mark von Ackermans geparkt wurden, um Eurekas Verbindlichkeiten abzulösen. Neuschäfer gibt seine Urkunde sogleich für den Springer Verlag frei; Heinemann wird dieses nachtragen. Er setzt am 2. Oktober sogar noch eine weitere Versicherung mit zusätzlichen Details obendrauf. (Heute wollen beide von ihren damaligen Aussagen nichts mehr wissen.)

Am 22. August 1989 (Eingangsstempel der ULR) bekommt Gebel noch eine von ihm angeforderte schriftliche Stellungnahme Koflers ins Haus. In belehrendem Tonfall gibt der Geschäftsführer erneut zu, «den Großteil des Lizenzprogramms von der Kirch-Gruppe» zu beziehen; daraus jedoch eine Abhängigkeit zu folgern, sei ein «ausgesprochen einseitiges Theorem». Weitere Details werde er nicht offenlegen. Schließlich stehe man in einem Wettbewerb, «in dem sich beileibe nicht nur Samariter bewegen».

Da hat der Südtiroler einmal wirklich Recht. Auch auf der Gegenseite macht sich diese Einschätzung breit: Mit Freundlichkeiten läßt sich kein Blumentopf gewinnen. Besonders der Springer Verlag ist über die Eidesstattlichen Versicherungen verbittert. Diese «verläßlichen Hinweise und Unterlagen» belegen nach Meinung des Hamburger Managements, daß sich Kirch an Pro 7 beteiligt hat. Damit aber verstoße der Filmhändler gegen die Konsortialvereinbarung vom 16. Oktober 1986, die bestimmt, daß «sich kein Gesellschafter außerhalb von SAT 1 an einem Fernsehprogramm beteiligen wird».

Mitte Oktober geht deshalb aus der Chefetage des Hamburger Springer-Hochhauses ein Brief an Leo Kirch. Darin wird dem Münchner Multi eine Frist gesetzt: Bis zum 10. November soll er bestätigen, daß er bis zum 30. November «sämtliche Beteiligungen» an Pro 7 aufgibt. Einen Monat darauf bekommt der Vorstand Post aus der Betastraße 1, der Kirch-Zentrale in Unterföhring. Kirchs Antwort ist kürzer. Auf fünf Zeilen blafft er die «Sehr geehrten Herren» an: «Die Kirch-Gruppe ist an SAT 1 nicht beteiligt und daher an SAT-1-Verträge nicht gebunden. Die Kirch-Gruppe ist an Pro 7 nicht beteiligt. Es wäre gut, wenn Sie uns in Zukunft mit derart anmaßenden Briefen verschonen würden.»

Was den Gegenstand des Streits, Pro 7, betrifft, so hat sich das von Kofler angepeilte «Sanierungsjahr» zunächst – das war kaum zu vermeiden – mit einem weiteren erheblichen Minus bemerkbar gemacht. 75.351.378,25 Mark werden Ende Dezember als Jahresfehlbetrag ausgewiesen, bei einem immer noch unveränderten Stammkapital von 100.000 Mark.

Unterm Strich jedoch dürfte Kofler eine positive Bilanz ziehen. Dazu mag er auch den Umstand zählen, daß kurz vor Weihnachten 1989 neue Geschäftsräume in der Unterföhringer Bahnhofsstraße 27 a angemietet werden, nur einen Steinwurf von der Kirch-Zentrale entfernt. Das teure Schwabinger Domizil von Eureka und Pro 7, sicher auch nützlich, um Unabhängigkeit zu demonstrieren, hat ausgedient. Der Mehrheitsgesellschafter Ackermans hatte sich schon vorher vom Hof gemacht. Seit dem 7. November ist seine Medimedia, einst hoffnungsfroh zusammen mit Heinz Wehking betrieben, nicht mehr in München, sondern beim Registergericht im heimischen Krefeld angemeldet. Das Versteckspiel hat für's erste ein Ende. Nach Krefeld geht, was nach Krefeld gehört...

Zurück im Niederrheinischen, läßt Ackermans die Medimedia ungeniert von einer Subalternen vertreten. Susan Morano wird am 24. Januar 1990 als Geschäftsführerin tätig und legitimiert mit ihrer Unterschrift einen von Rechtsanwalt Heiss aufgesetzten Satzungs-Passus. Eine in Mediendingen wohl eher unerfahrene Angestellte führt den Mehrheitsgesellschafter des Medienunternehmens Pro 7, dessen Umsatzerlös von 10,5 Millionen Mark in 1989 auf 43,6 Millionen am Ende dieses Jahres gewachsen sein wird: Das ist schon reichlich dreist. Etwas professioneller wird der Anstrich, wenn einige Monate später Heiss selber in die Geschäftsführung einzieht, nachdem er bereits die Medimedia wie Thomas Kirch vor dem Münchner Notar vertreten hat.

1990 ist Pro 7, von außen her betrachtet, ein stilles Wasser. Keine Lizenzdebatten können die Werbekunden verwirren. So wie die Umsatzerlöse mit einem Plus von mehr als 300 Prozent wahre Bocksprünge vollziehen, katapultieren sich auch die Verbindlichkeiten in die Höhe. Beides hängt eng miteinander zusammen: Je erfolgreicher der Unterhaltungskanal bei Werbekunden und Publikum, desto höher der Beschaffungsbedarf an geeigneten Serien und Spielfilmen – und umgekehrt. Im Herbst dieses Jahres wird groß eingekauft.

Ein riesiges Filmpaket wechselt den Besitzer. Kofler preist die Ware, die überwiegend bei einer Tochterfirma des Handelsriesen Metro erstanden wird, als «quantitativ wie qualitativ herausragend» und die Zeitschrift «Facts & Fiction» nennt einen Wert von rund 800 Millionen Mark. Die gesamte Fernsehbranche reißt die Augen auf: Donnerwetter, das kann sich Koflers Sender, erst seit zwei Jahren auf dem Markt, bereits leisten!

Erst viel später – das Staunen wird nicht mehr gebraucht, weil der tatsächliche Auftritt von Pro 7 noch besser geworden ist – wird Kofler kleinlaut von einem «deutlich» geringeren Umfang des Pakets sprechen und die Übertreibung als «branchenüblichen PR-Zuschlag bei der öffentlichen Bewertung» kennzeichnen. Aber für wieviele Millionen hat Kofler nun wirklich eingekauft? Ich konnte die Zahl nicht präzise recherchieren; auch die Kontrollbehörde ULR kennt sie wohl nicht. Vermutlich dürfte das Paket knapp 300 Millionen Mark teuer gewesen sein – immer noch ein unwahrscheinlich großer Happen für einen Sender mit einem nicht durch Eigenkapital gedeckten Fehlbetrag von 217 Millionen Mark im Jahr 1990.

Die zwei finanzierenden Banken gehen deswegen auch aufs Ganze. Sie lassen sich als Sicherheiten die Lizenzrechte überschreiben und auch die Geschäftsanteile von Ackermans und Thomas Kirch. Hinzu kommen «Rangrücktrittserklärungen» der allerdings nicht sehr umfangreichen Gesellschafterdarlehen sowie «weiche Sicherheiten» unbekannter Art. Beide Institute, die BHF Bank und die Bayerische Hypotheken- und Wechselbank (BHWB) als Hausbank von Pro 7, haben seit längerem Gefallen am Medienzirkus gefunden. Die BHWB gehörte bereits zu dem ersten Konsortium, das Kirch finanzierte, damals noch unter Einschluß der Westdeutschen Landesbank mit Ludwig Poullain an der Spitze. Sorgen des Konsortialmitgliedes Bayerische Landesbank wegen der materiellen Sicherheiten für diese frühen Kredite hatten die Gruppe auseinandergebracht.

Weniger konservativ denkt offenbar die BHF Bank. Sie pflegt enge Beziehungen zu Kirchs Hauptkreditgeber, der DG. Doch sie ist noch frisch im Geschäft mit Bewußtseinswaren. Als 1990 das Imperium des australischen Medien-Hasardeurs, Bierbarons und weltbekannten Admirals-Cup-Seglers Alan Bond zusammenbricht, für den die BHF zwei Jahre zuvor Schuldverschreibungen auf den deutschen Markt gebracht hatte, muß sie erste Blessuren einstecken. Wurde Bonds «Gigantomanie auf Pump» («Börsenzeitung») von den renommierten Frankfurter Privatbankiers falsch eingeschätzt? Später werden die düpierten Anleger Forderungen über 135 Millionen Mark gegen die BHF erheben.

Was Pro 7 an wirtschaftlicher Unterstützung durch die Bank dazugewonnen hat, droht dem Sender auf anderem Terrain verloren zu gehen. Jahrelang hatte Volkram Gebel seine fürsorgliche Hand über das Münchener Unternehmen gehalten. Der Direktor der Kieler Kontrollbehörde hatte dafür gesorgt, daß die Lizenz von Eureka zu Pro 7 wandern konnte. Und daß die vielen Zweifel an der Seriosität der Pro-7-Konstruktion nicht durchschlugen. Doch Ende 1990 scheidet er vorzeitig vergnatzt aus seinem Amt: Der Direktorenposten war ihm nicht automatisch wieder zugefallen, sondern öffentlich ausgeschrieben worden. Sein Nachfolger an der Spitze der ULR heißt Gernot Schumann, wie Gebel zuvor Rundfunkreferent in der Staatskanzlei, aber – nach der durch Björn Engholm gewonnenen Landtagswahl – von der anderen Feldpostnummer. CDU-Mann Gebel hatte, so der Ministerpräsident, eine «unrühmliche Rolle» wahrgenommen. Besonders in Unterföhring fragt man sich: Welches Spiel wird Schumann bevorzugen?

Das Jahr 1991 beginnt für Georg Kofler strahlend. Kurz vor seinem 34. Geburtstag beschließen die Gesellschafter Thomas Kirch und der im fernen Willich residierende Medimedia-Besitzer Gerhard Ackermans, ihm jeweils ein Prozent ihrer Pro-7-Anteile abzutreten. Mit dieser «Erfolgsbeteiligung» erfüllen sie, so heißt es, eine Verpflichtung aus Koflers Vertrag. Da der Unternehmenswert von Pro 7 inzwischen bei mehreren hundert Millionen Mark liegt, gehört der transalpine Jungmanager gewiß zu den am höchsten bezahlten deutschen Wirtschaftsbossen: Rund 2,5 Millionen Mark pro Jahr sind seine zwei Prozent schätzungsweise wert – abgesehen von den Angestelltenbezügen.

Seit der Geschäftsführer auch als Gesellschafter rangiert, hat Rechtsanwalt Heiss einen neuen Kunden gewonnen. Jetzt vertritt er, etwa auf der Versammlung vom 23. April 1991, nicht nur Thomas Kirch und Ackermans' Medimedia, sondern auch den geschäftsführenden Gesellschafter Kofler. Wenn aber Drei in der gleichen Sache den gleichen Anwalt für sich arbeiten lassen, darf getrost von einer Interessenidentität ausgegangen werden. Das Gleichgewichtsgebot des Rundfunk-Staatsvertrages, nach dem jeder Gesellschafter durch zwei andere austariert werden soll, scheint nicht gerade übererfüllt zu sein. Schumann, neu im Amt, bemerkt diesen Fauxpas offenbar gar nicht.

Im übrigen wurde das Gesetz ja schon mehrfach verletzt.

Im Frühjahr 1992 steht in der Unterföhringer Bahnhofsstraße wieder ein Umzug an. Leo Kirchs Firma Beta-Technik, Stammhaus für alle Filmbearbeitungs-Aktivitäten im Konglomerat, vermietet der Pro 7, bisher in der Bahnhofsstraße 27 a etabliert, etliche Räume im benachbarten Gebäude Nr. 28. Flugs siedelt Pro 7 in das neue Domizil um, während sich in dem alten Gehäuse eine hundertprozentige Tochterfirma niederläßt, die MediaGruppe München (MGM) Werbeforschung und -vermarktung GmbH.

Die MGM, darin vergleichbar der RTL-Agentur IPA plus, soll «im eigenen Namen, aber auf Rechnung von Pro 7» Werbezeiten an die Industrie verkaufen und für Dienstleistungen gegenüber den Werbekunden sorgen. Die Auslagerung dieses Betriebsteils hat den Vorzug, daß noch weitere Veranstalter ihre Akquise MGM überlassen können, ohne per se den Anschein zu großer Nähe zu Pro 7 zu erwecken.

Und das klappt. Nur zwei Wochen nach der Abmachung mit Pro 7 hat MGM-Geschäftsführer Michael W. Wölfle den damals noch Tele 5 genannten, wenig später in Deutsches Sportfernsehen (DSF) umfirmierten ehemaligen Konkurrenten von Pro 7 an der Angel. Leo Kirch und der Axel Springer Verlag sowie Kirchs Geschäftsfreunde Silvio Berlusconi, der Medien-Magnat aus Italien, und Michael Ringier, der größte Verleger der Schweiz, teilen sich das DSF-Engagement.

Nach dem Muster des «Geschäftsbesorgungsvertrages» zwischen MGM und Pro 7 wird am 24. August 1992 auch ein Regelwerk zwischen MGM und Tele 5 abgeschlossen. Dabei geht man zunächst recht unbesorgt zu Werke. Bedeutet schon die «weltweit exklusive Vermarktung der Werbung» (§ 1 des Vertrages), daß Tele 5 sich de facto wirtschaftlich aus der Hand gibt, so machen andere Details die Verquickung mit Pro 7 noch deutlicher. Zum Beispiel ist davon die Rede, daß die Sendeplanung der Tele 5 und MGM «täglich in organischer Weise zusammenarbeiten» werden. Oder die Fortsetzung der Festlaufzeit des Vertrages – fünf Jahre – wird gleich mit Mindestprovisionen verbunden (§ 11).

Solch all zu enges Miteinander könnte gefährlich werden. Schließlich ist Pro 7 – neben Kofler persönlich (10 %) und Handelsfürst Otto Beisheim (45 %) – auch an dem Reprisensender «Der Kabelkanal» (DKK) beteiligt. Ein Nahverhältnis zum DSF und eine Verkoppelung mit DKK – nur eines der beiden Engagements wäre gesetzeskonform.

Auch deshalb wohl wird gleich eine zweite Version des Regelwerks aufgesetzt, diesmal «Dienstleistungsvertrag» geheißen. Jetzt arbeitet nicht mehr die Sendeplanung von Tele 5 pauschal mit MGM zusammen, sondern nur die Spot-Disposition des Dienstleisters kooperiert mit dem Sender. Tele-5-Geschäftsführer Donald P. T. McLoughlin wird den neuen Vertrag erst am 3. Dezember 1992 unterschreiben und er fügt dann handschriftlich hinzu: «Nach Änderung i. S. der BLM». Hat die bayerische Kontrollbehörde Kofler einen Fingerzeig gegeben? Wie immer: Ein halbes Jahr später wird die Vereinbarung zwischen der Pro 7-Tochter MGM und Tele 5/DSF wieder aufgelöst. Offenbar war weiterhin zuviel Rauch aufgestiegen.

Es gibt noch ein zusätzliches Indiz für die enge Verschwisterung der Münchner Privatsender. Diesmal fällt es noch eindeutiger aus. Das Stichwort heißt: gemeinsame Spielfilmplanung. Mit Schreiben vom 19. August 1992 schlägt der verantwortliche Spielfilmredakteur von Pro 7, Matthias Peipp, dem Tele-5-Chef McLoughlin «persönlich» eine Liste mit Ersatztiteln für dort im September geplante Spielfilmausstrahlungen vor. Eine rasante Verschlechterung der Programmqualität wäre vielfach die Folge, frei nach der Devise: Tele 5 zeigt nichts mehr her, auf Pro 7 steppt der Bär. Also: für «Cincinatti Kid» am 26. September möge doch bitte «Mein Leben als Bunny» verbraten werden, für «Meuterei auf der Bounty» der C-Film «Angel Dust – die tödliche Droge».

Wenige Tage darauf kommt es noch dicker. Da mischt sich nämlich die Kirch-Zentrale ein. Philipp Riccabona, Chef der Taurus-Abteilung «Spielfilm», beschwert sich per Fax bei Peipp über die immer noch nicht pannensichere Spielfilmersatzplanung. So können etliche der aufgeführten Titel gar nicht mehr eingesetzt werden, weil die lizensierte Ausstrahlung «bereits konsumiert» worden ist, wie Riccabona penibel vermerkt. In einem anderen Fall, der Titel heißt «Annas Geheimnis», schlägt Kirchs Manager vier Ersatznominierungen vor; Pro-7-Peipp möge sie Tele 5 verklickern. Zum Schluß bemüht Riccabona, nach der Papierform keineswegs so umfassend legitimiert, klassischen Arbeitgeber-Tonfall. Er macht damit deutlich, wer hier das Sagen hat: der Leutnant von Leo Kirch.

Als die Berliner Landesmedienanstalt diesen Vorgang später aufgreift, wird ihr entgegengehalten, Peipp sei an Tele 5 nur «ausgeliehen» worden; ein Beleg für die Verquickung von Pro 7 und Tele 5/DSF sei daraus nun wirklich nicht zu gewinnen. Mit Karacho ans Netz: Nach dieser Methode sind die zur Aufsicht über den privaten Rundfunk berufenen Landesmedienanstalten von ihren Gegenspielern immer wieder als Pappkameraden deklassiert worden. Zu dem verheerenden Image trug nicht zuletzt die lahmende Kieler Behörde bei, unter deren Augen Eureka und Pro 7 sich so ziemlich alles erlauben durften.

Doch im Sommer 1992 sollte das Blatt sich wenden. Die Direktoren der Anstalten entscheiden sich, alle privaten Rundfunksender noch einmal auf Gesetzesverstöße hin zu durchleuchten. Im Juni haben sie dazu einen Fragebogen an alle Sender verschickt, jetzt warten sie auf die Antworten. Koflers Schreiben geht am 31. August bei der ULR am Kieler Hindenburgufer ein. In ungewöhnlich freundlichem Tonfall breitet der Pro-7-Manager Allgemeinheiten aus, weigert sich aber, bei der entscheidenden Frage nach seinen «Programmquellen» deutlicher zu werden. Grund: Die «wirtschaftlichen und auch politischen Implikationen der Angelegenheit» ließen befürchten, daß Kopien seiner Auskunft «umgehend auf den Redaktionstischen einschlägig bekannter Publikationen landen werden» – ein Standardargument.

Zwar gibt Kofler zu, einen «nicht unerheblichen Teil» seiner Programme von der Schweizer Medien Handels AG, einem Unternehmen des Kirch-Konfidenten und «Kabelkanal»-Mitbesitzers Otto Beisheim, sowie von der Kirch'schen Taurus zu kaufen. Doch auch im Segment Spielfilme/Serien liege das Quantum dieser Lizenzgeber «jeweils deutlich unter 50 Prozent». Seine Angabe paßt nur schlecht zur bisherigen Formulierung, man kaufe den «Großteil» des Programms bei Kirch ein. Zumindest könnte ULR-Chef Schumann stutzig werden und einen Sachverständigen die Angaben nachrechnen lassen. Nichts geschieht.

Kofler geht sogar noch weiter. Er behauptet schlankweg: «Zwischen Pro 7 und anderen Fernsehveranstaltern findet ein Austausch von Programmen nicht statt.» Komisch – die Spielfilmersatzplanung, die von Pro-7-Mann Peipp für Tele 5 wahrgenommen wird, spricht eine andere Sprache. Auch gäbe es, so Kofler, keine «sonstigen Abreden» zwischen Pro 7 und anderen Fernsehveranstaltern, das Kabelkanälchen (Jahresergebnis Ende 1992: minus 19,6 Millionen Mark) ausgenommen. Nun, das liegt jedenfalls dicht daneben. Denn die MGM, eine 100prozentige Pro-7-Tochter, ackert ja derzeit auch noch für Tele 5.

Besonders verwegen wird Kofler jedoch, als er seiner Gesellschaft «keinerlei rechtliche Bindungen» im Programmeinkauf attestiert. Diese Ansage ist seit Jahren bestreitbar. Aber auch hier wird niemand den Auskunftgeber zur Rechenschaft ziehen. Das Herz, das sich die Direktoren der Landesmedienanstalten mit ihrer Fragebogen-Aktion gefaßt hatten, sitzt längst wieder in der Hose.

Die Wahrheit über die finanziellen Verhältnisse von Pro 7 wirft ein völlig neues Licht auf die Seriosität der Auskünfte des Senders und auf seine Validität. Sie verbirgt sich in den Jahresabschlüssen der Pro 7 Television GmbH, die seit 1989 von der Münchner Wirtschaftsprüfungsgesellschaft Jus pflichtgemäß festgestellt werden (vgl. Strukturen/Anhang). Schließlich ist die Pro 7 GmbH eine «große» Kapitalgesellschaft, da ihre Umsatzerlöse die vom Gesetz geforderten 32 Millionen Mark übersteigen: Sie liegen 1992 bei 382,7 Millionen Mark, eine bravouröse Zunahme von 139 Prozent gegenüber dem Vorjahr.

Kofler muß alles daran setzen, diese Jahresabschlüsse unter dem Deckel zu halten. Dabei ist seine Geheimniskrämerei gar nicht zu verstehen. Schließlich unterliegen die Dokumente nicht nur einer Pflichtprüfung, sondern auch einer Pflichtveröffentlichung. Nach Paragraph 325 des Handelsgesetzbuches müssen die Endabrechnungen «großer»

Kapitalgesellschaften detalliert jedes Jahr im Bundesanzeiger publiziert und außerdem dem zuständigen Amtsgericht eingereicht werden, wo sie jedermann, ginge es dort nicht zu häufig nach dem Argwohn des Schalterbeamten, einsehen darf.

Im Handelsregister München freilich, zuständig für Pro 7, lagen die brisanten Papiere nicht in der Akte. Gegen diesen Gesetzesverstoß sind die Juristen so lange machtlos, bis sich Gesellschafter, Gläubiger oder der Betriebsrat darüber beschweren – auch das war bei Abschluß der Recherche nicht der Fall. Dennoch läßt sich der 92er Status von Pro 7 genau beschreiben; das Kirch-Konglomerat ist schon lange keine festgeschlossene Trutzburg mehr...

Dieser Jahresabschluß 1992 wird von ganz großen Zahlen geprägt. Vier Aussagen kennzeichnen die Situation der Gesellschaft, deren Kapital immer noch, wie zu Eurekas Zeiten, marginale 100.000 Mark beträgt. Ihre zentralen Ziffern halten sich in etwa die Waage. Einem Filmvermögen von 918 Millionen Mark (Vorjahr: 193 Millionen) stehen «Verbindlichkeiten aus Lieferungen und Leistungen» in Höhe von 917 Millionen Mark gegenüber. Darüberhinaus betragen die «Verbindlichkeiten gegenüber Kreditinstituten» 646 Millionen 839 Tausend 792 Mark und 2 Pfennige. Und der «nicht durch Eigenkapital gedeckte Fehlbetrag», das sind miese 606 Millionen Mark. In dieser Umgebung nimmt sich ein Gesellschafterdarlehen über 35,6 Millionen Mark nahezu knickerig aus.

Der Kredit bei den mutmaßlich immer noch zwei Konsortialbanken, der BHF und der BHWB, ist gegenüber 1991 nur mäßig um knapp neun Prozent gestiegen. Er scheint auch seit dem Filmeinkauf von 1990 ordnungsgemäß besichert zu sein durch die Verpfändung der Geschäftsanteile und die Abtretung der Lizenzrechte. Inzwischen wird dieses Geld offenbar hauptsächlich zur Finanzierung der Anlaufverluste von rund 600 Millionen Mark eingesetzt, die etwa 200 Millionen Mark höher liegen als in der Öffentlichkeit bisher spekuliert wurde.

Der zweite große Kreditgeber – der oder die «Lieferanten» – läßt wesentlich mehr Geld im Sender stehen, nämlich 917 Millionen Mark. Das bedeutet gegenüber dem Vorjahr (1991: 94,5 Millionen Mark) einen extremen Zuwachs um 870 Prozent. Die mit diesem Betrag fast identische Höhe des Filmvermögens legt den Schluß nahe, daß es sich hauptsächlich aus den Ressourcen des oder der Lieferanten speist. Kofler selbst nannte in diesem Zusammenhang Kirch und Beisheim.

1992 wurde demnach um die Wette eingekauft. Die Erläuterungen zum Jahresabschluß führen allein acht Filmpakete auf, dazu ein Paket mit Serien und eines mit Zeichentrickfilmen. Dann gibt es Kinderkram von der Stange wie «Dennis the Menace» oder «Dick und Doof», die mit 920.000 Mark zu Buche schlagen, und natürlich auch ein paar Auftragsproduktionen. Ihre 13 Millionen Mark wirken wie Peanuts gegenüber einem Monster von 903 Millionen Mark bei den Filmlizenzen. Kein Zweifel: Pro 7 ist 1992 nach wie vor ein Spielfilmsender, sicher kein schlechter. Doch dieser Sender erfüllt eben nicht das Lizenzkriterium eines Vollprogrammes. Kritik der ULR an diesem Umstand: gegen Null.

Wenn die wichtigsten Sicherheiten – Geschäftsanteile und Lizenzrechte – bereits den Banken abgetreten werden mußten, liegt die Frage nahe: Wodurch sind die Verbindlichkeiten gegenüber dem oder den Lieferanten, von denen das Programm beschafft wird, geschützt? Im Jahresabschluß, soweit er vorliegt, gibt es dazu keinen Eintrag. Der oder die Lieferanten verzichten offenbar auf klassische Sicherheiten.

Fazit: Das Filmvermögen ist, neben einem nie genau ausrechenbaren «Unternehmenswert», der einzige Grund dafür, daß Pro 7 trotz extremer «Verbindlichkeiten» keine Probleme bekommt. Doch dieses fast eine Milliarde schwere «Vermögen» kann Ende 1992 in Wirklichkeit nur dem oder den Lieferanten gehören. Die Existenz von Pro 7 liegt in der Hand des oder der Lieferanten, zu denen das Filmhandelshaus von Leo Kirch an prominenter Stelle zu zählen ist.

Dennoch hat diese Situation auch ihr Gutes. Gibt es doch einen Aktivposten, den sich ein Kreditgeber nicht entgehen lassen würde, zumal wenn er nicht anders entschädigt werden kann: die Verluste von 600 Millionen Mark. Pro 7 dürfte diese steuerrechtlich kaum nutzen können, da keine entsprechenden Gewinne gegenzurechnen sind. Also liegt ein Transfer zu dem oder den Lieferanten nahe; leider konnte ich nicht ermitteln, ob und wie dieses geschieht.

Die im Geschäftsbericht ausgewiesenen «Verbindlichkeiten aus Lieferungen und Leistungen» werden von Pro 7 – beim Versuch des Senders, die markanten Minuszahlen positiv zu interpretieren – ausdrücklich nicht als «Kredit» bezeichnet. Dahinter sollen sich vielmehr Filmlieferverträge «über einen längeren Zeitraum» verbergen, deren «Zahlungstermine über die Laufzeit des Vertrages gestreckt» wurden. Solch eine Verabredung, betont Kofler gegenüber den meist ahnungslosen Kontrolleuren, sei «branchenüblich», womit er allerdings nur einen Teil der Wahrheit herausläßt. Denn «branchenüblich» ist auch genau das Gegenteil: Kirch selbst hatte mehrfach gegenüber ARD und ZDF auf Zahlungen gedrängt, die weit vor dem Lizenzbeginn lagen, und diese auch erhalten. Nicht zuletzt: In den Lieferantenverbindlichkeiten von 917 Millionen Mark sind laut Bilanz auch 248 Millionen enthalten, die kurzfristig («Restlaufzeit: bis zu einem Jahr») fällig werden. Koflers Entlastungsargumente sind nicht besonders glaubwürdig.

So mündet am Ende dieses Jahres 1992 das lang anhaltende Lizenzdebakel von Eureka und Pro 7, jenseits aller bereits notierten Verstöße gegen Recht und Gesetz, jenseits aller Tricks und Finten, mit denen um den Besitz und den Erfolg dieses Senders gekämpft wird, in einer logischen Feststellung: Wenn jemand einem Unternehmen die entscheidenen Ressourcen zur Verfügung stellt, ohne sich wie üblich dabei abzusichern, und wenn dieser «Jemand», umgekehrt, die Möglichkeiten zu einem gigantischen Verlusttransfer in die Hand bekommt – wie nennt man solchen Akteur? Richtig, das ist ein Gesellschafter.

Angenommen, Leo Kirch – eine seiner Firmen, einer seiner Vertreter – wäre dieser «Gesellschafter»: Dann würde er Pro 7 beherrschen. «Würde», denn dieses ist keine Tatsachenbehauptung. Dann müßte die Kontrollbehörde unter ULR-Direktor Gernot Schumann die Lizenz einziehen oder zumindest Entflechtungsauflagen machen. «Müßte», denn soweit wird Schumann nie gehen. Oder doch?

Die Performance von Pro 7 zum Jahreswechsel 1992/93 ist blendend. Das Programm des «Spielfilmsenders» (Eigenaussage) wird über den Fernmeldesatelliten «Kopernikus» in alle deutschen Kabelsysteme eingespeist, während der Astra-Satellit für den Direktempfang sorgt. Terrestrische Frequenzen konnten in Baden-Württemberg, Bayern, Bremen, Hessen, Rheinland-Pfalz sowie dem Saarland eingesammelt werden. Der Marktanteil liegt, was das gesamte Bundesgebiet betrifft, inzwischen bei 8,4 Prozent, in den Kabel- und Satellitenhaushalten sogar bei 12,5 Prozent. Seit Konkurrent Tele 5 in das unwichtige Deutsche Sportfernsehen (DSF) umgewidmet wurde, hat sich Pro 7 als drittgrößter privater Fernsehsender fest etabliert.

Auch das Programm soll mitwachsen. So sind für 1993 «300 anspruchsvolle Spielfilmtermine» eingeplant; in die Realisation von Unterhaltungsserien will man in den nächsten drei Jahren 200 Millionen Mark investieren. Und schon 1993 sollen rund 170 Millionen Mark für Eigen-, Auftrags- und Synchron-Produktionen ausgegeben werden.

Da wäre es doch angemessen, auch noch die letzte größere Lücke im Netz zu schließen und die terrestrische Frequenz im bevölkerungsreichsten Bundesland Nordrhein-Westfalen zu erhalten. Kofler bemüht sich darum in einem 22seitigen Antrag vom 22. Januar 1993. Um möglichen Gegenargumenten aus dem SPD-regierten Apparat zuvorzukommen, betont er auch noch, daß «anderweitig publizistische oder politische Interessen» nicht im Sinne der Eigner lägen – «wie dies etwa bei multimedial tätigen Gesellschaftern der Fall sein könnte».

Der Mann hat Ahnung. Schließlich gehört er selber seit 1991 zu den Inhabern der Firma, inzwischen sogar mit drei statt bisher zwei Prozent: Die Kompagnons Ackermans und Thomas Kirch haben ihm jeweils noch ein halbes Prozent ihrer Anteile abgetreten. Zumindest Medimedia-Besitzer Ackermans war dazu veranlaßt, denn der Rundfunk-Staatsvertrag vom 1. Januar 1992, dessen Übergangsfristen Ende 1992 ausgelaufen sind, läßt jetzt nur noch Beteiligungen unter 50 Prozent zu. So halten Ackermans nunmehr 49,5 und Thomas Kirch 47,5 Prozent des Gesellschafterkapitals.

Allerdings hätte die Reduzierungsaktion auch zugunsten jeder anderen Person ausgehen können. Etwa von Susan Morano, Ackermans' Gehülfin, die jetzt Reibetanz heißt und weiterhin alle ihr vorgelegten Urkunden eifrig unterschreibt. Warum gerade Kofler? Der immer noch jungenhaft wirkende Chef von Pro 7 wird später behaupten, man habe ihm – wie schon bei den ersten zwei Prozent – eine «Erfolgsbeteiligung» gewährt. Im notariellen Dokument klingt das anders. Dort steht der Satz: «Die Gegenleistungen für die Geschäftsanteilsübertragungen sind außerhalb dieser Urkunde vereinbart worden.» Gegenleistungen! Nix mit «gewährt», Georgie.

Auf der Gesellschafterversammlung vom 19. Februar 1993, auf der ihm dieses eine Prozent zuteil wird und wiederum nur ein Anwalt alle drei Eigner vertritt, wird auch die Satzung der Gesellschaft «vollständig neu gefaßt». Nach der neuen Regelung sind Beschlüsse von Geschäftsführung und Eignern nunmehr weitestgehend an eine Zweidrittel-Mehrheit gebunden. Das heißt: Ackermans kann, wenn er es denn jemals wollte, nichts Wesentliches mehr alleine entscheiden. Die prästabilisierte Harmonie zwischen den Mitgliedern der Pro-7-Dreierbande ist jetzt auch juristisch perfekt.

Da taucht unvermutet ein Problem auf. Mit der erneuten Zuwendung von Anteilen an Kofler ist Pro 7 in eine Art Gesetzesfalle getappt, die frühzeitig hätte entschärft werden können. Die rigorosen konzentrationsrechtlichen Regelungen des Rundfunk-Staatsvertrages, besonders seines Paragraphen 21, sind seit langem bekannt. Sicherlich hätte Schumann im Vorfeld einen Weg gefunden, sie kommode auf seinen Lizenznehmer Pro 7 anzuwenden.

Doch zum 1. Januar, dem Ende der Übergangsfrist, sind alle «weichen» Lösungen« perdu. Jetzt muß reduziert werden – was Ackermans ja auch tut. Vor allem aber muß diese Reduzierung auf Konformität mit dem Gesetz überprüft werden. Und zwar nach jenen umfassenden Kriterien, nach denen auch eine Neuzulassung von Pro 7 abgecheckt würde: Falls Einflußverhältnisse unaufgeklärt oder zweifelhaft bleiben, darf die begehrte Unbedenklichkeitsbescheinigung nicht erteilt werden.

Das Augenmerk, das die ULR damit von Amts wegen auf ihren Zögling Pro 7 zu richten hat, wird noch durch weitere Aspekte geschärft. So waren sich die Landesmedienanstalten Ende 1988 einig gewesen, daß der Verkauf von 49 Prozent an Thomas Kirch die «äußerste Grenze» für Verschiebungen im Eignergefüge darstellen sollte, selbst Volkram Gebel stimmte damals zu. Soweit die Formalie, auf deren Einhaltung zu pochen wäre. Zudem aber läßt sich trefflich argumentieren: Wenn an einem Sender mit mehr als 50 Prozent Gesellschafter beteiligt sind, die nicht zu den ursprünglichen Lizenznehmern gehören, dann kommt das der Übertragung dieser Lizenz gleich. Und so etwas ist, nach den Rundfunkgesetzen in allen Bundesländern, verboten: Die Fahrkarte darf nur der benutzen, der sie auch gelöst hat.

Kofler wird sich schon genug über den Fragebogen, den alle Veranstalter erhielten, geärgert haben. Doch jetzt steht Pro 7 noch erbarmungsloser im Scheinwerferlicht. Der Geschäftsführer schäumt: Diese «Ausforschungsinteressen» haben mit dem «Vertrauen in die Berechenbarkeit staatlichen Handelns nichts mehr gemein».

Am 8. März 1993 verläßt die Unabhängige Landesanstalt am Kieler Hindenburgufer ein vierseitiger Fragenkatalog, in dem Unterföhring auch um die «Hergabe (von) Unterlagen gebeten» wird. Drei Wochen später liegt Koflers Antwort vor. Der sieht keinen «konkreten Grund» und schon gar «keine Rechtsgrundlage» für die Überprüfung, möchte aber «ein gewisses Verständnis» an den Tag legen. Deshalb plädiert er für ein abgeändertes Verfahren: Man möge «gemeinsam» die Fragen formulieren, Pro 7 werde diese dann beantworten und ein Wirtschaftsprüfer sicherlich «die Richtigkeit» der Auskünfte bestätigen. Außerdem, so fordert Kofler, müssen zwei Voraussetzungen erfüllt sein: Alle Landesmedienanstalten übernehmen das Prüfergebnis und alle Privatsender werden in gleicher Weise geprüft. Verkehrte Welt – der Examenskandidat diktiert die Bedingungen seiner Exerzitien.

Sonnyboy Kofler wirkt nervös. Im Mai 1993 braucht Pro 7 frisches Geld, und dessen Beschaffung ist nicht mehr so leicht. Erinnern wir uns: Der Sender muß bereits – laut Jahresabschluß 1992 – für etwa 1,6

Milliarden Mark bei Banken und Lieferanten den Kopf hinhalten. Nur das Programmvermögen und der ominöse Unternehmenswert stehen dagegen. Dennoch gelingt Kofler das Kunststück. Am 26. Mai 1993 knallen in Unterföhring die Champagnerkorken. Da wird mit den bisher schon aktiven Finanzinstituten, der BHF Bank und der Bayerischen Hypo (BHWB), ein neuerlicher Kreditvertrag geschlossen. Diesesmal finanziert das Konsortium nicht die Anlaufverluste, sondern insgesamt 13 Lizenzverträge, die man sich auch gleich als Sicherheit hinterlegen läßt. Da die Geschäftsanteile der Gesellschafter bereits abgetreten wurden, bleibt nur noch wenig übrig, um die neue Summe, die vermutlich wieder einen dreistelligen Millionenbetrag ausmacht, zu besichern. Also kratzt man zusammen: Warenzeichen, drei Sendestraßen und die Rechte aus Dienstleistungsverträgen.

Außerdem, so geht aus einem vertraulichen Vermerk von Schumann hervor, besitzt das Bankenkonsortium «intensive Kontroll- und Informationsrechte, die es ihm ermöglichen, sofort festzustellen, ob die prognostizierten Zahlen für den Cashflow eingehalten werden». Falls nicht, müssen die Hauptgesellschafter Geld nachschießen, wozu diese sich auch generell am 28. Mai und am 2. Juni verpflichten.

Doch damit nicht genug. Am 27. Mai 1993 wird ein weiterer, sicherlich auch nicht gerade kleinkalibriger Kreditvertrag geschlossen, diesmal nur mit der Pro-7-Hausbank BHWB. Er soll die weiteren Anlaufverluste abfangen. Frage: Wer aber fängt die expansionslustige Bayern-Bank ab, wenn's mal kracht? Mehr als eine Milliarde Mark dürfte inzwischen der Schuldenberg betragen, den allein die BHWB Pro 7 kreditiert – bei weitgehend gleich gebliebenen Sicherheiten! Daß deswegen über einen big spender im Hintergrund spekuliert wird, der Pro 7 den Rücken frei hält, ist nicht so abwegig. Metro-Gründer Otto Beisheim? Er ist jedenfalls dicht dran: Am Pro-7-Ableger Kabelkanal hält er 45 Prozent.

So nackt sich Pro 7 inzwischen den Banken darbieten muß, so hochgeschlossen zeigt man sich jetzt gegenüber den Kontrollbehörden. Auskunftsbegehren und Fristsetzungen – auch eine von dem energischen Hans Hege, dem Chef der Medienanstalt Berlin/Brandenburg und derzeitigen Vorsitzenden der Direktorenkonferenz aller Landesmedienanstalten (DLM) – prallen an den Mauern der Unterföhringer Bahnhofstraße 28 ab. Kofler beharrt auf seinen Bedingungen und weigert sich, neben einem Wirtschaftsprüfer seines Vertrauens zwei Direktoren, das ist die DLM-Regel, Einblick in Interna zu geben.

Es steht nicht gut um die gesetzlich vorgeschriebene Überprüfung der Pro-7-Lizenz. Denn nun legt auch noch die ULR, ohne in Unterföhring überhaupt recherchiert zu haben, einen ersten Entwurf ihres «Votums zur Vereinbarkeit der Pro 7 Television GmbH mit den medienrechtlichen Konzentrationstatbeständen des § 21 Rundfunk-Staatsvertrag» vor. Zentrale Aussage: Der Sender «verstößt nicht» gegen das Gesetz. Offenbar will man in Kiel die causa rasch zu Ende bringen.

Dennoch treten am 20. August 1993 die DLM-Direktoren Schumann (Kiel) und Haeckel (Hamburg), letzterer als Leiter des Arbeitskreises «Vielfaltssicherung» der Landesmedienanstalten, zusammen mit einem Wirtschaftsprüfer in Unterföhring an. Haeckel hält sich bedeckt und versteht seine Rolle nur als vorläufige Prüfung ohne bindende Aussage. Dafür prescht Schumann vor. In einer Pressemitteilung wenige Tage nach dem Besuch bei Kofler erweckt er den Eindruck, man sei bei Pro 7 bereits durchs Nadelöhr geschlüpft. Alle anderen sehen das anders. Reaktion bei Haeckel: «Mittleres Erschrekken.» Schumann dagegen pocht auf seine regionalen Kompetenzen. Solche «Alleingänge» wiederum hält Haeckel «im Ergebnis für verheerend». Methode: Die Papiertiger zerfleischen sich selbst.

Der Zwist ist schnell vergessen, als Schumann gegenüber den Langzeit-Strategen in Unterföhring einmal Contenance zeigt. Mitte September setzt er Kofler eine neue Frist: Bis Ende Oktober müssen alle noch fehlenden Unterlagen in Kiel sein. Dazu zählt er Auskünfte über die unbekannten Inhalte der Urkundenrollen, die Funktion des Filmdisponenten Peipp oder die Position von Thomas Kirch im Konglomerat seines Vaters. Längst keine komplette Mängelliste, aber immerhin.

Wenige Tage darauf dreht sich schon wieder das Blatt und der Zermürbungskrieg innerhalb der Landesmedienanstalten wird noch paradoxer. Haeckel hatte Schumann einen internen Vermerk geschickt, mit der Frage, ob die Lizenz von Pro 7 nicht sowieso bereits verfallen sei. Schumann übermittelt diese Notiz gleich nach München und der Hamburger ist erbittert über solch «unbegreifliche Indiskretion».

In der Zwischenzeit legen Leo und Thomas Kirch in Kiel ihre Visitenkarten vor. Der Junior betont selbstredend, er «gehöre der Hierarchie der Kirch-Gruppe nicht an»; und der Senior wiederholt am gleichen Tag sein bekanntes Ceterum-censeo: «Meine Firmengruppe und ich waren und sind an Pro 7 nicht beteiligt.» Kofler dagegen kommt mit schwererem Geschütz. Frech wie Oskar, will er erstmal «die Geschäftsgrundlage in Erinnerung rufen» und meint damit die von ihm selbst diktierten Konditionen, nach denen er nur willens sei, Auskunft zu geben. Da diese Bedingungen bislang nicht erfüllt wurden, stelle er seine «Mitwirkung insoweit vorerst ein». Nur gegenüber der ULR sei er «zu weiteren Auskünften bereit». Speziell Haeckels Hartnäckigkeit liegt den Münchnern schwer im Magen. Diesen unbotmäßigen Menschen wollen sie auf keinen Fall auf ihren Fluren sehen.

Am 22. Oktober 1993 fliegt der Kieler ULR-Direktor ohne seinen Hamburger Kollegen nach München – Kofler hat sich durchgesetzt. In Unterföhring trifft Schumann auf den Wirtschaftsprüfer Alfred Graßl von der Bayerischen Revisions-und Treuhandgesellschaft AG, die offenbar Koflers Vertrauen hat. Gemeinsam marschieren Graßl und Schumann in die Bahnhofstraße 28, um dort die Geschäftsunterlagen einzusehen – auf den Tag genau sieben Jahre, nachdem Eureka aus Kiel seine Lizenz erhalten hatte.

Der Wirtschaftsprüfer zögert nicht lange. Nachdem er die Kreditunterlagen von 1990 und von 1993 visitiert hat, beeilt er sich festzustellen: «Die Durchsicht der Verträge läßt keine Hinweise erkennen, daß die Kreditgeber auf externe Sicherheiten zugreifen können.» Schumann machte es sich nicht ganz so leicht. Seine sechsseitige Expertise erspart sich jede voreilige Schlußfolgerung. Aber auch diese Aktennotiz, ein zentrales Dokument des ganzen Pro-7-Dossiers, das mir auf dem Münchner Flughafen in die Hand gespielt worden war, bezieht sich nur auf wenige Unterlagen wie die Kreditverträge und die notariellen Urkunden der Anteilsübertragungen von 1988, 1991 und 1993.

Wieder zurück im hohen Norden, setzt sich Schumann umgehend an die endgültige Version des konzentrationsrechtlichen Votums zu Pro 7. Wie schon 1989, als Schumanns Vorgänger Gebel die Verdachtsmomente gegen Pro 7 prüfen mußte, Ackermans den Unwissenden zu Protokoll gab und Wilhelm seine Eidesstattliche Versicherung sogar widerrief, platzt in diese entscheidende Phase wie von Geisterhand gezogen ein hochoffizielles Schreiben aus München.

Auf 44 Zeilen, in einem für den «Mystery Man» geradezu umfangreichen Statement, weist Leo Kirch noch einmal alle Spekulationen weit von sich: «Ich hatte und habe keine Option auf den Erwerb von Geschäftsanteilen der Pro 7.» Auch sein Sohn Thomas bekleide «in der Kirch-Gruppe keine Position oder Funktion, die mit der Wahrnehmung von Geschäftsaufgaben verbunden wäre». Im Organigramm der Gruppe, das dem Abkömmling immerhin «bereichsübergreifende Sonderaufgaben» zumißt, werde er ausschließlich aus «traditionell-familiärem Anlaß» aufgeführt. Alle anderen Interpretationen, wieder macht Polemik die Müsik, seien «konzertierter Kampagnenjournalismus», um eine «demagogische Diskussion anzuzetteln».

Noch Fragen? Schumann hat keine. Er kann zwar terminbedingt den Originalton von Kirch nicht mehr in sein Votum einbauen. Aber die 22 Seiten sind auch so prall genug gefüllt mit der Abwehr aller nur möglichen Verdächtigungen. Dazu wird die Meßlatte ordentlich hochgelegt: Allein «gesellschaftsrechtlich vermittelte» Beherrschungsverhältnisse, so meint er, dürfen ausschlaggebend sein. Auf deutsch: Erst ein geschriebener Vertrag zwischen Vater und Sohn oder zwischen Ackermans und Kirch würde Kiel zum Einschreiten veranlassen. Pro-7-Mitarbeiter Peipp programmiert Tele 5? Das wäre «nur ein Einfluß tatsächlicher Art». Die Banken haben bei Pro 7 das Sagen? «Eine Abhängigkeit aufgrund von Kreditbeziehungen reicht nach allgemeiner Auffassung nicht aus.» Will sagen: Pro 7 ist sauber.

Und so torkelt die Diskussion noch monatelang vor sich hin. Durch sein geschicktes wie unverschämtes Taktieren gelingt es Kofler, die Landesmedienanstalten geradezu zu paralysieren. Er setzt durch, daß nur noch der schleswig-holsteinische Lizenzgeber Schumann mit ihm verkehrt und stoppt auf diese Weise alle kritischen Nachforschungen. Es gelingt ihm sogar, die Mehrheit der DLM-Direktoren durch einen gekonnten rhetorischen Auftritt wieder für sich einzunehmen, nachdem diese sich bereits für eine Entflechtung von Pro 7 und Kirch ausgesprochen hatten. Sogar die Münchner Kontrolleure waren dafür gewesen; ihre überraschende Distanz zu Kirch und Kofler mag damit zusammenhängen, daß im weiß-blauen Freistaat die Aufdeckung weiterer Amigo-Seilschaften nicht opportun ist. Dennoch oder gerade deswegen ähnelt der «Fall Pro 7» so sehr dem «Fall Oeller», der bereits beschrieben wurde: Er ist eine Affäre, die keine sein darf und deswegen keine wird.

Nicht nur die Kirch-Seite zaubert im Herbst 1988, und da geht nach diesem Exkurs unsere Geschichte weiter, um aus der Asche von Eureka den Phönix Pro 7 entstehen zu lassen – auch Springer zieht ein As aus dem Ärmel. Der Verlag verbindet sich mit Bodo Scriba, bis 1985 einer der engsten Mitarbeiter von Leo Kirch, und etabliert die Firma Capitol TV GmbH & Co KG, die in den Handel mit Filmrechten einsteigen soll. Das kann Kirch nicht gleichgültig sein, auch wenn man sich in München demonstrativ gelassen gibt. Nach zwölfjähriger Tätigkeit an der Spitze der Kirch-Unternehmen kennt Scriba wie kaum ein zweiter die Stärken und Schwächen des Filmhändlers. Als besonderes Kapital jedoch bringt er seine erstklassigen Verbindungen in die Branche ein. Und so sammelt sich schnell in der Capitol ein ansehnlicher Filmstock an. Mit der Verankerung dieser Konkurrenz zum Münchner Händler hat auch Springer, so scheint es, sein Strategie-Repertoire erweitert: Hochrüstung, abgeschlossen.

Der Jahreswechsel gilt wie die Sommerferien als beliebter Termin, um Informationen, deren Veröffentlichung man nicht vermeiden kann, unter faktischem Ausschluß der Öffentlichkeit zu publizieren. So ist denn auch Kirchs Schreiben an das Bundeskartellamt, dessen Inhalt einen Tag vor Silvester bekannt wird und in dem er sich – «unmittelbar und mittelbar» – als Herr über 25 Prozent vom Grundkapital des Axel Springer Verlags zu erkennen gibt, nicht für den Marktplatz gedacht. Oder sollen die stillen Tage, an denen sich Kirch gerne samt ausgesuchten Gefolge in seinem Anwesen in St. Moritz aufhält, den Halleffekt der Mitteilung vergrößern? Die Vorstopper des Verlages halten sofort dagegen: Mit zehn Prozent sei der Händler beteiligt, mit «keiner Aktie mehr». Das habe Kirch selbst eingestanden, als er nach Weihnachten an die Hamburger Adresse formulierte: «Wenn Aktien auf uns übertragen werden sollen, werden wir das der Gesellschaft zur Erwirkung der Zustimmung anzeigen.»

Noch ein anderes Vorspiel der rücksichtslosen Auseinandersetzungen, die das Jahr 1989 bringen wird, läßt sich im Januar beobachten. Erstmals berichtet die Presse von einem Spielfilmpaket, das angeblich im ZDF angeschoben wird; es sei gepflastert mit Ware aus München. Und erstmals macht das Zitat die Runde: «Der Hecht im Karpfenteich bekommt sein Futter aus Mainz.» Freimuth Duve, der kulturpolitische Sprecher der SPD-Bundestagsfraktion, faßt seine Einschätzungen zusammen: «Ein Größthändler hat den Größtsender so in den Griff bekommen, daß er die Preise diktieren kann.»

Frühzeitig auch wird von den Kirch-Watchern das Reizwort «Hauptversammlung» ausgegeben. Der Aktionärstreff findet erst im Sommer statt; aber er wird diesmal schon deswegen keine Routine sein, weil der amtierende Aufsichtsrat entlastet und neu besetzt werden muß. Was wäre, wenn Kirchs Bataillone die Zustimmung verweigerten? Es wäre «eine Horror-Vision», befürchtet der analyse-starke Medien-Chronist Günther Kress.

Der Gerichtstermin Anfang Februar vor dem Landgericht München I sieht auf den ersten Blick wie eine Nebensache aus. Kirch klagt hier gegen Gerhard Naeher, weil dieser in der Zeitschrift «neue medien» geschildert hatte, wie Axel Springer den Filmhändler als «Kriminellen» titulierte. Ein übliches Unterlassungsbegehren – wenn sich nicht der Vorsitzende Richter Günter Hilger entscheiden würde, für den sensiblen Fall eine Beweisaufnahme anzusetzen. Der Prozeß, der jetzt in Gang kommt, ist keine Routineangelegenheit mehr. Naeher bietet vorsorglich die Spitzenmanager des Zeitungskonzerns als Zeugen an und die Journalisten notieren sich rot im Kalender: «14. Juni».

Auf diesen Tag sind die mündlichen Zeugenaussagen terminiert. Das kann ein ungemütlicher Sommer werden.

Mitte Mai zwängt sich eine kleine Meldung in die Spalten der Tageszeitungen. Ihre Überschrift lautet: «Direktor der DG Bank wechselt zur Kirch-Gruppe.» Stefan Ziffzer, laut Frankfurter Rundschau bislang «für die Kredite der Kirch-Gruppe» bei der DG zuständig, wird ab 1. Oktober die in München neu geschaffene Abteilung Finanz-, Rechnungswesen und Controlling leiten. Beginnt die Bank, um ihr Multimillionen-Engagement zu bangen? Schickt sie deswegen ihren besten Sachkenner zu Kirch? Derartige Spekulationen bezeichnet der DG-Sprecher Helge Jan Schmodde als «völligen Quatsch». Doch auch dieser Akkord wird die Musik des Jahres mitbestimmen.

Zuvor aber noch ein Trauermarsch. Ende Mai 1989 wird ein gewisser Leopold Blechinger über die Kieswege des Wiener Südwest-Friedhofes zur letzten Ruhe geleitet. In die Trauergemeinde hat sich still und leise auch Leo Kirch eingereiht: Blechinger! Der Konfident aus jenen wunderbaren ORF-Tagen! Der Joker bei der Janus! Einer, der immer da war, wenn man ihn brauchte, und das war häufig der Fall. Einer aus der alten Garde des Paten.

14. Juni 1989, 13.30 Uhr, 3. Stock des Münchner Justizgebäudes am Lenbachplatz. Der Sitzungssaal 301 ist so überfüllt wie selten einmal. Fotografen und Reporter drängeln sich, um die Prominenten in Augenschein zu nehmen, die auf der hölzernen Zeugenbank ihrer Vernehmung harren: Peter Tamm, Vorstandsvorsitzender des Axel Springer Verlages, Professor Dr. Bernhard Servatius, der Aufsichtsratsvorsitzende des Axel Springer Verlages, und Professor Ernst Cramer, Herausgeber der «Welt am Sonntag», einer der Testamentsvollstrecker. Es geht um die Frage: Hat Axel Springer das Wort «Krimineller» auf Kirch gemünzt? Gegenüber dieser Zuspitzung verblaßt die restliche Thematik, die sich um ein Geschäft der früheren Springer-Firma Ullstein AV mit Kirch rankt und die ebenfalls zur Verhandlung ansteht.

Die Vernehmung beginnt. Tamm erinnert sich, das umstrittene Wort sei sogar mehrfach gefallen. Servatius kann dieses bestätigen; außerdem habe der Verleger unter Bezug auf Kirchs Praktiken beim öffentlich-rechtlichen Fernsehen von «Bestechung» und «Mafia-Methoden» gesprochen. Und Ernst Cramer, der langjährige enge Vertraute Springers, will doch jedenfalls gehört haben, wie Axel Springer sich auf Franz Josef Strauss berief, der Kirch einmal einen «hochbegabten Haifisch» genannt habe.

Ein Debakel. Der Ausgang des Verfahrens in diesem Punkt scheint programmiert. Tatsächlich hält es das Gericht für erwiesen, daß Axel Springer seinen ehemaligen Geschäftspartner einen «Kriminellen» schimpfte. Kirch aber gibt auch jetzt nicht auf. Er geht in die Berufung und tauscht zugleich den Prozeßbevollmächtigten aus: Kobra, übernehmen Sie! Die Münchner Kanzlei Nörr, Stiefenhofer & Lutz, mit 17 Partnern eine der größten Wirtschaftssozietäten der Bundesrepublik, steigt in den Fall ein. Auf ihrem Briefkopf steht der Name des Bundesverkehrsministers Dr. Friedrich Zimmermann und wenige Zeilen darunter der von Rechtsanwalt Dr. Ronald Frohne, einem ehemaligen Geschäftsführer von Kirch.

Umgehend werden Gangart und Lautstärke neu justiert. Jetzt heißt es: Naehers Petitum werde aus der Hamburger Kaiser-Wilhelm-Straße ferngesteuert; die Beklagten seien «nützliche – und vermutlich bezahlte – Werkzeuge» des Axel Springer Verlages. Man betreibe, so läßt sich Frohne vernehmen, die Auseinandersetzung nur, um Kirch «den Fangschuß zu geben».

Als nächstes kocht der geplante Filmeinkauf des ZDF hoch. Die unangenehmen Fragen an Dieter Stolte beginnen an einem schwitzigen Tag dieses Sommers 1989 in Dortmund. Auf dem Podium des Medienforums Nordrhein-Westfalen, einer jener quälend wortlastigen Veranstaltungen über das bildlastige Medium, hat der ZDF-Chef Platz genommen, eingerahmt von Helmut Thoma, dem Vorsitzenden der Geschäftsführung von RTL plus, und von Jobst Plog, dem Stellvertretenden NDR-Intendanten. Schnell fliegen die Fetzen. Der Intendant der größten Fernsehanstalt Europas wird mit Kritik zu seiner Einkaufspolitik überschüttet. Warum dieser Großeinkauf bei seinem Konkurrenten? Thoma hält das für «eine klare Subvention» von Kirch.

Stoltes Hinweis auf die Marktposition des Münchners sei nur eine «Ausrede». Den quecksilbrigen Thoma zu kontern, der patzig, professionell und pointenreich daherkommt, das gelingt dem großen Integrator in keiner Weise. Seine Sätze bleiben pastoral: «Wir kooperieren seit 1963 mit Leo Kirch sehr fruchtbar.»

Bleiben wir noch einen Augenblick beim Programmeinkauf und -verkauf, Kirchs wichtigstem Geschäftszweig. «Fruchtbar» für den einen, furchtbar für die anderen: So stellt sich mittlerweile das Verhältnis zwischen Leo Kirch und den übrigen SAT-1-Gesellschaftern dar, mit Ausnahme des ihm verbundenen Holtzbrinck-Verlages. Besonders die Springer-Leute haben gemerkt, daß die Programmbeschaffung – entgegen der Konsortialvereinbarung vom 16. Oktober 1986 – «praktisch ausschließlich» von der PKS wahrgenommen wird, die damit «das wirtschaftliche Ergebnis der Gesellschaft» steuern kann. Empört klagt der Verlag: «Den dadurch erzielten wirtschaftlichen Erfolg vereinnahmt (die PKS) zu 100 Prozent, während sie der damit verbundene wirtschaftliche Nachteil nur zu 40 Prozent (entsprechend dem Anteil der PKS an SAT 1 – d. Aut.) trifft.»[18]

In der Tat sind Kirchs Methoden so einfach wie raffiniert, wir haben sie teilweise bereits bei ARD und ZDF kennengelernt. Erster Schritt: Durch hartnäckige Lobbyarbeit – sein Intimus Theye amtiert als Aufsichtsratsvorsitzender von SAT 1 – gelingt es ihm, sich als wichtigster Lieferant zu etablieren. Zweiter Schritt: Mit einer rücksichtlosen Preispolitik erreicht er es, sein Ergebnis immer wieder den finanziellen Möglichkeiten des Kunden anzugleichen. So steigt er zum Beispiel mit einem günstigen Minutenpreis ein, erhöht diesen aber umgehend, sobald die Werbeerlöse von SAT 1 nachgewachsen sind. 1988 werden 118 Millionen Mark «praktisch ausschließlich an die Kirch-Gruppe» (Springer) für Lizenzprogramme gezahlt, während die Werbeeinnahmen 197 Millionen Mark betragen. Im Jahr darauf kassiert Kirch bereits 141 Millionen, nachdem die Werbeeinnahmen auf 298 Millionen Mark geklettert sind. Kaum zu glauben, daß die anderen Gesellschafter dieses sehenden Auges mitmachen, aber so muß es gewesen sein.

Dabei lassen sich, auch das hat Springer erst später analysiert, zwei Phasen ausmachen, in denen jeweils unterschiedlich vorgegangen wird. In den Jahren 1987 und 1988 schloß SAT 1 mit der PKS die bekannten Rahmenverträge ab. In diesen wurde zwar der durchschnittliche Minutenpreis definiert, doch der Umfang und die Qualität der verabredeten Lieferungen von Spielfilmen und Serien blieb offen. Klar war eigentlich nur: SAT 1 hat zu zahlen, und zwar monatlich acht Millionen Mark, sodaß in einem Jahr bereits 96 Millionen Mark von Kirch fest verbucht werden konnten. Unter dem Strich, die Verlustbeiträge für SAT 1 abgezogen, dürfte Kirch 1988 rund 50 Millionen Mark aus dem Sender gezogen haben.

1989 verlegt er sich auf ein anderes Vorgehen. Jetzt werden keine hanebüchenen Rahmenverträge mehr abgeschlossen, sondern der Lizenzeinkauf wird «in eine unbekannte Vielzahl von Einzelverträgen» aufgespalten, die alle ein Volumen von unter fünf Millionen Mark haben und insofern dem Aufsichtsrat nicht vorgelegt werden müssen. 141 Millionen werden in diesem Jahr für Lizenzrechte ausgegeben, wobei fast 100 Prozent der Spielfilme und Serien von der PKS bezogen werden. «Vollversorgung mit allen Programmsparten im Unterhaltungsbereich», so umschreibt Joachim Theye dieses glückliche Monopol der PKS, wobei es dann auch nicht mehr verwundert, daß die «Programmzusammenstellung und die Einkaufsentscheidung für das Lizenzprogramm» gar nicht in Mainz, sondern gleich in München getroffen werden. Dadurch haben andere Anbieter faktisch keine Chance. Theye bringt den Zynismus auf den Punkt, wenn er formuliert: «Das Gebot der Gleichbehandlung verlangt auch ungleiche Behandlung.»[19]

Lange genug hatte dieses Spiel im Kern auch bei der ARD funktioniert. Seitdem es jedoch gelungen war, den großen Direkteinkauf unter Umgehung von Kirch bei der MGM über die Bühne zu bringen, hatte der Münchner Zwischenhändler beim Ersten keine guten Karten mehr. Im Sommer 1989 versucht er es gleichwohl noch einmal. Am 20. Mai bietet Leo Kirch seinem ehemaligen Angestellten, dem Degeto-Geschäftsführer Peter Heimes, wortreich ein Paket von 1000 Spielfilmen an und auf den ersten Blick sieht die Filmliste auch wirklich bunt gemischt aus. Da findet sich unter der laufenden Nummer 906 «Top Gun» mit Tom Cruise oder unter Nummer 597 Francois Truffauts ironisches Rollenspiel «Die amerikanische Nacht». Bei genauerer Betrachtung jedoch fällt die Liste wieder in sich zusammen: Nur 12 unter den 1000 angebotenen Streifen, das recherchiert die Degeto, erhielten vom amerikanischen «TV Movie-Book», einer Bewertungsbibel, den höchsten Rang; sie könnten als «Lokomotiven» für das Paket gelten.

Einen Monat darauf diktiert Heimes seine Antwort. Das Material sei «ausführlich und sorgfältig» geprüft worden, doch die Titel würden den «ARD-Programm-Bedürfnissen der absehbaren Zukunft» nicht entsprechen. Deshalb «dürfen wir», ganz kühl, «die uns überlassenen Unterlagen der guten Ordnung halber mit separater Post an Sie zurücksenden». Kirch ist sauer. Im Kanzleistil seiner frühen Erfolgsjahre verlangt er, eine Begründung der Ablehnung «im einzelnen» zu hören, «wie sie in Ihrem Haus sicher ausgearbeitet» worden ist.

Jetzt ist die Filmredaktion der ARD am Zug, denn sie hatte pflichtgemäß das Angebot des Händlers auseinandergenommen. Am 24. August treffen beide Seiten aufeinander, die ARD vertreten durch Klaus Lackschéwitz, den Leiter der Filmredaktion.[20] In der Sache kommt man nicht voran. Die Kirch-Leute preisen den «absoluten Prime-time-Appeal» ihrer Spitzentitel; Lackschéwitz jedoch ist davon überzeugt, nur «Restposten» vorzufinden, nachdem die wirklich interessanten Lizenzen bereits anderswo – zum Beispiel bei SAT 1 – gelandet sind. Wieder beklagt sich die Taurus-Film schriftlich über den Gesprächsverlauf und schickt ihr Schreiben gleich quer durch die Chefetagen der ARD. Da reißt dem sonst so bedächtigen Redaktionsleiter der Geduldsfaden. Mit gleichem Verteiler macht er klar, daß die Kirch-Filme auch deswegen abgelehnt wurden, weil zum Beispiel «zwei Drittel schon früher angeboten (worden) waren». Oder weil im Angebot sich auch «zahlreiche MGM/UA-Filme (befanden), die uns ohnehin kurzfristig zufallen». Deshalb mangele es der Münchner Argumentation an «Glaubwürdigkeit».

Kirch ist bei der ARD erneut abgeblitzt. Die mangelhafte Qualität des Angebotes spielt dabei genau so eine Rolle wie der Umstand, daß hier nicht mehr ein Händler hinter seinem Marktstand sitzt, sondern ein Konkurrent am Verhandlungstisch. Wie aber wird das ZDF sich entscheiden? Nach der Pleite mit dem Ersten Programm muß Kirch jetzt in Mainz Erfolg haben.

Die Emotionen schlagen hoch, als ARD und ZDF die Endspiele der Wimbledon-Gewinner Steffi Graf und Boris Becker nicht übertragen. Nur wer RTL plus empfangen kann, muß nicht in die Röhre sehen. Am nächsten Tag mahnt «Bild» die Chefs der beiden Networks als «Spielverderber» ab. ZDF-Intendant Dieter Stolte muß noch einen zusätzlichen kurzen Haken kassieren. Die Übertragungslizenz für Wimbledon war dem Mainzer zu teuer, so macht Chefredakteur Hans-Hermann Tiedje die Rechnung auf. Aber für den Millionenkauf von «Leo Kirchs gesammelten Schinken» ist ja wohl das Geld da: «Das wäre merkwürdig, Herr Stolte!»

Die Tennis-Nation, um die Gala ihrer Goldkinder betrogen, kann sich kaum beruhigen. Wenige Tage darauf schwappt das Thema ins Fernsehen selbst über. RTL-Boss Helmut Thoma, auf das Marketing seiner Station bedacht, läßt vor laufenden Kameras die Vertreter beider Positionen gegeneinander antreten. Weite Teile der Sendung gehen im Tumult unter. Die Kritiker der öffentlich-rechtlichen Sender können Punkte verbuchen, als Thoma, das Gebrüll ist für einen Moment abgeflaut, den ZDF-Vertretern in seinem singenden österreichischen Tonfall vorhält: «Sie zahlen dem Herrn Kirch beispielsweise Millionen. Der fliegt schon mit dem Jet und insgesamt drei Jachten herum, die so generell von allen möglichen Intendanten, Hauptabteilungsleitern und Direktoren bevölkert werden...». Der Krampf kehrt zurück.

Zum Beispiel in puncto Jacht. War er nun oder war er nicht? Plötzlich hat diese absurde Frage Konjunktur. Stolte selbst läßt sich darauf ein, als er der «Bild am Sonntag» versichert, er habe das Schiff des Münchner Filmhändlers «nie betreten».[21] Die Journalisten bauen ihm sogar eine goldene Brücke: Vielleicht habe der Intendant gar nicht gewußt, wem die Planken des schmucken Kreuzers gehören. Aus dem

ZDF jedoch kommt nur ein beleidigt klingendes Dementi. Ein Schiff namens «Silver Cross», ein Kapitän namens Maskens, Fotos, die von der fröhlichen Runde aufgenommen wurden, die Flagge Maltas am Heck – keine Ahnung, nie gehört, Unverschämtheit.

Kollegen, denen ich diesen Absatz mit dem «Phantom der Jacht» gezeigt habe, halten ihn für überflüssig, zumal ich keinen Beweis für Stoltes Anwesenheit auf der «Silver Cross» beibringen kann. Meine Meinung: Warum sollte der ZDF-Intendant – wie so viele andere Koryphäen aus Medien und Politik – nicht auf Kirchs Jacht zu Gast sein, sofern die Geschäfte, über die dort sicherlich auch gesprochen wird, koscher bleiben?

Eigentlich aber geht es um etwas anderes. Die «Silver Cross» – das aktuelle Schiff heißt anders – ist nicht nur das übliche Reiche-Leute-Spielzeug; die Jacht wird auch nicht nur für Geschäftszwecke strategisch eingesetzt, etwa wenn sie bei den Filmfestspielen im Hafen von Cannes liegt. Ich denke mir, Immaterielles spielt die wichtigste Rolle: überall auf der Welt erreichbar zu sein, aber nirgendwo greifbar. Seine Macht auf einem Status zu begründen, der außerhalb aller Hoheitsgewässer liegt. Diese Phantasie teilt sich nicht nur dem Eigner, sondern auch seinen prominenten Gästen mit. Nicht von ungefähr gehören deshalb die hochseegängigen Konzernzentralen zum Instrumentarium vieler Medienmogule. Ob bei Robert Maxwell, Rupert Murdoch oder eben Leo Kirch.

Frankfurt, 7. Juli 1989. Im Büroturm der DG Bank trifft sich auf Vermittlung von Kirchs Finanzier und größtem Gläubiger, Helmut Guthardt, der Springer-Vorstand mit der Kirch-Spitze. Der Vorstandsvorsitzende der Genossenschaftsbank möchte die Möglichkeiten für einen Friedensschluß zwischen beiden Seiten ausloten. Doch schon nach wenigen Minuten ist die Atmosphäre wieder so gespannt, wie in den Monaten zuvor. Kirch und Theye präsentieren einen Forderungskatalog, der es in sich hat. Zunächst verlangen sie die Zustimmung dafür, daß auch ihre insgeheim aufgekauften 16,1 Prozent der Springer-Papiere im Aktienbuch eingetragen werden, sowie zwei Sitze im Aufsichtsrat und eine Vertretung in sämtlichen Ausschüssen dieses

Gremiums. Dieses Paket wird für «nicht verhandlungsfähig»« erklärt. Damit ist die Rechnung aber noch nicht zu Ende. Im Gegenteil, sie wird erst richtig aufgemacht: Für 250 Millionen Mark ist Kirch bereit, 20 Prozent seiner Anteile an SAT 1 zu verkaufen; andererseits soll ein Liefervertrag mit SAT 1 über ein Gesamtvolumen von 700 Millionen Mark abgeschlossen werden. Schließlich: Das Konkurrenzunternehmen Capitol hat wieder vom Markt zu verschwinden. Falls man vor der Hauptversammlung darüber nicht zur unterschriebenen Vereinbarung komme, werde man – so die Kirch-Seite – entsprechende Konsequenzen ziehen. Springer hält das für eine «unverhüllte Drohung», Kirch-Anwalt Stiefenhofer lediglich für eine «Ankündigung». Am 11. Juli lehnt Tamm mit einem Schreiben an den Vermittler Guthardt die Fortführung derartiger Verhandlungen ab. Jetzt ist klar, welche Trommel Ende des Monats in Berlin geschlagen werden soll.

Um 10.59 Uhr beginnt am 26. Juli im Saal 2 des Internationalen Congreß Centrums die Hauptversammlung der Aktionäre des Axel Springer Verlages. Das dritte Plenum, seit Leo Kirch versucht, den Konzern zu stürmen. Weil der Aufsichtsrat diesmal entlastet und neu gewählt werden muß, erwartet man massive Störmanöver aus München. Die Pressebänke im weiten Rund sind gut besetzt.

Gleich nach den Regularien kommt der Aufsichtsratsvorsitzende Bernhard Servatius zur Sache. Der Anwalt liefert dem Publikum ein Zitat nach, das vor wenigen Tagen in einer Sendung des Münchner Politmagazins «Report» unterschlagen worden war. Es bezieht sich auf das angebliche Einknicken des Springer Verlages zugunsten linker Positionen. Servatius, wohl wissend, daß auch Leo Kirch auf diesem Klavier spielt, hält dagegen: «Es gibt keine Trendwende!» Nach seinem Bericht und dem des Vorstandsvorsitzenden haben die Aktionäre das Wort. Sie nutzen es, wie auf den meisten Hauptversammlungen, zur erregten Selbstdarstellung und zum Anmahnen von Petitessen. «Alle gucken Wimbledon, wir gucken den ‹Förster vom Silberwald›», kritisiert einer von ihnen die aktuelle Programmpolitik von SAT 1. Ein anderer wünscht, im Namen der Hermann-Lindrath-Gesellschaft, dem «Unternehmen auch weiterhin eine glückliche Hand» – und dann erhebt sich Dr. Alfred Stiefenhofer.

Sein Mandat stammt von der Taurus Vermögensverwaltungsgesellschaft, jener Firma, die für Kirch die Springer-Aktien hält. Während er in seinem leicht zerknautschten hellgrauen Anzug ans Rednerpult geht, sinkt der Geräuschpegel im Saal, wird Kirchs Vor-Ort-Strategie klar. Der Tycoon selbst ist, wie gehabt, nicht zugegen. Dafür aber Joachim Theye, sein Intimus, und die agile, sich unauffälliger als Theye bewegende Pressechefin Armgard von Burgsdorff. Sie spickt die Journalisten mit ihren Informationen und Versionen, Theye steuert von seinem Platz aus das Trommelfeuer und am Pult agiert Stiefenhofer. Sollte dem die Munition ausgehen, hält Theye, der selbst kein Wort verliert, noch einen weiteren Anwalt in Reserve – Ronald Frohne, den ehemaligen Kirch-Geschäftsführer und Sozius von Stiefenhofer.

Über eine Stunde lang besetzt der Taurus-Vertreter das Mikrofon. Dutzende von Fragen prasseln auf Vorstand und Aufsichtsrat herunter. Stiefenhofers Kritik reicht vom (in der Tat) schlecht gebundenen Springer-Geschäftsbericht bis zu der unverblümt geäußerten Vermutung, die Abschlußprüfer seien keine erste Adresse und außerdem befangen. Dazwischen werden die Auslandsengagements des Verlages in Spanien, Österreich und Italien frontal angegangen und der Kauf von Lizenzen durch die Beteiligungsfirma Capitol allein mit vierzehn Fragen bedacht; schließlich knöpft sich der Anwalt Peter Tamm vor. Er möge seine «Festbezüge, Tantiemen, Garantietantiemen, freie Tantiemen, Versorgungszusagen, Nebenleistungen» offenlegen, verlangt Stiefenhofer, und ob es denn stimme, daß der Springer-Boss, wenn er zum 31. Dezember 1990 kündigen würde, «mehr als 17 Millionen Mark» als Abfindung erhalten werde: «Ist das richtig?»

Jetzt ist Tamm dran. Doch zur Verwunderung der Beobachter im Saal geht er auf Stiefenhofers Philippika gar nicht ein. Zunächst wollen die Interessen der Kleinaktionäre bedient sein. Auszug aus dem Protokoll: «Weitere Frage von Herrn Sieveking: Sind die geteilten Steuern periodengerecht ausgewiesen? – Natürlich werden die Steuern periodengerecht ausgewiesen.» Über solchem Ping-Pong-Spiel wächst die Spannung.

Servatius beginnt seinen Konter indirekt. Er liest den Text eines Zettels vor, der ihm «vorhin» aus dem Aufsichtsrat auf den Platz kam. Darin heißt es: «Vorgegebenes legitimes Interesse der Aktionäre sind hier reine Behauptungen mit dem Ziel gewesen auszufragen. Hier gilt es, das gesetzliche Auskunftsverweigerungsgesetz, das auch zu einer Auskunftsverweigerungspflicht werden kann, zu beachten.» Besonders mit den Fragen zum Filmeinkauf hatte Kirch seine Interessenlage als Konkurrent nicht verhehlen können.

Nach dem Florettstil von Servatius kommt Tamm, sichtlich ungehalten, mit dem schweren Säbel. Seine Antworten an Stiefenhofer schmückt der Vorstandsvorsitzende mit Informationen über das Verhalten von Kirch bei Springer und bei SAT 1. Er gibt zu, daß Vorstand und Aufsichtsrat «ursprünglich in Herrn Dr. Kirch den unternehmerisch richtigen Partner» gesehen hätten. Doch dann habe sich herausgestellt, daß die Kirch-Gruppe nur den Verlag «in den Griff bekommen» wolle. Nicht «Partnerschaft, sondern Herrschaft war das Ziel». Tamm führt als Beleg die gescheiterten Friedensverhandlungen vor der Hauptversammlung an.

Doch Stiefenhofer läßt nicht locker. Obwohl von den anderen Aktionären bedrängt, die allmählich ihre «Marschverpflegung» vermissen, das Protokoll verzeichnet «leichte Unruhe», rechnet er in sonorem Tonfall dem Versammlungsleiter und dem Protokollführer vor, welche seiner Fragen aus der ersten Runde nicht beantwortet seien. Das gibt ihm Gelegenheit, eben diese Fragen noch einmal ausführlich zu zitieren. Zunehmend umnörgelt von den Aktionären («Hören Sie mit dem Theater auf!», «Soll Herr Kirch doch selbst herkommen!»), fährt der Münchner ungerührt – «Nicht beantwortet die Frage 2, und zwar mit allen Unterfragen» – mit seiner Litanei aus inhaltlicher und formaler Kritik fort. Servatius muß das Plenum ermahnen: «Darf ich noch – es dauert sicher nicht mehr so furchtbar lange – um einen kleinen Moment für Herrn Stiefenhofer bitten.»

Die Redeschlacht, mit Geschäftsordnungsdetails übersät, ist kaum noch nachzuvollziehen. Deutlich wird schließlich, daß Stiefenhofer einen Antrag auf Bestellung von Sonderprüfern losläßt, die etliche Auslandsengagements des Verlages abklopfen sollen. Da platzt einem Aktionär der Kragen. Er findet es «vor allen Dingen außerordentlich schade, daß Juristen sich dafür hergeben, Dreck zu schleudern, Herr Stiefenhofer. Gut, das ist Ihre Arbeit, sie leben scheinbar davon.» Servatius geht dazwischen. Sein Mikrofon habe nicht funktioniert, sagt er, sonst hätte er das bereits früher getan. Und jetzt möchte er den Aktionär «doch von Herzen bitten, sich jeder verbalen Injurie zu enthalten. Vor solchen Anwürfen muß sich selbstverständlich auch Herrn Dr. Stiefenhofer in Schutz nehmen».

Um 17.55 Uhr legen die erschöpften Gegner eine Pause ein. 35 Minuten später sind alle wieder auf den Plätzen. Jetzt stehen die Abstimmungen bevor, das Verbal-Theater ist erledigt. Wird Kirch es schaffen, den Aufsichtsrat in seinem Sinne zu besetzen? Kann es ihm gelingen, dem Vorstand die Entlastung zu verweigern? Die Treuhänder von Kirch müssen zum Schwur. Dabei ist ungeklärt, ob sie, da ihre Anteile widerrechtlich erworben wurden, überhaupt mitstimmen dürfen. Der geschmeidige Servatius will darüber nur dann entscheiden, «wenn es auf diese Stimmen bei der Beschlußfassung wirklich ankommen sollte». Zwischenruf von Stiefenhofer: «Wir werden sehen!»

57 Minuten nach 20.00 Uhr, so lange ist die Versammlung unterbrochen worden, um die komplizierten Stimmenauszählungen vorzunehmen, die jeweils mit der Präsenz der Aktionäre im Saal verrechnet werden müssen – und Kirch hat den Kürzeren gezogen. Wie nicht anders zu erwarten, trifft die Beschlußfassung über die Gewinnverwendung – 12 Mark pro Aktie sind von der Verwaltung vorgeschlagen – auf keinen Widerstand. Zu diesem Tagesordnungspunkt hielten sich, verkündet Servatius jetzt ganz routiniert, 75,6775 Prozent des stimmberechtigten Kapitals im Saal auf. 99,003 Prozent davon stimmten für den Verwendungsvorschlag; zwei Stimmen – «das sind 0,0007 Prozent» – lauteten auf «Nein».

Wichtiger: Der Vorstand wird mit 91,386 Prozent, der bisherige Aufsichtsrat – bei diesem Punkt sind die Stimmen der Erben außen vor – mit 71,9351 Prozent entlastet sowie die Wahl des neuen Aufsichtsrates mit 91,3907 Prozent bestätigt. Das beste Ergebnis erzielt Stiefenhofer mit seinem Antrag auf Sonderprüfung von Vorgängen, die sich im Jahr 1988 abgespielt haben. Seine ebenfalls gestellte Frage nach den Einkaufsentscheidungen des Jahres 1989 hatte Servatius aus formalen Gründen auf die nächste Hauptversammlung terminiert; dem 88er Antrag jedoch war der Verlag selbst beigetreten. Dank dieser Konstruktion kann Kirchs Vertreter das Traumergebnis von 99,999 Prozent einheimsen. Um 21.15 Uhr schließt Servatius die Versammlung. Die Kleinaktionäre, sofern überhaupt noch anwesend, zwängen ihre abgeschabten Aktenmappen wieder zu, in denen sich jetzt noch mehr Papier staut. Peter Tamm könnte sich wie zufällig an seine goldenen Manschettenknöpfe gefaßt haben, der eine mit Anker, der andere mit Steuerrad. Friede Springer, über Stunden eine stumme Ikone auf dem Podium, wird sich ihr Pygmalion-Lächeln erlaubt haben. Und Joachim Theye, nachdem er seine Truppe eingesammelt hat, wird sich den kalten Schweiß von der Stirn wischen. Einige Journalisten, die bis zum Schluß ausgeharrt haben, taumeln wie graue Motten aus dem Saal.

In der 10 Stunden und 56 Minuten andauernden Redeschlacht hatte Kirchs Angriff an Stoßkraft verloren. Die Sonderprüfung war zum Verlagswunsch erklärt worden und bei den Entlastungen und der Wahl des Aufsichtsrates hatten sich offenbar etliche seiner Treuhänder nicht folgsam gezeigt: ein Signal an den Verlag, um die totale Konfrontation doch noch zu vermeiden? Die Frage ist müßig. Schon der Stil der Auseinandersetzung, aber auch die Ausforschungen von Vorstandsgehältern und konkurrierenden Geschäftsvorgängen, läßt nur noch eine Interpretation zu: «Es scheint offener Krieg zu herrschen.» Tamm und die anderen auf der Springer-Bank sehen das so. Jedenfalls ist ihre Kooperation mit Kirch, diese «Partnerschaft mit vorgehaltenem Revolver», fürs erste gescheitert.

In der zugespitzten Notwehrsituation, die nur noch den von Kirch aufgezwungenen Schlagabtausch kennt, bleibt es nicht aus, daß «Bild», die größte Verkaufszeitung des Kontinents, auf den Plan tritt. Zum dritten Mal in der Geschichte des Konzerns – wenn man von unfreiwillig komischen Einlagen wie den häufigen Klatschnachrichten über die Verlagsspitze absieht – werden die Zeitungen in eigener Sache bemüht. Das erste Mal, besonders prekär, war es um die Kampagne gegen das ZDF gegangen; vor einem Jahr stand Kirchs Poolvertrag mit den Burda-Brüdern im Rampenlicht. Und jetzt eben die Kriegserklärung während der Hauptversammlung. «Herr Kirch, Sie sind ein Verlierer», tönt es schon einen Tag nach dem Berliner Ereignis unter Hinweis auf den Ausruf eines Aktionärs in der «Bild». Deren Chefredakteure Hans-Hermann Tiedje und Peter Bartels werden in ihrem daneben abgedruckten Kommentar noch ein ganzes Stück deutlicher: «Wir brauchen Leo Kirch und seinen Anhang nicht. Keiner der Journalisten dieses Hauses will Kirch.»

Am 8. August meldet sich der Filmhändler zu Wort. Ein umfangreicher Text in dem ihm seit langem gewogenen «Handelsblatt», einer Publikation der Holtzbrinck-Gruppe, mit jeder Menge Originalton des «Münchener Medienunternehmers», zusammengefaßt von Chefredakteur Waldemar Schäfer höchstpersönlich. Kirch versucht, die Sendepause nach den schrillen Hauptversammlungs-Tönen zu nutzen, um seine Firmengruppe zu erklären und seine Pläne mit Springer und SAT 1 zu erläutern. So entsteht das Porträt eines konzilianten, mißverstandenen, seriösen Kaufmanns, der jetzt «sogar bereit (ist)», sich «von Springer zu lösen».

Und wieder benutzt Kirch seine klassische taktische Kombination von Zuckerbrot und Peitsche. Denn am gleichen Tag erhebt Anwalt Stiefenhofer in München im Auftrag der Taurus-Vermögensverwaltungsgesellschaft Klage gegen den Vorstand des Axel Springer Verlages nach Paragraph 132 des Aktiengesetzes. In einem «Auskunftserzwingungsverfahren» sollen 18 formale Fragen beantwortet werden, ab Punkt 4 beziehen sie sich zunehmend auf Details der Vertragsgestaltung von Peter Tamm. Eine Neuauflage der in der Hauptversammlung abgewehrten Ausforschungen und zugleich der Beginn von insgesamt vier Prozessen, mit denen Kirch in diesem Herbst das Springer-Management vor Gericht zieht.

Kaum verwunderlich, daß Springers große Lokalzeitung, das «Hamburger Abendblatt», in Kirchs «Diskreditierungsfeldzug» (so ein Springer-Anwalt) nur das Interesse an «Macht und Milliarden» ortet und selbst die distanzierte «Zeit» dazu lakonisch feststellt: «Falsch ist diese Einschätzung des Filmhändlers nicht.»[22] Kein Wunder auch, daß Tamm jetzt seine Erfahrungen mit Leo Kirch, den er so lange favorisiert hatte, enttäuscht zusammenfaßt: «Entgegenkommen bedeutet bei Kirch immer Unterwerfung. Aber wir wollen nicht gefressen werden und auch keine Besatzungsarmee hier haben.» Seine Charakterisierung von Kirchs Strategen Jochen Theye, mit dem sich Tamm zu seinem spürbaren Unbehagen aus alten Tagen immer noch duzt, ist nicht weniger eindeutig: «Ein reiner Machtmensch. Jeder Satz von Theye endet mit einer Drohung.»

«PT» liebt die deutliche Aussprache, allemal in einer Situation, in der sich der Verlag im «Krieg» befindet. Diesem Vokabular entsprechend, müßte jetzt ein martialischer Kerl auftreten, dröhnend und polternd. Erstaunlich jedoch die milde Observanz, die Tamm an den Tag legt. Sein meist freundlicher Tonfall, der sich, wenn es ihm gut geht, auch mal ironische Spitzen erlaubt, schnell aber wieder hinter der gleichmütigen, manchmal mürrisch wirkenden Fassade verschwindet.

Dennoch ist das Peter-Prinzip eigentlich nicht schwer zu durchschauen (was professionelle Ränkeschmiede verwirren muß). Kleiden wir die Formel in ein Bilderrätsel. Es zeigt einen hornfarbenen Kamm. Eine schwarzbraune Zigarre. Und einen dunkelblauen Anzug. Frage: Welcher deutsche Manager ist an diesen drei Merkmalen zu erkennen? Der Kamm, in Sekundenschnelle gezückt und wieder verschwunden, steht für Tamms Korrektheit. Die Zigarre, manchmal wahren Stapeln von Tabaksgefäßen entnommen, während ihre Wohltat vehement verteidigt wird, diese Zigarre betont: Ich bin der Boß. Und der dunkelblaue Anzug, ewig dieser dunkelblaue Anzug mit der blau-silbergestreiften Krawatte, fast schon wie eine Uniform getragen, erzählt: Peter Tamm wäre «gern Marineoffizier geworden».

Der gebürtige Hamburger hatte noch im letzten Kriegsjahr als Seekadett gedient. Nach Kriegsende marschierte der damals 20jährige zum just gegründeten Hamburger Abendblatt und legte den Redakteuren eine Serie über das Schicksal Hamburger Schiffe vor. Bald schon – Monatsfixum 50 Mark – war er Freier Mitarbeiter, dann selber Redakteur. Nach zehn Jahren holte ihn Axel Springer ins Verlagsgeschäft. Dort mußte er zunächst Karteikarten sortieren, Abos werben, drucken lernen, doch schon bald avancierte er zum Verlagsleiter. Tamm rückblickend: «Ich war berühmt für meine Spesen und für mein Auto.» Die nächsten Jahrzehnte brachten den einzigen Sohn eines Versicherungsmaklers zwar schließlich auf den Stuhl des Vorstandsvorsitzenden, doch der Weg dahin war nicht leicht, vor allem auch, weil der Verleger ihn immer wieder «barbarisch behandelte» («kress report») und Tamm sich auch gerne eckig zeigte.

«Einer der Gründe meines Überlebens» ist Tamms Beschäftigung mit der Geschichte, speziell derjenigen der Marine. Peter Tamm ist ein Sammler. Wer die im Stil der Jahrhundertwende orginalgetreu restaurierten Säle seines schiffahrtsgeschichtlichen Instituts an der Hamburger Elbchaussee gesehen hat, wird verstehen, wie man durch ein Lebensthema überwältigt werden kann. Hunderte von Schiffsmodellen, Tausende von Indizien, unzählige Karten, Gemälde und Bücher belegen die «zweite Existenz» des Springer-Obersten.

Ein Leben ohne diese atemlose, dafür höchst aussagekräftige Umgebung wäre für den Wertkonservativen «undenkbar» – so wie für Kirch ein Leben ohne Filme unvorstellbar ist, wenn der Franke durch seinen Unterföhringer Hort streift? Wohl kaum. Der sinnliche Umgang mit den Schätzen auf Zelluloid und Magnetband war für den Filmkaufmann vermutlich noch nie ein existentielles Bedürfnis, auch damals nicht, bevor der große Bruch geschah, von dem seine alten Mitarbeiter alle erzählen, der sie erschauern ließ, ängstlich machte oder hassen lehrte und schließlich aus der Firma trieb, bevor der umschwärmte Leo sein pfiffiges Gesicht verlor und Machtmensch Theye samt Ja-Sagern das Regiment übernahm. Aber das ist, wenn die Legenden überhaupt stimmen, lange her. Inzwischen lassen sich die Milieus von Kirch und Springer nicht mehr vergleichen. Wogt der Kampf zwischen dem Konzern und einem Konglomerat. Zwischen dem alten Geld, das müde geworden ist, und dem neuen, von dem niemand weiß, woher es wirklich stammt. Zwischen dem Spieler und dem Sammler.

Am 24. August 1989 überrascht Leo Kirch durch eine weitere Ergänzung seiner Geschäftsfelder: Er kauft von der Stuttgarter Verlagsgruppe Georg von Holtzbrinck den Deutschen Bücherbund. Der Preis dafür soll rund 50 Millionen Mark betragen haben. Der Buchclub besitzt über 100 Filialen in der Bundesrepublik; 1,4 Millionen Clubmitglieder sorgen für einen Umsatz von rund 300 Millionen Mark. Ein Coup nach Art von Kirch, aber auch eine Entscheidung, wie sie der Holtzbrinck-Konzern vorzieht: So kommt der neue Eigentümer für die Geschäftsführung wie für die Filialen des Bücherbundes völlig überraschend. Die Außenstellen erfahren erst an dem Tag, an dem der Deal verkündet wird, per Kurierbrief vom Besitzerwechsel.

Danach tritt der Erbe Dieter von Holtzbrinck, seine letzte Unternehmenspressekonferenz ist sechs Jahre her, vor die Mikrophone. Die Familie, so sagt er, trenne sich nur «schweren Herzens» vom angestammten Clubgeschäft, denn diese Tradition sei immer hochgehalten worden. Konzerngründer Georg von Holtzbrinck hatte 1937 die 1876 gegründete «Bibliothek der Unterhaltung und des Wissens» übernommen, aus der 1948 die «Stuttgarter Hausbibliothek» und 1959 schließlich der «Deutsche Bücherbund» entstanden war. Besonders aber liegt dem Sohn jetzt daran, seinen Mitarbeitern den Eigentümer schmackhaft zu machen.

In der Tat kennt Holtzbrinck den Filmhändler seit langem wirklich sehr gut. Denn Holtzbrinck und Kirch haben seit der Gründung von SAT 1 bei keiner Entscheidung des Senders unterschiedlich abgestimmt. De facto, so meint jedenfalls das Springer-Management, bilden der Verlag über seine 80 Prozent-Tochter AV Euromedia und die Kirch-Gruppe einen Pool. Im Gegenzug werden die Freundlichkeiten der Holtzbrinck-Seite, vertreten durch Diether Stolze, dadurch entgolten, daß dessen Beteiligungsfirma samt Untergruppierungen (Stolze hält 20 Prozent an der AV Euromedia) fast alle journalistischen Eigenproduktionen von SAT 1 zugeschanzt bekommt, mit Ausnahme der Nachrichten. Diese Produktionen müssen von den übrigen SAT-1-Gesellschaftern bezahlt werden; Umsatz Holtzbrinck/SAT 1 in 1989: rund 10,4 Millionen Mark. Die Programmvorschläge des Springer Verlags dagegen – allein sechs im Jahr 1989 – haben keine Chance.

Eine solche geheime Poolvereinbarung mit «Verlustfreihaltung», der man Bestechungscharakter unterstellen könnnte, ist unzulässig. Und gleichwohl ein offenes Geheimnis. Anzüglich lobt Theye seine Partner mit den Worten: «Stolze weiß, worauf es ankommt.» Und auch PKS-Geschäftsführer Jürgen Doetz macht keinen Hehl aus seiner Einschätzung: «München hat Stolze die Garantie gegeben, daß sie (die Holtzbrincks – d. Aut.) ihr Geld nicht verlieren.»

Auch der Kauf des Bücherbundes macht nur auf diesem Hintergrund wirklich Sinn. Er wird vollzogen, kurz bevor die auf drei Jahre geschlossene Poolvereinbarung zwischen den beiden Partnern abläuft. In dem von Kirch gezahlten Preis könnte deswegen auch ein Quantum stecken, mit dem die nützliche Perspektive auf die nächsten Jahre fortgeschrieben werden kann. Dieter von Holtzbrinck redet nicht von mickrigen Millionensummen, als er in seiner Pressekonferenz versichert: «Der (Kirch) ist längst nicht so pleite, wie die Leute das behaupten.»

Mit dem Deutschen Bücherbund übernimmt Kirch ein malades Unternehmen. Das ehemalige Stammgeschäft der Holtzbrinck-Gruppe kann nur mit enormen Aufwand am Markt gehalten werden. Holtzbrinck selber nennt für 1980 einen Bestandserhaltungsaufwand von rund zehn Millionen Mark; 1988 müssen die Clubmitglieder bereits mit 45 Millionen Mark bei der Stange gehalten werden. Darüber hinaus gibt es Strukturprobleme. Das nachwachsende Publikum ist nur mit Mühe für eine Clubmitgliedschaft zu erwärmen. Und der Buchhandel, auf dessen Mitspielen die Stuttgarter Verleger (Fischer, Rowohlt, Droemer Knaur, Kindler) dringend angewiesen sind, empfindet die Clubfilialen als Konkurrenz.

Trotz dieser ernüchternden Einschätzungen sieht Kirch «wechselseitige Vorteile für beide Seiten». Und natürlich fehlt nicht das Schlagwort vom «Medienverbund», der jetzt so richtig in Gang kommen soll. Wenn nicht mit Springer, dann eben dank des Bücherbundes. Kirch erwähnt den geplanten Verkauf von Videokassetten, CDs, aber auch von Merchandising-Produkten wie Stofftieren oder T-Shirts. Die Bücherbund-Tochter Ecco offeriert sogar italienischen Wein und eine Original Wurlitzer-Musikbox für knapp 12.000 Mark.

In Wirklichkeit werden den Münchner hauptsächlich die 1,4 Millionen Adressen der Clubmitglieder interessieren. Denn dieser Aktivposten des kapitalintensiven Bücherbundes könnte ihm bei seinen Pay-TV-Plänen weiterhelfen, im Prinzip. Die Altersstruktur der Mitglieder jedoch und deren Fixierung auf gedruckte Medien in Schmöker-Form machen das Publikum nicht gerade zum idealen Akquisitionsobjekt für einen Pay-Kanal, der doch eher versucht, die Jungen und Gutsituierten zu erreichen. Eine geringfügige Aufstockung der Abonnements wird dennoch übrig bleiben – bis schließlich der traditionsreiche Bund von dem wesentlich größeren Konkurrenten Bertelsmann geschluckt wird.

Wenige Tage nach den Schlagzeilen um Holtzbrinck, deren Interpretationen weitgehend an der Sache vorbeilaufen, flattert der Staatsanwaltschaft beim Landgericht München I eine Anzeige auf den Tisch. Sie richtet sich «gegen Dr. Helmut Oeller und Dr. Leo Kirch wegen Verdachts der Vorteilsnahme bzw. Vorteilsgewährung». Schon vor Wochen war Springer-Chef Peter Tamm von Hans Schmidmeier, der dabei unter dem Decknamen «Berger» agierte, ein Konvolut von Dokumenten über die angebliche Bestechungsaffäre angeboten worden. Nachdem Mann und Material durchgecheckt worden waren, hatte der Verlag jedoch «von Ankauf und Verwertung» Abstand genommen. Allerdings zeigte der Stuttgarter Unternehmer Rolf Deyhle Interesse, der zusammen mit Filmkaufmann Bodo Scriba 40 Prozent an der Programmhandelsgesellschaft Capitol hält, während die anderen 60 Prozent bei Springer liegen. Deyhle – seit Jahren im Mediengeschäft, speziell dem mit Rechten und Lizenzen, tätig, aber auch von seinem Kompagnon in die Abgründe des Kirch-Systems eingeweiht – sieht in dem Vorgang eine «Gelegenheit, die in der Öffentlichkeit gegen Herrn Dr. Leo Kirch erhobenen Vorwürfe über seine Geschäftspraktiken zu klären». Und, keine Frage, auch Springer ist während der Abwehrschlacht gegen Leo Kirch an dem Thema gelegen.

Am 29. August erstattet Deyhle Anzeige. Ergebnis: Es geschieht erst einmal gar nichts. Sohn und Frau von Hans Schmidmeier, der in der Nacht vom 22. auf den 23. August überraschend gestorben war, kassieren 600.000 Mark für die Überlassung des Dossiers. Diese Summe wird den beiden Hinterbliebenen schnell zum Vorwurf gemacht. Daß sie den noch von Hans Schmidmeier aufgesetzten Vertrag einlösen, wohl auch, um die Prozeßrisiken abzudecken, mag problematisch genug sein. Entscheidend aber ist: Ihre Eidesstattlichen Versicherungen haben sie bereits vorher und noch ohne jede Aussicht auf eigenen finanziellen Gewinn abgegeben.

Bald darauf erfährt die Staatsanwaltschaft, daß der Leumund des Kronzeugen Hans Schmidmeier, vorsichtig ausgedrückt, nicht gerade der beste ist: Der Mann war ewig in Prozesse verstrickt. Einer davon ist noch anhängig. In der Kreditsache – der Fernsehdirektor soll von dem Immobilienhändler ein Darlehen über insgesamt 65.000 Mark erhalten haben, das aber nicht zurückgezahlt worden sei – hat Oeller vor dem Landgericht wie vor dem Oberlandesgericht verloren und dann Revision beim Bundesgerichtshof eingelegt. Parallel dazu erstattete er Anzeige gegen die Schmidmeiers wegen Prozeßbetrug und Meineid, wobei er Belastungszeugen benannte, die alle vorher noch zu Gunsten von Hans Schmidmeier ausgesagt hatten. Eine ziemlich durchsichtige Geschichte unter den vielen undurchsichtigen Aspekten der Affäre Oeller.

Bleibt die Frage: ein Schlitzohr als Kronzeuge? Warum eigentlich nicht. Hauptsache, seine Vorwürfe stimmen. Um dieses zu überprüfen, klopfen die Fahnder «mit dem Ziel der Gewinnung weiterer Beweismittel» am 19. Oktober – mehr als sechs Wochen nach der Erstattung der Anzeige – an die Bürotür von Leo Kirch in Unterföhring und untersuchen auch die Wohnungen der Beschuldigten. Die beiden zeigen sich selbstsicher und wohlgemut. Oeller, der einst über «Das schlafende Lied bei Eichendorff» promovierte, kann sich wohl nicht vorstellen, daß jetzt schlafende Hunde geweckt werden.

Aber genau dieses ist der Fall. Schon die Durchsuchungsbeschlüsse sind erstaunlich. Die Staatsanwaltschaft braucht dazu einen hinreichenden Anfangsverdacht; und den lieferten offenbar die Eidesstattlichen Versicherungen von Schmidmeier und Konsorten. «Bild» wittert einen «einzigartigen TV-Skandal», die Chefredakteure des Boulevardblattes warnen: «Die Fernsehverantwortlichen haben jetzt noch mehr Anlaß, über ihre Geschäfte mit Kirch nachzudenken. Das betrifft insbesondere das für den 17. November geplante nächste ZDF-Millionen-Ding mit Kirch.» Die übrige Presse jault auf. Da man sich nicht inhaltlich mit dem Fall auseinandersetzt, das ist ja auch schwierig genug, werden die Formalien kritisiert.

Dann versackt die Erregung wieder. Auch die wenig engagiert wirkende Aussage des Bayernfunk-Intendanten Reinhold Vöth, Oellers ehemaligem Vorgesetzten, «Ich kann mir nicht vorstellen, daß Helmut Oeller sowas macht», wird kaum über München hinaus dringen. Noch weniger der Hinweis von Schmidmeiers Anwalt Walter Neumann, daß – nach angeblichen Informationen von Oeller an Schmidmeier – «an diesem Bestechungsgeld auch hohe bayerische Politiker partizipieren würden». Neumann weiter: «Ich sagte dazu Herrn Schmidmeier, daß ich das als eine reine Schutzbehauptung des Dr. Oeller werten würde; denn es sei für mich unvorstellbar, daß sich solche Personen eine derartige Blöße geben würden.»

Doch Staatsanwalt Fritz Billner nimmt seine Arbeit auf, und er betreibt sie sehr penibel. So werden am 7. Dezember auch die Wohn- und Geschäftsräume von Lydia und Alexander Schmidmeier durchsucht. Laut Vorgabe des Amtsstatthalteramtes Luzern-Land soll dabei «nach Unterlagen aller Art» gefahndet werden, die im Zusammenhang mit der Anzeige stehen könnten. Am gleichen Tag sieht sich der Schmidmeier-Zeuge Carl-Johann Tesdorpf ebenfalls einem Trupp gegenüber, den Billner ausgeschickt hat. Besonders der aus München angereiste Kriminalhauptkommissar Kirchmaier gibt sich, nach Einschätzung von Tesdorpf, als scharfer Ermittler. Zugleich läßt er durchblicken, so will Tesdorpf ihn verstanden haben, daß der Zeuge seine Aussage «noch zurückziehen» könne. Der von diesem Wink mit dem

Zaunpfahl Überraschte erinnert sich: «Es fiel dann das Wort ‹Eidesstattliche Erklärung›. Ich wußte nicht, wie ich das interpretieren sollte.» Vielleicht als «Einschüchterung»? Die Springer-Anwälte sehen das so. Selbst auf dem Weg zur Toilette in seinem Büro wird Tesdorpf, nach einer Aktennotiz vom gleichen Tag, «durch einen der Herren begleitet».

Leo Kirch steht in der Defensive. Am 24. Oktober schart er seine Mitarbeiter um sich und versichert ihnen, er habe mit der angeblichen Bestechungsaffäre nichts zu tun, solche Praktiken seien von ihm nie angewandt worden. Während dessen streut Kirchs Amerika-Vertreter Klaus Hallig in einem undatierten Brief an die Geschäftsfreunde des Tycoons, Hausdurchsuchungen seien in der Bundesrepublik ein «matter of routine duty». Im übrigen sei die Anzeige nur dadurch zu verstehen, daß das «verschanzte Establishment» der Republik Leo Kirch ablehne.

Tatsächlich hat Kirch in diesem Herbst nicht mehr die besten Karten – und zwar trotz seiner Verankerung im «Establishment». Es gelingt ihm nicht, den Krawall-Erfolg der Hauptversammlung in ein besseres Image seiner diversen Aktivitäten umzusetzen. Und das, obwohl der Axel Springer Verlag in der Oeller-Affäre die schlechteste Presse seit den 60er Jahren hinnehmen muß. Und obwohl das Porträt über den «Medienmogul», das die ARD Ende des Monats ausstrahlt, wenig Beweise zusammenträgt, die Kronzeugen Lohmeyer und Naeher sich nicht besonders überzeugend darstellen und sich Fernsehautor Tilman Jens mit Zitaten und diffusen Vermutungen begnügen muß. Kirch selber läßt sich nicht einvernehmen, aber da ist dieser Schuß, den die Kamera vom Rand des Unterföhringer Grundstücks in die oberste Etage des Verwaltungsgebäudes richtet: Hinter dem Fensterglas wird verschwommen der Mogul sichtbar, grad so, als wolle er sein Image – allgegenwärtig, aber nie zu treffen – höchstpersönlich einlösen.

Um die Scharte der Hauptversammlung auszuwetzen, hatte Kirch einen wahren Prozeß-Marathon gegen den Axel Springer Verlag gestartet. Am 8. August hatte Anwalt Stiefenhofer bereits ein «Auskunftserzwingungsverfahren» in Gang gesetzt. Am 25. August gesellte sich eine Anfechtungsklage dazu, um die Entlastung von Vorstand und Aufsichtsrat sowie die Neuwahl des Aufsichtsrates für nichtig erklären zu lassen. Das nächste Verfahren wird von Kirch am 29. September losgetreten: Sonderprüfer sollen sich den Dienstvertrag des Vorstandsvorsitzenden vornehmen.

Das Thema des vierten Prozesses schließlich, den Kirch und die BMT Hanseatische Treuhandgesellschaft mbH am 16. November anstrengen, ist am brisantesten. Diesmal geht es nicht nur um ein Nachbessern der Hauptversammlungsergebnisse. In dem Musterverfahren soll vielmehr erreicht werden, daß die Treuhandgesellschaft ihre 14.808 Springer-Aktien auf die Taurus-Vermögensverwaltungsgesellschaft übertragen darf. Wenn dieses gelänge, könnte Kirch auch seine anderen Treuhänder legalisieren lassen. Die Schachtelbeteiligung, gegen die sich der Verlag sperrt, wäre perfekt. Begründung für den Genehmigungswunsch: Tamm sei «behilflich» bei dem Erwerb der Aktien gewesen; die Erwerber seien «im Einvernehmen» mit ihm «bestimmt worden»; der Vorstandsvorsitzende habe «die Zustimmung der Gesellschaft und die Umschreibung der Aktien im Aktienbuch auf die Erwerber und auf die Klägerin» zugesagt.

Für einen Moment stiftet diese massiv vorgetragene Argumentation Verwirrung. Sie löst sich erst, wenn im ersten Halbjahr 1990 der Prozeß – in erster Instanz – für Springer entschieden wird. Bis dahin aber wird in der Öffentlichkeit niemand mehr genau wissen, welche Prozesse laufen, wer sie angestrengt (überwiegend Kirch) und wer sie gewonnen (überwiegend Springer) hat. Übrig bleibt, und das dürfte beabsichtigt sein, der diffuse Eindruck, Springer sei ein Prozeßhansl der Sonderklasse, man stehe sich in Dauerfehde gegenüber und die Gründe dafür lägen, behauptet Theye, «wohl mehr in der Person (Peter Tamms), nicht in der Sache». Ein falsches, gleichwohl – wie wir sehen werden – fatales Image, das bis heute nicht verschwunden ist.

Während die Anwälte miteinander rangeln, treibt der Konflikt über den Einkauf der Kirch-Filme beim ZDF, dessen Vorbeben schon Anfang des Jahres zu spüren gewesen waren, seinem Höhepunkt zu.

Nach den kritischen Anmerkungen vom Sommer hatte Intendant Dieter Stolte rund 50 Lizenzhändler, darunter auch Kirch, formal zur Abgabe eines Angebotes aufgefordert. Bis Ende Juli hatten sich 20 Firmen gerührt, bis Ende Oktober sind es noch 18 mehr geworden. Stolte, der geschickte PR-Arbeiter, setzt auf eine tief gestaffelte Taktik. Er bemüht nicht nur öffentlich die Konkurrenzmechanismen des Marktes, um sich dann – nicht-öffentlich – das passende Angebot herauszusuchen. Er erklärt sich auch in zwei langen Interviews mit den Informationsdiensten und kann dort seine Klagen plazieren: «Wir sind kein Zankapfel, sondern wir sind, obwohl wir in der Angelegenheit des Streites nicht Partei sind, ungewollt in ihn hineingezogen worden.» Und: «Wir waren der Sack, der geschlagen wurde, obwohl der Esel gemeint war.» Ein Quentchen Wehmut über den Verlust der guten alten Zeit ist nicht zu überhören – als Kirchs Tunnelsystem unter dem Lerchenberg noch nicht entdeckt worden war. Als man mit dem Filmhändler noch ungestört Geschäfte machen konnte.

Um der Debatte die Schärfe zu nehmen, strebt der Intendant sogar einen öffentlich-rechtlichen Schulterschluß an. Er will überlegen, «ob wir nicht eine eigene Tochtergesellschaft für den Lizenzhandel gründen». Sie soll mit der privatwirtschaftlichen Bertelsmann-Tochter Ufa oder Kirch mithalten können und mehr Bewegungsspielraum bekommen als die ARD-Einkaufsgesellschaft Degeto. Kooperationsfavorit Nr. 1 ist das Erste Programm. Stolte: «Ich plädiere dafür, diese Gesellschaft gemeinsam zu gründen.»

Doch der Wunsch trägt nicht weit. Warum sollte die ARD gerade zusammen mit dem ZDF Filme einkaufen, wo man sich doch im gleichen Marktsegment bewegt? NDR-Mann Plog: «Herr Stolte ist Konkurrent.» Der Norddeutsche hat, wie viele aus der ARD, nicht vergessen, daß Kirchs Marktdominanz längst auf ein erträgliches Maß zurückgestutzt worden wäre, wenn nicht das ZDF 1984, wenige Tage nach dem ARD/MGM-Abschluß, seinen eigenen Superdeal unter Dach und Fach gebracht und damit den Filmhändler aus seiner finanziellen Klemme erlöst hätte.

Nein, dieser Stolte scheint nicht der Traumpartner für das Erste Programm zu sein, zumal er jetzt erneut davor steht, dem von seiner Bank hart bedrängten Filmhändler mit einem Großeinkauf Luft zu verschaffen. Rund eine Milliarde Mark – so hoch werden Kirchs Schulden geschätzt – dürften den DG-Chef Helmut Guthardt, der auch noch andere Risiko-Engagements eingegangen ist, ordentlich drücken. Wo aber werden Kirchs Filme im Gegenzug abgespielt, um damit Lizenzeinnahmen zu sichern? Bei der ARD sind seit dem Sommer keine Pakete mehr unterzubringen. Helmut Thoma, der Boß von RTLplus, empfindet es «als absolut unsinnig, vom stärksten Konkurrenten Film-Ware einzukaufen». Bleibt SAT 1; aber dort kann Kirch keine vollen Preise nehmen, und die er nimmt, sind noch umstritten genug. Bleibt Pro 7 – doch dieser Sender ist bisher im besten Fall ein Übungsfeld für den Filius Thomas. Das Pflänzchen Pay-TV in Gestalt von Kirchs Teleclub schließlich bringt, wenn überhaupt, magere Rendite. Als die Bank diesen Kassensturz macht, muß ihr schwindelig geworden sein. «Sichtlich unwohl» fühlt sich Guthardt nach einem Attest des manager magazins.

Ein gutes Geschäft mit dem ZDF könnte Kirch herausreißen. Aber das Störfeuer nimmt zu. Besonders aufmerksam wird auf der Intendantenctage in Mainz ein Interview studiert, das Jockel Fuchs, der Vorsitzende des ZDF-Fernsehrates, dem Mediendienst «rundy» gibt. Der gleiche SPD-Politiker, der 1975/76 noch dazu beigetragen hatte, die Wogen nach den Angriffen von Spiegel und stern wieder zu glätten, stellt jetzt fest: «Wir wurden von einigen wenigen abhängig, die uns Filme von draußen zulieferten. Das ist nicht gut. Monopole sind überhaupt nie gut. Da müssen wir raus.» Einen «Skandal» und «eine frappierende Fehlentwicklung» nennt Plog den offenbar anstehenden Deal.

Einer freilich hat sich schon vorzeitig aus der Gefahrenzone begeben: Bundesaußenminister Hans-Dietrich Genscher. «Bild» hatte seine formale Bürogemeinschaft mit seinem Freund und Kirchs Rechtsberater Joachim Theye moniert («Vielleicht überdenkt er das mal»); aber der politische Überlebenskünstler, seit Gründung des ZDF als dessen

Aufsichtsrat tätig, dürfte auch ohne diese Stichelei gemerkt haben, daß er sich auf dünnem Eis bewegt. Die Lösung, die ihm dazu einfällt, ist ein «echter Genscher». Am 18. Oktober legt er seinen Sitz im Verwaltungsrat nieder, zu seinem Nachfolger wird, per Kabinettsbeschluß, Otto Graf Lambsdorff gewählt. Der Wirtschaftsexperte, von dem schon Kritisches zu Kirch zu hören war, sitzt aber noch nicht mit im Kreis der Verwaltungsräte, die am 17. November unter Vorsitz von Bernhard Vogel im ZDF zusammenkommen.

Auf der Agenda steht, neben anderen Themen, der seit Monaten geplante Filmeinkauf. «Keine wie immer auch gearteten Verträge» lägen zur Beratung vor, hatte das ZDF vorab betont. Das konnte vieles heißen: Sollen vielleicht nur die Gelder pauschal freigeben werden? Auch auf diese Weise wäre Kirch seinem Schnitt einen Schritt näher gekommen. Die Argumentationskette, mit der dazu operiert wird, kennen wir bereits von früheren Geschäften mit Kirch; erneut soll sie die Behauptung unterstreichen, man wähle die Filme Stück für Stück aus. Von den 13.000 Streifen, die dem ZDF angeboten worden sein sollen, dürften allein 11.500 aus den Lagerbeständen von Kirch stammen. Nun lassen sich mit den eingeplanten 360 Millionen Mark nur 1000 Filme bezahlen – also wird Kirchs Füllhorn ordentlich verkleinert. Entscheidend ist jetzt, was wirklich übrig bleibt, bei der Beta/Taurus und den anderen, sicherlich erneut vor den Mauern des ZDF agierenden Treuhändern des Medienmoguls. Dreiviertel dieser letzten Auswahlliste wiederum wurde mit Kirchs Ware bestückt, das vermutet die Süddeutsche Zeitung.

Aber zur Genehmigung kommt es nicht. Im Verwaltungsrat zeichnet sich eine starke Opposition gegen den Deal mit dem Münchner ab, vorgetragen besonders von Ministerpräsident Johannes Rau und dem Hamburger Landesbankchef Hans Fahning, der sich schon in den 70er Jahren relativ Kirch-resistent gezeigt hatte. Ihre Argumentation nimmt Stoltes altes Junktim wieder auf: Darf man sich so massiv, wie jetzt geplant, bei einem Konkurrenten bedienen? Der Fall wird vertagt. Das ZDF soll mit allen Anbietern weiter verhandeln.

Für Kirch wird es nun wirklich eng. Wenn die ZDF-Millionen weiter auf sich warten lassen, muß wenigstens SAT 1 so funktionieren wie gehabt. Das wäre sicherlich auch der Fall, wenn nicht unglücklicherweise das Mandat von Joachim Theye als Vorsitzender des Aufsichtsrates Ende des Jahres 1989 auslaufen würde. Kirch setzt alles daran, dieses zu verhindern. Bislang war sein Freund Theye der Garant dafür, daß weit über 90 Prozent des Spielfilm- und Serienprogrammes von SAT 1 aus Unterföhring angeliefert wurden. Den Anwalt störte offenbar nicht, daß er so den Bewegungsspielraum seines Programmdirektors erheblich beschnitt, mit dem Resultat, daß dieser Posten nur noch als Schleudersitz angesehen wird. Aktueller Abgang zum Jahresende: Der gestreßte Wolfgang Graß, der sich bei seinem Amtsantritt überzeugt gegeben hatte, «recht lange dabei zubleiben».

Mit seiner Einkaufspolitik verstieß Theye gleich gegen mehrere formale Absicherungen, die sich die Zeitungsverleger bei Gründung von SAT 1 gegenüber der damals schon allmächtigen PKS ahnungsvoll ausbedungen hatten: etwa gegen die Konsortialvereinbarung vom 16. Oktober 1986. Oder gegen den Satzungsparagraphen 5 der später gegründeten SAT-1-GmbH, der die Zustimmungsgrenzen des Aufsichtsrates regelt.

Und noch eine weitere Konstruktion sollte eigentlich verhindern, daß SAT 1 nur als Wiederaufbereitungsanlage für Kirchs Spielfilme funktionieren würde. Die Überwachung der Geschäftsführung und die Vorbereitung von Beschlüssen des Aufsichtsrats wollte man nicht allein dem Vorsitzenden dieses Gremiums überlassen. Deswegen wurde in der seit Mai 1987 gültigen Geschäftsordnung des Aufsichtsrates ein «Ausschuß für laufende Angelegenheiten» etabliert, in dem Theye wie Tamm, der Vorsitzende und sein Stellvertreter, Platz nehmen sollten. Eine gute Idee, ein schöner Titel, hört sich ein bißchen nach Französischer Revolution an, doch so ungewöhnlich ist die Konstruktion nicht, ähnelt ihre Aufgabe doch derjenigen eines Präsidialausschusses in normalen Aufsichtsräten. Allerdings: Bei SAT 1 hatte die Institution keine Chance zu funktionieren. Vor wichtigen Entscheidungen – beispielsweise der Verabschiedung von Jahresfinanzplänen, der Ausweitung des SAT-1-Programmes oder den Spitzen-Personalien – trat der Ausschuß nicht ein einziges Mal zusammen oder wurde Peter Tamm auch nur informell konsultiert. Das machte der Aufsichtsratsvorsitzende Theye lieber persönlich mit der Geschäftsführung ab.

Geradezu rührende Rücksichtsnahme gegenüber diesen Zuständen ist Tamm angesichts eines Briefwechsels nachzusagen, den er über Monate mit Theye führte – nur um zu erreichen, daß ihm die Geschäftsführungsprotokolle zugänglich gemacht werden. Theye ließ sich nicht darauf ein. Im Gegenteil: Um die Abschottung zu perfektionieren, wurde für die SAT-1-Mitarbeiter sogar noch ein Maulkorberlaß gegenüber allen Gesellschaftern verkündet. Irgendwann muß Tamm der Geduldsfaden gerissen sein und er verabschiedete sich aus der müßigen Debatte mit der an den «lieben Jochen» gerichteten Erkenntnis, daß «Dein Ziel der alleinige und ungestörte Einfluß der PKS auf die SAT-1-Geschäftsführung ist».

Wegen dieser Spannungen konnten sich Kirch und sein Bankier Guthardt kaum Chancen ausrechnen, als sie im Herbst begannen, die Wiederwahl von Theye zu betreiben. Sie merkten: Mit der Pipeline von und nach München, mit der Zusammenstellung des Spielfilmprogrammes durch München sollte nun endgültig Schluß sein.

Jetzt kann es nur noch Chuzpe bringen. Mitte November lädt Theye die Aufsichtsräte für den 1. Dezember zu einer Sitzung nach Mainz ein. Wichtigster Tagesordnungspunkt: die Wahl des neuen Aufsichtsratsvorsitzenden. Mit Schreiben vom gleichen Tag bittet er seine Gesellschafter zu einer außerordentlichen Gesellschafterversammlung, die unmittelbar nach der Aufsichtsratssitzung stattfinden soll, ebenfalls in der Mainzer SAT-1-Zentrale. Diesem Einladungsschreiben an die Gesellschafter legt Theye ein undatiertes und nicht unterzeichnetes Memorandum, in dem er ein Szenario für den Fall aufgemalt hat, daß man sich im Aufsichtsrat nicht über einen neuen Vorsitzenden einigt. Theyes Argumentation geht so: Das Amt des Vorsitzenden sei dann nicht besetzt und deswegen falle die Kompetenz zur Wahl des Aufsichtsratschefs umgehend an die Gesellschafterversammlung zurück.

Ein Fall der «Verhinderung» des Aufsichtsratsvorsitzenden liege jedenfalls nicht vor – dann würde nämlich der Stellvertretende Vorsitzende Peter Tamm automatisch nachrücken.

Als die Einladungsschreiben in Hamburg bekannt werden, wird sofort die Notbremse gezogen. Am 29. November beantragen die Prozeßbevollmächtigten des Axel Springer Verlages eine Einstweilige Verfügung, die es der geplanten Gesellschafterversammlung untersagen soll, mit einfacher Mehrheit – das wären jene 55 Prozent, die von der PKS und ihrem Bundesgenossen AV Euromedia repräsentiert werden – einen Aufsichtsratsvorsitzenden zu wählen. Noch am gleichen Tag entspricht das Landgericht in Mainz diesem Antrag. Kirch läßt Widerspruch einlegen, aber damit wird die Anordnung des Gerichtes zunächst nicht aufgehoben.

1. Dezember, der Sitzungstermin. Es kommt zur Kanonade. Erst wird Theye von seiner Koalition vorgeschlagen – die vier Aufsichtsräte der Verlegerseite lehnen ab. Der Antrag scheitert. Dann wird Tamm ins Spiel gebracht und das gleiche Verfahren läuft mit umgekehrten Vorzeichen ab. Erstaunlich, daß trotz dieses Konfliktes bei den anderen Tagesordnungspunkten einstimmige Entscheidungen getroffen werden. Der Etat des Senders in Höhe von fast 500 Millionen Mark für 1990 wird gebilligt und ebenso akzeptabel scheint die Wahl des neuen Programmdirektors und Nachfolgers von Wolfgang Graß zu sein. Johannes C. Weiss, ein ehemaliger Assistent des Münchener Universitätspräsidenten Nikolaus Lobkowicz, derzeit Leiter der zentralen Programmkoordination des Bayerischen Rundfunks, bekommt seinen Vertrag.

Am 19. Dezember muß das Landgericht über den Widerspruch verhandeln, den Kirch gegen die Einstweilige Verfügung eingelegt hatte. Erneut sieht der Filmhändler alt aus. Die Kammer für Handelssachen erklärt die Verfügung in einem überraschend umfangreichen Urteil (Aktenzeichen: 10 HO 65/89) für rechtmäßig. Schließlich sei «ernstlich zu besorgen» gewesen, daß der Aufsichtsrat durch die Gesellschafterversammlung umgangen würde. Ein Beschluß der Gesellschafter-Mehrheit wäre jedoch «mangelhaft und deshalb anfechtbar» gewesen – «gesellschaftsvertragswidrige Zwecke» wären verfolgt worden. Die Zuständigkeit des Aufsichtsrates bei dieser wichtigen Entscheidung wird noch einmal unterstrichen: Er besitze eine die Gesellschafterversammlung «verdrängende Kompetenz»; diese sei mit der Absicht eingeräumt worden, der Vormachtstellung der PKS Paroli bieten zu können. Ferner sei, so urteilt der Handelsrichter, der Aufsichtsratsvorsitzende tatsächlich ab 1. Januar verhindert, sein Amt wahrzunehmen und deswegen rücke sein Stellvertreter nach.

Kirch geht in die Berufung, aber Tamm nimmt auf dem Sessel des Aufsichtsratsvorsitzenden Platz. Sollte die alte Verabredung des Verlegerfernsehens eine neue Chance erhalten? Theye ist wütend. Er vergleicht die Haltung des Springer Verlags mit den «Gewaltregimes des Ostblocks», die «40 Jahre jede positive Entwicklung verhindert (haben), aber eben nicht ewig». Und sein Geschäftsführer Werner E. Klatten stellt fest: «Es fehlen nur noch die Toten.»

Wie ungemein wichtig für Leo Kirch die Nabelschnur zwischen München und Mainz ist, geht auch daraus hervor, daß Theye «noch während seiner Amtszeit als Aufsichtsratsvorsitzender einen Rechtsberatungsvertrag» mit SAT 1 abgeschlossen hatte, zum Pauschalhonorar von 6.000 Mark monatlich plus Auslagenersatz[23]. Schon merkwürdig: Die standesrechtliche Auffassung des Bremers von seiner Funktion als «Organ der Rechtspflege» ermöglicht es offenbar, sowohl Kirch wie SAT 1 wie die PKS zu beraten, wahrscheinlich gab oder gibt es auch einen entsprechenden Vertrag mit der DG Bank, zugleich den Aufsichtsratsvorsitzenden zu markieren und auch noch Zwei-Prozent-Eigner der PKS zu sein. Möglicherweise sogar Zwei-Prozenter beim SAT-1-Konkurrenten Pro 7. Ganz sicher aber Geschäftsführer der Taurus Vermögensverwaltungs GmbH, die Kirchs Springer-Anteile hält.

Eine permanente Hochzeit der Macht mit sich selbst. Ein hermetisch geschlossenes System des Machterhalts. Die Rücksichtslosigkeit, mit der Theye dieses Geflecht immer enger knüpft, läßt selbst Bewunderer nicht kalt. Ein Banker, Mitglied im Oberhaus der Einflußnahme, sähe den Consigliere «gerne etwas heruntergeschnitten». Das vielerorts überholt wirkende Links-Rechts-Schema hat für Leo Kirchs «Top Gun» seine Gültigkeit wie eh und je. Und sei es in dem Sinne, daß er «links» nur Schwächlinge, keine Vollstrecker-Typen erkennt. Dazu paßt das Mandat, das er für den italienischen Neo-Politiker und Medienmogul Silvio Berlusconi sowie dessen Rete Invest Holding wahrnimmt. Seine Nähe zur Münchner Kanzlei Nörr, Stiefenhofer & Lutz, der Strauß-Zögling Peter Gauweiler seinen Mandantenstamm verpachtete. Und selbst noch die traute Bande zu Jürgen Möllemann, dem westfälischen Terminator, der schon mal als Spitzenpersonalie bei Kirch gehandelt wird, doch dann wieder über seine eigenen Füße stolpert.

Theye ist aber nicht nur ein Treiber, er ist auch ein Getriebener. Mit Kirch hat er seine Krisen; zunehmend, so ist zu hören, soll ihn das unordentliche «Gambling» des Altmeisters nerven, die unübersichtliche Struktur des Medien-Konglomerats. Doch selbst, wenn er wollte: Aus diesem Job kommt er nicht mehr heraus, wenn nicht auch die anderen Großmandate – Gerling zum Beispiel oder Vulkan – wie Dominosteine fallen sollen, was, wie gesagt, manchen der von Theye Gereizten und Gerichteten in der deutschen Industrie, nicht nur der Medienindustrie, aufatmen ließe.

Ende 1989 steckt Leo Kirch mitten in der vierten, der größten, der entscheidenden Krise seiner Karriere. Davon ist besonders der Handel mit Programmen betroffen, immer noch das Kerngeschäft der Gruppe. Die Situation ist jedoch bedrohlicher als bei der letzten krisenhaften Zuspitzung während des MGM-Deals der ARD, weil dieses Mal nicht eine Schlappe im Einkauf von Programmen Sorgen macht, die damals mit den Geldern von ZDF und Bayerischem Rundfunk schnell wieder ausgebügelt werden konnte, sodaß die großen Hollywood-Studios nicht vom Haken gingen. Dieses Mal hat Kirch mit einer Verkaufskrise zu kämpfen – der Hals des Trichters ist verstopft. Und das kann tödliche Folgen haben: Wenn die Programmbestände nicht mehr abfließen, sinkt ihr Wert über Nacht.

Zwei der vier großen Sender kann Kirch von vorneherein fast zu 100 Prozent aus der Kundenliste streichen. Das sind RTL plus und die

ARD, mit der er sich im Streit getrennt hat, als diese sein letztes Paket wegen mangelhafter Qualität ablehnte. Auch das ZDF, bei dem er bisher nicht mit Widerständen zu rechnen hatte, steht jetzt unter dem Druck, beim Konkurrenten zumindest nicht mehr so umfangreich wie bisher einzukaufen. Als Backpfeife muß es Kirch empfunden haben, daß erstmals alle Filmhändler, ob klein oder groß, formal vom Intendanten aufgefordert worden waren, ihre Angebote einzureichen.

Und sogar das Heimspiel bei SAT 1 läuft nicht mehr von alleine. Joachim Theye, der in der Gründungsphase die Programmplätze durchboxte und als Aufsichtsratsvorsitzender deren Bestückung mit der Münchener Ware abschirmte, mußte ins Glied zurücktreten und wurde durch Peter Tamm ersetzt. Schon vorher waren die Springer-Manager, die Kirch lange an der Nase herumgeführt hatte, seiner Übermacht im SAT-1-Programm auf die Schliche gekommen. Sie können daran über Nacht nichts ändern, deswegen erfolgt die Programmierung wie gehabt, doch die Risiken sind unübersehbar.

Diese Situation, in der die Progammverstopfung ausnahmsweise einmal nicht bei den Abnehmern, sondern beim Lieferanten stattfindet, kann die Bank nicht erfreuen. DG-Chef Helmut Guthardt hatte in der Vergangenheit mehrere 100 Millionen Mark für Kirch locker gemacht. Mit diesem Kreditvolumen und ähnlich gewagten Engagements powerte er die ehemalige Zentralkasse der ländlichen Raiffeisen-Mitglieder zu einem weltweit agierenden Geldhaus hoch, das sich weit von seinen Gründungszwecken entfernt hat. Schlechte Kredite könnten diese ganze Konstruktion zum Einsturz bringen. Guthardt wird Kirch ins Gebet genommen haben und auch der Wechsel des verantwortlichen Kredit-Sachbearbeiters zu Kirch muß wohl in diesem Zusammenhang gesehen werden, trotz des entsprechenden Dementis. In jedem Fall hat die hungrige Genossenschaftsbank zu lange «über den Zaun gefressen» und muß sich nun wieder konservativer verhalten.

Ihre Kreditlinie gegenüber Kirch hängt außerdem nicht nur von den Programmbeständen, sondern auch vom «Unternehmenswert» des Kunden ab, der wiederum mit dem öffentlichen Ansehen des Kreditnehmers zu tun hat. Und da sieht es für Kirch ganz schlecht aus. Seit das in Deutschland einmalige «unfriendly Take-over» des Springer Verlages über den Poolvertrag mit den Burda-Brüdern gescheitert war, hatte der Medienmogul nur Rückschläge hinnehmen müssen. Erst stellte ein Gericht fest, daß Axel Springer ihn einen «Kriminellen» geschimpft hatte und die Öffentlichkeit davon zu informieren war; dann unterminierte die mißglückte Filibuster-Taktik während der Springer-Hauptversammlung viele Sympathien und auch die danach angestrengten Prozesse ließen sich für das Image des Münchners nicht besonders gut an. Als schließlich noch die Oeller-Anzeige dazukam und Wohnungen wie Geschäftsräume durchsucht wurden, blieb nur wenig von dem erfolgreich, verantwortungsbewußten und geschäftstüchtigen Unternehmer übrig, dessen Bild Kirch in seinem Interview-Marathon zwei Jahre zuvor ausgemalt hatte. Selbst die schlechte Presse für die von Springer instrumentalisierten eigenen Zeitungen und die undurchschaubar wirkende Oeller-Affäre konnten daran nichts ändern.

Geschäft wie Ansehen des angeblich sogar von Franz Josef Strauss als «Haifisch» bezeichneten Franken sind Ende dieses Jahres 1989 stark ramponiert. Er ist zum Buhmann geworden, den sich niemand als verantwortlichen Gestalter eines nationalen Kommunikationsunternehmens wie SAT 1 oder gar als Verleger vorstellen mag. Von Kirch freundlich gesonnenen Beobachtern wird später zu erfahren sein, daß die Lage auch in der Zentrale als bedrohlich eingeschätzt wurde: «Er hätte nicht mehr sehr lange durchgehalten.» Hätte. Eine ausweglos scheinende Situation hat noch immer die erstaunlichsten Talente des Risiko-Spielers geweckt: Die Fähigkeit, sich um 180 Grad zu drehen, einen neuen, unerwarteten Winkelzug anzufangen, einen bislang unbekannten Unterstützer einzubringen. So geschieht es jetzt auch wieder.

Die Geschichte von Kirchs Rettung beginnt in den letzten Tagen des Jahres 1989. Wir befinden uns jetzt in der Schweiz, genauer gesagt in Zug, der Hauptstadt des kleinsten Kantons der Alpenrepublik. Am 20. Dezember startet in dem exklusiven Steuerparadies, bevölkert von 400 Multimillionären, aber auch von 4.000 bis 5.000 als mittellos geltenden Einwohnern, eine Operation, die für den von Bankschulden und stockendem Absatz seiner Spielfilme bedrängten Programmhändler den Befreiungsschlag bringen soll und zugleich die Geschäftspalette des Handesimperiums von Metro-Gründer Otto Beisheim um eine wichtige Farbe bereichern wird. Ihre hastige Durchführung in den Weihnachtstagen trägt alle Kennzeichen der hektischen Medien-Deals vergangener Monate und Jahre. Wieder geht es um Aber-Millionen, wieder agieren die Hauptdarsteller wie hinter einem Wandschirm, der ihre Umrisse verzerrt, wieder werden Öffentlichkeit und unmittelbar Betroffene von der Aktion völlig überrascht. Diese Methode paßt nicht nur zu Kirch, sondern auch zu dem schwerreichen und weitgehend unbekannten Schweizer Staatsbürger Beisheim, der Anfang der 60er Jahre auf einer Geschäftsreise die Cash-and-Carry-Großmärkte in den USA kennengelernt hatte, ihr Erfolgsprinzip zunächst in die Bundesrepublik übertrug und dessen Metro-Gruppe heute einen geschätzten konsolidierten Weltumsatz von rund 80 Milliarden Mark pro Jahr einfährt.

Alles sieht nach schweizerischem Alltag aus, als der Zürcher Anwalt Werner Beilstein vier Tage vor Heiligabend die Außerordentliche Generalversammlung der Aktionäre der Mid-Part AG eröffnet. Diese Mid-Part, bisher wenig in Erscheinung getreten, wird von Beisheims Firma Overpart dominiert. Sie ist ein «Parkplatz» für Vermögensanlagen. Die Generalversammlung beschließt, der Mid-Part ein nahezu vollständig neues Gesicht zu geben. Ihr Firmentitel wird in MH Medien-Handels AG geändert und ihr Sitz vom Vorort Baar nach Zug verlegt; neue Adresse: Industriestraße 24. Als Geschäftszweck wird nunmehr im Register der «Handel mit Erzeugnisse des Medien-Marktes aller Art» benannt. Dann aber scheiden Präsident Beisheim und seine Riege in Verwaltungsrat und Direktorium aus. Stattdessen rücken die Zuger Anwälte Andreas Renggli und Rolf Schweiger sowie Stephan Sager aus Zürich nach.

Renggli, unter seinen weit über 100 Mandaten mit etlichen Beisheim-Angelegenheiten betraut, ist einer der prominentesten Treuhänder vor Ort, sozusagen «Mister Zug» persönlich. Schweiger, nicht ganz in dieser Liga, soll schon mehrfach Kirchs Dinge in der Schweiz besorgt haben. Und Sager kennen wir bereits aus der Oeller-Affäre; er hat inzwischen Karriere gemacht und es bis zum Direktor des Teleclub gebracht. Nachdem die Drei im Verwaltungsrat der MH Platz genommen haben, schließt der bevollmächtigte Tagespräsident Beilstein die Versammlung und Protokollführer Renggli beurkundet in zehnfacher Ausfertigung, daß alles seine Richtigkeit habe.

In ihren Statuten führt die MH zu diesem Zeitpunkt ein Grundkapital von 12 Millionen Franken, eingeteilt in 12.000 Namensaktien zu nominell je 1.000 Franken. Diese Aktien sind, ähnlich denen bei Springer, vinkuliert; das heißt: Ihre Übertragung muß vom Verwaltungsrat der Gesellschaft genehmigt werden. Sonderfälle ausgenommen, kann die Verwaltung «im freien Belieben» ihr Okay erteilen oder verweigern. Sie ist «in keiner Weise gehalten, ihren Entscheid irgendwie zu begründen». Sollte das Kapital einmal erhöht werden, so erhalten nur die bereits im Aktienbuch eingetragenen Aktionäre «ein Recht auf Bezug der neuen Aktien». Ein perfekt organisierter closed shop. Beilstein und Renggli haben vorgesorgt: Durch ihre mehrfachen Absicherungen gibt es für einen Unbefugten keine Chance, die wirkliche Aktionärsstruktur der MH zu durchschauen.

Ein oder zwei Tage später läßt sich Beilstein beim Vorstand der Schweizer Kreditanstalt in Zug ansagen. Er überreicht ein Paket von 38 Millionen Schweizer Franken zu Gunsten eines Aktienkapitalerhöhungskontos der MH. Das Geld steht für 38.000 neue Namensaktien zu je 1.000 Franken; sie werden von einer außerordentlichen Generalversammlung der MH am 22. Dezember emittiert und sogleich von Beilstein gezeichnet. Der Zeichnungsschein, so ist wörtlich auf dem Dokument zu lesen, «ist befristet bis zum 31. Dezember 1989». Jetzt beträgt das Grundkapital der Firma 50 Millionen Schweizer Franken, eingeteilt, wie Andreas Renggli protokolliert und beurkundet, in 50.000 Namensaktien – davon reflektieren 12.000 das alte Beisheim-Kapital, 38.000 hält Beilstein «in eigenem Namen, aber auf fremde Rechnung». Allen Veröffentlichungspflichten ist hiermit Genüge getan; eine Änderung der Aktionärsstruktur bedarf jetzt nur noch der Zustimmung des eigenen Verwaltungsrates.

Kurz darauf erfüllt die Medien-Handels AG ihren Geschäftszweck: Sie kauft von Leo Kirch für rund 530 Millionen Mark 2.500 Spielfilme. Zugleich wird mit Kirch vereinbart, daß die Lagerung und Wartung des Paketes auch künftig in Unterföhring vorgenommen werden soll; an der schmalbrüstigen Büroadresse in Zug wäre dieses auch kaum möglich gewesen.

Ein spektakuläres Geschäft. Erstmals geht Kirch in diesem Ausmaß an seine eigenen Bestände, auch wenn Pressesprecherin Armgard von Burgsdorff den Paketverkauf als «business as usual» bezeichnet. Lichtet Kirch sein Lager, weil die Bank in Frankfurt Geld sehen will, statt mühsam gewordener Abverkäufe? Auch hier folgt das Dementi auf den Fuß. «Unter dem Druck von Liquiditätsproblemen» habe man nicht verkauft, sagt die Sprecherin. Doch die Bestätigung der Kirch-Gruppe, daß viele der Streifen, die dem ZDF als Angebot vorlagen, jetzt bei der Medien-Handels AG gelandet sind, spricht ihre eigene Sprache.

Noch freilich herrscht Feiertagsruhe. Noch ist der Deal in der Öffentlichkeit gar nicht bekannt. Da tagt am 29. Dezember erneut der MH-Verwaltungsrat. In 48 Stunden läuft die Treuhänderschaft ab, die Werner Beilstein für das Paket übernommen hatte. Deswegen wird der Aktionärskreis neu geordnet. Und noch eine zweite Formalie wird an diesem 29. Dezember durchgezogen. Zwei ehemalige Mid-Part-Direktoren, Beisheim-Leute reinsten Wassers, rücken wieder in die Geschäftsführung der MH ein. Sie waren vor dem Deal mit Kirch ausgeschieden und verstärken nunmehr, für die Phase eines verstärkten öffentlichen Augenmerks, den Beisheim-Anstrich der MH. Schon am 18. Januar werden sie das Direktorium wieder verlassen. Ihr Schleiertanz, ganz genau ist er nicht aufklärbar, gemahnt an die Vorgänge in der Kanzlei des Münchener Notars Geimer, während der Gründung von Pro 7 am 13. Oktober 1988.[24]

Anfang des Jahres wird das Geschäft dann doch ruchbar. Am 2. Januar läuft eine dürre, sechszeilige Meldung in den Redaktionen ein. Die MH, «die zum Interessenbereich» von Beisheim gehöre, habe «die

Fernsehrechte an einem größeren Paket von Spielfilmen und Fernsehserien erworben»; sie sei damit, so wird betont, «zu einem bedeutenden Anbieter» auf dem Lizenzmarkt geworden. Diese offizielle Version stößt umgehend auf Mißtrauen: Warum sollte Kirch einem Konkurrenten im hart umkämpften Markt, und noch dazu einem höchst liquiden Milliardär wie Otto Beisheim, den Start dermaßen erleichtern? Das wäre ein glatter Selbstmord. So ist der Schritt nicht mehr weit zur Spekulation, der Verkauf an Beisheim sei nichts als ein Umweggeschäft – vor allem, um die Filme dem ZDF jetzt unter unverdächtigem Label andienen zu können. «Filmwäsche» heißt das Stichwort, das die Runde macht.

Daß ein Unternehmer wie Beisheim als simpler Strohmann oder Treuhänder für Kirch agieren könnte, scheint ausgeschlossen zu sein. Entsprechend empört wird aus der Münchner Zentrale darauf verwiesen, daß es jenseits dieses Geschäfts keine weiteren Verbindungen zwischen den beiden Filmhändlern gäbe. Kirch hat jedoch einen Fehler gemacht, als sein Vertrauter Stephan Sager – der Geschäftsführer des von ihm dominierten Schweizer Teleclubs – in der MH-Spitze auftauchte. Am 13. Januar enttarnt der Frankfurter Informationsdienst «Kirche und Rundfunk« Sagers Rolle im Verwaltungsrat.

Der Ertappte gesteht sie schließlich ein und kündigt an, er werde seine Mitgliedschaft rückgängig machen. Als die Agentur das publiziert, hat Sager sein Rücktrittsschreiben allerdings bereits abgefaßt; es stammt vom 12. Januar – dem Tag, an dem der Redakteur mit ihm telefonierte. Sagers Behauptung, Leo Kirch habe ihn nicht für den Job in der Medien-Handels AG freigegeben und deswegen bleibe er nun beim Teleclub, wirkt bei solcher Terminlage wenig überzeugend. Eher wahrscheinlich: Einmal entblättert, ergreift er die Flucht.

Doch die Vermutung, bei dem Deal zwischen Kirch und Beisheim handele es sich um ein «Scheingeschäft», ist damit noch nicht vom Tisch. Sie entzündet sich erneut an der Person von Sagers Nachfolger, Bernhard Müller. Die offizielle Pressemitteilung beschreibt ihn als «unabhängigen Filmverleiher». Sie läßt unerwähnt, daß der Mann seit Monaten als verantwortlicher Filmeinkäufer für den Teleclub von

Kirch gearbeitet hat. Nachdem der Troupier Sager zurückgezogen worden ist und man sich bei Müller, der das gleiche Stigma der Verbindung zu Kirch trägt, schon nicht mehr aufregt, ist der Zeitpunkt gekommen, daß sich der Stratege aus der Deckung traut: Anfang März 1990 wird Otto Beisheim zum Präsidenten des Verwaltungsrates der MH gewählt.

Halten wir noch einmal die Indizien fest, die für eine enge MH-Verbindung von Kirch und Beisheim sprechen, ausgehandelt zwischen Kirch-Intimus Joachim Theye und Beisheims Chefmanager Erwin Conradi. Da sind die Kirch-nahen Verwaltungsratsmitglieder Schweiger und Müller, deren Zweidrittel-Position in diesem Gremium ziemlich genau dem Neukapital von 76 Prozent entspricht, das vor Weihnachten in die MH eingebracht worden war. Dieses Kapital wird vertreten durch einen Treuhänder, dessen Aufgabe nur dann nicht überflüssig ist, wenn er nicht für Beisheim agiert. Oder umgekehrt: Beisheim hat sich deutlich zu seinem Einstieg in das Mediengeschäft bekannt, er braucht einen solchen Treuhänder nicht.

Dann die Aufstockung des Grundkapitals durch den Treuhänder: Schon einen Tag später, am 23. Dezember 1989, ist der Vertrag mit der Kirch-Gruppe perfekt – eine engmaschige Koordinierung der Termine, vergleichbar dem schnellen Abschluß des ZDF-Geschäfts mit Kirch nach dem ARD/MGM-Deal. Und schließlich die Personalien: Als MH-Verwaltungsrat fungiert der Geschäftsführer eines zur Kirch-Gruppe gehörenden Unternehmens; als er enttarnt wird, behauptet er, hinter Kirchs Rücken abgeworben worden zu sein, kehrt dann aber problemlos in seine alte Funktion bei Kirch zurück. Daß die Ware materiell nie in die Schweiz transferiert wird, sondern von München aus weiterhin gelagert, gewartet und wahrscheinlich auch vertrieben wird, sei nur am Rande erwähnt. Die Kommune Zug hat Erfahrung mit solchen Geschäften. Das Städtchen gilt als viertgrößter Erdölumschlagsplatz der Welt, ohne daß jemals ein Tropfen des schwarzen Goldes die Hände der Händler beschmutzt hätte.

Dennoch: Vermutungen bleiben Vermutungen. In welchem Ausmaß Kirch sich mit Beisheim zusammengetan hat, läßt sich an den aufgeführten Indizien kaum erkennen. Der Deal mit der Medien-Handels AG, mit dem Kirch gerade noch rechtzeitig die bedrohliche Absatz-Blockade überwindet, trägt ohne Zweifel die Handschrift der beiden Perfektionisten Theye und Conradi; der strategische Ansatz jedoch, gerade weil er auf radikal einfachen Grundüberlegungen basiert, wird von Otto Beisheim vorgegeben worden sein. Wer ist das eigentlich, dieser Mann aus dem Ruhrgebiet, Jahrgang 1924?

Mit einem geschätzten Privatvermögen von fünf Milliarden Schweizer Franken gilt der Schweizer Staatsbürger als einer der reichsten Eidgenossen und der Umsatz der von ihm gegründeten Metro-Gruppe, einer der größten Handelsorganisationen der Welt, entspricht dem Etat mancher Staaten. Diese Dimensionen, gar noch in Verbindung mit Kirchs Präsenz in den Medien, können Angst machen. Zum Beispiel einem nun wirklich konservativen Industriekapitän aus München, der mir während der Recherche sagte: «Vergessen Sie Kirch, der ist nur ein Spieler. Achten Sie auf Beisheim, der ist der Stratege!» Auch ein ehemaliger Geschäftsführer aus dem Kirch-Umfeld bestätigt diese Einschätzung, während das Votum des späteren Springer-Vorstandsvorsitzenden Günter Wille, die Kombination Kirch/Beisheim sei «absoluter Quatsch», als Minderheitsmeinung gelten muß und wohl eher die wirklichen Zusammenhänge verwischen soll.

Otto Beisheim ist ein Mann ohne Gesicht. Obwohl er behauptet, «für alle, mit denen ich zusammenarbeite, war und bin ich jederzeit erreichbar», so ist seine Öffentlichkeitsscheu doch noch wesentlich ausgeprägter als bei Leo Kirch. Fotos von dem Phantom gibt es nur ganz wenige. Auf einem ist, im Gegensatz zu Kirchs Physiognomie, ein beliebiger freundlicher älterer Herr mit vollem, silbergrauem, streng gescheitelten Haupthaar und fröhlichem Gesichtsausdruck zu erkennen. Beisheims Unterschrift erzählt schon etwas mehr: Jeder Buchstabe wird einzeln aufgemalt und bleibt lesbar, ganz im Gegensatz zu den üblichen individualistischen Signaturen und fast so, als hätte er das Schreiben vor noch nicht langer Zeit erst gelernt. Ermitteln läßt sich auch ein Interesse an Wohltätigkeit und dadurch einzuholendem Ansehen. Beisheim finanziert die 1984 gegründete, private

«Wissenschaftliche Hochschule für Unternehmensführung» in Koblenz; er gab Gelder für den Ausbau des Golfplatzes in Bad Wiessee und soll sogar der dortigen Feuerwehr eine neue Fahne und der Gemeinde einen Notarztwagen gestiftet haben.

Hinter dieser freundlichen Fassade verlieren sich seine Spuren. So gibt es etliche Wohnsitze. Einen in Pearl Harbour in Florida, einen anderen in Rottach-Egern sowie gleich drei in der Schweiz: in Lugano-Paradiso, in Zug auf der Loretto-Höhe und an der Firmenanschrift im Nachbarort Baar, Neuhofstraße 4. Doch welchen davon der Alte vom Berge gerade wirklich benutzt wird, das wissen nur die engsten Insider. Auf den Türschildern stehen Tarnnamen wie Eckert, Roesli oder Congela. Die Zulassungspapiere seines Flugzeuges weisen als Standort einfach «Ausland» aus.

Auch die Firma wird in dieses Versteckspiel einbezogen. Beisheims Imperium ist in Dutzende von Einzelgesellschaften aufgeteilt, sodaß die gesetzlichen Publizitätspflichten weitgehend unterlaufen werden. Ein anderer Trick: Etliche Engagements, so ist zu erfahren, werden von Beisheim privat gehalten, darunter auch die Medien-Handels AG. Merkwürdig nur, daß im Verwaltungsrat dieser und anderer Firmen das gleiche Spitzenmanagement wie bei der Metro auftaucht. Auch eine private Beteiligung – geführt durch Beisheims eigene Holding Overpart – an dem Schreibgeräte-Konzern Pelikan oder der bayerischen Handelskette Hurler macht wenig Sinn, zumal diese Ableger sowieso der Metro zugerechnet werden.

Noch undurchschaubarer sind die Wege, die das riesige Privatvermögen von Otto Beisheim nimmt, wenn wir einmal die Stiftung der Feuerwehr-Fahne für Bad Wiessee außen vor lassen. Das Steuerregister der Gemeinde Baar (Reg.-Nr. 05-152.24.103) belegte für die Periode 1987/88 ein «steuerbares Gesamteinkommen» von 23 Millionen 4.418 Franken und ein «steuerbares Gesamtvermögen» von 463.342.314 Millionen Franken. Beisheim, dessen Ehe kinderlos geblieben ist, behauptet, er werde sein Geld in gemeinnützige Stiftungen einbringen, von denen es mal heißt, sie dienten der Grundlagenforschung; mal gibt Beisheim die «Förderung der Gesundheitspflege» oder der «Jugendpflege» als hauptsächlichen Stiftungszweck an. Sicher ist nur, daß an den Pforten von Stiftungen meistens alle Nachfragen enden; in Deutschland müssen ihre Satzungen nicht offengelegt werden, wohl aber in der Schweiz. Nicht von ungefähr dürfte die Zuger Beisheim-Stiftung auf eine Gesellschaft in Liechtenstein verweisen.

Vielleicht aber hat diese Geheimniskrämerei auch nur mit der gesellschaftlichen Unsicherheit des Unternehmers zu tun. Otto Beisheim stammt aus kleinsten Verhältnissen, die freilich schon früh kaschiert wurden. Sein Vater nannte sich Gutsverwalter, doch in Wirklichkeit war er wohl nur kostenloser Mieter auf einem Bauernhof, der dem Mann seiner Cousine gehörte. Der junge Otto wuchs in Mülheim an der Ruhr auf, ging dort acht Jahre lang zur Schule und fing dann eine Lehre in einem Ledergeschäft an. In Mülheim gab es damals nur zwei Möglichkeiten, sein Geld zu verdienen: «im Leder» oder «beim Thyssen», wo sein Vater als Former arbeitete. Nach Kriegsende interessierte sich Beisheim mehr für die andere Mülheimer Option: Er begann eine Lehre in einer Eisenwarengroßhandlung, in der er schließlich 1960 zum Prokuristen aufstieg.

Zwei Jahre später begleitete er seinen Chef auf einer Amerikareise und lernte dort die Cash-and-Carry-Läden kennen. 1963 eröffnete er nach diesem Muster ein erstes eigenes Geschäft; 1964, das Schema funktionierte offenbar, tat er sich mit dem «Spar»-Händlern Michael und Reiner Schmidt-Ruthenbeck zusammen, Experten für die «Software», für das Füllen der Regale. Jetzt fehlte nur noch ein weiterer Partner, der den Ausbau der Grundidee finanzieren konnte; der ertragsstarke Konzern Franz Haniel kam da gerade recht. Alle drei sind bis heute an der Metro-Holding AG beteiligt, die von Erwin Conradi geführt wird. Seinen Majordomus hatte Beisheim kennengelernt, als der – noch bei IBM unter Vertrag – ihm ein Computersystem für die perfekte Steuerung der Lagerbestände maßschneiderte.

Besonders bemerkenswert an dieser Erfolgsgeschichte ist das, was auf den ersten Blick gar nicht bemerkt wird: In der Biographie von Beisheim klafft eine Lücke. Zwischen 1941 und dem Ende des Jahres

1949 scheint der Lederwarenlehrling wie vom Erdboden verschluckt zu sein. Erst nachdem Ende Oktober 1949 die Entnazifizierung in Nordrhein-Westfalen aufgehoben wird und man wieder ohne lästige Nachfragen eine Arbeitsstelle annehmen kann, ist Otto Beisheim erneut zur Stelle. Was hat er in der Zwischenzeit gemacht? Ich habe die Akten im Stadtarchiv Mülheim, im Düsseldorfer Staatsarchiv und im Bundesarchiv in Koblenz überprüfen lassen; beim Document Center in Berlin, bei Simon Wiesenthal in Wien und der Bundesstaatsanwaltschaft für NS-Verbrechen in Ludwigsburg wurde nachgefragt. Die Antwort war überall gleich: Der Name «Beisheim» taucht nicht auf. Schließlich kam doch etwas heraus: Beisheim muß Scharführer bei der Waffen-SS, Leibstandarte Adolf Hitler, gewesen sein; er diente dort möglicherweise in der 8. Batterie der Artillerie. Sein Dienstgrad – «Scharführer» entspricht einem «Unteroffizier» – könnte ihn davor bewahrt haben, aktenkundig zu werden. Nur eine Chance, den weißen Fleck zu füllen, gab es noch: die Tagebücher der Leibstandarte, die im Freiburger Militärarchiv aufbewahrt werden.

Ein Hochhaus an der Wiesenthal-Straße in der Schwarzwaldstadt. Wer hinein will, muß sich vier Wochen vorher anmelden, so lautet die erste Auskunft beim Pförtner. Doch Ausnahmen bestätigen auch hier die Regel: Passierschein, Schranke, dann eine blaue Eisentür, die aussieht, als gehörte sie zu einem Fluchtweg bei Brandgefahr. Herr Stadlmeier, der zuständige Referent[25], ist mißtrauisch. Möglicherweise glaubt er mir meine Legende nicht, die wissenschaftliches Interesse vorschützt. Später wird er etwas zugänglicher. Ich bin auf ihn angewiesen, denn nur er kann das Archiv-Register befragen. Tagelang zögern sich die Ergebnisse hin, bis die Rückmeldung kommt: Von den Kriegstagebüchern der SS-Artillerie/Leibstandarte befinde sich nur eines im Archiv, sagt Stadlmeier. Und das betreffe den Sommer 1940, sei also für den damals 16jährigen Beisheim ohne Belang. Auch in den drei Bänden eines privat geführten Kriegstagebuchs der Artillerie ist der Name Otto Beisheim nicht vorhanden. Allerdings wird dort ein Zusammenstoß mit italienischen Truppen geschildert, der nach dem Krieg zu einem Prozeß führte. Doch selbst die Nachfrage in den regionalen Resistenza-Archiven in Norditalien verläuft im Sande – keine Beweise, noch nicht einmal Hinweise.

Jetzt ist mir noch weniger als vorher klar, warum der Handels-König und Kirch-Retter Beisheim diese Leerstelle in seiner Biographie hat. Auf vielen Umwegen erhalte ich Kontakt zu einem Universitätsprofessor, der trotz seiner jungen Jahre offenbar Zugang zu ehemaligen Mitgliedern der Leibstandarte besitzt und sogar bereit ist, seine Verbindungen für mich einzusetzen. Als ich wieder einmal in seinem Haus im Bergischen Land bei Köln zu Gast bin, kann er mir wenigstens einen Informationssplitter weiterreichen: Zwei ehemalige SS-Leute, bei ihm zu Besuch, hätten zufällig von Beisheim gesprochen – «der Otto mache das schon». Aber schließlich endet auch dieser Hinweis in einer Sackgasse. Bei vorsichtigen weiteren Nachfragen, so der Professor, sei er auf «eine Mauer» gestoßen; deswegen wolle er sie auch nicht weiter betreiben; seine Informanten seien schon argwöhnisch geworden.

Die Antwort auf die Frage, was Beisheim während des Krieges tat und warum er danach erst mit Verspätung auftauchte, ist wieder offen. Ich werde diese Antwort hier nicht geben können, aber ein Aspekt ist doch noch interessant. Anfang 1981 hatte sich der Düsseldorfer Günter Schotte-Natscheff, ein Finanzexperte der Metro, mit 36 Millionen Mark nach Südamerika abgesetzt – die bis dahin größte Betrugsaffäre der deutschen Kriminalgeschichte und ein Gaunerstück, das in der Öffentlichkeit fast mit einem Augenzwinkern zur Kenntnis genommen wurde. Doch der Spaß hatte schnell ein Ende, denn schon zwei Wochen später trieb eine private Fahndungstruppe der Metro den Betrüger in der paraguayischen Hauptstadt Asunción wieder auf und brachte ihn nach Deutschland zurück.

Ihr spektakulärer Erfolg machte Schlagzeilen: Wie konnte die Metro so schnell den Nagel auf den Kopf treffen? Schon die offizielle Antwort des Großkonzerns ließ ahnen, daß Handelsverbindungen nicht nur für den Einkauf von Katzenfutter gut sein müssen. Auszug aus der Metro-Sondermeldung: «Bei unserem Einsatz kam es uns zustatten, daß ein großes, gut organisiertes multinationales Unternehmen

Mittel, Verbindungen und Möglichkeiten hat, die denen der Polizei vor allem dann überlegen sind, wenn rasche Maßnahmen außerhalb der Bundesrepublik erforderlich werden.» Der versuchte Ankauf von Schottes Veröffentlichungsrechten für 100.000 Mark, eine Pistole im Flugkoffer eines privaten Metro-Fahnders und «Verfolgungskosten» von über 1,2 Millionen Mark ergänzen das Bild. Die Metro wollte nicht nur schnell ihr Geld zurück, sondern auch möglichst rasch den Fall begraben. Bemerkenswert bleibt die perfekte Detektivarbeit in schwierigen südamerikanischen Gefilden, die ohne hervorragende Kontakte nicht möglich gewesen wäre. Ich erkläre sie mir mit der weltumspannenden Handelsmacht des Konzerns und nicht etwa, wie manche vermuten, mit alten Verbindungen von Beisheim.

«Im Handel liegt eine grausame Dynamik. Dennoch geht von ihr etwas Faszinierendes aus», hat Metro-Boss Erwin Conradi erfahren und er spricht damit nicht nur für den Marktführer Metro, sondern für die gesamte Branche in Deutschland, die nach einer Rechnung des Wirtschaftsmagazins «!Forbes», mehr umsetzt, «als 100 Staaten der Erde als Sozialprodukt erwirtschaften». In nur einer Generation ist Beisheims Metro zum zweitgrößten Handelsimperium der Welt aufgestiegen. Dutzende von eingeführten Firmennamen gehören inzwischen zu diesem Reich, ohne daß die Beziehung zum Mutterkonzern ersichtlich wäre: Coop zum Beispiel oder die Adler-Bekleidungsmärkte oder die Computer-Kette Vobis, um nur drei Beispiele zu nennen. Die entscheidende Metro-Akquisition war der Einstieg beim Kaufhof, um den fünf Jahre lang prozessiert wurde, bis schließlich der Bundesgerichtshof ein Veto des Berliner Kartellamtes aufhob. Bei diesem Coup waren die Hausbanken der Metro, die Schweizerische Bank-Gesellschaft (SBG) und die Düsseldorfer WestLB, behilflich.

Der nächste Umsatzsprung gelang, als sich «die letzten Condottieri des freien Unternehmertums» («!Forbes») den Saarbrücker Asko-Konzern einverleibten. Der wiederum die von der DG Bank erworbenen Coop-Aktien mitbrachte sowie 765 Filialen mit rund 18.000 Mitarbeitern. Wieder hatten die Berliner Wettbewerbshüter das Nachsehen, obwohl diese Konzentration «das Maß des Erträglichen», so der Tagesspiegel, sprengte und nunmehr an der Metro, wie die FAZ resümierte, «kein Weg mehr vorbei» führte. Schlechte Zeiten für Einzelhändler und für den Mittelstand, zumal deren Interessenvertretung, die Hauptgemeinschaft des Deutschen Einzelhandels, mit der Metro einen Burgfrieden geschlossen hat und auch die Frankfurter Zentrale zur Bekämpfung unlauteren Wettbewerbs ihre insgesamt 46 Rechtsstreitigkeiten mit dem Monsterkonzern beilegte.

Es liegt in der Logik dieser Expansionsstrategie, daß die Metro jetzt auch noch die letzten Lücken im Markt füllen möchte. So geht es darum, einen Reisekonzern zusammenzubauen, wobei wiederum die WestLB als aggressives Bankhaus die Flanken sichert, und um eine vermehrte Präsenz in den Medien: Nicht schlecht, wenn man die Anzeigen- und die Werbespot-Preise selbst bestimmen könnte. «Medien» und «Handel», das wäre die definitive Machtzusammenballung, so wie dieses Kirch-Freund und Beisheim-Nachbar Silvio Berlusconi bereits vorexerziert.

Noch bevor Beisheim seine Medien-Handels AG etablierte, zu der sich bald darauf eine zweite Medienfirma, die Tefi-Handels AG gesellen wird, gab es auch in Deutschland bereits Hinweise auf diesen Trend. An Kirchs SAT-1-Statthalter PKS besaß die Rewe-Gruppe des Willi Leibbrand («Penny», «Minimal») eine Unterbeteiligung. Vor allem aber war der Kaufhof, Deutschlands größtes Warenhaus, ins Spiel gekommen, als die Burda-Brüder und Leo Kirch mit Hilfe ihres Poolvertrages versucht hatten, die Macht bei Springer zu übernehmen. Zwischendurch hatte Kaufhof-Chef Jens Odewald, Mitglied der Metro-Generaldirektion, aber auch ein enger Berater von Bundeskanzler Helmut Kohl, noch einmal bei Bernhard Servatius, dem Aufsichtsratsvorsitzenden des Pressekonzerns, angeklopft – wieder ohne Erfolg. Schließlich wird CDU-Mitglied Odewald, der sich als «politischer Mensch» versteht, als Nachfolger des SAT-1-Geschäftsführers Werner E. Klatten ins Gespräch gebracht werden und seine Nähe zu Beisheim wie zu Kirch wird diese Spekulation ganz überzeugend machen – bis Odewald energisch dementiert.

Zum Beziehungsgeflecht Kirch/Beisheim, das die Meister der Mimikry und der Marktstrategie vereint, trägt auch Metro-Boss Erwin Conradi seinen Teil bei. Er stabilisiert das Netzwerk der Macht. Zum Beispiel durch seine Bekanntschaft zum Pro-7-Eigner Gerhard Ackermans, dem ehemaligen Gesellschafter der Handelskette Allkauf. Bei Pro 7 übrigens verdiente – oder verdient – sich Conradis Tochter ihre ersten Fernseh-Sporen, wobei der stolze Vater hartnäckig versichert: «Sie hat sich ganz normal beworben.» Nun wird niemand gleich nepotistische Anwandlungen unterstellen, aber festzuhalten bleibt doch, daß solch familiärer Umgang, wie er besonders zwischen dem ZDF und den von Kirch beeinflußten Medienfirmen zu beobachten war, häufig auf enge wirtschaftliche Beziehungen und gemeinsame Interessen hindeutet. Eine Art «Überlaufventil» vom Geschäftlichen ins Private.

An wen Kirchs neuer «Konkurrent» seine just erworbenen Lizenzrechte verkaufen will, wird schlagartig klar, als der ZDF-Verwaltungsrat Ende Januar dem Intendanten grünes Licht für den von der Anstalt beabsichtigten Filmeinkauf gibt. Besser könnte man die Termine nicht aufeinander abstimmen. Allerdings: Stolte kann die von der MH «gewaschenen» Kirch-Bestände nicht mehr einfach zwischen München und Mainz umräumen; dafür war der öffentliche Widerstand vor Weihnachten zu erheblich. Auch nimmt der Löwenanteil von Leos Paket eine andere Richtung. Er soll SAT 1 beglücken.

Schon wenige Tage nach dem Verkauf des Kirch-Pakets an die MH hatte die Geschäftsführung der Medien-Handels AG Verhandlungen mit Werner E. Klatten über einen Lizenzvertrag begonnen. Ende Januar unterrichtet der SAT-1-Manager seinen neuen Chefkontrolleur Peter Tamm, der nun statt Theye als Aufsichtsratsvorsitzender amtiert, über die Filme von Beisheim aus den Beständen der Kirch-Gruppe. Klatten empfiehlt dringend den Ankauf. Das angebotene Paket umfasse 2.000 Streifen – also nicht alle 2.500, die von Kirch an die MH verkauft worden sind – und soll 875 Millionen Mark kosten.

Mit diesem Preis wird, vielleicht ungewollt, ein weiteres Argument für die Verquickung von Kirch und Beisheim, geliefert. Wenn beide nichts miteinander zu tun hätten, würde Leo Kirch nicht nur, wie gesagt, einen gefährlichen Konkurrenten hochpäppeln, sondern auch noch sich selbst melken, weil er die Summe – sollte SAT 1 darauf einsteigen – entsprechend seinem 40-Prozent-Anteil am Sender mitfinanzieren muß – ein völlig unsinniges Eigentor. Viel plausibler erscheint jetzt kundigen Beobachtern diese Lösung des Rätsels: Am beabsichtigten Geschäft wollen beide, Kirch wie Beisheim, verdienen. Sie teilen sich den Reibach.

Entsprechend macht Klatten Druck: Die Entscheidung eile, da der Verkäufer sein Angebot nur bis Anfang März aufrecht erhalten wolle. Auch fehlt der Hinweis auf die Konkurrenz nicht. Klatten: «Wenn RTL plus dieses Paket in die Hände bekommt, wären wir langfristig Nummer 2.» Wie dringend erwünscht tatsächlich der Rückfluß des Investments ist, zeigt sich schon im nächsten Monat. Bereits im Februar zahlt die SAT-1-Geschäftsführung an die MH Lizenzgebühren in Höhe von 12 Millionen Mark. Der Aufsichtsrat, der alle Transaktionen, die fünf Millionen Mark überschreiten, billigen muß, wird nicht gefragt.

Ein anderes Ereignis dagegen wird in diesem Monat mächtig in die Öffentlichkeit hinausposaunt. Es ist das Joint-venture von Kirch mit Bertelsmann und dem französischen Canal plus für den Betrieb eines Pay-TV-Kanals in der Bundesrepublik. Daß die Franzosen mit dem Gütersloher Konzern zusammengehen wollen, war bekannt. Kirch galt als der Rivale, gegen den man sich auf dem Markt durchsetzen muß. So hatte Manfred Lahnstein, der Bertelsmann-Vorstand für elektronische Medien, noch im August 1989 eine eigene Gesellschaft für Rechte-Handel konzipiert, weil «die Unterwerfung unter Taurus (Kirch) oder Capitol (Springer) ausscheidet». Doch als man dann in Hollywood antichambrierte, um den eigenen Einkauf vorzubereiten, bewegte sich überhaupt nichts. Dafür hatten Kirchs amerikanische Lobbyisten schon gesorgt.

Der Filmhändler seinerseits war mit seinem deutschen Teleclub auch nicht so recht vorangekommen. Zwischen 30.000 und 50.000 Abonnenten sollen auf das Programm eingeschworen worden sein –

aber mindestens 200.000 braucht Kirch, um schwarze Zahlen zu schreiben. Er weiß: Die Konkurrenz zu Bertelsmann und den Franzosen würde sehr hart werden. So lag es in der Tat nahe, die Kräfte zu vereinen, obwohl die Erfahrungen, die Kirch und Bertelsmann schon einmal mit einem gemeinsamen deutschen Pay-TV- Unternehmen gesammelt hatten, niederschmetternd gewesen waren. Das aktuelle Konzept soll helfen, einen neuen Mißerfolg zu vermeiden. Man will jetzt nicht nur möglichst erstklassige Filme ausstrahlen, sondern zugleich die Nummer 1 bei Sportsendungen und Dokumentationen werden. Das verlangt schon die Ausschreibung der Lizenz, die von der Hamburger Medienaufsichtsbehörde formuliert wird.

Dennoch bleiben die Risiken erheblich. Pay-TV in Amerika – schön und gut. Bereits 1984 stammten 17,4 Prozent der Gesamteinnahmen Hollywoods aus dem bezahlten werbefreien Fernsehen. Das transatlantische, aber auch das französische Erfolgsmodell ist jedoch in der Bundesrepublik nicht einfach zu wiederholen; zu unterschiedlich sind die Marktbedingungen. Wer wird hierzulande 40 Mark pro Monat zahlen, wenn er sich – im Gegensatz zu Frankreich – bereits Spielfilme satt und mancherlei sonst ohne Werbeunterbrechung auf öffentlich-rechtlichen Kanälen ansehen kann? Zwischen 500.000 und einer Million Abonnenten braucht die Unternehmung namens Premiere, um die Gewinnschwelle zu erreichen. So mag denn auch das «Viel Glück, Manfred!» gemeint gewesen sein, das Mark Wössner, der Vorstandsvorsitzende von Bertelsmann, seinem Manager mit auf den Weg gab, als sich Gütersloh kurz vor Weihnachten endgültig für das Risikoinvestment entschied.

Die eigentliche Problematik jedoch liegt in der Kombination dreier ganz unterschiedlicher Partner. Zwar ist Kirch nur mit 25 Prozent an Premiere beteiligt, aber Reibungsverluste sind absehbar. Sie beginnen damit, daß im Aufsichtsrat ein Drei-Personen-Stück gegeben wird, für Kirch agiert Theye. Vor allem aber wird die Leitung der Programmbeschaffung in Kirchs Händen liegen; er hat dafür seinen Schweizer Teleclub-Direktor und Beinahe-MH-Verwaltungsrat Stephan Sager abgeordnet.

Soll sich der Webfehler von SAT 1 – einer verdient, die anderen versauern – wiederholen? Soviel ist sicher: Noch bevor Premiere überhaupt testen kann, ob das Publikum mitzieht, hat Kirch bereits gewonnen. Erstmals ist es ihm gelungen, sich mit den führenden seriösen Unternehmen der europäischen Kommunikationsbranche zusammen zu tun. Bis dahin waren seine Partner, abgesehen von Silvio Berlusconi, der undurchschaubare Robert Maxwell oder ein schillernder Francis Bouygues, der sein Geld als größter Bauunternehmer der Welt – unter anderem beim Vorantreiben des Kanaltunnels – macht und erst spät als Mehrheitsaktionär am französischen Privatsender TF 1 die Medien entdeckt hatte. Aber Canal Plus und Bertelsmann, das sind andere Namen. Sie glätten Kirchs angekratztes Renommee und geben ihm die «buying power» auf den großen Märkten zurück; immerhin wird Premiere an die 500 Spielfilme pro Jahr ausstrahlen. Anfang 1990 sieht es so aus, als habe Leo Kirch die zwei wichtigsten Eckpfeiler seines Geschäftes, die in den langen Monaten des Streites einzustürzen drohten, wieder stabilisiert: dank der Bertelsmann-Kooperation seinen legendären Ruf und dank des Beisheim-Deals seine Kreditwürdigkeit.

Auch der langwierige Abschluß mit dem ZDF scheint jetzt auf dem Wege zu sein. Zur Überraschung der anderen Verwaltungsräte plädiert Otto Graf Lambsdorff, Nachfolger von Genscher im obersten Aufsichtsgremium, für einen Kauf bei der Medien-Handels AG; mit Kirch habe die nämlich nichts zu tun. Eine professionell eingefädelte Situation: Genscher gibt seinen angestammten Sitz im Verwaltungsrat auf und läßt die angeblichen Gründe dafür geschickt durchsickern. Als jeder von seiner Distanz zu Kirch überzeugt ist, kommt Lambsdorff und plädiert für das Geschäft; selbstverständlich nur aus sachlichen Gründen. Nicht etwa, weil Theye und Genscher befreundet sind. Oder gar, weil die Metro, wie die «Zeit» schrieb, «einflußreiche FDP-Politiker» mit Geld bedacht haben soll, was zu einem Ermittlungsverfahren der Bonner Staatsanwaltschaft führte.[26]

Nur bei SAT 1 will der Durchbruch nicht gelingen. Am 5. März wird im Aufsichtsrat lang und breit über das Angebot der MH diskutiert. Aus Klattens Perspektive ist die Entscheidung überfällig; die Frist, die der Anbieter gesetzt hatte, läuft aus. Auch mit den von der MH gewünschten Zahlungsmodalitäten, die der Geschäftsführer vorher noch als «nicht akzeptabel» bezeichnete hatte, erklärt sich Klatten jetzt weitgehend einverstanden.

Aus Sicht der Verleger jedoch kann das Angebot nicht angenommen werden. Da kommen viele Einschätzungen zusammen. Die vier Vertreter von Springer und der APF reiben sich daran, daß bei einem Ankauf zu hohe finanzielle Mittel und zu große Teile des Programmes zu langfristig festgelegt würden. Daß die MH ihr Paket als «nicht verhandlungsfähig» bezeichnet habe, erregt zusätzlichen Unwillen. Besonders stört jedoch dessen Zusammensetzung.

Die Repräsentanten der über 100 Verleger sind zu einer ganz anderen Bewertung der Filme gelangt als die SAT-1-Geschäftsführung. So sollen 250 «A»-Filme gekauft werden – die Verleger ermitteln nur höchstens 107 sogenannte echte «Mega-Hits» wie die «Krieg der Sterne»-Trilogie oder «Beverly Hills Cop». Kriterium: Sie müssen im Kino über drei Millionen Besucher erreicht haben. Etliche der angeblichen Spitzenfilme zogen jedoch nur 100.000 bis 300.000. Darunter sind solche Hänger wie «Body Double», über den das Rowohlt-Filmlexikon notiert: «Ein Beispiel verkommenen Talents und schlechten Geschmacks.»

Dann wird behauptet, das Paket enthalte im «B»-Genre 750 Filme, die für die Hauptsendezeit («Prime-time») geeignet seien. Die Verlegerseite kann in diesem Mittelfeld nur 333 brauchbare Streifen ausmachen. Filme wie «Unsere Tante ist das Letzte» – Programmzeitschrift «Gong»: «Klamotte, fast beleidigend dumm» – wolle man doch im Ernst dem Feierabend-Publikum nicht zumuten. Schließlich differieren die Einschätzungen auch bei dem Schrott, der, wie in Paketen üblich, mitgekauft werden muß. Das sind immerhin 1.000 Titel. Im Gegensatz zu Klattens Version dürften hiervon nur 328 sendbar sein. Die anderen, so argumentieren die Verleger, seien zu alt, bereits zu oft wiederholt oder ihre Qualität sei unter jeder Kanone. Insgesamt wurden von den 2.000 angebotenen Filmen 746 bereits bei SAT 1 ausgestrahlt, darunter 115 Titel drei- bis viermal.

Kurzum, der «angemessene Kaufpreis», wenn man das Paket nüchtern betrachte und die nicht brauchbaren Titel aussortiere, liege bei «maximal 369,9 Millionen Mark». In dieser Preisklasse rangiert auch eine Einschätzung, die von den Konkurrenten RTL plus vorgenommen wird. Das Gerücht, RTL-Chef Helmut Thoma habe sogar eine Milliarde Mark geboten, wird aus Köln hart dementiert: «Kompletter Blödsinn.»

Die Aufsichtsratssitzung endet, jedenfalls nach Meinung der Verleger, mit der Erwartung, die SAT-1-Geschäftsführung werde eine verbesserte Version des Angebotes vorlegen. Darüber zu diskutieren ist schon bald Gelegenheit. Denn am 23. März findet bereits die nächste Tagung des Gremiums statt, diesmal turnusgemäß. «Der Ankauf eines Filmpakets von der Firma MH» steht unter «Verschiedenes» auf der Tagesordnung.

Auf einmal kann die millionenschwere Offerte, an der bisher nicht gerüttelt werden durfte, verändert werden. Klatten schlägt jetzt vor, nur 1.250 Filme für rund 650 Millionen Mark zu kaufen; die Mitglieder des Aufsichtsrates mögen doch der Geschäftsführung eine Verhandlungsvollmacht erteilen. Andernfalls sei, so das Sitzungsprotokoll, «die Versorgungslage des Senders mit Spielfilmen im qualitativ nötigen Umfange gefährdet».

Die Diskussion eskaliert. Besonders Eberhard Ebner, Verleger der Südwest-Presse Ulm und für die APF im Aufsichtsrat, läßt seine bislang zur Schau getragene versonnene Zurückhaltung fahren und spricht der Geschäftsführung praktisch sein Mißtrauen aus. Er habe das Gefühl, «über den Tisch gezogen zu werden». Dabei gibt es auch einstimmige Beschlüsse. So einigen sich die Räte, eine selbständige Filmeinkaufsgesellschaft zu gründen, die, wie es typisch ist für SAT 1, der besonderen Kontrolle von Aufsichtsrat und Gesellschaftern unterliegen soll, deren Konzept aber noch endgültig genehmigt werden muß. Am 3. April will man sich wieder zusammensetzen.

Einen Tag vorher können die Verleger die Bewertung des verkleinerten Paketes (1.250 Filme) studieren. Erneut wird nachgewiesen, daß ein Großteil der Filme («mehr als die Hälfte») für eine Ausstrahlung «kaum geeignet» sei. Außerdem läge, so die Experten, der Kaufpreis mehr als 50 Prozent höher, als bei vergleichbaren Spielfilmpaketen, die RTL plus oder die ARD erworben haben. Schließlich wenden sich die Verleger gegen den ihrer Meinung nach «willkürlich herbeigeführten» Entscheidungsdruck. Die Probleme in der Programmversorgung seien bislang nie erwähnt worden. Das bedeute: «Entweder hat die Geschäftsführung grob fahrlässig gehandelt oder aber der jetzt behauptete Versorgungsengpass im Programm ist eine Erfindung.» Am gleichen Tag noch wird die Ablehnung auch des reduzierten MH-Paketes den anderen Mitgliedern des Aufsichtsrates mitgeteilt. Da die Fronten jetzt klar sind, findet die für den 3. April geplante Sitzung gar nicht erst statt.

Für einen Moment scheinen sich beide Seiten zu belauern. Wer wird den nächsten Zug machen? Welche Karte kann Klatten noch spielen? Der SAT-1-Manager hat sich selbst massiv unter Druck gesetzt: Die ursprünglich genannte Frist für den Verkauf ist längst verstrichen, das ursprünglich sakrosankte Paket längst aufgedröselt. Inzwischen hat die Sprecherin der Kirch-Gruppe seine Argumentation übernommen. «Mutwillig» werde die Wettbewerbsposition von SAT 1 «geschädigt», wenn der Lizenzkauf nicht zustande komme.

Während an Klatten der Erfolgszwang nagt, hat Peter Tamm ein «merkwürdiges Gefühl». Vorsorglich läßt er am Morgen des 4.April einen Brief an den Chefmanager der Metro, Erwin Conradi, vom Stapel, dessen Kopie einen Tag später per Telefax der Medien-Handels AG nach Zug übermittelt wird. In diesem Schreiben bittet der Springer-Chef darum, «die Haltung des Aufsichtsrates nicht mißzuverstehen im Sinne einer grundsätzlichen Entscheidung gegen die MH Medien-Handels AG». Doch eine für den Ankauf des Pakets notwendige Zustimmung des Aufsichtsrates sei «nicht zu erwarten».

Tamm pflegt noch die Formalien, da läuft in Mainz und in Zug eine wohl nicht nur in der deutschen Wirtschaftsgeschichte einmalige Überrumpelungsaktion bereits auf vollen Touren. Der Spielraum für Klatten war ausgeschöpft. MH-Geschäftsführer Bernhard Müller hatte sich noch nicht einmal bereit erklärt, seinen Urlaub zu unterbrechen, geschweige denn, ein neues Angebot zu machen. So sah der SAT-1-Manager nur noch zwei Möglichkeiten: «Ich gebe auf oder ich haue den gordischen Knoten durch.»

Der 44jährige mit jener für den in Wirklichkeit unaufgeklärten Spätkapitalismus so typischen «Winner»-Philosophie geht ins «persönliche Risiko». Am 5. April unterzeichnen er und sein Mitgeschäftsführer Jürgen Doetz den Gesellschaftsvertrag zur Gründung der Firma GBV, Gesellschaft für Beschaffung und Verwertung von Fernsehrechten. Den beiden wird nicht unbekannt gewesen sein, daß ihr Aufsichtsrat noch wenige Tage zuvor einstimmig beschlossen hatte, die Gründung einer solchen Gesellschaft von seinem Plazet abhängig zu machen und deren Tätigkeit eng zu kontrollieren. Dennoch soll die GBV jetzt das Einfallstor sein, durch das Kirchs Filme unter dem MH-Label in die «Festung» SAT 1 geschleust werden.

Dazu wird die Kommanditgesellschaft mit einem Eigenkapital von 70.000 Mark ausgestattet. Unmittelbar darauf, die GBV ist noch nicht einmal im Handelsregister eingetragen, schließt sie mit der MH Medien-Handels AG einen Lizenzvertrag über den Ankauf von 1.300 Filmen zum Preis von 755.715.000 Mark, zahlbar bis Ende 1994 in monatlichen Raten zwischen 8,8 und 12,9 Millionen Mark. Die Filmrechte sollen ausschließlich SAT 1 zugute kommen. Eine Gesellschaft, deren Verpflichtungsumfang mehr als das Zehntausendfache ihres haftenden Kapitals ausmacht, wäre auf dem Filmlizenzmarkt jedoch nicht handlungsfähig. Um diese Gefahr abzuwenden, unterzeichnen Klatten und Doetz am 6. April für SAT 1 eine unbefristete Bürgschaft in Höhe des Einkaufsvolumens. Jetzt ist das Geschäft, so glauben sie, perfekt. Sich selbst sollen die Spitzenmanager, das meint Springer beweisen zu können, «vor Vertragsabschluß (durch) schriftliche Freihalteerklärungen» vor Schadensersatzansprüchen abgesichert haben, was Klatten jedenfalls für sich bestreitet.[27]

Die Verleger freilich haben von dem ganzen Geschehen keinen Schimmer einer Ahnung. Weder ihre Aufsichtsräte noch die Gesellschafter werden informiert. Nicht durch ein Schreiben von Klatten und auch nicht durch einen Brief Theyes vom 10. April, in dem er allerdings, das wird erst später klar, ungewollt seine frühe Kenntnis des Coups andeutet: Die Lizenzzeiten im jetzt abgeschlossenen Paket sind auf durchweg vier Jahre festgelegt worden; sie haben sich im Verhältnis zu den vorangegangenen Angeboten verschlechtert – Theye weiß das und er, Flüchtigkeitsfehler!, spricht auch davon.

Erst am späten Nachmittag des 10. April übermitteln die Fernschreiber der Nachrichtenagenturen eine Presseerklärung, wonach die SAT-1-Geschäftsführung sich «gezwungen» sah, den Deal mit der MH zu vollziehen. Und zwar ohne Zustimmung des Aufsichtsrates und der Gesellschafter ASV und APF. Zwei Stunden später, die Empörung in den Verlagshäusern, die nun auch erhebliche Zahlungen auf sich zukommen sehen, ist kalter Wut gewichen, die nächste Sensation. Helmut Guthardt, der Vorstandsvorsitzende der DG Bank und Hauptkreditgeber von Kirch, teilt mit, er habe mit sofortiger Wirkung sein Mandat im Aufsichtsrat von SAT 1 niedergelegt. Außerdem kündigte er an, die DG werde ihre 49prozentige Beteiligung an der PKS schnellstmöglich abgeben.

Ein Halt auf offener Strecke. Für Tamm läßt er nur den Schluß zu, die DG sei offensichtlich nicht bereit, «an derartigen rechtswidrigen Handlungen mitzuwirken». Die Bank dagegen betont, der Entschluß sei «seit langem gereift». Im übrigen sei es Guthardt darum gegangen, «die Satellitenübertragung in der Bundesrepublik zu fördern. Diese Mission sei jetzt erfüllt».

Erfüllt oder erledigt? Alle Indizien deuten auf die zweite Version. Wer in diesem Frühjahr die Wirtschaftsseiten der Tageszeitungen und Magazine liest, muß sich wundern, daß Guthardt nicht längst seinen umbrandeten Thron im Frankfurter Hochhaus der DG mit einer ruhigeren Lage, etwa bei einem der ihm nachgesagten Hotel-Engagements, eingetauscht hat. «War Guthardt Akteur oder Betrogener?» titelt sogar das Handelsblatt und bezieht sich dabei, wie Dutzende von anderen Artikeln und Meldungen, auf ein verpatztes millionenschweres Wertpapiergeschäft mit Frankreich, das Staatsanwalt und Steuerprüfer in die Bank bringt, zu vier Verhaftungen führt und Guthardt schließlich «nach heftigen Interventionen anderer Kollegen» («stern») dazu veranlaßt, Wertberichtigungen über 600 Millionen Mark vorzunehmen.

Guthardts Traum, aus der belächelten «Bauernbank», dem Depot Tausender charmanter ländlicher Kassen, eine «Superbank der Genossen» zu zimmern, ist, so verkündet das Wirtschaftsmagazin «Capital», nunmehr «geplatzt». Denn auch die Pläne des ehrgeizigen «Bulldozers» (Spitzname) aus Nordhessen, die sich noch sperrenden regionalen Genossenschaftsbanken in Düsseldorf und Stuttgart unter sein Dach nach Frankfurt zu holen, werden fürs erste zurückgestellt. Kritisiert die Westdeutsche Genossenschafts-Zentralbank: «Alle Beteiligten müssen sich fragen, ob die Geschäftspolitik der DG Bank mit den Vorstellungen der gesamten Gruppe, insbesondere der Volksbanken vor Ort, in Einklang steht.»

Zumindest noch ein weiterer Skandal bringt im Frühjahr 1990 die DG Bank ins Gerede: das Debakel um den maroden Handelsriesen Coop, der plötzlich zu 75 Prozent der DG gehört, bis dessen Filetstücke an die Saarbrücker Asko AG und damit an Beisheims Metro weitergereicht werden. Guthardt gilt in diesen Tagen als Retter der Rest-Coop. Heute hat sich diese Leseart geändert: Kann sein, so deutet das Wirtschaftsmagazin «!Forbes» an, daß er den Handelskonzern schlecht rechnen ließ, um die Gläubiger zum Forderungsverzicht zu bewegen und ihn dann auszuschlachten. Das Fußvolk interessiert da wenig. Die Kleinaktionäre der Coop erhalten ihre Wertpapiere, die schließlich nur noch für Pfennige stehen, in Form von Briefmarken ausgezahlt.

Was der Coop-Deal mit Kirch zu tun hat? Guthardt braucht Geld, um seine «expansive Geschäftsstrategie», bei der die Kredite an Kirch in vorderster Reihe stehen, abzusichern. Schon kommen Fragen auf, ob die Bankschulden des Medienmoguls nicht bereits höher liegen als nach dem Kreditwesengesetz (15 Prozent des Eigenkapitals der Bank) erlaubt. In jedem Fall aber, so moniert später ein Gutachter, «habe nicht die für eine Bank solcher Größenordnung erforderliche Ordnung» geherrscht. Auch die schnell zitierte «kriminelle Energie» der

Wertpapierhändler im Frankreich-Geschäft reicht als Erklärung für den Notstand bei der DG nicht mehr aus. Noch im April spielt Guthardt den Ahnungslosen. «Ich merke nichts von einem Netz, das sich angeblich immer enger über mir zusammenzieht», betont der robuste Banker. Von der Hauptversammlung erhält er später die Entlastung, aber eine Vertragsverlängerung steht jetzt nicht mehr zur Debatte: Helmut Guthardt wird am 30. Juni 1991 aus dem genossenschaftlichen Spitzeninstitut – Slogan der Volksbanken: «Wir machen den Weg frei» – ausscheiden.

Leo Kirch hat schon vorher den Schalter umgelegt. Flüssig geworden durch das Geschäft mit der MH und argwöhnisch wegen der im Scheinwerferlicht stehenden Bank, werden seine Kredite abgelöst – ob die Bank diese fällig stellte, konnte ich nicht mit Sicherheit ermitteln. Auch eine Bestätigung für die begründete Vermutung, daß die Schweizerische Bankgesellschaft (SBG), ein wichtiger Bundesgenosse der Metro, nunmehr Kirchs Kreditlinien hält, war nicht zu erlangen. Ein «Nahesteher» von Kirch verweist auf die Finanzierung von Pro 7 durch BHF und Bayerische Hypo-Bank: So «projektbezogen» würden jetzt die Gelder beschafft. Wie immer – es war ein langer Weg vom gepumpten Geld, mit dem Kirchs erster Film «La Strada» gekauft wurde, bis zur Swiss Connection nach dem DG-Debakel.

Auch das spielt zu großem Teil gerade im Musterland pekuniärer Wohlanständigkeit. In diesem Frühjahr 1990 taucht der Tessiner Anwalt Tito Tettamanti, möglicher Hintermann von Kirchs Take-over-Versuch bei Springer[28], im Zusammenhang mit der DG Bank wieder auf: Die verhafteten Wertpapierhändler sollen sich mit Tettamantis Treuhandgesellschaft Fidinam zusammengetan haben; und an der Fidinam ist, wie erinnerlich, die DG Bank Schweiz beteiligt. Die wiederum – Kompagnon in Tettamantis «Syndikat» beim Versuch, den Maschinenbaukonzern Sulzer zu übernehmen – gerät ins Schlingern, als sie auf ihren Zürcher Börsensitz verzichtet und ihre Direktoren «freiwillig» zurücktreten. Dem Vorstandsmitglied Karl-Herbert Schneider-Gaedecke, im Verwaltungsrat der Schweizer DG-Unternehmung und eine Zeitlang auch von Tettamantis Beteiligungsfirma

Financial Group of North Atlantic, wird die Entlastung erst einmal verweigert.

Guthardts Rückzug von SAT 1 und PKS läßt sich nach außen gut verkaufen: Der hemdsärmelige Banker wollte mithelfen, die Medien umzukrempeln, und das hat er wirklich geschafft. Aggressiv auf dem Markt operierende Kunden wie Kirch und Tettamanti, der Finanzier von Kirch-Kollaborateur Silvio Berlusconi, paßten nur zu gut in dieses Konzept. Resultate des übermächtigen Akquise-Hungers, zu besichtigen nach Guthardts Abgang: Entlassungen, zu wenig Eigenkapital, null Dividende, mangelhaftes Controlling, Sanierungsbedarf von 1,4 Milliarden Mark. «Eine angeschlagene Bank» (FAZ), offenbar ungenügend überwacht durch ihren eigenen Verwaltungsrat, in dem auch eine Kapazität wie Helmut Schlesinger, damals Vizepräsident der Deutschen Bundesbank, saß.

Hätte Guthardt nicht so rücksichtslos auf Wachstum gesetzt und statt dessen mehr auf Konsolidierung, auf die ruhige Perfektionierung seiner internen Strukturen, so wäre ihm eine Reihe von Affären und Skandalen, wären ihm falsche Kunden und womöglich auch sein eigener Rücktritt erspart geblieben. Jetzt aber behält Kirchs früherer Finanzier Ludwig Poullain doch Recht. Der selber unrühmlich abgetretene Geldmensch mit der flotten Zunge hatte Guthardt schon frühzeitig als «Poullain der achtziger Jahre» ausgerufen.

Noch ist die Nachricht vom Alleingang der SAT-1-Geschäftsführer gerade 24 Stunden alt, da beeilt sich Joachim Theye in einem Schreiben an die MH bereits, deren Vorgehen als juristisch einwandfrei einzuschätzen. Sein Argument: Die Geschäfte der SAT-1-Tochterfirma seien nicht zustimmungspflichtig gewesen. Dabei weiß auch Theye, daß deren Gründung entgegen den Verabredungen ohne Zustimmung des Aufsichtsrates und ohne die Einrichtung von Kontrollgremien geschah. Springer sieht deshalb den Bremer Anwalt «als einen von Anbeginn an im Interesse der Kirch-Gruppe in den Vertrags-Coup verwickelten und hieran dolos mitwirkenden Komplizen» an.[29] Und Peter Tamm erwartet «weitreichende zivil- und strafrechtliche Folgen für die Beteiligten».

Wie diese aussehen sollen, ergibt sich schnell aus der Tagesordnung der Aufsichtsratssitzung, zu der der Springer-Boss für den 23. April 1990 nach Bonn einlädt: «Abberufung der Geschäftsführer aus wichtigem Grund.» Die lassen sich einstweilen nicht beirren. Auf Grund der Rückendeckung durch Theye avisiert die SAT-1-Geschäftsführung ihren Werbekunden ganz fröhlich: «Sehr geehrte Damen und Herren, Vorhang auf für Filme, Filme, Filme in SAT 1.»

Also gut, Vorhang auf: Wir befinden uns im Raum Bonn II des Bristol-Hotels der Bundeshauptstadt. 42 Minuten vor dem Beginn der Aufsichtsratssitzung geht dort, «Bitte sofort vorlegen», ein Fax aus Bremen ein, in dem Theye dem «lieben Peter» mitteilt, er könne nun doch nicht kommen, obwohl er «eigens für diesen Zweck ein Privatflugzeug gechartert» hatte. Theye wollte auch die Stimmen der anderen drei Aufsichtsratsmitglieder seiner Seite vertreten – ohne deren Präsenz ist der Aufsichtsrat nur noch zur Hälfte besetzt und damit beschlußunfähig. Als Fragen an die anwesende Geschäftsführung aufkommen, verweigert diese eine Beantwortung und will darauf nur schriftlich eingehen. So erreicht Theye sein mutmaßlich angepeiltes Ergebnis: Da eine neue Sitzung nicht kurzfristig einberufen werden kann, die Ladungsfrist beträgt 10 Tage, muß der Termin für die geplante außerordentliche Kündigung der Anstellungsverträge der Geschäftsführer ungenutzt verstreichen.

Einen Tag später beantragen die verärgerten Verleger beim Landgericht Mainz eine Einstweilige Verfügung gegen die Firmen SAT 1 und GBV. Am späten Abend des 26. April 1990 wird sie erlassen. «Klare Umgehungsgeschäfte» hat der Richter geortet und er verbietet alle Leistungen aufgrund der Bürgschaft und des Lizenzvertrages mit der MH. Die Sache eilt, weil «die Umgehungsverträge bereits praktiziert werden» und für den 15. Mai eine weitere Zahlung an die Schweizer vorgesehen ist.

Szenenwechsel, aber wir bleiben im Milieu. Am nächsten Morgen um 8.45 Uhr steht im Münchner Justizgebäude die Gerichtsentscheidung in der zweiten Runde der Auseinandersetzung zwischen Gerhard Naeher und dem Filmhändler an. Beide hatten Revision gegen das

Urteil erster Instanz eingelegt. Die Berichterstatter interessiert jedoch weniger, ob das vor Jahren getätigte Geschäft zwischen der damaligen Springer-Tochter Ullstein AV und Kirch korrekt abgewickelt worden war, sondern in erster Linie, ob auch dieses Gericht meinen wird, der Verleger habe Kirch einen «Kriminellen» geschimpft. Ja, er hat, sagen die Richter, bestätigen insofern die erste Instanz und betonen dann noch: «An der Wiedergabe der Äußerung von Axel Springer in der Presse besteht ein berechtigtes Interesse der Öffentlichkeit.» Jetzt ist das Etikett amtlich.

Kirchs Prozeßbilanz ist blamabel. In diesen Tagen geht auch das wichtigste der von ihm angestrengten Verfahren – der Musterprozeß, mit dem er die Umschreibung von Treuhänderaktien auf sich selbst erreichen wollte – kostenpflichtig verloren. Kenner der Materie kann das kaum verwundern. Schon in einem anderen Prozeß hatten die Richter sozusagen nebenbei festgestellt, daß bei einer Gefährdung vinkulierter Namensaktien «Treuhandverhältnisse ebenso wie Stimmbindungsverträge des Aktionärs mit Dritten unwirksam» sind.[30] Schließlich gerät sogar die von Kirchs Anwalt Alfred Stiefenhofer bei der Hauptversammlung im letzten Jahr durchgesetzte Sonderprüfung der Aktivitäten von Springer in Spanien und Österreich zu einer Pleite. Die Düsseldorfer Deutsche Industrie Treuhand GmbH, von Stiefenhofer vorgeschlagen, bescheinigt dem Verlag ausdrücklich «sorgfältige Marktanalysen»; sie kann keinen «Ermessensfehler» des Springer-Vorstandes feststellen.

Noch immer hat das ZDF keine endgültige Entscheidung darüber gefällt, welche Filme von den Anbietern des letzten Jahres gekauft werden sollen, nachdem der Riesenbatzen aus den Kirch-Beständen im Verwaltungsrat nicht mehr durchsetzungsfähig war. Jetzt, Anfang Mai 1990, bewegt sich etwas. 308 Spielfilme von 31 Lizenzgebern für 111,2 Millionen Mark stehen zum Kauf an. Damit wäre etwa ein Drittel des bewilligten Etats in Höhe von 360 Millionen Mark ausgegeben, ein Drittel der mittelfristig benötigten Lizenzen besorgt. Bleibt die große Frage: Wohin wird das restliche Geld wandern? Das ZDF kündigt, ungewöhnlich genug, einen Direkteinkauf von 125 Streifen beim Hollywood-Studio von Warner Bros. an; aber es gibt ja auch noch die Kirch-Filme aus dem Beisheim-Paket. 250 insgesamt sollen es sein, und wenn nicht alles täuscht, wird Intendant Dieter Stolte einen ganzen Schwung auch wirklich ankaufen.

Doch auch in Mainz scheint sich das Blatt langsam zu wenden: Kirch kann nicht mehr einfach durchmarschieren. Im Verwaltungsrat geben sich nicht nur die SPD-Mitglieder kritisch; auch der Vertreter der Bayerischen Staatsregierung zum Beispiel spielt nicht länger «blinde Kuh». Und Stolte wäre nicht jener Paradeschüler des öffentlich-rechtlichen Systems, der er ist, wenn er die Klimaveränderung im Verwaltungsrat nicht richtig einschätzen würde.

So verordnet er seinem Haus anti-eskalierende Maßnahmen. Mit einem englischkundigen ZDF-Mann wird ein eigenes Büro in New York besetzt, um von dort die Kontakte besonders mit mittelständischen amerikanischen Produktionsfirmen zu pflegen – was allerdings die deutschen Produzenten irritiert, denn das sind ihre noch nicht von Kirch eingesackten, geborenen Gesprächspartner. Und als Leiter der Mainzer Filmredaktion engagiert Stolte jenen Redakteur, der jahrelang die ARD in Hollywood vertrat, ohne daß er allerdings beim MGM-Kauf übermäßig nützlich gewesen wäre. Dem alten Freund Leo ruft der Intendant sogar nach, er habe sich «ganz schön die Finger verbrannt» auf dem Weg zum großen Medienverbund.

Anfang Mai wird endgültig klar, in welchem Umfang sich der Holtzbrinck-Verlag über seine Beteiligungsfirma AV Euromedia (Holtzbrinck: 80 Prozent, Diether Stolze: 20 Prozent) mit Kirch verbandelt hatte. Schon im April war die Holtzbrinck-Mehrheit an den ehemaligen Regierungssprecher übergegangen, der damit alle Anteile auf sich vereinigte. Von dieser Firma erwirbt jetzt, wenige Tage nach der MH-SAT-1-Transaktion, Leo Kirch 76 Prozent, während Stolze nur noch 24 Prozent der AV Euromedia hält. An dem entweder locker verabredeten oder klar gepoolten, in jedem Fall ohne Ausnahme praktizierten Stimmenverbund von AVE und PKS in der Gesellschafterversammlung und an der Patt-Situation im Aufsichtsrat ändert sich damit nichts. Allerdings wird das Konstrukt juristisch festgeschrieben.

Mit Holtzbrinck scheidet – nach Bertelsmann, Bauer und Burda – die letzte große Verlagsgruppe jenseits von Springer aus SAT 1 aus. «Nur durch veränderte Gesellschafterverhältnisse», so meint der Stuttgarter Konzern, könne «die Zukunft des Unternehmens auf Dauer gesichert werden». Doch war Holtzbrinck überhaupt jemals an SAT 1 wirklich beteiligt? Die Springer-Oberen Tamm und Servatius sehen sich von ihrem Branchen-Genossen «schon sehr getäuscht». Vor allem, und der alte Ärger kocht in einem Brief an Diether von Holtzbrinck noch einmal hoch, weil man nicht geahnt hatte, «daß Sie in Ihrer Gesellschafterstellung vertraglich bereits der Kirch-Gruppe verpflichtet waren».

Die Mehrheit an der AVE, das bedeutet die Mehrheit an SAT 1. Kaum ist die Mitteilung darüber auf dem Markt, rühren sich die Medienaufsichtsbehörden. Häufig schläfrig und, wie wir gesehen haben, beim Überprüfen von lizenzgerechtem Verhalten der Sender lendenlahm, werden sie jetzt doch munter. Zuerst meldet sich die unmittelbar betroffene Kontrollbehörde in Ludwigshafen. In ihrer Lizenz für SAT 1 wird ausdrücklich eine Mehrheitsbeteiligung oder «beherrschender Einfluß» eines Anteilseigners des Senders ausgeschlossen. Zwar versucht Wolf-Dieter Ring, der Direktor der bayerischen Landesmedienanstalt, abzuwiegeln: «Man kann dies nicht so vordergründig sehen, daß etwa 55 Prozent einfach die Mehrheit sind.» Doch einen «Papiertiger» möchte er sich auch nicht tadeln lassen. Der Lizenzentzug wegen Verletzung zentraler Auflagen ist jetzt nicht mehr ausgeschlossen. Wenn die Frequenzen auch nur in Nordrhein-Westfalen gesperrt würden, hätte SAT 1 rund 50 Millionen Mark weniger in der Kasse.

In dieser brisanten Lage versucht Klatten, die Kirch-Mehrheit zu retten, indem er in Gesprächen mit den Kontrollbehörden auszuloten versucht, ob die Institution eines Programmbeirats die Verletzung der Lizenzbestimmungen heilen könnte. Ein kurioser Vorschlag. Solch Gremium wäre, nach aller Erfahrung mit den Aufsehern der öffentlich-rechtlichen Anstalten, sofort dem Proporzgerangel der Parteien ausgesetzt. Gerade diese Strukturschwäche sollte mit der Etablierung strikt nach kaufmännischen Prinzipien organisierter privater Sender vermieden werden. Aber auch die Verleger machen bei der Notlösung nicht mit. Sie wollen den Mehrheitserwerb, der gegen den Gesellschaftsvertrag von SAT 1 verstößt, nicht sanktionieren.

Einmal in die Enge getrieben, scheint Kirch zurückzustecken. Folgsam überträgt er 27 seiner 76 Prozent wieder zurück an Geschäftsfreund Stolze, sodaß der jetzt 51 und Kirch 49 Prozent an der AVE besitzt. Das Abtretungsdokument – Urkundenrolle-Nr. 560/1990 Z – spricht Bände. Der Notar, der es ausfertigt, heißt Jörg Zimmer und gehört, ein unspezifizierter «Amtssitz in Bremen» läßt zunächst nicht darauf schließen, zu Theyes Kanzlei. Theye selbst, der Leo Kirch vertritt, wird – ungewöhnlich genug – mit seiner Privatanschrift aufgeführt. Und für Stolze agiert Theyes Partner Herbert Müffelmann. Bei ihm stimmt die Kontoradresse – eigentlich hätte sie gleich dreimal auftauchen müssen. Bleibt nur noch die «Gegenleistung» für die angebliche Rückübertragung zu klären: Die wird, so sagt das Dokument, «außeramtlich verrechnet». Eine ähnlich kryptische Formel hatte es bei Koflers Pro-7-Anteilen gegeben.

Am 11. Mai 1990 ist Termin vor dem Landgericht in Mainz. Klatten und Doetz, die SAT-1-Geschäftsführer, möchten die Einstweilige Verfügung wieder vom Tisch haben, mit der ihnen der MH-Deal untersagt worden war. Überraschend für die Verleger-Seite taucht bei der Verhandlung auch Kirch-Anwalt Joachim Theye auf, der sich während des mehrstündigen mündlichen Verfahrens «mehr oder weniger laufend» mit den SAT-1-Leuten berät. Als sich herausstellt, daß die Zeugenaussage von Bernhard Müller, dem Geschäftsführer der MH Medien-Handels AG, für den Urteilsspruch zentrale Bedeutung bekommen könnte, beobachten die Springer-Rechtsanwälte, wie Theye im Gerichtsflur «längere Zeit» mit Müller tuschelt. Umsonst. Müllers Auftritt ist wesentlich – aber durchaus nicht in Theyes Sinne: Das Gericht bezeichnet sein Verhalten als «grob fahrlässig», weshalb er «keinerlei Ansprüche aus dem Lizenzvertrag» geltend machen könne. Entsprechend fällt das Urteil aus. Die Einstweilige Verfügung wird inhaltlich voll bestätigt. Diese Einschätzung teilt auch das Oberlandesgericht Koblenz im späteren Revisionsverfahren.

Nicht nur Metro-Müllers dubiose Rolle mißfällt den Gerichten. Auch Klattens sonstige Argumente, sicherlich von Theye auf den Punkt gebracht, gehen offenbar an der Sache vorbei. Man müsse bei der MH kaufen, da selbst Leo Kirch keinen ansprechenden Spielfilmvorrat mehr besitze. Diese Einschätzung, meint Bodo Scriba, Kirchs ehemaliger Geschäftsführer, beruht «auf Unkenntnis» des Unterföhringer Programmvermögens. Man müsse bei der MH kaufen, weil der Markt leergefegt sei. Ganz falsch, sagt RTL-Chef Helmut Thoma: «Es ist sowohl am amerikanischen als auch am europäischen Markt jederzeit möglich, Filme, und zwar auch sehr zuschauerattraktive, zu erwerben.»

Auch den von Klatten akzeptierten Durchschnittspreis pro Ausstrahlung – 250.000 Mark – zerpflücken die beiden Sachverständigen. Er liege einfach zu hoch, das ZDF zum Beispiel zahle knapp die Hälfte. Den Zeitdruck wegen der auf das MH-Paket lauernden Konkurrenz lassen sie ebenfalls nicht gelten. Scriba: «Kein anderer Wettbewerber von SAT 1 kommt für einen Großeinkauf in Frage.» Schließlich wirken auch die von Klatten aufgefahrenen Experten – Diether Stolze und Claus Hardt – nicht gerade unanfechtbar. Beide hatten mit einem Lizenzgeschäft dieser Dimension noch nie zu tun.

Die Situation für die große Koalition Beisheim-Kirch-Klatten könnte nicht brenzliger sein. Die Gerichte haben die Verwertung des MH-Paketes verboten. Der Durchmarsch beim Gesellschafter AVE stockt auf halber Strecke. Wenn Umgehungsstrategien nicht mehr verfangen, bleibt nur noch der Frontalangriff. Die Tagesordnung der außerordentlichen Gesellschafterversammlung am 31. Mai 1990 in Mainz gibt davon Kunde: Ihr Punkt 1 sieht den Ausschluß der Gesellschafter PKS und AV Euromedia aus SAT 1 vor, Punkt 2 den Ausschluß des Axel Springer Verlages. Ein regelrechter Showdown.

Als erste Amtshandlung bittet Tamm, der satzungsgemäße Versammlungsleiter, die Vertreter der Geschäftsführung von SAT 1, den Raum zu verlassen. Das Protokoll verzeichnet: «Dem wird nicht Folge geleistet.» Im Gegenzug versucht Theye, einen eigenen Versammlungsleiter durchzusetzen, den Mainzer Notar Volker Beer, der bereits auf seinen Auftritt wartet. Auszug aus dem Protokoll: «Herr Dr. Theye fordert Herrn Dr. Beer zur Fortführung der Versammlung auf. Herr Dr. Aries (Springer-Anwalt – d. Aut.) verweist darauf, daß Herr Dr.Theye nicht berechtigt sei, die Versammlungsführung auf diese Weise an sich zu reißen. Er wird dabei von Herrn Dr. Theye unterbrochen, der auf seinen Antrag gemäß Ziffer 2 der Anlage 2 verweist. Herr Dr. Haak (APF-Vertreter – d. Aut.) fordert daraufhin Herrn Dr. Theye mit Nachdruck auf, die Teilnehmer der Sitzung ausreden zu lassen. Anderenfalls werde die Versammlung kurzfristig darin ausarten, daß sich die Teilnehmer gegenseitig anschrieen.»[31]

Kurz darauf erklärt Tamm die Sitzung «wegen gestörten Ablaufes» für abgebrochen. Um 9.45 Uhr verlassen die Vertreter der Verlegerseite sowie deren Berater den Sitzungsraum. Kirchs Leuten ist das gerade recht. Sie tagen einfach weiter, billigen – Sinn der Übung – den Vertragsabschluß mit der Medien-Handels AG, sprechen der Geschäftsführung ihr Vertrauen aus, berufen Tamm als Aufsichtsratmitglied ab und schließen den Axel Springer Verlag aus der Gesellschaft aus.

Das ist denn doch zu starker Tobak. Bereits einen Tag später erklärt das Landgericht Mainz, mit Kirchs Methoden schon bei dem MH-Deal ausführlich befaßt, auf Antrag der Verleger alle Beschlüsse der Gesellschafterversammlung, die nach dem Auszug gefaßt wurden, für «unwirksam»; zwei Abstimmungsergebnisse werden sogar «als Scheinbeschlüsse» bezeichnet, die «jeglichen rechtlichen Gehaltes entbehren». Auch gab es, formal gesehen, keinen ordnungsgemäßen Versammlungsleiter: Theyes Beer durfte gar nicht tanzen.

Kirchs «Henker», der Rechtsanwalt Joachim Theye, findet seinen Richter. Theye – dieser exzellente Taktiker, aber auch schlechte Stratege – war es, der Kirch über die Jahre in unnötige Konfrontationen hineingeritten hatte. Jetzt wieder. Gerade das kompromißlose Verhalten des Bremers, der von Leo Kirchs Repertoire nur das Abgründige übernommen hat, so wie man unwillkürlich den Akzent eines häufigen Gesprächspartners annimmt, ohne diesen damit enträtselt zu haben, gerade diese Alles-oder-Nichts-Mentalität schweißt die Verleger zusammen. Bei der APF sind einige abgesprungen; über dem ständigen Ärger ist ihnen die Puste ausgegangen. Die verbliebenen 122 Verlage jedoch, im Alltagsgeschäft häufig harte Konkurrenten des Springer-Konzerns, «holen jetzt die Kanonen raus», wie Eberhardt Ebner, der Verleger der Südwest-Presse, ankündigt.

Spät kommt er, doch er kommt, und zwar «mit genau dem gleichen Nachdruck», den Springer in der Konfrontation mit Kirch vorlegt, der Edel-Mann aus dem Schwäbischen. Auch der Aufsichtsratsvorsitzende des Springer Verlages, Bernhard Servatius, dem ebenfalls nichts so fern ist, wie Öl ins Feuer zu schütten, markiert jetzt die «äußerste, vertretbare Grenze» des Entgegenkommens: «Wir müssen Unruhe in Kauf nehmen, wenn der Preis der Einigung die Unterwerfung ist.»

Um diesen Kniefall zu verhindern, haben sich die Juristen des Springer Verlages mit externer Unterstützung Hamburger Staranwälte an ein umfangreiches Werk gemacht. Sie sitzen über den Formulierungen für eine Klagschrift, die dazu beitragen soll, die von Kirch beherrschten Firmen PKS und AVE aus dem Fernsehsender SAT 1 auszuschließen. Die Klage geht zurück auf einen Beschluß der Gesellschafterversammlung vom 19. Juni 1990, der jedenfalls in Sachen PKS unstrittig mit klarer Mehrheit gefaßt worden war. Schließlich liegen 195 Seiten vor, ergänzt durch mehrere 100 Seiten Anlagen, die die Originaldokumente enthalten. Diese Klagschrift faßt noch ein mal zusammen, was den Verlegern in den Jahren mit und gegen Kirch so übel aufgestoßen war: die Pool-Abmachungen zwischen Kirch und Holtzbrinck («Täuschung durch Verschweigen»); die Programmdominanz der PKS bei SAT 1 («Ausplünderung der Gesellschaft»); der Verkauf von AVE an Kirch («Sendelizenzen aufs Spiel gesetzt») und die Etablierung des Konkurrenten Pro 7, ein «Verstoß gegen das Konsortialgebot».

Der Streit unter den Gesellschaftern kann derweil nicht ohne Auswirkung auf den TV-Kanal selbst bleiben. SAT 1 «versinkt im Chaos» – die Zeitungs-Zeile mag übertrieben sein, aber eine «ziemliche Verunsicherung» hat auch der Werbefachmann Rainer zur Jakobsmühlen, Media Supervisor der Düsseldorfer Agentur Team/BBDO, ausgemacht. Sie führt dazu, daß man sich die Abspielstation etwas genauer ansieht; und da kritisiert die Branche vor allem eine «allzu simple Programmphilosophie» (Erich Pierson, Medialeiter der Agentur Young + Rubicam). Der «Übergang vom reinen Konservensender» zum unverwechselbaren Markenprodukt sei bisher nicht gelungen, meint auch Joachim Lenz, Media-Geschäftsführer der Agentur DMB + B. Ein anderer Werber, der aber lieber ungenannt bleiben will, fühlt sich bei der Betrachtung von SAT 1 wie in einen Krimi versetzt: «Alle Lichter sind an, aber das Haus ist leer.»

In diesen Rundum-Tiefstand platzt eine für Kirch positive Nachricht. Mitte Juni 1990 stellt der Münchner Staatsanwalt Fritz Billner seine Ermittlungen in Sachen Oeller/Kirch ein. Ganze Schränke voller Material waren zusammengetragen, aber dennoch «keine zureichenden Anhaltspunkte» für den Bestechungsverdacht gefunden worden. Der Staatsanwalt begründet die Niederschlagung des dreivierteljährigen Ermittlungsverfahrens auf immerhin 149 Seiten. Seine Argumentation erweckt den Eindruck, als ob er alles ernst zu nehmen hatte, was der Entlastung von Kirch und Oeller dienen konnte, und andererseits alles hätte verwerfen müssen, was Schmidmeiers Behauptungen untermauerte: Die Demontage des Ancien régime vermittels einer Neuauflage der «Halsbandaffäre» wirde gnädig verhindert.

Da der Bescheid rasch Verbreitung findet, ist das Echo enorm. Alte Ressentiments gegenüber dem Verlag mischen sich unter die unzureichenden Informationen; sie werden gelegentlich garniert von einer tüchtigen Treue zum Bayern-Stamm, angeregt durch die in der Tat «verwegene Mischung von Personen, die in der Geschichte mitspielen» («kress report») sowie ordentlich befördert durch eine ungeschickte Informationspolitik des Verlages, der sein logisches wie legitimes «publizistisches Interesse» an dem Fall stückchenweise von Dritten enttarnen ließ. Ein Musterbeispiel falscher Unternehmens-PR in Krisenzeiten. Zu der verheerenden Außenwirkung trägt auch bei, daß sich sämtliche Tips des Springer-Informanten Bodo Scriba an den Staatsanwalt als Schlag ins Wasser erwiesen haben. Bis heute wollen deshalb die Spekulationen nicht verstummen, Scriba habe ein doppeltes Spiel gespielt. Sicher ist, und das darf man dem Partner von Springer (in der Filmhandelsfirma Capitol) nicht vorwerfen, daß der ehemalige Kronprinz von Kirch, lange Zeit ein Aushängeschild für die Seriosität des Münchner Unternehmers, nie wirkliche Geschäftsgeheimnisse der Gegenseite zugetragen hat.

Gegen die Fleißarbeit des ambitionierten Staatsanwalts, die Hausdurchsuchungen, Ermittlungen im Ausland, den Einsatz der Steuerfahndung, aber auch viertägige Vernehmungen des Beschuldigten Helmut Oeller einschloß, lassen sich vielerlei Einwände erheben, en détail und en gros. Die Münchner Anwälte des Anzeigeerstatters Rolf Deyhle tun dieses. Ihre Beschwerde, die ohne Akteneinsicht – dagegen hatte Kirchs Anwalt Stiefenhofer vehement protestiert – formuliert werden muß, greift auch den Staatsanwalt selber an, der die Einschätzung der Glaubwürdigkeit der Zeugen weitgehend von seinem «persönlichen Eindruck» abhängig gemacht hatte. Er «usurpiere einen Beurteilungsspielraum», der nur dem Richter der Hauptverhandlung zustehe, tadeln Deyhles Anwälte. Dann werden Ungereimtheiten kritisiert: Woher, wenn nicht aus eigener Beobachtung, sollte Schmidmeier erfahren haben, daß sich Leo Kirch am 3. September 1984 in Zürich aufgehalten hatte? Würde er Kirch vorsätzlich falsch beschuldigen, wenn doch das Grandhotel «Dolder» an diesem Tag unter strikter Überwachung stand, die möglicherweise sogar – das meint der Staatsanwalt – Videoaufnahmen einschloß, was bedeutet, daß Schmidmeiers Finte leicht hätte auffliegen können?

Besonders ungereimt wirkt jedoch die Argumentation Billners, wenn er behauptet, keine «objektiven Beweismittel» gefunden zu haben. Bei Oeller sei «kein Zufluß» und bei Kirch seien «keine Anhaltspunkte für Abfluß» von Geldern in der fraglichen Höhe festgestellt worden. Da hat es sich der Ermittlungsbeamte wirklich zu einfach gemacht: Weder Oeller noch Kirch würden die Summen über ihre normale Bankkonten laufen lassen. Oeller, weil er sowieso vorhatte, unter größter Diskretion den Geldplatz Schweiz zu benutzen. Und Kirch mit seinen internationalen Verbindungen besitzt diverse geschicktere Spielmöglichkeiten. Abgesehen davon wurden auch nur die Geschäftsunterlagen von Kirchs Stammfirma Taurus überprüft; und selbst der Hinweis, in Zürich habe keine Bank im Umfeld des möglichen Transfer-Datums 2,7 Millionen Mark «angefordert», kann nicht verfangen. Jede Bank in der Geldmetropole ist in der Lage, diesen Betrag ohne Voranmeldung bar auszuzahlen. Sollte sie das Geld zufällig nicht im Tresor haben, so wird sie sich die Summe über das unterirdische Rohrpostsystem, mit dem alle Banken verbunden sind, in Windeseile besorgen.

Der Münchner Generalstaatsanwalt, bei dem diese Einwände schließlich landen, hält sie samt und sonders für irrelevant; die Kritik an der Zeugeneinschätzung des Staatsanwaltes wird «entschieden» zurückgewiesen. Und auch wenn die Komplott-Theorie von Billner nicht mehr als ein «Denkmodell» sei, so ergäbe doch die «Zugunstenbetrachtung bei Nichtaufklärbarkeit», daß das Ermittlungsverfahren zu Recht eingestellt wurde – ein «Freispruch» aus Mangel an Beweisen. Dieser Bescheid erfolgt jedoch erst ein Jahr später, und da nimmt ihn niemand mehr zur Kenntnis.

Im Juni 1990 dagegen wirkt das Ende der Oeller-Affäre wie ein erstes Wetterleuchten über dem Spitzenmanagement des Springer-Verlages. Und tatsächlich beginnt sich in diesen Sommertagen die Schlachtordnung grundsätzlich zu verändern. Die «Lichter sind an», das ist wahr; aber das Haus ist nicht leer, so wie es scheinen mag. Vielmehr wird hinter den Tapetentüren eifrig verhandelt. Bereits Anfang Juli muß sich Springers Aufsichtsratsvorsitzender Bernhard Servatius mit Kirch getroffen haben, um auszuloten, welche Kompromißmöglichkeiten bestehen. Diese Aktion wird flankiert durch auf den Kirch-Gegner Peter Tamm gemünzte Presse-Überschriften wie «Der Admiral muß von Bord» oder ein Cash-and-Carry-Beisheim zugeschriebenes Zitat: «Der muß weg! Weg.» Servatius hält auch schon einen potentiellen Tamm-Nachfolger bereit: Günter Wille, Chef der Münchner Philip Morris GmbH («Marlboro»), wird in den Vorstand des Verlages berufen und soll sein Amt spätestens 1991 antreten. Wille, gelernter Maschinenbauer aus Flensburg, bemüht sich aus der Ferne um Harmonie: «Ich kann den Vorstand nur ermuntern, bei seiner

Haltung zu bleiben und auf der Durchsetzung dessen zu bestehen, was mit dem privaten Fernsehen, dem Verlegerfernsehen SAT 1 gewollt war. Hätte ich später Beiträge zur Lösung der Probleme von SAT 1 zu leisten, so lägen diese exakt auf der Linie des Vorstandsvorsitzenden.» Auch Servatius legt sich ganz undiplomatisch fest: «Die Nachfolge von Peter Tamm steht am 30. Juni 1993 an und nicht einen Tag eher.»

Dennoch: Wohin der Hase laufen soll, wird auf der Hauptversammlung der Springer-Aktionäre, wie üblich im Berliner Congreß Centrum abgehalten, nur zu deutlich. Die Kirch-Anwälte Stiefenhofer und Theye fahren diesmal eine Doppelstrategie: Der Münchner schießt sich auf Tamm ein und versucht, ihn zu isolieren; der Bremer zeigt sich versöhnlich und gleicht sich dem moderaten Tonfall des Versammlungsleiters Servatius an. Dann wird verkündet, Wille schere bereits zum 1. September 1990 in den Springer-Vorstand ein und so kann Leo Kirch samt Ehefrau Ruth ergriffen der Hochzeit seines politischen Vetters, des bayerischen Innen-Staatssekretärs Peter Gauweiler, beiwohnen, mit «Tränen in den Augen», wie die Münchner Klatsch-Kolumnistin Marie Waldburg vermerkt.

Alle Welt fragt sich, was den neuen Springer-Mann, mit Vorschußlorbeeren überschüttet, für seinen Job qualifiziert. Sicher, er hat in jungen Jahren Karriere gemacht und die umstrittene Zigaretten-Industrie offensiv vertreten. Doch mit dem strategischen Erfolg der Cowboy-Marke hatte er gewiß weniger zu tun und mit den Medien wohl hauptsächlich durch Vermittlung seines geschickten Pressechefs Ferdi Breitbach. Wer also hat Wille in den Vordergrund geschoben? Die Autorenschaft für diesen Coup wird gleich mehreren zugeschrieben. Etwa Springers Pressechef Heiner Bremer. Oder dem Unternehmensberater Roland Berger. Oder dem ehemaligen Springer-Chefredakteur Peter Boenisch, ebenfalls als Consultant tätig, für die Firma Müller-Milch und aktuell auch für den Bonner Kanzler. In Wirklichkeit jedoch, so wissen Insider, «hat der Leo ihn gebracht», was schnell zu einer «fast symbiotischen Beziehung» zwischen den beiden führen wird. Wille streitet diese Version hartnäckig ab. Er habe Kirch vor seinem Amtsantritt noch «nie gesehen». Als ihm die Termine vorgehalten werden, bekommt er rote Ohren.

Die Zeichen stehen gut für Leo Kirchs Geschäfte und Strategien in diesem Herbst 1990. Pro 7, der Sender von Kirchs Sohn Thomas und dem emeritierten Handels-Mann Gerhard Ackermans, kauft ein riesiges Programmpaket aus den Beständen von Otto Beisheim, was konkret heißt, daß Filme und Serien nur wenige hundert Meter in Unterföhring zurücklegen müssen, da die Ware wie gesagt bei Kirch eingelagert worden war. Der Deal könnte noch einen weiteren Vorteil haben, sofern der Lieferant die dadurch entstehenden astronomischen Verluste bei Pro 7 für sich geltend macht; auf jeden Fall aber widerspricht die Kirch-Ware, jetzt mit dem Label «Beisheim» versehen, möglichen Behauptungen über eine zu enge Beziehung zwischen Vater und Sohn Kirch. In der Nachbarrepublik Österreich muß man sich solche Tarnmanöver erst gar nicht ausdenken. Als Gerd Bacher, Kohl-Berater und Kirch-Vertrauter, in Wien zum dritten Mal zum Generalintendanten des ORF gewählt wird, ist die Absatzschiene für die nächsten Jahre gesichert.

Aus der gleichen Ecke stammt auch die finale Intrige dieses Herbstes. Da gibt es in der österreichischen Hauptstadt den Kaufmann Hans Wewalka, der von seinem Sitz im 17. Stock des Hilton-Hotels weltweiten Aktivitäten nachgeht, ganz etepetete. Er kennt Kirch, er trifft Kirch und er wird von ihm als Vermittler der verfahrenen Situation autorisiert. Bald darauf sitzen Tamm, Kirch und Servatius an einem Tisch, mittenmang der geschniegelte Wiener Mäuserich, aber das bringt nichts. «Er gibt nix her, hier nicht, da nicht, und da auch nicht», erinnert sich Wewalka für das Wiener Magazin «Cashflow» an Kirchs Rolle. Das mag noch ein paar Mal hinüber und herüber geflutscht sein, in wechselnden Besetzungen. Wille, wohl wahr, ist nicht dabei, obwohl er als Vorstand für die elektronischen Medien offiziell beauftragt ist, die Gespräche mit Kirch zu führen. Aber Servatius kennt die geheime Wewalka-Schiene von Anfang an und insofern hält Tamm seine Kontakte nicht für problematisch. Daß er reingelegt werden soll, merkt er erst, als er an einem Sonntagmorgen im Oktober der von Testamentsvollstrecker Ernst Cramer zusammengetrommelten Fronde gegenübertreten und sich vorwerfen lassen muß, er habe hinter Willes Rücken verhandelt. Servatius hält sich zurück und er steht als der Gelackmeierte da.

Das ist Willes Stunde. Die Seifenoper, gespielt im 19. Stockwerk des Berliner Springer-Hochhauses, ergänzend dargestellt durch die Erbin Friede Springer, inzwischen längst wieder auf Kirch-Kurs, und den forschen Kulissenschieber Ernst Cramer, wohl immer schon auf Kirch-Kurs, gebiert Nachrichten: Tamm tritt vorzeitig zum 10. Juni 1991 zurück, Wille rückt nach, Servatius rückt ab, nämlich von seiner Aussage über die Amtszeit von Tamm, und Kirch rückt vor. Nicht lange nach dieser Szene erklärt sich Springer bereit, mit dem befehdeten Filmhändler über einen Sitz im Aufsichtsrat zu verhandeln; Voraussetzung sei lediglich ein «echter Kompromiß». Diese Formulierung bereitet die erwünschte Interpretation der folgenden Ereignisse vor, die eingeleitet werden durch einen peinlichen Doppelauftritt der bisherigen Kontrahenten, die sich wenn schon nicht versöhnt, so doch «einfach aneinander gewöhnt» (Tamm) geben. Tamm in seiner dunkelblauen «Uniform» und Wille im rotbraunen Sakko von Hugo Boss erzählen den Interviewern des «!Forbes»-Magazins: «Ein Machtkampf hat nicht stattgefunden» (Tamm). Und: «Was ich mitbekommen kann, dafür bin ich dankbar» (Willc).

Anmerkungen

1 Lohmeyer, S. 117

2 Klagschrift vom 27.8.1990 – eingereicht von der Mainzer Kanzlei Bette/Brink/-Gölz; eingegangen beim Landgericht Mainz am 31.8.1990; Klägerinnen: SAT 1 und Axel Springer Verlag; Beklagte: PKS und AV Euromedia – auf Ausschluss der Beklagten aus SAT 1

3 Klagschrift, S. 33 ff

4 Klagschrift, S. 41 f

5 So der Historiker Michael Stürmer in der FAZ, 16.7.1988

6 Im Sommer 1987 werden sie das auch tun; aber sie erwerben nur ein Prozent – jenen Anteil, den Axel Springer für sie aufbewahrt hatte, als das Kartellamt nur knapp 25 Prozent genehmigte.

7 manager magazin 8/87
8 Handelsblatt, 16.11.1987
9 Der Spiegel 42/1987
10 FAZ, 12.9.1987
11 Frankfurter Rundschau, 24.8.1987
12 Lohmeyer, S. 42
13 kress report, 17.12.1987
14 kress report, 30.3.1988
15 text intern, 25.3.1988
16 kress report, 30.3.1988
17 kress report, 29.4.1988
18 Klagschrift, S. 42
19 Schreiben Theye, 13.9.1988
20 Lakschéwitz war auch einer der Unterhändler beim ARD/MGM-Geschäft
21 Bild am Sonntag, 6.8.1989
22 Die Zeit, 4.8.1989
23 Klagschrift, S. 59
24 vgl. S. 198ff.
25 Name geändert
26 Die Zeit, 1.7.1983
27 Klagschrift, S. 112
28 vgl. S. 180ff.
29 Klagschrift, S. 124
30 Beschluss Landgericht Berlin, Kammer für Handelssachen 98, 17.1.1990; Geschäftsnummer: 98 Akte 10/89
31 Protokoll Gesellschafterversammlung SAT 1, 31.5.1990, S. 3

Teil 6:
Sieg

Der historische Kompromiß zwischen Springer und Kirch von Ende 1990 – das «Protokoll» einer Unterwerfung. Die Rolle von Bernhard Servatius, auch auf dem Hintergrund der Kirchenlobbies. Wie Wille regiert. Die gemeinsame Sportrechte-Agentur von Kirch und Springer. Mühlfenzl und Crew wickeln den DDR-Rundfunk ab. Hans-Joachim Seidowsky, der «ostdeutsche Kirch»: sein Status im Regime, sein Spielraum im Westen. Die Verbindung von KoKo und Metro. Swiss Connection: Geheime Lizenzverträge führen nach Zug. Theye im Springer-Aufsichtsrat. DSF vor den Gerichten. Die Erben haben 50 Prozent, sagen sie. Kirch will Thoma kaufen. Kontrolleur Schütz versagt. Wille stirbt. Die jungen Springer-Leute protestieren gegen Servatius. Was Aggresso-Banker Neuber mit der TUI vorhat. Berlusconi steigt in die Politik ein. Klatten verläßt SAT 1. Und Kirch räumt noch einmal beim ORF ab.

Leo Kirch hat Oberwasser. Ob die Deutschen nun sein Konglomerat für «sehr unsympathisch» halten oder ob die Brancheninsider, wie das Sample Institut für die Zeitschrift «Artikel 5» ermittelt, den Chef selbst mit weitem Abstand zum «Drahtzieher im Hintergrund» und «Ausbeuter» ernennen – dem Filmhändler aus München, der offenbar kurz davor steht, seine im Herbst 1987 abgegebene Prognose, «Ich werde sicher zum Ziel kommen», einzulösen, wird das wenig kümmern. Er ist auf die Allee des Siegers eingebogen. Entsprechend ungehalten reagiert der Pate auf eine vom Hamburger Bürgermeister Henning Voscherau geübte Kritik an den engen Connections zwischen Mainz und München. Er kündigt an, die Aufträge für Studio Hamburg, den größten Filmwirtschaftsbetrieb der Hansestadt, zurückzufahren und verwarnt seinen Kritiker: «Sie haben bei Ihren Überlegungen sicher auch unsere Beteiligung an dem Axel Springer Verlag bedacht.

Wir verfügen zur Zeit über 26 Prozent der Aktien, was ja nicht immer so bleiben muß.»

12. Dezember 1990. Fast auf den Tag genau drei Jahre, nachdem der Aufsichtsrat des Springer Verlages Kirch als unerwünschte Person vom Hof gewiesen hat. Während einer Klausur im Münchner Hotel «Vier Jahreszeiten» beschließen beide Seiten ein «Protokoll» gegenseitiger Vereinbarungen. Kirch, Theye, Servatius und Wille handeln diesen «Friedensschluß» aus, unterzeichnet wird er am 8. Januar nur von Wille und Theye. Dazwischen erfolgt die Zustimmung des Vorstandes und sicherlich auch die der Erben. Schon einen Tag nach der Klausur trägt Wille – Tamm ist nicht zugegen, eine Sachdarstellung durch die vor der Tür wartenden Anwälte lehnt Wille ab – die zehn Absätze des Papiers dem Vorstand vor und fragt jedes Mitglied einzeln nach seinem Votum. Mit einer Ausnahme stimmen alle dafür, wohl auch Tamm. Auf diesem spätnachmittäglichen Konklave soll kein Protokoll geführt worden sein, die Vereinbarung selbst aber liegt mir vor; ihr Inhalt geht deutlich über das hinaus, was in der Öffentlichkeit dazu bekanntgegeben wurde.

Richtig ist, daß es zumindest in diesem Papier keine offenkundigen strategischen Verabredungen zwischen dem Konzern und dem Konglomerat gibt, doch die Beschlüsse betreffen durchaus nicht nur die strittige Vergangenheit, sondern deuten auch Perspektiven der Zusammenarbeit an. Im Zentrum der Verabredung: Beide Parteien kommen überein, alle gerichtlichen Verfahren zu beenden, «die Streitwerte zu minimieren» und die Kosten gegeneinander aufzuheben. Sodann: SAT 1 darf das gerichtlich gesperrte MH-Filmpaket erwerben, die Geschäftsführung unter Werner E. Klatten «bleibt unverändert». Außerdem: Die Anteile an SAT 1 werden neu geordnet, Springer und die APF erhalten jeweils 20 Prozent, Kirch insgesamt 43 Prozent am Sender. 15 Prozent hält weiterhin die AV Euromedia, an der Kirch zu 49 Prozent beteiligt ist; es zeichnet sich ab, daß der Holtzbrinck-Verlag diese Partie wieder übernehmen wird, so daß künftig, das bekannte gemeinsame Abstimmungsverhalten unterstellt, 58 Prozent Kirch/AVE gegen 40 Prozent ASV/APF agieren.

Schließlich: Der Aufsichtsratsvorsitz von SAT 1 fällt für zwei Jahre an Springer, wobei ausdrücklich Wille «für dieses Amt» genannt wird. In diesem Zusammenhang gibt es noch andere klare Vereinbarungen: Ab 1993 wird die Kirch-Gruppe für weitere zwei Jahre das Präsidium stellen, danach «regelt sich diese Frage durch die Satzung»; der Stellvertreterposten wird jeweils durch «die andere Partei besetzt». Um ganz auf Nummer sicher zu gehen, wird Wille dann noch einmal ausdrücklich genannt: «So lange Herr Wille im Vorstand der ASV AG ist», soll er auch im Aufsichtsrat von SAT 1 vertreten sein.

Zusätzlich aber gibt es noch folgende Verabredungen. Danach werden die gegenseitigen Ausschlüsse aus der Gesellschaft aufgehoben – man entzieht der Klagschrift des Springer-Verlages die juristische Grundlage. Sodann «bleiben die Bestimmungen der Satzung über Einkaufsverträge bestehen» – auf ihre Einhaltung wird niemand mehr drängen. Ein Gummiparagraph ist auch der Punkt 7 des Protokolls. Dort heißt es: «Grundsätzlich soll sich der Gesamtaufwand für die Programmversorgung mit Spielfilmen und Serien in einem solchen Verhältnis zu dem Gesamtaufwand für die übrige Programmbeschaffung und zu den Werbeeinnahmen entwickeln, daß das gemeinsame Ziel einer laufenden Stärkung bzw. Erhaltung der Ertragskraft von SAT 1 berücksichtigt wird.» Zu deutsch: Kirch kann SAT 1 weiterhin als Abspielbasis für seinen Programmstock benutzen.

Kein Zweifel, die «Unterwerfung», der Verhandlungspartner Servatius noch im Sommer die «Unruhe» vorgezogen hatte, ist perfekt. Wille segnet die Zustände ab, zieht seine Druckmittel – die Gerichtsverfahren – zurück und erlaubt, daß Springer wie den mittelständischen Verlegern erhebliche monatliche Ratenzahlungen auferlegt werden. Im Gegenzug erhält er von Kirch – nichts. Weder bei SAT 1 noch bei Pro 7 muß der Medienmogul zurückstecken. Und noch nicht einmal ein sicheres Kontingent an Springer-Produktionen für das SAT-1-Programm läßt sich Wille garantieren. «Das ist fast wie ein Wintermärchen», jubelt Klatten; sein Vorpreschen beim Kauf des MH-Pakets, konterkariert durch die Prozeßdrohungen, war ihm zu stiller Stunde doch nicht ganz geheuer gewesen. Angesichts der demnächst hochsteigenden Filmflut resigniert vorab der aktuelle SAT-1-Programmdirektor Johannes C. Weiss; er war bereits der vierte Entscheidungs-Eunuch auf diesem Posten.

In der Öffentlichkeit freilich wird Willes Verhandlungsfiasko als Sieg der Vernunft gefeiert. Dieser Interpretation war dadurch vorgearbeitet worden, daß man einen «Kompromiß» ankündigte, bei dem auch Kirch zurückstecken müsse. Und siehe da: Auf einmal gilt es als «Erfolg für Wille», daß in der Friedensvereinbarung kein Wort über Kirchs Wunsch nach einem Aufsichtsratssitz oder gar der Aktienübertragung verloren wird. Dabei konnte der stellvertretende Vorstandsvorsitzende diese Fragen gar nicht verhandeln; sie bleiben auf der nicht-öffentlichen Agenda, Wiedervorlage Anfang 1992.

Bis heute umweben Gerüchte diese spektakuläre 180-Grad-Wendung des Axel Springer Verlages, geradewegs in die Arme von Leo Kirch. Wir müssen nicht über Friede Springer reden, der frühlingsfrische Harmonie näher liegt als ein ordentlich zuende gefochtener Strauß, selbst wenn sie sich beim Rückkauf der Burda-Aktien einmal ehrlich engagiert hatte. Auch das Rätsel des roten Sakkos ist vergleichsweise leicht zu lösen: Wille war von Kirch favorisiert worden, jetzt wird dafür bezahlt. Ein gehöriger Schuß vor-alphabetischer Naivität («Wille liest nicht», lautet bereits frühzeitig die Kritik im Verlag), als Entscheidungsfreude getarnt, dürfte ebenfalls im Spiel sein. Was aber hat den Aufsichtsratsvorsitzenden und gestandenen Rechtsanwalt Bernhard Servatius, als Chef der Testamentsvollstreckung eine Art Lordsiegelbewahrer des verstorbenen Verlegers, dazu gebracht, die Waffen zu strecken? Alle Aussagen über den Haufen zu werfen, die vorher galten? Frieden zu schließen mit einem Mann, dem Axel Springer nicht über den Weg traute?

Ich habe auf diese entscheidende Frage keine Antwort gefunden, deren Belege wasserdicht wären. Es gibt auch hier allerhand Spekulationen, die sich zu einer möglichen Interpretation verdichten, wenn man Persönlichkeit und Karriere von Bernhard Servatius betrachtet. Schnell wird dabei klar, daß der doppelte Hemmbörger (gewandt und gewendet) mit starkem Hang zum Reiche-Leute-

Refugium Tegernsee, an dessen Ufer er auf eigenem Grund spazieren gehen kann, auch eine wichtige Position in einem Beziehungsgeflecht ausfüllt, das weit über Kirch und Springer hinausgeht. Ich meine das Beziehungsgeflecht der katholischen Kirche, und zwar in ihrer rechtskonservativen Auslegung.

Dabei ist Servatius zunächst einmal freundlich zu betrachten. Der gebürtige Magdeburger darf als begabt, geschickt und geschliffen gelten. Begabt: Abitur mit 17, Promotion mit 25 Jahren; schreibt als Strafverteidiger Justizgeschichte mit dem sensationellen Freispruch im Mordprozeß Eva-Maria Mariotti Anfang der 60er Jahre; erfolgreicher Scheidungsanwalt; danach Neupositionierung als Urheberrechts-experte, Professorentitel für seine Leistungen auf diesem Gebiet; Springer-Berater seit 1970, Aufsichtsratsvorsitzender des Konzerns seit 1985. Geschickt: Servatius gelingt es, nicht nur Springer zu beraten und schließlich zu vertreten, sondern auch der benachbarten Hamburger Verlegerfamilie von John Jahr, deren Produkte zum Teil in Konkurrenz zu Springer stehen, zur Hand zu gehen. Oder er setzt durch, daß Springers Testament vom 13. August 1983 ihn von der Beschränkung des Paragraph 181 BGB ausnimmt; dadurch kann er ganz legal – der Testamentsvollstrecker Servatius mit dem Anwalt Servatius – ansonsten verpönte «In-sich-Geschäfte» abschließen. Geschliffen: Theater- und Musikfreund; rhetorisch perfekt; als einer der wenigen Springer-Leute geschmackssicher, gesellschaftlich fit und international vorzeigbar, was dieser «Diplomat» unter den hanseatischen Anwälten auch gerne ausspielt.

Seit dem Tod des Verlegers stand Servatius, meistens unausgesprochen, in Konkurrenz zum Vorstandsvorsitzenden Peter Tamm: Wer von beiden würde das Zepter gewinnen? Erst setzte Tamm sich durch und Servatius' Kandidat Günter Prinz mußte die Sachen packen; schließlich aber gewinnt Servatius und Tamm geht vorzeitig. Den Erfolg in dieser jahrelang nur schlecht übertünchten Rivalität wird man ihm kaum vorhalten können, wenngleich seine Mittel inklusive Wortbruch schon mehr als unfein sind. Ich habe viele Menschen gesprochen, die mit Servatius zu tun hatten und haben. Sie alle schildern übereinstimmend eine Eigenschaft: «Serva», so das geläufige Kürzel, sei in Wirklichkeit «nur an seinem eigenen Glamour interessiert». Ich halte dagegen und sage: Na und, als ob andere Wirtschaftsbosse nichts mit Narzißmus zu tun hätten, speziell in den Medien. Soll er doch die Verleger-Suite im Berliner und Hamburger Verlagshaus benutzen, soll sich dort auf dem Sofa in Positur setzen, während Springers Porträtfoto, eine ferne Reminiszenz, auf dem Fußboden unterhalb von ihm aufgebaut ist. Der Sieger setzt die Zeichen. Auch solche Interpretation kann ich noch milde nachvollziehen: Servatius akzeptiert die Kehrtwendung zu Kirch, weil er sich als Preis für den Frontwechsel seinen Aufsichtsratsvorsitz festschreiben läßt. Ein Deal wie viele andere.

Dennoch befriedigen mich diese Annäherungen an den Diskretius nicht. Zum Unbehagen tragen auch die drastischen Urteile bei, die ebenfalls über Servatius zu hören sind und die nun gar nicht zum Image vom geschmeidigen Überlebenskünstler passen wollen. Für viele, und damit meine ich nicht diejenigen, denen er mal auf die Füße getreten ist, stellt er eine Hassfigur dar. Ein Verlagsmanager, der ihm auf dem letztjährigen Geburtstagsempfang für Berthold Beitz in Essen begegnete, hält ihn für den «größten Schleimscheißer, der rumläuft». Und ein Profiteur ist er auch. Es muß eine Geschichte hinter der Geschichte geben. Wer oder was treibt Bernhard Servatius? Wer oder was veranlasste ihn, mit Kirch einen solchen «Frieden» zu schließen?

Das offen erkennbare «System Servatius» ist inzwischen mehrfach beschrieben worden. Der Anwalt mit eigener Praxis vertritt die Gesellschaft der Erben. Er amtiert als Chef der Testamentsvollstreckung. Und er regiert als Vorsitzender des Springer-Aufsichtsrates. Servatius hat, höchstes Ziel narzißtischen Strebens, einen in sich geschlossenen Kontext geschaffen: Er repräsentiert und er kontrolliert die Eigner. Daß dabei eine der Rollen nicht korrekt ausgefüllt werden kann, liegt auf der Hand – aber soweit sind wir noch nicht in unserer Geschichte. Eher nebenbei sei erwähnt, was bei diesem System noch abfällt: viel Geld. Allein zwei Millionen pro Jahr kassiert der Testamentsvollstrecker, und das auf 30 Jahre, solange läuft der Job. Über den Aufsichtsratsetat wird außerdem eine luxuriöse Infrastruktur bedient: Fahrer, Sekretariate, Spesen. Das kommt davon, wenn man einem schwerkranken Testamentsverfüger zur Seite stehen darf. Allerdings: Bei seinem Versuch, den ursprünglich als Ersatz-Testamentsvollstrecker vorgesehenen Peter Tamm auszubooten, mußte Servatius zurückstecken: Tamm rückt nach, sobald ein Platz in dem Gremium frei wird.

Servatius ist, von Haus aus, katholisch. Schon bevor er bei Springer aufschien, machte er sich als Vorsitzender einer «politischen Arbeitsgemeinschaft Kirche und Welt» bemerkbar, «um die Bereitschaft zur Mitarbeit aller Christen am öffentlichen Leben (zu) wecken». Als er dann 1985 die Spitze des Verlages erklommen hatte, will er jede Menge Rücktrittserklärungen geschrieben haben; erst dadurch wurde so recht deutlich, wieviele Funktionen im katholischen Milieu er bekleidet hatte. Zum Beispiel als Vizepräsident des Zentralkomitees der Deutschen Katholiken, Präsident des Katholischen Akademikerverbandes in Deutschland oder als Mitglied in den Kommissionen Wissenschaft und Kultur/Publizistik der Deutschen Bischofskonferenz. Müßig zu betonen, daß er der wohl einflußreichste katholische Laie in der Hansestadt war und ist. Wichtig aber noch: das Amt des Aufsichtsratsvorsitzenden beim Verlag der Wochenzeitung «Rheinischer Merkur», die weitgehend katholischen Bistümern gehört. Diese Funktion hat Servatius inzwischen mit Sicherheit aufgegeben. Ob er dagegen heute noch als Delegierter der Vatikanstaates bei internationalen Konferenzen auftritt oder wirklich, wie immer noch behauptet wird, die Kurie berät, ließ sich nicht feststellen. Das spielt auch keine Rolle: Entscheidend für wirkliche Macht ist die Aura vermuteter Macht.

Ich habe versucht herauszubekommen, ob Servatius Mitglied der päpstlichen Geheimorganisation «opus dei» ist, wie etliche Informanten meinen, die einen familiären Umgang mit diesem Thema bei Servatius bemerkt haben wollen. Die Kombination läge in der Tat nahe. Der Orden – unantastbar, seit er in den Rang einer päpstlichen Personalprälatur erhoben und sein Gründer, der spanische Priester Josémaria Escrivá de Balageur y Albás, vom Papst selig gesprochen wurde – hat selbst angegeben, in 87 Ländern an 487 Universitäten, 52 Radio- und TV-Anstalten, 12 Filmgesellschaften, 694 Presseorganen und an 38 Nachrichtenagenturen tätig zu sein.[1]

Er pflegt einen Elitekult, der «Dutzend-Menschen» verabscheut. Auszug aus «Camino», dem Lehrbuch des Gründers: «Dich einfügen? Du in der Masse. Du bist doch zum Führer geboren. Unter uns ist kein Platz für Laue.» Das opus dei versteht sich als «Kampftruppe» mit dem Ehrgeiz, «die Institutionen der Wissenschaft, Kultur, Zivilisation, Politik, Kunst und sozialen Beziehungen zu heiligen und zu christianisieren». Dazu streben die Mitglieder «öffentliche Ämter, besonders jene mit Leitungsfunktionen» an. Wer jedoch welche Positionen besetzt, bleibt im Verborgenen. «Die Geheimhaltung der Mitgliedernamen (gehört) zur Pflicht», hat Peter Hertel, der beste deutsche Kenner des opus dei, recherchiert.

Die männerbündlerische Geheimorganisation kümmert sich aber nicht nur um den rechten Glauben und wie man ihn erhalten könne. Sie ist auch politisch eindeutig rechts von der Mitte angesiedelt. Der Gründer pflegte engen Kontakt zum spanischen Diktator Franco; Freud'sche Psychologie und der Kommunismus gelten als bekämpfenswert. Da lag es nahe, einem Gleichgesinnten Hilfe anzubieten. Mitglieder des opus dei sollen es gewesen sein, bei denen der Italiener Licio Gelli, Chef der verbotenen italienischen Geheimloge P 2, nach seiner Flucht aus einem Genfer Gefängnis Unterschlupf fand. Sie dürften ihm auch bei der Ausreise aus der Schweiz geholfen haben. Von der P 2 wiederum sollen Verbindungen zu rechtsextremen Gruppierungen, auch in Südamerika, bestehen. Ihre inhaltliche Ziele hat sie jedenfalls für Italien erreicht, seit kürzlich der Kirch-Freund, Kommunisten-Fresser und Medienunternehmer Silvio Berlusconi – zumindest in der Vergangenheit Mitglied der P 2 – auf dem Sessel des Ministerpräsidenten Platz nahm und linke Gruppierungen weit abgeschlagen in die Opposition verbannt wurden. Berlusconi regiert unter anderem mit Hilfe der neofaschistischen Partei, die er dadurch wieder salonfähig gemacht hat.

Per Dekret sorgte er dafür, daß Hunderte von Korruptionsverdächtigen die Untersuchungsgefängnisse wieder verlassen konnten. Sein Vorgänger und Gönner Bettino Craxi, zu einer mehrjährigen Gefängnisstrafe verurteilt, hat sich der Justiz durch Aufenthalt im Ausland entzogen; sein Bruder und Kompagnero Paolo wurde mit Haftbefehl gesucht.

Auch in Deutschland besitzt das opus dei, wie ein ehemaliges Ordensmitglied weiß, «großen Einfluß in Wirtschaft, Politik und Kirche». Auszugehen ist von inzwischen weit über 1.000 Mitgliedern; die regionalen Zentren sind der Köln-Bonner Raum und in Süddeutschland das Gebiet München/Starnberger See. Als zentrale Institution gilt die nach außen hin unabhängige Studentische Kulturgemeinschaft in Bonn, gegründet von dem mittlerweile verstorbenen CDU-Bundestagsabgeordneten Alois Mertes. Der Außenpolitiker aus der Eifel, von dem es in seinem Geburtsort wie in einem sizilianischen Mafianest heißt: «Sie werden niemanden finden, der etwas Schlechtes über Alois Mertes sagt» und zu dem Kardinal Casaroli nur das Wort «egregius» – «hervorragend» – einfiel, hatte sich bereits in jungen Jahren dem katholischen «Neu-Deutschland»-Bund angeschlossen und mit Kommilitonen den «Bendorfer Arbeitskreis» gegründet, in dem Themen wie die «Weltverantwortung des Christen» diskutiert wurden, insofern ganz ähnlich der Unternehmung von Servatius, mit dem er auch im Zentralkomitee Platz nahm.[2] Mehr noch als zur CDU bestehen enge Verbindungen von opus dei zur bayerischen CSU. Sie laufen zum Beispiel über Fritz Pirkl, den Vorsitzenden der CSU-nahen Hanns-Seidel-Stiftung, der wiederum Präsident der Rhein-Donau-Stiftung ist, einer wichtigen Organisation des deutschen opus dei.[3]

Halten wir die Indizien fest, die den Aufsichtsratsvorsitzenden des Springer-Konzerns in der Nähe des opus dei oder gar als dessen Mitglied plazieren können. Dazu passen: die Gründung der «Arbeitsgemeinschaft Kirche und Welt»; die überbordende Ämterfülle im katholischen Milieu; seine auffällige Nähe zum CSU-Establishment; die Aufseherfunktion beim rechtskonservativen «Rheinischen Merkur», einer traditionellen Plattform des opus dei.

Merkwürdig auch, wie Servatius immer wieder seine schützende Hand über den größten Minus-Macher des Verlags hält, die marode Tageszeitung «Die Welt», in deren Redaktionskollegium zumindest zeitweise ein opus-dei-Mann agierte. Der Titel war schon zu Lebzeiten des Verlegers ein Wanderpreis, ungeliebt auch deswegen, weil er keine Eigenentwicklung Axel Springers darstellte. Mal sollte er an die FAZ verkauft werden, dann wollte man in Bonn ein Standbein gewinnen, jetzt soll Berlin für Rückenwind sorgen. Die Erfolge sind mager und sie werden mager bleiben. Warum wird die Welt dann nicht vom Markt genommen? Weil man weiterhin ein rechtskonservatives Forum braucht, rechts noch von der FAZ? Ist es so völlig abwegig, hinter dieser Formel, wenn sie denn stimmen sollte, auch die Interessen der «Heiligen Mafia» zu vermuten, deren Gründer, wie Peter Hertel recherchierte, gesagt haben soll: So schlecht könne Hitler nicht gewesen sein, schließlich habe er das Christentum in Spanien gerettet?

Die Ausstrahlung, die das vereinigte Deutschland von Berlin aus auf den mittel- und osteuropäischen Raum gewonnen hat, führte opus dei frühzeitig in die deutsche Hauptstadt. Sein korporativer Dachverband, die Kulturgemeinschaft in Bonn, gründete flugs den Berlin-Brandenburgischen Kulturverein, dessen führendes Mitglied ein Spanier ist, der Neuropathologie-Professor Jorge Cervos Navarro. Der international anerkannte Wissenschaftler, der bereits 1966 seine Fühler in das Chile Pinochets ausstreckte, soll für die Glaubwürdigkeit des Vereins bürgen, als sich der Berliner Rechtsanwalt und Notar Hans-Joachim Rust um dessen Eintragung beim Amtsgericht bemüht. Die Filiale des opus dei, denn um eine solche handelt es sich[4], residiert inzwischen in der Kreuzberger Möckernstraße Nr. 68. Die repräsentative Stadtvilla (Monatsmiete 10.000 Mark) und das entsprechende Grundstück mit insgesamt sieben weiteren Gebäuden gehört zum Erbe des Berliner Verlegers Heinz Ullstein, als dessen Testamentsvollstrecker Rust auftritt. Zugleich ist er für Springers Testamentsvollstrecker Servatius tätig. Erneut gibt es keine belegbaren Schlußfolgerungen, aber doch die berechtigte Frage: Hat Servatius seine Finger im Berliner Stützpunkt von opus dei?

Anfang August 1993. Eine Kleinstadt am Rhein in der Nähe von Bonn. Am späten Abend bin ich mit dem katholischen Pfarrer der Gemeinde verabredet, er soll sich auskennen auf den verschwiegenen Wegen von opus dei; schließlich war er selbst einmal Mitglied des Ordens, bevor er begann, unangenehme Fragen zu stellen und die Arbeit als Seelsorger den «Freuden und Leiden der Ungleichheit» (opus-dei-Propagandist Peter Berglar) im Werk Gottes vorzog. Ich parke meinen Wagen am Rheinufer und gehe dann durch einen dunklen Zwischengang die Stufen zum hell angestrahlten, in gelb und rosa und grau schimmernden Kirchlein empor, vor dessen Eingang ein Liebespaar ziemlich heftig miteinander schmust. Rechts die Pfarrei, Begonien an den Fenstern, eine offene Tür, warmes Licht. An den Wänden hängen Kinderzeichnungen, auf denen biblische Namen stehen. Eine Ecke mit Postkarten, auch solchen, die den Papst veralbern. L. kommt mir aus dem Flur entgegen. Irgendwo im Gebäude fröhliche Stimmen. Später verläßt ein ganzer Schwung junger Leute das Haus – «meine Spielgruppe», so nennt L. sie. Er trägt keine Amtstracht, der Tag war lang, das weiße Hemd hängt hinten ein wenig aus der Hose. Das volle Haar klebt verschwitzt an der Stirn. Ein klarer, freundlicher Blick.

Ich schildere ihm den Stand meiner Recherche, er berichtet mir von seiner Geschichte. Namen, Adressen, Dokumente werden ausgetauscht. Dann geht's auf Mitternacht zu. L. sieht wirklich geschafft aus. Ich verabschiede mich und laufe durch die Dunkelheit zum Wagen zurück. Für einen Moment sehe ich ihn noch im Lichtkegel der Haustür stehen. Er winkt.

Das Ergebnis dieser Reise ist von Belang. Ich weiß jetzt: Wenn Servatius nicht zum opus dei gehört, so gehört er doch auf jeden Fall zum Cartellverband (CV). Das ist die zweite große katholische Lobby im Lande. In ihr sind alle katholischen Burschenschaften – nichtschlagend, aber farben-tragend – zusammengeschlossen, wobei es auch noch den ähnlich gearteten KV gibt, der das Farbentragen ablehnt. In Wirklichkeit jedoch ist die Burschenschaftlerei nur der Einstieg in ein lebenslanges, eng geknüpftes Beziehungsgeflecht, durch das Karrieren gesteuert und ideologisch ausgerichtet werden. Etliche meiner Gesprächspartner halten den CV für wirkungsvoller als das opus dei, weil man hier nicht so viel Brimborium mitschleppt und sich dem Alltag besser anpassen kann.

Ansonsten aber gibt es viele Übereinstimmungen und wohl auch etliche Doppel-Mitgliedschaften. So geht es dem 1856 gegründeten CV darum, die Cartellbrüder anzuregen, «ihre berufliche, gesellschaftliche und politische Tätigkeit bewußt im Zusammenhang mit ihrer Teilhabe am Priestertum Jesu Christi zu sehen». Dabei ist die Öffentlichkeit unerwünscht. Als «unverantwortlicher Mißbrauch» wird gebrandmarkt, wenn das Gesamtverzeichnis der Cartellbrüder an außerhalb der CV Stehende weitergegeben würde. Auch seine Vergangenheit während der Nazizeit bringt den CV in ideologische Nähe zum opus dei. Aktive Widerstandskämpfer gab es nur wenige; dafür führte man frühzeitig, wie der Historiker Gerhard Schäfer in der «Zeitschrift für Sozialgeschichte des 20. und 21. Jahrhunderts» behauptet, «den Ehrbegriff der SA als den verbindlichen Maßstab für alle CV-Studenten» ein.[5] Das mag lange her sein, doch gegenreformatorische Tendenzen, verbunden mit einem diffusen Antikommunismus, dürften auch heute noch viele CV-Mitglieder bestimmen.

Besonders zwei Seilschaften lassen sich in diesem Cartellverband ausmachen; sie agieren in der Politik wie in den Medien. So wurden nach der letzten Bundestagswahl mehr als 30 Abgeordnete als CV-Mitglied geortet, ein ordentliches Quantum im Vergleich zu rund 5.200 Cartellverbands-Studenten und ihren etwa 27.000 Alten Herren. Die aktuelle Hitliste wird von den Ministern Klaus Kinkel und Matthias Wissmann angeführt, Heiner Geißler ist KV-Mitglied, Klaus Töpfer ebenfalls. Gut vertreten soll der CV auch im Presse- und Informationsamt der Bundesregierung sein, dessen Abteilungsleiter, der Kohl-Vertraute Wolfgang Bergsdorf (CV), zum Herausgeber der opus-dei-Plattform «Rheinischer Merkur» avancierte.

Erdrückender noch war – oder ist – die Präsenz von CV- und KV-Mitgliedern in den elektronischen Medien. Zu dieser Riege gehörten die ehemaligen ARD-Intendanten Reinhold Vöth (Bayerischer Rundfunk), Willibald Hilf (Südwestfunk) und die beiden saarländischen Funkherren Franz Mai und Hubert Rhode. Dieter Stolte, der ZDF-Chef, ist ebenso ein Kartell-Mann (KV) wie der amtierende Intendant des Bayerischen Rundfunks, Albert Scharf (CV).

Es muß nicht verwundern, daß sich der Bayerische Rundfunk als eigentlicher Medien-Hort der rechten katholischen Gesinnung profiliert. Oeller wurde dafür mit einem päpstlichen Orden ausgezeichnet, Scharf ebenso. Als wichtigster Drahtzieher stellt sich erneut der Rundfunkratsvorsitzende Wilhelm Fritz (CV) heraus. Dem Strauß-Fan und Kirch-Freund gingen die nachmaligen BR-Hierarchen Heinz Klaus Mertes und Michael Rutz als Persönliche Referenten zur Hand, bevor sie in die Chefetage des Kirch-Senders SAT 1 aufrückten. Ein dritter Mainzer Spitzenmann – ebenfalls CVer, aber diesmal nicht von Fritz, sondern von Nikolaus Lobkowicz, dem Nachfahren eines böhmischen Fürstengeschlechts und Rektor der Katholischen Universität Eichstätt, gefördert – war Johannes C. Weiss, der allerdings im Streit mit Klatten den Sender wieder verlassen hat. Das gehört auch zum CV-System: Es gibt keine Protektion um jeden Preis, immer mal wieder wird ein Bauer geopfert.

Um es klar zu sagen: Leo Kirch («Ich bin ein moderner Konservativer und Katholik») taucht in diesem Stellungsspiel, im Gegensatz zum Ämtermulti und CV-Mitglied Servatius, nirgendwo auf. Die «Heilige Mafia» und ihre Mitstreiter können den Medienmogul offenbar nicht als regulären Ausweisinhaber verbuchen, trotz seiner Nähe zu den Kartellern Strauß und Kardinal Ratzinger. Kommentiert ein Sachkenner mit Zugang zum innersten Kirch-Zirkel: «Das wäre auch ein Witz. Leo Kirch hat seine eigenen Wege, etwa zum Vatikan. Aber er benutzt das Beziehungsgeflecht der katholischen Lobbys.»

Deshalb ist es nach allem nicht auszuschließen, daß der Franke oder ein Vertrauter von ihm – vielleicht Gerd Bacher, der sich als «ein katholischer Mensch, kein christlicher» bezeichnet haben soll – diese Karte gespielt hat, als es darum ging, das Steuer im Springer-Verlag herumzureißen. «Unser Glaube verpflichtet uns zu politischem Handeln», heißt es in der Charta des Cartellverbandes. «Ich stehe der Linie von Springer nahe und lege Wert darauf, daß dieses Haus diese Linie fortführt. Warum soll es zu einem linken Unternehmen gemacht werden?», betonte der Münchner. Seine absurde Furcht wird erst recht verständlich auf dem ideologischen Fond der konservativ-katholisch ausgerichteten, öffentlichkeitsscheuen, autoritäten Organisationen P 2, opus dei und Cartellverband, deren Mitglieder – und das illuminiert ihre Gefährlichkeit – sich als «Stoßtrupp Gottes» verstehen, als «Gesalbte», zumindest aber als gesellschaftliche Elite, der bürgerliches Unrechtsbewußtsein abgehen darf.

Nachdem am 8. Januar 1990 das letzte Dokument der «Friedensvereinbarung» von Theye und Wille unterschrieben worden ist, gehen Aufsichtsrat und Vorstand wieder zur Tagesordnung über. Punkt für Punkt werden in den kommenden Monaten Entscheidungen exekutiert, die entweder das alte Management diskreditieren oder aber einer Zusammenarbeit mit Kirch Vorschub leisten sollen. Dabei agiert Wille, formal immer noch Stellvertreter von Tamm und nur für die elektronischen Medien zuständig, wie ein Vorstandsvorsitzender, was ihm auch dadurch leicht gemacht wird, daß Tamm sich verbittert aus dem Tagesgeschäft zurückzieht. Als erstes kommt Wille einer alten Forderung von Kirch aus den gescheiterten Konsens-Verhandlungen vom Sommer 1989 nach und verkauft die Beteiligung des Verlages an Kirchs Konkurrenzfirma Capitol den Mitgesellschaftern Scriba und Deyhle. Wie praktisch: Er eliminiert damit Kirchs einzige Konkurrenz. Bei der Capitol hat sich inzwischen ein veritabler Stock von Spielfilmen angesammelt, darunter Streifen von Woody Allen oder Volker Schlöndorff sowie das Neueste aus der Hand solcher Könner wie Fellini, Rosi, Damiani oder Lumet, insgesamt fast 1.000 Titel. Damit könnte man bei SAT 1 durchaus Progamm machen, nur hat Springer dann nichts mehr davon.

Wie ein Donnerschlag wirkt die nächste Entscheidung von Wille: Nach wochenlangen Geheimverhandlungen holt er Günter Prinz als Chef-Journalisten in den Verlag zurück. Der Boulevard-Experte war 1987 nach einer gescheiterten Intrige bei Springer ausgeschieden, um wenig später beim Münchner Burda-Verlag anzuheuern. Für Hubert

Burda und dessen Partner Rupert Murdoch hat er jetzt gerade die «Bild»-Konkurrenz «Super» konzipiert und angeschoben, geschätzte Anlaufkosten rund 150 Millionen Mark. In dieser Situation geht er von Bord und kehrt in sein altes Revier zurück, ein Vorgang ohne Beispiel in der deutschen Verlagsbranche. Ab 11. Juni, einen Tag nach Tamms Verabschiedung, soll er für Springer wirbeln. Dann wird wieder – legendäres Ritual – jeden Morgen eine frisch geschnittene Rose auf seinem Schreibtisch stehen sowie eine Schale mit Obst, und der 61jährige wird wieder sein klassisches Outfit bemühen: umgestülpte Manschetten, aufgeknöpfter Hemdkragen.

Im März schließlich, dritter Beleg für die Antrittsgeschwindigkeit des neuen Springer-Stars, holt Wille die Münchner Unternehmensberatung von Roland Berger in den Verlag, um ihn auf mögliche Sparmaßnahmen hin zu durchleuchten. Das könnte der Konzern auch selber bewerkstelligen. Doch Berger hatte seinen Anteil an der Berufung von Wille. Und Wille braucht eine, wie er sich ausdrückt, «Alibifunktion» gegenüber dem alten Management.

Auch SAT 1 scheint in die Offensive zu gehen. Klatten will den lahmenden Sender endlich neu positionieren. Wenn er schon um Kirchs Spielfilme nicht herumkommt, so soll diese Art von Programm doch ergänzt werden durch attraktiv aufbereitete Fußball-Übertragungen – 500 Millionen Mark bietet er dem DFB dafür – und durch heimische TV-Produktionen. Um sie in Schwung zu bringen, engagiert Klatten den immer noch fähigsten Programmacher der Republik, Peter Gerlach, als Berater. Der Produzent, einst vom ZDF durch Karriere-Stop vergrault, dann vom Gründungsstreß bei den Mainzern körperlich hingerichtet, wird wie im Handumdrehen SAT 1 erstaunliche Erfolge bescheren, etwa mit der Krimiserie «Wolffs Revier» oder dem «Bergdoktor»-Schmäh.

So sieht im Kirch-Beritt alles nach Aufbruch aus in diesem Frühjahr 1991. Dabei ist die größte Innovation noch gar nicht auf dem Markt. Um ihr neuerdings harmonisches Miteinander zu dokumentieren, haben sich Springer und Kirch verabredet, zu gleichen Teilen die Sportrechte-Agentur ISPR zu übernehmen. Sie kaufen diese Firma von dem Münchner Rechtsanwalt Axel Meyer-Wölden, der sie zwei Jahre zuvor mit seiner Frau Antonella als Geschäftsführerin gegründet hatte und der Agentur als Berater weiterhin verbunden bleibt.

Seine Künste demonstriert Deutschlands «mächtigster Sportrechte-Makler» («Spiegel»), der sich zunächst im Musikgeschäft einen Namen gemacht hatte, auch gleich dadurch, daß er sich bemüht, den Deutschen Fußballbund (DFB) davon zu überzeugen, die Übertragungsrechte der Bundesliga in den nächsten Jahren an SAT 1 zu verkaufen – und nicht etwa an die Konkurrenz-Agentur ufa oder gar die öffentlich-rechtlichen Sender. Als die Entscheidung auf Messers Schneide steht, legt Meyer-Wölden in einem mitternächtlichen Telefonat noch einmal etliche Millionen auf den zur Debatte stehenden Preis oben drauf; die ufa wäre zwar imstande mitzugehen, kann aber – jetzt, um 30 Minuten nach Mitternacht – nicht mehr darüber entscheiden. Top, der Zuschlag gilt.

Die gute Presse dieses ungewöhnlichen Geschäfts, stimuliert durch den klandestinen, beinahe lausbubenhaft wirkenden Unterhändler aus der weißen Jugendstilvilla in München-Nymphenburg, täuscht über zwei strukturelle Mängel hinweg, die die Gesellschafter der ISPR zwar genau kennen dürften, der Sender jedoch ausbaden muß. Das erste Manko: Bundesliga satt, optimal aufbereitet durch den wenig später eingekauften Reinhold Beckmann, mag als Imageträger wertvoll sein und womöglich die Einschaltquoten und Marktanteile nach oben treiben – refinanzieren jedoch läßt sich ein solches Mega-Investment (mit Mehrwertsteuer bald 700 Millionen Mark) kaum. Die Gewinne von SAT 1, die gerade zu sprudeln begonnen haben, werden deshalb künftig dürftiger ausfallen müssen.

Das zweite Problem hängt mit der frisch erworbenen Agentur selber zusammen. Hier ist erneut, wie schon bei der Beschaffung von Spielfilmen und Fernsehserien, ein Interessenkonflikt programmiert: Als Teilhaber der ISPR müssen Springer und Kirch dafür sorgen, SAT 1 möglichst ungünstige Bedingungen zu diktieren; als Teilhaber von SAT 1 dagegen vertreten sie genau die umgekehrten Kriterien. Nur eine der beiden Formeln kann praktiziert werden. Da aber bei SAT 1 noch andere die Verluste mitzutragen haben, spricht vieles dafür, daß die ISPR von Springer und Kirch bevorzugt wird. Ein «Ausräubermodell» nennt das ein Kenner der Szene. Jedenfalls wird SAT 1 jetzt gleich durch zwei «Partner» unter Druck gesetzt: durch die PKS und die ISPR.

Voraussetzung für die Ergebnisabführung der Agentur Richtung Hamburg und München ist ein Vertrag, den die Internationale Sportrechteverwertungsgesellschaft bereits Anfang Dezember 1988 mit dem Mainzer Sender unter Federführung von Werner E. Klatten abgeschlossen hatte. Die Vereinbarung liest sich, als würde der «David» SAT 1 mit dem «Goliath» ISPR einen Unterwerfungsvertrag abschließen. So verpflichtet sich der Sender, «sämtliche gewünschten Verwertungsrechte an Sportveranstaltungen ausschließlich von ISPR zu beziehen», während die Agentur sich lediglich «bemühen» muß, diese auch zu beschaffen. Die Provision der Agentur beträgt 20 bis 25 Prozent pro Vertragsjahr; immerhin noch die Hälfte davon ist fällig, wenn SAT 1 – ohne die Agentur einzuschalten – selber tätig wird. Eine offenkundig lukrative Angelegenheit, vom Freund des Bremer Anwalts Joachim Theye penibel in Paragraphen gefaßt.

«Er paßt so gar nicht in diese Haifisch-Branche, in der zuschnappt, wer das größte Maul hat, nicht die sauberste Moral. Er weiß, daß viele nur darauf warten, ihn bei einem krummen Geschäft zu erwischen», hat die «Stuttgarter Zeitung» einmal über Meyer-Wölden geschrieben. Wir wollen Gelegenheit nehmen, das integre Image des Anwalts («Ich bin ein Dienstleister») noch an einem anderen Fall zu überprüfen. Dazu steigen wir zurück in das Jahr 1989, in dem Tennis noch eine attraktive Sportart war, bevor sie zu Tode übertragen wurde, und in dem SAT 1 sich mit Händen und Füßen bemühte, mit den Erfolgen von RTL plus gleich zuziehen.

Ende jenes Jahres hatte die niederländische Firma Teviri B.V., vertreten durch Axel Meyer-Wölden, SAT 1 den Erwerb der Übertragungsrechte für ein neu in München zu etablierendes Tennisturnier, den Grand Slam Cup, vorgeschlagen. Wer verbarg sich hinter dem Noname Teviri? Die Spur führt in die Amsterdamer Johannes Vermeer

Straat Nr. 18, in der die Firmengruppe des Anwalts F.K.J. Hartsuiker residiert. Ermitteln läßt sich: Die Teviri war eine hundertprozentige Tochter von Hartsuikers New Amsterdam Cititrust B.V. –, und damit Ende der Nachfrage. Einem Aufsichtsrats-Protokoll von SAT 1 ist jedoch Genaueres zu entnehmen. Anläßlich einer Diskussion über die wünschenswerte «Absenkung der Provisionssätze» der ISPR gab SAT-1-Chef Werner E. Klatten zu, «daß der Geschäftsführung... die Gesellschafterstellung von Meyer-Wölden bei Teviri bekannt» sei. Die anwesenden Kirch-Aufsichtsräte Gerd Bacher und Joachim Theye erhoben laut Protokoll keinen Einspruch.

Klatten hatte eigentlich «weder aus programmlichen noch aus finanziellen Gründen» ein Interesse, auf das Angebot der Teviri einzugehen. Dennoch plädierte er dafür, die Übertragungsrechte am höchstdotierten Tennisturnier der Welt – der Sieger soll zwei Millionen Dollar erhalten – einzukaufen. Und so geschah es denn auch. Meyer-Wöldens ISPR managte das Spektakel. Für die TV-Lizenz müssen rund 52 Millionen Dollar von den Gesellschaftern des Senders auf den Tisch gelegt werden, zahlbar innerhalb von fünf Jahren. Für 40 Millionen Dollar, nach anderer Auskunft wohl eher 30 Millionen, hatte Teviri die Rechte eingekauft.

Versuchen wir zu verstehen: SAT 1 finanziert mittelfristig ein ungeliebtes, wie manch Spieler ursprünglich meinte: auch unnötiges, Tennisereignis – und Meyer-Wölden kassiert. Als Anteilseigner (sofern Klattens Einschätzung stimmt) von Teviri, als Berater von Teviri, als Eigner von ISPR. Das mag geschickt sein. Doch Paragraph 7 des Exklusiv-Vertrages mit SAT 1 von Ende 1988 bestimmt, die ISPR wolle dafür «Sorge tragen», daß ihre Gesellschafter bei der Auswertung von Sportrechten im deutschsprachigen Bereich «gesellschaftlich ausschließlich über die ISPR aktiv werden». Wie verträgt sich damit die Teviri-Schiene? Das sieht nach einem Vertragsbruch aus. Wenn es so sein sollte: Wer hat ihn gedeckt? Meyer-Wölden, Promotion mit 25 Jahren über «Die Reinheitsgebote des Lebensmittelrechts», sagt: «Wissen Sie, es ist viel Heuchelei im Land.»

Von diesem kreativen Kaufmann übernehmen Kirch und Springer im Frühjahr 1991 die Sportrechte-Agentur ISPR und alle singen das Lob des weitsichtigen Vorstands Günter Wille. Kaum im Verlag, mußte er sich einer schweren Operation unterziehen und galt schon bald, den wuchernden Gerüchten nach, als todkrank. Vor den Führungskräften des Axel Springer Verlags präsentiert er sich jetzt auf der üblichen Klausurtagung zwar noch ein wenig hagerer als zuvor, aber doch mit klarem Machtanspruch. Statement Wille zum «Kompromiß» mit Kirch: «Es lohnt sich nun einmal nicht, wegen einer Minderheitsbeteiligung unseres Hauses an einem Unternehmen einen Streit vom Zaun zu brechen, der nicht gewonnen werden konnte.»

Dann steht wieder die Hauptversammlung an. Wenige Tage vorher platzt auf der Autobahn bei hoher Geschwindigkeit ein Reifen an Kirchs gepanzertem BMW, der Wagen überschlägt sich mehrfach, aber der Medienmogul überlebt nur leicht verletzt. Ein Sieger, so will es scheinen, selbst in solcher Situation. Tamm dagegen, der einst geplant hatte, mit dem Münchner Partner einen gemeinsamen Medienkonzern zu schmieden, erhält einen glanzlosen Abschied. Vor den Aktionären darf er noch einmal Bilanz ziehen. «Vielen Dank, Peter», ruft ihm der aalglatte Servatius nach, der alle Entscheidungen gegen Kirch «fast noch entschlossener» (FAZ) als Tamm mitgetragen hatte. Am nächsten Tag, es ist der 11. Juli, Wille amtiert bereits, folgt die offizielle Verabschiedung im Berliner Verlagshaus. Tamm bemüht sich um eine erstaunlich versöhnliche Rede, fast 43 Jahre, nachdem er als Mitarbeiter im Wirtschaftsteil des Hamburger Abendblattes zum ersten Mal mit Springer in Berührung gekommen war. Höchstbezahlter deutscher Manager, am längsten dienender Vorstandsvorsitzender, im letzten Geschäftsjahr stieg der Cash-flow, wichtiges Kennzeichen der Ertragskraft, um fast 30 Prozent auf 307 Millionen Mark: Doch dann das vorzeitige Ende der Amtszeit und noch nicht einmal ein Sitz im Aufsichtsrat. Offenbar wird ein Sündenbock gebraucht. Währenddessen sinkt die Motivations-Temperatur im Verlag auf unter null Grad. Unternehmensberater Roland Berger kassiert angeblich 700.000 Mark für seine Expertise und Günter Wille sagt zu Kirchs wachsendem

Einfluß bei Springer: «Das ist nicht der Fall.»

Auch das zweite Halbjahr 1991 sieht einen nach außen hin problemlosen Durchmarsch der einander versprochenen Hauptfiguren Günter Wille und Leo Kirch. Bei Springer wird der Verlag à conto Peter Tamm erbarmungslos schlecht geschrieben. Dazu bietet der Halbjahresbericht einen guten Anlaß, der einen drastisch reduzierten Überschuß ausweist. Dann wird, gerade sechs Monate nach seinem Start, Springers spanisches Boulevardblatt «Claro» eingestellt. Statt der erhofften Millionenauflage wurden an manchen Tagen gerade einmal 60.000 Exemplare abgesetzt. Das Aus kommt Wille nicht ungelegen – als beredte Schuldzuweisung an das alte Management. Allerdings: Der eigentliche Wegbereiter des vorzeitigen Flops war Wille selber gewesen, Tamm hatte sich zurückgehalten, und auch Friede Springer schwärmte vor Ort von den «Claro»-Chancen, die gar nicht erst ausgelotet wurden. Zwei bis drei Jahre hätten als angemessene Frist gelten müssen.

Überhaupt, der alte Vorstand. Wie in einem heidnischen Begräbnisritual, wo beim Tod des Fürsten Leibwächter und Lieblingspferde gleich mit im Orkus verschwinden, räumt Wille jetzt im Spitzenmanagement auf: Vier Vorstandsmitglieder der Tamm-Ära werden gefeuert, zwei davon waren erst kürzlich ernannt worden. Dafür holt sich Wille Kandidaten seiner Wahl – den Bertelsmann-Syndikus Manfred Niewiarra, einen guten Bekannten von Joachim Theye, für die Ressorts Ausland und elektronische Medien sowie Werner Stumpfe vom Metall-Arbeitgeberverband als Personalchef.

Sich selber mutet er das wichtigste Arbeitsfeld zu, den Zeitungsbereich. Und wo er schon mal dabei ist, wird auch Vize Günter Prinz gleich zurecht gestutzt: Er darf sich um Journalismus kümmern, bekommt aber keine Disziplinarhoheit. In diesen Tagen und mit diesen Entscheidungen nimmt eine Malaise ihren Anfang, die Springer in nur zwei Jahren zum Schatten seiner selbst und zur Spottfigur der Branche machen wird. Willes Festlegungen sind allesamt falsch: Einem Vorstandsvorsitzenden, der von Zeitungen keine Ahnung hat, sich aber auch noch um Zeitungen kümmern muß, ist das Versagen auf die Stirn geschrieben. Ein gefesselter Prinz ist nichts wert. Und graue Mäuse für Problemressorts sind auch die falschen Besetzungen. Der Humbug regiert in Hamburg. Erste Gerüchte kommen auf: Die Erben seien müde und möchten verkaufen. Wem wohl? Servatius dementiert.

Im Oktober 1991 wird Leo Kirch 65 Jahre alt. Der Medienmogul verschmäht alle öffentlichen Feierlichkeiten und zieht sich ins Familiäre nach Franken zurück. Auch er stellt einige Weichen neu und sortiert dabei sein Imperium. So werden 24,9 Prozent des von Holtzbrinck übernommenen Deutschen Bücherbunds an den Bertelsmann-Konzern verkauft. Bücher! Das ist wohl nicht die richtige Branche gewesen; aber auch Rücksichten auf den Stuttgarter Mitspieler sind überflüssig geworden, seit Kirch sich nach dem «Friedensschluß» mit Springer der Mehrheit bei SAT 1 sicher sein kann.

Auffällig ist seine enge Kooperation mit dem italienischen Medienunternehmer Silvio Berlusconi, die jetzt noch fester gezurrt wird: Kirch übernimmt knapp zehn Prozent an dem italienischen Pay-TV-Sender Telepiù, der immerhin drei Programme unter die Leute bringt. Mit diesem Engagement hält Kirch mittlerweile drei Beteiligungen am europäischen Abonnement-Fernsehen, von Flensburg bis Sizilien. In Deutschland heißt die Unternehmung Premiere; in der Schweiz steuert cr (zusammen mit dem Ringier-Verlag) den Teleclub; und jenseits der Alpen ist jetzt auch der Einstieg geschafft. Später wird Kirch seine Anteile an dem Sender noch erheblich erhöhen. Mehr Aufmerksamkeit als die Pirouette mit Telepiù erheischt die Zusammenarbeit von Kirch und Berlusconi bei der Fernsehverfilmung der Fortsetzung des Romans «Vom Winde verweht». Alexandra Ripleys «Scarlett» ist als Buch ein sensationeller Welterfolg. Ob das Fernsehen diesen Hit wiederholen kann, läßt sich nur schwer vorhersagen.

Mindestens so wichtig wie die Zusammenarbeit mit Berlusconi ist für Kirch der Schweizer Verbündete, der jetzt erstmals als Veranstalter auf dem Schauplatz erscheint. Otto Beisheims Medienfirma Tefi-Handels AG übernimmt 45 Prozent des neugegründeten Kabelkanals; weitere Anteile halten der Sender Pro 7 (45 %) und Pro-7-Geschäftsführer Georg Kofler (10 %). «Der Kabelkanal» ist als Reprisen-Station konzipiert. Dazu paßt gut die Nachricht, daß Beisheims Tefi Ende des Jahres ein Filmpaket mit 1.000 Titeln von der Hamburger Capitol gekauft hat. Bodo Scribas Filmstock, ursprünglich als strategische Einsatzreserve von Springer vorgesehen, schmückt jetzt die Filmlisten von Beisheim und füllt die Regale von Kirch. Spätestens, seit der Metro-Milliardär direkt im Fernsehgeschäft mitmischt, läßt sich nicht mehr genau auseinanderhalten, was zu ihm und was zu seinem Partner Leo Kirch gehört.

Ein Jahr ist es her, daß zwischen Kirch und Springer in Sachen SAT 1 «Frieden» geschlossen wurde. Wille, der Aufsichtsratsvorsitzende des Senders, versucht, sich immer mehr in die Tagesarbeit der Geschäftsführung einzumischen. Wie ein Beleg für das, was jetzt angesagt ist, wirkt die Medien-Karriere des von Wille stets geförderten Philip-Morris-Managers Knut Föckler, Marketingchef der Zigaretten-Firma. Er wird, so läßt sich kurz vor Weihnachten vernehmen, Anfang 1992 zur Kirch-Gruppe überwechseln und wenige Monate später, gegen den erbitterten Widerstand von Klatten, aber auf Druck von Wille, in die Geschäftsführung von SAT 1 eintreten. Da knallen die beiden deutschen Rauch-Ritter, der eine aus Bremen, der andere aus Flensburg, so richtig zusammen. Einstweilen aber herrscht offiziell noch eitel Freude. Aus einem Fensterputzer-Aufzug begrüßen Klatten und Wille rund 1.000 Gäste, als in Mainz das neue Sendezentrum von SAT 1 eingeweiht wird.

Ende 1991 ist Deutschland der Form nach wieder vereinigt – auch im Fernsehen. Um mit dem Rundfunk der DDR aufzuräumen, hatte Bundeskanzler Kohl persönlich einen alten Spezi ausgesucht: Rudolf Mühlfenzl (CSU), ehemals Chefredakteur des Bayerischen Rundfunks, danach oberster Privatfunkkontrolleur im Bayernland. Jens Odewald, Spitzenmanager von Treuhand und Kaufhof, enger Vertrauter von Kohl und Otto Beisheim, soll ihm dazu geraten haben. Doch würden die Ministerpräsidenten der neuen Bundesländer mitziehen und ihre Rundfunkhoheit hintan stellen? Bei einer Besprechung im Bundeskanzleramt hatte Biedenkopf als einziger solche Einwände erhoben. Kohl soll daraufhin den alten Rivalen neckisch mit Wasser aus seinem Aquarium naßgespritzt und gedroht haben, er werde damit fortfahren, wenn Biedenkopf weiter opponiere: «Rudolf, Du machst das!» Damit war Mühlfenzl im Amt.

Diese Szene lag nun schon mehr als ein Jahr zurück. Der Bayer hatte seinen Job im Oktober 1990 angetreten und schnell gezeigt, mit welcher Truppe er ins Feld ziehen wollte, um den Deutschen Fernsehfunk (DFF) – so hieß der Nachfolger des DDR-Fernsehens – abzuwickeln. Da tauchte Volkram Gebel auf, der in Kiel nicht wiedergewählte Direktor der Unabhängigen Landesanstalt für Rundfunk (ULR). Er hatte die Startphase des Kirch-lichen Fernsehsenders Pro 7 schützend begleitet. Die Nummer 1 im Beraterkreis jedoch stellte Roland Frohne dar, der frühere Geschäftsführer von Leo Kirch. Als Sozius in der Münchner Kanzlei Nörr, Stiefenhofer & Lutz war er seinem ehemaligen Arbeitgeber verbunden geblieben. Auch mit Mühlfenzl, dem altbayerischen Hardliner, das wußte man bereits aus München, ließ sich nicht spaßen, wenn es um die Interessen von Leo Kirch ging.

Machtmensch Mühlfenzl bevorzugte einen autoritären Stil, selbst im Umgang mit seinen Paladinen, zu denen später noch Ferdi Breitbach stieß, Günter Willes ehemaliger Pressechef bei Philip Morris in München. Anfangs hatten sie dreimal die Woche zur «Lage» in dem von Mühlfenzl weitgehend unverändert gelassenen, muffigen, alten Funkhaus in der Berliner Nalepastraße anzutraben. Einmal soll der Chef dahintergekommen sein, daß kostenlose Shuttle-Flüge für freiwilligen Einsatz am Aufbau Ost als Dienstreisen abgerechnet worden waren. Da setzte es Strafarbeiten. Frohne muß die Situation nicht gepaßt haben. Er versuchte, den kantigen Mühlfenzl zu stürzen, der sich jedoch umgehend seines rheinischen Schutzpatrons versicherte. Für die Einwirkungsmöglichkeiten des Kanzleramtes spricht auch, daß der Haushalt der «Einrichtung» – so lautete der abgekürzte, kafkaesk anmutende Kurz-Titel der Wessi-Behörde – aus Bonn bestritten wurde. Kohl entschied: Rudolf bleibt und Ronald wird sein Stellvertreter.

Mit den neuen Epauletten konnte Frohne so richtig loslegen. Gegen Ende 1991 hatte Mühlfenzl, nach Beobachtung von Rundfunkleuten der ehemaligen DDR, «fast so etwas wie Verständnis» für Strukturen und Schicksale im Riesenapparat entwickelt, während Frohne im Ruf eines schneidigen Vollstreckers stand, auch immer mal im Sinne von Kirch. Seine einzelnen Entscheidungen nachzuvollziehen – aber auch das, was sich zu DDR-Zeiten zwischen dem Münchner Medienmogul und Ost-Berlin abgespielt hatte – schien mir zunächst fast unmöglich zu sein. Die wichtigsten Akten waren am Ende von Mühlfenzls Amtszeit im Eiltempo nach Bonn gebracht worden; sie lagern dort in den Tresoren des Bundesinnenministeriums. Säcke mit Altpapier blieben, neben wenigen Ordnern voller Belanglosigkeiten, übrig. Selbst die Computerdateien waren gelöscht. Fast so wie bei den vielen Firmen der «Kommerziellen Koordinierung» des Stasi-Obersten Alexander Schalck-Golodkowski.

Als Mühlfenzl und Frohne ihre Aufräumarbeiten schließlich abbrachen, das Mandat lief aus, Hunderte von Prozessen, Vertrags- und Grundstücksangelegenheiten waren unerledigt geblieben, ein Multi-Millionen-Vermögen wartete auf seine Abwicklung, da besaß Kirchs wichtigster Geschäftspartner in Deutschland-Ost bereits wieder festen Boden unter den Füssen: Hans-Joachim Seidowsky, ehemaliger Direktor des Internationalen Programmaustauschs (IPA) des DDR-Fernsehens. Der Stellvertreter von TV-Intendant Heinz Adameck hatte bei Eingeweihten stets als «höchster Stasi-Offizier» im Medienzirkus des Ost-Berliner Regimes gegolten.

Diese Einschätzung verhinderte nicht, daß er nach der Wende ein kurzes Gastspiel als Berater des Springer-Vorstandes geben konnte; als sein Vertrag vorzeitig aufgelöst wurde, kassierte er mehrere Hunderttausend. Auch noch andere Kontakte pflegte Seidowsky. Mit Leo Kirch sah man ihn im Münchner Hotel «Bayerischer Hof». Mittlerweile arbeitet er in der Chefetage des ehemaligen Kirch-Geschäftsführers Bodo Scriba. Für den Filmhändler und -produzenten mit Sitz an Hamburgs erster Adresse, dem Harvestehuder Weg am Ufer der Alster, hat «Seido» in Mittel- und Osteuropa ein dichtes Netz von

Kontakten und Aktivitäten geknüpft, jeglicher Einsichtnahme westlicher Beobachter entzogen. «Gemini», Zwillinge, so heißt die Unternehmung; das klingt ein bißchen nach «Janus», dem doppelköpfigen Label, mit dem Leo Kirch ARD und ZDF aufs Kreuz gelegt hatte.

Seidowsky. Dessen Familie von den Nazis zertrümmert worden war. Der seinen Beruf sachverständig und weltgewandt ausübte. Dem ein Durchsetzungsvermögen von 20 Ellenbogen zu Gebote stand. Ein Mann, der vielen heute noch Angst einjagt. Denn die Natur der Macht, so schrieb der englische Philosoph Thomas Hobbes im Jahre 1651, ist «dem Gerücht ähnlich»: Mächtig sei, wer im Ruf stehe, Macht zu haben. Zu DDR-Zeiten war Hans-Joachim Seidowsky Kirchs deutschdeutscher Partner mit der kalten Schnauze.

Über einen Dritten hatte ich 1987 Verbindung zu ihm bekommen: Das sei derjenige, der alles über Kirch wisse. Nach vielem Hin und Her schickte er mir per Telex eine Einladung; die solle ich am Grenzübergang Friedrichstraße vorzeigen. Auszug aus meiner Aktennotiz von damals: «Gespensteratmo in den S-Bahn-Tunnels. Der Geruch. Die Reklamereste aus den Dreißigern. An der Grenzkontrolle weise ich verabredungsgemäß mein Telex vor. Werde durchgewunken in eine fensterlose Kabine. Dort wird mein Aktenkoffer gefilzt. Habe vergessen, daß westliche Zeitschriften nicht eingeführt werden dürfen. Doch Spiegel und Geo werden nicht beanstandet. Das Telex hilft.

Jetzt stehe ich am Bahnhof Friedrichstraße. Das Hotel Metropol, wo wir uns treffen wollen, gleich um die Ecke. Die Szene kommt mir vor wie bei Dreharbeiten für einen Film. Als ob gerade der Regisseur ‹Action› gerufen hat und jeder Statist intensiv, aber irgendwie beziehungslos zum nächsten Statisten, auf der Stelle vor sich hin wuselt.

Seidowsky übergibt mir zwei Aktenordner, die Kanten schon ein wenig abgestoßen. Ich bin ganz stolz, daß der Kontakt sich endlich gelohnt haben soll. Unter den Linden kaufe ich mir eine grau-grüne Tasche aus Weich-Plaste, um die Unterlagen transportieren zu können. Zu Hause angekommen, bin ich gespannt auf die konspirativen Dokumente. Es sind aber nur Zeitungsausschnitte, meist älterer Bauart. Wie bei einer Geldübergabe: Im Koffer befinden sich, statt der Dollar-

Noten, Papierschnipsel. Nehme an, Seidowsky will mir die Nutzlosigkeit weiterer Nachfragen zu verstehen geben.»

Als ich jetzt wieder auf die Connection Kirch-Seidowsky stoße, habe ich nicht vor, noch einmal Altpapier zu sammeln. Deshalb möchte ich mir Unterstützung von einem Ost-Kollegen, der sich in den alten Kanalisationen perfekt auskennt, verschaffen. Ich treffe Klaus Manteuffel in seiner 4-Zimmer-Wohnung in einer Plattenbausiedlung am Rande von Potsdam. Die Scheibe an der Eingangstür des Blocks ist eingeschlagen, der Aufzug kaputt. Manteuffel, Reporter für das DDR-Fernsehen, war auf gutem Weg zur Karriere, als er sich eines Tages weigerte, für die Stasi als Spitzel zu arbeiten. So blieb sein Radius beschränkt. Und seitdem hat er etwas gegen Bonzen. Wir einigen uns rasch: In den folgenden Monaten wird er für mich Dutzende von Gesprächen führen, die Tonband-Nachschrift der Recherchen beträgt knapp 100 Seiten. Er durchkämmt das Umfeld von Seidowsky und spricht auch mit ihm selber, während ich mir mehr die Akten und Institutionen vornehme, um Dokumente zu finden, die Seidowskys und Kirchs Unterschrift tragen.[6]

Die Nachforschungen beginnen mit einem Toten. Manteuffel hatte gleich zu Anfang von ihm gesprochen, aber noch ganz vage. Durch die Recherchen bekommt der Fall Brisanz. Am 20. September 1989 wurde Ruprecht Carl, ein enger Mitarbeiter Seidowskys, in seiner Altbauwohnung im Stadtbezirk Prenzlauer Berg erhängt aufgefunden. Selbstmord, so hieß es. Manteuffel erfährt, daß Carl sich unmittelbar vor seinem Tod bedroht gefühlt und bereits die Modalitäten seiner Beerdigung besprochen hatte. In ein kleines Notizbuch hatte «Ruppi», wie seine Freunde ihn nannten, Aufzeichnungen über Seidowsky eingetragen. Das Buch ist verschwunden. Auch ein Abschiedsbrief wurde nicht entdeckt.

Stimmt schon: Filmfachmann Carl hatte persönliche Probleme, er stand unter medizinischer Behandlung. Seidowsky will sogar «einen schweren psychischen Defekt» bei seinem Mitarbeiter bemerkt haben. Aber das stimmt wohl auch: Durch die «engagierte Tätigkeit des Genossen Ruprecht Carl», so heißt es in einem Brief an das Staatliche

Kommitee für Fernsehen vom 8.12.1989, «waren fragwürdige Manipulationen mit einzelnen Filmfirmen deutlicher und durchsichtiger geworden». Carl hatte häufig zusammen mit Seidowsky im westlichen Ausland zu tun. Ihm waren zunächst Äußerlichkeiten aufgefallen. Etwa daß sein Chef meistens in den besten Hotels logierte, während er in drittklassigen Häusern abzusteigen hatte. Seidowsky mußte durch Valuta gut gepolstert sein. Mit dem offiziellen Tagessatz von 55 Westmark brauchte er jedenfalls nicht zu rechnen. Auch die Verhandlungen mit den westlichen Film- und Fernsehleuten führte er, entgegen den DDR-Regeln, häufig alleine.

Irgendwann war «Ruppi» davon überzeugt, da würden «unfaßbare Schweinereien» ausgeheckt. Ende 1987 hatte er wohl auch Beweise in der Hand. Zum Beispiel für ein Konto in der Schweiz. Damit ging der Genosse zu seinem Parteigruppenorganisator. Das Dossier wanderte Stufe für Stufe nach oben – und fiel dann ganz nach unten. Zur Jahreswende kam die Stasi zu Carl und machte ihm klar: «Wir legen das Ding ad acta. Wir verbieten Dir, darüber weiter zu sprechen.» Petra Klein und ihr Mann, die eine Art Ersatzfamilie für den Junggesellen darstellten, erinnern sich: «Ruppi schien völlig fertig zu sein. Seidowsky, der ja noch sein Chef war, ließ ihn Spießruten laufen.» Für den überzeugten Sozialisten war eine Welt zusammengebrochen. Er verfiel immer mehr den Depressionen. Seidowsky hat Recht: Der Mann war krank.

Sein Scheitern gab Manteuffel und mir zusätzlichen Elan. Ich erinnerte mich an Michael Miller, den Berliner Synchron-Regisseur, der das Kirch-Gestrüpp seiner Branche lichten wollte, und in den Freitod gegangen war. Carl und Miller, beide sahen sich von Mauern umstellt. Apropos: In der Gauck-Behörde gibt es eine Signatur zu Ruprecht Carl, eine Akte wurde jedoch nicht gefunden. Die Fragen bleiben. Wer ist Hans-Joachim Seidowsky? Wie lief sein Spiel mit Leo Kirch zu DDR-Zeiten ab? Wohin führen die Indizien?

Der Berliner hatte seine Karriere im Machtapparat der DDR in den 60er Jahren als Mitarbeiter des Staatssekretärs für Kirchenfragen begonnen. Das lag nach der Promotion über ein kirchenhistorisches

Thema nahe. Als Beauftragter des Staatssekretärs reiste er durch die ganze Welt; schließlich soll er sogar als möglicher Vatikan-Botschafter der DDR im Gespräch gewesen sein. Seidowsky war in dieser Zeit ein höchst wertvoller Aussenkontakt für die abgeschottete DDR. Das Ministerium für Staatssicherheit führte ihn als Inoffiziellen Mitarbeiter (IM). Und die Quelle muß gesprudelt haben: In der Gauck-Behörde gibt es 17 Aktenordner, hauptsächlich über die Kirchen-Jobs des Parade-Sozialisten.

Den Sprung zum Fernsehen schaffte er Anfang der 70er Jahre. Die Distanz war gar nicht so weit. Auch jetzt mußte er internationale Kontakte pflegen; auch hier war er konfrontiert mit einem weltweit agierenden System, zu dem es galt, Zutritt zu finden. Seidowsky lernte behende, wobei ihm sein jüdischer Hintergrund im Filmgeschäft sicherlich hilfreich war. An der Rudower Chaussee im Berliner Stadtteil Adlershof, dem Sitz des DDR-Fernsehens, hieß es rasch: Es gäbe einen dummen Seidowsky, sein Bruder arbeitete dort als Dramaturg, und einen klugen. Einen, der herumgeschubst wurde, und einen, der schubste.

Jahre später recherchiere ich an gleicher Stelle. Ich wußte, daß es Mikroverfilmungen von Akten über die Frühzeit Seidowskys geben muß. Die zuständigen Behörden hatten mich abblitzen lassen: keine Freigabe. Durch Kontakt zu einem ehemaligen Manager des DDR-Fernsehens gelingt es mir, an Kopien der Dokumente heranzukommen. In der Besenkammer eines der vielen klappprigen Bürogebäude auf dem weitläufigen Studiogelände wird ein Lesegerät aufgebaut. Per Hand, der Motor ist kaputt, ziehe ich die Filme durch den Betrachter. Zum Schluß, meine Finger bluten von den scharfen Kanten der Streifen, wage ich kaum mehr mich zu bewegen: Überall ringeln sich die Zelluloid-Schlangen aus Seidowskys Vergangenheit. Unendlicher Kleinkram füllt die vielen Seiten der Dokumente.

Besonders «Republikflüchtlinge» aus den Medien machten damals die Partei nervös. «Komme nicht wieder, Uwe», so lakonisch lautete ein Telex aus Bremen. Programmdirektor Seidowsky, das war er jetzt schon, mußte Rede und Antwort stehen. Hatte er ein zu lasches Regiment geführt? Sein Bereich wurde auf ideologische Korrektheit überprüft, doch es gab keine Beanstandungen. Seidowsky konnte sich sicher fühlen. Später ärgerte sich ein Genosse namens Maiwald über das Auftreten des Unantastbaren: «Niemand habe das Recht, zum Parteisekretär zu gehen, bevor er nicht über die Sache informiert würde», soll Seidowsky ihm vorgehalten haben. Maiwald beschwerte sich, «daß der Genosse ein unheimliches Machtstreben habe und gegenüber Ausländern ein gewaltiges Geltungsbedürfnis. Jedesmal, wenn er aus dem Westen zurückkommt, sei er des Lobes voll über die dortige Fernseharbeit und fordert dazu auf, es bei uns auch so zu machen».

1974 erhielt die DDR-Karriere von Seidowsky ihren endgültigen Schub. Er stieg zum Stellvertreter des TV-Intendanten Heinz Adamek auf und wurde Direktor des Internationalen Programmaustauschs, zuständig nicht nur für den Ein- und Verkauf von Sendematerial, sondern für alle Kontakte mit westlichen Fernsehaktivitäten. In diesem Jahr brechen die Gauck-Akten ab. Der Grund: Das Ministerium für Staatssicherheit verabschiedete seinen IM in Ehren «zur Übernahme einer neuen Funktion im Anleitungsbereich des ZK». Das war die Aufnahme in den innersten Zirkel der Nomenklatura.

Denn das DDR-Fernsehen, weiß sein ehemaliger Chef Adamek, «wurde direkt von der Partei geführt». Die Weisungen kamen entweder von Joachim Herrmann, dem für Medien zuständigen Mitglied in Politbüro und Zentralkommitee, oder von Heinz Geggel, Hermanns Abteilungsleiter für Agitation und Propaganda, dem ein direkter Draht zu Honecker nachgesagt wurde. In diesem Beziehungsgeflecht rangierte Seidowsky jetzt ganz oben, angeblich sogar als Stellvertreter von Herrmann. Die SED-Kreisleitung, den offiziellen Arm der Partei im Fernsehen, hatte er durch die kalte Küche ausgeschaltet, wie sich noch zeigen wird.

Daß Seidowsky jetzt nicht mehr als IM tätig war, hieß jedoch nicht, daß er nicht mehr für die Staatssicherheit arbeitete. Etliche Auskunftgeber, darunter auch Hans Bentzin, der ehemalige DDR-Kulturminister und zur Wendezeit Nachfolger von Adamek als Fernsehintendant, bestätigen seine Rolle als hochrangiger «Offizier im besonderen Einsatz» (OibE). Seidowsky, mit diesen Informationen konfrontiert, antwortet nur: «Die müssen es ja wissen.»

Ominös sind auch seine zwei Personenkennziffern, Basis-Chiffre für jeden DDR-Bürger. Seidowsky besaß demnach zwei Identitäten, mindestens. Abends, wenn das Adlershofer Areal sich geleert hatte, fuhren manchmal vor seinem Büro große Wagen vor, so wisperte man in seiner Umgebung. Und dann ist da noch die Geschichte mit dem Haus in Falkensee, fünf Kilometer von der westlichen Stadtgrenze Berlins entfernt, fünf Kilometer zum Autobahnring. Die Villa am waldigen Ende der Wendtpromenade wird laut Melderegister von einem ehemaligen OibE bewohnt, der das gleiche Geburtsdatum hat wie «Seido». Am Gartentor fehlt das Namensschild. Nachbarn erinnern sich an schwere Limousinen. Eine Deckadresse? Für was?

Seidowsky war befreundet oder hatte zumindest einen «guten Draht», so ein ehemaliger hochrangiger SED-Funktionär, zu Alexander Schalck-Golodkowski, dem Chef der «Kommerziellen Koordinierung» (KoKo) und obersten Devisenbeschaffer der DDR. Michael Pastor, früher Mitglied der SED-Kreisleitung, bestätigt: «Wir wußten, daß Seidowsky im Ausland einen Nebenjob hat.» Die Nähe der beiden sozialistischen Paradiesvögel ergab sich schon aus fachlichen Gründen: Wie Schalck beschaffte Seidowsky Valuta für das Regime. Aber er verbrauchte die harte Währung auch.

So war es für die Mitglieder der Kreisleitung «kein Geheimnis, daß unsere Spielfilme aus dem westlichen Ausland mit KoKo-Geldern gekauft wurden». Oder der Jugendsender «Elf 99». Dieser ideologische Köder – gegründet, um die jungen Leute bei der Stange zu halten, besetzt mit Spitzenkadern, die den Eiertanz der organisierten Opposition perfekt beherrschten – wurde mit 16 Millionen Mark aus der KoKo-Kasse ausgestattet; dafür besorgte Seidowsky hochmoderne Technik. Merkwürdig: «Elf 99» ist das einzige Modul des DDR-Fernsehsystems, das nach der Wende von Mühlfenzl nicht zerschlagen wurde.

Kurzum, Seidowsky gilt vielen, mit denen Manteuffel und ich gesprochen haben, als «der Schalck-Kontaktmann im Fernsehen». Daß er selber diesen Zusammenhang ganz ähnlich einschätzte, geht aus einem der wenigen Dokumente hervor, die von seinen Aktenbeständen übriggeblieben sind: In einem «Vorschlag» zur «Gründung einer juristisch selbständigen Export/Import-Firma» ist auch – ganz neue Melodie – die «Aufhebung der Beziehung zum Schalck-Bereich» vorgesehen.

Solche Neuorientierung hätte ihm sicherlich keine Schwierigkeiten bereitet. Denn schon während der vorausgegangenen Jahre hatte er sich durch das westliche Ausland wie ein Fisch im Wasser bewegt. Der untersetzte, gepflegte Mann im Maßanzug, die FAZ unter dem Arm, ließ den Stasi-Offizier nicht erkennen. Zweidrittel des Jahres war er mit dieser Tarnkappe auf allen wichtigen Messen, allen großen Festivals präsent.

Besonders enge Beziehungen hatte er zum Ersten Deutschen Fernsehen, der ARD, geknüpft. Mit den Degeto-Managern, besonders zu Zeiten von Hess und Wack, stand er auf vertrautem Fuß. Eng befreundet war er mit der ARD-Angestellten Gerda Bauer, einer langjährigen Mitarbeiterin des Hessischen Rundfunks[7], die sich in den Interna des Networks bestens auskannte. Was immer Seidowsky reklamierte, wurde ihm beschafft: ausländische Spezial-Medikamente oder Jeans für die Kinder. Es gibt Hinweise, daß Seidowsky seine ARD-Kontakte, nicht nur den zu Bauer, wie eine nachrichtendienstliche Quelle benutzte. Eine Bestätigung aus Dokumenten konnte ich dafür nicht erarbeiten; Seidowskys Stasi-Akten sind verschwunden. Dennoch: Spätestens seit 1985 waren die KoKo-Leute von Geheimdienstchef Mielke angewiesen, ihre Geschäftspartner im Westen «verstärkt nach politisch-operativen Grundsätzen zu führen». Sicher ist auch: Im Panzerschrank von Fernsehboß Adamek stapelten sich die ARD-Dokumente – wichtige Materialien, um westliche Programmierung mit eigenen Highligts, etwa Spielfilmen, zu unterlaufen.

Zwischendurch mußte Seidowsky immer wieder über die Grenze. Häufig, so bemerkten seine Mitarbeiter, kam er dann aus der Schweiz oder aus München zurück. Schon die Modalitäten seines Systemwechsels wirkten auf sie «wie Weihnachten»: Dieser Mann brauchte nichts abzuliefern, keine Werbegeschenke, keine Devisen. Zurück in seinem spartanisch ausgestatteten Büro in Adlershof, nur im Vorzimmer stand ein modernes Textverarbeitungssystem, zog er manchmal ganze Geldbündel aus der Tasche, zur anhaltenden Irritation der Anwesenden. Dazu trug auch bei, daß er sich sanktionsfrei an Orten im Ausland aufhielt, die er vorher nicht angegeben hatte. Oder einmal in Wien seinen Paß verlor, ohne die üblichen disziplinarischen Konsequenzen. Offenbar konnte sich dieser «Reisekader», der angeblich nie die sonst üblichen Reiseberichte schrieb, alles erlauben.

Die Schlüsselstellung, die das Fernsehen nach Meinung der SED als ideologische Waffe besaß, mußte nahezu um jeden Preis gehalten werden. Damit das vielbeschworene Bündnis zwischen Partei und Volk angesichts sinkender Zuschauerzahlen nicht noch brüchiger wurde, hatte man sich seit 1981 darauf verlegt, mit möglichst hochkarätiger westlicher Unterhaltungsware die Menschen ruhig zu stellen. Spielfilme besaßen in dieser Überlegung einen hohen Stellenwert. Fast 800 wurden pro Jahr in beiden Programmen ausgestrahlt.

Zuvor jedoch waren sie auf Konterbande durchzusehen. Dabei fielen nicht nur politische Äußerungen oder Brutalitäten der Schere zum Opfer, auch zum Beispiel werbende Landschaftsaufnahmen, die Fernweh hätten erwecken können, wurden getilgt. Als es einmal Engpässe in der Fleischversorgung gab, mußten meterweise Freßszenen und üppige Festgelage herausgeschnitten werden. Aus ähnlichen Gründen waren etliche der angekauften Filme gar nicht erst einsetzbar. Streifen mit den Stars Glenda Jackson, Yves Montand oder dem polnischen Schauspieler Daniel Olbrychski blieben meist unter Verschluß; die Schauspieler hatten sich kritisch zum sozialistischen System geäußert oder verhalten. Und selbst die Synchronstimme von Mauerspringer Manfred Krug war unerwünscht.

Welch naives Zutrauen, andererseits, die Parteioberen gegenüber den Ablenkungseffekten von Spielfilmen hegten, wird an dem Hitchcock-Klassiker «Die Vögel» deutlich. Die Lizenz war Ende der 70er Jahre angekauft worden, doch das Sendeband blieb bis zum Ablauf der Rechte im Panzerschrank. «Die Vögel» hatten eine Geheim-Mission: Der Film sollte erst in Krisensituationen ausgestrahlt werden. Etwa wenn polnische Solidarnoscz-Anhänger mit der Armee zusammenstoßen würden. Die Grusel-Fiktion hatte eine gruselige Realität zu besänftigen.

Wenn solche Spielfilme aus Sicht des DDR-Regimes als Beruhigungsmittel schon unersetzbar waren, so mußte es deren Beschaffer allemal sein. Entsprechend führte sich Seidowsky auf. Diskussionen über die Kriterien der Ankaufspolitik und längerfristige Strategien scheinen ihn wenig interessiert zu haben. Ergebnis: Man «hoppelte von Loch zu Loch», so nennt das eine ehemalige Mitarbeiterin des IPA-Bosses; hier ein Schnäppchen, dort ein Päckchen mit Filmen wurden erworben. Auch die vorhandenen Leitungsstrukturen waren für Seidowsky wenig von Belang. Er steuerte die Wohlwollenden durch eine gezielte Vergabe der begehrten Auslandsreisen und er regierte über ein Küchenkabinett, zu dem die ihm ergebenen Mitarbeiter Roland Paul, Wolfgang Wolff und Produktionschef Bernd Wilkening zählten. «Machtmißbrauch» nannten das die übrigen.

1986 oder 1987 kam das Faß dann doch zum Überlaufen. Nach endlosen Beschwerden über diesen Führungsstil wurde eine Besprechung in der Kreisleitung der SED anberaumt, bei der es ganz konkret um die Absetzung von Seidowsky ging. Die Fragezeichen im Zusammenhang mit seinen vielen Auslandsreisen standen noch nicht im Vordergrund. Doch das Treffen ging aus wie das Hornberger Schießen. Roland Paul sang ein Loblied auf seinen Chef. Und Adamek gelang es nur, Seidowskys Kapitalismus-Exkursionen zu sperren – aber nicht für lange.[8]

Im September 1989 spitzte sich die innenpolitische Krise der DDR zu. Es war der Monat, in dem Filmspezialist Ruprecht Carl, von der Stasi gedeckelt, Selbstmord beging. Und der Monat, in dem Seidowsky im Verein mit Leo Kirch seinen größten Erfolg einfahren konnte: Erstmals landete die Ware des Medienmoguls im großen Stil in den Kanälen des DDR-Fernsehens. Schon zwei Jahre zuvor hatte Seidowsky einen ersten Lizenzvertrag mit der Taurus-Film über 102 Kinostreifen abgeschlossen.

Diesmal beinhaltete das Paket 250 Filme inklusive 50 Leertitel, deren Besetzung noch nicht ausgesucht worden waren. 12,5 Millionen Mark hatte die DDR dafür zu zahlen. Nur, wo sollte das Geld herkommen? In diesen brisanten Septembertagen hatte Schalck eine Geheimstudie beim Politbüro abgeliefert. Danach war die DDR nahezu bankrott. Ihr Schuldendienst, jährlich knapp sechs Milliarden Mark, lag etwa so hoch wie die Hälfte ihrer Exporte ins kapitalistische Ausland – lateinamerikanische Verhältnisse.[9]

Es gab nur eine Möglichkeit, das Kirch-Geschäft zu finanzieren, nämlich durch «Naturalien». Der Ost-Berliner und der Münchner einigten sich darauf, daß die DDR-Synchronbetriebe Leistungen im Gegenwert von 14, 5 Millionen Mark erbringen würden – zwei Millionen Mark mehr, als durch das Paket vorgegeben. Um diesen Überhang abzubauen, war der nächste Deal bereits programmiert. Noch mehr ins Auge sticht heute jedoch der Preis, der dem DDR-Fernsehen pro synchronisierter Minute gutgeschrieben werden sollte: ganze 290 Mark, etwa die Hälfte der üblichen Summe.

Seidowsky hatte sich auf ein Dumping-Geschäft eingelassen. Konnte er nicht mehr nehmen? Wollte er nicht mehr durchsetzen? Bei Marktpreisen für die Synchronisationen wäre der Unterschied zwischen dem inhaltlich höchst zweifelhaften Wert des Filmpakets und der DDR-Leistung noch deutlicher geworden. Vielleicht hatte Kirch, mit seinem untrüglichen Riecher für waidwunde Kandidaten, die Situation auch einfach für sich ausgenutzt. Wie immer – der Abschluß des Vertrages galt als beispielhafter Erfolg für den cleveren Seidowsky.

Nur, daß sich Kirchs Geschäftspartner daran nicht mehr lange freuen konnte. Nachdem die Intendanz des Fernsehens, das jetzt DFF hieß, dem orthodoxen ZK-Mitglied Adamek entwunden worden war, ging es auch Seidowsky an den Kragen. In diesen Wendemonaten muß es gewesen sein, daß er einmal Urkunde und Orden der Stasi zufällig auf seinem Schreibtisch liegen ließ. Eine stumme Drohung, von der noch heute erzählt wird. Strittig ist lediglich, ob «Major» oder «Oberst» auf dem Papier stand.

Doch das zog nicht mehr. Über 100 Mitarbeiter unterschrieben Anfang 1990 eine Resolution, in der sie die Abberufung des Programmaustauschers forderten. Der neue TV-Chef Bentzin ließ ihre Vorwürfe noch einmal nachrecherchieren: «Stimmte alles!» Dann war es soweit. Hans-Joachim Seidowsky verließ Adlershof. Mit ihm verschwand auch die Liste der Protestler vom Schwarzen Brett. Wer sich von ihnen später bei SAT 1 um einen Job bewarb, soll wenig Chancen gehabt haben. Der Stein des Anstosses jedoch fiel weich. Da war zunächst der Beratervertrag mit Springer und dann wohl auch noch einer mit SAT 1. Die ARD machte ihm ein Angebot. Und sogar ein prominenter Vertreter der katholischen Kirche sorgte sich rührend um ihn.

Parallel zur Eskalation im Sender war Seidowsky bei der Kripo angezeigt worden. Hier ging es um die Verdachtsmomente, vielleicht auch nur Gerüchte, er habe illegal Gelder in die Schweiz transferiert. Die Ermittlungen, was Wunder, verliefen im Sande. Fernsehmanager Ernst Zapf, als Revisor auf Seidowskys Abrechnungen angesetzt: «Ich habe die ganzen Bücher durchgesehen. Alles war sauber.» Der Anzeigeerstatter Eberhard Maltusch hält sich bedeckt: «Ich sage dazu erst etwas, wenn ich in Rente bin.» Und die Justizpressestelle des Berliner Senats gibt eine Auskunft, die den Fall noch weiter herunterdreht: «Eine Anzeige gegen Seidowsky ist in unserem Computer nicht gespeichert.»

Herbst 1990. Seidowskys Schatten verblassen. Aber seine Reichsverweser, Roland Paul und Wolfgang Wolff, sind noch vor Ort. Die Situation scheint verworren. Zwar tritt am 3. Oktober der Einigungsvertrag in Kraft. Doch der Rundfunkbeauftragte Rudolf Mühlfenzl hat sein Amt noch nicht übernommen. Andererseits sind dem kommissarischen Fernsehintendanten Michael Albrecht, Nachfolger von Bentzin als DFF-Chef, bereits die Hände gebunden, da der Sender jetzt der «Einrichtung», Mühlfenzls Institut zur Abwicklung des ehemaligen DDR-Rundfunks, gehört. Solch Durcheinander bietet stets eine gute Gelegenheit für beherztes Zugreifen.

Das läßt nicht lange auf sich warten. Am 4. Oktober, einen Tag nach dem historischen Datum, unterzeichnen Kirch und Seidowskys ehemalige Mitarbeiter eine folgenreiche «Vereinbarung». Sie reduziert die DDR-Synchronleistungen aus dem 89er Vertrag. Wichtiger noch: Sie vermindert auch Kirchs Forderungen gegenüber dem DFF. Und zwar dadurch, daß der Sender seine Ausstrahlungsrechte an 27 Spielfilmen (plus 50 Leertiteln) aus den Verträgen von 1987 und 1989 an den Medienmogul zurückgibt – für ein Butterbrot. Die einzelnen Lizenzentgelte liegen zwischen 25.000 und 100.000 Mark. Wenn Kirch Filme wie «King Kong» oder Woody Allens «Hannah und ihre Schwestern» jetzt weiterverkauft, sind die Lizenzen ein Mehrfaches wert.

Fraglich ist auch, ob Wolff und Paul überhaupt noch befugt sind, das problematische Geschäft abzuschließen: Gemäß Einigungsvertrag hat der DFF aufgehört zu existieren; seinen Vertretern dürfte demnach die Handlungsvollmacht fehlen. Dennoch sind die beiden wenige Tage darauf schon wieder unterwegs, wieder in Richtung München. Jetzt hat Mühlfenzl bereits die Regie übernommen. Paul und Wolff schreiben über ihren denkwürdigen Trip einen «Reisebericht», wie zu tiefsten DDR-Zeiten. Prompt ist ein neuer Deal fällig. Diesmal gelingt es Kirchs Abteilungsleiter Philipp Riccabona sogar, insgesamt 62 Streifen aus den Verträgen von 1987 und 1989 zurückzuholen. Wieder für einen Spottpreis, der sich noch dadurch um 1,2 Millionen Mark ermäßigt, daß Wolff und Paul 24 meist minderwertige Filme bei Kirch einkaufen, Marke «Vergiß die Liebe nicht». Von 1953.

Insgesamt 139 Lizenzen, inklusive der 50 Leertitel, hat der Filmhändler in letzter Minute aus der Konkursmasse des ehemaligen DDR-Fernsehens – und damit aus dem Vermögen der Bundesländer – herausgeklaubt. Die dreiste Aktion, für die er nur Handgeld bezahlen mußte, brachte ihm, die Spielfilmlizenz zum Marktpreis von 400.000 Mark gerechnet, einen Wertzuwachs seines Filmstocks von mindestens 35 Millionen Mark. Kein Zweifel: Das DDR-Fernsehen und sein Wende-Gevatter DFF wurden von «Onkel Leo» regelrecht vorgeführt, Synchron- und Lizenzpreise auf das Niveau eines Billiglohnlandes gedrückt. Die gute Beziehung zum Grenzgänger Hans-Joachim Seidowsky hatte sich ausgezahlt.

Es ist nicht bekannt geworden, daß Wolff und Paul von Mühlfenzl oder seinem Stellvertreter Frohne wegen Kompetenzüberschreitung belangt worden sind. Oder daß die Lizenzverträge mit Kirch gar rückabgewickelt wurden. Umgekehrt wird ein Schuh daraus werden. Jedenfalls Roland Paul erhält nach seiner eigenmächtigen Aktion einen Spitzenjob bei Kirchs Berliner Firma Defa-Synchron, Keimzelle der Hauptstadtplanung des Medienmoguls auf dem Adlershof benachbarten Gelände in Berlin-Johannistal. Der Übergang dürfte dem Seidowsky-Vertrauten leicht fallen, denn da kann er sich zunächst einmal mit Altbekanntem beschäftigen: Bei der Defa-Synchron landen die Minutenbestände, die das ehemalige DDR-Fernsehen dem Münchner nach der Wende angeblich noch schuldet. In ihrem «Reisebericht» sprechen Wolff und Paul denn auch vorsorglich von «rund 25.000 Minuten», die für Kirch «noch zu synchronisieren sind». Gegenwert: Mindestens 7,2 Millionen Mark. Eine schöne Morgengabe.

Unsere Reise durch die Asservatenkammern des ehemaligen DDR-Fernsehens ist beendet. Der Journalistenkollege Klaus Manteuffel, dem diese Recherche viel schuldet, ohne daß ich ihn immer in deren aktuellen Stand einweihen konnte, steckt längst in anderen Skandalgeschichten aus der Hinterlassenschaft der SED-Diktatur. Die Fragen im Zusammenhang mit dem Tod seines Schulfreundes Ruprecht Carl sind drängender geworden, das wohl. Aber sie sind auch, solange die entscheidenden Dokumente fehlen, nicht endgültig zu beantworten. Vielleicht hat sich «Ruppi», enttäuscht von seinem Sozialismus, verbittert über seinen Vorgesetzen, in eine Seidowsky-Hysterie hineingesteigert. Warum sollte «Kirch-Ost» nicht in der Schweiz Geschäfte machen?

In dieser ernüchternden Situation, davor gewarnt, hinter jedem Busch einen Indianer zu sehen, die eingesammelten Belege sind doch bereits deutlich genug – in dieser Denkpause landet auf meinem Schreibtisch ein brisantes Dokument aus der Treuhandanstalt. 26 Seiten. «VS – nur für den Dienstgebrauch». Die Lieferung kommt unverhofft. Schon zu Beginn der Recherche hatte ich in die Computer aller Behörden, die den Pfaden der KoKo oder Aspekten der Regierungs-

und Vereinigungskriminalität nachgehen, die Namen der Hauptpersonen Kirch, Seidowsky, Beisheim und ihrer vielen Zuträger eingeben lassen. «Keine Fundstelle», so lautete der Befund, überall.

Das sieht jetzt anders aus. Seite 9 der Verschlußsache hat es in sich. Da werden die von der Treuhand durchgeführten «Beteiligungsverkäufe» der «Hanco-Gruppe» aufgelistet. Einer davon betraf die «Metro-SB Großmärkte», an der Hanco 24,9 Prozent besaß. Und die Hanco? Diese Handels- und Cooperations Vermögensverwaltungsgesellschaft ist eine Nachfolgerin der ehemaligen DDR-Außenhandelsfirma Forum. Die Forum wiederum gehörte zu Schalcks «Kommerzieller Koordinierung» und war dort der Hauptabteilung II unterstellt. Sie befand sich jeweils zur Hälfte im Besitz der KoKo-Firma Intrac und der Deutschen Handelsbank (DHB), KoKo-Hausbank in Berlin.

Im Schattenreich des Dr. Schalck – Valutaeinnahmen 1989: rund sieben Milliarden Mark – zählte die Hanco zu den großen Nummern. Ihre Eröffnungsbilanz, als die neue Zeitrechnung eingeführt wurde, wies 800 Millionen und eine Gewinnrückstellung von 500 Millionen Mark auf. Das alles ist nicht gerade unbekannt. Daß aber fast ein Viertel einer im Treuhanddokument aufgeführten zentralen Firma aus Otto Beisheims Handelsimperium der Stasi gehört haben soll, überrascht dann doch. War dieses nur eine Finanzbeteiligung? Gab es darüberhinaus persönliche Verbindungen zwischen den Schalck- und den Beisheim-Managern? Zwischen Conradi und Schalck selber? Oder sollte Seidowsky der Go-between gewesen sein?

Generell bestanden zwischen dem Metro-Verbund und der DDR vielfältige Einkaufsbeziehungen. Nach seiner Flucht in den Westen soll sich der Ostberliner Patron sogar persönlich kurz in der Schweiz aufgehalten haben. Das erklärte ein KoKo-Auflöser vor dem Schalck-Untersuchungsausschuß in Bonn. «Im Handel liegt eine grausame Dynamik, dennoch geht von ihr etwas Faszinierendes aus»: Diese Einsicht des Metro-Obersten Erwin Conradi würden sicherlich auch die Handelskönige Schalck und Kirch unterschreiben.

Ich fahre in die Schweiz. Nach Zug, Gralsburg der Geldgeschäfte. Nicht, daß ich mir einbilde, ausgerechnet dort die Beziehungen zwischen der Metro und der KoKo aufklären zu können. Eher bin ich diese Reise meinem Informanten in Ost-Berlin noch schuldig. Ruprecht Carl war Seidowskys «Swiss Connection» zur enervierenden Gewißheit geworden. Und Manteuffels Gesprächspartner hatten immer wieder eine Firma erwähnt, mit der das DDR-Fernsehen unter Seidowsky gedealt haben soll: die Tarimex AG in Zug. Klingt nach einer der unzähligen Import/Exportformationen der KoKo, so wie «Asimex» oder «Simpex». Einer der Insider, ein brottrockener Jurist, allen Geisterbeschwörungen abhold, meinte sogar: Die Tarimex gehöre zu jenen Adressen, bei denen die fehlenden, inzwischen per Anzeige mit fünf Millionen Mark Belohnung gesuchten, KoKo-Gelder versteckt würden. Hatte nicht Schalck schon 1970 in seiner Doktorarbeit vom Wert «abgedeckter Firmen im nichtsozialistischen Wirtschaftsgebiet» geschwärmt?

Als ich mich aufmache, habe ich diese Spekulationen im Kopf. Aber ich weiß noch nicht einmal, ob es die Tarimex wirklich gibt. Wenn ja, ob eine Verbindung zwischen Tarimex und Kirch besteht. Wie Seidowsky darin verwickelt ist. Ich kenne nur ein vages Indiz: Der Ost-Berliner soll einmal einen Unfall in Zug gehabt haben. Das stelle ich mir so ähnlich vor, als wenn ein Undercover-Agent seinen Ausweis beim Brötchenholen verliert...

Auf der Landstraße nach Zug. In immer engeren Kehren, wie am Ende einer Spirale, windet sich der Weg von Zürich über's Gebirg. Märchenhafte Schweiz. Die Wolken hängen in den Tälern, das Grün der Matten leuchtet, auf der Kuppe jedes Hügels ein einzelnes Bäumchen, so wie Kinder es malen würden. Bei der Einfahrt in die Stadt setzt leichter Nieselregen ein. Seine Schleier verwischen gnädig die phantasielos aneinander gereihten Büroschachteln, Einkaufspassagen und Parkhäuser, sodaß der Ort, vielleicht die größte Akkumulation von Reichtum auf dem Kontinent, schon wieder wie ein graues Ganzes wirkt.

Dann das Handelsregister, gegenüber dem Kantonalgefängnis in einem prächtigen Neubau. Der polierte Granit auf der Freifläche vor dem Verwaltungszentrum glänzt feucht und falsch. Sehr real dagegen die gerade einmal drei Stühle vor dem Schalter im Registerraum: Hier wird nicht allzu oft vom gemeinen Publikum nachgefragt. Man klingelt, man wartet, dann wird die Milchglasscheibe langsam zurückgeschoben. Die Akten der Tarimex? Die Scheibe schließt sich wieder, langsam. Man wartet.

Schließlich liegen die Tarimex-Papiere vor mir auf dem weißen Tischchen. In einer angegilbten blauen Aktenmappe, die von einer blaßrosa Schleife zusammengehalten wird. Beim ersten Durchblättern: Keine besonderen Vorkommnisse. Sieht aus wie eine der vielen hundert undurchsichtigen Firmen in Zug, die hinter undurchsichtiger Fassade ihren undurchsichtigen Geschäften nachgehen. Ich will die Akte schon wieder zubinden, da fällt mir ein karg beschriftetes Blatt in die Hand. Das Protokoll der ordentlichen Generalversammlung der Tarimex AG vom 25. März 1991. Ich traue meinen Augen kaum: «Herr Dr. H. J. Seidowsky» wird zusammen mit einem «Herrn Mohr von Chamier» auf der Präsenzliste der Sitzungsteilnehmer aufgeführt. «Seido» in Zug! Als Mitglied des Verwaltungsrates? Als Anteilseigner? Als Vertreter von einem Dritten? Das Protokoll gibt darüber keine Auskunft. Die «Traktanden» – sprich: Tagesordnungspunkte – werden nicht benannt. Aber ich beginne, die Akte noch einmal sorgfältig durchzusehen.

Und das ist die dann doch höchst erstaunliche Geschichte einer kleinen Aktiengesellschaft, über die der amtliche Auszug aus dem Steuerregister der Gemeinde Zug für das Jahr 1992 folgende Angaben macht. Steuerbarer Reingewinn: Null Franken. Steuerbares Einkommen: Null Franken. Steuerbares Vermögen: Null Franken. Diese Tarimex wurde 1982 in Zürich gegründet; Zweck: «Import und Export von Waren aller Art, sowie Erbringung von Dienstleistungen im Zusammenhang mit Handels- und Finanzgeschäften aller Art...». Die Mehrheit des Grundkapitals wurde gehalten von dem Treuhänder Mark C. Bruppacher, als Verwaltungsrat fungierte eine Ursula Jud.

1984 verlegte man den Sitz nach Zug, und zwar zu einer Stech Holding AG in der Bahnhofstraße 27. In diesem Jahr tauchten auch erstmals die Namen Ursula und Mohr von Chamier auf. Das Protokoll bezeichnete sie als «entschuldigt abwesend». Mohr von Chamier ist ein bekannter, SPD-naher Fernsehproduzent in Berlin, dem der Ruf bester Verbindungen in die osteuropäischen Staaten vorauseilt. Und noch ein anderer Name wurde in diesem Jahr erstmals ruchbar: Peter von Muralt, wohlhabender Zürcher Geschäftsmann und prominentes Mitglied der Schweizer Oberschicht. Muralt, dem damals die Lizenzhandelsfirma Pembal gehörte, wurde Ende 1984 sogleich zum Verwaltungsratspräsidenten der Tarimex gewählt.

Drei Jahre später, Ende 1987, domizilierte man nicht nur bei der Stech in Zug – man vereinnahmte diese Firma auch. Im Zusammenhang mit dieser Fusion lassen sich in den Handelsregister-Eintragungen einige Merkwürdigkeiten feststellen. Von Muralt mußte nämlich auf einem Formblatt des Registeramtes zwei Fragen beantworten, die auf die wahre Eigentümerstruktur der Tarimex hindeuten. Erste Frage: «Sind oder werden an dieser Gesellschaft Personen im Ausland oder Personen, die auf Rechnung von Personen im Ausland handeln, direkt oder indirekt beteiligt?» Antwort: Ja. Zweite Frage: «Sind solche Personen unter den allenfalls neuangemeldeten Gesellschaftern oder Mitgliedern des Verwaltungsrates oder, im Falle einer Kapitalerhöhung, direkt oder indirekt am Erhöhungskapital beteiligt?» Wieder: Ja. In der Tat erhöhte sich das Aktienkapital bei der Fusion mit Stech um 300.000 auf insgesamt 400.000 Schweizer Franken. Müßig zu erwähnen, daß die neuen Aktien nicht von ihrem wirklichen Besitzer, sondern durch einen Treuhänder gehalten wurden.

Entscheidende Frage: Mit wem hat sich die Tarimex 1987 in Wirklichkeit zusammengetan? Wer steckte hinter der Stech Holding AG? Um Hinweise für eine mögliche Antwort zu erhalten, müssen wir die «Zwiebel» noch weiter schälen. Die Stech ist hervorgegangen aus einer Firma namens Mercator-Services AG und die wiederum geht zurück auf eine AG für Industrietechnik, die bereits 1970 im Zürcher Handelsregister ihre Gründungsurkunde hinterlegt hatte. Auch diese Firmen hatten – wie die Tarimex – per Statut nichts mit Medien zu tun. Als KoKo-Adressen lassen sie sich, nach dem jetzigen Stand der Recherche, ebenfalls nicht eindeutig einkreisen. Irritierend sind nur deutsche Namen, zum Beispiel ein Willi Kettler aus Hildesheim als Verwaltungsrat der Mercator; auch daß Schalck einmal von einer «Mercador» als Gründungsfirma des KoKo-Imperiums spricht, kann verwundern. Außerdem wies die Übernahmebilanz der Stech Holding AG, Basis der Fusion mit der Tarimex von 1987, unter den Aktiven als wichtigsten Posten – abgesehen von einem «Darlehen» des Peter von Muralt – «Treuhandanlagen» in Höhe von 150.000 Schweizer Franken aus. Hinter der Fassade der Stech gab es offenkundig noch andere Mitspieler, die es aber vorzogen, im Dunkeln zu bleiben.

Und dann Seidowsky. Sobald ich die Berliner Informanten nach seinen Beziehungen zu Chamier und von Muralt fragte, reagierten diese, als ob eine Haifischflosse sie gestreift hätte. Ein Fernsehmann etwa sprang auf, stürzte zum Telefon, warf die Tür hinter sich zu und kam dann zurück mit der Bemerkung: «Chamier und Seidowsky sind seit langem eng befreundet.» Woher? Warum? Wozu? «Fragen Sie mich das nie wieder.»

Der Kontakt zwischen den beiden geht wohl weit in die Zeiten des «Kalten Krieges» zurück, als Chamier, zum Erstaunen der Branche, relativ problemlos in Osteuropa produzieren und Geschäfte machen konnte. Seidowsky dürfte ihm dabei behilflich gewesen sein. Umgekehrte freundschaftliche Geste: Urlaube des ostdeutschen Filmhändlers in Chamiers Haus in Portugal.

In dieses Geflecht paßte der Schweizer Patrizier Peter von Muralt, mit einer Frau aus dem Fernen Osten verheiratet, perfekt hinein: Das internationale Netzwerk der zwei wurde dadurch nur noch dichter. In den Akten des Handelsregisters wird Mohr von Chamier bereits zwei Jahre nach Gründung der Muraltschen Tarimex aufgeführt. Und obwohl Seidowsky erst 1991 namentlich Erwähnung findet, soll dieser «big shot» des SED-Systems auch schon vorher mehrfach von Muralt, einen Liebhaber erlesener Kunst, in seinem Zürcher Haus besucht haben.

Fazit: Es gab – und gibt – in der Steueroase Zug die Tarimex. Diese Firma fusionierte mit einer Holding, die zuvor bereits zwei Mal ihren Namen gewechselt hatte und in ihrer Übernahmebilanz ausländisches

Treuhandkapital ausweist. Der Berliner Ost-Kundler von Chamier ist frühzeitig mit der Tarimex liiert; spätestens 1991 kommt Seidowsky dazu. Unter den Basisfakten sind zunächst keinerlei Geschäfte im Medienbereich zu bemerken; weder Tarimex noch Stech führen diesen Aspekt in ihren Statuten. Aber: Muralt selber hat diverse Aktivitäten auf diesem Sektor. Auch Chamier und Seidowsky, die Medien-Menschen, werden in Zug kaum mit Schrauben gehandelt haben.

Neugierig geworden, will ich jetzt mehr über die Tarimex erfahren: Gab es vielleicht doch Geschäfte mit dem DDR-Fernsehen? Über einen Schweizer Journalisten, Experte in Stasi- und KoKo-Dingen, bekomme ich Kontakt zu einer Gruppe, die sich «Das andere Zug» (DAZ) nennt. Junge Leute, gewiß, aber darunter auch einige Mitglieder des Establishments – Anwälte, denen ihre Doppelrolle als Treuhänder und als kritischer Geist nicht ins Gesicht geschrieben steht. Sie alle wollen nicht, so sagen sie mir, daß in ihrem Heimatort «nur das große Kapital, dessen Herkunft wir nicht kennen, die Hosen anhat», zumal darüber der Charme des Städtchens verloren gegangen ist und die Infrastruktur – angeblich – kaum profitierte. Ich schildere den DAZlern das Thema.

Zwei Monate später bekomme ich in Deutschland einen Anruf. Ich soll mich für eine Nacht im Hotel «Adler», Zürcher Altstadt, einquartieren und die Zimmertür unverschlossen lassen. Man sei in Sachen Tarimex fündig geworden. Ich tue wie mir geheißen. Es ist ein warmer Sommerabend. Die Altstadt quillt vor Besuchern über. Straßenmusikanten an allen Ecken, unter meinem Fenster ein Trupp fürchterlich falsch singender und klampfender Lateinamerikaner. Gegen zwei Uhr morgens, der Lärm ist ein wenig abgeebbt, geht plötzlich die Tür auf und eine behandschuhte Hand, mehr ist durch den Spalt nicht zu erkennen, wirft mir eine Klarsichthülle vor die Füße. Das klatscht, als ob eine Welle auf den Strand schlägt. In diesem Moment schließt sich die Tür auch schon wieder. Ich sprinte auf den Flur hinaus, er ist leer.

Das Dossier, das ich auf diese konspirative Weise, die einem schlechten Roman entnommen sein könnte, erhalten habe, besteht aus vier Verträgen, allesamt abgeschlossen zwischen der Tarimex und dem

DDR-Fernsehen beziehungsweise dessen Nachfolger, dem Deutschen Fernsehfunk. Das erste Dokument wurde am 13. Juli 1984 ausgefertigt, zwei Jahre nach Gründung der Schweizer Firma. Danach überträgt Seidowsky dem Lizenznehmer, vertreten durch Peter von Muralt, die Auswertung von Kabel- und Satellitenrechten an den deutschsprachigen Synchronfassungen von Programmen des DDR-Fernsehens, vermutlich Spielfilmen und Serien. Preis pro Programmstunde: 4.500 Mark. Sollte Tarimex die Sendungen für mehr als 10.000 Mark pro Stunde verkaufen können, würden 30 Prozent des Lizenzentgeldes dem DDR-Fernsehen zustehen. Die Niedrigpreise wurden auf fünf Jahre festgeschrieben.

1984 ist noch ein zweiter Vertrag in die Scheuern gefahren worden. Er bezog sich auf Eigenproduktionen des DDR-Fernsehens. Offenbar ging man inzwischen so familiär miteinander um, daß dieser Vertrag – und zwar «ohne zusätzliche Abgeltung» – mit Protokoll vom 2. Februar 1988 problemlos für fünf Jahre auf die terrestrische Ausstrahlung ausgeweitet werden konnte.

Einen Tag später, am 3. Februar 1988, ging es dann in Zug richtig zur Sache. Ein neuer Vertrag, in den auch die niederländische Tochter der Tarimex eingebunden war, wurde unterzeichnet – nur wenige Wochen nach der Fusion von Tarimex und Stech Holding. Das Dokument fiel voluminöser aus als die früheren Papiere, denn die Tarimex übernahm nunmehr vollends den Status einer «Agentur» für die DDR-Programme, ob Eigenproduktionen oder deutschsprachige Synchronfassungen von Sendungen eines ungenannten «Originallizenzgebers». Daß sich hinter dieser Bezeichnung auch Ware von Leo Kirch verbergen könnte, ist nicht auszuschließen. Jedenfalls würde das ins Bild passen, nach dem bewährten Muster: Wer von der Tarimex kauft, kauft «gewaschene» Programme, die mit Kirch nach außen hin nichts zu tun haben.

Als Bezahlung handelte Seidowsky eine jährliche Pauschale in Höhe von 1,5 Millionen Mark aus, auf die bei einer Eigenproduktion des DDR-Fernsehens 16.500 Mark und bei einer Synchronfassung 7.500 Mark pro Stunde angerechnet werden sollten. Das ergab Minutenpreise weit unter dem Marktlimit – die Tarimex dürfte, besonders bei den Synchronfassungen, einen hervorragenden Schnitt gemacht haben, auch wenn ein Teil der Gewinne an das DDR-Fernsehen wieder abgeführt werden mußte.

Aber dann war die Zeit solch fruchtbarer Geschäftsbeziehungen vorbei und Seidowsky hatte sein Amt unter Schmähungen verlassen. Auftritt Wolfgang Wolff, ehemals rechte Hand seines Herrn, handelnd für den Deutschen Fernsehfunk. Am 6. Dezember 1990 unterzeichneten der «Leiter der Hauptabteilung Internationaler Programmaustausch» und Peter von Muralt in Berlin ein Agreement. Darin wurde der Vertrag vom Februar 1988 aufgehoben, aber auch festgehalten: «Sämtliche von Tarimex erworbenen Lizenzrechte, insbesondere Lizenzlaufzeiten, werden von dieser frühzeitigen Vertragskündigung nicht berührt.» Was will man mehr: Der eine Vertragspartner – DFF – begibt sich zur Bahre, der andere – Tarimex – behält die Ware. Wie schon bei den Abmachungen mit Kirch ist höchst fraglich, ob Wolff das überhaupt tun durfte, was er tat. Und wie er's tat. Denn eigentlich hatte längst Mühlfenzls «Einrichtung» das Regiment übernommen. Oder schirmte der Kirch-Freund aus Bayern Wolffs Revier durch freundliche Duldung ab?

Wieder einmal bleiben mehr Fragen als Antworten übrig. Den Kelch zweifelsfreier Erkenntnis über die Swiss Connection von Kirch, Seidowsky, Chamier und Muralt habe ich nicht gefunden. Aber jede Menge Spuren, etliche Indizien. Nach meiner Einschätzung liegt das Geheimnis der Stasi-Fernsehmillionen – vielleicht nicht nur der – in den Tresoren der Bergfestung Zug begraben. Im Herzen der Dunkelheit. In unmittelbarer Nachbarschaft der unzugänglichen Konzernzentrale von Otto Beisheim, dem Paten des Paten Leo Kirch. Freilich, in Zürich und in Zug, da sind eh alle benachbart, die «Guten», die «Bösen» und die vielen Zwischengänger. Ein mythischer Ort.

Während ich diesem Gedanken nachhänge, stehe ich auf dem Flughafen von Zürich-Kloten in einem Bus, der mich zur Maschine nach Hamburg bringen soll. Als einer der letzten Passagiere steigt Hans-Joachim Seidowsky in das Gefährt. Fast hätte ich ihn in seiner Freizeitkleidung gar nicht erkannt: Ohne Krawatte, im Flanellhemd und beige-grüner Jacke von Jack Wolfskin, in der Hand einen überdimensionierten Flugkoffer. Was er in der Schweiz mache: «Och, nichts besonders, bin auf der Durchreise», murmelt er. Die erdfarbene Montur, das gegerbte Gesicht mit den schweren Augenlidern lassen ihn wie einen müden Leguan aussehen.

Im Flugzeug sitzt er schräg gegenüber, zwei Reihen vor mir. Der Koffer, zu groß für die Gepäckablage, steht auf dem Boden. Seidowsky entnimmt ihm Alexandra Ripleys Bestseller «Scarlett». Er blättert, er liest. Leo Kirch wird die Fernsehfassung des Schmökers nach Deutschland bringen. Dieses Mal enthielt das Transportgefäß ganz sicher keine Papierschnipsel.

Zurück in Deutschland, kann ich veranlassen, daß der Name «Seidowsky» noch einmal in den Computerdateien der Schalck-Untersuchungsausschüsse von Bonn und München abgecheckt wird. Tatsächlich gibt es eine Rückmeldung: In der Bonner Registratur soll er geführt werden. Der Informant, der meine Ostberliner und Schweizer Ermittlungsergebnisse ebenso kennt wie das politische Milieu am Rhein und das der Geheimdienste: «Ich wundere mich nur, warum er noch nicht als Zeuge geladen wurde.» Wenige Tage darauf telefonieren wir erneut miteinander. Jetzt erhalte ich genau die gegenteilige Auskunft: Keine Verweise in den Registern! Als Alexander Schalck-Golodkowski vor dem Bonner Ausschuß nach Seidowsky gefragt wird, sagt er: «Den Namen habe ich noch nie gehört.»

Die ersten Monate des Jahres 1992 werden durch zwei gegenläufige Tendenzen geprägt, die allerdings vielfach ineinander verschlungen sind. Sie kennzeichnen einerseits die grassierende Schwäche des Axel Springer Verlages und andererseits die deutliche Verstärkung von Kirchs Positionen. Der Nachrichten-Reigen beginnt zum Jahreswechsel mit einem Schlag ins Kontor der Hamburger: Vorstandschef Günter Wille muß sich wegen seiner Krebserkrankung chemotherapeutischen Behandlungen unterziehen. Seine Heilungschancen, das posaunt die «Münchner Abendzeitung» unfein heraus, «gelten als gering». Derweil meldet der Kurs der Springer-Aktie Bodenberührung;

erste Gerüchte über einen möglichen Ausfall der Dividende machen die Runde.

In dieser Situation wird die offene Diskussion über die Zukunft von Springers Tageszeitung Die Welt sofort negativ besetzt, sodaß der Verlag auch dadurch in die Schlagzeilen gerät. «Endzeitstimmung», so ermittelt das Handelsblatt, macht sich in der Bonner Zentralredaktion der Welt breit. Niemand weiß genau, was gespielt wird. Offenkundig hatte man es versäumt, rechtzeitig die von den Springer-Blättern immer favorisierte deutsche Hauptstadt Berlin als definitiven Standort anzupeilen. Schließlich wirft Welt-Chefredakteur Manfred Schell das Handtuch, renommierte Nachfolger werden genannt, die verzichten, der Stab geht an Eigengewächse aus dem Konzern, mittlere Güte.

Ein ähnliches Debakel zeichnet sich, nur in weit größerem Maßstab, bei der «Bild»-Zeitung ab. Nachdem Wille bereits zugelassen hatte, daß der fähige Peter Bartels, ein Schlagzeilen-As, die Chefredaktion verlassen mußte, ist jetzt dessen Kompagnon Hans-Hermann Tiedje dran. Der unkonventionell Konservative, unter seiner Ägide wurde Kohl als «Der Umfaller» tituliert, wird ebenfalls durch eine eher biedere hausinterne Lösung ersetzt. Kritisches zur Bonner Kamarilla ist jetzt kaum noch zu erwarten.

Und diese Abgänge kosten Geld! Bartels und Tiedje kassieren jeder mehrere Millionen Mark – zusätzlich zu den 33,47 Millionen Mark, die als Abfindungen an die von Wille aus dem Verlag getriebenen Vorstandsmitglieder der Tamm-Ära bereits im letzten Jahr gezahlt werden mußten. Dabei möchte Wille doch sparen: 20 Prozent der Gemeinkosten soll Verlagsberater Roland Berger zur Disposition stellen.

Auf der Kirch-Seite dagegen häufen sich in diesen Monaten die – wenn auch nur intern – positiv interpretierbaren Nachrichten. So gibt es «Bereinigungen» personeller und struktureller Art zu vermelden. Knall auf Fall verläßt die langjährige Pressesprecherin der Kirch-Gruppe, Armgard von Burgsdorff, das Münchner Unternehmen. Die märkische Adlige, deren Engagement und Überzeugungskraft Kirch es zu verdanken hat, daß sein Image nicht vollends ruiniert wurde, geht offenbar im Streit und ohne Abfindung. Ihre Arbeit im innersten Zirkel des Konglomerats war zu strategisch angelegt und im Tagesgeschäft hatte sie zu viele Widerworte gegeben, Kirch aber bevorzugt Ja-Sager. Auf die Persönlichkeit folgt eine Person, nämlich Gottfried Zmeck, Persönlicher Referent Leo Kirchs und davor, natürlich, Büroleiter von Gerd Bacher, dem Generalintendanten des ORF und Kaderleiter von Kirch.[10]

Als strukturelle Bereinigung dagegen kann der Umstand gelten, daß Kirch nun auch die restlichen 75 Prozent des einst vom Holtzbrinck-Verlag übernommenen Deutschen Bücherbundes an den Bertelsmann-Konzern verkauft. Irgendeine Rücksichtnahme auf früher getroffene Absprachen oder Ansagen ist nicht mehr nötig. Seit Willes Friedensschluß mit Kirch heißt dessen Partner «Springer» und nicht mehr vorrangig «Holtzbrinck».

Der entscheidende Durchbruch im Verhältnis der beiden Seiten zueinander erfolgt in den ersten Februartagen 1992. Nach einem Treffen von Servatius, Theye und Kirch im bayerischen Bad Wiessee wird bekannt, daß Kirch-Intimus Joachim Theye bei der Hauptversammlung im Sommer in den Aufsichtsrat des Axel Springer Verlages einrücken soll – ein Jahr nach dem historischen «Kompromiß» zwischen Kirch und Springer. Damals war als Pluspunkt für Springer verbucht worden, daß Kirch sich mit seiner Forderung nach Präsenz im Aufsichtsrat nicht durchsetzen konnte. Jetzt kräht kein Hahn mehr danach. Das Verdikt des Verlegers – «kein Sitz (für Kirch) im Aufsichtsrat» – wird von dessen Testamentsvollstrecker persönlich an entscheidender Stelle aufgehoben. Leo Kirch hat sein Ziel beim Axel Springer Verlag erreicht.

Gegenüber diesem Vorgang verblassen die anderen News des Frühjahrs aus dem Kirch-Umfeld. Sie sollen deshalb nur kurz Revue passieren: Der Filmhändler ergattert aus der DDR-Konkursmasse die Ostberliner Firma Defa-Synchron, Grundstein seiner künftigen Aktivitäten in der Hauptstadt; Kirchs Background-Spieler, der Handelskonzern Metro, übernimmt die Kontrolle über den Konkurrenten Asko, wird damit zu einer unschlagbaren Marktmacht – das Kartellamt muß erneut passen; schließlich sprengt der Kabelkanal seine Eierschalen, ein Joint-venture zwischen Otto Beisheim, Pro 7 und Georg Kofler und eine weitere Abspielstätte für die Waren aus dem Münchner Vorort Unterföhring. Nicht zu vergessen die mit wundersamer Eile durchgeführte Seligsprechung des Gründers der katholischen Hardliner-Organisation opus dei, die den Vertretern diese Milieus zusätzliches Selbstbewußtsein verleiht. Bernhard Servatius, seit Willes Krankheit unumschränkter Herrscher des Verlages, wird im April 60 Jahre alt; der Vorsteher hält, von der Therapie gezeichnet, eine launige Geburtstagsrede; Leo Kirch weilt unter den Gästen.

Der Medienmogul wird schon wissen, warum er dem ungeliebten Springer-Obersten, von dem die hauseigene Tageszeitung BZ geschmackvoll berichtet, er habe am Morgen seines Jubeltages erst einmal in der Berliner Hedwigs-Kathedrale gebetet, seine Reverenz erweist. Seit Monaten bahnt sich zwischen den Medienhäusern eine weitere gemeinsame Aktion an; ihr strategischer Verbund soll – über SAT 1, ISPR und den Verlag hinaus – noch dichter werden. Dabei geht es um den einzigen deutschen Fernsehsender, der – abgesehen von RTL plus – noch nicht durch Leo Kirch und seinen Sohn Thomas beeinflußt wird, um Tele 5.

Das Münchner Unternehmen war aus einem Videoclip-Kanal entstanden und präsentierte inzwischen ein auf Kinder und Jugendliche zielendes Unterhaltungs-Vollprogramm. Das hatte sich in letzter Zeit erstaunlich gut entwickelt. Einhellig billigten die Gesellschafter – Springer (29 %), die luxemburgische CLT (24 %), Silvio Berlusconi (21 %) und die Firmengruppe Tele-München (26 %) – das Jahresbudget für 1992 in Höhe von 300 Millionen Mark. Daß die Gewinne noch auf sich warten lassen würde, war allen bekannt.

Hinter den Kulissen lief freilich bereits ein anderes Spiel. Seit dem Herbst 1991 hatte sich Berlusconi mit Kirch verbandelt, möglicherweise als Pendant zu dessen Diensten bei Telepiù, dem Pay-TV-Sender des Italieners. Jedenfalls stimmten die Mailänder seidem ihr operatives Vorgehen bei Tele 5 eng mit Kirchs Manager Jan Mojto ab. Bezeichnend auch, daß Berlusconis Manager versuchten, ihr Engagement von der eigenen Firma Reteitalia auf die undurchsichtige, nämlich in Luxemburg plazierte und von Joachim Theye gegründete Rete Invest zu verlagern. Damit war der Münchner Filmkaufmann Herbert Kloiber, zusammen mit dem amerikanischen Medienkonzern ABC/-Capital Cities Besitzer von Tele-München, überhaupt nicht einverstanden. «Wir finden, daß Berlusconi seine alten Bündnispartner verraten hat», beklagte sich Kloiber, ein ehemaliger Kirch-Geschäftsführer, in der italienischen Zeitung «La repubblica». Auch der CLT-Präsident Gaston Thorn ließ keinen Zweifel an seiner Einschätzung: «Berlusconi war Kirch.»

Anfang 1992 probierte Kirch aus, wie weit er den eingekreisten Sender bereits als Abspielstation benutzen konnte. Er bot dem Tele-5-Geschäftsführer Gerhard Zeiler ein Filmpaket an, das nach dessen Einschätzung «fast nur Schrott» enthielt. Doch der Österreicher bestand diesen Test. Er drehte den Spieß um und präsentierte Kirchs Manager Riccabona eine Wunschliste mit interessanten Filmen, von denen er wußte, daß Kirch sie im Stock hat. Zeiler hörte nie wieder davon. Die Partie endete unentschieden.

Die Sackgasse, hier Springer/Berlusconi, dort CLT/Tele-München, ist jetzt offenkundig. Um diesem Deadlock zu entkommen, verkauft die CLT Mitte März 1992 ihre Anteile für rund 120 Millionen Mark an den Springer Verlag, der sich – schon aus lizenzrechtlichen Gründen – beeilt, das Paket auf seinen Kompagnon Berlusconi weiterzuverteilen, so daß Springer nunmehr 33 und dem Italiener 41 Prozent von Tele 5 gehören. Parallel dazu laufen Umstrukturierungsgespräche. Der Springer-Abgesandte Manfred Niewiarra, Willes Mann für die elektronischen Medien, und Kirch-Intimus Theye sprechen in den USA bei ABC vor, um deren Zustimmung für die geplante Umwandlung von Tele 5 in einen Sportkanal zu erhalten. ABC lehnt ab: Man kenne die Risiken eines solchen Unterfangens. Umgekehrt müßte eigentlich mehr Rückenwind aufkommen. Kloiber und seine Partner machen Niewiarra – Oberaufpasser Theye stößt wenig später zu den Verhandlungen dazu - das Angebot, die Springer-Prozente zu übernehmen, für weit über 100 Millionen Mark. Jetzt lehnt Wille ab, obwohl er das Geld doch wohl dringend gebraucht hätte, schließlich wird die Dividende für das letzte Jahr gestrichen.

Kloiber bleibt in dieser Situation nur eine Wahl – selber zu verkaufen. Mehr als 180 Millionen Mark zahlt der notleidende Springer Verlag Ende Juni für die 26 Prozent Tele-5-Anteile der Münchner Firmengruppe. Die Verkäufer, bei denen satte zweistellige Nettomillionen zu verbuchen sind, machen ein blendendes Geschäft. Wille dagegen hat binnen eines halben Jahres an die 320 Millionen Mark für einen angeblich lebensunfähigen Sender ausgegeben. Unterstellen wir dabei eine 50prozentige Beteiligung der Seite Berlusconi/Kirch, so bleiben immer noch 160 Millionen übrig. Da Springer bereits mindestens 100 Millionen in Tele 5 stehen hatte, summiert sich ein potentieller Abschreibungsbedarf von 260 Millionen Mark. Wehe, wenn diese roten Zahlen in der 92er Bilanz auftauchen. Dann wäre vom Verlag nicht mehr viel übrig. Und die Gefahr besteht durchaus. Denn noch ist unsicher, ob die Lizenz von Tele 5 auch für das Deutsche Sportfernsehen (DSF), so soll der neue Kanal heißen, gelten darf.

Doch «Onkel Leo» wird das Kind schon schaukeln. Der Medienmogul gibt sich als Eigner zu erkennen, als am 26. Juni 1992 die neue Struktur von Tele 5 verkündet wird: Berlusconi hält 33,5, Springer 24,9 und Kirch 24,5 Prozent. Die restlichen 17,1 Prozent übernimmt bald darauf eine eigens in Hamburg gegründete Neue-Medien-Beteiligungsgesellschaft (NMBG), bei der die Privatbank Berenberg, ein altgedienter Springer-Finanzier, das Sagen hat. Der Deal besitzt jedoch Hautgout. Die Treuhänderei – Umgehungs-Profi Theye kann das nicht eingefädelt haben – ist zu offensichtlich. Die NMBG muß ihr Engagement weiterreichen. Kirchs Schweizer Geschäftsfreund Michael Ringier springt ein.

Kloiber und Zeiler sind in der Zwischenzeit bereits unter neue Segel gegangen. Sie scheren bei der Kölner Neugründung RTL 2 ein, zusammen mit der CLT, Bertelsmann und dem Heinrich Bauer Verlag. Zeiler wird wieder Geschäftsführer. Es gelingt ihm, den Sender innerhalb kurzer Zeit auf nennenswerte Marktanteile zu hieven. Bei Tele 5 war er zum schlechten Schluß «nicht mehr sehr freundlich» behandelt worden. Er sollte sich, gegen Zahlung von einer Million Mark, verpflichten, zwei Jahre lang in Deutschland nicht zu arbeiten. Zeiler lehnte ab.

Wenige Tage vor der Jahreswende 1992/93. Sechs Monate lang hatte Wolf-Dieter Ring, Bayerns oberster Privatfunkkontrolleur, wegen der Lizenz für Tele 5/DSF herumgeeiert. Mal drohte er den Entzug der Frequenzen an, dann wiederum wurden die neuen Eigner, so streute man, genauestens überprüft. Schließlich erteilt Ring die Sendeerlaubnis für das Sportfernsehen. Eine «Marktbereinigung» (Kloiber), denn Tele 5, wenn auch noch mickrig, hätte Kirchs Pro 7 auf Dauer ärgern können. Eine typische Entscheidung für die aufmerksamkeitsarmen, aber immer wieder konspirations-reichen Festtage.

In Berlin allerdings ist diese Bescherung genau beobachtet worden. Anfang Januar 1993 legt die dortige Kontrollbehörde, die Medienanstalt Berlin-Brandenburg (MABB), Widerspruch gegen Rings Entscheidung ein. Am 18. Januar erfolgt die Anfechtungsklage vor dem Bayerischen Verwaltungsgericht. Sie dreht sich darum, ob die von der MABB angestrengten Rechtsmittel eine aufschiebende Wirkung besitzen, sodaß DSF bis zum Urteil im Hauptverfahren nicht weiter senden darf. Die Verwaltungsrichter verneinen dieses. In Anbetracht der wirtschaftlichen Folgen für den Sender sei selbst eine unzulässige Meinungskonzentration vorübergehend «hinnehmbar».

Die nächste und letzte Instanz jedoch, der Bayerische Verwaltungsgerichtshof, sieht den Fall ganz anders. Er stellt die aufschiebende Wirkung der Rechtsmittel wieder her. Und er gibt Ring, Kirch und Wille noch andere Erkenntnisse mit auf den Weg. Erstens: Die Lizenzerteilung an DSF sei formell wie materiell rechtswidrig. Zweitens: Der Sachverhalt – ob Berlusconi und Ringier nur als Strohmänner für Kirch agieren – sei schon «auf den ersten Blick unzureichend» ermittelt worden.

Demnach muß jetzt der Sportkanal sofort abgeschaltet werden, denn die Zulassungsgrundlage des Programmes ist entfallen. Doch DSF und sein Schirmherr, die Bayerische Landesmedienanstalt BLM, kümmern sich nicht darum. Sie erheben vielmehr Klage vor dem Bayerischen Verfassungsgerichtshof. Der setzt seinerseits den Beschluß der obersten Verwaltungsrichter am 7. April 1993 vorläufig «außer Vollzug». Auf die Frage, wann mit einer Entscheidung in der Hauptsache zu rechnen sei, erklärt der Sprecher des Gerichts: «Es wäre eine sehr optimistische Annahme», noch 1993 einen Spruch zu erwarten.

Kirch hat auch das geschafft. Der fünfte Kanal, bei dem er oder sein Sohn mitbestimmen kann, geht auf Publikumstour. Aufatmen aber besonders bei Springer. Die riskanten DSF-Investments müssen (noch) nicht abgeschrieben werden. Die Bilanzen bleiben unblutig, die Aktionäre ruhig. Vorerst jedenfalls. Denn die Berliner Konzentrationswächter, an erster Stelle, neben Behördenchef Hans Hege, der ehemalige Präsident des Bundesverfassungsgerichts, Ernst Benda, lassen nicht locker. Sie erheben Beschwerde in Karlsruhe, das den Gang vor die roten Roben auch zuläßt. Deren Entscheidung steht an.

Doch damit haben wir der Entwicklung bereits weit vorausgegriffen. Noch gilt es, den Akquisitions-Alltag des Kirch-Konglomerats zu studieren, dessen Entwicklungslinien nachzuzeichnen. Denn noch ist Kirch beim heißesten Objekt seiner Begierde, dem Springer Verlag, nicht endgültig am Ziel seiner Wünsche angelangt. Zwar nimmt Theye bei der Hauptversammlung 1992 auf dem Podium des Aufsichtsrates Platz. Aber dann wird ihm doch reichlich mulmig zumute. Nicht etwa, weil die Dividende gestrichen wurde und der Springer-Aktionär Leo Kirch seine Zinslast nicht mehr aus den Verlagseinkünften bedienen kann. Theye weiß, daß allein die drastische gesunkenen Papierpreise weit mehr als 100 Millionen Mark in den Kassen ließen und eine Ausschüttung durchaus möglich gewesen wäre. Nicht von ungefähr wird noch während der Hauptversammlung von Servatius die Rückkehr zur gehabten Quote angekündigt. Und hatte nicht Wille selbst den Verlag als «gesund» bezeichnet, als er ihn von Tamm übernahm?

Die pauschale Schuldzuweisung an das alte Management – ein fauler Zauber. Wer ein langfristig möglicherweise rentables Auslandsengagement nach nur drei Monaten abbricht, wie Wille dieses bei der spanischen Boulevardzeitung «Claro» tat, darf sich nicht wundern, wenn 70 Millionen Mark abgeschrieben werden müssen. «Keiner», so stellt das Wirtschaftsmagazin Capital im Sommer 1992 fest, «glaubt noch an die schöne Geschichte, Willes eigensinniger Vorgänger Peter Tamm und dessen in die Wüste geschickte Elitetruppe hätten das Druckimperium total heruntergewirtschaftet».

Joachim Theye vielmehr dürfte eine andere Einsicht nachdenklich machen: Wille gibt eine schlechte Figur ab – und das nicht nur, weil er krank ist. Immerhin, ein Marketingkenner mag er sein. Servatius ist noch nicht einmal dieses – aber er muß den Verlag jetzt führen. Das übrige Spitzenpersonal, sei es in Vorstand, Aufsichtsrat oder Testamentsvollstreckung, ist nicht zu weiterreichenden Impulsen fähig. Der Ball läuft auf Kirch zu! Er steht jetzt in der Verantwortung. Nur: Über das Abzapfen von PR-Effekten für SAT 1 und den Kanzler bei «Bild» oder «Hör Zu» hat Kirch von den gedruckten Medien keinen Dunst. Wo soll der Sachverstand herkommen?

Trotz dieser Bedenken bleibt Kirchs Strategie gegenüber dem Verlagshaus vorprogrammiert. Er will die Macht, und sei es nur, weil sie ihm lange Zeit versagt worden war. «Amourös» nennt ein freundlicher Beobachter diese gefährliche Stimmungslage. «Amourös» – im Unterschied zum gewöhnlichen Ehrgeiz, den Kirch auch im Übermaß besitzt und der die Instrumentalisierung der Medien zu politischen Zwecken einschließt. Fünf Jahre ist es her, daß er sich im Herbst 1987 spektakulär öffentlich erklärt hatte und der Aufsichtsrat ihm dennoch jede Mitwirkung am Verlag verweigerte. «Notfalls werden wir klarstellen, daß Leo Kirch ein Aktionär mit einem Anteil von zehn Prozent ist, daß aber der Anteil von 16 Prozent, der über Treuhänder gehalten wird, illegal ist», hatte Servatius ihm markig entgegengehalten.[11]

Fünf Jahre Sibirien. Sie gehen jetzt zu Ende. Anfang November 1992 beschließt der Aufsichtsrat unter Federführung seines wendigen Vorsitzenden den endgültigen Paradigma-Wechsel, der sich nach Willes Friedensschluß und Theyes Aufsichtsratssitz bereits angedeutet hatte: Kirch gilt nicht länger als Feind, sondern als Verbündeter. Seine heimlich erworbenen Treuhänderprozente werden auf einem Sockel von insgesamt 25 Prozent plus einer Aktie bei vollem Stimmrecht anerkannt. Er erhält einen zweiten Sitz im Aufsichtsrat, den der 66jährige selber wahrnehmen wird. Und Springer, was bekommt Springer dafür? Die Erben, so wird stolz verkündet, haben die Mehrheit am Verlag erworben und besitzen jetzt 50 Prozent plus einer Aktie des gesamten Aktienbestandes.

Wie langfristig sich Kirch auf diesen Tag vorbereitet hatte, beweist der ohne Arg verkündete Umstand, daß der überwiegende Teil – sieben Prozent – der von den Erben zugekauften Papiere von Kirch stammt, der offenbar längst über seine klammheimlichen erworbenen 26 Prozent hinausgewachsen war. Umgekehrt: Ohne Kirch hätten Axel Springers Erben die Mehrheit am Verlag nie erreichen können. Eine elegante Situation, um Bedingungen zu diktieren. Zumal mit den zwei Kirch-Sitzen die Mehrheit der Springer-Seite im Aufsichtsrat dahin ist.

Auch bei SAT 1 zeigt sich der Medienmogul oben auf. Wille, der Aufsichtsratschef, hält ihm wie gewünscht den Rücken frei. Das Programm zeigt allmählich Konturen, seit Klatten SAT 1 durch Sport («ran» mit Reinhold Beckmann), heimische Programmprodukte («Der Bergdoktor») und Infotainment («Einspruch») repositioniert hat – auch wenn der Abstand zum Edelkonkurrenten RTL plus eklatant bleibt. Darüber zeichnen sich zwischen Wille und Klatten, den beiden ehemaligen Managern aus der Zigarettenindustrie, jetzt zunehmend Spannungen ab. Beide waren von Kirch und Theye favorisiert und benutzt worden. Beide halten sich jetzt wohl für fähig, den Job des jeweils anderen besser zu erledigen. Was die smarten Endvierziger nicht realisieren: Daß sich für Kirch ihre Nützlichkeitsperioden dem Nullpunkt nähern.

Dennoch wird Klattens Vertrag, gegen Willes Widerstand, noch einmal um drei Jahre verlängert. Zugleich aber werden die Leute nach Klatten in Position gebracht. Dazu zählt an erster Stelle Heinz Klaus Mertes; der TV-Chefredakteur des Bayerischen Rundfunks ist uns bereits aus dem Umfeld der «Heiligen Mafia» geläufig. Er wird jetzt «Programmdirektor Information», vorgeordnet seinem CV-Bruder Michael Rutz, dem Chefredakteur von SAT 1, der reichlich gequält die durch den Neuzugang «erhöhte Schlagkraft» des journalistischen Bereichs rühmt. In Wirklichkeit besteht kein Zweifel, daß der bissige Bayer den Sender für das Wahljahr 1994 fit machen soll. «Zur Sache, Kanzler» heißt die von ihm dann prompt erfundene fromme Talkrunde mit dem Bonner Machthaber.

Eine andere Spitzenpersonalie hat weniger mit Politik als einmal wieder mit Marketing zu tun. Klattens Widerstand fruchtet nichts: Wille schiebt Knut Föckler, seinen ehemaligen Mitarbeiter bei Philip Morris, auf den Posten eines «Programmdirektors Unterhaltung und Marketing». Föckler war zuvor als Executive Vice President Product Western Hemisphere bei Kirch geparkt worden. Ein in seiner Profession erfahrener Mann. Aber genau das ist das Problem von SAT 1: zu viel Kopf, zu wenig Bauch. Zuviel Marketing, zu wenig originäre Substanz. Kurzum, dem Sender fehlt ein Helmut Thoma.

Das sieht Leo Kirch genauso. Es wäre in der Tat ein gekonnter Schachzug: Thoma an der Spitze von SAT 1. Oder an der Spitze des Kirch-Managements. Oder beides. Der Österreicher, der RTL plus in die vorderste Position der europäischen Medienunternehmen führte, ist ein Puscher, weniger ein Konsolidierer. Seine «persönlichen Ziele» hat er mit dem Aufbau des Kölner Senders «erreicht». Was nun? SAT 1 könnte noch viele Puschs vertragen, um aus den Puschen zu kommen.

Die beiden reden miteinander, mehrfach. Kirch macht Thoma ein grandioses Angebot. Dabei spielt für den Paten keine Rolle, daß Thoma ihn mehrfach mit dem Nazi-Wegbereiter Hugenberg verglichen hat und zur Medienkonzentration in Kirchs Hand meinte, das sei, «als würde man SA und SS wieder zulassen», wogegen der Münchner mit einer Einstweiligen Verfügung erfolgreich vorging.[12]

Doch aus dem Deal wird nichts. Vielleicht hat Kirch unterschätzt, daß die Triade Beisheim/Springer/Kirch dem Juristen Thoma jenseits aller schlagzeilenträchtigen Polemik wirklich Sorgen bereitet. Vielleicht auch erinnerte sich der «letzte Impresario» (Thomas Selbsteinschätzung) daran, daß Beisheim und Kirch hinter den Kulissen schon weit vorangekommen waren in ihrem Bestreben, über die Holdingkonstruktion der CLT Einfluß auf RTL plus zu gewinnen und damit den Privatfernsehmarkt in Deutschland total abzuräumen, was auf den letzten Metern verhindert wurde. Eine «lex Leo», die solche Bemühungen bremsen könnte, bleibt deshalb für Thoma auf der Tagesordnung. Genau betrachtet, liegt das Gesetz bereits vor – als Rundfunkstaatsvertrag.

Er müßte nur angewendet werden, nach Geist und nach Buchstaben. Im Frühjahr 1993 wollen sich die Landesmedienanstalten dazu noch einmal einen Ruck geben. Die Fragebogenaktion vom Jahr zuvor hatte sich als Schlag ins Wasser herausgestellt: Auf formale Fragen waren, wenn überhaupt, formalisierte Antworten gegeben worden, jenseits aller wirklichen Verquickungen. So gerät jetzt Pro 7 ins Visier, aber auch SAT 1. Hier ist die Situation besonders prekär, weil im Gegensatz zu Pro 7 Kirch mit 43 Prozent offen an dem Sender beteiligt ist. Wenn seine Anteile mit denen von Springer (20 %) zusammengerechnet werden müssen, liegen sie oberhalb der Grenze (49,9 %), die der Staatsvertrag erlaubt. Was spricht also für operative Verabredungen zwischen den ehemaligen Streithähnen? Eine Antwort: der «Friedensvertrag» zwischen Kirch und Springer. Darüberhinaus behauptet die Landesanstalt für Rundfunk (LfR) in Düsseldorf, zuständig für die überlebenswichtige terrestrische Frequenz des Senders im bevölkerungsreichsten Bundesland: Schon die pure Arithmetik spricht dafür.

Inzwischen nämlich hat Leo Kirch seinen Durchmarsch bei Springer noch weiter fortgesetzt. Er kaufte – mit eigenem oder Beisheims Geld? – für einen Preis zwischen 200 und 300 Millionen Mark weitere zehn Prozent der Springer-Aktien, die bis dahin von dem italienischen Medienkonzern Monti gehalten worden waren. Zunächst wurden aus der Summe von (bisher) 25 plus (neuerdings) zehn Prozent aufgrund interner Verrechnungen 29 Prozent konstruiert, dann «ergänzte» Kirch-Sprecher Gottfried Zmeck auf den korrekten Endstand von 35 Prozent plus einer Aktie.

Die Aufstockung scheint zunächst wenig Sinn zu machen. Denn die Sperrminorität war bereits bei den 25 Prozent von Ende 1992 erreicht worden. Zmeck gibt denn auch Wohltätigkeit als Grund für den kostspieligen Kauf an: Man wollte die italienischen zehn Prozent nicht «frei im Markt herumfloaten lassen».[13] Doch seine Erklärung ist nun ganz unwahrscheinlich. Weniger albern wirkt diese Lösung: Kirch besitzt eine Option auf die an die Erben im letzten November verkauften sieben Prozent. Die aber ist nur dann einsetzbar, wenn er von einem 35prozentigen Sockel ausgehen kann. Mit den dann zusammenrechenbaren 42 Prozent verfügt er über die Stimmenmehrheit in der Springer-Hauptversammlung, bei der die Großaktionäre weitgehend unter sich bleiben und der restliche «Streubesitz», wie wir gesehen haben, nur eine Statistenrolle spielt oder deswegen gleich ganz fehlt. Nur diese reale Mehrheit zählt, nicht die formale, deren sich Friede Springer öffentlich erfreut. Zugegeben, der Nachweis ist bisher nicht zu erbringen. Ich frage einen Banker, der Kirch noch kürzlich finanziert hat, ob die Konstruktion stimmt. Antwort, ganz in Flanell: «Ich nehme es an.»[14]

Den Düsseldorfer Privatfunkkontrolleuren stoßen bereits die unstrittigen 35 Prozent übel auf. Denn schon jetzt geht bei Springer nichts mehr ohne Kirch. Vermutungen über einen Stimmbindungsvertrag, auch wenn dieser in Willes Friedensschluß nicht ausdrücklich genannt wird, liegen nahe. Ein koordiniertes Verhalten der Partner ist jedenfalls nicht zu übersehen: Zwei Kirch-Leute im Springer-, zwei Springer-Manager im SAT-1-Aufsichtsrat; gemeinsame Unternehmungen DSF, ISPR und SAT 1; Beseitigung der Kirch-Konkurrenten Tele 5 und Capitol.

Angesichts dieser Evidenz will LfR-Direktor Klaus Schütz Ernst machen. Die SAT-1-Geschäftsführer Klatten und Doetz powern dagegen: «Daß Sie uns androhen, eine seit 1988 bestehende Lizenz einfach nicht zu verlängern, halten wir für Rechtsverweigerung.» Von «Ungehörigkeit» und «Verantwortungslosigkeit» ist die Rede. Schütz jedoch, als ehemaliger «Regierender» von Berlin erprobt im Stellungskampf, läßt sich nicht einschüchtern. Er feuert zurück: «Der Direktor wird das Verfahren zu keinem Zeitpunkt und in keinem Vorgang aus der Hand geben.»[15]

Um die strittigen Dokumente zu überprüfen, läßt sich Schütz am 28. April 1993 nach Mainz in die Zentrale von SAT 1 bitten. Mit ihm tritt dort der Chef der rheinland-pfälzischen Landesmedienanstalt, Reiner Hochstein, an, der eigentliche Lizenzgeber des Privatsenders. Hochstein ist im Kreise der Anstaltsleiter bekannt als Vertrauter von Joachim Theye; auch ein direkter Draht ins Kanzleramt wird ihm plausibel nachgesagt. Schütz verzichtet auf einen in dieser Lage unumgänglichen dritten Mann, etwa einen Anwalt oder Wirtschaftsprüfer.

So kommt alles, wie es kommen muß. Schütz und Hochstein sehen sich einer Mehrheit von sechs SAT-1- und Springer-Vertretern gegenüber, darunter Wille, Theye und Klatten. Knapp zwei Stunden soll die Session gedauert haben; in dieser abenteuerlich kurzen Frist werden komplizierteste Vorgänge durchleuchtet – oder eben nicht. Auf 51 Zeilen fassen die beiden Direktoren anschließend ihr Recherche-Ergebnis zusammen: Die Beanstandungen sind vom Tisch. Eine gerichtliche Überprüfung – nur die hätte Klarheit bringen können – ist überflüssig geworden. Erkennbar erleichtert schicken Klatten und Doetz noch am gleichen Tag einen Brief mit dem Ergebnisprotokoll den Kontrolleuren hinterher.

Warum hat sich Schütz auf die Posse eingelassen? Gab es private Gründe dafür? Ich vermute: Kurz vor der Pensionierung will er seinen Frieden mit der nordrhein-westfälischen Landesregierung schließen. Die Düsseldorfer haben keinen Hehl daraus gemacht, daß SAT 1 aus dem angestrebten Kommunikationsmekka an Rhein und Ruhr nicht vertrieben werden dürfe.

Die Kontrolleure der Landesmedienanstalten, Sachwalter der demokratie-typischen Fiktion namens «Öffentlichkeit», bestellt, um die innerstaatliche «balance of power» in einem zentralen Sektor sicher zu stellen – sie agieren wie eine Laienspielschar gegenüber dem Machtprofi aus München. Die Schwäche der anderen, das ist Kirchs Stärke. Am Beispiel des Springer Verlages wird dieses 1993 besonders deutlich. Fast könnte man sagen: in tragischer Weise. Die Rede ist von Günter Wille, dem Vorstandsvorsitzenden des Verlagshauses.

Seinem schlichten Naturell entsprechend, war der Maschinenbauer ehrlich engagiert in seine Aufgabe bei Springer eingestiegen. Im Handumdrehen hatte er das bewerkstelligt, was er für subjektiv richtig hielt, was objektiv falsch war und wofür man ihn programmiert hatte: die «Versöhnung» mit Kirch, ohne erkennbaren Vorteil für den Verlag. Durch diesen Akt und seinen Folgen kehrte die große Lüge in den wichtigsten Meinungsbetrieb der Republik ein, der sich immer etwas darauf zugute gehalten hatte, im weitesten Sinne ethisch begründet zu sein. Servatius, Friede Springer («Energie hole ich mir beim Beten») und eben Wille – sie alle widerriefen ihre früheren Aussagen. Nach solchen Schularbeiten sind sie jetzt, aus Sicht von Leo Kirch, auf mittlere Frist überflüssig geworden.

Wille erlebt seine Mission nur etwa drei Jahre. Anfang 1993 macht sich die Erkrankung nachdrücklicher denn je bemerkbar. Die Beobachter seines bewundernswürdigen Kampfes gegen den Krebs irritiert die schließlich schon peinlich wirkende Hartnäckigkeit, mit der Wille immer wieder ins Geschirr geht. Wie ferngelenkt. Als ob seine Stimme formaliter noch gebraucht wird, auch wenn er seine inhaltliche Aufgabe als Quartiermacher bereits erledigt hat. Anfang November meldet er sich aus dem Krankenstand bei Servatius und kündigt die definitive Rückkehr an den Schreibtisch an. Am 15. November um 7.00 Uhr morgens stirbt Günter Wille im Sanatorium «Jägerwinkel» am Tegernsee. Er wird 51 Jahre alt.

Die Trauerfeier in Berlin ist aufwendig, die Kondolenzbotschaften zeugen von «Respekt und Dankbarkeit» (Servatius). In Wahrheit hat der Ingenieur aus Flensburg als Verlagschef so ziemlich alles falsch gemacht, was falsch zu machen war. Die Bilanz seiner kurzen Amtszeit fällt vernichtend aus, im Kleinen wie im Großen. So hat er den konservativen Verlag, ganz im Sinne von Leo Kirch, dichter an die Bonner Regierung herangeführt, als dieses zu Zeiten von Tamm oder des Altverlegers der Fall war; Ergebnis: langweilige Zeitungen. Wie ein frühkapitalistischer Fabrikbesitzer am Fließband, so tauchte er begutachtend in den Redaktionen auf, für deren Leistung sein Stellvertreter zuständig war; Ergebnis: Kompetenzwirrwarr. Großspurig verkündete er einen neuen, «offenen» Führungsstil und stellte sich doch als miserabler Teamarbeiter heraus, zudem schroff und unsicher unter öffentlicher Befragung; Ergebnis: Glaubwürdigkeitsdefizit. Seine Personalpolitik nach dem Motto «Neue Gesichter nach vorn» war ein Schuß nach hinten. Der von ihm favorisierte Zeitungsvorstand Willi Schalk, ein ehemaliger Werbeprofi, blieb nur wenige Wochen im Amt; Ergebnis: Imageverlust.

Besonders aber versagte Wille auf seinem ureigenen Gebiet, dem Kostenmanagement. Da ist viel Kosmetik unterwegs: Der Personalabbau, wohl notwendig, speist sich auch aus dem Wegfall von unbesetzten Planstellen, die Dividende aus gesunkenen Papierpreisen. Ganz zu schweigen von zusätzlichen Kostenfaktoren wie den Geldern für die Sender SAT 1 (MH-Filmpaket) und DSF. Oder den Unsummen für mißliebig gewordene Spitzenmanager und -journalisten. Innerhalb von sieben Jahren dürften bei Springer mindestens 70 Millionen Mark an Abfindungen ausgezahlt worden sein. Ein Weltrekord.

Indiz eines Führungsdebakels, dessen Verantwortung noch mehr als der unbedarfte Wille der eigentliche Drahtzieher im Verlag, Bernhard Servatius, zu tragen hat. Er hätte Wille schon bei Ausbruch der unheilvollen Krankheit freistellen müssen. Nach Willes Tod ist er aufgerufen, eine neue Spitze zu etablieren. Und das wird nun endgültig, wie ein Springer-Mann meint, ein «Stück aus dem Schmierentheater», preisgegeben der Lächerlichkeit. Wochenlang bleibt der Konzern kopflos, dann hat er, dank Servatius, plötzlich gleich drei Köpfe. Günter Prinz amtiert bis zur Hauptversammlung im Sommer 1994 – ein Zückerchen vor der Pensionierung. Danach soll sein Vorstandskollege Horst Keiser, ein glanzloser, aber fähiger Manager aus der alten Tamm-Riege, den Konzern übernehmen. Während seiner angeblich nicht terminierten Regentschaft wird sich, so heißt es, bereits sein Nachfolger warmlaufen: Jürgen Richter, umtriebiger Geschäftsführer eines rheinland-pfälzischen Regionalverlages mit osmotischer Nähe zum Bonner Saumagen-Propagandisten, gesegnet mit der Ausstrahlung eines pommerschen Telegraphenmastes, von Leo Kirch persönlich, so schreibt der Spiegel, dem Hamburger Verlag «vermittelt».

Seit dem vorzeitigen Ausscheiden von Peter Tamm und der schrittweisen Einkehr von Leo Kirch scheint in dem 3,5-Milliarden-Unternehmen eine Art Todestrieb zu herrschen. Methode: Wille holt Prinz, Wille demontiert Prinz, Wille holt Schalk, Prinz demontiert Schalk. Wille stirbt, Prinz geht, Schalk wirft hin. Eine Figur, der man Solidität und Perspektive – verlegerische Qualitäten eben – zutraut, ist nicht in Sicht. Der Konzern, Kirch hat's erreicht, gilt als sturmreif.

Die jungen Erben bringt das auf die Barrikade. Ihr Verhältnis zu den Testamentsvollstreckern, den «Hütern des Feuers», hat sich zunehmend verschlechtert. Besonders Nikolaus Springer, der Sohn des Gründers, wurmt sich darüber, daß das Haus seines Vaters nur noch «ein Schatten seiner selbst» ist. Mit «Friede S.», die einst als sein Kindermädchen debütierte, liegt er seit langem über Kreuz. Seine Wohnung auf Gut Schierensee, dem ländlichen Refugium der Familie in der Nähe von Kiel, gab er deswegen auf und quartierte sich bei Graf Bernstorff im südholsteinischen Schloß Wotersen ein, Kulisse der deutschen «Denver-Clan»-Adaption «Die Guldenburgs». Einen Sitz im Gremium der Testamentsvollstrecker soll er abgelehnt haben – mitgefangen, würde er auch mitgehangen.

Statt dessen läßt der Erbe, der den seidigen Charme seines Vaters, aber mittlerweile auch gehörige Portionen Zynismus und Härte besitzt, von Anwälten seine Optionen speziell gegenüber Servatius prüfen. Die Chancen stehen schlecht. Ein Testamentsvollstrecker läßt sich kaum aus dem Amt hebeln. Um so überraschender der Offene Brief, den der 31jährige zusammen mit Ariane und Axel Sven Springer, den Kindern des verstorbenen Kronprinzen Axel junior, in die «Zeit» lanciert. Er wirkt auf mich ein wenig wie die Suche nach «Bilgoray».

Auszug: «Wir, die Kinder und Enkel von Axel Springer, sehen mit wachsendem Entsetzen, wohin das Lebenswerk unseres Vaters und Großvaters treibt, wie seine Ahnungen, Sorgen und Visionen gröblich mißachtet werden und wie, entgegen seinem Willen, Allianzen geschmiedet und Abhängigkeiten geschaffen werden, die dem Hause Springer eine neue Identität aufzwingen, welche mit seinen Vorstellungen nichts mehr zu tun hat.

Wir mußten zusehen, wie die Testamentsvollstreckung sich selbst zur Aufsichtsräten wählt und sich selbst entlastet, wie ein übermächtiger Testamentsvollstrecker an der Spitze des Unternehmens dilettiert und das Haus Springer in Führungs- und Richtungslosigkeit treibt und die so wichtigen journalistischen Impulse vereitelt und wie das kostbarste Gut unseres Hauses, das ‹Wir-Gefühl›, verloren zu gehen droht. Wir wurden immer nur von fertigen Entscheidungen und auch dann nur lückenhaft unterrichtet; wir haben daher keine gebilligt.»

Zu diesen «Entscheidungen» gehört auch der Verkauf einer Beteiligung in Höhe von zehn Prozent, die Springer an Europas größtem Reiseveranstalter, der TUI in Hannover hält. Die hochrentable Investition in das von dem Verlag mitgegründete Unternehmen, «eine Perle» (Springer-Vorstand Claus Liesner), wird wohl eher unter Wert auf 100 Millionen Mark taxiert und zu diesem Preis von der Walter Kahn Verwaltungsgesellschaft angekauft, dem größten Anteilseigner der TUI, kontrolliert von der Westdeutschen Landesbank (WestLB). Das Hausinstitut des Metro-Konzerns erhöht damit sein Einflußpotential beim Reise-Riesen auf über 50 Prozent – ein wesentlicher Baustein innerhalb der bereits bestehenden WestLB-Beteiligungen auf dem zukunftsträchtigen Reisesektor.[16]

Auch wenn Friedel Neuber, der machtbewußte Boß an der Spitze der Bank, dieses für Hirngespinste hält: Die Mutmaßungen, er sammle die hochbezahlten Brocken nur zusammen, um sie an seinen Großkunden Metro weiterzureichen, wollen nicht verstummen. Damit hätte Otto Beisheim endgültig seinen globalen «Erlebniskonzern» für das 21. Jahrhundert geschmiedet: Handel, Medien und Reisen in einer Hand. Ein hermetisches System. Sich gegenseitig ergänzend und regenerierend. Ein Staat im Staate.

Für diese Interpretation spricht die Figur «Neuber». Der SPD-Mann hat die Bank, die unter Ludwig Poullain nicht zufällig zu den ersten Finanziers von Leo Kirch gehörte, inzwischen weit von ihrer eigentlichen Rolle als Zentralinstitut der Sparkassen weggeführt, dabei alle «rechtlichen Hebel bis zum Äußersten» (FAZ) nutzend. Er ist ein «Spieler», wie ihn ein selbstkritischer Zunftgenosse nennt, vergleichbar Leo Kirch. Oder dem über seine Expansionsgelüste gestürzten Helmut Guthardt, Kirchs langjährigem Kreditgeber, der sich jetzt vor Gericht verantworten muß. Neubers Beteiligungsfieber hat die gutachtende Monopolkommission – ähnlich ergebnislos wie bei ihren Empfehlungen zur Entflechtung des Medienbereichs – als «überflüssig, riskant und schädlich für die ganze Volkswirtschaft» kritisiert.

Mehr noch als Neuber steht Theye für einen Beisheim-Hintergrund beim Verkauf des Springerschen Familiensilbers an die WestLB-Gruppierung. Der Kirch-Freund – zugleich Aufsichtsratsmulti im Gerling-Konzern, zu dessen Hausbanken die WestLB zählt – spielt nicht zum ersten Mal ein doppeltes Spiel: Er agiert als Berater von Neuber und als Aufsichtsrat von Springer, von Käufer und Verkäufer. Der Weg des Hamburger TUI-Pakets dürfte damit vorgezeichnet gewesen sein.

Das Jahr 1993 sieht noch eine andere Entwicklung im Umfeld von Kirch. Auch sie bewirkt, daß die Muskeln der Medienmacht eher stärker als schwächer werden. Und sie verdeutlicht, wozu die Akkumulation eines solch prächtigen, hart trainierten und rücksichtslos operierenden Apparates gut sein kann, gut sein soll: um politischen Einfluß zu erzeugen. Im Auftrag von Silvio Berlusconi, dem italienischen Medienmogul, einem kongenialen Partner Leo Kirchs.

Ihre gemeinsamen Medienaktivitäten sind inzwischen breit gefächert. Die transalpinen Partner produzieren europäische TV-Programme. Sie betreiben gemeinsam das umstrittene Deutsche Sportfernsehen. Sie teilen sich in den erfolgreichen privaten spanischen TV-Kanal Tele Cinco. Und sie sitzen am Tisch bei Telepiù, der italienischen Pay-TV-Company. Die operiert zwar bislang nicht gerade strahlend; gleichwohl hat Kirch seinen Anteil immer weiter aufgestockt. Verluste bei einer italienischen Firma können nützlich sein. Nicht verwunderlich, daß Joachim Theye, der bereits Berlusconis Rete Invest anwaltschaftlich vertritt, im Verwaltungsrat Platz genommen haben soll. Überraschend kommt jedoch die Nachricht, daß Johann Rupert, ein superreicher Südafrikaner, bei Telepiù eingestiegen ist. Der Mann, dem fast ein Siebentel des Börsenwertes südafrikanischer Aktien (Tabak, Immobilien, Finanzen, Gold) gehört[17], als Partner des Beisheim-Partners Leo Kirch, wenn auch vorerst auf ausländischem Terrain: Viel mehr finanzielle Power kann man kaum organisieren.

Gebraucht wird sie auf jeden Fall. Berlusconis unüberschaubarem Imperium geht es, ähnlich wie zeitweise dem von Kirch, finanziell gar nicht gut. Milliardenschulden drücken, die Rendite läßt zu wünschen übrig. Der Gewinn der zentralen Holding Fininvest, so rechnete die Schweizer Weltwoche vor, «erwies sich 1991 als frisiertes Rinnsal von 61 Millionen Franken bei einem Umsatz von über 11 Milliarden Franken».[18] Das Konglomerat muß restrukturiert werden. Und das, obwohl Berlusconi im Italien vor der Wende «full house» spielen konnte und als «wahre Seele des alten Regimes» – so der Herausgeber des Magazins «L'Espresso», Fürst Carlo Caracciolo di Castagneto – höchste Protektion genoß.[19]

Entgegen seinem Image ist der Entrepreneur, konservativ betrachtet, alles andere als eine unternehmerische Lichtgestalt. Aber: Er kann als «gewohnheitsmäßiger Lügner» (Indro Montanelli, Publizist und langjähriger Mitarbeiter von Berlusconi) kolossal beeindrucken. Durch das persönliche Gespräch, das ihn witzig und beweglich zeigt. Durch Führungsprinzipien, die auf Delegation geeicht sind. Durch öffentliches Auftreten wie eine perfekt getrimmte PR-Maschine. Nicht zuletzt durch sein Ambiente. Etwa in dem Schlößchen am Stadtrand von Mailand, wo ich ihn vor Jahren als erster deutscher Journalist zusammen mit meinem Kollegen Giovanni di Lorenzo besuchte. Das Heimkino in den Kellergewölben der Villa, die Kunstsammlung mit kostbarsten alten Meistern, der weitläufige Park mit der Orangerie und zum Schluß Silvio B. am Klavier, verflossene Alleinunterhalter-Zeiten beschwörend, das war perfektes Marketing. Dazu gehörte auch, daß wir alle Fotos genehmigen lassen mußten. Ungünstige Schnappschüsse aus der Hüfte hatten keine Chance.

Silvio Berlusconi steuert seinen Einsatz genau. (Schon bei der morgendlichen Rasur kann er auf Monitoren im Bad seine TV-Programme verfolgen.) Der begnadete Verkäufer beginnt er Sommer 1993, erste Marketingüberlegungen für ein politisches Konzept anzustellen. Ende des Jahres läßt er mit seiner Empfehlung, in Rom die Neofaschisten zu wählen, die Katze aus dem Sack und begibt sich, so der Name seiner Gruppierung, auf die «Suche nach der wahren Regierungskunst». Die kann er jetzt demonstrieren; denn seit den Parlamentswahlen vom Frühjahr 1994 amtiert der Medienunternehmer als Ministerpräsident von Italien. Gewählt im Bündnis mit der regionalistischen Liga Nord und der neofaschistischen Nationalen Allianz.

Ganze zwei Monate hatte der italienische Ross Perot gebraucht, um mit Hilfe seiner bereits bestehenden Infrastruktur in Medien, Handel, Immobilien und Sport den Sieg zu erringen. Ein singulärer Vorgang in der westlichen Welt. Und ein absurder dazu: Ein Repräsentant der «Jahre des Schlamms», des monströsen Filzes, geriert sich als Saubermann der Nation. Mit seinem Medienimperium will Berlusconi nicht mehr in Zusammenhang gebracht werden. Einige Aktivitäten hatte er vorher schon, Thomas Kirch läßt grüßen, in der Familie geparkt. Jetzt soll die Verlagsgruppe Mondadori, um die Berlusconi jahrelang wie Leo Kirch um Springer gepokert hatte, fremden Aktionären geöffnet werden. Treuhänderschaften, etwa von deutschen Geschäftsfreunden, ausgeschlossen?

Bei einer anderen, nicht weniger wichtigen, aber noch nicht so entwickelten strategischen Allianz muß die Familie Kirch einstweilen keine Nebelkerzen werfen, nicht zuletzt, weil diese mit dem Paten selber selbstverständlich nichts zu tun hat. Das ist die geplante Zusammenarbeit zwischen der Pro-7-Tochterfirma Teledirekt und News Germany Holding GmbH, einem Ableger von Rupert Murdochs Stammfirma News Corporation. Man will zunächst englischsprachige Pay-TV-Programme in Deutschland ausstrahlen, darunter auch einen Kinderkanal.

Wirklich spannend wird diese Kooperation, wenn sich der deutsche Synchronton zu den Sendungen gesellt, möglicherweise ab 1996. Dann kabbelt sich dieses Gemeinschaftsunternehmen nämlich mächtig mit Premiere, der Pay-TV-Veranstaltung von Kirch, Bertelsmann und Canal plus. Zumal Premiere, obwohl noch in den roten Zahlen, selber Ausbaupläne hegt, etwa mit einem Programm für Kinder. Besonders dem Gütersloher Medienkonzern muß die Ankündigung der Allianz Pro 7/Murdoch mißfallen haben. Die alten Erfahrungen, als Mohn und Kirch im herben Streit voneinander geschieden waren, melden sich zurück. Das Spiel der Kirch-Seite erinnert an die Methoden aus den frühen Jahren des Moguls, als er auf die Beta die Taurus und auf die Cosmotel die Unitel setzte, zum Ärger der genasführten Partner.

Doch ob er es sich leisten kann, zwei globale player – Bertelsmann und Murdoch – gegeneinander auszutricksen, ist fraglich, zumal sich diese zum Engagement beim maroden Fernsehsender Vox verabredet haben. Mit Bertelsmann und der Deutschen Telekom steckt er zusätzlich in einem Joint-venture von enormer Größenordnung – auch wenn erst die Intervention des Bonner Kanzlers ihm zu diesem Dreierbund verholfen haben soll. Gemeinsam will das Trio Dienstleistungen für das Fernsehen der Zukunft anbieten, wenn digitalisierte TV-Signale eine wesentlich vergrößerte Programmauswahl und interaktive Nutzungsmöglichkeiten ermöglichen sollen. Gegenüber den langfristigen Geschäftsperspektiven dieser Koalition wirkt vieles, was Kirch bisher angezettelt hat, wie Kleinkram.

Aber das ist noch Zukunftsmusik. Die Gegenwart, die findet bei SAT 1 statt. Bei dem Sender mit gleich mehreren Geburtsfehlern. Und den vielen, die danach kamen. Geburtsfehler 1: SAT 1 sitzt an drei Standorten – Mainz, Berlin und Hamburg. Das kostet drei Mal. Geburtsfehler 2: Die Identität von Eigner (Kirch) und Lieferant (Kirch), verstärkt durch einen der Fehler, die danach kamen: Auch Eigner Springer ist ja Lieferant, von Sportrechten, via ISPR. Rund 100 Millionen Mark muß SAT 1 pro Fußballsaison an die Münchner Agentur zahlen, um die Bundesligasendungen zu ermöglichen. Ein teures Vergnügen. Es wird zwar mit einem partiellen Imagegewinn und häufig guten Einschaltquoten entgolten. Aber es ist weit davon entfernt, sich durch Werbeeinnahmen zu refinanzieren.

In der 92er Jahresrechnung macht sich diese fatale Formel erstmals voll bemerkbar. Der Gewinn des Senders saust, bei einem Werbeumsatz von knapp über einer Milliarde Mark, von schmalen 52 Millionen (1991) auf gerade einmal 20 Millionen Mark herunter. Werner E.

Klatten, der Vorsitzende der Geschäftsführung, sitzt in der Klemme. Hatte er nicht das Fußballfestival als Aufbruch zu neuen Ufern verkauft? Hatte er nicht die ISPR als Gegenpol zur Bertelsmann-Agentur ufa befürwortet?

In seiner Amtszeit bei SAT 1 war Klatten vieles an die Leber gegangen. Erst der Ritt über den Bodensee, als er ohne Zustimmung des Aufsichtsrates die Beisheim-Filme kaufte. Gut, dafür hielt Leo Kirch auch die Hand über ihn, siehe Vertragsverlängerung. Dann die permanenten Einmischungen aus Bonn, sobald eine Sendung auch nur halbwegs kritischen Inhalt vorzeigte. Kabarett-Kobold Dieter Hallervorden ist deshalb nicht länger durchsetzbar. Erich Böhme und die Schreinemakers halten sich. Schließlich Wille. Der machte sich die Interventionen aus Vorzimmer und Hinterstübchen ängstlich zu eigen. Und er plazierte seine Personalien, Föckler und Mertes.

Irgendwann muß es dem Musterschüler gereicht haben. In der Süddeutschen Zeitung plaudert er aus dem Nähkästchen und gibt seine hart erarbeitete Erkenntnis preis, beim Privatfernsehen würden «nicht die Sender, sondern Programmlieferanten und Lizenzgeber die Gewinne» kassieren. Ein Affront. Besonders die Anwälte Joachim Theye und Axel Meyer-Wölden, die das ISPR-Modell ausgeguckt haben, sind wütend. Klatten hat das ungeschriebene Gesetz des Schweigens, der Omertá, gebrochen. Er ist zum Kronzeugen der Anklage geworden und bestätigt jetzt das, was Peter Tamm und die anderen Verleger immer Kirch vorgehalten hatten, bis hin zu ihrer Klagschrift vom August 1990.

Die Reaktion der Angegriffenen läßt nicht lange auf sich warten. Am 26. Mai 1993 muß Klatten zum Rapport vor Theye und Wille in eine Suite des Münchner Hotels «Vier Jahreszeiten» antreten. Die Szene ist präpariert. In der Kulisse harren Hilfskräfte samt Pressesprecher. Nach 45 Minuten hat Klatten seinen Rauswurf, schriftlich. Ende des Monats gibt er die Plastikkarte mit dem Firmencode beim Pförtner ab: «Ich habe mich nicht mehr umgedreht.»

Sofort schießen die Nachfolgespekulationen ins Kraut. Am schlüssigsten scheint einige Tage lang der Name Jens Odewald zu sein. Da kann man zwei und zwei zusammenzählen. Der promovierte Jurist ist Vertrauter von Helmut Kohl und Vorstandsvorsitzender der Kaufhof AG, die zur Metro-Gruppe gehört, deren Gründer und Eigner Otto Beisheim über seine Firmen MH Medien-Handels AG und Tefi-Handels AG mit SAT 1 und Pro 7 Geschäfte macht sowie am Reprisensender «Der Kabelkanal» beteiligt ist (Kirch kommt in dieser Deduktion nicht vor). Doch Odewald wird's nicht. Der Statthalter-Job ist wohl nicht seine Kragenweite. Hans Grimm wird's. Ein Pfennigfuchser aus dem Agenturenmilieu. Eine Maus, die beißt. Wille und Föckler kennen ihn seit der Zeit, als Grimm die «Marlboro»-Kampagnen durchrechnete. Der dritte Cowboy sitzt im Sattel. Die Frage lautet nur: Wo ist das Pferd geblieben?

Kehren wir zum Schluß noch einmal nach Österreich zurück. In das Land, in dem Leo Kirchs erste Spielfilmlizenz «La Strada» zum ersten Mal gespielt wurde. In dem sein Siegeszug begann. Der Medienmogul hat sich stets eine enge Beziehung zur Alpenrepublik bewahrt. Er kennt die Plätze, ahnt die Stunden, wo und wann die großen Tiere in der Dämmerung zu den Wasserlöchern kommen, und er verpaßt sie nicht. Am Wörthersee besitzt er eine stattliche Villa. Im Salzburger Sommer ist er häufig präsent, auf kurze Distanz zu Helmut Kohls Feriendomizil und dem Anwesen seines Unterstützers aus der Industrie, Otto Wolff von Amerongen.

Schließlich Wien. Die Hauptstadt der heißen Luft lag für Kirch nie weit. Hier weiß man seit Jahrhunderten, was ein solider doppelter Boden ist, wie man ihn fabriziert und kaschiert. Wie man darauf tanzt. Blechinger, Lenhardt, Wewalka sind typische Ausprägungen dieser Kultur. Sie alle hatten, wie wir gesehen haben, die Ehre.

Doch was ist ein Kommerzialrat mit noch so guten Beziehungen gegen eine landesweit agierende Institution, wenn man sich diese nutzbar machen kann, weil die eigenen Agenten an den richtigen Schaltstellen sitzen. Wenn man sich in ihr so einnisten kann, daß selbst ein neues Management alles beim alten lassen muß. Diese Institution war der Österreichische Rundfunk (ORF). Der fränkische «Piefke» durfte das öffentlich-rechtliche Unternehmen jahrzehntelang wie eine Kolonie behandeln. Wie eine Goldmine.

Sein oberster Kalfakter hieß Gerd Bacher. Seit 1967 waltete er mit Unterbrechungen drei Amtsperioden lang an der Spitze des Medien-Mammuts. Im Herbst 1994 retiriert der 68jährige endgültig aufs Altenteil. Wahrscheinlich wird Kirch für sein Gspusi noch Verwendung haben; beim «Kommerzfernsehen» (Bacher) SAT 1 oder bei Springer oder zumindest an der langen Leine des Beratervertrages, wie so viele ehemalige öffentlich-rechtliche Fernsehmanager. Dankbarkeit ist angesagt: Bacher war es, der die meisten wichtigen Verträge zwischen ORF und «Onkel Leo» unterschrieb.

Natürlich gab es unter Bacher in der mittleren und oberen Hierarchie-Ebene noch etliche weitere Kirch-Vertraute, die Verwalter des Alltagsgeschäfts. Zu ihnen zählte an erster Stelle Ernst Wolfram Marboe, der Programmintendant des ORF, ähnlich wie der ZDF-Programmdirektor zuständig für Unterhaltung und Kultur. Marboe und Bacher, das war immer ein spannungsreiches Verhältnis, schon vom Typus her – hier der Manager, dort der Künstler, hier der Schaum und dort der Schläger. Gleichwohl funktionierte die «berufliche Schicksalsgemeinschaft» (Marboe) lange Zeit bestens. Marboe half mit seinen gestandenen Beziehungen zur Österreichischen Volkspartei bei der dritten Wiederwahl von Bacher. Schließlich hatten beide denselben Paten. Genossen ähnliche Kommoditäten. Bacher verbrachte schon mal seine Ferien auf Kirchs Jacht; Marboe – so erfuhr das Nachrichtenmagazin profil – flog samt Familie in Kirchs Jet nach Marokko zu den Dreharbeiten einer Bibelverfilmung, an deren Kosten der ORF noch jahrelang zu knabbern haben wird.

Dieser Trip sollte die letzte größere Aufmerksamkeit sein. Am 17. September 1993 wird der Kirch-Vertraute Ernst Wolfram Marboe von Kirch-Freund Gerd Bacher aus seiner Funktion als Programmintendant abberufen, bleibt aber in Lohn und Brot. Eine Frage der «Vertrauensbasis». Bacher sagt, sie sei «verloren gegangen»[20], nachdem auch das «Kuratorium», der ORF-Aufsichtsrat, Marboe mit 21 von 21 Stimmen sein Mißtrauen ausgesprochen hatte. Was war geschehen? Warum wird der oberste Kreative des Senders bei vollen Bezügen in die Wüste geschickt, worauf dieser sich wie «im Himmel» vorkommt, was ganz irdisch heißt, daß er sein Lebtag zu schweigen hat über seine Erfahrungen mit Bacher, mit Kirch, mit... Wer killte Ernst Wolfram Marboe?

Erste Antwort: Er selber. Was gibt es Verläßlicheres als den sauberen Eintrag auf einem Totenschein, so schön, als man ihn nur verlangen tun kann. Wie beim unglücklichen Ruprecht Carl, beim unseligen Hans Schmidmeier. Diesmal ging die Entleibung so: Marboe sen. hat einen Sohn, den Ernst Leo, genannt «Golli». Der betreibt zusammen mit Niki Neuspiel, dem Sohn von Ing. Neuspiel sen., Marboes Chefproducer beim ORF, die Produktionsfirma «Sternstunden». Niki und Golli arrangieren im Auftrag von Kirchs Firma Unitel eine Aufzeichnung der Operette «Die lustige Witwe», gegeben vom Ensemble der Mörbischen Seefestspiele im Burgenland. Die «Buam» bringen das zustande, sogar in der Zukunftstechnik HDTV. Wer das luftige Stückchen einmal ausstrahlen soll, ist noch völlig offen.

Der ORF wohl nicht. Bacher hatte die klassische TV-Kultur reduziert und eine ORF-Aufzeichnung der «Witwe» untersagt. «Ermöglicher» Marboe kitzelt keck dagegen an, er soll einen Ankauf erwogen haben, vielleicht auch, weil er für seine «österreichische Lösung» die Unterstützung von Kirch erwartet: «Jetzt werden alle fröhlich sein.» Vielleicht. Sicher ist dagegen, so stellt sich schnell heraus, daß es keinen Vertrag gibt, dem Sender demnach «kein wirtschaftlicher Schaden» entstanden ist und sich der «Verdacht der versuchten Untreue» nicht bestätigt.

«Fröhlich» sind nicht alle, aber doch einige. Zum Beispiel die Wiener Zeitungen und Magazine. Im Handumdrehen wird aus dem Bubenstück eine Mediengeschichte. Zumal Marboe, inzwischen angezeigt, sich einen stadtbekannten, scharfen Anwalt nimmt und ihn auf einer Pressekonferenz die causa erläutern läßt. Bacher fühlt sich auf seine letzten Tage «angeschüttet» und ob der hochgespielten «Nahe-Verhältnisse» zwischen Junioren und Senioren der «Ineffizienz» geziehen, was er besonders hassen dürfte.

Wer killte Ernst Wolfram Marboe? Antwort Nummer zwei muß lauten: der Medienzirkus, in dessen Manege «Tiger» Bacher seine Show abzog, von wegen Klüngelei auf dem Küniglberg, dem Wiener ORF-Zentrum. Doch diese Antwort kann bestenfalls eine nachrangige Wahrheit sein. Der Generalintendant hätte längst Gelegenheit gehabt, die Vetternwirtschaft in seinem Sender zu beenden. 104 untereinander verwandte Mitarbeiter eruierte das Magazin «Wiener», eine stattliche Quote. Marboe war in Sachen Protektion wohl sogar noch sensibler als andere Angehörige der ORF-Familie.

Warum räumte Bacher mit dem Filz nicht auf? Weil dann eine Lawine ins Rollen gekommen wäre, die möglicherweise auch vor ihm nicht haltgemacht und den konkurrenzbedrohten Sender zertrümmert hätte. Denn der wirkliche Filz im ORF, das ist nicht..., wenn der Vater mit dem Sohne, das ist die jahrzehntelange Beziehung zu Leo Kirch. Marboe kannte diese Connection zur Genüge. Er hat sie selber mitgeknüpft und gepflegt. Aber der Mann mit dem silbergrauen Vollbart auf tiefgebräunter Haut, rundum impressionabel, wenn ihm nicht die Natur den Tort angetan hätte, daß er ein Bein nachziehen muß, er ist kein blinder «aficionado» von Leo Kirch: Es habe, so behauptet er, «viele Fragen gegeben, wo ich nicht seinen Interessen gefolgt bin».

Mag sein. In Bachers Welt des Autoritären wirkte er jedenfalls wie eine anarchistische Zelle, gegenüber dem Strategen wie ein Sponti. Der unbeherrschte Marboe war nicht (mehr) beherrschbar. Er mußte stillgelegt, wie die Geheimen sagen «verbrannt», wie er selber sagt «gekillt» werden. Bei vollen Bezügen zum Schweigen verurteilt.

Einen Monat, nachdem er seinen Programmintendanten los ist, unterschreibt Gerd Bacher den wohl umfangreichsten Einzelvertrag, der jemals mit Leo Kirch abgeschlossen wurde. Am 12. Oktober 1993 kauft der ORF vom Münchner Programmhändler 400 Spielfilme für 400.000 Schilling pro Stück, insgesamt 160 Millionen Schilling. Die Herren haben's eilig. Bachers Amtszeit geht zuende. Und Kirch will offenbar schnell Kohle sehen. Die erste Rate – 53 Millionen Schilling – ist entgegen den Usancen 14 Tage nach Vertragsschluß fällig. Die zweite, wieder 53 Millionen, bereits knapp drei Monate später.

Der «eigentliche Programmgestalter des ORF», so die Wiener Filmproduzenten Alice Straka, hat sich noch einmal richtig breit gemacht. Und zwar zu opulenten Konditionen. So werden von den 400 Streifen 52 dem ORF als «qualitativ besonders hochwertig» verkauft. Bedauerlich nur, daß die Lizenzzeit der glorreichen 52 – wenn es denn so viele sind – bereits nach einem Jahr formal erlischt, während der Sender mit dem Mittelmaß vier Jahre lang herumkaspern darf. Vielleicht aber geht alles auch noch viel schneller, denn eine Wiederholung muß innerhalb von 72 Stunden nach der ersten oder zweiten Ausstrahlung erfolgen. Sollte durch die zwangsweise Benutzung dieses Schnellkochtopfs die formale Lizenzzeit unterschritten werden, fällt der Titel umgehend an Kirch zurück.

Auch in dem Preis pro Film steckt eine Freundlichkeit für den Männerfreund. Selbst ein Klasse-Streifen, so hat Straka erfahren, muß im Einkauf nicht mehr als 60.000 bis 100.000 Schilling kosten. Kirch aber erhöht seine Spanne noch dadurch, daß er 20 Prozent auf die Verkaufspreise von Anfang 1990 draufschlägt, als bereits stattliche 333.000 Schilling zu berappen waren.

Bachers letzte Amtszeit, deren Start von einer Anzeige über Stimmenkauf begleitet wurde, war ein Fest für Leo Kirch, eine lachende Wasserkunst. Aus den mir vorliegenden, im ORF als Staatsgeheimnis behandelten acht Verträgen geht hervor, daß er in diesen wenigen Jahren ein Volumen von mindestens 460 Millionen Schilling zugeteilt bekam, wahrscheinlich wesentlich mehr. Dabei lassen sich drei Vertragsvarianten ermitteln. Es gibt pauschale «Preis- und Abnahmevereinbarungen», die auf zwei Jahre geschlossen und auf die einige Verträge «angerechnet» werden. Dann existieren etliche Einzelverträge, die zusätzlich eingebracht werden. Und schließlich – Krone der kontinuierlichen Zusammenarbeit – kassiert Kirch noch aus einem Vertragswerk zwischen ORF und Unitel, das Konzert- und Opernproduktionen regelt.

Dessen Laufzeit war 1992 zum dritten Mal verlängert worden. Bei dieser Gelegenheit erhöhten Bacher und Kirch die Minutenpreise um zehn Prozent, was einer jährlichen «Abnahmeverpflichtung» von rund

18 Millionen Schilling entspricht. Dafür erhielt der Sender hauptsächlich die unbegrenzten Rundfunkrechte in Österreich und Südtirol. Die wichtigsten anderen Nutzungsmöglichkeiten stehen Kirch zu, etwa der Verkauf der Konzerte – meist von den renommierten Wiener Philharmonikern eingespielt – per Videokassette oder CD. Gewiß, der ORF ist laut Vertrag an der weltweiten Fernsehverwertung mit einem Fixbetrag beteiligt. Doch ob der in bar ausbezahlt oder statt dessen «eine Ersatzproduktion von international anerkannter Qualität» geliefert wird, «bleibt Unitel überlassen». Um wessen Programm geht es hier eigentlich? Im Klartext heißen diese Paragraphen: Der ORF finanziert Kirch hochwertige Aufnahmen von Opern und Konzerten. Der Sender darf sie in Österreich ausstrahlen. Das bringt, sagt Bacher selber, «fast keine Publikumsakzeptanz». Kirch darf sie weltweit auswerten. Da klingelt die Kasse.

Ein abenteuerlicher Gunstbeweis. Den gibt es nicht für blaue Augen. Durch das winterliche Wien wehen die Gerüchte über Dossiers und Fotos, die Bachers Kirchgängerei noch deutlicher belegen sollen, als die Verträge dieses schon tun. Ich bin in der Stadt und ich möchte mit Marboe sprechen. Vom Hotel aus rufe ich bei ihm zu Hause an. Stutzen, Zögern, dann lädt er mich zu Tee und Kipferl ein. Mir kommt die Strecke in den Wienerwald hinaus unendlich lang vor, so lang wie die Recherche selber, die mich seit Monaten umtreibt: Durch die vorweihnachtlich glitzernde Innenstadt, die grauen Randbezirke, das Niemandsland, das sich ganz allmählich wieder zu bewohnbaren Häuserzeilen befestigt, plötzlich ein Dorf, am Hang das Haus.

Innen. Große Scheiben zum Garten, Kamin, Ledergarnitur mit Gebrauchsspuren. Das Geld der 60er Jahre. Der Jahre, in denen Leo Kirch groß wurde, nicht nur in Wien. Über uns ragt ein Kruzifix in den Raum. Marboe sagt: «Ich sage nichts.» Marboe sagt: «Sie können mit mir in die Stadt fahren. Ich muß zum Busek.» Der Vizekanzler hat ihn bestellt.

Also machen wir in seinem alten Mercedes den Weg wieder zurück. Wien ist von nasskaltem Nebel eingehüllt. Am Café Landtmann trennen wir uns. Er ist von Kopf bis Fuß in grüne Loden gekleidet, dieser

Code fällt mir erst jetzt auf. Ich sehe ihm ins Gesicht. Ich sehe Angst: Was immer «die anderen» über ihn erzählen werden, ich solle, so bittet er, unsere Begegnung nicht vergessen. Abgemacht. Dann hinkt er davon. Zum Busek. Seine Schritte verhallen im sinkenden Abend.

Anmerkungen

1 Der beste deutsche Kenner der opus dei, abwägend und kritisch zugleich, ist der Journalist Peter Hertel. Sein Buch «Ich verspreche Euch den Himmel – Geistlicher Anspruch, gesellschaftliche Ziele und kirchliche Bedeutung des opus dei» (Verlag Patmos, Düsseldorf 1990) ist der führende einschlägige Titel.

2 Philipp Jenninger (Hg): Alois Mertes zur Erinnerung – Ansprachen und Nachrufe. Verlag Butzon & Bercker Kevelaer, Bonn 1986.

3 vgl. Hertel, S. 64

4 Schreiben Rust an Vereinsregister vom 6.8.1991. Auszug: «Soweit eine geistliche Leitung in Frage steht, wird sie in der Regel Priestern des opus dei übertragen.»

5 Gerhard Schäfer: Studentische Korporationen im Übergang von der Weimarer Republik zum deutschen Faschismus. In: 1999 – Zeitschrift für Sozialgeschichte des 20. und 21. Jahrhunderts. Heft 1/88, S. 104 ff.

6 Die Namen der Informanten wurden in der Regel verändert; auch Manteuffels Name ist ein Pseudonym.

7 Name und Senderzugehörigkeit geändert

8 An den Vorgang können sich beide, dazu befragt, nicht erinnern.

9 Hannes Bahrmann, Peter-Michael Fritsch: Sumpf – Privilegien, Amtsmißbrauch, Schiebergeschäfte, S. 11. Verlag LinksDruck, Berlin 1990.

10 Mittlerweile ist Zmeck zum Geschäftsführer der Kirch-Gruppe aufgestiegen.

11 Die Zeit, 1.9.1989

12 Informationsdienst rundy, 14.4.1992

13 Informationsdienst epd Kirche und Rundfunk, 10.3.1993

14 Stand der ungesicherten Informationen bei Redaktionsschluß: Die Erben werden etwa die Hälfte ihres Anteils verkaufen; Kirch hat sich über Treuhänder weitere zehn Prozent gesichert.

15 Informationsdienst epd Kirche und Rundfunk, 24.4.1993

16 Im Mai 1993 einigen sich die TUI-Anteilseigner u.a. darauf, daß die Walter Kahn Verwaltungsgesellschaft nunmehr 30 Prozent an der TUI halten soll.

17 Der Spiegel 15/94

18 Die Weltwoche, 12.8.1993

19 Süddeutsche Zeitung, 26.6.1993
20 ORF-Kuratorium, Sitzungsprotokoll 4/1994, 17.9.1993, S. 56

Epilog

Das Manuskript ist fertig. Es soll im Ausland gedruckt werden. Bevor ich den Text freigebe, will ich noch einmal Rücksprache nehmen mit «big throat», der Quelle aus alten Recherche-Tagen. Sicherlich gibt es Details, die ich übersehen oder falsch eingeschätzt habe – «big throat» kann helfen, die Fehler zu tilgen. Wir verabreden uns in der Lobby des Hamburger «Elyssee»-Hotels, Rothenbaumchaussee. Ich komme zu früh und setze mich an die Bar, ein dunkel getäfeltes Seitengelaß, von dem aus man aber die große Halle gut überblicken kann. Es geht auf 17 Uhr zu, die Stunde zwischen Wolf und Hund.

In diesem Moment sehe ich meine «Nummer 1», so hatte ich ihn damals genannt, auf der Empore sitzen. Ich erkenne ihn an der leicht vornüber gebeugten Körperhaltung und an seinen Gesten. Er spricht auf jemanden ein. Jetzt lachen er und der andere. Langsam gleite ich vom Barhocker, zwei Schritte in die Halle, dann drücke ich mich an die kühle Wand. So kann ich das freundliche Gegenüber von «Nummer 1» erkennen: Joachim Theye, Kirchs «angelo nero», langjähriger und viel geschmähter Intimfeind meines Informanten. Offenbar versteht man sich mittlerweile. Das ist kein Spuk. Das ist ... Ich erschrecke. Hier habe ich nichts mehr zu suchen. Mit quietschenden Reifen jage ich durch die engen Kehren der Tiefgarage ins Freie.

NACH REDAKTIONSSCHLUSS

Zahlmeister. SAT 1 wird 1993 wieder rote Zahlen schreiben; angeblich mehr als 50 Millionen Mark. Geschäftsführer Jürgen Doetz gesteht «viele Fehler» ein und hofft, «möglichst bald» den Break-even zu erreichen. Währenddessen degeneriert der Sender zur «Wahlwerbeveranstaltung für den Kanzler» (Graf Lambsdorff). Die mittelständischen Verleger werden argwöhnich. Alfred Neven DuMont («Kölner Stadt-Anzeiger») kritisiert die Reise, die Kanzler Kohl samt 80-köpfigem Tross zur Fußballweltmeisterschaft nach Chicago unternommen hat, auf Kosten (ca. 250.000 Mark) von SAT 1.

Nachfolger. Am 20. Juli 1994 soll Hort Keiser den Vorstandsvorsitz des Axel Springer Verlags übernehmen. Am 20. Juli erhält Keiser (samt den übrigen ehemaligen Vorstands-Mitgliedern der Vor-Kirch-Ära) den Abschied. Servatius inthronisiert handstreichartig den Favoriten aus dem Kohl-Kirch-Lager, Jürgen Richter.

Helfer. Unter dem Motto «Wir für Deutschland» organisiert Beisheim-Manager und Kanzler-Berater Jeans Odewald eine PR-Kampagne mit Spots u.a. auf Pro 7 und SAT 1. Odewald wird dabei unterstützt von Ex-Springer-Vorstand Willi Schalk und Gerling-Boss Adolf Kracht.

Partner. Kirchs Geschäftsfreund Rupert Murdoch erhält das Sagen bei dem fallierten TV-Sender Vox. Darauf kommt es zur Entfremdung zwischen den bisherigen Partnern CLT und Bertelsmann.

Aufpasser. Die Aktivitäten des Pro 7-Lizenzgebers ULR werden von der schleswig-holsteinischen Landesregierung unter die Lupe genommen. Mehrere Chefs von Landesmedienanstalten wollen die Lizenzvergabe nicht akzeptieren.

Planer. Die SPD wird sich nach der Wahl mit der Medienkonzentration «gesetzgeberisch beschäftigen».

ANHANG

DANKSAGUNG

Sie muß apokryph ausfallen. Wer gemeint ist, wird sich wiedererkennen. Ich danke allen, die mir bei der Recherche geholfen haben. Den Kolleginnen und Kollegen, die in meinem Auftrag Teilaspekte untersuchten. Oder die schon vorher über das Thema gearbeitet haben. Den Auskunftgebern aus den unterschiedlichsten gesellschaftlichen «Lagern». Denen, die mir Zusammenhänge erklärten, ohne konkret werden zu können. Denen, die wußten, was sie taten. Und denen, die mir den Rücken freigehalten haben.

CHRONIK

Teil 1: Aufbau

21.10.1926	Leo Kirch in Würzburg geboren
1956	Kauf der Lizenz Fellini-Film «La Strada»
1961	Bundesverfassungsgericht untersagt «Adenauer-Fernsehen»
April 1963	Sendebeginn ZDF

Teil 2: Durchbruch

12.8.1973	ZDF-Programmdirektor Joseph Viehöver stirbt
6.11.1975	Gerd Bacher soll ZDF-Programmdirektor werden
1974	Hans-Joachim Seidowsky wird Stellvertreter des Intendanten des DDR-Fernsehens und Direktor Internationaler Programmaustausch

Teil 3: Krise

3.5.1976	Spiegel-Artikel «Fernsehen: ZDF im Würgegriff?»
24.6.1976	Bertelsmann-Chef Reinhard Mohn spricht mit Leo Kirch in Gütersloh
29.9.1976	stern-Artikel «Leos langer Arm»
25.3.1977	Abschließende Behandlung der Kirch-Recherche im ZDF-Verwaltungsrat

Teil 4: Bewegung

13.10.1976	Kirch beginnt Umschuldungsverhandlungen
3.1.1980	Selbstmord Axel Springer jun.
16.6.1981	Bundesverfassungsgericht urteilt über Privatfernsehen
1.7.1981	Helmut Guthardt wird Chef der DG Bank, Kirch-Finanzier
19.10.1981	PKS wird gegründet
Oktober 1982	Helmut Kohl ist Bundeskanzler, Christian Schwarz-Schilling Bundespostminister
Anfang 1983	Burda erwirbt 24,9 % des Axel Springer Verlags
13.8.1983	Verhandlungsbeginn ARD/MGM in Hollywood
13.8.1983	Letzte Fassung Testament Axel Springer
17.10.1983	Gründung ECS-Konsortium
10.2.1984	Vertrag ARD/MGM perfekt
16.2.1984	Medienpolitisches Aktionsprogramm der SPD
5.7.1984	Bayerischer Rundfunk gegen MGM-Paket
3.9.1984	angeblich: Geldübergabe Schmidmeier/Kirch in Zürich
1.1.1985	SAT-l-Programm startet
17.6.1985	Axel Springer gibt 10 % des Aktienkapitals an Leo Kirch
28.6.1985	Springer-Aktien an der Börse
4.9.1985	Konstituierende Sitzung Aufsichtsrat Axel Springer Verlag
22.9.1985	Axel Springer stirbt

Teil 5: Kampf

1.2.1986	Peter Gerlach wird SAT-l-Programmdirektor
10.10.1986	angeblich: Poolvertrag Holtzbrinck/Kirch

16.10.1986	Unterzeichnung Gesellschaftervertrag u. Konsortialvereinbarung SAT 1
31.10.1986	Aufsichtsrat Axel Springer Verlag verbietet Erwerb von mehr als 10 % des Aktienkapitals durch Dritte
12.5.1987	Günter Prinz scheidet als stellv. Vorstandsvorsitzender des Axel Springer Verlags aus
26.5.1987	Brief Leo Kirch an den Springer-Aufsichtsratsvorsitzenden Bernhard Servatius: «Disponiere über das Stimmverhalten von 26 Prozent...»
16.12.1987	Springer-Aufsichtsrat beschließt: Kirch bleibt draußen
1.1.1988	Werner E. Klatten übernimmt Geschäftsführung SAT 1
3.3.1988	Poolvertrag Burda/Kirch: «Unfriendly Take-over» des Axel Springer Verlags
19.4.1988	Springer kauft Burda-Anteil am Verlag zurück: Poolvertrag gescheitert
13.10.1988	Thomas Kirch übernimmt 49 % an Eureka/Pro 7
29.8.1989	Rolf Deyhle erstattet Anzeige gegen Leo Kirch und Helmut Oeller
Herbst 1989	Krise bei Leo Kirch
23.12.1989	MH Medien-Handels AG kauft Filmpaket von Leo Kirch für 530 Millionen Mark: Kirch gerettet
5.4.1990	SAT 1 kauft Filmpaket von MH ohne Zustimmung Aufsichtsrat
18.6.1990	Deyhle-Anzeige: Staatsanwalt stellt Ermittlungen ein
27.6.1990	Oberlandesgericht München bestätigt: Springer nannte Kirch einen «Kriminellen»
Oktober 1990	Rudolf Mühlfenzl übernimmt «Einrichtung» zur Abwicklung des DDR-Rundfunks
12.12.1990	«Friedensschluß» zwischen Springer und Kirch

Teil 6: Sieg

Frühjahr 1991	Springer und Kirch kaufen Sportrechte-Agentur ISPR
Juni 1991	Peter Tamm tritt als Vorstandsvorsitzender des Axel Springer Verlags vorzeitig zurück; Günter Wille rückt nach
30.6.1991	Helmut Guthardt gibt Posten als Chef der DG Bank auf
Oktober 1991	Leo Kirch wird 65
März 1992	CLT verkauft ihre Anteile an Tele 5 an Springer
Juni 1992	Landesmedienanstalten starten Fragebogenaktion zur Konzentrationskontrolle
Juni 1992	Tele München/Cap Cities verkaufen Tele-5-Anteile an Springer
26. Juni 1992	Kirch an Tele 5 beteiligt
Sommer 1992	Kirch-Anwalt Joachim Theye im Aufsichtsrat Axel Springer Verlag
November 1992	Kirch mit 25 % plus 1 Aktie an Springer offiziell beteiligt; Erben erwerben Mehrheit am Verlag
Ende 1992	Tele 5/DSF erhält Sendelizenz
Anfang 1993	Kirch mit 35 % plus 1 Aktie an Springer beteiligt
28.5.1993	Werner E. Klatten verläßt SAT 1
17.9.1993	ORF-Programmintendant Ernst-Wolfram Marboe abberufen
15.11.1993	Günter Wille stirbt
Frühjahr 1994	Medienunternehmer Silvio Berlusconi wird italienischer Ministerpräsident

STRUKTUREN

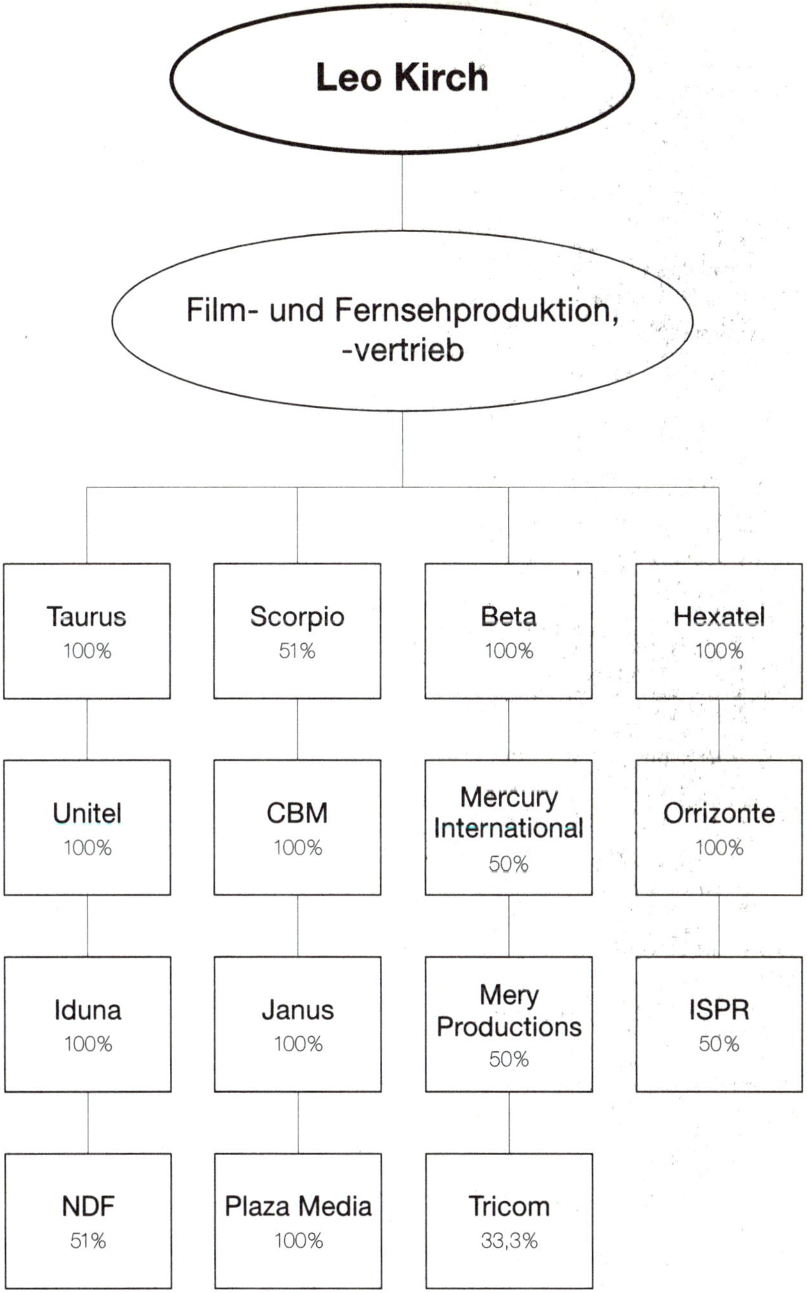

Leo Kirch
Film- und Fernsehproduktion, -vertrieb
Taurus 100%
Scorpio 51%
Beta 100%
Hexatel 100%
Unitel 100%
CBM 100%
Mercury International 50%
Orrizonte 100%
Iduna 100%
Janus 100%
Mery Productions 50%
ISPR 50%
NDF 51%
Plaza Media 100%
Tricom 33,3%

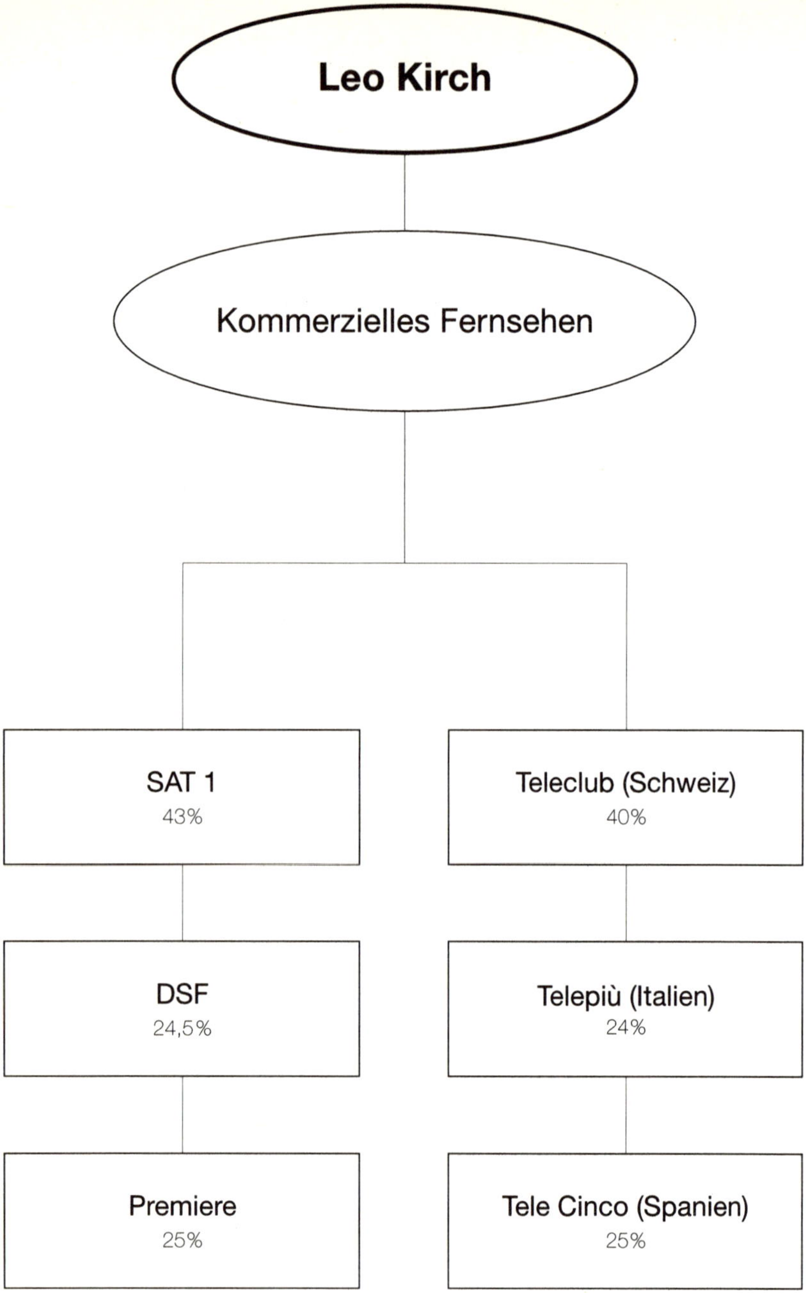
Leo Kirch
Kommerzielles Fernsehen
SAT 1
43%
Teleclub (Schweiz)
40%
DSF
24,5%
Telepiù (Italien)
24%
Premiere
25%
Tele Cinco (Spanien)
25%

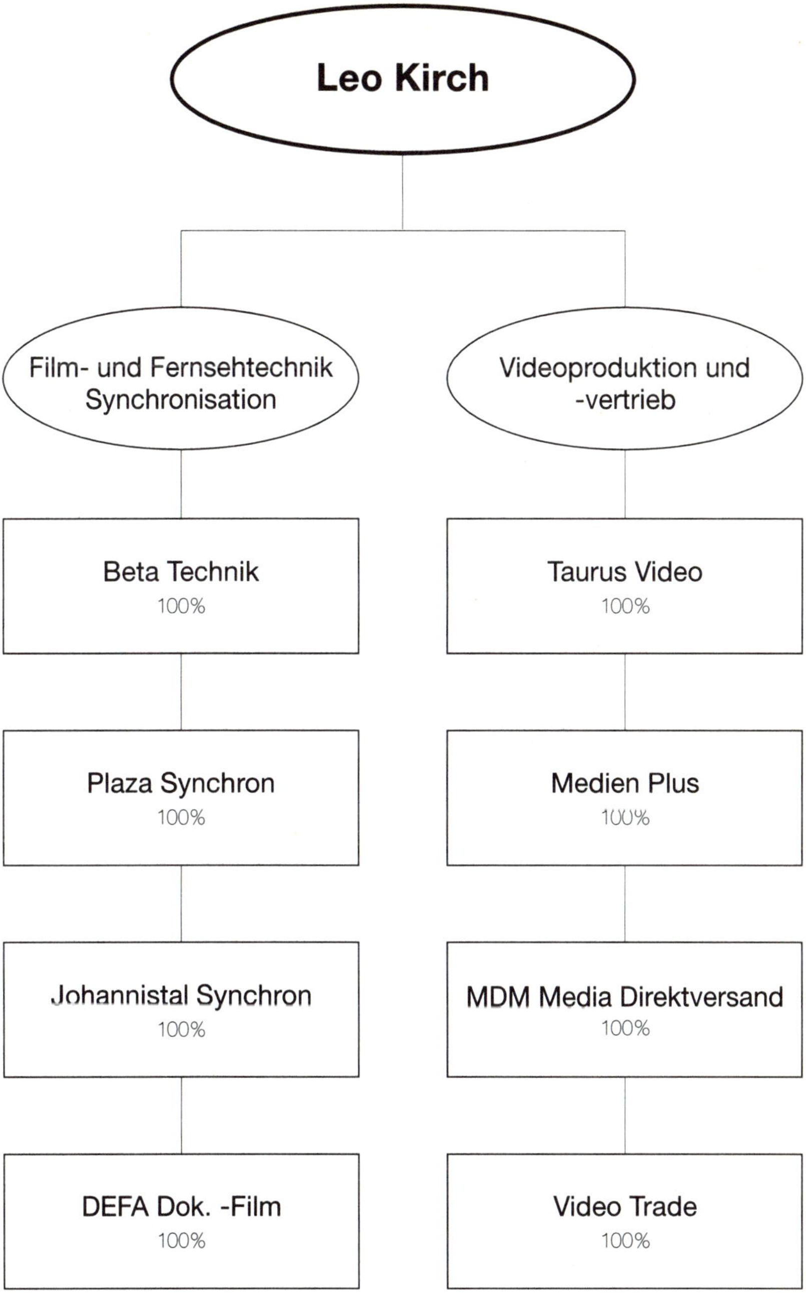
Leo Kirch
Film- und Fernsehtechnik Synchronisation
Videoproduktion und -vertrieb
Beta Technik
100%
Taurus Video
100%
Plaza Synchron
100%
Medien Plus
100%
Johannistal Synchron
100%
MDM Media Direktversand
100%
DEFA Dok. -Film
100%
Video Trade
100%

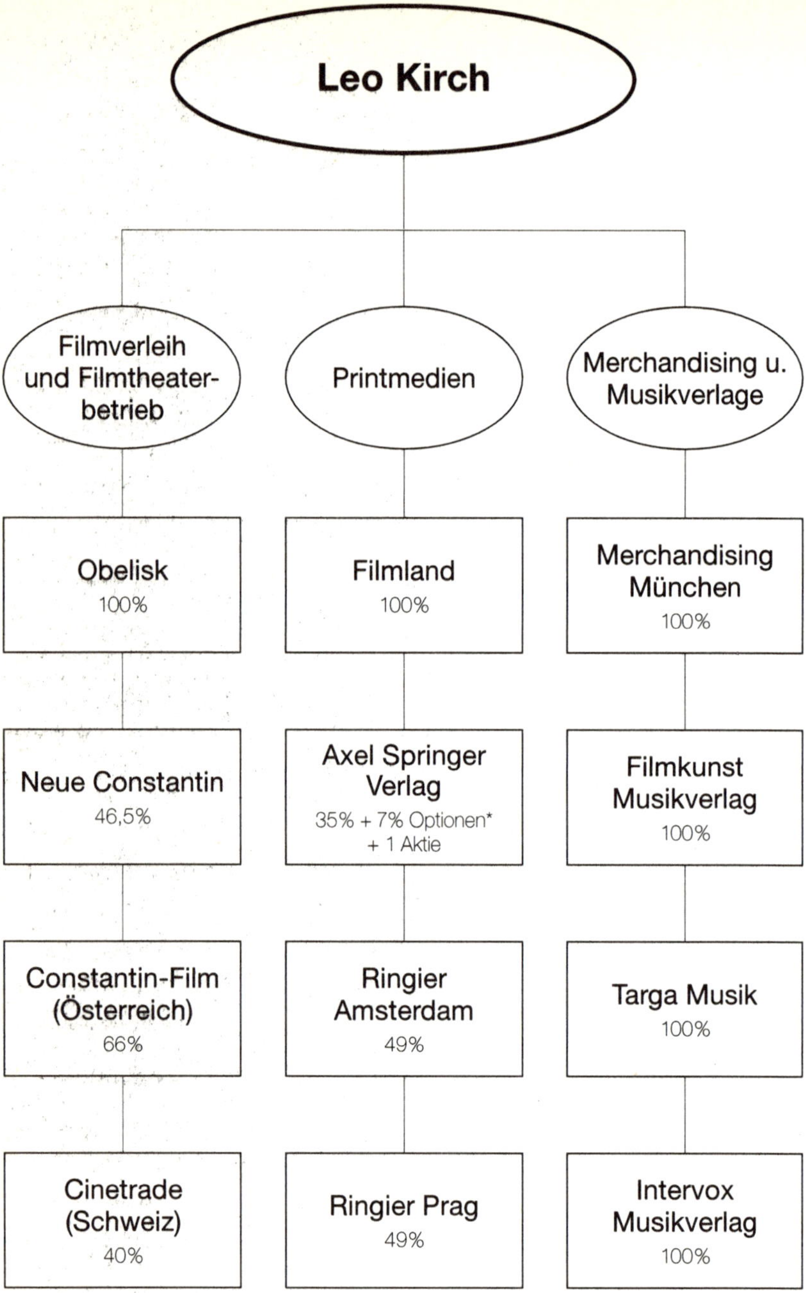

* Wirtschaftswoche, 22.7.1994

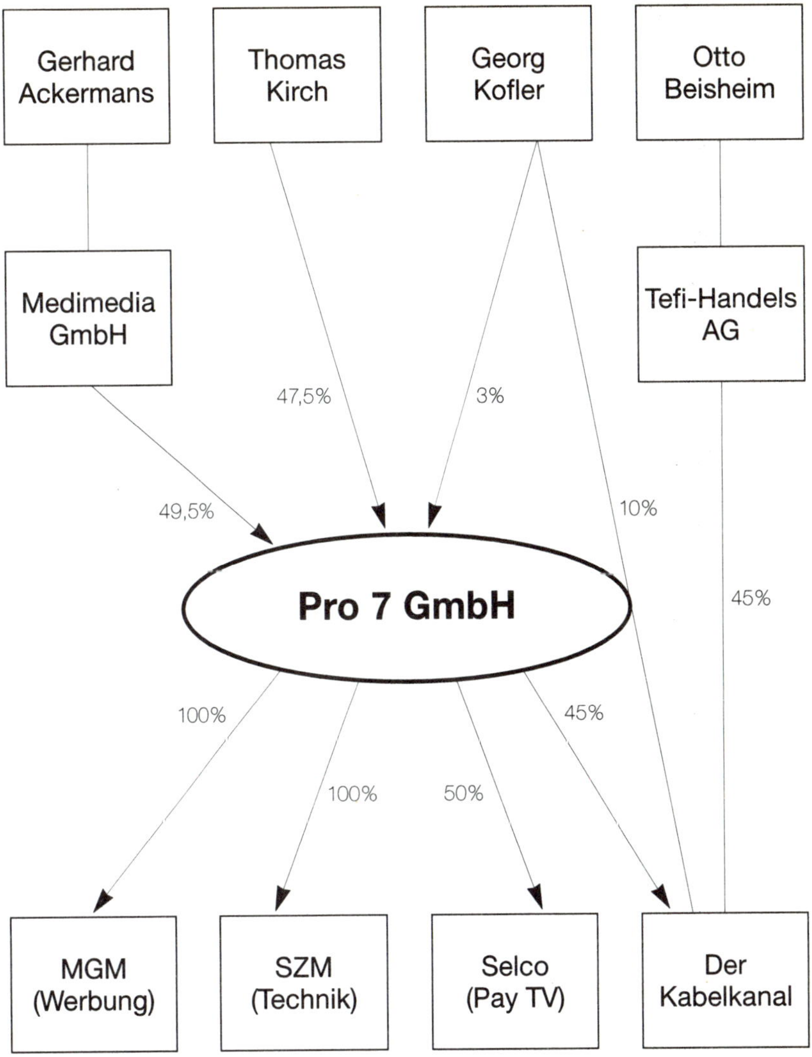
Gerhard Ackermans
Thomas Kirch
Georg Kofler
Otto Beisheim
Medimedia GmbH
Tefi-Handels AG
47,5%
3%
49,5%
10%
Pro 7 GmbH
45%
100%
45%
100%
50%
MGM (Werbung)
SZM (Technik)
Selco (Pay TV)
Der Kabelkanal

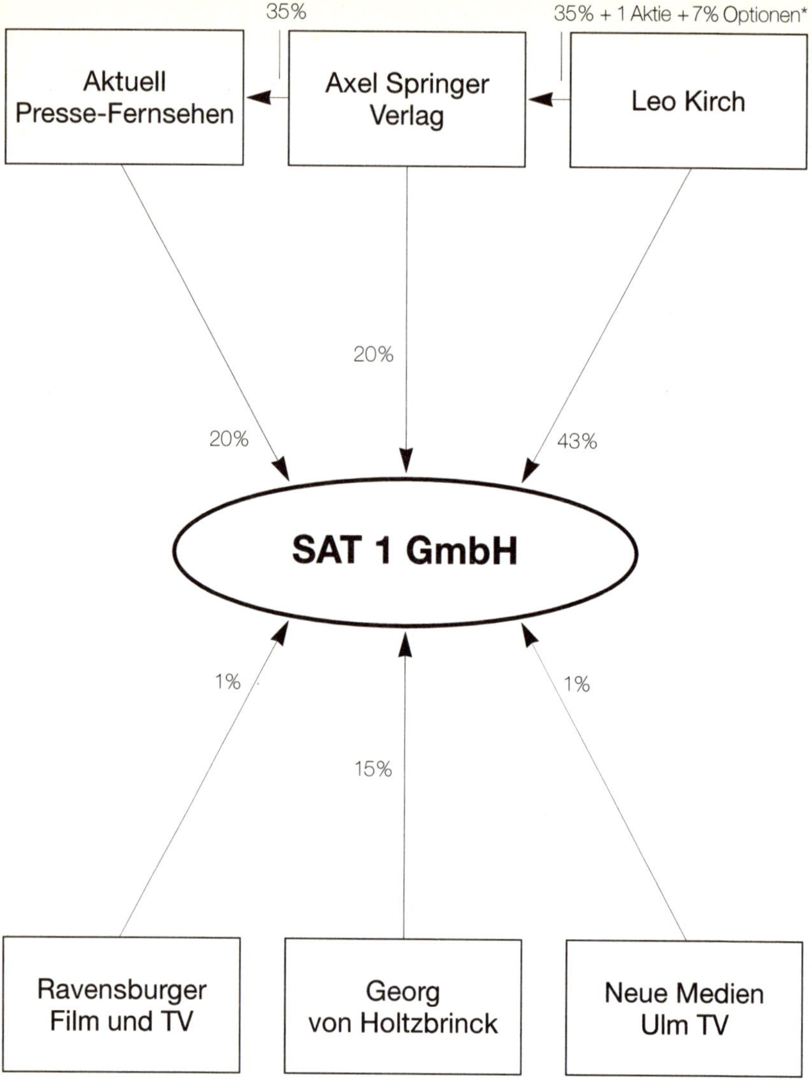

* Wirtschaftswoche, 22. 7. 1994

Im Vergleich: Zentrale Daten aus den geheimen Geschäftsberichten von Pro 7

	1987 *	1988 *	1989	1990	1991	1992
Nicht durch Eigenkapital gedeckter Fehlbetrag	15.669.556,17	14.363.175,04	88.432.470,07	217.168.194,08	489.854.107,27	606.113.240,07
Verbindlichkeiten gegenüber Kreditinstituten			52.860.471,87	344.577.995,24	594.008.492,54	646.839.792,02
Verbindlichkeiten aus Lieferungen und Leistungen			22.688.899,03	229.473.388,34	94.511.543,51	917.182.152,58
Verbindlichkeiten gegenüber Gesellschaftern			18.042.522,15	26.300.142,27	25.600.000,–	35.600.000,–
Umsatzerlöse		1.397.669,91	10.528.292,87	43.613.663,80	160.010.558,05	382.701.935,–
Filmvermögen				365.200.000,–	193.112.191,14	918.938.732,64

* noch Pro-7-Vorgänger Eureka TV

DOKUMENTE UND FOTOS

Bildunterschriften DOKUMENTE

1) Protokoll (Auszug) der Degeto-Sitzung vom 23. August 1983. Die Degeto-Gremien geben ihrer Verhandlungskommission die Vollmacht, mit MGM/UA einen Vertrag über 120 Millionen Dollar abzuschließen.

2) Schreiben von Leo Kirch an den ARD-Vorsitzenden Reinhold Vöth vom 5. September 1983. Kirch macht ein Alternativangebot über 80 Millionen Dollar. Er veruscht, den Abschluß mit MGM zu verhindern.

3) Testament von Hans Schmidmeier zu Gunsten von Helmut Oeller vom 27. Februar 1985. In dem Schließfach soll sich ein Rembrandt-Gemälde befunden haben.

4) Schreiben der FAZ an SAT-1-Geschäftsführung vom 19. Juni 1986. Mit ungewöhnlicher Begründung steigt die FAZ aus SAT 1 aus.

5) Schreiben Leo Kirch (Auszug) an den Springer-Aufsichtsratschef Bernhard Servatius vom 26. Mai 1987. Kirch gibt zu, über 26 % der Springer-Stammkapitals zu «disponieren».

6) Vereinbarung zwischen Franz und Frieder Burda sowie Leo Kirch zum «unfriendly Take-over» des Springer-Verlags vom März 1988.

7) Niederschrift der Gesellschafterversammlung des Fernsehsenders Eureka vom 13. Oktober 1988. Gerhard Ackermans hat ab 15.00 Uhr das Sagen.

8) Eidesstattliche Versicherung des Eureka-Verwaltungsdirektors Gerhard Wilhelm vom 8. Februar 1989. Wilhelm behauptet, Leo Kirch sei an Eureka beteiligt. Am 3. August 1989 widerruft Wilhelm, wieder mit einer Eidesstattlichen Versicherung.

9) «Finders's Agreement» (Auszug) mit handschriftlicher Eintragung Gerhard Ackermans vom 13. Juli 1988. Ackermans ist bereit, bis zu 100 Prozent von Eureka zu verkaufen.

10) Lizenzvertrag (Auszug) zwischen Leo Kirchs Taurus-Film und dem DDR-Fernsehen vom 29. September 1989.

11) Schreiben von Leo Kirch an den Vorstand des Springer-Verlages vom 16. November 1989. Kirch behauptet, an Pro 7 und SAT 1 nicht beteiligt zu sein.

12) «Vorschlag» (Auszug) von DDR-Filmeinkäufer Hans-Joachim Seidowsky betr. Gründung einer Filmhandelsfirma. Dazu sollen die «Beziehungen zum Schalck-Bereich» aufgehoben werden.

13) Bürgschaftserklärung von SAT 1 gegenüber MH vom 6. April 1990 über 755 Millionen Mark betr. den Einkauf eines vom SAT-1-Aufsichtsrat nicht genehmigten Filmpakets.

14) Schreiben Springer-Chef Peter Tamm an SAT-1-Geschäftsführer Werner E. Klatten vom 11. April 1990. Tamm kündigt «weitreichende Folgen» wegen des MH-Einkaufs an.

15) Protokoll (Auszug) der «Friedensverhandlungen» zwischen Kirch, Theye, Servatius und Wille vom 12. Dezember 1990.

16) Bilanz des Fernsehsenders Pro 7 zum 31.12.1992.

17) Schreiben von Thomas Kirch an die Kieler Landesmedienanstalt ULR vom 28. September 1993.

18) Schreiben (Auszug) von Pro-7-Chef Georg Kofler an ULR-Direktor Gernot Schumann vom 13. Oktober 1993. Kofler erklärt, nur noch der ULR Auskunft zu geben.

19) Undatierte Aktennotiz (Auszug) von ULR-Direktor Schumann betr. Einsichtnahme in Geschäftsunterlagen von Pro 7 am 22. Oktober 1993.

Bildunterschriften FOTOS

1 Bundeskanzler Helmut Kohl mit dem inzwischen verstorbenen Springer-Vorstandschef Günter Wille und dem Aufsichtsratvorsitzenden des Axel Springer Verlages, Bernhard Servatius (re.) (Foto: dpa)

2 Leo Kirch (2.v.re.) ersteigert für 420.000 Mark einen «Bambi»-Preis und stiftet diesen der Kanzler-Gattin Hannelore Kohl für Benefiz-Zwecke (Foto: dpa)

3 Leo Kirch mit seinen CSU-Freunden Theo Waigel (li.) und Peter Gauweiler (Foto: dps)

4 Werner E. Klatten, der ehemalige Vorsitzende der SAT-1-Geschäftsführung (Foto: dpa)

5 Joachim Theye, Mitglied im Springer-Aufsichtsrat, Rechtsanwalt und Berater von Leo Kirch (Foto: dpa)

6 Helmut Guthardt, ehemaliger Vorstandsvorsitzender der DG Bank, hier auf dem Weg zu Geschäftspartnern in Paris (Foto: dpa)

7 Gerd Bacher, ehemaliger Generalintendant des Österreichischen Ruindfunks (ORF), Kirch-Berater (Foto: dpa)

8 Hans-Joachim Seidowsky (re.), ehemaliger Chefeinkäufer des DDR-Fernsehens (Foto: privat)

9 ZDF-Intendant Dieter Stolte (li.) im Gespräch mit Bundeskanzler Kohl (Foto: dpa)

10 Karl Holzamer, ehemaliger ZDF-Intendant (Profil); im Hintergrund sein damaliger Assistent Dieter Stolte (Foto: privat)

11 Der inzwischen verstorbene ZDF-Programmdirektor Joseph Viehöver mit seiner Frau Rut Rex (Foto: Georg Fruhstorfer)

12 Peter Tamm, ehemaliger Vorstandsvorsitzender des Axel Springer Verlages (Foto: Jatsch-Kösling)

N I E D E R S C H R I F T

der gemeinsamen Sitzung von Aufsichtsrat und Gesellschafterversammlung der DEGETO-FILM GMBH am Dienstag, dem 23. August 1983 im Hessischen Rundfunk in Frankfurt

Beginn der Sitzung: 15.00 Uhr

Anwesend: Vom Aufsichtsrat:

Intendant Vöth
BAYERISCHER RUNDFUNK

Intendant Lehr
HESSISCHER RUNDFUNK

Intendant Schröder
RADIO BREMEN

Intendant Loewe
SENDER FREIES BERLIN

Intendant Prof. Dr. Bausch
SÜDDEUTSCHER RUNDFUNK

Herr Weber für
Intendant Hilf
SÜDWESTFUNK

Intendant von Sell
WESTDEUTSCHER RUNDFUNK

Programmdirektor
DietrichSchwarzkopf

Fernsehdirektor
Dr. Helmut Oeller - BR

Von der Gesellschafterversammlung:

Frau Lowak für Herrn
Verwaltungsdirektor Maier

Geschäftsführer Stolberg
NORDDEUTSCHER RUNDFUNK

Verwaltungsdirektor Dr. Lehmann
SENDER FREIES BERLIN

Verwaltungsdirektor Feldbausch
SAARLÄNDISCHER RUNDFUNK

Geschäftsführer Schmitz
WESTDEUTSCHES WERBEFERNSEHEN

Vom ARD-Büro

Strupp

Republik Österreich, Deutsche Demokratische Republik, deutschsprachige Schweiz einschließlich Liechtenstein und Luxemburg, außerdem das Recht zur uneingeschränkten Verwertung im Satelliten- und Kabel-Fernsehen, mit Ausnahme des sog. pay-tv, da diese Rechte nur gegen ein zusätzliches Entgelt zu erwerben seien.

Sperrfristen für neue Spielfilme

Der Begriff "neue Spielfilme" soll für Produktionen ab dem Produktionsjahr 1983 gelten. Für diese Filme ist eine Vorauswertungszeit im Kino einzukalkulieren, die in der Regel zwei Jahre nicht übersteigen sollte. Es soll auf jeden Fall festgelegt werden, daß die Fernsehrechte unmittelbar nach Ende der Kinoauswertung zur Verfügung stehen.

Vorabendprogramm

Wie im Columbia-Vertrag vorgesehen, soll der MGM/UA-Vertrag sicherstellen, daß die Rechte unmittelbar auch von dem Lizenzgeber auf die Werbetöchter übergehen können.

Vor der Beschlußfassung wird dem Vorschlag, den Vertrag mit MGM/UA von der DEGETO im eigenen Namen abschließen zu lassen, nicht gefolgt. Sodann wird einstimmig folgender Beschluß gefaßt:

Aufsichtsrat und Gesellschafterversammlung erteilen der Geschäftsführung Vollmacht zur Verhandlung und Abgabe einer verbindlichen Abschlußerklärung gegenüber der Firma MGM/UA Television Distribution, 10202 West Washington Boulevard, Culver City, folgenden Inhalts:

> Die DEGETO als Vertreterin der neun in der ARD zusammengeschlossenen Landesrundfunkanstalten erklärt sich mit Zustimmung ihres Aufsichtsrats und ihrer Gesellschafterversammlung verbindlich bereit, einen Vertrag mit MGM/UA in folgendem Umfang abzuschließen:

Pay-TV-Rechte, die an Dritte vergeben werden, sollen nach Möglichkeit die Effizienz der eingeräumten Fernsehnutzung nicht beeinträchtigen.

c) Der Vertrag soll im übrigen sichern, daß MGM/UA die den Rundfunkanstalten eingeräumten Lizenzrechte nicht durch andere Rechtevergaben beeinträchtigt.

d) Die Verhandlungsdelegation ist bevollmächtigt, zur Abgeltung der vorstehenden Rechte und Bedingungen einen Preis von p.a. US $ 8.000.000,-- auf Dauer von 15 Jahren (Vertragszeit) anzubieten. Sodann wird der Kommission Vollmacht erteilt, über diesen Preis hinaus weitere Zahlungen zuzusagen, soweit dies zur Erreichung des Vertragsabschlusses unumgänglich ist. Diese Zusatzvollmacht hält sich im Rahmen der bekannten Obergrenze.

Die Vollmacht zur Abgabe einer verbindlichen Abschlußerklärung wird unter der Bedingung erteilt, daß nicht bis zum 31. August1983, 15.00 Uhr, zu Händen des Aufsichtsratsvorsitzenden von einem der Gesellschafter Widerspruch mitgeteilt worden ist.

Ende der Sitzung: 18.30 Uhr

TAURUS FILM
GmbH & Co

Beta Strasse 1
D-8043 Unterföhring b. München
Telefon (0 89) 95 [illegible]
Telex 5 23 222 68 bf

[illegible]

An den
Vorsitzenden der ARD
Herrn Intendant
Reinhold Vöth
Bayerischer Rundfunk
Rundfunkplatz 1

8000 München 2

5. September 1983

Betr.: Lizenzeinkauf von der MGM/UA

Sehr geehrter Herr Vöth,

nach unserem Gespräch am Montag der vergangenen Woche und den weiteren Ereignissen besonders in Los Angeles möchte ich Ihnen eine Art Situationsbeschreibung geben, die ich im zweiten Teil meines Briefes mit Lösungsvorschlägen ergänzen werde.

Lassen Sie mich mit einer kurzen Schilderung unserer vertraglichen Lage zur MGM beginnen, weil sie Anknüpfungspunkt für alles weitere ist. Seit dem Herbst vergangenen Jahres haben wir mit zunehmender Intensität in vielen Runden und an verschiedenen Orten mit der MGM über den Abschluß eines großen, die Vergangenheit und Zukunft umfassenden Vertrages verhandelt. Die Umrisse eines solchen Abschlusses wurden zum ersten Mal im April bei einem Treffen mit Herrn Yablans in New York deutlich. Danach galten weitere Gespräche der Festlegung der Einzelheiten und Anfang Juli drängte Herr Yablans auf ein abschließendes Treffen, das dann am 30./31. Juli in München stattfand. Die Einzelheiten hierüber einschließlich der Feier des erfolgreichen Abschlusses kann ich mir ersparen; ich habe sie Ihnen am Montag ebenso berichtet, wie wir dies schon in unserem Sonntagsgespräch mit den Herren von Sell, Plog und Schwarzkopf getan hatten und in unserem Brief vom 25. August 1983 dargelegt haben.

- 2 -

Wegen der beschriebenen Wechselwirkung zwischen dem Angebot der Degeto und dem Verhalten der MGM uns gegenüber, die wir schon in dem erwähnten Sonntagsgespräch dargelegt hatten, hatte ich unseren amerikanischen Anwalt beauftragt, Klage gegen die Degeto und deren Verhandlungskommission einzureichen. Nachdem durch den Beschluß vom vergangenen Dienstag die Verhandlungskommission der Degeto zurückgerufen wurde, habe ich meinen Anwalt jetzt angewiesen, die Klage zurückzunehmen. Ich tue dies im Vertrauen darauf, daß die Degeto die Verhandlungen mit der MGM einstellt und die Unterzeichnung unseres Vertrages mit der MGM nicht mehr stört. In diesem Zusammenhang sei erwähnt, daß am vergangenen Freitag das Landgericht München nach mündlicher Verhandlung durch Urteil die von uns gegen die MGM erwirkte einstweilige Verfügung wegen der drei großen Filme bestätigt hat.

Lassen Sie mich nun nach diesen etwas lang geratenen, aber doch wohl notwendigen Vorbemerkungen auf die angekündigten Lösungsvorschläge und mein Angebot vom 30. August zurückkommen.

Vorab, ich stehe zu diesem Angebot, das der ARD die exklusive Auswahl aus dem MGM/UA-Stock geben würde. Schon unser Gespräch am 29. August, bei dem ich zugunsten der Qualität des Angebots die Auswahl der Spielfilme durch Hinzufügen des uns gehörenden RKO-Stocks verbreitert und die Abnahmeverpflichtung bei den Serien verringert hatte, hat mir jedoch gezeigt, daß eine weitere Verbesserung der Qualität des Angebots im Vergleich zu dem, was der MGM/UA-Stock bietet, wünschenswert sein könnte.

Wir haben, wie Sie wissen, unter unserem Vertrag die uneingeschränkte, exklusive Auswahl aus dem gesamten Stock der MGM/UA. Ich habe diesen Stock von seinem Volumen her übrigens noch einmal anhand des in diesen Dingen sehr genauen Source-Books und unserer Filmlisten prüfen lassen - mit demselben Ergebnis, wie es die Ihnen überreichte Notiz enthält:

- 4 -

Für die neuen Filme könnte es von mir aus bei dem erwähnten Volumen von 5 Spielfilmen jährlich bleiben, wobei ich an einen Zeitraum von 10 Jahren denke, der im Hinblick auf das Risiko einer eventuell zu langfristigen Bindung mir gerade richtig erscheint.

Für die Serien sollte es dagegen bei dem von mir Ihnen genannten, reduzierten Volumen von 26 Stunden jährlich bleiben. Ich meine, die Reduzierung ist nur zum Vorteil der ARD im Hinblick auf Programmplanung und Flexibilität.

Für neue Filme oder Serien können wir der ARD nach unserem Vertrag mit der MGM/UA jedoch auch ein größeres jährliches Volumen, wenn gewünscht, liefern. Eine Option hierüber würde der ARD das exklusive Auswahlrecht aus der gesamten Neuproduktion sichern.

Zum finanziellen Teil einer Vereinbarung möchte ich Ihnen zunächst die in meinem Angebot vom 30. August genannten $ 80 Mio noch einmal bestätigen. Diese Summe bezieht sich u.a. auf 1500 Spielfilme aus den Stöcken der MGM/UA/RKO einschließlich der drei großen Filme, die nicht gesondert bewertet werden. Würden wir einvernehmlich das Volumen von neuen Spielfilmen und Serien wegen der erwogenen Auswahlzeitverkürzung reduzieren, so hätte dies selbstverständlich Auswirkungen auf den Preis. Andererseits sind die Hinzufügung des FOX-Stocks und die Qualitätsverbesserung durch Reduzierung des MGM/UA-Anteils auch finanziell zu berücksichtigen; beides wird sich aber, dies kann ich Ihnen zusichern, in einem angemessenen Rahmen bewegen.

Wir stehen Ihnen jederzeit zu einem Gespräch hierüber zur Verfügung. Eine schnelle Entscheidung halte ich jedoch für notwendig.

Mit freundlichen Grüßen,

Dr. Leo Kirch

TAURUS-FILM GMBH & CO.

O E F F E N T L I C H E   U R K U N D E

Oeffentliches Testament

(gemäss Art. 499 ff. ZGB)

Vor dem unterzeichneten Notar des Kantons Luzern, Lic. iur. Urs Korner, Rechtsanwalt, Pilatusstrasse 28, 6002 Luzern, erschien heute

Herr Hans Schmidmeier, geb. 12.3.1920, deutscher Staatsangehöriger, wohnhaft in Luzern, Haldenstrasse 20

und hat ihn beauftragt, über seinen letzten Willen nachstehende öffentliche Urkunde zu errichten.

Der letzte Wille des genannten Herrn H. Schmidmeier lautet wie folgt:

1. Im Sinne von Art. 484 ZGB vermache ich Herrn Dr. Helmut Oeller, geb. 19.10.1922, wohnhaft in Würzburg, den gesamten Inhalt in meinem Schrankfach Nr. 756 bei der Volksbank Willisau AG, Filiale Luzern.

2. Hiemit ermächtige ich auch den bedachten Herrn Dr. Helmut Oeller sowie seinen Sohn, Herrn Georg Albrecht Oeller, geb. 27.4.1964, wohnhaft in München, gemeinsam oder allein über das Schrankfach Nr. 756 bei der Volksbank Willisau AG nach meinem Ableben zu verfügen. Die Bevollmächtigten sind demzufolge befugt, rechtsverbindlich alle dem Schrankfachmieter zustehenden Rechte auszuüben, das Schrankfach zu öffnen bzw. zu schliessen und darüber zu verfügen, wie wenn die Bevollmächtigten selbst Mieter wären.

Lic. iur. Urs Korner Notar des Kantons Luzern Rechtsanwalt

Alle sich aus dieser Vollmacht ergebenden Rechtsstreitigkeiten zwischen meiner Erbengemeinschaft als Mieter und den Bevollmächtigten einerseits und der Volksbank Willisau AG, Filiale Luzern andererseits werden nach Schweizer Recht durch die ordentlichen Gerichte des Kantons Luzern mit evtl. Weiterzug an das Bundesgericht beurteilt.

3. Vorliegende Urkunde wird dreifach ausgefertigt, wobei zwei Exemplare in meinen Händen bleiben, eines davon eventuell zur Weiterreichung an die Herren Oeller und ein weiteres Exemplar vom Notar aufbewahrt wird. Letzterer ist beauftragt, nach meinem Ableben dieses Testament der zuständigen Teilungsbehörde ohne Verzug einzureichen.

Diese letztwillige Verfügung ist in Gegenwart des Notars vom Erblasser gelesen und unmittelbar daran anschliessend und vor der Erklärung an die Zeugen unterzeichnet worden.

Luzern, den 27. Februar 1985

Der Erblasser: | Der Notar:

Lic. iur. Urs Korner
Notar
des
Kantons Luzern

Frankfurter Allgemeine

EINSCHREIBEN/Rückschein

SAT 1
Satelliten Fernsehen GmbH
Geschäftsführung
Hegelstraße 61

6500 Mainz

19. Juni 1986
Ra/hk/5

Sehr geehrte Damen und Herren,

eine ganze Anzahl von Ereignissen der vergangenen Wochen und Monate im Konsortium haben uns in unserer Vermutung bestärkt, daß die Frankfurter Allgemeine Zeitung im Konsortium Sat 1 unerwünscht sei. Wir kündigen daher unsere Mitwirkung an der Gestaltung des SAT-1-Programms und unsere Beteiligung an der SAT 1 GmbH zum 31. Dezember 1986. Die Frankfurter Allgemeine Zeitung GmbH wird bis zu diesem Zeitpunkt ihre programmlichen Leistungen wie bisher und ihre übrigen Leistungen in demselben Umfang wie im Jahr 1985 erbringen. Weitere Leistungen werden von der Frankfurter Allgemeine Zeitung GmbH demgemäß nicht mitgetragen.

Wir können uns vorstellen, daß es auch ohne eine unternehmerische Beteiligung der Frankfurter Allgemeine Zeitung GmbH an der SAT 1 GmbH künftig zu einem kollegialen Zusammenwirken mit den Herren kommen kann, die im Konsortium mit uns der Auffassung waren, daß die Lösung einer derartig komplexen Aufgabe nur im fairen Miteinander und unter Wahrung der üblichen Umgangsformen möglich und erträglich ist.

Mit freundlichen Grüßen
FRANKFURTER ALLGEMEINE ZEITUNG
G.m.b.H.

Kopien
an alle Konsorten

DR LEO KIRCH

persönlich/vertraulich

Herrn Prof. Dr. Bernhard Servatius
Vorsitzender des Aufsichtsrates
Axel Springer Verlag AG
Kaiser-Wilhelm-Str. 6
2000 Hamburg 36

München, den 26.5.87

Sehr geehrter Herr Dr. Servatius,

ich glaube nicht, daß Ihr Schreiben vom 18. Mai 1987 dem Sinn der bisherigen Gespräche gerecht wird und einen konstruktiven Weg weist. Das Interesse des Unternehmens verlangt - zumal nach den Ereignissen der vergangenen Monate - den Zusammenschluß der Großaktionäre, die eine einheitliche unternehmerische Führung des Hauses ohne ständige öffentliche Diskussion garantieren können.

Es geht mir nicht um juristische Erörterungen, wenn aber schon davon gesprochen werden soll, so möchte ich mich auf die Bemerkung beschränken, daß Ziffer 3 des Aufsichtsratsbeschlusses vom 31.10.1986 im Aktienrecht keine Grundlage findet und daß es sich daher empfiehlt, die hierfür bereits vorgesehene Ziffer 4 desselben Beschlusses anzuwenden.

Ausschlaggebend für das Unternehmen ist die Sachlage, aus der eine für alle Beteiligten befriedigende Lösung entwickelt werden soll. Die Sachlage haben die Herren Bacher und Dr. Thoye in meinem Auftrag Ihnen und Herrn Dr. Christians vorgetragen: Ich disponiere über das Stimmverhalten von rd. 26% des Stammkapitals der Axel Springer Verlag AG.

(...)

VERBINBARUNG

1. F + F BURDA Gesellschaft für Beteiligungen mbH & Co. KG
   vertreten durch Herrn Frieder BURDA
   - nachstehend "Burda" genannt -

2. TAURUS Vermögensverwaltungsgesellschaft mbH
   vertreten durch Herrn Dr. Leo KIRCH
   - nachstehend "Kirch" genannt -

Präambel

Die Parteien beabsichtigen, eine Neuordnung der Gesellschaftsverhältnisse bei der Axel Springer Verlags AG (ASV AG). Sie verfolgen damit das Ziel, die Führungsstrukturen in der ASV AG neu auszurichten, um die wirtschaftliche Weiterentwicklung des Unternehmens zu gewährleisten.

§ 1
Beteiligungsverhältnisse der ASV AG

1. Burda ist Eigentümer von 26 % des Aktienkapitals der ASV AG.

2. Kirch ist Eigentümer von 10 % des Aktienkapitals der ASV AG und beabsichtigt weitere 16 % zu erwerben.

3. An den Burda gehörenden Aktien bestehen gemäß Vertrag vom 28.6.1985 wechselseitige Andienungsrechte und -pflichten sowie Vorkaufsrechte gegenüber dem Aktienpaket von ebenfalls 26 % der Axel Springer Publizitäts KG (AS KG).
   Nehmen Burda und AS KG ihre Rechte nicht wahr, stehen diese jeweils nachrangig der Deutsche Bank AG am jeweilig angebotenen Aktienpaket zu. Gleiches gilt für Teilverkäufe aus einem Paket.

§ 2
Angestrebte Neuordnung der Beteiligungsverhältnisse

1. Die Parteien streben an, daß neben der AS KG vier weitere Haupt-Aktionäre mit jeweils 13 % an der ASV AG beteiligt sind. Zu diesem Zweck beabsichtigen Burda und Kirch aus den von ihnen gehaltenen bzw. aufgestockten Aktienpaketen von je 26 % an der ASV AG jeweils 13 % an gemeinsam zu bestimmende Dritte zu verkaufen.

2. Eine Abgabe an einen weiteren Aktionär darf nur erfolgen, wenn dieser zuvor dieser Vereinbarung beigetreten ist.

§ 3
Andienungs- und Vorkaufsrechte

1. Es wird angestrebt, daß der zwischen Burda, der AS KG und der Deutsche Bank AG geschlossene Vertrag vom 28.6.1985 aufgehoben wird.

2. Beabsichtigt eine der jetzigen oder künftigen Vertragsparteien, ihren jeweiligen Aktienbesitz zu veräußern, so hat sie ihre Verkaufsabsicht zunächst Burda und Kirch schriftlich mitzuteilen. Burda und Kirch haben die Möglichkeit, die angebotenen Aktien zu gleichen Teilen zu erwerben. Beabsichtigt Burda oder Kirch eine Veräußerung, so ist jeweils der andere zum Ankauf berechtigt.
   Kommt binnen drei Monaten keine Einigung über den Erwerb zustande, sind die angebotenen Aktien allen übrigen Vertragsparteien im Verhältnis ihrer Beteiligungen an der ASV AG zueinander anzubieten.

   Kommt binnen weiterer drei Monate mit einzelnen der Vertragsparteien keine Einigung über den Erwerb zustande, wächst das Ankaufsrecht den verbleibenden Parteien quotal zu.

   Kommt auch hier binnen eines weiteren Monats eine Einigung nicht zustande, ist der Veräußerungswillige berechtigt, die Aktien an jeden Dritten zu veräußern. In diesem Fall steht den übrigen Vertragsparteien ein Vorkaufsrecht gemäß § 504 ff BGB zu. Das Vorkaufsrecht kann nur innerhalb eines Monats und nur für die gesamten angebotenen Aktien - in der Reihenfolge entsprechend den Regelungen beim Ankaufsrecht - ausgeübt werden.

3. Die in Nr. 2. geregelten Andienungs- und Vorkaufsrechte setzen den Vollzug der Neuordnung der Beteiligungsverhältnisse nach § 2 Nr. 1 voraus.

4. Teilverkäufe von Aktien aus einem Paket sind ausgeschlossen.

5. Von der Regelung nach Nr. 2. ausgenommen sind Übertragungen auf leibliche, eheliche Abkömmlinge und auf mit den Vertragsparteien im Sinne des § 15 AktG verbundene Unternehmen, sofern sichergestellt ist, daß sie dieser Vereinbarung beitreten.

§ 4
Abstimmungsverhalten

1. Es wird von den Parteien ein Abstimmungsgremium gebildet, in das jede Partei bis zu zwei Vertreter entsendet. Die Vertreter einer Partei haben jeweils eine Stimme.

2. Die Vertreter beschließen über folgende Punkte

   a) Beschlußgegenstände der Hauptversammlung der ASV AG

   b) Beschlußgegenstände des Aufsichtsrates der ASV AG und seiner Ausschüsse

   c) Vorschläge für Aufsichtsratswahlen und Vorstandsbestellungen bei der ASV AG

   d) wesentliche geschäftspolitische Fragen der ASV AG und ihrer wesentlichen Beteiligungsgesellschaften

   e) Gegenstände, die von einer Vertragspartei zur Beschlußfassung gestellt werden.

3. Die Vertragsparteien und ihre jeweiligen Vertreter sind verpflichtet, entsprechend der im Abstimmungsgremium gefundenen Einigung in den jeweils zuständigen Gremien der ASV AG abzustimmen. Kommt im Abstimmungsgremium eine Einigung nicht zustande, sind die Vertragsparteien verpflichtet, sich zu bemühen, daß die Beschlußfassung über den betreffenden Punkt in einem Organ der ASV AG unterbleibt. Gelingt dies nicht, so haben sich die Parteien der Stimme zu enthalten.

4. Durch die in den Nrn. 1. bis 3. getroffenen Regelungen werden die gesetzlichen Befugnisse der Organe der ASV AG nicht berührt.

§ 5
Führungsstruktur

1. Die Parteien streben die Mehrheit der Mandate im AR der ASV AG an. Je 13 % Aktienkapital sollen zu einem Mandat im AR berechtigen.
   Die Parteien werden sich darüber verständigen, welche Personen darüber hinaus als weitere AR-Mitglieder zur Wahl vorgeschlagen werden und welche Persönlichkeit den Vorsitz im Aufsichtsrat übernimmt.

2. Sie einigen sich ferner über die Zahl der AR-Ausschüsse, deren Mitgliederzahl und die Besetzung der Ausschüsse von Seiten der Vertragsparteien.
   zahl und die Besetzung der Ausschüsse von Seiten der Vertragsparteien.

§ 6
Zukäufe

Zukäufe von ASV AG-Aktien unterliegen ebenfalls den Regeln dieser Vereinbarung.

§ 7
Sanktionen

Sollte eine Vertragspartei einer Bestimmung dieser Vereinbarung oder einer aufgrund dieser Vereinbarung getroffenen Regelung zuwiderhandeln, hat sie den übrigen Vertragsparteien für jeden Fall der Zuwiderhandlung 10 Mio DM zu zahlen. Den übrigen Vertragsparteien ist es unbenommen, einen weitergehenden Schadensersatz zu fordern.

§ 8
Schlußbestimmungen

1. Sollte die AS KG und/oder die Deutsche Bank AG ihre Zustimmung zur Aufhebung des Vertrags vom 28.6.1985 und zur Neubesetzung des AR bei der ASV AG verweigern, oder sollte die ASV AG die Übertragungen von Aktien, die in dieser Vereinbarung vorgesehen sind, ablehnen, sind die Vertragsparteien gewillt, in den anstehenden Hauptversammlungen ihre Aktionärsrechte im Sinne dieser Vereinbarung wahrzunehmen.

2. Änderungen dieser Vereinbarung bedürfen der Schriftform und der Beteiligung aller Vertragsparteien.

3. Gerichtsstand für Streitigkeiten aus diesem Vertrag ist München.

4. Sollten einzelne Bestimmungen dieser Vereinbarung ungültig sein oder werden, so bleibt die Vereinbarung im übrigen gleichwohl gültig. In einem solchen Fall ist die ungültige Bestimmung so zu ergänzen oder so zu ersetzen, daß der mit ihr beabsichtigte wirtschaftliche Zweck erreicht wird. Dasselbe gilt dann, wenn bei Durchführung dieser Vereinbarung eine ergänzungsbedürftige Lücke offenbar wird.

5. Diese Vereinbarung steht unter dem Vorbehalt des Kartellrechts.

6. Diese Vereinbarung wird auf unbestimmte Zeit abgeschlossen. Sie endet, wenn der Aktienbestand der Vertragsparteien unter 52 % sinkt.

7. Die Vertragsparteien verpflichten sich, die Firmenbestandteile Springer oder Ullstein zeitlich unbegrenzt zu führen.

Niederschrift
über eine Gesellschafterversammlung

Der Gesellschafter der Firma

Eureka Television GmbH

mit dem Sitz in München
faßt hiermit unter Verzicht auf Einhaltung aller nicht zwingenden Frist- und Formvorschriften hinsichtlich Einberufung und Abhaltung einer Gesellschafterversammlung einstimmig folgenden

Gesellschafterbeschluß:

Herr Gerhard Ackermans, Kaufmann in Kerken ist zum weiteren Geschäftsführer der Gesellschaft bestellt.

Er vertritt die Gesellschaft stets allein und ist berechtigt die Gesellschaft bei der Vornahme von Rechtsgeschäften mit sich selbst oder als Vertreter eines Dritten uneingeschränkt zu vertreten.

München, den 13. Oktober 1988 15^00

für Fa. Medienmedia Programm GmbH

<u>Eidesstattliche Versicherung</u>

In Kenntnis der Strafbarkeit einer falschen eidesstattlichen Versicherung erkläre ich zur Vorlage bei Behörden und Gerichten folgendes an Eides statt:

Ich Kaufmann,
bin seit 01.11.87 als Verwaltungsdirektor / kaufmännischer Leiter bei der Eureka TV / Pro 7 beschäftigt.

Am Donnerstag, den 29.12.80 gegen 11:00 Uhr besuchte ich Herrn Gerhard Ackermans in dessen Haus in 4173 Kerken 2.

Unter anderem unterhielten wir uns auch über den Verkauf der Geschäftsanteile der Eureka TV an Herrn Thomas Kirch. Dabei erklärte Herr Ackermans wörtlich / sinngemäß, daß Herr Thomas Kirch 49%, Herr Dr. Leo Kirch 24% und Herr Dr. Theye 2% erworben haben. Ein Mißverständnis dieser Erklärung über diesen <u>bereits erfolgten</u> Erwerb der Anteile von Herrn Dr. Kirch und Herrn Dr. Theye ist nicht möglich. Die Erklärung von Herrn Ackermans war eindeutig.

Die von Herrn Ackermans gemachten Angaben sind mit den Aussagen von Herrn Zeitler und Herrn A.J.Hermanni identisch.

Wegen der restlichen 25% erklärte Herr Ackermans, daß dafür Herr Dr. Kirch bis zum 30.6.1989 optiert hat. Er, Ackermans, wolle alle Anteile an Eureka loswerden.

In einem am 20.1.1989 geführten (Fern-) Gespräch erklärte mir Herr Zeitler, daß die restlichen 25% an die Kirchgruppe verkauft wurden.

München, den 08.02.89

Eidesstattliche Versicherung

In Kenntnis der Strafbarkeit einer falschen eidesstattlichen Versicherung erkläre ich zur Vorlage bei Behörden und Gerichten an Eides statt:

Meine Name

Kaufmann.

Am 08.02.89 habe ich mich mit Herrn Rothschild, meines Wissens Geschäftsführer der Werbeproduktionsfirma Commerz-Film, getroffen. Herr Rothschild hat mir eine vorformulierte eidesstattliche Versicherung vorgelegt und mich zur Unterschrift aufgefordert. Gleichzeitig hat mir Herr Rothschild - ich war zu diesem Zeitpunkt nach meiner Entlassung bei PRO 7 Television GmbH ohne Beschäftigung - eine Position im Springer Konzern in Aussicht gestellt. Das Haus Springer sei nämlich an einer solchen Erklärung sehr interessiert. Herr Rothschild versicherte mir, daß diese eidesstattliche Versicherung, falls überhaupt, nur nach vorheriger Abstimmung mit mir verwendet würde. Außerdem hat Herr Zeitler, ein Bekannter von Herrn Rothschild, vorgegeben, Herrn Gerhard Ackermans zu kennen und von diesem die in der vorformulierten Versicherung genannten Beteiligungsverhältnisse an PRO 7 erfahren zu haben. Deshalb sei es für mich völlig risikolos, diese Erklärung zu unterzeichnen. Daraufhin habe ich unterzeichnet.

Nach meinem damaligen und heutigen Wissensstand ist der Inhalt dieser vorformulierten eidesstattlichen Versicherung falsch. Ich habe weder Herrn Ackermans in seinem Haus in Kerken besucht, noch jemals mit ihm über die Beteiligungsverhältnisse bei PRO 7 gesprochen. Nach meiner Kenntnis ist Herr Thomas Kirch mit 49 Prozent und die Firma MediMedia bzw. Herr Gerhard Ackermans mit 51 Prozent beteiligt. Von Herrn Hermanni habe ich selbst nie Gegenteiliges gehört.

München, den 03.08.89

13.7. PP

Ackermans/CEA

FINDER'S AGREEMENT

THIS FINDER'S AGREEMENT (the "Agreement") dated 12. 7. 88 19_____ by and between CEA Beratungs- und Beteiligungsgesellschaft mbH, Heilwigstr. 36, 2000 Hamburg 20 ("Finder") and Gerhard Ackermans ("Client").

Anteile an Eureka TV.

Client desires to sell a share of minimum ~~50 %~~ 10 - 100 % (maximum all of the shares) of the shares of its company. Finder provides specialized business services in the communications industry, including brokerage services and arranging or financing for the industry.

NOW, THEREFORE, for good and valuable consideration, the parties agree as follows:

1. Engagement of Finder. Finder is engaged to find a buyer for the sale of not less than ~~50 %~~ 10 - 100 % of the shares of client to German and/or international buyers, whereas especially an American company as a buyer is requested.

2. Exclusive Contract. Finder is exclusively engaged for the aforementioned services for the American market (North, South and Latin America), in any other market Client may also employ third parties as finders. In these markets Finder is non exclusively engaged.

3. Independent Contractor. Finder is an independent contractor, he is not an agent or employee of the Client and represents the Client without authority to legally bind the Client.

4. Term. This agreement shall commence on July 5, 1988 for a term of four months and will continue thereafter until terminated upon 30 days prior notice given by either party hereto.

(...)

TDDR4/EINZELV/TEXDAT
29.09.89

L I Z E N Z V E R T R A G

zwischen

TaurusFilm GmbH & Co.
Betastraße 1

D-8043 Unterföhring

vertreten durch Herrn Dr. Leo Kirch

- im folgenden "TAURUS" genannt -

und

Fernsehen der DDR
Rudower Chaussee

DDR-1199 Berlin

vertreten durch Herrn Dr. H.-J. Seidowsky
Stellvertreter des Vorsitzenden und Direktor
für Internationalen Programmaustausch

- im folgenden "FERNSEHEN DER DDR" genannt -

wird folgender Lizenzvertrag geschlossen:

1. VERTRAGSGEGENSTAND

1.1 Gegenstand dieses Vertrages sind insgesamt 250 Spielfilme, Fernsehfilme und andere Fernsehprogramme (im folgenden gemeinsam als "FILME" bezeichnet), von denen 200 Titel in der als Anlage 1 diesem Vertrag beigefügten Liste aufgeführt sind. Die verbleibenden 50 Titel werden zunächst als Leertitel geführt und bis spätestens Ende 1990 benannt.

Über das Verfahren der Auswahl und Benennung werden sich die Vertragsparteien noch im einzelnen verständigen.

FILME mit einer Länge von mehr als 140 Minuten belegen jeweils zwei Positionen.

1.2 An den FILMEN erwirbt das FERNSEHEN DER DDR die Rechte nach Maßgabe dieses Vertrages.

(...)

BetaFilm

BetaFilm GmbH & Co.
Vertriebsgesellschaft
Betastrasse 1
D-8043 Unterföhring/München

Telefon 089/9 50 88 0
Telex 5 23 222-50 bf d
Telefax 089/9 50 88-7 03

Kommanditgesellschaft
HR München A 15712
phG BetaFilm- und Fernseh-
Beteiligungsgesellschaft GmbH
HR München B 40827
Geschäftsführer
Dr. Leo Kirch, Jan Mojto,
Reinald Walter

Ein Unternehmen der
KirchGruppe

Axel Springer Verlag AG
– Der Vorstand –
Kaiser-Wilhelm-Str. 6

2000 Hamburg 36

16.11.1989

Sehr geehrte Herren,

die KirchGruppe ist an SAT.1 nicht beteiligt und daher an SAT.1-Verträgen nicht gebunden.

Die KirchGruppe ist an PRO 7 nicht beteiligt.

Es wäre gut, wenn Sie uns in Zukunft mit derart anmaßenden Briefen verschonen würden.

Mit freundlichen Grüßen

Dr. Leo Kirch

Dr. H.-J. Seidowsky Berlin, den 24. November 1989

V o r s c h l a g

Gründung einer juristisch selbständigen Export/Import-Firma

---

1. Gegründet werden soll eine juristisch selbständige Tele-Export-Import-Firma (Rechtsform mbH). Ziel der Firma ist es, juristisch selbständig aber durch ökonomische Regelungen vom Leistungsvermögen des Fernsehens der DDR gestützt, schrittweise wachsende Valutaerlöse zu erzielen, die

   - die Firma erhalten

   - dem Fernsehen der DDR ermöglicht eigene Valutabedürfnisse für Programm und Technik, die nicht aus dem Staatshaushalt abgedeckt werden können, optimal zu befriedigen.

Tatsächlich eine 100 %ige Tochter des Fernsehens der DDR sollen im Handelsregister 49:51 Anteile eingetragen werden.

Aufgaben der Gesellschaft sollen sein:

- Import von Spielfilmen u.a. Programme aus dem NSW-Markt;

- Export von DDR-Fernseh-Programmen in den NSW-Markt;

- der nichtkommerzielle Programmaustausch sollte mit dem Intervisionsbüro zusammengelegt und einem der beiden Intendanten unterstellt werden;

(...)

Diese ersten Gedanken bedürfen selbstverständlich umfangreicher Präzisierungen nach dem 4. 12. 1989. Dazu gehören der Umfang des Stellenplan, Gewinnziele und -spannen, Steuerfragen, Beziehungen zum Außenhandel der DDR und dem MdF, Übernahme laufender Verträge, Aufhebung der Beziehungen zum Schalck-Bereich, Gewinnbeteiligungen der Mitarbeiter als Leistungstimulanz usw.

Dr. H.-J. Seidowsky

BÜRGSCHAFT

Die

GBV Gesellschaft für Beschaffung und
Verwertung von Fernsehrechten mbH &
Co. Vertriebs KG, Berlin

- Auftragnehmer -

hat für

MH Medien-Handels AG, Zug (Schweiz)

- Auftraggeber -

aufgrund des Vertrages vom 06. April 1990 folgende Leistungen zu erbringen:

Zahlung des Lizenzpreises für ein Paket
von 1300 Spielfilmen.

Für die fristgerechte und mangelfreie Erfüllung der vom Auftragnehmer auszuführenden Leistungen übernehmen wir, die

SAT. 1 SatellitenFernsehen GmbH,
Hegelstraße 61
6500 Mainz 1

unter Verzicht auf die Einrede der Anfechtbarkeit, der Aufrechenbarkeit und der Vorausklage die selbstschuldnerische Bürgschaft bis zum Höchstbetrag von

DM 755.715.000,--
(i.W. Deutsche Mark siebenhundertfünfundfünfzigmillionensiebenhundertfünfzehntausend)

mit der Maßgabe, daß wir aus dieser Bürgschaft nur auf Zahlung von Geld in Anspruch genommen werden können.

Die Bürgschaft ist unbefristet. Die Verpflichtungen aus dieser Bürgschaft erlöschen jedoch jedenfalls mit Rückgabe der Bürgschaftsurkunde.

Wir sind berechtigt, uns jederzeit durch Zahlung der Bürgschaftssumme von den Verpflichtungen aus dieser Bürgschaft zu befreien.

Mainz, den 06. April 1990
SAT. 1 SatellitenFernsehen GmbH

Peter Tamm

KAISER-WILHELM-STR. 6
2000 HAMBURG 36
TELEFON 347 23 54

11. April 1990

Sehr geehrter Herr Klatten,

Sie haben mit Schreiben vom 10. April die SAT 1-Gesellschafter darüber informiert, dass Sie ohne Zustimmung des Aufsichtsrates über eine mir nicht bekannte SAT1-Tochtergesellschaft von der MH Medienhandels AG ein Filmpaket von 1300 Titeln zum Kaufpreis von DM 755.715.000,-- erworben haben. SAT 1 hat sich für die Zahlungspflichten der GBV ausserdem verbürgt.

Sie wissen, dass Sie mit diesen Rechtsgeschäften Ihre Pflichten als Geschäftsführer gezielt zum Schaden der Gesellschaft verletzt und gegen die Satzung der Gesellschaft verstossen haben.

Dieses Verhalten wird weitreichende zivil- und strafrechtliche Folgen für Sie persönlich und alle anderen Beteiligten nach sich ziehen.

Da auch die MH Medienhandels AG positive Kenntnis davon hatte, dass die Geschäftsführung von SAT1 bzw. der GBV zum Abschluss derartiger Vereinbarungen nicht befugt war, ist die abgeschlossene Vereinbarung von Anfang an rechtlich unwirksam. Ich fordere Sie deshalb auf, von der Durchführung der unwirksamen Rechtsgeschäfte Abstand zu nehmen.

Mit freundlichen Grüssen

Herrn
Werner E. Klatten
Vorsitzender der Geschäftsführung
SAT1 Satelliten Fernsehen GmbH
Hegelstrasse 61
6500 Mainz

Protokoll

der Besprechung in München
am 12. Dezember 1990

zwischen

den Herren Dr. Leo Kirch
Dr. Joachim Theye
Prof. Bernhard Servatius
Günter Wille

Die Kirch-Gruppe und die ASV AG vereinbaren, ihre Auseinandersetzung um SAT 1 zu beenden und in dem Sender gemeinschaftlich mit den weiteren Gesellschaftern zusammenzuarbeiten. Im einzelnen wird folgendes festgelegt:

1) Alle im Zusammenhang mit dem Gesellschafterstreit begonnenen Prozesse werden eingestellt bzw. erledigt und zwar wie folgt:

   a) Die Beteiligten werden alles in ihren Kräften stehende tun, um die Streitwerte der einzelnen Gerichtsverfahren zu minimieren.

   b) Abgeschlossene Instanzen werden kostenmäßig so behandelt, wie sie ausgegangen sind.

   c) Die anhängigen Verfahren werden durch Rücknahme der Klage bzw. bei Verfahren in zweiter Instanz des diese Instanz einleitenden Antrags erledigt. Alle Kosten, soweit nicht durch b) erfaßt, werden gegeneinander aufgehoben.

- 2

B i l a n z zum 31.12.1992

der Firma

PRO 7 TELEVISION GMBH

AKTIVA	DM	1992 DM	1991 DM
A. ANLAGEVERMÖGEN			
I. Immaterielle Vermögensgegenstände		884.343,--	943.752,--
II. Sachanlagen			
1. Einbauten in fremde Grundstücke und Umbau	9.191.036,--		465.575,--
2. Technische Anlagen	17.527.309,--		9.002.150,--
3. Andere Anlagen, Betriebs- und Geschäftsausstattung	9.009.503,--		4.417.712,--
4. Geleistete Anzahlungen und Anlagen im Bau	9.950.564,13	45.678.412,13	2.311.172,68
III. Finanzanlagen			
1. Anteile an verbundenen Unternehmen	5.767.408,12		50.001,--
2. Anteile an Unternehmen mit denen ein Beteiligungsverhältnis besteht	24.750,--	5.792.158,12	24.750,--
		52.354.913,25	
B. FILMVERMÖGEN		918.938.732,64	193.112.191,14
C. UMLAUFVERMÖGEN			
I. Vorräte		243.100,--	229.300,--
II. Forderungen und sonstige Vermögensgegenstände			
1. Forderungen aus Lieferungen und Leistungen	61.680.046,49		32.754.789,04
2. Forderungen gegen Unternehmen mit denen ein Beteiligungsverhältnis besteht	-,--		919,50
3. Sonstige Vermögensgegenstände - davon mit einer Restlaufzeit von mehr als 1 Jahr: DM 184.938,24	4.172.893,23	65.852.939,72	7.718.819,05
III. Kassenbestand, Postgiroguthaben		46.845,67	19.109,05
		66.142.885,39	
D. RECHNUNGSABGRENZUNGSPOSTEN		2.115.876,20	1.580.526,40
E. NICHT DURCH EIGENKAPITAL GEDECKTER FEHLBETRAG		606.113.240,07	489.854.107,27
		1.645.665.647,55	742.484.874,13

B i l a n z zum 31.12.1992

der Firma

PRO 7 TELEVISION GMBH

PASSIVA		DM	1992 DM
A.	**EIGENKAPITAL**		
I.	Gezeichnetes Kapital	100.000,--	
II.	Verlustvortrag	489.954.107,27	
III.	Jahresfehlbetrag	116.259.132,80	
IV.	Nicht durch Eigenkapital gedeckter Fehlbetrag	606.113.240,07	-,--
B.	**RÜCKSTELLUNGEN**		
1.	Steuerrückstellungen	8.673,--	
2.	Sonstige Rückstellungen	12.726.519,78	12.735.192,78
C.	**VERBINDLICHKEITEN**		
1.	Verbindlichkeiten gegenüber Kreditinstituten - davon mit einer Restlaufzeit bis zu einem Jahr: DM 82.473.532,02	646.839.792,02	
2.	Verbindlichkeiten aus Lieferungen und Leistungen - davon mit einer Restlaufzeit bis zu einem Jahr: DM 248.557.152,58	917.182.152,58	
3.	Verbindlichkeiten gegenüber verbundenen Unternehmen - davon mit einer Restlaufzeit bis zu einem Jahr: DM 805.067,44	805.067,44	
4.	Verbindlichkeiten gegenüber Unternehmen, mit denen ein Beteiligungsverhältnis besteht - davon mit einer Restlaufzeit bis zu einem Jahr: DM 6.048.804,69	6.048.804,69	
5.	Verbindlichkeiten gegenüber Gesellschaftern - davon mit einer Restlaufzeit bis zu einem Jahr: DM 35.600.000,--	35.600.000,--	
6.	Sonstige Verbindlichkeiten - davon mit einer Restlaufzeit bis zu einem Jahr: DM 26.454.638,04 - davon aus Steuern: DM 9.245,42 - davon im Rahmen der sozialen Sicherheit: DM 121.428,78	26.454.638,04	1.632.930.454,77
			1.645.665.647,55

Haftungsverhältnisse:
aus Bürgschaften: DM 50.333.333,--
davon gegenüber verbundenen Unternehmen: DM 3.000.000,--

Thomas Kirch

Felix-Dahn-Str. 9
81925 München

ULR
Landesanstalt für das Rundfunkwesen
Herrn Dr. Wolfgang Bauchrowitz
Hindenburgufer 85

24105 Kiel

EING. ULR
29. SEP. 1993

28. September 1993

Medienkonzentrationsrechtliche Überprüfung der PRO 7 Television GmbH
Ihr Schreiben vom 22. September 1993

Sehr geehrte Herren,

der "Hierachie" der Kirch-Gruppe gehöre ich nicht an. Die Anlage 1 Ihres Schreibens war als Information über die Zugangskontrolle an mich gedacht, damit ich als Sohn meines Vaters das Bürohaus meines Vaters betreten kann. Die in Anlage 2 Ihres Schreibens genannte Stellung innerhalb der Kirch-Gruppe habe ich in der Vergangenheit nicht eingenommen und nehme sie heute nicht ein.

Mit freundlichen Grüßen

Thomas Kirch

PRO 7
Television GmbH

Bahnhofstr. 28
85767 Unterföhring
Postfach 13 10
Telefon 0 89/950 01-0
Telefax 089/950 01-154

FINANZEN, RECHT, VERWALTUNG

Unabhängige Landesanstalt für
das Rundfunkwesen (ULR)
Herrn Direktor Gernot Schumann
Hindenburgufer 85

24105 Kiel

EING. ULR
13. Okt. 93
D | D | AS | 82 | 101, 11

- per Telefax -

Unterföhring, 13.10.1993
P/wi

Konzentrationsrechtliche Prüfungen

Sehr geehrter Herr Schumann,

für Ihr Schreiben vom 08.10.1993 bedanken wir uns.

Wir haben zur Kenntnis genommen, daß die DLM derzeit offenbar nicht dazu bereit ist, die von uns wiederholt formulierten Voraussetzungen für unsere freiwillige Mitarbeit an der von der DLM betriebenen Überprüfung unserer Satellitenlizenz zu schaffen. Das gilt gleichermaßen für den erbetenen Verbindlichkeitsbeschluß wie für die faktische Gleichbehandlung aller privaten Veranstalter bei den konzentrationsrechtlichen Prüfungen. Wir ziehen daraus die mehrfach angekündigte Konsequenz und stellen unsere Mitwirkung insoweit vorerst ein. Das gilt so lange, bis die von uns als unabdingbar angesehenen Voraussetzungen für unser weiteres Mitwirken erfüllt sind.

Im Rahmen des von der ULR verantworteten sachlich veranlaßten Prüfungsverfahrens sind wir zu weiteren Auskünften bereit. Dies schließt die Bereitschaft mit ein, noch weiteren Einblick in vertrauliche Geschäftsunterlagen zu gewähren. Diese Einsichtnahme soll durch Sie - und wie von Ihnen gewünscht - durch Ihren Wirtschaftsprüfer erfolgen.

Im Hinblick darauf, daß die Voraussetzungen für eine DLM-weite Prüfung derzeit nicht vorliegen, ist die Anwesenheit eines weiteren Direktors einer Landesmedienanstalt entbehrlich. Darüber hinaus würden wir Sie in jedem Fall gebeten haben, von einer Begleitung durch Herrn Dr. Haeckel Abstand zu nehmen. Wir haben Ihnen bereits mit Schreiben vom 05.10.1993 dargelegt, weshalb wir an der Unvoreingenommenheit und

(. . .)

Eingesehene Geschäftsunterlagen bei der Fa. PRO 7 Television GmbH am 22.10.1993 zusammen mit Wirtschaftsprüfer Graßl, München.

3. URNr. G 1938/88 13.10.1988 Notar Prof. Dr. Geimer
mit

3.1 Entwurf einer notariellen Urkunde "Geschäftsanteilsabtretung" für den 13.10.1988 des Notars Prof. Dr. Geimer mit Anlagen A und B,

3.2 Genehmigung, wie 1.1, der EUREKA, aller Erklärungen der o. a. Notarurkunde,

3.3 Niederschrift über Gesellschafterversammlung der EUREKA, wie 1.2, mit Zustimmung zu allen Erklärungen in der o. a. Notarurkunde,

3.4 Genehmigung, datierend vom 13.10.1988 und unterzeichnet von G. Ackermans, aller Erklärungen in der o. a. Notarurkunde.

Erschienene sind RA Dr. Heiss für die MEDIMEDIA und für G. Ackermans sowie Thomas Kirch. Enthalten ist in der Urkunde zunächst eine Absichtserklärung, die im Entwurf beigefügte Geschäftsanteilsabtretung durchzuführen. Danach vereinbaren die Parteien, daß Thomas Kirch auch dann zur Kaufpreiszahlung verpflichtet bleibt, falls die Abtretung von Geschäftsanteilen der EUREKA auf Thomas Kirch kartellrechtlich unzulässig sein sollte. Die MEDIMEDIA muß in diesem Fall aber den "Kaufvertrag" mit jedem von Thomas Kirch benannten Käufer abschließen, wobei eine Kaufpreisverrechnung stattfindet.

4. URNr. G 1939/88 13.10.1988 Notar Prof. Dr. Geimer
mit

4.1 Genehmigung, wie 1.1, der EUREKA aller Erklärungen in der o. a. Notarurkunde,

4.2 Niederschrift über Gesellschafterversammlung der EUREKA, wie 1.2, mit Zustimmung zu allen Erklärungen in der o. a. Notarurkunde,

4.3 Genehmigung, wie 1.3, der MEDIMEDIA aller Erklärungen in der o. a. Notarurkunde,

4.4 Genehmigung, datierend vom 13.10.1988, von G. Ackermans aller Erklärungen in der o. a. Notarurkunde.

Erschienen sind RA Dr. Heiss für die MEDIMEDIA und G. Ackermans sowie Thomas Kirch.

(. . .)

1

2

3

4

5

6

7

8

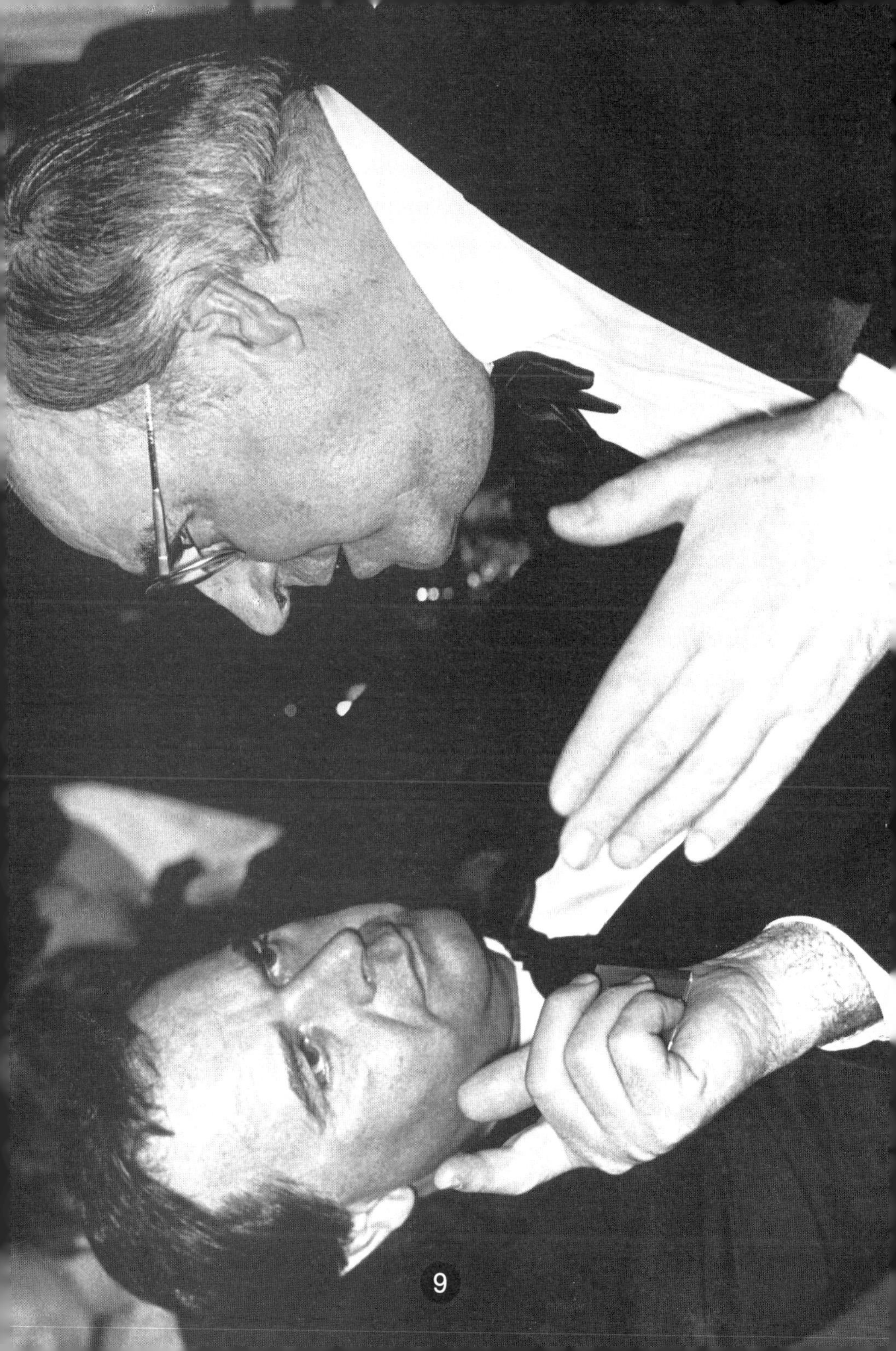
9

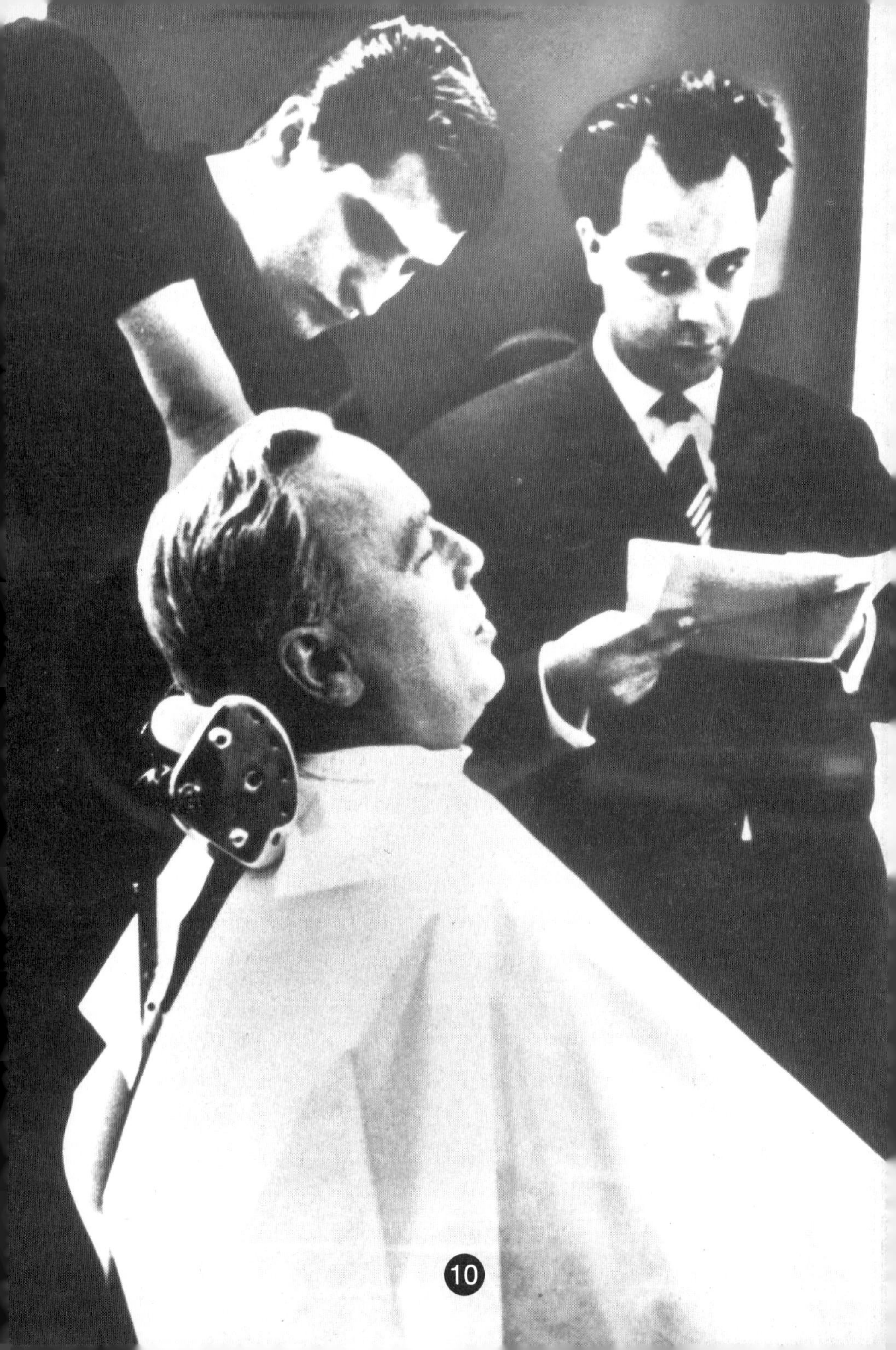